Robson Renault Godinho

ENSAIOS SOBRE O MINISTÉRIO PÚBLICO NO PROCESSO CIVIL

Apresentação: Fredie Didier Jr.

2024

EDITORA JusPODIVM

www.editorajuspodivm.com.br

EDITORA *Jus*PODIVM
www.editorajuspodivm.com.br

Rua Canuto Saraiva, 131 – Mooca – CEP: 03113-010 – São Paulo – São Paulo
Tel: (11) 3582.5757
Contato: www.editorajuspodivm.com.br/central-de-relacionamento

Copyright: Edições *Jus*podivm

Capa: Ana Caquetti

Diagramação: Maitê Coelho e Cendi Coelho *(cendicoelho@gmail.com)*

G585e Godinho, Robson Renault
Ensaios sobre o Ministério Público no Processo Civil / Robson Renault Godinho. - São Paulo: Editora JusPodivm, 2024.

448 p.

Inclui Bibliografia
ISBN: 978-85-442-5008-2

1. Direito Processual Civil. 2. Ministério Público. I. Godinho, Robson Renault. II. Título.
CDD 341.46

Bibliotecária responsável:
Ana Carolina Ribeiro Mois – CRB7 – RJ 007348/0

1.ª ed., *2.ª tir.:* mar./2024; *3.ª tir.:* mai./2024.

Para minha mãe, Anna,
e meu pai, Agildo (em memória).

NOTA DO AUTOR

Neste livro seguem reunidos os principais ensaios[1] sobre o Ministério Público no processo civil que escrevi nos últimos vinte anos, quase todos eles já publicados em outras fontes. Desde o primeiro texto publicado em 2004 a convite de Fredie Didier Jr. – que também me sugeriu a reunião dos textos para esta publicação e a quem uma vez mais agradeço publicamente por toda a importância que tem em minha vida acadêmica e pessoal e com quem divido a autoria de um dos ensaios –, procuro continuamente escrever sobre o Ministério Público e suas posições processuais, o que confere um panorama temático razoavelmente variado e que não se limita a questões envolvendo a legitimidade ativa e função de fiscal da ordem jurídica, comumente os temas que despertam os estudos existentes sobre a atuação institucional e que me parecem limitar demasiadamente as possibilidades de discussão.

Os textos são aqui reproduzidos quase que integralmente como escritos para as publicações originais, a fim de que se possibilite a contextualização das discussões doutrinárias e jurisprudenciais naquele momento, mas alguns ajustes legislativos foram acrescidos no que foi publicado antes da vigência do atual Código de Processo Civil. Foi observada a sequência cronológica das publicações dos textos, salvo, claro, o que foi escrito em coautoria e para o qual foi reservada uma segunda parte, a fim de separar

---

1. Alguns outros textos sobre o Ministério Público no processo civil foram escritos, mas os temas estão incluídos nos ensaios aqui publicados e as reproduções não acrescentariam conteúdo. Além desses textos avulsos, dediquei um livro monográfico ao Ministério Público (*A Proteção Processual dos Direitos dos Idosos: Ministério Público, tutela de direitos individuais e coletivos e acesso à justiça.* 2ª ed. Rio de Janeiro: Lumen Juris, 2010, com segunda tiragem em 2014) e coordenei com Susana Costa um livro coletivo (*Ministério Público (Coleção Repercussões do Novo CPC*, v. 6). Robson Renault Godinho; Susana Henriques da Costa (coord.); Fredie Didier Jr. (Org.). 2ª ed. Salvador: Juspodivm, 2017).

com clareza o que foi produto de elaboração conjunta, esperando-se que, em futura edição, haja outros textos em coautoria. Quando pertinente, acrescentei nota com referências bibliográficas posteriores que se afiguram essenciais para enriquecer o estudo. Como é natural, o estilo dos textos foi mudando ao longo dos anos, novas preocupações teóricas surgiram e passei a dedicar mais atenção a outros temas processuais, mas o Ministério Público é contínua preocupação e periodicamente retorna como objeto de pesquisa, já que se trata de matéria que me parece pouco explorada tecnicamente.

Os últimos dois textos da primeira parte ainda permanecem inéditos no momento em que este livro foi enviado para a editora, mas devo antecipar que ambos também foram remetidos para publicações em livro e revista.

Observo também que dois textos não possuem nos títulos a referência expressa ao Ministério Público, mas ambos tratam de temas a ele relacionados e o têm como referência essencial para o desenvolvimento das ideias expostas.

Nesses vinte anos de trabalhos publicados – e vinte e quatro anos de carreira –, participei de debates com muitos colegas que diariamente contribuem para o aperfeiçoamento teórico da atividade processual do Ministério Público e com vários deles tenho a alegria do diálogo próprio da amizade. Ao publicar um livro com ensaios que possuem unidade temática, gostaria de mencionar autores que influenciaram minha compreensão de Ministério Público: Hugo Nigro Mazzilli, Luiz Werneck Vianna, Marcelo Pedroso Goulart, Maria Tereza Sadek, Nelson Nery Junior, Paulo Cezar Pinheiro Carneiro, Rogerio Bastos Arantes, Ronaldo Porto Macedo Jr. e Sergio Demoro Hamilton. Além de todos esses referenciais teóricos (e muitos outros seguem nas muitas citações nos ensaios seguintes), aqueles que no cotidiano forense formam o Ministério Público brasileiro são a fonte e o destino das questões doutrinárias e a eles registro também a importância fundamental para os textos que seguem, todos simbolicamente representados pelo Procurador de Justiça Cezar Romero de Oliveira Soares. Deixo aqui meu agradecimento e minha admiração a alguns desses amigos que também são minhas referências teóricas sobre o Ministério Público (alguns deles, por razões variadas, não mais integram o Ministério Público): Antonio Cabral, Carolina Beraldo, Edilson Vitorelli, Emerson Garcia, Gregório Assagra de Almeida, Hermes Zanetti Jr., Ricardo Leonel, Sergio Arenhart e Susana Costa.

O Ministério Público passa por momento histórico sensível e de especial fragilidade, sem dúvida que em razão de erros, mas também por suas virtudes, já que seus acertos mais emblemáticos provocam reações sistêmicas. Por isso, é necessária também a postura crítica para o contínuo aperfeiçoamento técnico, já que a autossuficiência é inimiga do aperfeiçoamento institucional e o otimismo exagerado pode revelar prepotência e, invariavelmente, significar um prenúncio de decepcionante desempenho. O desejo de onipotência só pode resultar em prejuízos para o Ministério Público e para a sociedade. Como adverte Barbosa Moreira, "o que não podemos é ser desmedidamente ambiciosos. Acalentar expectativas altas demais expõe-nos ao perigo de cair com facilidade em negativismo extremado. Nutre-se o pessimismo, com frequência, da amargura causada pela decepção: convencidos de ser inatingível o ideal, que ingenuamente supuséramos ao alcance da nossa mão, passamos a descrer da possibilidade de dar quaisquer passos, pequenos que sejam, na direção daquele. A ilusão da onipotência torna-se a véspera do cepticismo integral. Destarte, não poucas vezes, o talento do progressista desencantado acaba paradoxalmente posto a serviço do mais empedernido conservadorismo"[2].

Rio de Janeiro, janeiro de 2024.

Robson Renault Godinho

2. Efetividade do processo e técnica processual. *Temas de Direito Processual* (Sexta Série). São Paulo: Saraiva, 1997, p. 21. Esse trecho emblemático é utilizado em um dos ensaios e a ele sempre penso que sempre devemos voltar – assim como devemos voltar a todos os textos de José Carlos Barbosa Moreira –, por isso o reproduzo logo no início.

APRESENTAÇÃO

Um processualista deve ter o sistema de justiça como objeto de suas investigações. Para bem compreender o sistema de justiça, é preciso bem compreender seus elementos. Os elementos do sistema de justiça são as suas estruturas (normas, procedimentos, portas de acesso e de saída, tecnologia) e seus sujeitos. O Ministério Público é um dos mais importantes sujeitos do sistema brasileiro de justiça. A dogmática jurídica do Ministério Público é, portanto, parte indispensável da missão de um processualista. Tudo isso é básico e intuitivo, me parece.

Curiosamente, e levando em consideração a relevância desse sujeito no Brasil pós 1988, é bem pequena a produção teórica sobre o Ministério Público vinda de estudiosos do processo - com as exceções de praxe.

Robson Godinho, além de enorme processualista (já disse algumas vezes que nada do que Robson escreve é apenas bom: tudo é excelente e útil), é também membro do Ministério Público (promotor do MPRJ) e, ao menos nas últimas duas décadas (período que coincide com o tempo que o conheço), se tem dedicado, com afinco, a investigar o universo dos temas relacionados à atuação do Ministério Público brasileiro no processo civil.

Este livro consolida toda a sua produção em torno deste tema, espalhada em mais de uma dezena de artigos e capítulos de livro ao longo dos últimos 21 anos. Os textos vêm com a informação do local original de publicação, notas de atualização normativa e recomendações bibliográficas - tudo isso para que não se perca a possibilidade de contextualizar a abordagem ao respectivo momento histórico e, assim, poder avaliar se as ideias envelheceram bem ou mal e o impacto que tiveram.

A coletânea impressiona, também, por mostrar o desenvolvimento intelectual do autor que, sem perder a coerência e o estilo, conseguiu refinar e sofisticar o seu pensamento. É, enfim, um presente que nos dá, no ano do seu cinquentenário.

Parabéns ao autor e à Editora.

Salvador, janeiro de 2024.

Fredie Didier Jr.

SUMÁRIO

PARTE 1

PARTE 1

1

O MINISTÉRIO PÚBLICO INSTITUCIONAL COMO ASSISTENTE SIMPLES: O INTERESSE INSTITUCIONAL COMO EXPRESSÃO DO INTERESSE JURÍDICO*

1. INTRODUÇÃO

A atual conformação constitucional do Ministério Público trouxe profunda modificação em suas atribuições, passando a fornecer diversas possibilidades de estudos de novos temas relacionados com a Instituição,

---

*. Trabalho originalmente publicado na obra coletiva *Aspectos Polêmicos e Atuais sobre os Terceiros no Processo e Assuntos Afins* (São Paulo: RT, 2004), coordenada por Fredie Didier Jr. r Teresa Arruda Alvim Wambier. Somente foram atualizadas as referências ao CPC brasileiro, mantidas as citações a leis estrangerias no estado em que se encontravam em 2004. Nota de contextualização: além de procurar demonstrar que o Ministério Público pode ter outras participações no processo, o texto possui como ponto central o questionamento sobre o conceito de interesse jurídico em seu sentido corrente na doutrina da época e também sua limitação na participação de outros sujeitos no processo. Atualização jurisprudencial: em sessão realizada em 10/05/05, a Quinta Câmara Cível do Tribunal de Justiça do Estado do Rio de Janeiro, julgando o agravo de instrumento nº 2005.002.01366, decidiu, por maioria, ser possível a intervenção do Ministério Público como assistente simples em processo instaurado contra seu membro, em razão do exercício de suas funções. Confira-se a ementa do acórdão: "Assistência simples – Ministério Público. Nas ações de responsabilidade civil propostas em face de membros do Ministério Público por atos que teriam sido praticados no exercício da função é cabível a integração na lide da Instituição, notadamente quando se pretende tutelar a relação funcional do agente e de possível ilícito praticado no exercício das funções institucionais. Deferimento da assistência. Recurso provido" (D. O. 06/06/05, pp. 27/30. Rel. p./acórdão, Des. Paulo Gustavo Horta). Também do TJRJ, agravo de instrumento nº 0026197-12.2008.8.19.0000, julgado em 03-12-2008, deferindo a assistência, e o seguinte julgado, que abstratamente admitiu a assistência, negando-a no caso concreto: "Agravo de instrumento. Decisão deferindo a intervenção do Ministério Público como assistente simples do estado do rio de janeiro no polo passivo que merece reforma. O Agravante, Promotor de Justiça do Estado do Rio de Janeiro, respondeu a três processos administrativos, que culminaram com a aplicação de três sanções de suspensão, com a devida suspensão dos seus vencimentos. Segundo o entendimento jurisprudencial do E. STJ, a assistência como intervenção de terceiro pressupõe o interesse jurídico e a não pretensão de contemplar o mero interesse econômico. *In casu*, nos autos principais, o Autor não tem como objetivo discutir as sanções de suspensão, mas tão somente a perda total dos vencimentos e das vantagens pecuniárias inerentes ao exercício do cargo. Assim, não resta dúvida que a demanda principal possui cunho meramente patrimonial, o que

atraindo a atenção inclusive de pesquisadores de outras áreas de conhecimento que não a jurídica.[1]

Será objeto deste trabalho exatamente um desses diversos temas que decorrem da ampliação da presença do Ministério Público no processo: a possibilidade de a Instituição ser admitida como terceiro interveniente, na condição de assistente simples[2], em processo em que se discuta questão institucional ou em que se veicule pretensão contra membro do Ministério Público[3], em razão de sua atuação funcional.

Analisaremos, pois, a possibilidade de o Ministério Público intervir no processo não na condição de fiscal da lei, movido pela existência de interesse público (ou social) ou direito indisponível, mas, sim, como terceiro interveniente em razão de interesse institucional, o que, em última análise, não deixa de ser uma decorrência do interesse público, pela natureza própria

---

afasta o interesse do Ministério Público intervir como assistente. Recurso provido" (Agravo de instrumento nº 0070748-91.2019.8.19.0000, julgado em 18/08/2020). No Superior Tribunal de Justiça, o tema foi examinado no seguinte julgado: EDcl no REsp n. 1.760.103/ES, relator Ministro Herman Benjamin, Segunda Turma, julgado em 21/11/2019, DJe de 12/5/2020. Atualização doutrinária: a discussão sobre o interesse e sobre a participação de outros sujeitos no processo recebeu fundamentais contribuições doutrinárias, como: SCARPINELLA BUENO, Cassio. *Amicus curiae* no processo civil brasileiro: um terceiro enigmático. 3. ed. São Paulo: Saraiva, 2012. CABRAL, Antonio do Passo. Despolarização do processo e zonas de interesse: sobre a migração entre os polos da demanda. Revista do Ministério Público (Rio de Janeiro), v. 49, 2013. TEMER, Sofia. *Participação no Processo Civil: repensando litisconsórcio, intervenção de terceiros e outras formas de atuação*. São Paulo: Juspodivm, 2022.

1. Como exemplos deste estudo diversificado, podemos citar os seguintes trabalhos, todos interessantíssimos e baseados em dados estatísticos, fato raro em estudos estritamente jurídicos: SADEK, Maria Teresa (org.). *Justiça e Cidadania no Brasil*. São Paulo: Sumaré/Idesp, 2000; ARANTES, Rogério Bastos. *Ministério Público e Política no Brasil*. São Paulo: Sumaré/Educ, 2002; SILVA, Cátia. *Justiça em Jogo: novas facetas da atuação dos Promotores de Justiça*. São Paulo: Edusp, 2001. A propósito dessa carência de dados objetivos em estudos jurídicos, merece ser destacado o recente trabalho de Moniz de Aragão (que, com Barbosa Moreira, sempre alerta para a necessidade de um estudo com base em dados objetivos), exatamente acerca de uma das diversas pesquisas coordenadas pela já citada Maria Teresa Sadek: Estatística judiciária. *Revista de Processo*. São Paulo: RT, nº 110, abril/junho de 2003.

2. Ovídio Baptista da Silva afirma que não existe outra figura de assistência que não seja a *simples*, sendo dispensável o adjetivo (*Comentários ao Código de Processo Civil*. São Paulo: RT, 2000, p. 258. vol. 1). Entretanto, preferimos utilizar a expressão *assistência simples*, como de resto o fazem a doutrina e jurisprudência, a fim de evitar qualquer confusão terminológica, sendo que o próprio Ovídio Baptista da Silva utiliza o adjetivo durante toda a sequência de seus Comentários e também em seu Curso.

3. Estamos tratando de processos contra membros do Ministério Público, de modo que tudo que for dito sobre *Promotores de Justiça* durante todo o texto é plenamente aplicável a qualquer integrante da Instituição, no exercício de suas funções.

da Instituição. É necessário frisar que estamos diante de uma nova possibilidade de atuação do Ministério Público no processo civil, afastando-se da análise do problema, desde já, qualquer raciocínio voltado para a clássica figura da intervenção como *custos legis*.[4]

Enfim, trataremos de um modo novo de atuação do Ministério Público no processo civil, em que a própria Instituição é a tutelada. Isso porque, com a ampliação de sua presença no processo e também por sua atividade extrajudicial, o Ministério Público despertou reações de variada ordem e, dentre elas, vê-se a proliferação de ações ajuizadas diretamente contra a pessoa de membro da Instituição, em que a causa de pedir e/ou o pedido contêm aspectos ligados à atuação funcional. Diante desse quadro, surge a necessidade de o Ministério Público cuidar da defesa de sua posição jurídica e a intervenção como assistente simples é a expressão de uma das possibilidades de se preservar o interesse institucional.[5]

O interesse pelo tema surgiu em razão de, recentemente, o Ministério Público do Estado do Rio de Janeiro, por meio do Procurador-Geral de Justiça, haver requerido seu ingresso como assistente em processos instaurados em face de Promotores de Justiça, que passaram a ocupar a posição de réus em razão da atuação funcional[6]. Posteriormente, o Procurador-Geral de Justiça do Ministério Público do Estado do Rio Grande do Sul aprovou parecer de sua assessoria que, com base nos fatos ocorridos no Rio de Janeiro, admitiu, em tese, a possibilidade de a Instituição ingressar

4. Essa advertência deveria ser desnecessária, mas, lamentavelmente, no único julgado que conhecemos sobre o tema, houve esse desvio de perspectiva, como veremos oportunamente.

5. Não estamos conferindo ao debate um enfoque maniqueísta ou corporativista, já que não se nega a possibilidade de atuação abusiva de determinado membro do Ministério Público, como de resto não se pode negar a possibilidade de abuso de qualquer profissional exercendo qualquer função. Contudo, também não se pode negar que o Ministério Público vem provocando reações mesmo quando atua na estrita observância de suas funções. O processo contra a pessoa dos Promotores de Justiça como meio de atingir a Instituição é uma realidade, surgindo, assim, o expediente técnico da intervenção em processos desse jaez, face o inegável prejuízo jurídico que pode daí resultar. Exatamente por ser da natureza do instituto da assistência a voluntariedade da intervenção, na hipótese de efetivamente ter sido abusiva a atuação do membro do Ministério Público, não haverá tal intervenção, até porque inexistirá interesse institucional na hipótese ou haverá desistência da intervenção porventura já iniciada.

6. O parecer da assessoria, favorável à intervenção nos referidos processos, de autoria do Promotor de Justiça Emerson Garcia, está publicado na *Revista do Ministério Público do Estado do Rio de Janeiro*, nº 16.

como assistente simples em processo instaurado contra Promotor de Justiça[7]. Por fim, a nova lei orgânica do Ministério Público do Estado do Rio de Janeiro, em seu artigo 81, § 2º, prevê expressamente essa possibilidade, dispondo que "o Ministério Público, representado pelo Procurador-Geral de Justiça, poderá habilitar-se como assistente em ação civil ajuizada em face de membro do Ministério Público em virtude de ato praticado no exercício das suas funções".[8]

Verificaremos, no decorrer do trabalho, se o Ministério Público, afinal, possui interesse jurídico que lhe autorize ingressar em um processo em que figure um de seus membros como parte, por ato decorrente do exercício de sua função. Procuraremos, portanto, responder à seguinte indagação: *ajuizada uma ação em face de um membro do Ministério Público, em razão de seu exercício funcional, há interesse jurídico que autorize a intervenção da Instituição como assistente simples?* Também trataremos da hipótese em que o Ministério Público intervém em processo em que esteja sendo debatida questão institucional, como ações diretas de inconstitucionalidade e mandados de segurança.

Percebe-se, portanto, que o assunto a ser tratado neste trabalho decorre diretamente da maior visibilidade que a Instituição adquiriu em razão do exercício das atribuições que lhe foram outorgadas pela Constituição, ampliando sua atuação processual e extraprocessual, como destacamos no primeiro parágrafo deste texto. Exatamente para preservar sua destinação constitucional, seja para se defender de quaisquer tentativas de amesquinhamento da Instituição, seja para identificar e punir eventual membro que se valha de seu cargo para fins anormais, é que nos parece que os processos instaurados contra Promotores ou Procuradores merecem maior atenção institucional, surgindo o instituto da intervenção de terceiros como um importante instrumento para que o Ministério Público participe ativamente

7. Expediente administrativo nº 10845-09.00/02-0, da lavra da Procuradora de Justiça Isabel Dias Almeida e aprovado em 26/12/2002 pelo Procurador-Geral de Justiça Cláudio Barros Silva, com a ratificação desse posicionamento no expediente administrativo nº 10845-09.00/02-0, de 20/03/2003.

8. Trata-se da Lei Complementar Estadual nº 106, de 03/01/2003. Evidentemente, tal lei não pode veicular matéria processual e este dispositivo deve ser lido apenas como fixação de atribuição do Procurador-Geral de Justiça. Para os fins de nosso trabalho, essa previsão legislativa reforça a atualidade e a importância do tema.

de questões que, transcendendo a figura pessoal de seu membro, potencialmente atingem toda a Instituição.

O tema de que cuidaremos não é imune a polêmicas[9] e isso é até um incentivo para nossa pesquisa, que pretende, dentro de suas naturais limitações, fomentar um debate sobre o assunto que, se não é exatamente inédito, é um novo enfoque sobre a própria figura da assistência e sobre a atuação do Ministério Público no processo.

2. ASSISTÊNCIA SIMPLES: GENERALIDADES

Considerada como a mais típica figura de intervenção de terceiros, em que pese a opção topográfica do Código de Processo Civil, a assistência simples pode ser conceituada como a "espécie de intervenção voluntária no processo, em que o terceiro até então fora da causa pendente, mas não completamente estranho à relação processual instaurada, intervém no processo, tendo em vista seu interesse jurídico em que a sentença seja prolatada favorecendo à parte a quem assiste, isto é, com a finalidade de auxiliar que o assistido obtenha na demanda um resultado satisfatório, vitorioso"[10].

A assistência simples, portanto, é a forma de intervenção facultativa e voluntária de terceiro em processo pendente, para auxiliar uma das partes, em razão de o assistente poder, atual ou potencialmente, ter sua situação jurídica atingida desfavoravelmente.

Na síntese de José Alberto dos Reis[11], a intervenção do assistente é espontânea e seu propósito é o de auxiliar uma das partes em causa pendente,

9. Como afirmou Cássio Scarpinella Bueno em seu recém-publicado trabalho, as polêmicas acerca da intervenção de terceiros residem no próprio tema, estando *in re ipsa* (*Partes e Terceiros no Processo Civil Brasileiro*, São Paulo: Saraiva, 2003, p. XX). Atílio Carlos González, por sua vez, assim se pronuncia: "[...]la intervención de los terceros en el proceso es uno de los temas más preocupantes de la doctrina, sin existir unidad de critério entre quienes han abordado su studio [...] esas dificuldades se vem acrecentadas por la falta de una doctrina orientadora y hasta por cierta prevención para admitir al tercero, considerado como un elemento perturbador en el proceso" (La legitimación de los terceros en el proceso civil. *La Legitimación - Homenaje al Profesor Doctor Lino Herique Palacio*. Augusto M. Morello (coord.). Buenos Aires: Abeledo-Perrot, 1996, p. 271).

10. MAURÍCIO, Ubiratan de Couto. *Assistência Simples no Direito Processual Civil*. São Paulo: RT, 1983, p. 23.

11. *Código de Processo Civil Anotado*. Vol 1. 3ª ed.-reimpressão. Coimbra: Coimbra Editora, 1982, p. 466.

devendo ter interesse jurídico em que a decisão do processo seja favorável à parte que se propõe ajudar.

Além de requisitos genéricos para o ingresso de terceiro em um processo, a legislação processual condiciona o exercício da assistência ao preenchimento dos seguintes requisitos específicos: causa pendente e interesse jurídico (art. 50, CPC revogado – art. 119, CPC atual).

Para os fins deste trabalho, interessa o conceito de *interesse jurídico*, já que sempre haverá uma causa pendente. Como não é tarefa livre de turbulências a verificação concreta da existência de interesse jurídico apto a habilitar o ingresso de um assistente, é de todo recomendável que se examinem os conceitos oferecidos pela doutrina brasileira, esperando que as citações doutrinárias que traremos no tópico seguinte não sejam excessivas a ponto de tornarem pesado o trabalho ou até deformarem-no, para lembrarmos a advertência de Carnelutti[12].

3. CONCEITO DE INTERESSE JURÍDICO: BREVE ESBOÇO DOUTRINÁRIO

O conceito de interesse jurídico é o ponto mais tormentoso e controvertido no estudo da assistência[13], limitando-se o Código de Processo Civil, em seu artigo 50 [atual art. 119], a dispor que poderá intervir como assistente o terceiro que tiver interesse jurídico em que a sentença seja favorável a uma delas[14].

12. "[...] Um dos frutos mais comuns desse prejuízo é a mania de citação, as quais não só tornam pesados os nossos trabalhos senão também os deformam", *apud*, BORGES, José Souto Maior. *O Contraditório do Processo Judicial*. São Paulo: Malheiros, 1996, p. 16.

13. MAURÍCIO. Ob. cit., p. 49.

14. A título de ilustração, seguem alguns dispositivos que cuidam do interesse na assistência, nos respectivos códigos de outros países: Argentina (art. 90): "Podrá intervenir en un juicio pendiente en calidad de parte, cualquiera fuere la etapa o la instancia en que éste se encontrare, quien: (1) Acredite sumariamente que la sentencia pudiere afectar su interés propio.[...]"; Peru (art. 97): "Quien tenga con una de las partes una relación jurídica substancial, a la que no deban extenderse los efectos de la sentencia que resuelva las pretensiones controvertidas en el proceso, pero que pueda ser afectada desfavorablemente si dicha parte es vencida, puede intervenir en el proceso como coadyuvante de ella. Esta intervención puede admitirse incluso durante el trámite en segunda instancia. El coadyuvante puede realizar los actos procesales que no estén en oposición a la parte que ayuda y no impliquen disposición del derecho discutido. (Art. 101): Los terceros deben invocar interés legítimo. [...]"; Chile (art. 23): "Los que, sin ser

Iniciaremos este esboço doutrinário pelos conceitos que se nos afiguram mais completos, que são os fornecidos por Thereza Alvim e Arruda Alvim.

Segundo Thereza Alvim, o interesse será jurídico "se a esfera jurídica do terceiro puder ser atingida de fato, isto é, pelos fundamentos de fato e de direito da sentença ou pela própria decisão, de forma indireta, tenha ele entrado ou não no processo"[15]. Em trabalho mais recente[16], Thereza Alvim afirma que "só será jurídico o interesse do terceiro, se a decisão judicial da lide, ou seja, do pedido que não foi, nem por ele, nem contra ele, feito, puder vir a afetar relação jurídica sua com o assistido, puder ser atingido por atos executórios afetando sua esfera jurídica, ou, ainda, puder ser alcançada sua esfera jurídica, atual ou potencialmente", acrescentando que o terceiro será atingido apenas pela eficácia natural da sentença.

Arruda Alvim afirma que a esfera jurídica do assistente simples poderá ser afetada de duas formas: 1) se a própria decisão do processo alcançar relação jurídica sua com quem deseja assistir, como uma prejudicial; 2) se a justiça da decisão operar efeitos de fato na esfera jurídica do assistente simples. Esclarece esse autor que, para o interesse do terceiro ser considerado jurídico, "deve, do processo entre outras pessoas, poder resultar influência benéfica ou contrária, prejudicial ou indireta, no conflito de interesses,

---

partes directas en el juicio, tengan interés actual en sus resultados, podrán en cualquier estado de él intervenir como coadyuvantes, y tendrán en tal caso los mismos derechos que concede el artículo 16 a cada una de las partes representadas por un procurador común, continuando el juicio en el estado en que se encuentre. Se entenderá que hay interés actual siempre que exista comprometido un derecho y no una mera expectativa, salvo que la ley autorice especialmente la intervención fuera de estos casos. Si el interés invocado por el tercero es independiente del que corresponde en el juicio a las dos partes, se observará lo dispuesto en el artículo anterior"; Portugal (art. 335º, 2): "para que haja interesse jurídico, capaz de legitimar a intervenção, basta que o assistente seja titular de uma relação jurídica cuja consistência prática ou econômica dependa da pretensão do assistido"; Itália (art. 105): "Ciascuno puó intervenire in un processo tra altre persone (267 s.) per far valere, in confronto di tutte le parti o alcune di esse, un diritto relativo all'oggeto o dipendente dal titolo dedotto nel processo medesino. Può altresi intervenire per sostenere le ragioni di alcuna delle parti, quando vi há un proprio interesse (100, 267 s., 344)"; Alemanha (§ 66, I): "Quien tiene un interés jurídico, en que en un proceso pendiente entre otras personas venza una de las partes, puede asociarse a esta parte con la intención de apoyarle" (tradução de Emilio Eiranosa Encinas e Miguel Lourido Míguez. *Código Procesal Civil Alemán*. Madri: Marcial Pons, 2001).

15. Da assistência litisconsorcial no Código brasileiro. *Revista de Processo*. São Paulo: RT, nº 11/12, julho/dezembro de 1978, pp. 45/46.

16. *Direito Processual de Estar em Juízo*. São Paulo: RT, 1996, p. 207.

atual ou potencial, que tem ele com a parte a quem deseja assistir".[17] Em outra obra[18], Arruda Alvim destaca que o interesse jurídico justificador do ingresso do assistente simples deve ser aferido em função de a sentença poder afetar ou não esse terceiro.

Em interessantíssimo parecer[19], Arruda Alvim sustenta que o "mero reflexo prático na posição do assistente é o bastante para justificar o seu ingresso; a isto se reduz o interesse jurídico do assistente", esclarecendo mais adiante que "recebe, pela lei processual vigente, a qualificação de jurídico o interesse do terceiro se vislumbrado estiver, atual ou potencial, atingimento de fato na sua esfera jurídica" e concluindo que "a tradição do nosso Direito é a mais liberal possível, tangentemente à configuração do interesse do assistente". Citando Rosenberg, bem demonstra que o conceito de interesse jurídico não pode ser delimitado de maneira formal, estando presente essa classe de interesse, segundo o processualista alemão, "sempre que o interveniente aderente esteja em relação jurídica tal com as partes ou o objeto do processo principal, que uma sentença desfavorável influiria de algum modo, juridicamente e em seu detrimento, em sua situação de Direito Privado ou Público".[20]

Moacyr Amaral Santos não fornece uma noção tão completa, mas é correto em sua abordagem, ao afirmar que "o assistente intervém fundado no interesse jurídico, que tem, de que a sentença não seja proferida contra o assistido, porque proferida contra este poderia influir desfavoravelmente na sua situação jurídica".[21]

Nessa mesma linha, encontramos as seguintes abordagens: a) Cândido Rangel Dinamarco, que observa que "o interesse que legitima a assistência

---

17. Assistência. *Revista de Processo*: São Paulo: RT, nº 6, abril/junho de 1977, p. 229.

18. *Manual de Direito Processual Civil*. Vol. 2. 7ª ed. São Paulo: RT, 2001, p. 120. O mesmo entendimento foi adotado em estudo escrito com Teresa Arruda Alvim Wambier: *Assistência-Litisconsórcio. Repertório de jurisprudência e doutrina*. São Paulo: RT, 1986, p. 13.

19. Assistente simples. *Direito Processual Civil – 1 (Coleção Estudos e Pareceres)*. São Paulo: RT, 1995, pp. 95/106.

20. A título de curiosidade, este conceito de Rosenberg era o que José Frederico Marques utilizava em suas *Instituições*. Também sob o Código de Processo Civil de 1939, merece ser transcrito o entendimento de Lopes da Costa, para quem "o interesse é jurídico quando o assistente seja parte de uma relação jurídica que tenha um laço de conexão com o objeto da causa em cujo processo intervém" (*Direito Processual Civil Brasileiro*. 2ª ed. Rio de Janeiro: Forense, 1959, p. 419. vol. I).

21. *Primeiras Linhas de Direito Processual Civil*. 17ª ed. São Paulo: Saraiva, 1995, p. 51. 2º vol.

é sempre representado pelos reflexos jurídicos que os resultados do processo possam projetar sobre a esfera de direitos do terceiro. Esses possíveis reflexos ocorrem quando o terceiro se mostra titular de algum direito ou obrigação cuja existência ou inexistência depende do julgamento da causa pendente, ou vice-versa. (...) É de prejudicialidade a relação entre a situação jurídica do terceiro e os direitos e obrigações versados na causa pendente. Ao afirmar ou negar o direito do autor, de algum modo o juiz estará colocando premissas para a afirmação ou negação do direito ou obrigação de terceiro – e daí o interesse deste em ingressar"[22]; b) Celso Agrícola Barbi, que escreve que "o interesse é jurídico quando, entre o direito em litígio e o direito que o credor quer proteger com a vitória daquele, houver uma relação de conexão ou de dependência, de modo que a solução do litígio pode influir, favorável ou desfavoravelmente, sobre a posição jurídica de terceiro"[23]; c) Ovídio Baptista da Silva, para quem "dá-se intervenção adesiva simples quando terceiro ingressa no processo com a finalidade de auxiliar uma das partes em cuja vitória tenha interesse, uma vez que a sentença contrária à parte coadjuvada prejudicaria um direito seu, de alguma forma ligada ao direito do assistido"[24]; d) Marcelo Abelha Rodrigues, que entende que o interesse jurídico exigido para a assistência liga-se ao direito substancial, aferível pela situação de atingimento reflexo e jurídico na esfera do potencial assistente[25]; e) Luiz Rodrigues Wambier, Flávio Renato Correia de Almeida e Eduardo Talamini, que consideram que o interesse jurídico "nasce da perspectiva de [o assistente] sofrer efeitos reflexos da decisão desfavorável ao assistido, de forma que sua esfera seja afetada"[26]; f) Vicente Greco Filho, anotando que "a qualidade de jurídico do interesse que legitima a assistência simples decorre da potencialidade de a sentença a ser proferida repercutir, positiva ou negativamente, na esfera jurídica do terceiro"[27]; g) Cássio Scarpinella Bueno, que, em recente trabalho, afirma que o interesse jurídico do assistente simples "deve ser dedutível da probabilidade atual ou iminente de que possa a decisão a ser proferida no processo em que

22. *Instituições de Direito Processual Civil*. São Paulo: Malheiros, 2001, p. 384. Vol. II.
23. *Comentários ao Código de Processo Civil*. 9ª ed. Rio de Janeiro: Forense, 1994, p. 174. vol. I.
24. *Curso de Processo Civil*. 4ª ed. São Paulo: RT, 1998, p. 273. vol 1.
25. *Elementos de Direito Processual Civil*. 2ª ed. São Paulo: RT, 2003. vol. 2, p. 329.
26. *Curso Avançado de Processo Civil*. 2ª ed. São Paulo: RT, 1999, p. 253. vol. 1.
27. *Da Intervenção de Terceiros*. São Paulo: Saraiva, 1986, p. 74.

pretende intervir vir a afetar sua esfera jurídica enquanto fato eficaz"[28]; h) Genacéia da Silva Alberton, que entende que "o assistente não reclama direito próprio, mas tem interesse pessoal na sorte da pretensão de uma das partes, ficando sua situação processual dependente da parte coadjuvada"[29]; i) Daniel Ustárroz afirma que o "interesse reside na circunstância de que, caso seu assistido saia vitorioso, o assistente afastará parcela ou a totalidade de efeitos reflexos que sentença favorável ao adversário do assistido poderia ter sobre seu patrimônio jurídico"[30].

Todos esses posicionamentos, embora não sejam plenamente coincidentes, seguem uma linha em comum, já que, basicamente, limitam-se a expressar que o interesse jurídico consiste na possibilidade de o assistente ser atingido desfavoravelmente em sua situação jurídica.

Entretanto, José Frederico Marques[31] acatou a definição de Moacyr Lobo da Costa, que entendia que "sempre que o terceiro seja titular de uma relação jurídica, cuja consistência prática ou econômica dependa da pretensão de uma das partes do processo, ele deve ser admitido a intervir na causa, para atuar no sentido de que a seja favorável à pretensão da parte a que aderiu. Não se trata, evidentemente, de interesse prático ou econômico, que não legitima a intervenção. Deve existir uma relação jurídica, entre o terceiro e a parte, cuja consistência prática ou econômica dependa da pretensão dessa parte na lide, e possa ser afetada pela decisão da causa". Vê-se, aqui, um conceito restritivo que vamos encontrar em outros doutrinadores e na jurisprudência, que passa a vincular o interesse jurídico a uma necessária relação jurídica entre o terceiro e a parte, o que nos parece equivocado.

Humberto Theodoro Júnior, por exemplo, expressamente arrola a existência de uma relação jurídica como pressuposto da assistência, ao defender que o interesse do assistente consiste "na preservação ou na obtenção de uma situação jurídica de outrem (a parte) que possa influir positivamente na relação jurídica não-litigiosa existente entre ele, assistente, e a parte assistida", de modo que são seus pressupostos: "a) existência de relação

---

28. Ob. cit., p. 138.
29. *Assistência Litisconsorcial*. São Paulo: RT, 1994, p. 27.
30. *A Intervenção de Terceiros no Processo Civil Brasileiro*. Porto Alegre: Livraria do Advogado, 2004, p. 37.
31. *Manual de Direito Processual Civil*. 2ª ed. São Paulo: Saraiva, 1974, p. 271. vol 1.

jurídica entre uma das partes e o terceiro (assistente) e b) possibilidade de vir a sentença a influir na referida relação".[32]

Merece registro, também, pela influência que seu pensamento exerce ainda hoje no Brasil, o posicionamento de Alberto dos Reis, que entendia ser necessário o seguinte, para que restasse configurado o interesse jurídico: a) que derive de relação jurídica em que figure como parte o candidato à assistência; b) que esta relação seja conexa com a relação jurídica litigiosa, devendo tal conexão consistir num laço de prejudicialidade ou dependência.[33]

Parece-nos que, neste particular, assiste razão a Helio Tornaghi[34], quando corretamente afirma que não se exige qualquer relação jurídica entre o assistente e as partes principais do processo, bastando que os efeitos reflexos da sentença tragam prejuízo ou vantagem para o interesse jurídico do assistente.

Nelson Nery Junior, do mesmo modo, é preciso ao afirmar que "há interesse jurídico do terceiro quando a relação jurídica da qual seja titular possa ser reflexamente atingida pela sentença que vier a ser proferida entre assistido e parte contrária. Não há necessidade de que o terceiro tenha, efetivamente, relação jurídica com o assistido, ainda que isso ocorra na maioria dos casos".[35]

Luiz Guilherme Marinoni também afirma que a existência de relação jurídica entre o terceiro e a parte não integra o conceito de interesse jurídico

---

32. *Curso de Direito Processual Civil.* 31ª ed. Rio de Janeiro: Forense, 2000, pp. 124/125.

33. Ob. cit. p. 467.

34. *Comentários ao Código de Processo Civil.* São Paulo: RT, 1974, p. 224. vol. I. Tornaghi, entretanto, entende que há interesse jurídico na hipótese em que um credor pretende ingressar em processo em face de seu devedor, a fim de ver preservado o patrimônio deste, com o que, acompanhando a doutrina majoritária, não concordamos.

35. *Código de Processo Civil Comentado.* 7a ed. São Paulo: RT, 2003, p. 421. Nota de atualização: Em parecer, Nelson Nery Jr., na nota de rodapé 15, expressamente discordou do presente texto, que "possui equívocos graves", sem apontá-los: Ação de reparação de danos proposta por juiz federal em face de procurador da república. Objeto da demanda. Conteúdo falso de entrevista voluntariamente concedida para jornal de grande circulação. Ofensa à honra do juiz federal. Delimitação da quaestio iuris a partir da natureza e da particularidade da conduta do réu. Impossibilidade de intervenção da união e do ministério público federal no processo como assistentes do réu. Acerto da decisão do TRF-2.ª Região no agravo de instrumento interposto pelo autor. Medida cautelar proposta pelo Ministério Público Federal no Superior Tribunal De Justiça. Inadequação. Inconsistências das decisões do Superior Tribunal de Justiça no caso. *Revista de Direito Privado*, nº 29. São Paulo: RT, jan.-mar. de 2007, p. 293-351.

e, para confirmar seu raciocínio, invoca o clássico exemplo do tabelião que ingressa em processo em que se discute a existência de vício em escritura pública, em que se admite a assistência sem que haja relação jurídica.[36]

Nos dois recentes estudos específicos sobre assistência simples, encontramos uma preferência pela casuística, evitando os autores a elaborar um conceito prévio de interesse jurídico.

Em seu trabalho, Ubiratan de Couto Maurício afirma, inicialmente, que não se pode aplicar ao direito brasileiro o mesmo conceito de interesse jurídico fornecido pelo direito português, que acabou por consagrar fórmula de admissibilidade mais ampla, possibilitando a assistência em caso de haver apenas interesse de fato. Segundo este autor, "a circunstância do terceiro que pretende intervir como assistente simples ser titular da relação jurídica com a parte a qual deseja assistir, não quer dizer que, por si só, já esteja configurado interesse jurídico. O que é relevante para caracterizá-lo são os efeitos reflexos emergentes da sentença que, faticamente, poderão repercutir na esfera jurídica do terceiro, mesmo que não haja relação jurídica entre ele e a parte que pretende assistir, pois esta poderá existir e juridicamente não ser atingida pelos efeitos indiretos emanados da sentença proferida entre as partes".[37]

Em sua recente dissertação, João Luís Macedo dos Santos considera um importante parâmetro para a verificação da existência do interesse jurídico o entendimento retirado de julgamento do Supremo Tribunal Federal, segundo o qual deve partir-se da hipótese de vitória da parte contrária para indagar se dela adviria prejuízo juridicamente relevante.[38]

Esse breve e exemplificativo panorama doutrinário é suficiente para demonstrarmos a fluidez conceitual de *interesse jurídico*. De todo modo, as posições doutrinárias fornecem relevantes subsídios para a identificação concreta do interesse jurídico. A definição apriorística cabal do que seja interesse jurídico é extremamente difícil, como concluíram estes dois

36. Sobre o assistente litisconsorcial. *Revista de Processo*. São Paulo: RT, nº58, abril/junho de 1990.

37. Ob. cit., pp. 59/60.

38. *Assistência no Processo Civil Brasileiro*. Dissertação de mestrado. PUC-SP, 2001, p. 82. Inédito.

autores por último citados, de modo que em cada caso concreto é que será melhor verificado o conceito[39].

Essa dificuldade doutrinária se transfere para a jurisprudência, como fica evidente no seguinte excerto de um acórdão do Supremo Tribunal Federal, em que se procurava diferenciar o interesse jurídico do meramente econômico: "Não há como pôr em linha delimitada, estanque, um e outro: o interesse econômico penetra na vida jurídica assumindo sua legitimidade quando encontra na lei a expressão formal. E o interesse jurídico não é simples fórmula vazia, sem conteúdo, exprimindo muitas vezes, na maioria, um interesse econômico. Dizer até onde se estende um ou onde outro principia é tarefa que os doutos ainda não cumpriram; distinguir o domínio de um ou de outro não conseguiram ainda os estudiosos, oscilando em sentidos diversos, conforme a linha de pensamento, que sustentam, e a própria ideologia, a que servem".[40]

É diante desse quadro que tentaremos demonstrar que o interesse institucional pode ser uma forma de expressão do interesse jurídico.

4. O INTERESSE INSTITUCIONAL COMO EXPRESSÃO DO INTERESSE JURÍDICO

A partir das noções expostas no item anterior, procuraremos traçar as linhas básicas do que entendemos ser *interesse institucional*, a fim de tentarmos demonstrar que tal categoria de interesse pode ser uma forma de expressão do interesse jurídico que seja apto a autorizar o ingresso do Ministério Público como assistente simples em processo instaurado contra um de seus membros, sempre em razão de sua atuação funcional.

Como o Ministério Público possui personalidade judiciária, mas não possui personalidade jurídica, temos que examinar em quais hipóteses estaremos diante de temas que, por dizerem respeito diretamente a toda a Instituição e não exclusivamente à pessoa física de seu membro, transcendam a esfera jurídica do agente e recomende o ingresso no processo

39. MAURÍCIO. Ob. cit., p. 72.

40. Rel. Ministro Oscar Corrêa. 1ª Turma. A.I. 89.977, j. 24/03/83, *apud* ARRUDA ALVIM. *Assistência-Litisconsórcio. Repertório de jurisprudência e doutrina*. São Paulo: RT, 1986, p. 124.

do próprio Ministério Público, para, auxiliando a parte, evitar um prejuízo institucional.

A situação em que se nos afigura mais evidente a presença de interesse institucional é exatamente a hipótese envolvendo prerrogativas institucionais, direitos e garantias de membros do Ministério Público. Em princípio, portanto, apenas em processos em que se possa vislumbrar prejuízo institucional atual ou potencial dos membros do Ministério Público é que se faria presente o interesse jurídico. Em suma, a esfera jurídica do Ministério Público confunde-se com as prerrogativas, direitos e deveres de seus membros e o interesse institucional é que habilitará a Instituição a ingressar em processo como assistente simples. Tudo aquilo que não disser respeito à esfera pessoal do membro do Ministério Público será interesse institucional, já que o Promotor estará no exercício da função e, portanto, não haverá rigorosamente um agir individual e personalizado que possa ser destacado de seu vínculo funcional. O interesse institucional, portanto, transcende a esfera subjetiva do membro da Instituição, fazendo com que haja interesse do Ministério Público em que a sentença seja favorável a seu membro e, com isso, seja favorável à própria Instituição, que teria sua situação jurídica prejudicada em caso de vitória do adversário no processo.

A partir do momento em que o Ministério Público só se faz presente no processo por meio de um agente no exercício regular das funções, não há como desvinculá-los. O Ministério Público é uno e indivisível, de modo que, ao ser ajuizada uma ação em face de seu membro em razão de sua atuação funcional, automaticamente surge o interesse em que haja uma sentença favorável a ele, já que sua derrota inevitavelmente atingirá a própria Instituição. É por isso que se diz que o membro do Ministério Público, quando atua, "presenta"[41] a Instituição.[42]

---

41. Pontes de Miranda: "estar presente para dar presença à entidade de que é órgão" (*Comentários ao Código de Processo Civil*. 5ª ed. Rio de Janeiro: Forense, 2001, p. 288. tomo I). Ovídio Baptista da Silva expressamente aderiu a essa terminologia de Pontes de Miranda (*Comentários*.... cit. pp. 96/97).

42. "A unidade do Ministério Público não significa que qualquer de seus membros poderá praticar qualquer ato em nome da instituição, mas sim, sendo um só organismo, os seus membros 'presentam' (não representam) a instituição sempre que atuarem, mas a legalidade de seus atos encontra limites no âmbito da divisão de atribuições e demais garantias e princípios impostos pela lei" e pela Constituição (CARNEIRO, Paulo Cezar Pinheiro. *O Ministério Público no Processo Civil e Penal – Promotor Natural, Atribuição e Conflito*. 5ª ed. Rio de Janeiro: Forense, 1995, p. 44). Aproveitamos a oportunidade para reafirmar que somente o processo que envolver um agente que tenha atuado *regularmente*

Essa vinculação entre a Instituição e o seu agente levou Floriano Azevedo Marques a questionar o princípio do Promotor Natural, nos seguintes termos: "Minha crítica decorre do fato de ver na importantíssima legitimação do Ministério Público um caráter institucional da entidade Ministério Público e não do Promotor isolado. Até porque o Ministério Público, cada um daqueles que exerce sua função em alguma curadoria, quando se manifesta, não fala em nome pessoal, mas como membro do Ministério Público, com um peso institucional muito grande. Isso em alguns casos cria determinados exageros. Por exemplo, na Comarca do interior, o Promotor que se toma em brios, que entra em rusgas com o Prefeito e transforma sua atividade, a sua função em instrumento de sua sanha pessoal, que põe em comprometimento a própria figura institucional do Ministério Público. Levar adiante essa noção de 'Promotor Natural' implica lassear o caráter institucional no Parquet, imputando do promotor uma individualização que a Constituição não prevê".[43]

É exatamente essa noção de "caráter institucional" que legitima a intervenção do próprio Ministério Público como assistente simples, a fim de tutelar um interesse institucional.

Tentemos figurar alguns exemplos em que esteja presente o interesse institucional do Ministério Público, por estarem em debate questões que, como já afirmado, transcendem a esfera subjetiva do membro da Instituição:

A) Em determinada Comarca, é ajuizada uma ação em face de um Promotor de Justiça para que se abstenha de se pronunciar na imprensa sobre determinados fatos relacionados a processos em andamento, sob pena de multa diária. Nessa hipótese, entendemos que haveria interesse institucional a justificar a intervenção do Ministério Público, por meio do Procurador-Geral de Justiça, em razão de uma decisão que viole a livre

---

é que poderá ensejar a assistência da Instituição. A atuação desviante, exatamente por desbordar da atuação institucionalmente desejada, não abre caminho para o ingresso da Instituição no processo.

43. Discricionariedade administrativa e controle judicial da administração. *Processo Civil e Interesse Público*. Carlos Alberto de Salles (coord.). São Paulo: RT/APMP, 2003, p. 198. Em caso "sanha pessoal", evidentemente não haverá intervenção do Ministério Público em eventual processo contra o Promotor. Nesse caso, o interesse institucional será exatamente no sentido de punir, inclusive administrativamente, o desvio ocorrido no exercício anormal das funções. Sobre o sentido exato da noção do que se entende por "Promotor Natural", é imprescindível a leitura da obra de Paulo Cezar Pinheiro Carneiro citada na nota anterior (recentemente, houve reedição da obra).

manifestação pública (nos limites legais, evidentemente) causar prejuízo atual ou potencial a toda Instituição;

B) Imagine-se, ainda, que um prefeito ajuíze uma ação em face de um membro do Ministério Público alegando que as audiências públicas por ele promovidas, relatórios e recomendações por ele emitidos causam-lhe prejuízos morais e políticos junto à população e, não sendo função do Ministério Público interferir nos rumos da política local, requer que se abstenha de emitir qualquer relatório ou recomendação e a promover audiências públicas que se refiram à administração municipal, sob pena de pagamento de multa diária. Também aqui nos parece evidente a presença de interesse institucional, por se tratar de uma legítima atribuição do Ministério Público a promoção de audiência pública e a expedição de relatórios e recomendações;

C) Outra situação que revela a presença inequívoca de interesse jurídico institucional é a impetração de mandado de segurança por violação de direito líquido e certo de um membro do Ministério Público relacionado com exercício de suas funções. Em hipóteses desse jaez, a violação sempre será de um direito ou prerrogativa funcional, o que transcenderá a esfera subjetiva e pessoal do agente, habilitando a instituição a intervir no processo. São os seguintes os exemplos que podem ser formulados: desrespeito ao poder de requisição do Ministério Público; recusa de determinado juiz a intimar pessoalmente o Promotor de Justiça por meio de entrega dos autos com vista; impedir o acesso do Promotor de Justiça a determinadas dependências do fórum ou de qualquer outro órgão público. Em qualquer dessas hipóteses, a impetração de mandado de segurança pelo membro do Ministério Público habilita a intervenção da própria Instituição no processo. É certo que o membro do Ministério Público impetrará o mandado de segurança em nome da própria Instituição (como seu "presentante") e não em nome próprio, mas, em razão do interesse institucional, entendemos ser importante permitir a participação no processo do Procurador-Geral de Justiça, na condição de assistente.[44] Também é possível haver assistência no caso de o membro do Ministério Público ser apontado como autoridade coatora em mandado de segurança, desde que esteja envolvida alguma questão institucional.

---

44. Como veremos logo adiante, há construção teórica que aproxima tal hipótese da figura do *amicus curiae*.

No que se refere especificamente ao mandado de segurança, sabe-se que não é pacífica a possibilidade de haver intervenção de assistente simples[45], talvez pelo antigo costume de considerá-lo um *monstrum* isolado do sistema processual, para nos valermos da precisa lição de Barbosa Moreira.[46] Athos Gusmão Carneiro, que sempre entendeu possível a assistência em mandado de segurança, defende, em seu mais novo trabalho sobre o tema, que, "embora forte corrente jurisprudencial ainda considere incabível

---

45. São favoráveis: Ovídio Baptista da Silva (*Comentários...* cit. pp. 264/266), João Luís Macedo dos Santos (ob. cit. pp. 116/120, com algumas ressalvas em relação à assistência simples), Cássio Scarpinella Bueno (*Mandado de Segurança*. São Paulo: Saraiva, 2002, pp. 150/151), José Antônio Remédio (*Mandado de Segurança Individual e Coletivo*. São Paulo: Saraiva, 2002, pp. 285/288), Paulo Roberto de Gouvêa Medina (*Direito Processual* Constitucional. Rio de Janeiro: Forense, 2003, p. 150), Hely Lopes Meirelles (*Mandado de Segurança*. 22a ed. São Paulo: Malheiros, 2000, pp. 62/62), Sérgio Ferraz (*Mandado de Segurança*. 3ª ed. São Paulo: Malheiros, 1996, pp. 77/78), entre outros. A jurisprudência não é pacífica sobre o tema, como se vê na seguinte ementa do Superior Tribunal de Justiça, que bem demonstra a dimensão da controvérsia: "Processual Civil. Mandado de Segurança. Assistência. 1. A assistência não cabe em mandado de segurança, por: a) o art. 19, da Lei 1533, referir-se, exclusivamente, à admissão de litisconsórcio; b) o CPC, em face das dicções dos arts. 19 e 20, da Lei 1533, não é supletivo da lei que regula o procedimento do mandado de segurança; c) a lei prevê procedimento específico para o mandado de segurança, não cabendo ao intérprete ampliá-lo; d) a admissão de assistência em mandado de segurança cria obstáculo para a consecução da celeridade imposta para o seu curso. 2. Precedentes jurisprudenciais pela não admissão: *RTJ 123/722/ STF-RT 626/242; RDA 170/132; RSTJ 85/364; STJ RT 732/186; TFR - MAS 106.842, DJU 19.12.85, AI 90.01.11636-1, DJU 24.9.90, P. 22.063, TRF - 1ª R; REO EM MS 8.851, DJU 12.9.95, P. 59.865 TRF 2ª R, AI 94.04. 10.202.4, DJU 29.6.94, TRF - 4ª R; AI 44.240, DJU 19.11.82, p. 16.182, TFR; AI 90.01.024378, DJU 1.10.90, P. 22.817, TRF, 1ª Reg. 3. Posição contrária de Sérgio Ferraz, Alfredo Buzaid e Hely Lopes, além dos precedentes seguintes: AI 43.009, DJU 14.10.82, P. 10361, TFR; MS 90.01.03405-5, P. 22.060, TRF, 1ª Região; AI 89.01.22703-7, DJU 12.2.90, P. 1726, TRF, 1ª Região; RE 78.620, RTJ 72/220; REsp 39.937-8, DJU 5.6.95, P. 16.635, STJ."* (AGRMS 5690 / DF - DJ 24/09/2001, p.232 - Rel. Min. José Delgado).

46. "Antes de mais nada, convém reiterar asserto que há muito vimos pondo como premissa de qualquer argumentação em torno de problemas do mandado de segurança: esse instituto não é um monstrum sem parentesco algum com o resto do universo, uma singular esquisitice legislativa, uma peça exótica, uma curiosidade a ser exibida em vitrine ou em jaula para assombro dos passantes; é uma ação, uma espécie do gênero bem conhecido e familiar, cujas peculiaridades, sem dúvida dignas de nota, não a desligam do convivo das outras espécies, não a retiram do contexto normal do ordenamento jurídico, não a condenam em degredo em ilha deserta. À semelhança do que acontece com as figuras congêneres, o mandado de segurança está contido no âmbito normativo do processo civil e submete-se aos respectivos princípios e normas, sem prejuízo da regulamentação especial constante das leis que a ele especificamente dizem respeito" (Recorribilidade das decisões interlocutórias no processo de mandado de segurança. *Temas de Direito Processual*. São Paulo: Saraiva, 1997, p. 212. Sexta série. No mesmo volume, há outro trabalho primoroso sobre o tema: Mandado de segurança – uma apresentação. Há mais de trinta anos, Barbosa Moreira já se valia de sua corretíssima premissa, como se vê em seu *Direito Processual Civil*, Borsoi, 1971: Mandado de segurança e condenação em honorários de advogado).

qualquer modalidade de intervenção de terceiro na Ação de Mandado de Segurança, as mais ponderáveis razões jurídicas e pragmáticas indicam, neste momento em que o Direito busca a eficiência no processo, capacitando-o à justa resolução da lide com base em um contraditório amplo, a necessidade de abandonar a orientação restritiva e, assim, permitir que o terceiro interessado, máxime um Sindicato, possa intervir no processo do *mandamus*, quer como assistente litisconsorcial, quer em assistência simples, quer, quiçá, se a demanda versar matéria de interesse público, na qualidade de *amicus curiae*".[47]

Uma outra hipótese em que está presente o interesse jurídico é na ação de controle de constitucionalidade de dispositivo de lei orgânica institucional ou qualquer outra lei que afete de algum modo a Instituição. Nesse caso, embora não caiba intervenção de terceiros, pode o Ministério Público figurar como *amicus curiae* (art. 7º, § 2º, da Lei 9868/99)[48-49].

---

47. Mandado de Segurança. Assistência e *amicus curiae*. *Revista de Direito Processual Civil*, nº 27. Curitiba: Gênesis, janeiro/março de 2003, p. 195. Se acompanhássemos integralmente sua lição, o Ministério Público atuaria no mandado de segurança em que se debate questão institucional mais propriamente na condição de *amicus curiae*, tendo em vista o interesse público presente na questão. Entendemos, porém, que se trata mesmo de assistência, em razão do imediato interesse institucional e, portanto, jurídico, existente na causa.

48. A natureza da atuação do *amicus curiae*, no direito brasileiro, é controvertida. Fredie Didier Jr., por exemplo, entende que se trata de um auxiliar do juízo em questões técnico-jurídicas, não podendo ser equiparado com uma intervenção de terceiro, pois "seria o mesmo que se comparar a intervenção de um perito com a de um assistente" (*Recurso de Terceiro - Juízo de Admissibilidade*. São Paulo: RT, 2003, pp. 77/78 e 157/158). Sobre o tema, conferir, ainda, os seguintes trabalhos: MACIEL, Adhemar Ferreira. *Amicus curiae*: um instituto democrático. *Revista de Processo*. São Paulo: RT, nº106, abril/junho de 2002 e PEREIRA, Milton Luiz. *Amicus curiae* - intervenção de terceiros. *Revista de Processo*. São Paulo: RT, nº109, janeiro/março de 2003. Carlos Gustavo Del Prá, em interessantíssimo trabalho, entende que se trata uma forma especial de intervenção de terceiro (*O amicus curiae e a Assistência nas Ações Coletivas: a ampliação do debate como forma de participação democrática*. Trabalho apresentado no curso de mestrado da PUC/São Paulo -conclusão da disciplina ministrada pela Professora Doutora Thereza Alvim, 2003, p. 28. Inédito).

49. O Supremo Tribunal Federal assim vem se manifestando sobre a atividade do *amicus curiae*: "[...] cabe ter presente a regra inovadora constante do art. 7º, § 2º, da Lei nº 9.868/99, que, em caráter excepcional, abrandou o sentido absoluto da vedação pertinente à intervenção assistencial, passando, agora, a permitir o ingresso de entidade dotada de representatividade adequada no processo de controle abstrato de constitucionalidade. A norma legal em questão, ao excepcionalmente admitir a possibilidade de ingresso formal de terceiros no processo de controle normativo abstrato [...] No estatuto que rege o sistema de controle normativo abstrato de constitucionalidade, o ordenamento positivo brasileiro processualizou, na regra inscrita no art. 7º, § 2º, da Lei nº 9.868/99, a figura do *amicus curiae*, permitindo, em consequência, que terceiros, investidos de representatividade adequada, sejam admitidos na relação processual, para efeito de manifestação

Anote-se que o próprio Supremo Tribunal Federal vem admitindo a intervenção do Ministério Público como *amicus curiae* em ações diretas em que se veicule matéria de interesse institucional (o que não se confunde com o disposto no art. 482, § 1°, CPC, em que temos a clássica figura do *custos legis*[50]): "Tendo em vista a douta manifestação do eminente Procurador-Geral da República (fls. 42/44), no sentido do reconhecimento da legitimidade da intervenção do Ministério Público do Estado do Rio de Janeiro, nesta causa, na condição de *amicus curiae*, e considerando, ainda, o que dispõe o art. 7°, § 2° da Lei nº 9.868/99, defiro o pedido formulado a fls. 39/40, admitindo, em consequência, como colaborador informal da Corte [...] No estatuto que rege o sistema de controle normativo abstrato de constitucionalidade, o ordenamento positivo brasileiro processualizou a figura do *amicus curiae* (Lei nº 9.868/99, art. 7°, § 2°), permitindo que terceiros - desde que investidos de representatividade adequada - possam ser admitidos na relação processual, para efeito de manifestação sobre a questão de direito subjacente à própria controvérsia constitucional. - A admissão de terceiro, na condição de *amicus curiae*, no processo objetivo de controle normativo abstrato, qualifica-se como fator de legitimação social das decisões da Suprema Corte, enquanto Tribunal Constitucional, pois viabiliza, em obséquio ao postulado democrático, a abertura do processo de fiscalização concentrada de constitucionalidade, em ordem a permitir que nele se realize, sempre sob uma perspectiva eminentemente pluralística, a possibilidade de participação formal de entidades e de instituições que efetivamente representem os interesses gerais da coletividade ou que expressem os valores essenciais e relevantes de grupos, classes ou estratos sociais. Em suma: a regra inscrita no art. 7°, § 2°, da Lei nº 9.868/99 - que contém a base normativa legitimadora da intervenção processual do *amicus curiae* - tem por precípua finalidade pluralizar o debate constitucional." Em consequência da presente decisão, inclua-se, na autuação, como interessado (*amicus curiae*), o Ministério Público do Estado do Rio de Janeiro

sobre a questão de direito subjacente à própria controvérsia constitucional". ADI 2130 (MC) / SC - Min. Celso de Mello - DJ 02/02/2001, p. 145.

50. Como afirma Carlos Gustavo Del Prá, "nada impede, entretanto, que havendo já a necessária intervenção do Ministério Público como *custos legis*, outro órgão do Ministério Público, seja de grau hierarquicamente inferior ou mesmo de diferente atribuição territorial (não se trata de divisão de competência, mas mera divisão administrativa) pretenda intervir como *amicus curiae* para prestar informações em auxílio da melhor solução" (ob.cit. p. 22). [A referência ao dispositivo legal no corpo do texto tem como base o CPC vigente à época; no CPC atual, a referência é o art. 948).

(fls. 39/40), anotando-se, ainda, o nome de seu ilustre representante" (ADI 2540 / RJ – Min. Celso de Mello – DJ 08/08/2002, p.020).[51]

Vê-se, pois, que a existência de interesse institucional foi reconhecida expressamente pelo Supremo Tribunal Federal, o que corrobora nossa tese da possibilidade de o próprio Ministério Público se fazer presente em processo em que se discutam questões institucionais, mesmo que se trate de processo individual.

O Superior Tribunal de Justiça também já admitiu a defesa direta pelo Ministério Público de interesse institucional, ao julgar mandado de segurança impetrado pela Instituição, por meio de seu Procurador-Geral de Justiça, em que se discutia o poder de requisição de informações e de documentos.[52]

Ainda sobre a existência de interesse institucional como forma de interesse jurídico, temos a moderna abordagem de João Luís Macedo dos Santos, que identificou "o reconhecimento de outras situações não previstas pela doutrina clássica, mas que denotam a existência de algum interesse jurídico – consequentemente de um bem jurídico – a ser tutelado, sem que contudo haja relação direta com a lide posta em juízo ou relação direta com o adversário do assistido, vem sendo admitida pela jurisprudência".[53] Em outra passagem de sua dissertação, afirma o autor que, "por vezes, o interesse restará caracterizado a partir de uma necessidade de uma entidade de classe em velar pelas prerrogativas ou pelo cumprimento de normas atinentes ao exercício profissional. Assim, já se admitiu a intervenção da Ordem dos Advogados do Brasil, para o fim de ingressar em processo na qualidade de assistente simples de advogados demandados por atos praticados no exercício da profissão, tratando-se na espécie de indenização por dano moral".[54]

---

51. Também admitindo o ingresso do Ministério Público do Rio de Janeiro na condição de *amicus curiae*, confira-se a ADI 2735 / RJ – Min. Maurício Corrêa – DJ 05/03/2003, p. 025.

52. Mandado de Segurança nº 5370 (registro nº 970058928-5), julgado em 12/11/1997 pela Primeira Seção, com decisão unânime favorável ao pleito do Ministério Público. O relator foi o Ministro Demócrito Reinaldo e o Procurador-Geral de Justiça que impetrou o mandado de segurança pelo Ministério Público do Estado de São Paulo, inclusive fazendo uso de sustentação oral, foi Luiz Antônio Marrey. Íntegra do acórdão publicada na *Revista do Ministério Público do Estado do Rio de Janeiro*, nº 9.

53. Ob. cit. p. 79.

54. Ob. cit. p. 82. Sobre a intervenção da OAB, há que se ter em mente o disposto no art. 49, parágrafo único, da Lei 8906/94, de que trataremos oportunamente.

Note-se, por fim, para que fique completa a caracterização da possibilidade de o Ministério Público ser assistente, que, mesmo que para nós não seja da essência do instituto da assistência simples a existência de relação jurídica entre assistente e assistido, como já ressaltamos, sempre estará presente a relação funcional entre a Instituição e seu membro.

Nesses casos em que a causa de pedir e o pedido veiculados em ação em face de membro do Ministério Público se refiram diretamente a questões institucionais, ou seja, prerrogativas e direitos de todos os integrantes, a causa sempre transcenderá a pessoa física da parte para atingir toda a Instituição a que pertence, de modo que nos parece que a possibilidade de intervenção será automática, decorrendo do simples ajuizamento da ação. Em suma, nas hipóteses em que questões institucionais forem diretamente tratadas no processo, o interesse jurídico será automático, estando *in re ipsa* e autorizando sua intervenção como assistente[55].

5. INTERESSE INSTITUCIONAL E RESPONSABILIDADE CIVIL DIRETA DO MEMBRO DO MINISTÉRIO PÚBLICO

A possibilidade de intervenção do Ministério Público nos casos de responsabilidade civil imputada pessoal e diretamente a seu membro em razão de sua atuação funcional merece uma análise separada ao menos por três motivos: a) é o tipo de ação mais comum em face dos membros da Instituição; b) existência de peculiaridades que aparentemente dificultam o reconhecimento do interesse institucional; c) a análise do interesse jurídico deverá ser feita caso a caso, não decorrendo automaticamente.

Inicialmente, merece ser registrado que está longe de ser pacífico o tema da responsabilização direta do Juiz ou do membro do Ministério Público.[56] No estudo que realizou sobre a responsabilidade por atos do

55. Note-se que, intervindo o Ministério Público como assistente, no que se refere a eventuais despesas processuais, o art. 32 do Código de Processo Civil deverá ser aplicado em consonância com o que dispõe o art. 27 do mesmo Código [arts. 91 e 94 do atual CPC].

56. A redação final na Câmara dos Deputados da denominada "reforma do judiciário" (PEC nº 96/02) estabeleceu, no art. 95, § 3º da Constituição, unicamente a responsabilidade direta do Estado por ato do juiz, cabendo ação regressiva em caso de dolo, vedando-se, pois, a responsabilização direta do agente, o que se aplicará também ao Ministério Público. A título de ilustração, também é esta a disciplina em Portugal (art. 77 da Lei Orgânica

Ministério Público, por exemplo, Lafayette Ponde só forneceu hipóteses de responsabilidade direta do Estado.[57]

O Código de Processo Civil, por sua vez, em seus artigos 85 e 133, prevê a responsabilidade civil do "órgão do Ministério Público" e do Juiz, havendo divergência quanto à possibilidade de responsabilização direta dos agentes públicos.[58-59]

O Supremo Tribunal Federal, no mais recente julgamento sobre o tema de que temos notícia, entendeu que não é possível ajuizar a ação diretamente contra o agente público nesta hipótese. Confira-se a ementa do julgado: "Recurso extraordinário. Responsabilidade objetiva. Ação reparatória de dano por ato ilícito. Ilegitimidade de parte passiva. 2. Responsabilidade exclusiva do Estado. A autoridade judiciária não tem responsabilidade civil pelos atos jurisdicionais praticados. Os magistrados enquadram-se na espécie agente político, investidos para o exercício de atribuições constitucionais, sendo dotados de plena liberdade funcional no desempenho de suas funções, com prerrogativas próprias e legislação específica. 3. Ação que deveria ter

---

da Magistratura e do Ministério Público, lei nº 60, de 28/08/98). Merece registro, até para que não seja esquecida a tentativa de intimidação oficial do Ministério Público, o dispositivo da medida provisória 2088/35 de 2000, que acrescentou um parágrafo 11 no artigo 17 da Lei 8429/92, que previa a condenação pessoal do agente ao pagamento de multa em caso de "imputação manifestamente improcedente", não tendo havido reedição desta regra (confiram-se, sobre essas interferências oficiais no processo coletivo, as seguintes obras: ALMEIDA, Gregório Assagra de. *Direito Processual Coletivo Brasileiro*. São Paulo: Saraiva, 2003; BUENO, Cássio Scarpinella. *O Poder Público em Juízo*, 2ª ed. São Paulo: Saraiva, 2003). Sobre a responsabilidade direta do Juiz – e, consequentemente do Promotor de Justiça -, amplamente e com farta indicação bibliográfica: CAPPELLETTI, Mauro. *Juízes Irresponsáveis?* Porto Alegre: Sergio Antonio Fabris, 1989 (trad. Carlos Alberto Álvaro de Oliveira); LASPRO, Oreste Nestor de Souza. *A Responsabilidade Civil do Juiz*. São Paulo: RT, 2000.

57. Da responsabilidade civil do Estado por atos do Ministério Público. *Estudos de Direito Administrativo*. Belo Horizonte: Del Rey, 1995. Ressalte-se que o eminente Professor não afirma a possibilidade ou impossibilidade de haver responsabilidade direta; apenas não registra nenhuma hipótese.

58. Nelson Nery Junior, por exemplo, ao comentar o art. 85, afirma que a responsabilidade direta é do poder público, cabendo posterior direito de regresso; ao comentar o art. 133, entretanto, entende ser possível ajuizar a ação reparatória em face do poder público ou diretamente em face do magistrado (ob. cit. pp. 469 e 536) [arts. 181 e 143 do atual CPC].

59. José Carlos Barbosa Moreira defende que "à semelhança do dolo, da fraude e da omissão ou do retardamento injustificável, previsto no art. 133, também o erro grosseiro na condução do feito deveria acarretar a responsabilidade do juiz pelas perdas e danos causados à parte" (Reformas processuais e poderes do juiz. *Revista de Direito – TJ-RJ*. Rio de Janeiro: Espaço Jurídico, nº 56, julho/setembro de 2003, p. 23).

sido ajuizada contra a Fazenda Estadual – responsável eventual pelos alegados danos causados pela autoridade judicial, ao exercer suas atribuições -, a qual, posteriormente, terá assegurado o direito de regresso contra o magistrado responsável, nas hipóteses de dolo ou culpa. 4. Legitimidade passiva reservada ao Estado. Ausência de responsabilidade concorrente em face dos eventuais prejuízos causados a terceiros pela autoridade julgadora no exercício de suas funções, a teor do art. 37, § 6º, da CF/88. 5. Recurso extraordinário conhecido e provido".[60]

Entretanto, o fato é que em todo o país há diversas ações de responsabilidade civil ajuizadas contra membros do Ministério Público, em razão de suas atividades funcionais, o que faz com que tenha que se trabalhar com a possibilidade de intervenção da Instituição em tais hipóteses, já que os processos estão recebendo seguimento.

A dificuldade que surge para caracterizar o interesse institucional nestes casos é exatamente a natureza desta ação de responsabilidade civil, que exige que se descreva um comportamento ilícito individualizado do membro do Ministério Público, imputando-se-lhe um agir doloso ou fraudulento (art. 85, CPC revogado e art. 181 do atual CPC).[61]

Vê-se, pois, que nenhuma questão institucional, em princípio, será diretamente afetada em uma ação indenizatória e, além disso, a denominada "justiça da decisão" aparentemente em nada influirá na esfera jurídica do Ministério Público e não afetará nenhuma situação em processo posterior. A "justiça da decisão" nada mais é do que a fundamentação da sentença, já que na assistência a imutabilidade "não vai alcançar a parte dispositiva, e sim os motivos, a apreciação dos fatos que levaram à sentença na causa

60. RE 228977/São Paulo - Min. Néri da Silveira - DJ 12/04/02, p. 066. Apesar de o julgado referir-se à responsabilidade por ato do Juiz, aplica-se integralmente à hipótese de responsabilidade por ato de membro do Ministério Público.

61. Note-se que invariavelmente as iniciais não descrevem um agir doloso ou fraudulento, limitando-se a tecer considerações sobre supostos prejuízos sofridos pelo autor em razão de uma ação em tese "temerária". Tal fato deveria ensejar ou indeferimento da inicial por falta de interesse processual ou sua inépcia pela impossibilidade jurídica do pedido (ou impossibilidade jurídica da demanda, já que a causa de pedir é que é "impossível", para nos valermos da lição de Cândido Rangel Dinamarco. Ob. cit. pp. 298/299. Vale conferir a abordagem crítica sobre as denominadas "condições da ação" realizada por Fredie Didier Junior: Réquiem para as condições da ação: estudo analítico sobre a existência do instituto. *Revista Forense*. Rio de Janeiro: Forense, nº 351, julho/setembro de 2000.). No entanto, as ações vêm sendo admitidas, sem que haja um rigoroso exame de seus termos.

em que houve assistência".[62] Na hipótese de ação de responsabilidade civil, a fundamentação da sentença cuidará apenas da análise da atuação subjetiva específica de um Promotor de Justiça, não havendo um exame direto de questões institucionais.

Além disso, por não possuir personalidade jurídica, não é simples a verificação de como a esfera jurídica do Ministério Público poderá ser afetada por um processo individual de responsabilidade civil. No mais das vezes, a esfera jurídica do Estado é que será afetada pelos atos do Ministério Público ou de qualquer outro agente público, embora já tenha havido decisão vinculando o pagamento de verbas de sucumbência ao orçamento da Instituição.[63]

Diante desse quadro, repita-se, afigura-se mais difícil a caracterização do interesse institucional, o que faz com que se recomende uma mudança de enfoque no instituto da assistência.

Realmente, se nos ativermos apenas aos efeitos naturais da sentença e sua relação com o assistente, dificilmente veremos possibilidade de o Ministério Público intervir no processo nessa condição.

Entretanto, a questão deve ser resolvida pela óptica do interesse institucional de evitar que processos aparentemente apenas individuais acabem por prejudicar toda uma Instituição, já que ninguém duvida que a possibilidade de condenação de um membro do Ministério Público por ato cometido no regular exercício de suas funções acabe por criar uma situação desfavorável mais ampla, que transcenda a esfera individual e atinja indistintamente, como fato, todos os membros e, consequentemente, a própria Instituição.

Com efeito, ao ser ajuizada uma ação responsabilizando um membro da Instituição por atos decorrentes de sua atuação funcional, o próprio

---

62. BARBI. Ob. cit. p. 182. Amplamente: MAURICIO. Ob. cit. pp. 129/134.

63. No Rio Grande do Sul, o Tribunal de Justiça condenou o Ministério Público ao pagamento das verbas de sucumbência em ação coletiva, esclarecendo que o Estado seria responsável pelo pagamento das despesas, em razão da ausência de personalidade jurídica da Instituição, mas a verba deveria ser descontada do orçamento destinado ao Ministério Público (Ap. 592.0668-8, j. 16/03/1993, rel. Dês. Araken de Assis. A íntegra do acórdão e os comentários de Luís Alberto Thompson Flores Lenz sobre a decisão estão na *Revista de Processo* nº 84. São Paulo: RT, outubro/dezembro de 1996). Vê-se que, a se acolher o raciocínio deste julgado, o Ministério Público poderá ser atingido diretamente por razões orçamentárias mesmo sem possuir personalidade jurídica.

Ministério Público é que estará sendo indiretamente responsabilizado, havendo interesse institucional em auxiliar seu agente, a fim de resguardar a própria Instituição, que poderá sofrer prejuízo jurídico no caso de uma condenação. O prejuízo jurídico na hipótese decorre, além da própria posição ocupada pelo Ministério Público em um Estado Democrático de Direito, que exige uma postura preocupada com a qualidade do agir de seus membros, da possibilidade de a independência funcional de seus membros ser ameaçada. O Ministério Público tem que estar imune a quaisquer ameaças – externas e internas – a sua independência funcional, sob pena de se tornar uma Instituição atrofiada e meramente decorativa. A independência funcional é o que assegura a atuação digna do Ministério Público e o modo de neutralizá-lo passa necessariamente por arranhar esse fundamental princípio institucional. O simples risco de a independência funcional ser ameaçada é suficiente para caracterizar o interesse institucional que autoriza o ingresso do Ministério Público no processo.

Não se pode negar com seriedade que interessa a muitos um Ministério Público acuado, com medo de agir[64]. O ajuizamento de ações contra

64. O jornal "O Estado de São Paulo", na edição do dia 19/04/99, atribuiu a seguinte frase à Deputada Zulaiê Cobra, relatora na Câmara da denominada "reforma do Judiciário": *"O Ministério Público está acabando com as prefeituras, vamos acabar com ele"* (*apud* ARANTES, Rogério Bastos. *Ministério Público e Política no Brasil*. São Paulo: Sumaré/Educ, 2002, p. 267, nota 23). O ex-Ministro de Estado Eduardo Jorge Caldas Pereira, que está processando dois Procuradores da República, vê o Ministério Público como integrante de um "esquadrão da morte moral" e considera que "não pode haver, sob nenhuma hipótese, uma instituição sem controle, como é hoje o Ministério Público no Brasil. Ali não há hierarquia, nem alguém com autoridade para dizer basta, para coibir o abuso. Alguns procuradores formam um grupo que se investiu no direito divino de fazer o bem ou o mal, de punir ou julgar sem o devido processo legal e sem se ater aos parâmetros da lei para definir o que é certo e o que é errado. Avaliam pelos seus preconceitos políticos ou ideológicos. Para sobreviver como instituição respeitada, o Ministério Público terá de ser reformulado. A sociedade brasileira tem que prestar atenção para não cair nisso de novo. Nunca é demais lembrar: os esquadrões da morte surgiram exatamente pelas mãos de policiais que todos achavam bem intencionados, que queriam apenas reprimir o crime" (*apud* ROSA, Mário. *A Era do Escândalo*. São Paulo: Geração Editorial, 2003, pp. 217/218). José Dirceu, o mais importante ministro da atualidade, afirmou o seguinte: "eu quero colocar os pingos nos is nesse negócio do Ministério Público no Brasil. Não vou deixar isso barato não. O Ministério Público vem fazendo violências legais a todo momento e continua" (coluna do jornalista Merval Pereira. Jornal O Globo, dia 23/03/04). Como contraponto, vale transcrever trechos de uma crônica do escritor Luís Fernando Veríssimo ("O Estado de São Paulo, dia 03/01/01): "O óbvio neste caso é que está em curso um processo de intimidação do Ministério Público, que querem amordaçar de um jeito ou de outro. [...] O Ministério Público está apenas fazendo seu trabalho. Estão se excedendo? Promotores de Justiça com vontade de aparecer são a melhor novidade da República nestes últimos anos. Contrapartida direta da proliferação de corruptos e

Promotores e Procuradores que exercem regularmente suas funções é, indubitavelmente, um dos meios que réus em ações coletivas ou investigados em inquéritos civis têm utilizados para tentar intimidar o agente que atua de modo independente. Está se configurando uma situação lamentável: o processo está sendo utilizado como instrumento de intimidação do Ministério Público. Diante desse quadro, o interesse institucional de participar desses processos auxiliando seu membro é inegável.

Emerson Garcia trata com propriedade da questão, valendo transcrever excertos de sua recente obra:

> "Ante o teor dessa constatação, certamente será oposta a objeção de que a pretensão deduzida na ação de reparação de danos tem natureza patrimonial, em nada afetando o Ministério Público. Não obstante a engenhosidade do argumento, nele não se divisa um verdadeiro obstáculo, mas tão-somente um percalço facilmente transposto. Justifica-se a assertiva, pois o pedido não é o único elemento de uma ação, a ele devendo ser acrescidas as partes e a causa de pedir, o que torna despiciendas maiores digressões para se constatar que este último elemento está diretamente imbricado com as prerrogativas dos membros do Ministério Público e a própria subsistência da Instituição. O pedido somente haverá de ser julgado procedente em sendo encampada a causa de pedir, e esta se encontra diretamente relacionada à posição do Ministério Público no cenário jurídico, o que é suficiente para demonstrar o interesse jurídico da Instituição em pleitear a sua intervenção no feito como assistente simples.
>
> Frise-se, ainda, que o fato de os motivos da sentença não fazerem coisa julgada (art. 469 do CPC) em nada afeta o que foi dito. Como é do conhecimento de todos, o ordenamento jurídico pátrio encampa a denominada ação declaratória incidental (art. 325 do CPC), o que permite que o autor requeira que o juízo profira sentença incidente sempre que o réu contestar o direito que constitui fundamento do pedido. Possível ação dessa natureza permitiria fosse judicialmente reconhecida a impossibilidade da prática de determinado ato funcional por membro do Ministério Público, o que traria, ante à natureza

---

corruptores com vontade de não aparecer". E ainda o seguinte texto do jornalista Marcos Sá Corrêa: "Será por coincidência que o país discute o controle do Ministério Público na hora em que ele apura, sozinho, o que o PT fazia em Santo André quando morreu Celso Daniel? O Governo se livrou de CPIs. Livrá-lo dos Promotores parece ser o sonho de qualquer ditadura" (*nominimo.ibest.com.br – acesso em 15/04/04).*

do precedente, sério comprometimento ao ulterior exercício funcional. Mesmo que a ação declaratória incidental não venha a ser manejada, será inevitável o enfraquecimento da posição jurídica do Ministério Público, pois, não só o agente demandado, como os demais serão constantemente premidos pelo receio de sofrerem vultosas perdas patrimoniais pelo simples fato de exercerem suas funções. [...]

Na medida em que a Instituição não goze de características existenciais que consubstanciem um ser com individualidade própria, afigura-se evidente que qualquer ato a ser por ela praticado haverá de ser fruto de um elemento volitivo humano, que se originará de um de seus múltiplos agentes. Assim, como já foi dito, punindo-se um agente pelo simples fato de estar exercendo suas atividades laborativas, punida será a própria Instituição, já que os princípios constitucionais da unidade e da indivisibilidade demonstram que qualquer ato praticado pelos agentes do Parquet, no estrito e regular exercício de suas funções, deve ser imputado àquele; possível condenação redundará, ainda, em indiscutível enfraquecimento das relações funcionais mantidas entre o Ministério Público e os seus agentes, pois sobre suas cabeças sempre penderá uma 'espada de Dâmocles', sujeitando-os a perdas patrimoniais sempre que exerçam suas funções.

Repita-se, uma vez mais, que o mérito da questão longe passa da vida privada do agente ministerial, terminando por se interpenetrar com os objetivos institucionais do próprio Ministério Público, tendo as ações propostas, regra geral, nítido caráter intimidativo. A intervenção do Ministério Público, é importante frisar, não deve buscar, em uma desenfreada manifestação de corporativismo, acobertar ilícitos oriundos do dolo e da fraude. À Instituição compete aferir a conduta de seus membros e, em divisando a licitude no agir, lançar-se à preservação do vínculo funcional, sendo tal obrar legítimo até que, esgotadas todas as vias recursais, termine o Judiciário por encampar a tese contrária. Embasando-se o pleito de intervenção na licitude do agir, deve ser ele acolhido, possibilitando-se à Instituição a apresentação dos argumentos e a produção das provas conducentes a essa conclusão."[65]

65. *Ministério Público: Organização, Atribuições e Regime Jurídico*. Rio de Janeiro: Lumen Juris, 2004, pp. 446/449.

Também o Ministério Público do Estado do Rio Grande do Sul tratou do tema com precisão[66]:

> "O objetivo é preservar a atuação ministerial, apoiando seus membros a atuar com real independência e autonomia, e não acobertar eventuais excessos cometidos no exercício de suas funções. Em suma: a intervenção não é obrigatória, em qualquer hipótese. É apenas possível, do ponto de vista técnico. [...] Se um membro da Instituição está sendo acionado judicialmente porque atuou com rigor, quiçá atingindo interesses econômicos de terceiros, parece-nos razoável que a Instituição a qual pertence possa auxiliá-lo em sua defesa, não por simpatia pessoal, mas porque, defendendo interesse alheio, isto é, do assistido, o assistente indireta e mediatamente defende o seu próprio interesse - o de ver respeitado o exercício das funções do Ministério Público com a amplitude que lhe foi dada pela Constituição Federal".

Ao mesmo tempo, não se pode negar a possibilidade de efetivamente haver uma atuação abusiva por parte de determinado membro do Ministério Público. Havendo casos em que realmente tenha havido desvio na atuação do Promotor ou Procurador, evidentemente a Instituição não terá nenhum reflexo desfavorável em sua situação jurídica, de modo que não intervirá em hipóteses dessa espécie. A rigor, o próprio Ministério Público terá interesse em apurar devidamente o caso e tomar as medidas administrativas cabíveis, já que o uso do cargo para fins anormais é uma agressão à própria Instituição, mas não estará configurado o interesse institucional nos moldes apresentados no item anterior.

Exatamente pelas peculiaridades das ações de responsabilidade civil é que afirmamos que o interesse institucional não estará presente automaticamente em hipóteses de processos em que se discuta a responsabilidade civil de membro do Ministério Público. Somente na análise do caso concreto é que será possível aferir a presença do interesse que legitima a intervenção do Ministério Público como assistente. Caso se entenda que a atuação funcional de seu membro foi regular, o Ministério Público poderá intervir no processo para auxiliá-lo; caso vislumbre a existência de dolo ou fraude, não haverá intervenção. Em havendo o ingresso do Ministério Público como assistente e, no curso do processo, a instrução revelar que houve atuação

66. Expedientes administrativos citados na nota 7.

irregular de seu membro, simplesmente a Instituição desistirá da assistência, o que pode ser feito em qualquer momento processual.[67]

Sobre essa necessidade do exame preliminar da atuação do membro do Ministério Público, assim se manifestou o Ministério Público do Estado do Rio Grande do Sul, no expediente administrativo já citado:

> "a análise do cabimento do pedido de intervenção do Ministério Público em processos da espécie há de ser feita à vista do caso concreto, pois não há que se confundir independência funcional e inviolabilidade das manifestações processuais com eventuais excessos praticados pelo agente no exercício da função, incompatíveis com o interesse público que serve de fundamento às garantias institucionais."

Em resumo, haverá interesse institucional e, portanto, interesse jurídico apto a autorizar o ingresso do Ministério Público no processo na condição de terceiro apenas se a atuação funcional de seu membro houver sido regular, porque, nessa situação, poderá ser prejudicado o princípio institucional da independência funcional. Caso se vislumbrem excessos na atuação do promotor ou procurador, a Instituição não intervirá, já que o instituto da assistência não se presta a ser mero escudo corporativo.

A assistência do Ministério Público deve ser vista como instrumento de proteção de suas garantias institucionais, não podendo ser confundida com um modo indiscriminado de proteger eventuais ilegalidades de seus membros. A intervenção do Ministério Público como terceiro deve servir apenas para que a Instituição permaneça inabalável na defesa do Estado Democrático de Direito.

6. O MINISTÉRIO PÚBLICO COMO ASSISTENTE SIMPLES: A NECESSIDADE DE UMA NOVA LEITURA DO INSTITUTO DA ASSISTÊNCIA

Certamente, a proposta veiculada neste trabalho causará perplexidade, caso o instituto da assistência seja pensado em seus moldes clássicos, limitado ao direito individual e, normalmente, patrimonial.

67. MAURÍCIO. Ob. cit. pp. 120/121.

Fredie Didier Júnior, com razão, assinala que toda a construção dogmática acerca dos institutos da intervenção de terceiros pauta-se por ideias criadas na época em que o processo tinha uma concepção puramente individualista, servindo como mecanismo de solução de conflitos individuais, destacando que o fenômeno interventivo diz respeito, sobretudo, ao problema da legitimidade, que sofre inúmeras derrogações com o aprimoramento da tutela coletiva.[68]

Nesse sentido, entendemos que deve ser conferido um novo enfoque ao ingresso do terceiro no processo, a partir da concepção constitucional do amplo acesso à justiça e da necessidade de um debate democrático em processos que na realidade transcendem os direitos das partes envolvidas, de modo que se confira à assistência o máximo de eficácia que a nova realidade jurídica autoriza.[69]

Estamos vivendo uma época em que não só o direito processual, mas também o direito material vem se modificando e o Ministério Público assume particular posição nessa mudança do direito, especialmente em razão de seu novo perfil constitucional, que possibilitou sua presença do denominado "processo civil de interesse público".[70]

---

68. Ob. cit. p. 85.

69. Sobre este ponto, assim se manifesta Carlos Gustavo Del Pra: "Assim, essa constatação, aliada à garantia constitucional do acesso à justiça (art. 5º, XXXV, da CF) e do devido processo legal (art. 5º, LIV, da CF), parece impor a seguinte conclusão: para aquelas ações que naturalmente dizem respeito a interesses que extrapolam a esfera individual e abarcam interesses de relevância pública ou social (ações para tutela de interesse público ou coletivo lato sensu, como, v.g., ação civil pública e ação direta de inconstitucionalidade) deve-se proceder a uma interpretação voltada para a admissibilidade da intervenção de terceiros propriamente dita. [...]Da mesma forma que a assistência, a intervenção do *amicus curiae*, admissível em ações de substrato público, demanda uma interpretação que lhe extraia o máximo de sua essência, sob pena de neutralizar uma inovação que declaradamente veio para aperfeiçoar a prestação jurisdicional. Antes, contudo, tratemos de sua origem e estrutura." (ob. cit. pp. 03 e 05).

70. Cf. *Processo Civil e Interesse Público*. Carlos Alberto de Salles (coord.). São Paulo: RT/APMP, 2003. Apesar de a atuação penal do Ministério Público ser praticamente a mesma desde o Império, conforme afirmação feita por Diaulas Costa Ribeiro em sua tese de doutoramento (*Ministério Público – dimensão constitucional e repercussão no processo penal*. São Paulo: Saraiva, 2003, p. 1), também nesta área começa a se esboçar uma atuação diferente, principalmente nos casos em que há investigação a cargo de seus membros. Em todo caso, essa mudança ainda é extremamente incipiente e, como era de se esperar, vem encontrando forte resistência, inclusive do Supremo Tribunal Federal.

No processo civil, estamos sendo convidados a reler princípios e a renunciar a dogmas[71] e é o que procuramos fazer neste trabalho. Temos uma nova realidade no Direito Material, especialmente no Direito Público, e no Direito Processual, tanto assim que se fala em um novo ramo – o Direito Processual Coletivo[72] –, com amplo destaque ao papel do Ministério Público.

Estamos, portanto, diante de uma nova situação, que não pode ser resolvida pela simples aplicação de raciocínios estabelecidos em outra realidade, em uma espécie de interpretação retrospectiva, para nos valermos de mais uma expressão de Barbosa Moreira.

Um exemplo de como *não* se deve resolver a questão debatida neste trabalho foi fornecido por uma decisão do Tribunal de Justiça do Estado do Rio de Janeiro, que analisou a questão como se tratasse de hipótese de intervenção como *custos legis* e ainda exigiu que houvesse lei autorizando expressamente eventual intervenção do Ministério Público como assistente, como se não houvesse o Código de Processo Civil e a Constituição.[73]

O Direito não pode ser interpretado sem que haja uma leitura sistemática[74], sob pena de chegarmos a conclusões juridicamente insustentáveis como esta antes mencionada.

---

71. É o que propõe Cândido Rangel Dinamarco em sua mais nova obra: *Nova Era do Processo Civil*. São Paulo: Malheiros, 2003.

72. Trata-se do denso estudo de Gregório Assagra de Almeida, já citado na nota 56.

73. Agravo de Instrumento 2002.002.17853 - 12ª Câmara Cível - Rel. Des. Helena Belc Klausner, julgado em 30-10-02. Seguem alguns trechos, não sem antes assinalar que se tratou de decisão com base no art. 557, §1º, Código de Processo Civil, sendo que não há nenhuma jurisprudência dominante ou súmula sobre o tema, o que não deixa de ser curioso (de todo modo, a Câmara confirmou posteriormente a decisão, ao julgar embargos de declaração): "*In casu* a assistência é uma modalidade de intervenção espontânea direcionada aos feitos onde predomina o suporte patrimonial, pendendo causa entre pessoas, daí exsurgindo que não se justifica que um órgão institucional, constitucionalmente incumbido da defesa da ordem jurídica, do regime democrático e dos interesses sociais e individuais indisponíveis possa intervir no feito, mesmo em se tratando o réu de membro do nosso nobre Parquet, não tem atribuição o Ministério Público para atuar de qualquer modo no caso enfocado por sua natureza institucional, posto que está legitimado tão somente a atuar como parte ou intervir como *custos legis*, jamais como assistente simples em pleito de natureza patrimonial, seja qual for o suporte da ação enviada em face de um de seus membros."

74. "Não se interpreta o direito em tiras, aos pedaços [...] Um texto de direito isolado, destacado, desprendido do sistema jurídico, não expressa significado normativo algum". (GRAU, Eros Roberto. *Ensaio e Discurso sobre a Interpretação/Aplicação do Direito*. São Paulo: Malheiros, 2002, p. 34).

Além de o próprio sistema já autorizar a intervenção do Ministério Público como assistente, na medida em que é reconhecida a existência de interesse institucional, é importante lembrar que vem ocorrendo uma abertura legislativa do instituto da assistência, já que o legislador pode dispensar a existência de efetivo interesse jurídico para o ingresso de terceiro no processo.[75] O artigo 5º da lei nº 9469/97 dispensa a demonstração da existência de interesse jurídico por parte das pessoas que enumera e o artigo 49, parágrafo único, da Lei 8906/94, autoriza a OAB ser assistente de um de seus membros em caso de violação de direitos da classe.[76] Essa tendência de abertura, embora realmente sejam discutíveis os critérios adotados, deve ser levada em consideração na moderna interpretação da assistência.

Na realidade, o critério utilizado pelo legislador, ao estabelecer os requisitos para o ingresso de um terceiro em processo pendente, responde a "motivos de política judiciária", como bem identificou Donaldo Armelin, que prossegue afirmando que, "a rigor, a regra que deveria presidir a outorga aos terceiros de legitimidade para intervir em processo alheio seria a que estabelecesse um justo equilíbrio entre a lesividade do prejuízo emergente de tal processo para o terceiro e as consequências negativas para as partes da intervenção desse terceiro no processo".[77]

No caso da intervenção do Ministério Público, a nova realidade jurídica recomenda sua atuação como assistente nas hipóteses que delimitamos, sendo inegável que há um justo equilíbrio entre a extrema lesividade que pode emergir do processo e as consequências de sua intervenção, recomendando-se, pois, a admissibilidade desta intervenção.

75. Cf. DIDIER JR., Fredie. Ob. cit. pp. 29 e 31, que, contudo, considera inconstitucional o disposto no art. 5º da Lei 9.469/97 (p. 109).

76. A OAB necessita dessa autorização legislativa por ser uma entidade de classe, não havendo, pois, como demonstrar algo equivalente ao que estamos denominando de *interesse institucional*, já que sempre o advogado estará agindo individualmente e no próprio nome, no que se refere à dimensão de seus atos.

77. *Embargos de Terceiro*. Tese de doutoramento. PUC/SP, 1981, p. 26. Inédito.

7. OBSERVAÇÕES FINAIS

Todo processo possui uma dimensão de interesse público, não cabendo mais a antiga ideia de que seja mera "coisa das partes", como se pertencesse somente aos litigantes.[78] Certamente essa dimensão de interesse público comporta gradação, mas sem dúvida um processo "individual" em que se discutam questões institucionais possui carga de interesse público suficiente para autorizar o ingresso de um terceiro, no caso o próprio Ministério Público, que tenha seu interesse institucional em risco.

A maior visibilidade[79] alcançada pelo Ministério Público, especialmente por meio de atuações firmes contra interesses que até então não eram "importunados", veio acompanhada de uma forte reação, que encontrou um de seus instrumentos de intimidação nas ações ajuizadas diretamente contra seus membros. Possibilitar a participação da Instituição nesses processos é homenagear o próprio interesse público e o próprio Estado Democrático de Direito, já que o que menos se precisa neste país é de um Ministério Público fraco e omisso. O Ministério Público tem que se preservar e a intervenção como assistente é um dos diversos meios legítimos de que dispõe.

Em tempos em que ser processado pelo Ministério Público constitui-se praticamente em ofensa pessoal e a improcedência de um pedido formulado por um Promotor ou Procurador é sinônimo de atuação leviana, como se apenas ao Ministério Público estivesse reservada a teoria concreta da ação, é necessário que a Instituição também cuide de sua própria preservação, especialmente se estiver em risco a fundamental independência funcional.

Possibilitar a intervenção do Ministério Público como assistente simples em processo contra seus membros, em razão de legítima atuação funcional, a partir da noção de interesse institucional, é fazer com que o processo sirva às partes, mas também, e sobretudo, à sociedade[80], que é a quem, afinal, serve uma Instituição atuante e independente.

---

78. Por todos: BARBOSA MOREIRA: O processo, as partes e a sociedade. *Revista Dialética de Direito Processual*. São Paulo: Dialética, n°5, agosto de 2003.

79. Segundo Maria Tereza Sadek, "poucas vezes - se alguma - presenciou-se, em tão curto espaço de tempo, uma instituição sair da obscuridade alçando-se para o centro dos refletores. Quer atuando nos limites de suas atribuições legais, quer promovendo atividades fora do gabinete, os integrantes do Ministério Público vêm marcando presença e, consequentemente, provocando reações" (Cidadania e Ministério Público. *Justiça e Cidadania no Brasil*. São Paulo: Edesp/Sumaré, 2000, p. 11).

80. "E o processo deve, sim, servir às partes; mas deve também servir à sociedade" (BARBOSA MOREIRA. O processo... cit. p. 40).

8. BIBLIOGRAFIA

ALMEIDA, Gregório Assagra de. *Direito Processual Coletivo Brasileiro – um novo ramo do direito processual*. São Paulo: Saraiva, 2003.

ALVIM, Thereza. Da assistência litisconsorcial no Código brasileiro. *Revista de Processo*. São Paulo: RT, nº 11/12, julho/dezembro de 1978.

______ *Direito Processual de Estar em Juízo*. São Paulo: RT, 1996.

ARANTES, Rogério Bastos. *Ministério Público e Política no Brasil*. São Paulo: Sumaré/ Educ, 2002.

ARMELIN, Donaldo. *Embargos de Terceiro*. Tese de doutoramento. PUC/SP,1981. Inédito.

ARRUDA ALVIM. Assistência. *Revista de Processo*. São Paulo: RT, nº 6, abril/junho de 1977.

______ *Manual de Direito Processual Civil*. 7ª ed. São Paulo: RT, 2001. vol. 2;

______ Assistente simples. *Direito Processual civil – 1 (coleção estudos e pareceres)*. São Paulo: RT, 1995.

______ e ARRUDA ALVIM, Teresa. *Assistência-Litisconsórcio. Repertório de jurisprudência e doutrina*. São Paulo: RT, 1986.

BARBI, Celso Agrícola. *Comentários ao Código de Processo Civil*. 9ª ed. Rio de Janeiro: Forense, 1994. vol. I.

BARBOSA MOREIRA, José Carlos. O processo, as partes e a sociedade. *Revista Dialética de Direito Processual*. São Paulo: Dialética, nº5, agosto de 2003.

______ Recorribilidade das decisões interlocutórias no processo de mandado de segurança. *Temas de Direito Processual*. Sexta série. São Paulo: Saraiva, 1997.

______ Reformas processuais e poderes do juiz. *Revista de Direito – TJ-RJ*. Rio de Janeiro: Espaço Jurídico, nº 56, julho/setembro de 2003.

BUENO, Cassio Scarpinella. *Partes e Terceiros no Processo Civil Brasileiro*. São Paulo: Saraiva, 2003.

______ Processo Civil de Interesse Público: uma proposta de sistematização. *Processo Civil e Interesse Público*. Carlos Alberto de Salles (coord.). São Paulo: RT/ APMP, 2003.

CAPPELLETTI, Mauro. *Juízes Irresponsáveis?* (trad. Carlos Alberto Álvaro de Oliveira). Porto Alegre: Sergio Antonio Fabris, 1989.

CARNEIRO, Athos Gusmão. Mandado de Segurança. Assistência e *amicus curiae*. *Revista de Direito Processual Civil*, nº 27. Curitiba: Gênesis, janeiro/março de 2003.

CARNEIRO, Paulo Cezar Pinheiro. *O Ministério Público no Processo Civil e Penal – Promotor Natural, Atribuição e Conflito*. 5ª ed. Rio de Janeiro: Forense, 1995.

CRUZ, José Raimundo Gomes da. *Pluralidade de Partes e Intervenção de Terceiros*. São Paulo: RT, 1991.

DEL PRÁ, Carlos Gustavo. *O* Amicus Curiae *e a Assistência nas Ações Coletivas: a ampliação do debate como forma de participação democrática*. Trabalho apresentado no curso de mestrado da PUC/São Paulo (conclusão da disciplina ministrada pela Professora Doutora Thereza Alvim), 2003. Inédito;

DIDIER JR., Fredie. *Recurso de Terceiro – Juízo de Admissibilidade*. São Paulo: RT, 2003.

______ Réquiem para as condições da ação: estudo analítico sobre a existência do instituto. *Revista Forense*. Rio de Janeiro: Forense, nº 351, julho/setembro de 2000.

DINAMARCO, Cândido Rangel. *Instituições de Direito Processual Civil*, São Paulo: Malheiros, 2001. vol. II.

GARCIA, Emerson. *Ministério Público: Organização, Atribuições e Regime Jurídico*. Rio de Janeiro: Lumen Juris, *no prelo*.

GONZÁLEZ, Atilio Carlos. La legitimación de los terceros en el proceso civil. *La Legitimación – Homenaje al Profesor Doctor Lino Henrique Palacio*. Augusto M. Morello (coord.). Buenos Aires: Abeledo-Perrot, 1996.

GRECO FILHO, Vicente. *Da Intervenção de Terceiros*. São Paulo: Saraiva, 1986.

LASPRO, Orestes Nestor de Souza. *A Responsabilidade Civil do Juiz*. São Paulo: RT, 2000.

LENZ, Luiz Alberto Thompson Florez. Da responsabilidade do Ministério Público pela sucumbência na ação civil pública. *Revista de Processo*. São Paulo: RT, nº 84, outubro/dezembro de 1996.

LOPES DA COSTA, Alfredo de Araújo. *Direito Processual Civil Brasileiro*. 2ª ed. Rio de Janeiro: Forense, 1959. vol. I.

MACIEL, Adhemar Ferreira. *Amicus curiae*: um instituto democrático. *Revista de Processo*. São Paulo: RT, nº106, abril/junho de 2002.

MARINONI, Luiz Guilherme. Sobre o assistente litisconsorcial. *Revista de Processo*. São Paulo: RT, nº58, abril/junho de 1990.

MARQUES, Floriano Azevedo. Discricionariedade administrativa e controle judicial da administração. *Processo Civil e Interesse Público*. Carlos Alberto de Salles (coord.). São Paulo: RT/APMP, 2003.

MARQUES, José Frederico. *Manual de Direito Processual Civil*. 2ª ed. São Paulo: Saraiva, 1974. vol.1.

MAURÍCIO, Ubiratan de Couto. *Assistência Simples no Direito Processual Civil*. São Paulo: RT, 1983.

NERY JUNIOR, Nelson e NERY, Rosa Maria de Andrade. *Código de Processo Civil Comentado*. 7ª ed. São Paulo: RT, 2003.

PEREIRA, Milton Luiz. *Amicus curiae* – intervenção de terceiros. *Revista de Processo*. São Paulo: RT, nº109, janeiro/março de 2003.

PONDÉ, Lafayette. Da responsabilidade civil do Estado por atos do Ministério Público. *Estudos de Direito Administrativo*. Belo Horizonte: Del Rey, 1995.

PONTES DE MIRANDA. *Comentários ao Código de Processo Civil*. 5ª ed. Rio de Janeiro: Forense, 2001. tomo I.

REIS, José Alberto dos. *Código de Processo Civil Anotado*. 3ª ed.-reimpressão. Coimbra: Coimbra Editora, 1982. vol. 1.

RODRIGUES, Marcelo Abelha. *Elementos de Direito Processual Civil*. 2ª ed. São Paulo: RT, 2003. vol. 2.

SALLES, Carlos Alberto de. Processo Civil de Interesse Público. *Processo Civil e Interesse Público*. Carlos Alberto de Salles (coord.). São Paulo: RT/APMP, 2003.

SANTOS, João Luís Macedo dos. *Assistência no Processo Civil Brasileiro*. Dissertação de mestrado. PUC-SP, 2001. Inédito.

SANTOS, Moacyr Amaral. *Primeiras Linhas de Direito Processual Civil*. 17ª ed. São Paulo: Saraiva, 1995. 2º vol.

SILVA, Ovídio Baptista da. *Curso de Processo Civil*. 4ª ed. São Paulo: RT, 1999. vol. 1.

______ *Comentários ao Código de Processo Civil*. São Paulo: RT, 2000. vol. I.

THEODORO JÚNIOR, Humberto. *Curso de Direito Processual Civil*. 31ª ed. Rio de Janeiro: Forense, 2000. vol. I.

TORNAGHI, Hélio. *Comentários ao Código de Processo Civil*. São Paulo: RT, 1974. vol. I.

USTÀRROZ, Daniel. *A Intervenção de Terceiros no Processo Civil Brasileiro*. Porto Alegre: Livraria do Advogado, 2004.

WAMBIER, Luiz Rodrigues. ALMEIDA, Flávio Renato Correia de. TALAMINI, Eduardo. *Curso Avançado de Processo Civil*. 2ª ed. São Paulo: RT, 1999. vol. 1.

2

O MINISTÉRIO PÚBLICO COMO SUBSTITUTO PROCESSUAL*

1. INTRODUÇÃO

O tema que enfrentaremos possui amplo espectro de abordagem, razão pela qual cumpre delimitar, desde já, o objeto deste trabalho: examinaremos a legitimidade do Ministério Público para a tutela de *direitos individuais*

---

*. Texto publicado pela primeira vez em 2006, quando a jurisprudência era majoritariamente contrária à atuação do Ministério Público como substituto processual em seu sentido clássico (O Ministério Público como substituto processual: comentários a um acórdão do Superior Tribunal de Justiça. *Revista Autônoma de Processo*, v. 1. Curitiba: Juruá, p. 477-502, 2006. O texto chegou a ser publicado em forma de opúsculo (*O Ministério Público como Substituto Processual no Processo Civil*. Rio de Janeiro: Lumen Juris, 2007) e posteriormente foi publicado em outras fontes. Na época de sua publicação, a jurisprudência era especialmente restritiva em relação à atuação do Ministério Público como substituto processual e a doutrina raramente tratava do tema, ainda que superficialmente. Atualização bibliográfica sobre a categoria da substituição processual: BATISTA CINTRA, Lia Carolina. Substituição processual no processo civil individual e participação do substituído: entre a assistência litisconsorcial e o litisconsórcio. *Revista de Processo*, nº 292, junho de 2019. DINAMARCO, Cândido Rangel. Substituição processual e litisconsórcio necessário. *Memórias de um Processualista*. São Paulo: Juspodivm, 2021. NOGUEIRA, Pedro. O regime jurídico da legitimidade extraordinária no processo civil brasileiro. *Revista de Processo*, nº 324. São Paulo: RT, fevereiro de 2022. SICA, Heitor Vitor Mendonça. *Contribuição ao Estudo da Substituição e da Representação Processuais: elementos comuns do* agere iudiciali iure pro alio. São Paulo: Tese de titularidade, USP, 2024. Atualização jurisprudencial: como antes dito, a jurisprudência era essencialmente restritiva, mas nos últimos anos tudo mudou e até parece que sempre foi aceita a atuação do Ministério Público para a defesa de direitos individuais indisponíveis (os exemplos citados no texto ilustram o panorama da época em que foi escrito. Confiram-se alguns exemplos mais recentes de como o tema se tornou pacífico (ainda persiste incrível indefinição sobre direitos individuais homogêneos, mas esse é tema para outro momento): "Processual civil. Ação civil pública. Legitimidade ativa. Ministério Público. Direito indisponível. Pessoas com deficiência. Acesso a concurso público. 1. É pacífico no Superior Tribunal de Justiça o entendimento segundo o qual o Ministério Público tem legitimidade para propor Ação Civil Pública com o intuito de resguardar direito individual indisponível, como ocorre na presente lide, que se refere à defesa do direito de pessoa com deficiência à inscrição em concurso público, à luz dos princípios da dignidade da pessoa humana (art. 1º, III, da CF) e da não discriminação para admissão dos trabalhadores portadores de deficiência (art. 7º, XXXI, da CF). Nesse sentido: REsp 945.785/RS, Rel. Ministra Eliana Calmon, Segunda Turma, DJe 11.6.2013; EREsp 819.010/SP, Rel. Ministra Eliana Calmon, Rel. p/

indisponíveis[1] e a repercussão da decisão judicial na esfera jurídica do titular do direito material. Verifica-se, assim, que estudaremos o instituto da substituição processual em seu enfoque clássico, como descrito no artigo 6º do Código de Processo Civil [atual art. 18].

Essa ressalva, embora pareça desnecessário truísmo, possui lugar na medida em que é comum a afirmação de que o Ministério Público, quando atua na tutela dos direitos transindividuais, também assume a natureza de

---

Acórdão Ministro Teori Albino Zavascki, Primeira Seção, DJe 29.9.2008; REsp 931.513/RS, Rel. Ministro Carlos Fernando Mathias (Juiz Federal Convocado do TRF 1ª Região), Rel. p/ Acórdão Ministro Herman Benjamin, Primeira Seção, DJe 27.9.2010). 2. Recurso Especial provido. (REsp n. 1.449.092/SP, relator Ministro Herman Benjamin, Segunda Turma, julgado em 17/5/2016, DJe de 5/11/2019). Tema Repetitivo nº 717 (STJ): "O Ministério Público tem legitimidade ativa para ajuizar ação de alimentos em proveito de criança ou adolescente. A legitimidade do Ministério Público independe do exercício do poder familiar dos pais, ou de o menor se encontrar nas situações de risco descritas no art. 98 do Estatuto da Criança e do Adolescente, ou de quaisquer outros questionamentos acerca da existência ou eficiência da Defensoria Pública na comarca". "Tema Repetitivo nº 766 (STJ): "O Ministério Público é parte legítima para pleitear tratamento médico ou entrega de medicamentos nas demandas de saúde propostas contra os entes federativos, mesmo quando se tratar de feitos contendo beneficiários individualizados, porque se refere a direitos individuais indisponíveis, na forma do art. 1º da Lei n. 8.625/1993 (Lei Orgânica Nacional do Ministério Público)." No Supremo Tribunal Federal: "Agravo regimental no agravo de instrumento. Recurso extraordinário. Constitucional. Legitimidade do Ministério Público. Ação civil pública. Direitos individuais indisponíveis. Tratamento médico. Precedentes. 1. O Supremo Tribunal Federal já firmou a orientação de que o Ministério Público é parte legítima para propor ação civil pública na defesa de direitos individuais indisponíveis, de pessoa individualmente considerada, como ocorre com o direito à saúde. 2. Agravo regimental não provido. 3. Inaplicável o art. 85, § 11, do CPC, pois não houve fixação prévia de honorários advocatícios na causa" (AI 863852 AgR, Relator(a): Dias Toffoli, Segunda Turma, julgado em 07-04-2017, DJe-093, 05-05-2017). "Direito constitucional. Terceiro agravo interno em recurso extraordinário com agravo. Ação civil pública. Legitimidade do Ministério Público para a defesa de direitos individuais indisponíveis de pessoa hipossuficiente. Repatriação de restos mortais de brasileiro falecido no exterior. Direito à inclusão social. 1. O Supremo Tribunal Federal reconhece a possibilidade da atuação do Ministério Público na defesa de interesses indisponíveis de pessoa individualizada. Precedentes. 2. Do mesmo modo, esta Corte também entende pela legitimidade ministerial para efetivação de direitos de índole individual indisponível de pessoa hipossuficiente relacionados à dignidade da pessoa humana, à locomoção, à saúde, à educação e à inclusão social, como no presente caso. 3. Inaplicável o art. 85, § 11, do CPC/2015, uma vez que não é cabível, na hipótese, condenação em honorários advocatícios (arts. 17 e 18 da Lei nº 7.347/1985). 4. Agravo interno a que se nega provimento" (ARE 1297300 AgR-terceiro, Relator(a): Roberto Barroso, Primeira Turma, julgado em 13-06-2023, 16-06-2023).

1. A categoria dos "direitos indisponíveis" é muito utilizada, mas pouco estudada na doutrina pátria. Sua noção é, no mais das vezes, considerada pressuposta e não vem merecendo exame mais detido, como não se tratasse de tema de alta complexidade. Para exame dessa categoria, com outras indicações bibliográficas, vale conferir recente estudo de Luciano Olivero: *L'indisponibilità dei diritti: analisi di uma categoria*. Torino: G. Giappichelli, 2008.

substituto processual. Não nos parece correta essa abordagem e, não obstante se tratar de discussão fascinante, dela não nos ocuparemos neste texto.[2]

Examinaremos, portanto, a compatibilidade existente entre o perfil constitucional do Ministério Público e a tutela de direitos individuais, sempre mirando a instituição como um instrumento otimizador de uma adequada tutela de direitos, vocacionada para a realização integral da garantia do acesso à justiça delineada na Constituição. Em pouco espaço de tempo, em virtude de intenso esforço institucional, o Ministério Público brasileiro mudou seu paradigma e passou a ser uma Instituição ativa e voltada para a realização do acesso a uma adequada tutela dos direitos. Como afirma Rogério Bastos Arantes, "a história da reconstrução institucional do Ministério Público brasileiro é uma história de sucesso. Em menos de vinte anos, a instituição conseguiu passar de mero apêndice do Poder Executivo para a condição de órgão independente e, nesse processo que alterou sua estrutura, funções e privilégios, o Ministério Público também abandonou seu papel de advogado dos interesses do Estado para arvorar-se em defensor público da sociedade. [...] A hipótese assumida aqui é a de que a reconstrução institucional do Ministério Público foi impulsionada e determinada endogenamente, isto é, as sucessivas mudanças sofridas pela instituição nos últimos anos foram intencionalmente perseguidas pelos seus próprios integrantes".[3]

---

2. Sobre a polêmica acerca da natureza da legitimidade para as ações coletivas, todos as obras que cuidam do processo coletivo trazem alguma abordagem, sendo ocioso citar uma extensa bibliografia. As diversas opiniões doutrinárias a respeito são bem descritas, entre outros, por NERY JUNIOR. A ação civil pública no processo do trabalho. *Ação Civil Pública - 15 anos*. Edis Milaré (coord.). São Paulo: RT, 2001, pp. 567/572. Também abordamos o tema com mais vagar em nossa dissertação de mestrado (*O Ministério Público e a Tutela dos Direitos dos Idosos*. PUC/SP, 2005. Inédito) e no seguinte trabalho: O Ministério Público e a tutela jurisdicional coletiva dos direitos dos idosos. *Processo Civil Coletivo*. Rodrigo Mazzei e Rita Dias Nolasco (coord.). São Paulo: Quartier Latin, 2005, especialmente nas páginas 613/615. Em linhas gerais, entendemos que esse debate é equivocado por pretender trabalhar com categorias do processo individual, não havendo necessidade de se buscar um paralelo com os institutos processuais clássicos para se compreender o processo coletivo. Estamos diante de um processo com suas peculiaridades próprias, entre as quais avulta a questão da legitimidade e uma nova realidade não tem que se prender a classificações antigas, que foram elaboradas diante de outro contexto. Na tutela coletiva, a "substituição" dos titulares do direito é a regra, de modo que até mesmo soa excêntrico tratar essa legitimidade como "extraordinária" Cumpre registrar que no clássico estudo de Vincenzo Vigoriti, após ampla análise da questão, já se concluía no sentido de ser ordinária a legitimidade para ações coletivas (*Interessi Collettivi e Processo - la legittimazione ad agire.* Milano: Giuffrè, 1979, pp. 149/150).
3. *Ministério Público e Política no Brasil*. São Paulo: IDESP/EDUC/Sumaré, 2002, pp. 19 e 21.

Assinale-se que o Ministério Público pode efetivamente contribuir para o acesso à justiça e, consequentemente, para a tutela de direitos, mas qualquer traço de ufanismo deve ser evitado, já que a consciência das limitações e das dificuldades é requisito imprescindível para o constante desenvolvimento institucional. Ou seja: a contribuição que o Ministério Público pode oferecer para o acesso à justiça é tão fundamental quanto limitada, sobretudo porque condicionada a balizamentos estruturais que ultrapassam o gizamento da própria instituição.

Essa advertência é necessária na medida em que a autossuficiência é inimiga do aperfeiçoamento institucional e o otimismo exagerado pode revelar prepotência e, invariavelmente, significar um prenúncio de decepcionante desempenho. O desejo de onipotência só pode resultar em prejuízos para o Ministério Público e para a sociedade. Como adverte Barbosa Moreira, "o que não podemos é ser desmedidamente ambiciosos. Acalentar expectativas altas demais expõe-nos ao perigo de cair com facilidade em negativismo extremado. Nutre-se o pessimismo, com frequência, da amargura causada pela decepção: convencidos de ser inatingível o ideal, que ingenuamente supuséramos ao alcance da nossa mão, passamos a descrer da possibilidade de dar quaisquer passos, pequenos que sejam, na direção daquele. A ilusão da onipotência torna-se a véspera do cepticismo integral. Destarte, não poucas vezes, o talento do progressista desencantado acaba paradoxalmente posto a serviço do mais empedernido conservadorismo"[4].

2. O MINISTÉRIO PÚBLICO COMO PARTE AUTORA: GENERALIDADES

A atuação do Ministério Público como parte autora sempre esteve relacionada com o processo penal e só em período mais recente, sobretudo após a promulgação da atual Constituição, sua atividade como autor no campo cível passou a merecer maior atenção, sendo que, mesmo legitimado para o exercício de diversas ações que tutelam direitos individuais[5], o Ministério

4. Efetividade do processo e técnica processual. *Temas de Direito Processual* (Sexta Série). São Paulo: Saraiva, 1997, p. 21.
5. É interessante observar, entretanto, que muito antes da atual Constituição já cabia ao Ministério Público o ajuizamento de ações que visavam à tutela de direitos individuais. Diversos exemplos de ações individuais que podem ser ajuizadas pelo Ministério Público

Público passou a ser conhecido como o legitimado por excelência para a tutela de direitos transindividuais. José Carlos Barbosa Moreira chegou a afirmar que o silêncio da instituição no processo civil teria sido interrompido exatamente em razão do processo coletivo, que ensejou a "revitalização do Ministério Público, arrancado à relativa quietude em que usualmente o mantinham, no tocante ao processo civil, as atribuições tradicionais".[6]

Embora haja diversas possibilidades de ajuizamento de ações para a tutela de direitos individuais, o certo é que o Ministério Público nunca se destacou por esse tipo de iniciativa. Não há dúvidas de que o Ministério Público possui vocação para a tutela de direitos sociais e o ajuizamento de ações coletivas é o instrumento natural para a tutela jurisdicional de tais direitos, mas queremos estabelecer que também a tutela de direitos individuais indisponíveis é compatível com o perfil constitucional da instituição, além de também contribuir para, em um sentido amplo, uma atuação em defesa de interesse social[7].

Ou seja: a atuação do Ministério Público na defesa dos direitos individuais não pode ser ignorada, nem considerada ultrapassada, mas, sim, deve ser adequada à realidade social e ao perfil constitucional da instituição.

Para o estudo que empreenderemos, partiremos das seguintes premissas básicas: 1) a legitimidade para agir é uma questão constitucional[8]; 2) a legitimidade do Ministério Público decorre dos arts. 127 e 129, IX, da Constituição; 3) a outorga de legitimidade ao Ministério Público dá efetividade ao direito constitucional de acesso à tutela jurisdicional adequada;

---

são fornecidos por Hugo Nigro Mazzilli (*A Defesa dos Interesses Difusos em Juízo*. 15ª ed. São Paulo: Saraiva, 2002, pp. 62/67) e Nelson Nery Junior e Rosa Maria de Andrade Nery (*Código de Processo Civil Comentado*. 8ª ed. São Paulo: RT, 2004, pp. 519/523).

6. Os novos rumos do processo civil brasileiro. *Temas de Direito Processual* (Sexta Série). São Paulo: Saraiva, 1997, p. 73.

7. Como afirma Pietro Perlingieri, em passagem que pode ser estendida a todos os direitos individuais indisponíveis, *"o problema do idoso assume dimensões individuais e, ao mesmo tempo, sociais"* (*Perfis do Direito Civil – introdução ao Direito Civil Constitucional*. 2ª. Ed. Maria Cristina de Cicco (trad.). Rio de Janeiro: Renovar, 2002, p. 168. Essa obra está incluída em nova tradução de trabalhos do jurista italiano: *O Direito Civil na Legalidade Constitucional*. Maria Cristina de Cicco (trad. e org.). Rio de Janeiro: Renovar, 2008, p. 789).

8. Como afirma Germán J. Bidart Campos, *"la cuestión procesal que se suscita con la legitimación recae siempre, de un modo o de otro, en el ámbito del derecho constitucional"* (El acceso a la justicia, el proceso y la legitimación. *La Legitimación – homenaje al Profesor Doctor Lino Enrique Palacio*. Buenos Aires: Abeledo-Perrot, 1996, p. 21).

4) o Ministério Público é um instrumento legitimado constitucionalmente de acesso à justiça.

3. LEGITIMIDADE PARA AGIR

A tutela jurisdicional é buscada por meio de uma demanda instrumentalizada em uma petição inicial e o sistema processual possibilita que o juiz, em uma análise preliminar sobre o conteúdo da pretensão do autor, examine se estão presentes condições necessárias para o legítimo exercício do direito de ação[9].

Na síntese formulada por José Roberto dos Santos Bedaque, "exercida a garantia constitucional de ação, o juiz sairá de sua inércia e verificará, à luz daquela situação de direito material deduzida pelo autor na petição inicial, se existe possibilidade, em tese, de o interessado ser efetivamente titular de uma situação amparada por regras de direito material (ou se o autor pode exercer em juízo aquele direito, por autorização expressa do legislador) e se efetivamente necessita da intervenção estatal. Caso tal não ocorra, de nada adiantará o prosseguimento do processo, pois já se sabe, de antemão, que a tutela buscada é evidentemente inviável"[10].

A garantia constitucional do acesso à justiça não é incompatível com a existência das denominadas condições da ação, já que, se é verdade que todos podem requerer a tutela jurisdicional, mesmo que dela não sejam merecedores, não é menos verdade que o processo é o instrumento para a satisfação daqueles que efetivamente sejam titulares da situação material afirmada[11]. Ou seja: a ação *concretamente exercida* é passível de controle

---

9. Não obstante o Código de Processo Civil consagrar a categoria das condições da ação como requisito de admissibilidade do processo, as divergências doutrinárias são constantes. Como referência às polêmicas existentes, confira-se, exemplificativamente, a recente tese de doutoramento de Fredie Didier Junior: *Pressupostos Processuais e Condições da Ação: o juízo de admissibilidade do processo*. São Paulo: Saraiva, 2005, especialmente páginas 203/296), em que afirma que "o mais correto seria proscrever as condições da ação da dogmática jurídica e, por tabela, do sistema jurídico, pois, ou compõem o próprio mérito da causa, ou podem ser enquadradas na categoria dos 'pressupostos processuais' ou dos requisitos de admissibilidade do processo" (pp. 215/216).

10. *Direito e Processo – influência do direito material sobre o processo*. São Paulo: Malheiros, 1995, p. 73.

11. BEDAQUE. *Tutela Cautelar e Tutela Antecipada: Tutelas Sumárias e de Urgência (tentativa de sistematização)*. 2ª ed. São Paulo: Malheiros, 2001, p. 62.

de admissibilidade por meio da implementação de condições impostas pelo ordenamento.

Isso, no entanto, não significa que o acesso à justiça possa ser obstado pela imposição de condições de admissibilidade desarrazoadas, ou seja, dissociadas da realidade de direito material, sob pena de se vedar indevidamente o acesso à justiça[12].

Nessa linha, José Roberto dos Santos Bedaque afirma com precisão que não pode o legislador infraconstitucional impedir ou apresentar óbice injustificável ao exame de pretensões pelo Judiciário.[13]

O certo é que nosso sistema processual trabalha com condições de admissibilidade da demanda e uma dessas condições é exatamente a legitimidade para agir, de que nos ocuparemos mais pormenorizadamente nesse item.

---

12. Nesse sentido, vale transcrever a seguinte decisão do Tribunal Constitucional da Espanha, que bem demonstra que as condições são legítimas desde que não embaracem desarrazoadamente o acesso à tutela jurisdicional: "*Es consolidada doctrina de este Tribunal que el derecho constitucional a la tutela judicial efectiva (art. 24.1, CE) no conlleva el reconocimiento de un derecho a que los órganos judiciales se pronuncien sobre el fondo de la cuestión planteada ante ellos, resultando aquél satisfecho con una decisión de inadmisión siempre y cuando la misma sea consecuencia de la aplicación razonada de una causa legal. Ahora bien, si cuando esa decisión de inadmisión se produce en relación con los recursos legalmente establecidos el juicio de constitucionalidad ha de ceñirse a los cánones del error patente, la arbitrariedad o la manifiesta irrazonabilidad, cuando del acceso a la jurisdicción se trata, como aquí ocurre, el principio hermenéutico* pro actione *opera con especial intensidad, de manera que si bien el mismo no obliga 'la forzosa selección de la interpretación más favorable a la admisión de entre todas las posibles', si proscribe aquellas decisiones de inadmisión que 'por su rigorismo, por su formalismo excesivo o por cualquier otra razón revelen una clara desproporción entre los fines que aquellas causas preservan y los intereses que sacrifican*" (*Apud* PÉREZ, Jesús González. *El Derecho a la Tutela Jurisdiccional.* 3ª ed. Madri: Civitas, 2001, pp. 74/75).

13. Legitimidade processual e legitimidade política. *Processo Civil e Interesse Público – O Processo como Instrumento de Defesa Social.* Carlos Alberto de Salles (org.). São Paulo: RT/APMP, 2003. p. 103. Como corretamente assinala Bidart Campos, "actualmente, el problema de la legitimación no puede recluirse en el derecho procesal como cuestión a resolver exclusivamente por sus normas. El cordón umbilical que anuda lo procesal con lo constitucional no tolera cortarse porque, de ocurrir tal cosa, se puede frustrar el sistema de derechos y el sistema garantista. Basta una pregunta para esclarecer la afirmación: ¿de qué vale y de qué sirve que un sistema de derechos resulte todo lo completo que es posible, y que lo auxilie la cobertura de un sistema garantista idóneo, si el justiciable que postula el acceso a un proceso ve rechazada o denegada su legitimación? [...] Cada día más nos convencemos de que toda la doctrina y la praxis de la tutela judicial efectiva se desvanecen en su esfuerzo cuando procesalmente se estrangula la legitimación." (Ob. cit., pp. 17/18).

Segundo Donaldo Armelin, "a legitimidade para agir é de ser conceituada como uma qualidade jurídica que se agrega à parte no processo, emergente de uma situação processual legitimante e ensejadora do exercício regular do direito de ação, se presentes as demais condições da ação e pressupostos processuais, com o pronunciamento judicial sobre o mérito do processo".[14] Mais recentemente, Donaldo Armelin afirmou que a "legitimidade como pressuposto de eficácia do ato jurídico pode derivar de uma afirmação do autor, no processo, quanto à titularidade do direito objeto da ação, ou decorrer da situação de titular do polo passivo da relação processual, embora rejeitando a situação de vinculação ao direito afirmado".[15]

A legitimidade é de ser verificada, pois, a partir da situação jurídica afirmada no processo (*in status assertionis*), sendo irrelevante perquirir-se a efetiva existência do direito alegado[16]. Ou seja, a legitimidade é aferida pelo exame da situação legitimante à luz do que é exposto na inicial, como se o juiz raciocinasse da seguinte forma: "admitida a veracidade dos fatos alegados pelas partes, é a elas que a lei dá legitimidade, respectivamente, para propor ou contestar a ação?"[17]

Na síntese de José Carlos Barbosa Moreira, "denomina-se legitimação a coincidência entre a situação jurídica de uma pessoa, tal como resulta da formulação perante o órgão judicial, e a situação legitimante prevista na lei para a posição processual que a essa pessoa se atribui, ou que ela mesma pretende se atribuir[18]".

Quando a titularidade da ação coincide com a titularidade do direito afirmado na demanda, a legitimidade é ordinária; no caso de a ação ser utilizada por outrem que não aquele que se aponta como titular do direito material, a legitimidade passa a ser extraordinária.

---

14. *Legitimidade para Agir no Direito Processual Civil*. São Paulo: RT, 1979, p. 85.
15. Ação civil pública: legitimidade processual e legitimidade política. *Processo Civil e Interesse Público – O Processo como Instrumento de Defesa Social*. Carlos Alberto de Salles (org.). São Paulo: RT/APMP, 2003, p. 115.
16. BARBOSA MOREIRA. Legitimação para agir. Indeferimento de petição inicial. *Temas de Direito Processual (primeira série)*. São Paulo: Saraiva, 1977, p. 199. Confira-se também do mesmo autor: Legitimação passiva: critério de aferição. Mérito. *Direito Aplicado II (pareceres)*. Rio de Janeiro: Forense, 2000, pp. 376/377.
17. TORNAGHI, Hélio. *Comentários ao Código de Processo Civil*. vol. I São Paulo: RT, 1974, p. 91.
18. Apontamentos para um estudo sistemático da legitimação extraordinária. *Direito Processual Civil (ensaios e pareceres)*. Rio de Janeiro: Borsoi, 1971, p. 59).

4. SUBSTITUIÇÃO PROCESSUAL: NOÇÕES GERAIS

Como mencionado no item anterior, considera-se que as partes são legítimas em determinado processo quando suas situações jurídicas, do modo como narrado na petição inicial, coincidem com a previsão abstrata de direito material. A partir da relação estabelecida entre o sujeito legitimado e o objeto litigioso (situação legitimante), classifica-se a legitimidade para agir em ordinária e extraordinária[19]. Foi visto que o legitimado ordinário é aquele que comparece em juízo para defender direito próprio, coincidindo a titularidade da relação processual com a relação material. Já o legitimado extraordinário, embora autorizado pelo sistema normativo a ingressar no processo e conduzi-lo validamente, não é o titular do direito litigioso, não havendo coincidência ente a situação legitimante e a situação deduzida em juízo. Enquanto o legitimado ordinário encontra na sentença o regramento de sua própria situação, o legitimado extraordinário se depara com a disciplina de situação alheia, que até pode repercutir na sua, como assinala Barbosa Moreira.[20]

Tecnicamente não há exata coincidência entre as expressões *legitimação extraordinária* e *substituição processual*[21], já que esta é menos ampla que

---

19. Anote-se que para Thereza Alvim a legitimidade extraordinária é pressuposto processual e não condição da ação (*O Direito Processual de Estar em Juízo*. São Paulo: RT, 1996, pp. 79/87).

20. Apontamentos... cit., p. 60.

21. Antônio Carlos de Araújo Cintra credita a Chiovenda a utilização pioneira da expressão "substituição processual" (Estudo sobre a substituição processual no direito brasileiro. *Revista dos Tribunais*, n° 809. São Paulo: RT, março de 2003, p. 743. Esse trabalho foi publicado originalmente na *Revista dos Tribunais n° 438*, abril de 1972). A polêmica sobre a terminologia adequada do instituto chegou a gerar sugestões para a adoção das expressões *equiparação processual, equivalência processual e equipolência processual* (cf. OLIVEIRA JR., Waldemar Mariz. *Substituição* Processual. São Paulo: RT, 1971, pp. 87 e ss. ARRUDA ALVIM. *Tratado de Direito Processual Civil*. vol. 1. São Paulo: RT, 1990, p. 517). É certo que o rigor terminológico é importante em qualquer ciência, mas nos parece que, a partir do momento em que se estabelece com precisão o que se entende por determinada expressão, passa a ser irrelevante qualquer batalha terminológica, mormente quando a tradição consagra determinado uso. Barbosa Moreira, por exemplo, no clássico ensaio que dedicou ao tema, afirma que a substituição processual se refere à legitimação extraordinária autônoma, mas observa que, no rigor da lógica, a denominação seria unicamente adequada aos casos de legitimação extraordinária autônoma *exclusiva* (ob. cit. na nota anterior, p. 62), sendo que a legitimidade extraordinária exclusiva é de constitucionalidade discutível, como anota Thereza Alvim (ob. cit. p. 92). Já Ephraim Campos Jr. entende que ocorre verdadeira substituição processual no caso de legitimidade concorrente, desde que o titular do direito material mantenha-se inerte (*Substituição Processual*. São Paulo: RT, 1985, p. 23). De todo modo, existe a distinção técnica entre

aquela, de modo que se entende por substituição processual a legitimidade decorrente do sistema normativo que autoriza determinado sujeito a atuar em juízo, como parte principal, defendendo direito alheio (art. 6º do Código de Processo Civil revogado e art. 18 do vigente CPC)[22].

São variadas as razões que levam o legislador a estabelecer hipóteses de legitimidade extraordinária, podendo ser elencadas as seguintes hipóteses exemplificativas sistematizadas por Donaldo Armelin[23]: 1) casos de legitimidade extraordinária outorgada em razão da predominância do interesse público sobre o particular[24] (ex.: ação de investigação de paternidade e ação de alimentos em favor de pessoa idosa em situação de risco propostas pelo Ministério Público[25]); 2) legitimidade extraordinária atribuída em decorrência de comunhão de direitos ou conexão de interesses, onde coexistem legitimidade ordinária e extraordinária (ex.: a legitimação do condômino para a defesa da coisa, art. 1.314 do CC-2002; ação de anulação de decisão assemblear); 3) legitimidade extraordinária atribuída em função do vínculo que o legitimado extraordinário e o legitimado ordinário mantêm entre si, em relação ao direito questionado, geralmente em razão da sucessão (ex.: o alienante de coisa litigiosa permanece no processo na qualidade de legitimado extraordinário, caso não ocorra sucessão processual, na forma do

---

legitimação extraordinária e substituição processual, o que justifica o presente registro. Para os fins deste trabalho, a modalidade de legitimação extraordinária que nos interessa é a substituição processual.

22. Ephraim Campos Jr. apresenta um conceito mais restritivo, excluindo a participação do titular do direito material na relação processual: "ocorre substituição processual quando alguém, devidamente autorizado por lei, pleiteia como autor ou réu, em nome próprio, direito (pretensão) alheio, estando o titular deste direito ausente da ação, como parte" (*Ob. cit.*, p. 24).

23. *Legitimidade para Agir no Direito Processual Civil Brasileiro.* São Paulo: RT, 1979, p. 122.

24. "Se la disponibilità costituisce la ratio della legittimazione ordinaria, il carattere più o meno intenso della indisponibilità di singoli rapporti giuridici privati costituisce la ratio della legitimazione straordinaria; quando l'interesse pubblico generale coinvolto nel rapporto giuridico privato si fa più forte ed assorbente, il legislatore allarga la legitimzione straordinaria 'a chiunque vi abbia interesse' o la attribuisce addirittura al pubblico ministero" (PROTO PISANI. *Lezioni di Diritto Processuale Civile.* 4ª ed. Napoli: Jovene, 2002, p. 289).

25. Ephraim Campos Jr. entende que o Ministério Público não atua como substituto processual, já que os titulares do direito material sempre integrarão o processo, o que, em sua concepção, desnatura o instituto (ob. cit. pp. 51/53). Entretanto, além de o seu conceito de substituição processual ser mais restrito, pensamos que nas hipóteses ora exemplificadas – e que não foram contempladas pelo mencionado autor em razão de seu trabalho ter sido escrito antes da atual Constituição das leis ordinárias respectivas – os titulares do direito material não integrarão necessariamente o processo como partes principais.

art. 42, § 1º, Código de Processo Civil revogado e 109, § 1º, do vigente); 4) legitimidade extraordinária decorrente de uma situação jurídica que o legitimado ocupa, que lhe impõe, direta ou indiretamente, deveres de guarda e conservação de direitos alheios (ex.: agente fiduciário dos debenturistas; capitão do navio, quando não é o proprietário do navio nem credor do frete, para ajuizamento de ação de arresto para garantir pagamento de frete, avarias grossas ou despesas a cargo do proprietário da mercadoria transportada, art. 527 do Código Comercial).

De acordo com a classificação proposta por José Carlos Barbosa Moreira, que leva em consideração precipuamente a liberdade de comportamento do legitimado extraordinário, a legitimação extraordinária pode ser dividida em autônoma e subordinada[26]. Há legitimação extraordinária *autônoma* quando o processo pode ser validamente instaurado sem a presença do titular do direito, ou seja, quando o legitimado extraordinário pode figurar no processo com total independência daquele que seria o legitimado ordinário. A legitimidade extraordinária autônoma apresenta, em apertada síntese, as seguintes subdivisões: 1) *legitimação extraordinária exclusiva:* apenas o legitimado extraordinário pode ser a parte principal do processo, como ocorre na hipótese prevista no art. 68, § 3º, da Lei 6.404/76[27]; 2) *legitimação extraordinária concorrente*: trata-se de co-legitimação e a regularidade da relação processual independe da instauração da demanda por todos os legitimados. A legitimidade concorrente pode ser *primária* (ou seja, independentemente do comportamento do legitimado ordinário[28]) ou *subsidiária* (isto é, somente em razão da inércia do legitimado ordinário). Anote-se, ainda, que pode haver legitimidade concorrente envolvendo apenas legitimados extraordinários, como acontece nas hipóteses de ações coletivas - para quem entende que a legitimidade para essas ações é extraordinária - e na ação de anulação de casamento (terceiro interessado e o Ministério Público, art. 1.549 do CC-2002), hipóteses em que haveria

26. Apontamentos... cit., *passim*.

27. A constitucionalidade da completa vedação do acesso à justiça pelo titular do direito é no mínimo discutível, como já foi mencionado anteriormente. Por esse motivo, deve ser permitido ao titular do direito o ingresso no processo, ao menos na condição de assistente litisconsorcial (sobre o tema, vale também conferir o trabalho de Araken de Assis: Substituição Processual. *Revista Dialética de Direito Processual*. São Paulo: Dialética, nº 9, dezembro de 2003, p. 14).

28. Como na possibilidade de anulação do casamento pelo Ministério Público ou interessados (art. 1.549 do CC-2002).

legitimação extraordinária exclusiva *e* concorrente. No que se refere à legitimação extraordinária *subordinada*, tal se dá quando a presença do titular da relação jurídica controvertida é essencial para a regularidade da relação processual, reservando-se ao legitimado extraordinário a possibilidade de coadjuvar o legitimado ordinário, possuindo, assim, eficácia menos ampla que a autônoma, somente podendo ocorrer incidentalmente e com a necessária presença do legitimado ordinário na relação processual.

É importante salientar algumas características básicas da substituição processual[29]: a) a substituição processual é excepcional[30] e depende de autorização normativa (art. 6º do Código de Processo Civil[31], atual art. 18 do CPC vigente); b) o substituto processual atua no processo na qualidade de parte, e não de representante; c) em relação ao substituto examinam-se os requisitos processuais subjetivos. A imparcialidade do magistrado, contudo, pode ser averiguada em relação a ambos, substituto ou substituído[32]; d) salvo disposição legal em sentido contrário (p. ex., art. 274 do CC-2002, e art. 103 do CDC), a coisa julgada material estende seus efeitos ao substituído. A repercussão da legitimação extraordinária na eficácia subjetiva da coisa julgada é tema bastante turbulento e merecerá análise mais detalhada em item próprio, não só pelo fascinante debate teórico, mas principalmente por sua importância prática.

5. O MINISTÉRIO PÚBLICO COMO SUBSTITUTO PROCESSUAL: A DEFESA DOS DIREITOS INDIVIDUAIS INDISPONÍVEIS

Interessa-nos nesse item o exame da possibilidade de o Ministério Público defender judicialmente direito individual indisponível, atuando como seu substituto processual. Nas noções gerais abordadas no item anterior, foi visto que não é nenhuma novidade outorgar ao Ministério Público a condição de substituto processual, mas ainda assim há certo desconforto

29. Mais amplamente, inclusive com referências ao novo Código Civil: DIDIER JR. *Pressupostos... cit.*, pp. 253/260.
30. No que se refere ao processo individual, evidentemente. Para aqueles que entendem que a legitimação coletiva também é extraordinária, essa modalidade passou a ser a regra (cf. ARRUDA ALVIM. Notas atuais sobre a figura da substituição processual. *Revista de Processo*. São Paulo: RT, nº 106, abril/junho de 2002, p. 27).
31. Art. 18 do atual CPC.
32. CAMPOS JR., Ephraim. *Ob. cit.* pp. 74/75.

na doutrina e na jurisprudência quando se deparam com ações ajuizadas pelo Ministério Público para a defesa de direitos individuais.

Em estudo sobre a substituição processual, Araken de Assis, ao discorrer sobre a necessidade de autorização legislativa para que haja substituição processual, ilustra bem essa perplexidade ao afirmar que "o Ministério Público não se legitima a pleitear determinada prestação positiva do Estado, na área de saúde, em favor de pessoa doente. [...] A jurisprudência do STJ nega, pelo motivo exposto [ausência de autorização legislativa], legitimidade para defender direito de incapaz sob poder dos pais e propor ação de alimentos"[33].

Em nossa opinião, o tema não foi bem compreendido pelo ilustre processualista e por parte da jurisprudência do Superior Tribunal de Justiça[34], o que nos motivou a escrever esse trabalho a fim de tentar demonstrar o desacerto dessa tese restritiva.

É certo que a substituição processual necessariamente deve ser precedida de autorização normativa[35], mas no caso do Ministério Público,

33. Ob. cit. pp. 18/19. O esclarecimento entre colchetes é nosso.

34. Confira-se esta ementa, que nega a possibilidade de o Ministério Público ser substituto processual: "Recurso Especial. Ministério Público. Legitimidade. Ação Acidentária. Propositura. A *ratio essendi* da intervenção do Ministério Público nas ações acidentárias, calcadas na responsabilidade civil, é o interesse público consubstanciado na preocupação do Estado de defender aquele que sofre perda ou redução laboral ou, à família de quem é vitimado no trabalho. Nestes casos, atua o parquet como fiscal da lei. Não tem legitimidade para propor ação de reparação de danos, ainda que em favor de incapazes substituídos, pois, tal como nas ações alimentícias, não é função institucional deste órgão a defesa do direito material individual da parte. A situação de pobreza dos atingidos pelo acidente do trabalho não confere ao Ministério Público legitimidade para promover a ação indenitária, ficando a cargo da Defensoria Pública exercer o *munus* constitucional de orientar e defender gratuitamente os necessitados" (RESP 120022 / MG - Rel. Min. Nancy Andrighi - DJ 29.10.2001. p. 200). Embora concordemos parcialmente com a conclusão da ementa, discordamos veemente de algumas premissas, como a impossibilidade de o Ministério Público tutelar direitos individuais indisponíveis. Realmente, no caso objeto de julgamento, o simples fato de uma pessoa ser economicamente hipossuficiente não torna, por si só, o Ministério Público legitimado para o ajuizamento da pretensão indenizatória, exatamente por inexistir a nota da indisponibilidade. De todo modo, essa ementa ilustra a confusão conceitual que invariavelmente grassa na jurisprudência em relação à atividade do Ministério Público como substituto processual.

35. O que não significa que necessariamente seja autorização *legal*. Cf., ZANETI JR., Hermes. A legitimação conglobante nas ações coletivas: a substituição processual decorrente do ordenamento jurídico. *Direito Civil e Processo: Estudos em homenagem ao Professor Arruda Alvim*. Araken de Assis e outros (coord.). São Paulo: RT, 2008, pp. 859/866. O art. 18 do atual CPC consagrou expressamente essa ideia que na doutrina já era observada por Arruda Alvim e Barbosa Moreira, por exemplo.

ao contrário do afirmado por Araken de Assis, existe uma autorização constitucional genérica de substituição processual para a tutela de direitos indisponíveis (art. 127 da Constituição da República), satisfazendo amplamente a exigência normativa e habilitando a instituição para a defesa de quaisquer direitos individuais indisponíveis, além de as leis orgânicas da Instituição também autorizarem a substituição processual.

Ao assentarmos as premissas desse trabalho, assinalamos que em nosso atual sistema normativo toda a legitimidade do Ministério Público decorre diretamente da Constituição, inclusive a substituição processual, de modo que nos parece um desvio de perspectiva negar a possibilidade de o Ministério Público ajuizar uma ação para a garantia de um direito indisponível (direito à saúde, por exemplo) sob o argumento de inexistir lei ordinária autorizativa.

A partir do momento em que a Constituição confere legitimidade ao Ministério Público para a defesa de direitos individuais indisponíveis, é evidente que se trata de hipótese de substituição processual decorrente de norma constitucional de eficácia plena e aplicabilidade imediata[36].

Em suma: o Ministério Público é autorizado pela Constituição para atuar como substituto processual na defesa dos direitos indisponíveis, não havendo necessidade de previsão em lei ordinária.

Algumas leis, no entanto, de maneira até mesmo didática, expressamente preveem que o Ministério Público atuará como substituto processual na defesa de direitos indisponíveis, (por exemplo, o art. 201, III e IX, do Estatuto da Criança e do Adolescente e art. 74, I e III, do Estatuto da Pessoa Idosa), de modo que era de se esperar que, ao menos nessas hipóteses, não houvesse dúvidas quanto à legitimidade da instituição.

Entretanto, lamentavelmente, o Superior Tribunal de Justiça considerou o Ministério Público ilegítimo para pleitear o fornecimento de medicamentos para pessoa idosa[37], entendendo que a ação foi ajuizada

---

36. As normas constitucionais sobre competência – e sobre atribuição, evidentemente – são classicamente consideradas de eficácia plena e aplicabilidade imediata (SILVA, José Afonso da. *Aplicabilidade das Normas Constitucionais*. 3ª ed. São Paulo: Malheiros, 1998, p. 89).

37. Recurso Especial nº 664.978/RS, rel. Min. Eliana Calmon, DJ 15.08.2005 p. 266. O precedente citado no julgamento em questão foi o REsp nº 682.823/RS, rel. Min. Eliana Calmon, julgado em 01/03/05, cuja *íntegra* do voto é a seguinte: "Está claro que, na demanda, o Ministério Público defende direito individual da menor, o que lhe está vedado por via

antes do Estatuto da Pessoa Idosa – o que talvez revele uma futura abertura jurisprudencial, embora tenha sido ignorado o artigo 462 do Código de Processo Civil [atual art. 493] – e que não se pode defender direito individual por meio de ação civil pública.

Não concordamos com essa decisão do Superior Tribunal de Justiça pelas seguintes razões: 1) a legitimidade para a defesa de direitos individuais indisponíveis pelo Ministério Público decorre do artigo 127 da Constituição; 2) o Estatuto da Criança e do Adolescente reforça essa legitimidade e deveria ter sido aplicado no caso concreto. Realmente, a lei 8.069/90, de maneira até mesmo didática, expressamente prevê que o Ministério Público atuará como substituto processual de criança ou adolescente em situação de risco, na defesa de seus direitos indisponíveis, (art. 201, III, IV, VIII e IX), de modo que nos parece injustificável a limitação imposta pelo acórdão ora

---

de ação civil pública. Tenha-se presente que na ação civil pública atua o parquet como substituto processual da sociedade, que exige o cumprimento da lei: no caso, o direito de todas as crianças no Estado do Rio Grande do Sul, da faixa etária da menor, de terem garantida assistência médico-hospitalar. Por via da ação civil pública, está o MP legitimado a defender os interesses transindividuais, sem vinculação a qualquer das partes, diferentemente do que ocorre quando intervém em razão de interesse público ligado a condições especiais de uma pessoa, como por exemplo, um incapaz determinado, um acidentado do trabalho, uma pessoa portadora de deficiência etc. O MP pode, efetivamente, agir como representante ou substituto processual de pessoa determinada, mas é necessário, na hipótese, saber o porquê da representação ou da substituição, pois os pais representam o menor e só em casos específicos é que o MP age em favor deste, como bem exposto por Hugo Nigro Mazzilli: "A possibilidade de o Ministério Público agir como autor no processo civil supõe autorização taxativa na lei, salvo as hipóteses de legitimação genérica nas ações civis públicas em defesa de interesses transindividuais". *(A Defesa dos Interesses Difusos em Juízo, 16ª ed., pág. 90). Assim compreendendo a questão, nego provimento ao recurso especial. É o voto.* Outro dado curioso do acórdão é a doutrina em que se baseia a Ministra Relatora, já que, sabidamente, Hugo Nigro Mazzilli dedica a maior parte de sua produção científica ao estudo do Ministério Público e, como profundo conhecedor da matéria, não defenderia, ao arrepio da Constituição, uma atuação tão tímida da instituição. A citação que fundamenta o acórdão está fora de contexto, bastando a leitura das páginas seguintes à citada no voto para comprovar a inconsistência do raciocínio artificialmente construído. Nota de atualização: mais recentemente, o Superior Tribunal de Justiça modificou totalmente seu entendimento: "Agravo interno no agravo em recurso especial. Legitimidade ativa do Ministério Público. Direito individual indisponível de pessoa idosa. Precedentes. Razões dissociadas da decisão recorrida. Súmula 284/STF. Agravo interno desprovido. 1. A jurisprudência deste Superior Tribunal é no sentido reconhecer a legitimidade ativa para a causa do Ministério Público para o ajuizamento de ação para defender direitos de pessoa idosa, ainda que se trate de interesse individual. 2. O recurso especial apresenta razões dissociadas dos fundamentos do acórdão recorrido. Dessa forma, aplicável, por analogia, o óbice da Súmula 284/STF. 3. Agravo interno a que se nega provimento. (AgInt no AREsp n. 1.677.032/MG, relator Ministro Marco Aurélio Bellizze, Terceira Turma, julgado em 23/11/2020, DJe de 30/11/2020)".

comentado; o Estatuto da Pessoa Idosa reforça essa legitimidade e poderia ser aplicado no caso concreto; 3) o fornecimento de medicamentos relaciona-se com o direito à vida e, portanto, pode ser buscado pelo Ministério Público ante a evidente indisponibilidade do direito; 4) o Ministério Público não possui legitimidade ativa apenas para causas coletivas; 5) o fato de uma ação ser rotulada de *ação civil pública* não interfere em nada com a questão de legitimidade, especialmente porque o direito de ação prescinde de pia batismal[38]; 6) o acórdão inexplicavelmente confunde representação com substituição processual.

No que se refere aos direitos individuais indisponíveis de crianças e adolescentes, o Superior Tribunal de Justiça recentemente rejeitou a possibilidade de o Ministério Público atuar como substituto processual. Confira-se:

> "Processual civil e administrativo. Fornecimento de dispositivo médico. Menor carente. Ação civil pública. Ministério Público. Legitimidade.
>
> 1. Na esteira do artigo 129 da Constituição Federal, a legislação infraconstitucional inclusive a própria Lei Orgânica, preconiza que o Ministério Público tem legitimidade ativa ad causam para

---

38. Para ilustrar como o rótulo dado à ação vem impressionando o Superior Tribunal de Justiça, confira-se trecho de recente voto: "O conteúdo do presente mandado de segurança veio em pelo menos duas oportunidades a esta Corte e esta Turma rechaçou o conhecimento por ter usado o Ministério Público como instrumento a ação civil pública para defesa de direito específico das crianças nominadas na inicial. Como Relatora, entendi que não era possível, em ação coletiva, proteger-se direito individual. Em uma das demandas, a ementa ficou assim redigida: 'Processo Civil – Ação Civil Pública: Legitimidade do Ministério Público – Nulidade absoluta não arguida – Limites do Recurso Especial. 1. O prequestionamento é exigência indispensável ao conhecimento do recurso especial, fora do qual não se pode reconhecer sequer as nulidades absolutas. 2. A mais recente posição doutrinária admite sejam reconhecidas nulidades absolutas *ex officio*, por ser matéria de ordem pública. Assim, se ultrapassado o juízo de conhecimento, por outros fundamentos, abre-se a via do especial (Súmula 456/STF). 3. Hipótese em que se conhece do especial por violação do art. 535, II, do CPC e por negativa de vigência ao art. 11, V, da Lei 9.394/96, ensejando o reconhecimento *ex officio* da ilegitimidade do Ministério Público para, via ação civil pública, defender interesse individual de menor. 4. Na ação civil pública atua o parquet como substituto processual da sociedade e, como tal, pode defender o interesse de todas as crianças do Município para terem assistência educacional. 5. Ilegitimidade que se configura a partir da escolha de apenas dois menores para proteger, assumindo o Ministério Público papel de representante e não de substituto processual. 6. Recurso especial provido. (REsp 466.861/SP, rel. Ministra Eliana Calmon, Segunda Turma, maioria, julgado em 17/06/04, *DJ* de 29/11/2004)'. Nestes autos, diferentemente, atuou o Ministério Público como substituto processual das duas crianças nominadas na inicial e veio a juízo com o mandado de segurança individual, em instrumento perfeitamente coerente com o direito pugnado". (REsp 574875/SP, *DJ* 06.03.2006, p. 298, Rel. Min. Eliana Calmon).

propor ação civil pública para a proteção de interesses difusos e coletivos, como regra. Em relação aos interesses individuais, exige que também sejam indisponíveis e homogêneos. No caso em exame, pretende-se que seja reconhecida a sua legitimidade para agir como representante de pessoa individualizada, suprimindo-se o requisito da homogeneidade.

2. O interesse do menor carente deve ser postulado pela Defensoria Pública, a quem foi outorgada a competência funcional para a 'orientação jurídica e a defesa, em todos os graus, dos necessitados na forma do art. 5º, LXXIV'. Não tem o Ministério Público legitimidade para propor ação civil pública, objetivando resguardar interesses individuais, no caso de um menor carente."[39]

Na fundamentação do acórdão, partiu-se de uma premissa completamente equivocada a nosso sentir: a de que o Ministério Público só pode defender direitos individuais se forem homogêneos[40]. Trata-se de absoluta

39. Superior Tribunal de Justiça – REsp 684594/RS – Rel. Min. Castro Meira, DJ 10.10.2005, p. 318.

40. Seguem transcritos os trechos mais relevantes do voto do relator: *"O artigo 129, inciso III, da Constituição Federal determina ser função institucional do Ministério Público 'promover inquérito civil e a ação civil pública, para a proteção do patrimônio público e social, do meio ambiente e de outros interesses difusos e coletivos'. Quanto à competência do Ministério Público para propor ação civil pública, a Lei Complementar n.º 75, de 20.05.93, dispõe: 'Art. 6º Compete ao Ministério Público da União:(...)VII – promover o inquérito civil e a ação civil pública para: a) a proteção dos direitos constitucionais; b) a proteção do patrimônio público e social, do meio ambiente, dos bens e direitos de valor artístico, estético, histórico, turístico e paisagístico; c) a proteção dos interesses individuais indisponíveis, difusos e coletivos, relativos às comunidades indígenas, à família, à criança, ao adolescente, ao idoso, às minorias étnicas e ao consumidor; d) outros interesses individuais indisponíveis, homogêneos, sociais, difusos e coletivos' Os artigos 3º, 11 e 21, da Lei n.º 7.347, de 24.07.85, disciplinam o objeto da ação civil pública, preconizando: 'Art. 3º A ação civil poderá ter por objeto a condenação em dinheiro ou o cumprimento de obrigação de fazer ou não fazer.' 'Art. 11. Na ação que tenha por objeto o cumprimento de obrigação de fazer ou não fazer, o juiz determinará o cumprimento da prestação da atividade devida ou a cessação da atividade nociva, sob pena de execução específica, ou de cominação de multa diária, se esta for suficiente ou compatível, independentemente de requerimento do autor.' Art. 21. Aplicam-se à defesa dos direitos e interesses difusos, coletivos e individuais, no que for cabível, os dispositivos do Título III da lei que instituiu o Código de Defesa do Consumidor" (Redação dada pela Lei n.º 8.078, de 11.09.90). Por outro lado, assim dispõe o art. 25, inciso IV, alínea "a", da Lei n.º 8.625/93 (Lei Orgânica do Ministério Público), invocado pelo recorrente: "Art. 25. Além das funções previstas nas Constituições Federal e Estadual, na Lei Orgânica e em outras leis, incumbe, ainda, ao Ministério Público: ... IV – promover o inquérito civil e a ação civil pública, na forma da lei: a) para a proteção, prevenção e reparação dos danos causados ao meio ambiente, ao consumidor, aos bens e direitos de valor artístico, estético, histórico, turístico e paisagístico, e a outros interesses difusos, coletivos e individuais, indisponíveis e homogêneos". Como visto, na esteira do artigo 129 da Constituição Federal, a legislação infraconstitucional, inclusive a própria Lei Orgânica, preconiza que o Ministério Público tem legitimidade ativa ad causam para propor*

falta de compreensão dos princípios institucionais do Ministério Público insculpidos na Constituição e de toda legislação infraconstitucional, especialmente do Estatuto da Criança e do Adolescente, que sequer é citado. Se fosse verdadeiro o raciocínio assentado nesse acórdão, ao Ministério Público seria vedado, por exemplo, o ajuizamento de ações de investigação de paternidade, o que nem mesmo é mais objeto de discussão na jurisprudência. Além disso, o artigo 127 da Constituição possui clareza solar ao legitimar o Ministério Público para a tutela dos direitos individuais indisponíveis. Essa legitimidade é autorizada constitucionalmente e em nada se confunde com a vedação do exercício de advocacia pelo Ministério Público, que apenas estará exercendo sua função constitucional.

Evidentemente, como a legitimidade do Ministério Público decorre da Constituição, não há necessidade de todas as hipóteses de substituição processual estarem previstas em lei. Isso significa que, sempre que houver interesse social ou lesão ou ameaça de lesão a direito individual indisponível, o Ministério Público poderá agir como substituto processual.

Além de ação judicial para fornecimento de medicamentos[41], do tratamento adequado de saúde e da ação de alimentos, que examinaremos pormenorizadamente em item próprio, o Ministério Público é legitimado,

---

ação civil pública para a proteção de interesses difusos e coletivos, como regra. Em relação aos interesses individuais, exige que também sejam indisponíveis e homogêneos. No caso em exame, pretende-se que seja reconhecida a sua legitimidade para agir como representante de pessoa individualizada, suprimindo-se o requisito da homogeneidade. As ações puramente individuais devem ser reservadas à competência da Defensoria Pública, como se acha consignado no aresto impugnado. A Constituição Federal de 1988 outorgou ao Ministério Público funções da maior relevância, atribuindo-lhe um perfil muito mais dinâmico do que ocorria no antigo Ordenamento Jurídico. Nada obstante, foi expressa em proibir aos seus membros o exercício da advocacia (art. 128, § 5º, II, b). Por outro lado, entre as funções essenciais à Justiça, incluiu a Defensoria Pública, definindo-a como "instituição essencial à função jurisdicional do Estado, incumbindo-lhe a orientação jurídica e a defesa, em todos os graus, dos necessitados na forma do art. 5º, LXXIV". Assim, fazendo-se a interpretação do art. 25, inciso IV, alínea "a", da Lei nº 8.625/93 (Lei Orgânica do Ministério Público), em conformidade com os preceitos insculpidos na Lei Maior, deve-se prestigiar o posicionamento adotado pelo TJRS. Deveras, o interesse do menor carente deve ser postulado pela Defensoria Pública, a quem foi outorgada a competência funcional para a "orientação jurídica e a defesa, em todos os graus, dos necessitados na forma do art. 5º, LXXIV". [...] Desse modo, o Ministério Público não tem legitimidade para propor ação civil pública, objetivando resguardar interesses de um menor carente, competência que a Constituição Federal outorgou à Defensoria Pública."

41. O art. 15, § 2º, do Estatuto da Pessoa Idosa dispõe que "incumbe ao Poder Público fornecer aos idosos, gratuitamente, medicamentos, especialmente os de uso continuado, assim como próteses, órteses e outros recursos relativos ao tratamento, habilitação ou reabilitação".

exemplificativamente, para as seguintes ações individuais: registro tardio de nascimento – ação fundamental para o resgate da cidadania de pessoas idosas e da qual decorrem diversos direitos; interdição; revogação de instrumento de procuração; anulação de negócio jurídico; afastamento do lar de parentes que causem maus-tratos à criança, adolescente e pessoas idosas; ação de suspensão ou destituição do poder familiar; ação para garantir internação hospitalar para tratamento da pessoa idosa contra planos e seguros de saúde; *habeas corpus* para fazer cessar constrangimento decorrente de internação indevida em clínicas[42]; ação visando a garantir o direito à educação; ajuizamento das medidas de proteção previstas no Estatuto da Criança e do Adolescente e no Estatuto da Pessoa Idosa etc.

No Estado do Rio de Janeiro ocorreu uma situação curiosa, que foi parcialmente corrigida pelo Tribunal de Justiça local. A hipótese foi a seguinte: o Ministério Público, após realizar vistorias em dois hospitais psiquiátricos, ajuizou noventa e seis ações visando à interdição e o registro tardio de nascimento dos pacientes, a grande maioria pessoas idosas, que se encontravam sem qualquer amparo, em situação de evidente risco. A juíza de primeiro grau reuniu todas as ações alegando haver conexão e as extinguiu sem julgamento do mérito, sob o argumento de ausência de interesse processual e ilegitimidade ativa, não sem antes asseverar que havia "noventa e seis pessoas internadas em dois hospitais psiquiátricos, abandonadas por parentes e familiares, todas com laudos fornecidos pelos médicos daqueles nosocômios indicando que padecem de doenças irreversíveis que as tornam incapazes para os atos da vida civil". Ou seja: mesmo reconhecendo que havia diversas pessoas em situação de completo abandono, negou-se legitimidade e interesse ao Ministério Público para o ajuizamento de uma ação que visava a tutelar seus direitos, em total incompreensão de todos os dispositivos vigentes no ordenamento, iniciando pelos princípios constitucionais da dignidade da pessoa humana e do acesso à tutela jurisdicional, passando pelo perfil do Ministério Público na Constituição, até chegar

42. O cabimento de *habeas corpus* contra ato de particular é plenamente possível (STJ – HC 35301/RJ – DJ 13.09.2004, p. 231. Rel. Ministra Nancy Andrighi). Pode ser que na prática não haja necessidade de tal medida, já que, diante também da prática de crime, a prisão do responsável pelo estabelecimento é cabível e a libertação da pessoa idosa é consequência, mas entendemos ser interessante lembrar essa hipótese em razão de sua excepcionalidade. Sobre o tema, com conclusão contrária ao cabimento do *habeas corpus* contra ato de particular, confira-se: HAMILTON, Sergio Demoro. O *habeas corpus* contra ato de particular. *Revista da EMERJ*, nº 32, pp. 99/109, 2005.

a diversas normas infraconstitucionais, como o Código Civil, as leis que tutelam as pessoas portadoras de deficiência, o Código de Processo Civil e, por fim, o Estatuto da Pessoa Idosa. Dando sequência à cadeia de erros, a sentença ainda determinou que os registros tardios se realizassem por meio de portaria do juízo, que, pelo visto, foi considerado por si próprio o único substituto processual adequado, subvertendo todos os princípios que regem a espécie. O Tribunal de Justiça, por maioria, reformou parcialmente a sentença para reconhecer a legitimidade e o interesse do Ministério Público para o ajuizamento da ação de interdição, mas entendeu estar prejudicado o registro tardio de nascimento em razão da portaria do juízo.[43]

Esse inusitado julgamento demonstra que, mesmo diante da expressa autorização normativa para que o Ministério Público tutele direitos das pessoas idosas, ainda há séria resistência ao reconhecimento da legitimidade institucional para a defesa dos direitos individuais indisponíveis, de modo que é necessário persistir no trabalho de convencimento dos julgadores, seja por meio de trabalhos acadêmicos e doutrinários, seja pelo ajuizamento das ações pertinentes, cujas hipóteses foram enunciadas exemplificativamente em linhas anteriores.

A partir do momento em que a Constituição confere legitimidade ao Ministério Público para a defesa de direitos individuais indisponíveis, é evidente que se trata de hipótese de substituição processual decorrente de norma constitucional de eficácia plena e aplicabilidade imediata.

Nesse sentido, assim se pronunciou o Ministro Teori Albino Zavascki: "poder-se-ia, quem sabe, duvidar da auto-aplicabilidade do art. 127 da CF, em face do seu conteúdo indeterminado, o que comprometeria sua força normativa para, desde logo, independentemente de intermediação do legislador infraconstitucional, autorizar o Ministério Público a propor demandas judiciais em defesa dos bens jurídicos ali referidos. A dúvida não tem consistência. Mesmo quando genéricas, as normas constitucionais possuem, em algum grau, eficácia e operatividade. 'Não há norma constitucional alguma destituída de eficácia. Todas elas irradiam efeitos jurídicos, importando sempre uma inovação da ordem jurídica preexistente...', ensina José Afonso da Silva. (*Auto-aplicabilidade das normas constitucionais*, SP,

---

43. Apelação Cível nº 2004.001.27178 – Rel. para acórdão, Des. Marco Antonio Ibrahim – D.O. 14/02/05, pp. 38/41.

RT, 1968, p. 75). 'De fato', observa Celso Bandeira de Mello, 'não teria sentido que o constituinte enunciasse certas disposições apenas por desfastio ou por não sopitar seus sonhos, devaneios ou anelos políticos. A seriedade do ato constituinte impediria a suposição de que os investidos em tão alta missão, dela se servissem como simples válvula de escape para emoções antecipadamente condenadas, por seus próprios emissores, a permanecer no reino da fantasia. Até porque, se desfrutavam do supremo poder jurídico, seria ilógico que, desfrutando-o, houvessem renunciado a determinar, impositivamente, aquilo que consideram desejável, conveniente, adequado' (Eficácia das normas constitucionais sobre justiça social, *Revista de Direito Público*, v. 57, p. 238). Ora, o preceito constitucional que confere ao Ministério Público a incumbência de promover a defesa de direitos individuais indisponíveis (art. 127) é um preceito completo em si mesmo, apto a legitimar o agente ministerial, se for o caso, a exercer inclusive judicialmente a incumbência ali atribuída. Trata-se de preceito muito mais específico que o contido, por exemplo, no art. 82, III, do CPC, que atribui ao Ministério Público a competência para intervir em todas as causas em que há interesse público. Muito se questionou a respeito da extensão de tal comando processual, mas jamais se duvidou de sua auto-aplicabilidade. A mesma atitude interpretativa se há de ter frente à norma constitucional do art. 127: pode-se questionar seu conteúdo, mas não sua suficiência e aptidão para gerar, desde logo, a eficácia que lhe é própria"[44].

Em suma: o Ministério Público é autorizado pela Constituição para atuar como substituto processual na defesa dos direitos indisponíveis, não havendo necessidade de previsão em lei ordinária.

Essa legitimidade, ao que parece, finalmente foi reconhecida de forma definitiva pelo Superior Tribunal de Justiça em julgamento publicado alguns dias antes do natalício de vinte anos da Constituição da República: "Processual civil. Embargos de divergência. Fornecimento de medicamento a menor carente. Direito à saúde. Direito individual indisponível. Legitimação extraordinária do Ministério Público. Art.127 da CF/88. Precedentes. 1. O Ministério Público possui legitimidade para defesa dos direitos

44. Voto proferido no Recurso Especial nº 822.712/RS, de sua relatoria, publicado no DJ de 17.04.2006, p. 196. Essa posição também foi defendida em sua tese de doutoramento: *Processo Coletivo: tutela de direitos coletivos e tutela coletiva de direitos*. São Paulo: RT, 2006, pp. 234/237.

individuais indisponíveis, mesmo quando a ação vise à tutela de pessoa individualmente considerada. 2. O artigo 127 da Constituição, que atribui ao Ministério Público a incumbência de defender interesses individuais indisponíveis, contém norma auto-aplicável, inclusive no que se refere à legitimação para atuar em juízo. 3. Tem natureza de interesse indisponível a tutela jurisdicional do direito à vida e à saúde de que tratam os arts. 5º, caput e 196 da Constituição, em favor de menor carente que necessita de medicamento. A legitimidade ativa, portanto, se afirma, não por se tratar de tutela de direitos individuais homogêneos, mas sim por se tratar de interesses individuais indisponíveis. Precedentes: EREsp 734493/RS, 1ª Seção, DJ de 16.10.2006; REsp 826641/RS, 1ª Turma, de minha relatoria, DJ de 30.06.2006; REsp 716.512/RS, 1ª Turma, Rel. Min. Luiz Fux, DJ de 14.11.2005; EDcl no REsp 662.033/RS, 1ª Turma, Rel. Min. José Delgado, DJ de 13.06.2005; REsp 856194/RS, 2ª T., Ministro Humberto Martins, DJ de 22.09.2006, REsp 688052/RS, 2ª T., Ministro Humberto Martins, DJ de 17.08.2006. 4. Embargos de divergência não providos". (EREsp 819010/SP, Rel. Ministra Eliana Calmon, Rel. p/ Acórdão Ministro Teori Albino Zavascki, julgado em 13/02/2008, DJe 29/09/2008).

Esse julgamento assume especial relevância na medida em que não se tratava da excepcional previsão contida nas leis especiais, mas da defesa de uma pessoa que não era idosa, criança, adolescente ou portadora de deficiência.

O Supremo Tribunal Federal também reconheceu, em mais de uma oportunidade, a legitimidade do Ministério Público para a defesa dos direitos individuais indisponíveis, como ilustra este recente julgado: "Agravo regimental no recurso extraordinário. Fornecimento de medicamentos. Ministério Público. Legitimidade ativa. Defesa de direitos sociais e individuais indisponíveis. Precedentes. 1. A Constituição do Brasil, em seu artigo 127, confere expressamente ao Ministério Público poderes para agir em defesa de interesses sociais e individuais indisponíveis, como no caso de garantir o fornecimento de medicamentos a hipossuficiente. 2. Não há que se falar em usurpação de competência da defensoria pública ou da advocacia privada. Agravo regimental a que se nega provimento". (RE-AgR 554088/SC - Rel. Min. Eros Grau - DJe-112 public. 20-06-2008).

Entretanto, o Supremo Tribunal Federal parece haver adotado preocupante interpretação restritiva acerca desse tema: "Processo civil. Ministério Público. Legitimidade ativa. Medida judicial para internação compulsória de pessoa vítima de alcoolismo. Ausência.1. O Ministério Público não tem legitimidade ativa ad causam para requerer a internação compulsória, para tratamento de saúde, de pessoa vítima de alcoolismo. 2. Existindo Defensoria Pública organizada, tem ela competência para atuar nesses casos. 3. Recurso extraordinário desprovido"[45].

De todo modo, estamos diante de mais um exemplo de indesejável oscilação jurisprudencial e, sobretudo, de um lamentável retrocesso na interpretação constitucional.

Remarque-se que a legitimidade outorgada ao Ministério Público para a defesa de interesses sociais e direitos individuais indisponíveis, na medida em que amplia o acesso à justiça e possibilita maior êxito na tutela de direitos, é inequivocamente um meio de tornar o *processo socialmente efetivo*, que, segundo Barbosa Moreira, é o "processo apto a abrir passagem mais desimpedida a interesses socialmente relevantes, quando necessitem transitar pela via judicial" [46].

Mencione-se, nesse mesmo sentido, a oportuna afirmação de Sérgio Shimura: "limitar a legitimidade do Ministério Público é limitar o acesso da pessoa – pobre – à justiça. É ir contra toda a filosofia criada em favor da defesa dos cidadãos, fechando as portas do Judiciário na prestação da tutela jurisdicional"[47].

---

45. RE 496718/RS, rel. orig. Min. Marco Aurélio, rel. p/ o acórdão Min. Menezes Direito - DJe-206 - PUBLIC 31-10-2008 - EMENT VOL-02339-06, PP-01114. Em seu voto vencido, o Min. Marco Aurélio reconheceu a indisponibilidade do direito à saúde e, nos debates, acrescentou que a internação era contra a vontade do próprio beneficiado, o que reforçaria a legitimidade do Ministério Público. A Min. Cámen Lúcia, ainda nos debates, expôs uma preocupação no mínimo intrigante, sobretudo quando suscitada em um julgamento do Supremo Tribunal: "alega-se essa incapacidade. Imaginem o dia em que for uma doença, como nós já temos algumas e são causas de preconceitos, e um dia o promotor lá numa cidade resolve, com base num precedente deste, também pedir a internação" (*sic*). Para o Min. Menezes Direito, "se [a internação] não é um problema da família, pode ser um problema dos órgãos assistenciais, mas não uma atividade inerente ao Ministério Público". A seguir, concluiu o Ministro pela disponibilidade do direito em questão e, por isso, entendeu haver até mesmo uma contradição entre essa iniciativa e o perfil constitucional do Ministério Público.

46. Por um processo socialmente efetivo. *Revista de Processo*. nº 105. São Paulo: RT, janeiro/março de 2002, pp. 181/182.

47. *Título Executivo*. 2ª ed. São Paulo: Método, 2005, p. 50.

5.1. A legitimidade do Ministério Público para o ajuizamento de ação de alimentos

Persistindo em uma linha interpretativa restritiva, o Superior Tribunal de Justiça também vem negando legitimidade ao Ministério Público para o ajuizamento de ação de alimentos em favor de crianças e adolescentes que estejam sob o poder familiar. Como exemplo, confira-se a seguinte ementa:

> "Processo civil – Recurso especial – Ação de alimentos – Ministério Público representando menor de idade sob o "pátrio poder" da genitora – Ilegitimidade ativa ad causam – Art. 201, III, da Lei nº 8.069/90 – Inaplicabilidade. 1- Esta Corte Superior de Uniformização já firmou entendimento no sentido de que o Ministério Público não tem legitimidade para propor, como substituto processual, ação de alimentos em benefício de menor de idade sob o "pátrio poder" da genitora. Ademais, o art. 201, III, da Lei nº 8.069/90 só é aplicado nas hipóteses em que há falta, omissão ou abuso dos pais ou responsável, de acordo com o art. 98, II, do mesmo diploma legal. 2 – Precedentes (REsp nºs 89.661/MG, 127.725/MG e 102.039/MG). 3 – Recurso não conhecido."[48]

Esse entendimento do Superior Tribunal de Justiça é lamentável e igualmente decorre de uma interpretação equivocada do Estatuto da Criança e do Adolescente e de uma percepção simplista do perfil constitucional da instituição, já que a legitimação do Ministério Público decorre da indisponibilidade do direito e independe de prévia suspensão ou perda do poder familiar, mas, sim, da existência de uma situação de risco em que se encontre a criança ou o adolescente e a omissão dos pais ou responsáveis caracteriza essa situação de risco.

A legitimidade do Ministério Público não está condicionada a nenhum fator externo que não seja a indisponibilidade do direito. O fato de o menor estar sob o poder familiar se mostra irrelevante no particular, especialmente porque, se os pais são omissos, é necessária a atuação de um terceiro – no caso, o Ministério Público – para que o direito seja adequadamente tutelado. Se os pais não agem, resta o Ministério Público para servir de meio

48. RESP 659498 / PR – Rel. Ministro Jorge Scartezzini – DJ – 14.02.2005, p. 214. Sobre o tema vale conferir o trabalho de Cristiano Chaves de Farias: A legitimidade do Ministério Público para a ação de alimentos: uma questão constitucional. *Revista de Direito de Família, nº 08*. Síntese/IBDFAM, janeiro/março de 2001.

adequado para a tutela de direitos, inclusive com a tomada de medidas que podem atingir a relação decorrente do poder familiar (procedimento administrativo ou ação que vise à suspensão ou destituição do poder familiar). Não é por outro motivo que o Estatuto da Criança e do Adolescente, em seu artigo 98, II, considera que a situação de risco ensejadora de medidas protetivas pode ser caracterizada pela omissão dos pais.

No julgamento do Recurso Especial n° 120118/PR[49], houve o voto vencido do Min. Ruy Rosado de Aguiar, em que a matéria foi analisada com perfeição e que merece transcrição parcial: "*penso que está sendo feita indevida limitação à atuação do Ministério Público no âmbito do Estatuto da Criança e do Adolescente.* Não é apenas nos casos de abandono, perda ou suspensão do pátrio poder que a lei atribui ao Ministério Público promover em juízo a defesa dos interesses difusos, coletivos ou mesmo individuais de crianças e adolescentes. A sua competência é ampla, pois a proteção do Estatuto se estende a todos os casos de ameaça ou violação aos direitos dos menores (art. 98), e para lutar por eles a lei apôs o Ministério Público, dando-lhe as atribuições elencadas no artigo 201. *A carência de alimentação de uma criança decorre de falta dos pais ou responsáveis, e a hipótese se enquadra na situação prevista no art. 98, inc. II, onde o direito é ameaçado ou violado por falta dos pais.* Para esse caso, o art. 201, inc. III, do ECA, dispõe: compete ao Ministério Público promover e acompanhar as ações de alimentos. *Somente descumprindo a lei é que se pode retirar essa competência do Ministério Público, diminuindo o campo de sua atuação e causando grave prejuízo aos menores necessitados, pois a experiência do Foro demonstra que, muitas vezes, especialmente nas pequenas comarcas, é o Ministério Público a única instituição capaz de zelar pelos desassistidos. Sendo assim, reconheço no Ministério Público legitimidade para promover a ação de alimentos, ainda que as crianças estejam sob pátrio poder da mãe. Pergunto-me: quem proporá a ação em favor dessas duas pobres crianças?*" (destacamos).

Mesmo sem responder à instigante e desconcertante indagação do Min. Ruy Rosado de Aguiar, o Superior Tribunal de Justiça tem mantido seu restritivo entendimento, o que demonstra uma insistente interpretação equivocada da lei e um assustador desconhecimento da realidade social.

49. DJ 01/03/1999, p.321 - Relator p/ Acórdão Min. Barros Monteiro.

Não deixa de ser curioso observar que o Superior Tribunal de Justiça admite que o Ministério Público ajuíze ação de investigação de paternidade cumulada com ação de alimentos em favor de menor, estendendo a legitimidade à fase executiva[50], sem, contudo, mencionar a questão do poder familiar, que obviamente se faz presente, demonstrando uma incongruência jurisprudencial.

Entendemos, portanto, ser compatível com a Constituição a legitimidade conferida ao Ministério Público para o ajuizamento de ação de alimentos em favor de pessoas idosas em situação de risco e de incapazes, tendo em vista que, em última análise, estará sendo tutelado o direito à vida, por meio de uma ação judicial que visa a garantir o mínimo existencial necessário para o substituído, estando presente, assim, a nota da indisponibilidade do direito.

Realmente, como bem observa Sérgio Gischkow Pereira, "é fácil avaliar a importância da matéria alimentar, respeitante aos mais fundamentais dos direitos humanos: o de viver e de viver com dignidade. Este enfoque é indispensável a uma abordagem correta do assunto, a uma elaboração melhor do instituto, a uma análise justa dos dispositivos pertinentes. Não se está diante de interesses meramente patrimoniais, de conveniências econômico-financeiras plenamente disponíveis, regidas pelo direito das obrigações. [...] Os alimentos possibilitam a vida e a vida em condições de dignidade"[51].

Vale lembrar ainda, para bem gizar a legitimidade do Ministério Público para a ação de alimentos, que o nosso sistema jurídico reconhece a existência de um patrimônio jurídico mínimo[52] decorrente do direito à vida e do respeito da dignidade da pessoa humana, reforçando, assim, a indisponibilidade do direito nas hipóteses em que a pessoa idosa se encontrar

50. "Ação de investigação de paternidade cumulada com alimentos. Execução. Lei nº 8.560, de 29 de dezembro de 1992.1. Ajuizada a ação de investigação de paternidade cumulada com alimentos, julgada procedente, tem o Ministério Público, autor da ação, legitimidade para intentar a execução" (RESP 208429 / MG – Relator Min. Carlos Alberto Menezes Direito – DJ 01/10/2001, p. 205).

51. A transmissão da obrigação alimentar. *Estudos de Direito de Família*. Porto Alegre: Livraria do Advogado, 2004, p. 143.

52. Sobre o tema: FACHIN, Luiz Edson. *Estatuto Jurídico do Patrimônio Mínimo*. Rio de Janeiro: Renovar, 2001, *passim*.

em situação de risco e configurando a existência de um interesse social subjacente à pretensão alimentar.

Em recentíssima decisão, o Superior Tribunal de Justiça demonstra evolução em seu entendimento:

> "Direito civil e processual civil. Ação de execução de alimentos. Ministério Público. Legitimidade ativa. - É socialmente relevante e legítima a substituição processual extraordinária do Ministério Público, notadamente quando na defesa dos economicamente pobres, como também em virtude da precária ou inexistente assistência jurídica prestada pelas Defensorias Públicas. - Dado o caráter indisponível do direito a receber alimentos, em se tratando de criança ou adolescente, é legítima a atuação do Ministério Público como substituto processual em ação de execução de prestação alimentícia por descumprimento de acordo referendado pelo próprio Órgão Ministerial. - O tão-só descumprimento de acordo de alimentos evidencia violação a direito da criança, que se vê privada do atendimento de suas necessidades básicas."[53]

Acrescente-se que o Ministério Público só em situações excepcionais[54] ajuizará ação de alimentos, funcionando como uma espécie de última *ratio* da pessoa idosa abandonado e sem qualquer assistência[55]. A legitimação consagrada pelo Estatuto da Pessoa Idosa e pelo Estatuto da Criança e do Adolescente de modo algum significa um pretexto para que o Ministério Público busque monopolizar o ajuizamento de ações de alimentos a favor de pessoas idosas, até porque não é sua função a defesa ordinária de direitos individuais e a sobrecarga de trabalho decorrente de suas atribuições

---

53. REsp 510969/PR, DJ 06.03.2006, p. 372, Rel. Min. Nancy Andrighi.
54. Se o caso não for levado ao Ministério Público em razão de outras circunstâncias, como o completo abandono, por exemplo, e a ação de alimentos não consistir em apenas uma das diversas medidas a serem tomadas pelo promotor de justiça, certamente a ação será ajuizada por meio de advogado ou defensor público, até mesmo por meio de encaminhamento do próprio promotor de justiça.
55. A título de ilustração, a Promotoria de Justiça de Defesa do Idoso e do Portador de Deficiência do Ministério Público do Distrito Federal e Territórios inclui entre suas atribuições o ajuizamento de ação de alimentos em favor de pessoas idosas abandonados pela família. Confira-se o que consta na apresentação da Promotoria especializada no endereço eletrônico *www.mpdft.gov.br*: "A Promotoria cuida da defesa dos direitos assegurados a idosos, buscando o respeito à sua clientela no que toca à saúde, transporte, abrigo, maus tratos, abandono, atendimento nas instituições filantrópicas ou nos estabelecimentos de saúde e previdenciários. Além disso, *promove ações de alimentos para idosos abandonados pela família, quando há descendentes com capacidade para pagá-los*".

constitucionais frustraria qualquer pretensão megalomaníaca de ajuizamento de ações.

Chegando a um órgão de execução do Ministério Público, por exemplo, a notícia de que há uma pessoa idosa em situação de risco e, após procedimento administrativo, verifica-se efetivamente que há um caso de abandono, com a pessoa idosa passando toda a sorte de privações, com alimentação inadequada, com falta de medicamentos, sem os mínimos pertences pessoais, sem renda suficiente, ou seja, em evidente situação de risco, e, em contrapartida, constata-se que esta mesma pessoa idosa possui familiares que são indiferentes à sua situação e que possuem capacidade econômica, o Promotor de Justiça, além de outras medidas adequadas para o caso, tem a obrigação de ajuizar a ação de alimentos.

Em recente decisão, o Superior Tribunal de Justiça demonstra evolução em seu entendimento: "Direito civil e processual civil. Ação de execução de alimentos. Ministério Público. Legitimidade ativa. – É socialmente relevante e legítima a substituição processual extraordinária do Ministério Público, notadamente quando na defesa dos economicamente pobres, como também em virtude da precária ou inexistente assistência jurídica prestada pelas Defensorias Públicas. – Dado o caráter indisponível do direito a receber alimentos, em se tratando de criança ou adolescente, é legítima a atuação do Ministério Público como substituto processual em ação de execução de prestação alimentícia por descumprimento de acordo referendado pelo próprio Órgão Ministerial. – O tão-só descumprimento de acordo de alimentos evidencia violação a direito da criança, que se vê privada do atendimento de suas necessidades básicas" (REsp 510969/PR, DJ 06.03.2006, p. 372, Rel. Min. Nancy Andrighi)[56].

No que se refere especificamente à ação de alimentos em favor das pessoas idosas, faz-se necessário examinar o art. 12 do Estatuto da Pessoa Idosa, por se constituir em um dispositivo inédito com evidentes repercussões práticas.

O art. 12 dispõe que "a obrigação alimentar é solidária, podendo o idoso optar entre os prestadores", subvertendo, assim, o entendimento pacífico da doutrina sobre a *inexistência* de solidariedade na obrigação alimentar. Com efeito, a partir do momento em que a obrigação alimentar se baseia no

56. Nota de atualização: o Superior Tribunal de Justiça consagrou a tese no Tema nº 717.

tradicional binômio *necessidade-possibilidade*, não é possível que o credor exija o pagamento da totalidade da dívida de apenas um devedor, o que inviabiliza a possibilidade de haver solidariedade obrigacional[57].

Indubitavelmente esse dispositivo tem a finalidade de conferir maior vantagem à pessoa idosa, já que alarga o polo passivo de eventual ação de alimentos e possibilita maior êxito no recebimento de quantia suficiente para suprir suas necessidades.

Ou seja: ampliou-se a possibilidade para melhor atendimento da necessidade.

Essa inovação legislativa causou perplexidade, já que, além de passar a considerar a obrigação alimentar como solidária, vislumbrou-se ofensa à ordem da obrigação alimentar (art. 1696 do Código Civil[58]) e incompatibilidade com o art. 227 da Constituição, já que não foi concedido à criança e ao adolescente o mesmo tratamento[59], o que violaria o mandamento constitucional da proteção integral, ante a vantajosa previsão para os pessoas idosas.

Entendemos que o art. 12 do Estatuto da Pessoa Idosa deve ser cotejado com o disposto no art. 1698 do Código Civil[60], que permite a integração do processo por todos os coobrigados[61].

---

57. "Rigorosamente falando, o número de cadeias obrigacionais de alimentos varia conforme a necessidade do alimentando e a possibilidade concreta de cada um dos devedores. A solidariedade só não existe diante dessa característica dessa obrigação alimentar. Não há como exigir o 'todo' de um porque a obrigação depende, para existir, da possibilidade concreta de cada um dos obrigados" (BUENO, Cássio Scarpinella. Chamamento ao processo e o devedor de alimentos – uma proposta de interpretação para o art. 1698 do novo Código Civil. *Aspectos Polêmicos e Atuais sobre os Terceiros no Processo Civil e Assuntos Afins.* Fredie Didier Jr. e Teresa Arruda Alvim Wambier (coord.). São Paulo: RT, 2004, p. 85).

58. "Art. 1.696. O direito à prestação de alimentos é recíproco entre pais e filhos, e extensivo a todos as ascendentes, recaindo a obrigação nos mais próximos em grau, uns em falta de outros."

59. KÜMPEL, Vitor F. Aspectos civis (alimentos) da lei 10741/03 – Estatuto do Idoso. *Revista Síntese de Direito Civil e Processual* Civil, nº 27. Porto Alegre: Síntese, janeiro/fevereiro de 2004, p. 31. No mesmo sentido, mas com mais argumentos, os comentários coletivos constantes na seguinte obra: *Estatuto do Idoso Anotado.* Damásio de Jesus (coord.). São Paulo: Damásio de Jesus, 2005, pp. 55/60.

60. "Art. 1.698. Se o parente, que deve alimentos em primeiro lugar, não estiver em condições de suportar totalmente o encargo, serão chamados a concorrer os de grau imediato; sendo várias as pessoas obrigadas a prestar alimentos, todas devem concorrer na proporção dos respectivos recursos, e, intentada ação contra uma delas, poderão as demais ser chamadas a integrar a lide."

61. A segunda parte do art. 1698 do Código Civil ainda causa grande controvérsia. Para Fredie Didier Jr., trata-se de litisconsórcio passivo simples ulterior, mediante iniciativa do autor

Como a obrigação alimentar é intrinsecamente incompatível com a solidariedade, já que cada devedor só responde na medida de sua possibilidade, tanto assim que não há direito de regresso entre coobrigados[62-63], a previsão do Estatuto da Pessoa Idosa só pode significar a possibilidade de a ação ser ajuizada simultaneamente contra todos os coobrigados, garantindo maior êxito no recebimento de alimentos condizentes com sua necessidade[64]. Note-se que a possibilidade de ajuizamento da ação contra devedores de classes diferentes é permitida a qualquer credor de alimentos por meio da figura do litisconsórcio facultativo eventual[65], já que a falta do obrigado de que trata o art. 1696 do Código Civil significa também insuficiência econômica (falta de capacidade econômica)[66].

---

ou do Ministério Público, caso intervenha no processo (*Regras Processuais no Novo Código Civil*. São Paulo: Saraiva, 2004, pp. 123/127. A nova intervenção de terceiro na ação de alimentos. *Temas Atuais de Direito e Processo de Família*. Primeira série. Cristiano Chaves de Farias (coord.). Rio de Janeiro: IBDFAM/Lumen Juris, 2004, pp. 437/442. No mesmo sentido, aderindo expressamente à posição de Fredie Didier Jr.: GONÇALVES, Carlos Roberto. *Direito Civil Brasileiro*. v. VI. São Paulo: Saraiva, 2005, pp. 253/256). Já Cássio Scarpinella Bueno defende que se trata de chamamento ao processo (Chamamento... cit., pp. 81/96. *Partes...cit.*, pp. 284/292). Entendemos que a interpretação de Fredie Didier Jr. merece adesão, já que inexiste a solidariedade de que trata o art. 77 do Código de Processo Civil e a iniciativa da ampliação do processo realmente não pode ser efetivada pelo réu, que, se assim agisse, funcionaria como substituto processual do autor [art. 130 do atual CPC].

62. Colhe-se em Clóvis Bevilaqua, em seus comentários ao art. 400, que algumas legislações prevêem que, em casos urgentes, haveria a possibilidade de ação regressiva contra os demais coobrigados, previsão esta que constava no projeto primitivo de nosso Código, mas que foi suprimida pela comissão revisora (*Código Civil dos Estados Unidos do Brasil*. Vol. 1. Edição histórica, s/d. Rio de Janeiro: Rio, pp. 866/867). Entende Guilherme Calmon Nogueira da Gama que a segunda parte do art. 1698 do Código Civil só terá aplicação em casos de urgência, com possibilidade de futura ação de regresso entre os co-obrigados (*Comentários ao Código Civil Brasileiro*, vol. XV. Arruda Alvim e Tereza Alvim (coord.). Rio de Janeiro: Forense/FADISP, 2005, p. 333).

63. Observe-se que a capacidade econômica de outro coobrigado pode ser usada como matéria de defesa pelo réu em ação de alimentos.

64. "Não fosse pela possibilidade da intervenção dos co-obrigados e a ação de alimentos tenderia a ser inócua ou, quando menos, menos útil para o alimentando justamente porque, mesmo admitindo-se o dever de pagar alimentos, a condenação não pode, por definição, superar as reais possibilidades do alimentante" (BUENO. Chamamento...cit., p. 87).

65. DIDIER JR. *Regras...cit.*, p. 127.

66. Sobre o tema, confiram-se os seguintes julgados do Tribunal de Justiça do Rio Grande do Sul (ambos extraídos da página do tribunal na internet – www.tj.rs.gov.br): "Apelação. Ação de alimentos contra o pai e o avô paterno. Ilegitimidade passiva. Inocorrência. Denunciação da lide. Descabimento. Pensionamento em valor adequado. Não há falar em ilegitimidade passiva quando a demanda é direcionada contra o pai e o avô paterno simultaneamente. A falta do ascendente mais próximo, referida no art. 1.696 do

Aplicando-se nossa ideia ao disposto no Estatuto da Pessoa Idosa, o Promotor de Justiça, constatando a existência de pessoa idosa em situação de risco, como no exemplo formulado em páginas anteriores desse item, poderá ajuizar ação de alimentos contra todos os coobrigados. Caso haja coobrigados de classes diferentes, é necessário que na inicial seja narrada a insuficiência econômica dos obrigados da classe mais próxima, a fim de que possa ser ampliado o polo passivo.

Concluímos, pois, que, dada a natureza da obrigação alimentar, o art. 12 do Estatuto da Pessoa Idosa deve ser compatibilizado com o art. 1698 do Código Civil, mantendo-se, assim, uma igualdade de regime de alimentos entre todos os credores, permitindo-se a ampliação do polo passivo da relação processual, inclusive por meio de litisconsórcio alternativo eventual[67-68].

---

novo Código Civil, não diz respeito apenas à morte ou desaparecimento deste, mas diz também com a eventual ausência de condições materiais suficientes para arcar com o sustento da prole, matéria a ser provada no decorrer da instrução probatória. Quando a demanda é direcionada contra apenas um dos avós, é possível chamar os demais ao processo (NCC, art. 1.698). Entretanto, não há falar em direito de regresso de um dos avós em face dos demais. Por esta razão, é totalmente descabida a denunciação da lide. A necessidade de complementação por parte do avô restou configurada, pois o genitor não consegue suprir totalmente as necessidades do filho. Caso em que o valor do pensionamento fixado em desfavor do genitor e do avô paterno na sentença recorrida é adequado e não merece reparo." (TJRS - apelação 70006390629 - rel. Des. Rui Portanova, j. em 14/08/03). "Alimentos. Fixação provisória. Genitor e avós. Com o regramento vigente previsto no novo código civil - art. 1.698 - a obrigação alimentar dos avós é complementar, podendo ser demandados juntamente com o principal obrigado - genitor. Reduzem-se as verbas fixadas na decisão agravada, adequando-as às possibilidades dos recorrentes." (TJRS - agravo de instrumento nº 70006045421 - rel. Des. José S. Trindade, j. em 15/05/03).

67. O litisconsórcio alternativo eventual é uma cumulação de demandas com pedido eventual (DINAMARCO. *Instituições...vol. II, cit.,* p. 363).

68. No mesmo sentido: CARVALHO. Daniel Luz Martins de. *Os Reflexos do Código Civil no Regime Jurídico das Intervenções de Terceiros*. Monografia apresentada no curso de graduação em Direito, Universidade Salvador - UNIFACS, como requisito parcial para obtenção do grau de Bacharel em Direito, sob a orientação do Professor Doutor Fredie Didier Junior. Inédito. Salvador: 2004. Em sentido contrário, Nelson Finotti Silva entende que o Estatuto da Pessoa Idosa impôs a solidariedade passiva na obrigação alimentar, incidindo as regras do chamamento ao processo para a integração do pólo passivo (A intervenção de terceiros sob a luz do art. 1698 do novo CC e o Estatuto do Idoso. *Revista de Processo, nº 119.* São Paulo: RT, janeiro de 2005, pp. 293/294). Também Carlos Roberto Gonçalves afirma que, respeitada a ordem prevista no art. 1696, CC, o idoso poderá cobrar a dívida total de qualquer obrigado (Ob. cit., pp. 456/457). O Superior Tribunal de Justiça entendeu se tratar de litisconsórcio necessário simples, como se colhe na ementa a seguir transcrita: "Civil. Alimentos. Responsabilidade dos avós. Obrigação complementar e sucessiva. Litisconsórcio. Solidariedade. Ausência. 1 - A obrigação alimentar não tem caráter de solidariedade, no sentido que 'sendo várias pessoas obrigadas a prestar alimentos todos devem concorrer na proporção dos respectivos recursos.' 2 - O demandado, no entanto, terá direito de

Merece ser remarcado, por fim, que o sistema normativo indubitavelmente optou por emprestar maior garantia para quem necessita de alimentos e toda interpretação deve ser no sentido de garantir maior eficácia para o credor de alimentos[69].

Encerramos esse item remarcando a legitimidade do Ministério Público para o ajuizamento de ação de alimentos, a fim de garantir a dignidade e o direito à vida do substituído.

Em síntese, a ação de alimentos é um dos instrumentos eficazes de que dispõe o Ministério Público para tutelar o direito de pessoa idosa em situação de risco. Subtrair esse instrumento é frustrar a designação constitucional do Ministério Público, por impedir a defesa de direito indisponível.

---

chamar ao processo os co-responsáveis da obrigação alimentar, caso não consiga suportar sozinho o encargo, para que se defina quanto caberá a cada um contribuir de acordo com as suas possibilidades financeiras. 3 - Neste contexto, à luz do novo Código Civil, frustrada a obrigação alimentar principal, de responsabilidade dos pais, a obrigação subsidiária deve ser diluída entre os avós paternos e maternos na medida de seus recursos, diante de sua divisibilidade e possibilidade de fracionamento. A necessidade alimentar não deve ser pautada por quem paga, mas sim por quem recebe, representando para o alimentado maior provisionamento tantos quantos coobrigados houver no pólo passivo da demanda. 4 - Recurso especial conhecido e provido." (Resp 658139/RS, julgado em 11/10/05 e publicado em 13/03/06, rel. Min. Fernando Gonçalves). Em seu voto, o relator aduziu que "a questão debatida consiste em saber se o art. 1698 do Código Civil de 2002 tem o condão de modificar a interpretação pretoriana firmada sobre o art. 397 do Código Civil revogado. [...] Em primeira análise, a interpretação literal do dispositivo parece conceder uma faculdade ao autor da ação de alimentos de trazer para o pólo passivo os avós paternos e/ou os avós maternos de acordo com a sua livre escolha. Todavia, essa não representa a melhor exegese. É sabido que a obrigação de prestar alimentos aos filhos é, originariamente, de ambos os pais, sendo transferida aos avós subsidiariamente, em caso de inadimplemento, em caráter complementar e sucessivo. Neste contexto, mais acertado o entendimento de que a obrigação subsidiária - em caso de inadimplemento da principal - deve ser diluída entre os avós paternos e maternos na medida de seus recursos, diante de sua divisibilidade e possibilidade de fracionamento. Isso se justifica, pois a necessidade alimentar não deve ser pautada por quem paga, mas sim por quem recebe, representando para o alimentado, maior provisionamento tantos quantos réus houver no pólo passivo da demanda. [...] Conheço do recurso e lhe dou provimento para determinar a citação dos avós maternos, por se tratar de hipótese de litisconsórcio obrigatório simples." Em voto-vista, o Min. César Asfor Rocha acompanhou o relator, afirmando que, "se assim não fosse, o alimentando poderia, a seu alvitre, escolher um dos avós que teria que suportar, sozinho o cogitado encargos, quando a responsabilidade repousa sobre todos eles. Em conformidade com o douto voto do eminente Relator, conheço do recurso especial e dou-lhe provimento para determinar a citação dos avós maternos,por se tratar de hipótese de litisconsórcio obrigatório simples".

69. "Chamando-se ao processo ou intervindo na qualidade de litisconsorte passivo, o que mais importa, sobretudo em ação de alimentos, é que o alimentando possa ver satisfeito, da maneira mais completa possível, o direito material (a necessidade de receber alimentos) que motivou seu ingresso em juízo". (BUENO. *Partes...cit.,* p. 292).

Negar legitimidade ao Ministério Público em hipóteses desse jaez é ignorar a Constituição e significa fechar os olhos para a realidade do país, valendo lembrar que "o direito à tutela jurisdicional efetiva requer que os olhos sejam postos não apenas no direito material, mas também na realidade social"[70].

6. SUBSTITUIÇÃO PROCESSUAL E EFICÁCIA SUBJETIVA DA COISA JULGADA

Embora a eficácia da coisa julgada oriunda de processo em que tenha havido substituição processual tenha dado margem "às mais diversas e contraditórias construções doutrinárias"[71], é corrente na doutrina que, do ponto de vista processual, "a consequência mais importante da substituição processual consiste precisamente em que a sentença proferida, no processo, produz efeitos, revestidos da autoridade da coisa julgada, para quem não foi parte processual, pois atinge alguém que ficou estranho ao processo"[72], alargando-se os limites subjetivos da coisa julgada e especificando[73] o disposto no art. 472 do Código de Processo Civil [no CPC vigente, a disciplina legislativa da coisa julgada foi bastante modificada e o atual art. 506, CPC, possui redação distinta de seu equivalente mencionado no texto original; para uma exposição ampla e profunda do novo regime da coisa julgada, cuja complexidade gerou vários livros e textos, merece registro o estudo de Anissara Toscan, onde se encontrarão referências bibliográficas complementares: *Coisa Julgada Revisitada*. São Paulo: RT, 2022].

Essa afirmação pode ser considerada tranquila quando se tem em vista as raríssimas hipóteses de substituição processual exclusiva, mas se torna altamente controvertida diante de casos de legitimação concorrente, que é a mais comum forma dos casos de substituição processual.[74] A maioria da

70. MARINONI. *Técnica...cit.,* p. 190.

71. CINTRA. Estudo...cit., p. 753.

72. CAMPOS JR. Ob. cit., pp. 78/79, com outras citações bibliográficas.

73. Termo utilizado por Cândido Rangel Dinamarco, para quem não se trata de exceção ao disposto no art. 472 do Código de Processo Civil, mas de *especificação* (*Instituições de Direito Processual Civil vol. III.* 4ª ed. São Paulo: Malheiros, 2004, p. 321).

74. A polêmica também existe em casos de litisconsórcio unitário (cf., por todos, BARBOSA MOREIRA. *Litisconsórcio Unitário*. Rio de Janeiro: Forense, 1972, pp. 138/149). Aliás, Barbosa

doutrina[75] entende que, em qualquer hipótese de substituição processual, há extensão subjetiva da coisa julgada material e assim já decidiu o Superior Tribunal de Justiça ao menos em uma ocasião[76].

Em sentido contrário, ou seja, de que não haveria extensão da coisa julgada aos demais legitimados, temos a conhecida teoria de Liebman acerca da coisa julgada em casos de litisconsórcio facultativo unitário, em que defende a ideia de que a sentença somente atingirá a todos os legitimados se for para beneficiá-los[77].

Moreira enuncia a seguinte regra: *"todo litisconsórcio entre co-legitimados extraordinários é unitário"* (idem, p. 150).

75. Além dos autores mencionados por Eprhaim Campos Jr., podemos citar, sem a menor pretensão de sermos exaustivos, os seguintes: DINAMARCO (*Instituições de Direito Processual Civil. Vol. III.* 4ª ed. São Paulo: Malheiros, 2004, pp. 321/323); SCARPINELLA BUENO (*Partes e Terceiros no Processo Civil Brasileiro.* São Paulo: Saraiva, 2003, pp. 51/54); ARAKEN de ASSIS (*Substituição processual, cit.*, pp. 22/23); THEREZA ALVIM (ob. cit. pp. 103/111); SEVERO NETO (*Substituição Processual.* São Paulo: Juarez de Oliveira, 2002, pp. 189/208); AGUIAR MOURA (*Digesto de Processo.* Vol. 5. Rio de Janeiro: Forense, 1988, pp. 264/265); (BARBOSA MOREIRA. *Litisconsórcio... cit.*, pp. 149/150); TESHEINER (*Eficácia da Sentença e Coisa Julgada no Processo Civil.* São Paulo: RT, 2001, pp. 82/83); ARAÚJO CINTRA (Estudo... cit., pp. 753/755, e *Comentários ao Código de Processo Civil. vol. IV.* 2ª ed. Rio de Janeiro: Forense, 2003, pp. 318/319); NERY JUNIOR e NERY (*Código de Processo Civil Comentado.* 8ª ed. São Paulo: RT, 2004, p. 402). Também no direito comparado a maioria da doutrina entende que a substituição processual enseja a extensão da eficácia da coisa julgada ao substituído (FENNOL, Jordi Nieva. *La Sustitución Procesal.* Madri: Marcial Pons, 2004, p. 188. É necessário, contudo, temperar essa afirmação feita pelo autor espanhol, sobretudo diante dos textos de Proto Pisani, cujo pensamento está sintetizado no estudo "Il giudicato civile" (*Le Tutele Giurisdizionali dei Diritti: estudi.* Napoli: Jovene, 2003, sendo que na nota de rodapé que se inicia na p. 323 há excelentes referências bibliográficas).

76. "Processo civil. Ação proposta por netos visando ao reconhecimento da invalidade de venda realizada pelo avo (falecido) a tio, por meio de interposta pessoa. Improcedência. Trânsito em julgado. Novas ações promovidas por outros descendentes do autor da herança buscando, da mesma forma e com base em idêntica *causa petendi*, o retorno do bem ao acervo hereditário, extensão subjetiva da *res iudicata* estabelecida na primitiva causa. Substituição processual. Legitimação concorrente. Arts. 6º. e 472, CPC, e 1.132 e 1.580, parágrafo único, CC. Recurso desacolhido. I – Os descendentes co-herdeiros que, com base no disposto no parágrafo único do art. 1.580, CC, demandam em prol da herança, como na ação em que postulam o reconhecimento da invalidade de venda realizada pelo seu autor com afronta ao art. 1.132, CC, agem como mandatários tácitos dos demais co-herdeiros aos quais aproveita o eventual reingresso do bem na *universitas rerum*, em defesa também dos direitos destes. I – Atuam, destarte, na qualidade de substitutos processuais dos co-herdeiros prejudicados que, embora legitimados, não integrem a relação processual como litisconsortes ou assistentes litisconsorciais, impondo-se a estes, substituídos, sujeição a '*autoritas rei iudicatae*". (RESP 44925 / GO – Rel. Min. Sálvio de Figueiredo Teixeira – DJ 15.08.1994, p. 20339).

77. Cf. CAMPOS JR. Ob. cit., pp. 79/80. Os textos de LIEBMAN sobre o tema estão publicados em seu *Eficácia e Autoridade da Sentença – e outros escritos sobre a coisa julgada (com aditamentos relativos ao direito brasileiro).* Alfredo Buzaid e Benvindo Aires (trad.). Ada Pellegrini Grinover (trad. e notas). 3ª ed. Rio de Janeiro: Forense, 1984. Em outro ensaio

Moniz de Aragão, a seu turno, examina expressamente a hipótese de substituição processual e conclui que "ou é assegurada a participação no processo, mediante convocação oportuna de todos os que devem ficar futuramente sujeitos à autoridade da coisa julgada que dela emanará, ou esta não os vinculará"[78].

Mais recentemente, Eduardo Talamini defende a ideia de que o substituído seria atingido pela coisa julgada em três situações: a) se o sujeito

---

– que é exatamente o mencionado por Ephraim Campos Jr. –, Liebman na verdade trata do já mencionado problema da coisa julgada em casos de litisconsórcio facultativo unitário e expressamente exclui se tratar de substituição processual (ob. cit. pp. 229/237 e notas de Ada Grinover nas páginas 238/243, situando bem a questão no direito brasileiro). A teoria de Liebman foi criticada com maestria por Barbosa Moreira em parecer publicado em seu *Direito Processual Civil – ensaios e pareceres* (Coisa julgada: extensão subjetiva. Litispendência. Ação de nulidade de patente). Rio de Janeiro: Borsoi, 1971, pp. 273/294, especialmente pp. 281/286. Em recente trabalho, Ada Pellegrini Grinover revê seu posicionamento anterior e expressamente adere ao pensamento de Barbosa Moreira (Coisa julgada *erga omnes, secundum eventum litis e secundum probationem*. Revista de Processo nº 126. São Paulo: RT, agosto de 2005, p. 13). José Alberto dos Reis informa que essa concepção de que a coisa julgada só vincularia o "terceiro" para beneficiá-lo foi inspirada em solução dada no direito justianeu para os casos de servidão que interessava a vários proprietários e, após afirmar, referindo-se à sua época, que não há "jurista de alta categoria" que aceite essa solução, conclui que "ou há ou não há fundamento para, em determinadas situações jurídicas, estender o caso julgado a terceiros; se há, o caso julgado vincula-os, quer lhes seja favorável, quer lhes seja prejudicial, porque a razão do vínculo não pode estar na circunstância acidental e extrínseca de a sentença ter decidido em certo sentido; só pode estar numa causa mais íntima e profunda: a conexão ou dependência em que a relação jurídica em que o terceiro é interessado se encontra para com a relação jurídica apreciada e definida pela sentença" (Eficácia do caso julgado em relação a terceiros. *Coleção AJURIS/19*. Porto Alegre: 1985, pp. 89 e 91).

78. *Sentença e Coisa Julgada*. Rio de Janeiro: Aide, 1992, pp. 301/302. Gregório Assagra de Almeida entende que somente será constitucional estender os efeitos da coisa julgada ao substituído se for para lhe beneficiar: "Outra consequência que se extrai da leitura constitucional do processo civil à luz da garantia constitucional do contraditório, é a revisitação dos institutos da substituição processual e da coisa julgada, de sorte a fixar o critério *secundum eventum litis* para a coisa julgada em relação ao titular do direito que foi substituído no processo. Ninguém, por imposição constitucional, poderá ser prejudicado por uma decisão sem ter tido qualquer oportunidade de ser ouvido. Nesses casos, somente deverá ocorrer coisa julgada para o titular do direito que não tenha participado do contraditório se a decisão lhe for favorável. É essa a orientação já prevista no art. 103 do CDC, em sede de coisa julgada coletiva" (*Direito Civil e Processo: Estudos em homenagem ao Professor Arruda Alvim*. Araken de Assis e outros (coord.). São Paulo: RT, 2008, pp. 1040/1067). Discordamos dessa posição pelas razões que declinamos no corpo de nosso trabalho, podendo ainda ser acrescido o fato de que será difícil saber com exatidão o que efetivamente é favorável ao substituído, já que a procedência do pedido formulado pelo substituto não significa necessariamente a satisfação do substituído. Em outra perspectiva, mas em termos bastante semelhantes ao que afirmamos, vale conferir a argumentação de Barbosa Moreira no parecer citado na nota anterior (Coisa julgada...cit., especialmente páginas 282 e 283).

teve a prévia oportunidade de exercer a ação e não o fez; b) se o sujeito tinha (ou deveria ter) ciência do processo em que ocorria a substituição; c) se houver a possibilidade de o substituído participar, caso queira, do processo[79].

Parece-nos que ao menos uma dessas situações sempre estará presente em casos de substituição processual, de modo que acaba por não haver rigorosa exceção à regra em sua teoria.

Interessante observar que Eduardo Talamini considera como exemplo de situação em que *não haveria* formação de coisa julgada para o substituído o julgamento de improcedência de pedido de investigação de paternidade em ação ajuizada pelo Ministério Público (lei 8560/92), sem, contudo, justificar sua posição, já que não demonstra como as situações antes referidas não seriam atendidas[80].

Não nos parece que o ajuizamento de ação de investigação de paternidade pelo Ministério Público escape ao enquadramento de ao menos uma das situações formuladas por Talamini que ensejam a extensão subjetiva da coisa julgada. No mínimo haverá prévia audiência com o representante do menor, sob pena de se inviabilizar o ajuizamento da ação por absoluta ausência de informação sobre os fatos relevantes do caso. Normalmente o Promotor de Justiça instaura um procedimento em que, além de ser tentado o reconhecimento voluntário da paternidade, são chamados os interessados e, após todos os esclarecimentos e tentativas de reconhecimento voluntário da paternidade, são buscados os subsídios mínimos que viabilizem uma ação judicial.

Em suma: sem a participação dos interessados a ação simplesmente não será proposta. Não vemos, portanto, como o substituído não ser atingido pela coisa julgada material, ainda mais que, nas ações de investigação

79. Partes, terceiros e coisa julgada (os limites subjetivos da coisa julgada). *Aspectos Polêmicos e Atuais sobre os Terceiros no Processo Civil e Assuntos Afins.* Fredie Didier Jr. e Teresa Arruda Alvim Wambier (coord.). São Paulo: RT, 2004, pp. 223/224. Suas idéias também estão em sua densa tese de doutoramento: *Coisa Julgada e sua Revisão*. São Paulo: RT, 2005, especialmente nas páginas 96/122, sendo que o trecho citado se encontra na página 115 (vale registrar que, embora não concordemos no particular com Eduardo Talamini, seu trabalho possui méritos inegáveis e certamente figurará como um dos mais importantes estudos sobre coisa julgada produzidos no país, ao lado dos escritos de Barbosa Moreira, Moniz de Aragão, Ovídio Baptista da Silva e Celso Neves).

80. Partes...cit., p. 225. *Coisa*...cit., p. 115.

de paternidade ajuizadas pelo Ministério Público, a participação do titular do direito material é importante inclusive para a instrução da causa, especialmente em razão da colheita de material genético para a realização de prova pericial[81].

No mais das vezes, o Ministério Público sempre necessita da participação do titular do direito material para que possa exercer a função de substituto processual, sobretudo para que possa obter um lastro fático mínimo que fundamente sua atuação judicial. Além disso, mormente para que o substituído não seja prejudicado caso haja desencontro de interesses com o Ministério Público, deve haver uma comunicação acerca do conteúdo da sentença, a fim de que se oriente e se permita que o titular do direito material interponha recurso e não permita que se forme uma coisa julgada contra seu interesse[82].

Um exemplo para ilustrar a hipótese[83]: uma criança recebe a notícia de que terá sua matrícula escolar cancelada em razão de necessitar de cuidados especiais que não podem ser prestados pelo estabelecimento de ensino. Diante desses fatos, aciona-se o Ministério Público, cujo presentante ajuíza uma ação com que se pretende obrigar a escola a manter a matrícula, a fim de preservar o direito à educação do menor. Na sentença, o juiz determina apenas que a escola mantenha a criança matriculada até o final do ano letivo, a fim de não prejudicar a evolução de seus estudos, mas entende que não pode obrigar a continuação indefinida da relação contratual, especialmente porque o menor efetivamente necessitava de um estabelecimento de ensino mais adequado para suas condições psicológicas. Pode ocorrer que haja um desencontro volitivo entre o substituto e o

81. No que se refere às ações de paternidade, ainda merece ser mencionada a recente discussão acerca do que vem se denominando de *relativização da coisa julgada material*, cuja abordagem crítica, no entanto, não encontra espaço neste trabalho (confira-se a discussão sobre o tema, inclusive com outras indicações bibliográficas, em duas obras coletivas: NASCIMENTO, Carlos Válder (coord.) *Coisa Julgada Inconstitucional*. 4ª ed. Rio de Janeiro: América Jurídica, 2004. DIDIER JR., Fredie (org.). *Relativização da coisa julgada - enfoque crítico*. Salvador: Edições Juspodivm, 2004).

82. Sobre o ingresso do substituído na fase recursal, confira-se, por todos, DIDIER JR.: *Recurso de Terceiro: juízo de admissibilidade*. 2ª ed. São Paulo: RT, 2005, p. 122.

83. O exemplo ora formulado decorre de um caso concreto que nos foi relatado pela diligente Promotora de Justiça do Estado do Rio de Janeiro Agnes Mussliner, que, corretamente, adotou todas as providências para que o menor recorresse da sentença, embora com ela concordasse o Ministério Público, prestando todos os esclarecimentos e contribuindo efetivamente para o integral acesso à justiça.

substituído, querendo este último recorrer da sentença, enquanto aquele concorda com seu conteúdo. Em situações desse jaez, é fundamental que o Ministério Público informe o teor da decisão e esclareça sua concordância com o decidido e as implicações daí decorrentes, a fim de que o titular do direito material possa evitar a formação de uma coisa julgada que não atende a seus interesses. Considerando-se que invariavelmente o Ministério Público atua em favor de pessoas em situação de risco, que nem sempre possuem condições satisfatórias para a compreensão dos efeitos de uma decisão judicial e de sua irreversibilidade, parece-nos que apenas a ciência formal do ajuizamento da ação é insuficiente para se garantir a adequada informação das consequências potencialmente decorrentes do processo, de modo que, no atendimento da parte ou até em audiência, devam ser prestadas as informações necessárias para o esclarecimento do titular do direito material. Trata-se mais de um comportamento ético do que técnico, cuja inobservância não possui o condão de evitar a formação de coisa julgada oponível ao substituído.

Entendemos que negar que a coisa julgada material atinja o substituído que não tenha integrado o processo é negar a natureza do próprio instituto da substituição processual. Se aquele que foi substituído e se manteve fora do processo ficar imune ao resultado desse mesmo processo, não estaremos diante de substituição processual, mas, sim, de legitimação ordinária, já que o substituto na realidade não estará regulando situação alheia. O fundamento e a importância prática da substituição processual consistem exatamente na disciplina processual de direito alheio. Negando esse efeito, mutila-se o instituto, tornando-o imprestável para sua finalidade principal[84].

Acrescente-se que, como bem observado por Fredie Didier Jr., a extensão subjetiva da coisa julgada é imposição do princípio da igualdade, já que, "se assim não fosse, o réu da demanda proposta pelo substituto processual litigaria em processo que jamais poderia vencer, pois, mesmo se derrotasse o substituto, a decisão não seria oponível ao substituído, que poderia propor novamente a mesma demanda. Seria processo em que apenas uma das partes poderia ganhar. A atribuição da legitimação extraordinária

---

84. Evidentemente, o próprio sistema que autorizou a legitimidade extraordinária pode restringir os limites subjetivos da coisa julgada, mas, exatamente em razão da natureza e da função da substituição processual, tal fato é excepcional e deve ser expresso (p. ex: arts. 274 e 1647, II, do Código Civil e arts. 10 e 952 do Código de Processo Civil).

implica o reconhecimento de que um determinado sujeito pode defender, de maneira eficaz, os interesses de outrem. Assim, a extensão da coisa julgada ao substituído é disso consequência inexorável."[85]

7. OBSERVAÇÕES FINAIS

Evidentemente que, quando defendemos a ampla legitimidade do Ministério Público para a defesa dos direitos individuais indisponíveis, não excluímos a incidência concorrente de outras formas de tutela de direitos, nem formulamos uma proposta de Ministério Público como tutor de direitos individuais. Na realidade, a legitimação consagrada pela Constituição de modo algum significa um pretexto para que o Ministério Público busque monopolizar o ajuizamento de ações, até porque não é sua função a defesa ordinária de direitos individuais e a sobrecarga de trabalho decorrente de suas atribuições constitucionais frustraria qualquer pretensão megalomaníaca de ajuizamento de ações.

Em contrapartida – e aqui está o núcleo de nossa ideia –, não se pode negar ao Ministério Público a possibilidade de valer-se de todos os meios possíveis para restaurar a integral proteção devida a direitos indisponíveis, a fim de que não se frustrem pretensões democráticas decorrentes de situações jurídicas individuais violadas e sem a devida tutela. Essa foi a opção constitucional de um regime democrático preocupado com a tutela de direitos e negar a legitimidade do Ministério Público é negar a própria Constituição.

Nesse sentido, convém lembrar com Boaventura de Sousa Santos que "a frustração sistemática das expectativas democráticas pode levar à desistência da democracia e, com isso, à desistência da crença no papel do direito na construção da democracia" e "sem direitos de cidadania efectivos a democracia é uma ditadura mal disfarçada"[86].

É oportuno reafirmar, pois, após vinte anos de Constituição, que o Ministério Público é um importante protagonista na tutela de direitos individuais e ainda é necessário todo esse esforço argumentativo porque,

85. *Pressupostos...cit.*, p. 256.

86. *Para uma Revolução Democrática da Justiça*. Coleção "Questões da nossa época nº 134". São Paulo: 2007, pp. 10 e 90.

lamentavelmente, "a ideia de direito que o atual estado constitucional implica não entrou plenamente no ar que respiram os juristas"[87].

Espera-se que doutrina e jurisprudência evoluam para uma interpretação constitucionalmente adequada da legitimação do Ministério Público para a tutela de direitos indisponíveis e que futuramente as decisões restritivas sejam lembradas apenas como um equívoco definitivamente sepultado.

O Ministério Público possui na figura da substituição processual um relevante instrumento para incrementar sua vocação constitucional de órgão facilitador do acesso a uma adequada tutela de direitos e a resistência a essa sua atividade significa, além de uma postura inconstitucional, um descompasso com a realidade social e uma falta de compromisso com o acesso à justiça.

87. ZAGREBLESKY, Gustavo. *El Derecho Dúctil: ley, derechos, justicia*. Marina Gascón (trad.). 7ª ed. Madrid: 2007, p. 10.

3

NOTAS ACERCA DA CAPACIDADE POSTULATÓRIA DO MINISTÉRIO PÚBLICO*

1. INTRODUÇÃO

O singular perfil reservado ao Ministério Público no ordenamento jurídico brasileiro provoca algumas perplexidades que comumente ensejam

---

*. Originalmente publicado em *Temas Atuais do Ministério Público: A Atuação do* Parquet *nos 20 anos da Constituição.* Cristiano Chaves de Farias; Nelson Rosenvald. (Org.). Rio de Janeiro: Lumen Juris, 2008. Posteriormente, houve publicações em outras publicações, com pequenas atualizações aqui já incorporadas. Atualização jurisprudencial relacionada, iniciando por um julgado que resume a longa jornada até que se reconhecesse a natural possibilidade de os Ministérios Públicos estaduais atuarem diretamente no Superior Tribunal de Justiça e no Supremo Tribunal Federal, como desdobramento de seus atos postulatórios: "1. O Plenário do Supremo Tribunal Federal, na QO no RE 593.727/MG, Rel. Min. Cezar Peluso, 21.6.2012, em inequívoca evolução jurisprudencial, proclamou a legitimidade do Ministério Público Estadual para atuar diretamente no âmbito da Corte Constitucional nos processos em que figurar como parte e estabeleceu, entre outras, as seguintes premissas (Informativo 671/STF): a) em matéria de regras gerais e diretrizes, o PGR poderia desempenhar no Supremo Tribunal Federal dois papéis simultâneos, o de fiscal da lei e o de parte; b) nas hipóteses que o Ministério Público da União (MPU) figurar como parte no processo, por qualquer dos seus ramos, somente o Procurador Geral da República (PGR) poderia oficiar perante o Supremo Tribunal Federal, o qual encarnaria os interesses confiados pela lei e pela constituição ao referido órgão; c) nos demais casos, o Ministério Público Federal exerceria, evidentemente, a função de fiscal da lei e, nessa última condição, a sua manifestação não poderia preexcluir a das partes, sob pena de ofensa ao contraditório; d) A Lei Complementar federal 75/93 somente teria incidência no âmbito do Ministério Público da União (MPU), sob pena de cassar-se a autonomia dos Ministérios Públicos estaduais que estariam na dependência, para promover e defender interesse em juízo, da aprovação do Ministério Público Federal; e) a Constituição Federal distinguiu "a Lei Orgânica do MPU (LC 75/93) – típica lei federal -, da Lei Orgânica Nacional (Lei 8.625/93), que se aplicaria em matéria de regras gerais e diretrizes, a todos os Ministérios Públicos estaduais"; f) a Resolução 469/2011 do Supremo Tribunal Federal determina a intimação pessoal do Ministério Público estadual nos processos em que figurar como parte; g) não existiria subordinação jurídico-institucional que submetesse o Ministério Público dos estados à chefia do Ministério Público da União (MPU), instituição que a Constituição teria definido como chefe o Procurador Geral da República (PGR); h) não são raras as hipóteses em que seriam possíveis situações processuais que estabelecessem posições antagônicas entre o Ministério Público

da União e o Ministério Público estadual e, em diversos momentos, o parquet federal, por meio do Procurador Geral da República (PGR), teria se manifestado de maneira contrária ao recurso interposto pelo parquet estadual; i) a privação do titular do Parquet Estadual para figurar na causa e expor as razões de sua tese consubstanciaria exclusão de um dos sujeitos da relação processual; j) a tese firmada pelo Supremo Tribunal Federal "denotaria constructo que a própria práxis demonstrara necessário, uma vez que existiriam órgãos autônomos os quais traduziriam pretensões realmente independentes, de modo que poderia ocorrer eventual cúmulo de argumentos". 2. Recentemente, o Pretório Excelso reafirmou que "Os Ministérios Públicos estaduais não estão vinculados nem subordinados, no plano processual, administrativo e/ou institucional, à Chefia do Ministério Público da União, o que lhes confere ampla possibilidade de atuação autônoma nos processos em que forem partes, inclusive perante os Tribunais Superiores" (excerto da ementa da ACO 2.351 AgR, Relator(a): Min. Luiz Fux, Primeira Turma, julgado em 10/02/2015, 05-03-2015). 3. A Corte Especial deste Tribunal Superior também reformulou seu entendimento no julgamento do EREsp 1.327.573/RJ, Corte Especial, Rel. Min. Ari Pargendler, Rel. p/ Acórdão Ministra Nancy Andrighi, DJe de 27.2.2015. No mesmo sentido, a orientação pacífica desta Corte Superior: EREsp 1201491/RJ, Corte Especial, Rel. Min. Benedito Gonçalves, DJe de 12.6.2015; EDcl nos EDcl no RHC 34.498/RS, 5ª Turma, Rel. Min. Jorge Mussi, DJe de 3.2.2015; AgRg no REsp 1323236/RN, 2ª Turma, Rel. Min. Herman Benjamin, DJe de 28.11.2014; AgRg nos EREsp 1256973/RS, 3ª Seção, Rel. Min. Laurita Vaz, Rel. p/ Acórdão Min. Rogerio Schietti Cruz, DJe de 6.11.2014; AgRg nos EDcl no REsp 1.262.864/BA, 3ª Turma, Rel. Min. Paulo De Tarso Sanseverino, DJe de 22.5.2014; EDcl no AgRg no REsp 1380585/DF, 6ª Turma, Rel. Min. Assusete Magalhães, DJe de 11.3.2014; EDcl no AgRg no REsp 1326532/DF, 6ª Turma, Rel. Min. Sebastião Reis Júnior, DJe de 13.12.2013; EDcl no AgRg no AgRg no AREsp 194.892/RJ, Rel. Ministro Mauro Campbell Marques, Primeira Seção, julgado em 12/06/2013, DJe de 1º.7.2013. 4. O Ministério Público Estadual, nos processos em que figurar como parte e que tramitam no Superior Tribunal de Justiça, possui legitimidade para exercer todos os meios inerentes à defesa de sua pretensão. A função de fiscal da lei no âmbito deste Tribunal Superior será exercida exclusivamente pelo Ministério Público Federal, por meio dos Subprocuradores-Gerais da República designados pelo Procurador-Geral da República. 5. Embargos de Divergência providos. (EREsp n. 1.236.822/PR, relator Ministro Mauro Campbell Marques, Corte Especial, julgado em 16/12/2015, DJe de 5/2/2016). "Processual civil. Agravo regimental no conflito de competência. Código de Processo Civil de 1973. Aplicabilidade. Ministério Público do Trabalho. Interposição de recurso diretamente perante o superior tribunal de justiça. Impossibilidade. Ilegitimidade recursal. Agravo regimental não conhecido. I – Consoante o decidido pelo Plenário desta Corte na sessão realizada em 09.03.2016, o regime recursal será determinado pela data da publicação do provimento jurisdicional impugnado. *In casu*, aplica-se o Código de Processo Civil de 1973. II – Os Ministérios Públicos dos Estados podem atuar, diretamente, na condição de partes, perante os Tribunais Superiores, em razão da não existência de vinculação ou subordinação entre o Parquet Estadual e o Ministério Público da União. Precedentes. III – Tal orientação, todavia, não pode ser amoldada ao Ministério Público do Trabalho, órgão vinculado ao Ministério Público da União, conforme dispõe o art. 128, I, b, da Constituição da República. Ausente a legitimidade recursal do ora Agravante. V – Agravo regimental não conhecido" (AgRg no CC n. 122.940/MS, relatora Ministra Regina Helena Costa, Primeira Seção, julgado em 7/4/2020, DJe de 16/4/2020). "Agravo regimental contra despacho com conteúdo decisório. Pedido formulado pela Procuradoria-Geral da República no sentido de que o Ministério Público estadual seja intimado da decisão monocrática proferida no habeas corpus. Parquet estadual que não atua como parte no mandamus. Pedido indeferido. Legitimidade recursal dos ministérios públicos estaduais assegurada pelo STF, no julgamento do RE 985.392/RS, com repercussão geral. Situação que não se confunde com a necessidade de intimação pessoal dos entes estaduais, quando não atuem como parte no habeas corpus. Despacho mantido. Agravo regimental não provido. – Hipótese em que a Procuradoria-Geral da República requereu a intimação pessoal do Ministério Público do Estado de São Paulo acerca do teor da decisão monocrática proferida no presente habeas corpus, pleito este que foi indeferido, haja vista que o Ministério Público Estadual não integra a relação processual. – A unidade e a indivisibilidade são princípios institucionais do Ministério Público, conforme prevê o § 1º do art. 127 da Carta da República (art. 127, § 1º, da CF). – É atribuição exclusiva do Ministério Público Federal, por meio da Procuradoria-Geral da República atuar como *custos legis* nas ações constitucionais de habeas corpus submetidas a julgamento perante o Superior Tribunal de Justiça. Inteligência dos arts. 61, 62 e 64, todos do Regimento Interno do STJ. – O Supremo Tribunal Federal, por ocasião do julgamento do RE n. 985.392/RS, submetido à sistemática da repercussão geral, firmou o posicionamento no sentido de que os Ministérios Públicos dos Estados e do Distrito Federal têm legitimidade para propor e atuar em recursos e meios de impugnação de decisões judiciais em trâmite no STF e no STJ, oriundos de processos de sua atribuição, sem prejuízo da atuação do Ministério Público Federal. – Esse novo entendimento jurisprudencial do Supremo Tribunal Federal ratifica a orientação do Superior Tribunal de Justiça, proferida no EREsp n. 1.236.822/PR, no sentido de que a plena atuação do Ministério Público estadual na defesa de seus interesses, trará mais vantagens à coletividade e aos direitos escudados pela referida instituição. – A atuação do Ministério Público Federal, como fiscal da lei, nos processos de habeas corpus, não exclui a possibilidade de os Ministérios Públicos dos Estados e do Distrito Federal e dos Territórios formularem pedidos e apresentarem recursos perante o Superior Tribunal de Justiça, sempre que seus interesses encontrem respaldo em processos de suas atribuições na origem, hipótese em que atuam como parte interessada. – Observadas as diretrizes normativas e jurisprudenciais retro, nas hipóteses em que o Ministério Público dos Estados ou do Distrito Federal não for o impetrante (parte) na ação constitucional de habeas corpus, é suficiente a intimação da Procuradoria-Geral da República, na qualidade de *custos legis*, sem prejuízo de eventual pedido de ingresso no feito pelo Parquet estadual ou distrital, como interessado, além da possibilidade de interpor recursos, conforme bem assegurou o Supremo Tribunal Federal, em regime de repercussão geral. – Essa conclusão encontra suporte na rotina do próprio Supremo Tribunal Federal, que não determina a intimação pessoal dos Ministérios Públicos dos Estados ou do Distrito Federal em seus julgados de habeas corpus, salvo quando estes atuam como impetrantes. – Agravo regimental não provido". (AgRg no HC n. 366.786/SP, relator Ministro Reynaldo Soares da Fonseca, Quinta Turma, julgado em 19/3/2019, DJe de 8/4/2019). "Mandado de segurança. Oficial de promotoria do ministério público de São Paulo. Ilícitos administrativos. Procedimento disciplinar do Ministério Público estadual: pena de demissão. Impugnação ao conselho nacional do ministério público: anulação da penalidade. Legitimidade ativa autônoma do Ministério Público estadual para atuar originariamente neste supremo tribunal. Incompetência do Conselho Nacional do Ministério Público para revisar processos disciplinares instaurados contra servidores do ministério público. Mandado de segurança concedido. 1. O Ministério Público estadual tem legitimidade ativa autônoma para atuar originariamente neste Supremo Tribunal, no desempenho de suas prerrogativas institucionais relativamente a processos em que seja parte. 2. A competência revisora conferida ao Conselho Nacional do Ministério Público limita-se aos processos disciplinares instaurados contra os membros do Ministério Público da União ou dos Estados (inc. IV do § 2º do art. 130-A da Constituição da República), não sendo possível a revisão de processo disciplinar contra servidores. Somente com o esgotamento da atuação correicional do Ministério Público paulista o ex-servidor apresentou, no Conselho Nacional do Ministério Público, reclamação contra a pena de demissão aplicada. 3. A Constituição da República resguardou o Conselho Nacional do Ministério Público da possibilidade de se uma reação restritiva da doutrina e da jurisprudência[1], como no caso da capacidade postulatória. Essa situação jurídica processual que autoriza a prática de atos postulatórios é quase sempre automaticamente vinculada ao exercício da advocacia e vislumbra-se certa dificuldade em trabalhar com essa categoria como conceito pertencente à teoria geral do processo[2] e cujos contornos são delineados pelo direito positivo.

Para o desenvolvimento deste texto, é fundamental ter em mente que a conformação constitucional do Ministério Público o consagra como uma instituição destinada à realização de direitos e como um canal de amplo acesso à justiça.[3] Por meio do Ministério Público, direitos que não seriam

---

tornar instância revisora dos processos administrativos disciplinares instaurados nos órgãos correicionais competentes contra servidores auxiliares do Ministério Público em situações que não digam respeito à atividade-fim da própria instituição. 4. Mandado de segurança concedido, prejudicados os recursos interpostos contra o deferimento da liminar" (MS 28827, Relator(a): Cármen Lúcia, Primeira Turma, julgado em 28-08-2012, 09-10-2012). "Recurso Extraordinário. Repercussão Geral. Defensor Público. Capacidade Postulatória. Inscrição Na Ordem Dos Advogados Do Brasil. Inconstitucionalidade. Desprovimento. 1. O artigo 134, § 1º, da Constituição Federal, ao outorgar à lei complementar a organização da Defensoria Pública da União, do Distrito Federal e dos Territórios, e a edição de normas gerais organizacionais para as Defensorias Públicas dos Estados, vedou expressamente "o exercício da advocacia fora das atribuições institucionais". 2. A exigência prevista na Lei Complementar 80/1994, de que o candidato ao cargo de defensor público deve comprovar sua inscrição na Ordem dos Advogados do Brasil – OAB, não conduz à inarredável conclusão de que o Defensor Público deve estar inscrito nos registros da entidade. 3. O artigo 4º, § 6º, da Lei Complementar 80/1994, na redação dada pela Lei Complementar 132/2009, dispõe que a capacidade postulatória do defensor decorre exclusivamente de sua nomeação e posse no cargo público, para se dedicar unicamente à nobre missão institucional de proporcionar o acesso dos assistidos à ordem jurídica justa. 4. Logo, o Defensor Público submete-se somente ao regime próprio da Defensoria Pública, sendo inconstitucional a sua sujeição também ao Estatuto da OAB. 5. Recurso extraordinário desprovido. Tese para fins da sistemática da Repercussão geral: É inconstitucional a exigência de inscrição do Defensor Público nos quadros da Ordem dos Advogados do Brasil" (RE 1240999, Relator(a): Alexandre de Moraes, Tribunal Pleno, DJe-248 DIVULG 16-12-2021 PUBLIC 17-12-2021).

1. Isso acontece, por exemplo, na atuação do Ministério Público como substituto processual para a tutela de direitos individuais indisponíveis (cf., de nossa autoria, *O Ministério Público como Substituto Processual no Processo Civil*. 2ª ed. Rio de Janeiro: Lumen Juris, 2009).

2. Cf. o estudo em que se parte da Teoria Geral do Direito, de autoria de GOUVEIA FILHO, Roberto P. Campos: *A capacidade postulatória como uma situação jurídica processual simples: ensaio em defesa de uma teoria das capacidades em direito*. Recife: Universidade Católica de Pernambuco (UNICAP), março de 2008, sob a orientação do Prof. Dr. Alexandre Freire Pimentel. Texto ainda inédito, gentilmente cedido pelo autor, que pode ser acessada em *www.unicap.br/tede/*.

3. Sobre o Ministério Público e o acesso à justiça há, entre outros, três interessantes trabalhos: MAZZILLI, Hugo Nigro. *O Acesso à Justiça e o Ministério Público*. 3ª ed. São Paulo: Saraiva, 1998. CAVALCANTI, Rosângela Batista. *Cidadania e Acesso à Justiça – Promotorias de Justiça da Comunidade*. São Paulo: IDESP/Sumaré, 1999. Esta última obra examina

tutelados ou que o seriam de maneira precária – e tutelar direitos precariamente é, em última análise, o mesmo que não os tutelar – passaram a contar com uma possibilidade efetiva de realização.

A tutela dos direitos pode ser efetivada extrajudicialmente, como na celebração de termos de ajustamento de conduta, mas não há dúvidas de que a tutela jurisdicional dos direitos assume especial preponderância em nossa realidade, de modo que nos ocuparemos exclusivamente do exame de um aspecto relacionado à atuação do Ministério Público como legitimado ativo para a tutela dos direitos por meio do processo jurisdicional[4].

É necessário estabelecer, pois, um recorte temático para o desenvolvimento deste trabalho: embora todas as formas de atuação do Ministério Público sejam relevantes[5], cuidaremos de sua atuação como órgão agente

---

uma interessante iniciativa do Ministério Público do Estado do Paraná e demonstra, a partir de pesquisas de campo, que a atuação do Ministério Público efetivamente amplia o acesso à justiça. Na mesma linha, examinando experiência semelhante do Ministério Público do Estado do Pará: DEBERT, Guita Grin. O Ministério Público no Pará. *Justiça e Cidadania no Brasil.* Maria Tereza Sadek (org.). São Paulo: IDESP/Sumaré, 2000.

4. O Ministério Público também pode tutelar direitos judicialmente mesmo quando funciona como órgão interveniente (*custos legis*), mas sua atuação como parte autora inequivocamente é o meio por excelência para a tutela jurisdicional dos direitos, já que de maneira direta, por iniciativa própria, identifica uma lesão ou ameaça de lesão a direitos e, autorizado constitucionalmente, vale-se dos instrumentos processuais possíveis para protegê-los de forma adequada. Em razão do perfil constitucional que indica uma Instituição mais ativa, a intervenção do Ministério Público na condição de *custos legis* vem sendo fortemente questionada, dando origem ao que se convencionou denominar de *racionalização da intervenção no processo civil.* Busca-se evitar que a função do membro do Ministério Público se resuma ao que foi denominado de "parecerismo", entendido como o "fenômeno pelo qual os promotores de justiça passam a elaborar pareceres cada vez mais em tudo semelhantes a sentenças judiciais, atendendo a todos requisitos formais de uma sentença e esquecendo-se, por vezes, da própria finalidade com que intervinham no feito" (MACEDO JÚNIOR, Ronaldo Porto. A evolução institucional do Ministério Público brasileiro. *Uma Introdução ao Estudo da Justiça.* Maria Tereza Sadek (org.). São Paulo: IDESP/Sumaré, 1995, p. 44). Não há dúvidas de que a intervenção como *custos legis* deve ser redimensionada, mas nos parece que também há uma resistência injustificada a esse tipo de atuação, já que, inclusive por meio dela, é possível a tutela de direitos. Notou bem esse aspecto Ronaldo Porto Macedo Júnior, ao considerar que "importa frisar que o ajuste institucional do Ministério Público, visando adaptá-lo ao novo perfil constitucional não implica, necessariamente, na eliminação da atuação processual como '*custos legis*'; importa, isto sim, na mudança da forma de atuação e eleição de prioridades institucionais" (ob. cit., p. 46). Outro problema que nos parece decorrer dessa onda de "racionalização" do Ministério Público no processo civil é o esvaziamento de atribuições sem a necessária reestruturação dos órgãos de execução. O simples redimensionamento das áreas de atuação sem uma criteriosa reengenharia estrutural causará desvios trágicos na atuação institucional, com o aparecimento de verdadeiros "*spas* de execução" ou "órgãos de omissão".

5. Tratamos amplamente da atuação do Ministério Público em trabalho anterior, a que pedimos licença para nos remeter uma vez mais: *A Proteção Processual dos Direitos dos*

no processo, mais especificamente sobre a capacidade de a instituição estar presente em juízo de forma válida, atendendo ao pressuposto processual da capacidade postulatória. Trata-se de tema que possui inegável importância prática, cujo tratamento, porém, é negligenciado pela doutrina[6], acarretando algumas perplexidades que atingem diretamente o acesso à justiça, como veremos nos itens seguintes.

Como é supérflua toda previsão de uma finalidade sem que sejam disponibilizados os meios aptos para sua consecução, procuraremos demonstrar que o reconhecimento da capacidade postulatória do Ministério Público é fundamental para o exercício de suas finalidades institucionais.

2. CAPACIDADE POSTULATÓRIA E PRESSUPOSTOS PROCESSUAIS

A garantia constitucional do acesso à justiça não é incompatível com a existência de um juízo de admissibilidade da demanda, já que, se é verdade que todos podem requerer a tutela jurisdicional, mesmo que dela não sejam merecedores, não é menos verdade que o processo é o instrumento para a satisfação daqueles que mereçam ter seus direitos tutelados, isto é, que efetivamente sejam titulares da situação material afirmada. Ou seja: a ação *concretamente exercida* é passível de controle de admissibilidade por meio da implementação de requisitos e condições impostos pelo ordenamento.

Em nosso sistema processual, o mérito do processo só será examinado se os requisitos de validade do processo (ou pressupostos processuais[7]) e as condições para o legítimo exercício do direito de ação estiverem satisfeitos.

Idosos: Ministério Público, tutela de direitos individuais e coletivos e acesso à justiça. 2ª ed. Rio de Janeiro: Lumen Juris, 2010.

6. A capacidade postulatória foi objeto de denso estudo na já referida dissertação de mestrado de GOUVEIA FILHO, Roberto P. Campos. *A capacidade postulatória como uma situação jurídica processual simples: ensaio em defesa de uma teoria das capacidades em direito.* Recife: Universidade Católica de Pernambuco (UNICAP), 2008.

7. Sobre os pressupostos ou requisitos processuais, merecem leitura os seguintes trabalhos, em que constam diversas outras fontes bibliográficas: DIDIER JR, Fredie. *Pressupostos Processuais e Condições da Ação: o juízo de admissibilidade do processo.* São Paulo: Saraiva, 2005. CARVALHO, José Orlando Rocha de: *Teoria dos Pressupostos e dos Requisitos Processuais.* Rio de Janeiro: Lumen Juris, 2005. BEDAQUE, José Roberto dos Santos. *Efetividade do Processo e Técnica Processual.* São Paulo: Malheiros, 2006. MARINONI. Luiz Guilherme. *Teoria Geral do Processo.* São Paulo: RT, 2006.
CARVALHO, José Orlando Rocha de: *Teoria dos Pressupostos e dos Requisitos Processuais.* Rio de Janeiro: Lumen Juris, 2005.

Em suma, rejeitadas as preliminares, o juiz fica obrigado a se pronunciar sobre o mérito; acolhidas as preliminares, impede-se a apreciação do mérito, proferindo-se o que foi denominado de sentença terminativa ou processual típica[8].

Isso, no entanto, não significa que o acesso à justiça possa ser obstado pela imposição de condições de admissibilidade arbitrárias, ou seja, dissociadas da realidade de direito material, sob pena de se vedar indevidamente o acesso à justiça. A existência dessa espécie de filtro não é livre nem soberana, havendo outras circunstâncias que devem ser ponderadas, sobretudo a missão primordial do processo, que é a tutela de direitos. Isso porque o processo não é autossuficiente e não possui vocação para solista. A tutela jurisdicional é a sua finalidade e a sua gênese. Por essa razão, o juízo de admissibilidade não é estático nem mecânico, merecendo criteriosa e razoável apreciação para que não se torne um artifício para a frustração da função do processo.

Realmente, o fato de haver um plano de admissibilidade não pode servir de artifício para que o mérito seja ignorado. A finalidade do processo é a resolução da crise de direito material e não a procura de uma fuga técnica para evitar o enfrentamento do mérito. A admissibilidade da tutela jurisdicional serve para evitar o processo inviável e não para inviabilizar a tutela do direito material. Entretanto, há situações em que o processo, como se fosse um objeto incômodo, é extinto precipitadamente, sem um adequado exame da situação concreta. Esse comportamento pode decorrer de vários fatores, como o despreparo técnico, a desatenção, a concentração na produção estatística da vara judicial[9] – cuja preocupação com a produtividade

8. Como resume Barbosa Moreira, "é na esperança de compor a lide que a máquina judiciária se movimenta. [...] Entretanto, por intuitivas razões, não permite a lei que se julgue o mérito senão quando o processo se revista de características suscetíveis de assegurar, tanto quanto possível, a regularidade e a utilidade do julgamento. [...] O ordenamento quer que o litígio seja composto, mas não quer que isso aconteça seja lá como for, a qualquer preço, sob quaisquer circunstâncias. Daí a formulação de certos requisitos, sem os quais não se torna praticável a prolação da sentença definitiva: segundo esquema tradicionalmente adotado entre nós, esses requisitos distribuem-se em duas categorias, a dos pressupostos processuais e das condições da ação". Legitimação passiva: critério de aferição. Mérito. *Direito Aplicado II (pareceres)*. 2ª ed. Rio de Janeiro, Forense, 2005, p. 372.

9. Uma advertência se faz necessária nesse particular: os dados estatísticos são fundamentais para o estudo de qualquer ciência e toda iniciativa desse jaez deve ser celebrada e incentivada, especialmente porque o campo jurídico não é muito amigo de dados objetivos (a propósito dessa carência de dados objetivos em estudos jurídicos, merece ser destacado o recente trabalho de Moniz de Aragão – que, com Barbosa Moreira, sempre

cinge-se à quantidade de sentenças sem se preocupar com a qualidade da prestação jurisdicional –, a busca de artifício para o não enfrentamento do mérito e o comodismo[10], frustrando a finalidade do processo e negando o acesso à tutela jurisdicional.

O juízo de admissibilidade, repita-se, não é um ardil para se inviabilizar a tutela jurisdicional, mas, sim, um instrumento técnico que interrompe um processo inviável em si mesmo.

Se algum requisito de admissibilidade faltante não impedir o prosseguimento prático do processo, seja porque a causa já esteja pronta para o julgamento, não tendo havido o controle da preliminar no tempo devido, seja porque inexistiu prejuízo para o interessado, ultrapassa-se o plano da admissibilidade, devendo prevalecer o plano do mérito, inexistindo utilidade na extinção serôdia do processo por inadmissibilidade. Vê-se, assim, que o plano da admissibilidade não é um fim em si mesmo.

Entre esses requisitos de admissibilidade encontra-se justamente a capacidade postulatória, que pode ser conceituada como autorização normativa para atuar em juízo. Ou seja, além da capacidade processual, que pressupõe a capacidade de ser parte, há um outro requisito subjetivo de validade do processo que é a capacidade técnica ou a aptidão para postular ou responder validamente em juízo.

Uma noção importante que às vezes é desconsiderada e provoca alguns equívocos é a inexistência de monopólio ontológico da capacidade postulatória. Esse pressuposto processual não é um instituto pré-normativo, que

---

alerta para a necessidade de um estudo com base em dados objetivos: Estatística judiciária. *Revista de Processo*. São Paulo: RT, nº 110, abril/junho de 2003). Entretanto, há uma faceta presente no estabelecimento de controle estatístico que nos preocupa seriamente e toca de perto o objeto deste trabalho, que é uma espécie de pressão perversa que pode ser impingida aos magistrados, aproximando-se a salutar iniciativa de uma espécie de ditadura numérica. A partir do momento em que se exige uma certa prolação de sentenças por mês de um juiz, por exemplo, apenas com os olhos voltados para um programa de *"quantidade total"*, sem preocupações qualitativas, efeitos danosos podem ser produzidos, como o descaso com a instrução do processo pela pressa em produzir sentenças e, inclusive, evitando-se a "difícil" tarefa de se julgar o mérito, buscando artifícios formais para tornar inadmissível a tutela jurisdicional.

10. Bem notou esse aspecto Carlos Alberto Alvaro de Oliveira: "muitas vezes, para facilitar o seu trabalho, o órgão judicial adota uma rigidez excessiva, não condizente com o estágio atual do nosso desenvolvimento, ou então a parte insiste em levar às últimas consequências as exigências formais do processo" (O formalismo-valorativo no confronto com o formalismo excessivo", disponível no sítio *www.tex.pro.br* e publicado na *Revista de Processo nº 137*, RT, julho de 2006).

antecede qualquer construção legislativa ou doutrinária, como se fosse um dado na natureza que deve ser aceito inapelavelmente. Ao revés, trata-se de um requisito de admissibilidade artificial – como, aliás, todos os demais -, que é imposto por razões de políticas legislativas, não sendo ocioso relembrar que historicamente a capacidade postulatória era outorgada a todos os cidadãos, encontrando-se resquícios dessa época inclusive nos dias de hoje (*habeas corpus*, por exemplo)[11].

É fundamental ter presente a ideia de que a capacidade postulatória é outorgada normativamente, não havendo espaço para se pensar em monopólio profissional nesse particular, sem embargo do que dispõe a lei 8906/94 (Estatuto da Ordem dos Advogados do Brasil), cujo artigo 1° extrapola a dimensão normativa inserta no artigo 133 da Constituição da República[12].

Não há, portanto, privatividade ou exclusividade abstrata da capacidade postulatória: o *jus postulandi* é sempre conferido pelo ordenamento jurídico.

Exatamente em razão disso, no *habeas corpus*[13], em algumas postulações perante juizados especiais[14], entre outras situações, a capacidade

11. Cf. SILVA, Fernando Antonio Souza e. *O Direito de Litigar sem Advogado*. Rio de Janeiro: Renovar, 2007, pp. 25/39. MADEIRA, Hélcio Maciel França. *História da Advocacia*. São Paulo: RT, 2002.

12. Sobre o tema, inclusive com discussões acerca da reserva de mercado provocada pelo monopólio dos advogados, bem como com o necessário enfoque constitucional da matéria, vale conferir o denso, original e fundamentado estudo de Fernando Antonio Souza e Silva citado na nota anterior. Confira-se também a já citada dissertação de Roberto P. Campos Gouveia Filho.

13. No *habeas corpus*, dá-se, ainda, o que pode ser denominado de "capacidade postulatória por arrastamento", na medida em que, no caso de interposição de recurso contra decisão que denega a ordem, continua a ser dispensada a presença de advogado regularmente inscrito na Ordem dos Advogados do Brasil, conforme ampla jurisprudência do Supremo Tribunal Federal, o que pode ser ilustrado com a transcrição de ementa de recente julgamento, em que são citados outros precedentes: "Recurso – Habeas corpus – Dispensa da capacidade postulatória. Versando o processo sobre a ação constitucional de habeas corpus, tem-se a possibilidade de acompanhamento pelo leigo, que pode interpor recurso, sem a exigência de a peça mostrar-se subscrita por profissional da advocacia. Precedentes: Habeas Corpus n° 73.455-3/DF, Segunda Turma, relator ministro Francisco Rezek, Diário da Justiça de 7 de março de 1997, e Recurso Ordinário em Habeas Corpus n° 60.421-8/ES, Segunda Turma, relator ministro Moreira Alves, Revista Trimestral de Jurisprudência 108/117-20. O enfoque é linear, alcançando o recurso interposto contra decisão de turma recursal de juizado especial proferida por força de habeas corpus" (HC 84716/MG – Rel. Min. Marco Aurélio – DJ 26.11.2004, p. 00025).

14. "Ação Direta de Inconstitucionalidade. Juizados Especiais Federais. Lei 10.259/2001, Art. 10. Dispensabilidade de advogado nas causas cíveis. Imprescindibilidade da presença de advogado nas causas criminais. Aplicação subsidiária da lei 9.099/1995. Interpretação

postulatória é conferida diretamente aos interessados, dispensando-se a atuação de advogados. Note-se que se dispensa a presença de advogados e não a capacidade postulatória, que continua a ser exigida e que é conferida diretamente ao interessado[15].

Mostra-se relevante assinalar que o Supremo Tribunal Federal entende que a capacidade postulatória no controle abstrato de normas, no que se refere às autoridades e entidades indicadas no artigo 103, I a VII, da Constituição da República, decorre da própria legitimidade[16]. Os legitimados detêm, portanto, capacidade postulatória para o ajuizamento da ação, o que decorre diretamente da conformação constitucional da autorização para a propositura da ação.

Como salientamos no início deste tópico, a capacidade postulatória, assim como os demais requisitos de admissibilidade, não é um fim em si mesma e, inexistindo prejuízo para a parte, que é a quem esse pressuposto visa a proteger[17], não se deve inviabilizar o processo apenas em razão da ausência desse requisito.

---

conforme a Constituição. É constitucional o art. 10 da Lei 10.259/2001, que faculta às partes a designação de representantes para a causa, advogados ou não, no âmbito dos juizados especiais federais. No que se refere aos processos de natureza cível, o Supremo Tribunal Federal já firmou o entendimento de que a imprescindibilidade de advogado é relativa, podendo, portanto, ser afastada pela lei em relação aos juizados especiais. Precedentes. Perante os juizados especiais federais, em processos de natureza cível, as partes podem comparecer pessoalmente em juízo ou designar representante, advogado ou não, desde que a causa não ultrapasse o valor de sessenta salários mínimos (art. 3° da Lei 10.259/2001) e sem prejuízo da aplicação subsidiária integral dos parágrafos do art. 9° da Lei 9.099/1995. Já quanto aos processos de natureza criminal, em homenagem ao princípio da ampla defesa, é imperativo que o réu compareça ao processo devidamente acompanhado de profissional habilitado a oferecer-lhe defesa técnica de qualidade, ou seja, de advogado devidamente inscrito nos quadros da Ordem dos Advogados do Brasil ou defensor público. Aplicação subsidiária do art. 68, III, da Lei 9.099/1995. Interpretação conforme, para excluir do âmbito de incidência do art. 10 da Lei 10.259/2001 os feitos de competência dos juizados especiais criminais da Justiça Federal". (ADI 3.168-DF, Relator Min. Joaquim Barbosa, publicado no Informativo n° 474 – 1° a 03 de agosto de 2007. Vale conferir, ainda, o julgamento da ADI 1127-DF, cuja notícia se encontra no Informativo n° 427, de 15 a 19 de maio de 2006).

15. Sobre o ponto: DIDIER JR., Fredie. *Pressupostos Processuais e Condições da Ação: o juízo de admissibilidade do processo*. São Paulo: Saraiva, 2005, p. 142, nota 87.

16. Cf., na literatura mais recente: MENDES, Gilmar Ferreira. *Arguição de Descumprimento de Preceito Fundamental*. Saraiva: São Paulo, 2007, p. 90. MENDES, Gilmar Ferreira. COELHO, Inocêncio Mártires. BRANCO. Paulo Gustavo Gonet. *Curso de Direito Constitucional*. São Paulo: Saraiva/IDP, 2007, p. 1049.

17. Cf., amplamente sobre o tema: BEDAQUE, José Roberto dos Santos. *Efetividade do Processo e Técnica Processual*. São Paulo: Malheiros, 2006, pp. 192/211. Aplicando essa noção

3. A CAPACIDADE POSTULATÓRIA DO MINISTÉRIO PÚBLICO PARA SUAS ATIVIDADES FINALÍSTICAS

Do exposto no item anterior decorre uma conclusão que poderia ser considerada intuitiva e desprovida de maiores controvérsias: o Ministério Público, por meio de seus membros, possui plena capacidade postulatória para o exercício de suas funções por expressa autorização constitucional, podendo-se afirmar que a legitimidade para agir e a capacidade postulatória estão contidas na fixação constitucional das atribuições do Ministério Público.

Com efeito, a partir do momento em que o artigo 127 da Constituição da República - que consideramos ser a fonte de toda a legitimidade para agir da Instituição - confere legitimidade ao Ministério Público para a defesa de direitos individuais indisponíveis e sociais, automaticamente lhe confere capacidade postulatória.

Ofenderia a Constituição - e o bom senso - entender que a outorga de legitimidade a um órgão estatal de inegável aptidão técnica necessitaria de intermediação de uma outra entidade para poder postular em juízo. Realmente, imaginávamos que sequer se cogitaria que, para ajuizar uma ação coletiva ou uma ação para a defesa de direito individual indisponível, necessitasse o Ministério Público dos préstimos de serviço de advocacia.

Entretanto, entre as diversas tentativas amesquinhar a atuação do Ministério Público, cabe mencionar uma heterodoxa objeção que foi exposta por Adriano Perácio de Paula.[18] Segundo esse autor, atuando como parte em ação cível, o Ministério Público sempre deverá estar representado por advogado, em razão de a Constituição só lhe haver conferido capacidade postulatória em matéria penal, vedando-lhe o exercício da advocacia. Faltaria ao Ministério Público, portanto, sempre de acordo com o referido autor, capacidade postulatória para ajuizar qualquer ação cível, incluindo as ações coletivas, devendo contratar advogado.

---

especificamente sobre o tema da capacidade postulatória: GOUVEIA FILHO, ob. cit., pp. 147/148.

18. Sobre a Lei 8429, de 1992, e a atuação do Ministério Público nas ações de improbidade no processo civil. *Improbidade Administrativa*, Cássio Scarpinella Bueno e Pedro Paulo de Rezende Porto Filho (coord.). São Paulo: Malheiros, 2001. Cf., ainda, do mesmo autor: Do *jus postulandi* e da atuação do Ministério Público no processo civil. Revista de Informação legislativa, nº 146, abril/junho de 2000, pp. 309/320 (também disponível eletronicamente: *www.senado.gov.br/web/cegraf/ril/Pdf/pdf_146/r146-23.pdf*).

Esse posicionamento é flagrantemente insubsistente, parecendo até ser fruto de uma má-vontade com a atuação do Ministério Público, antes de se constituir em uma consistente posição acadêmica. No mínimo o autor confunde a privatividade para o ajuizamento da ação penal pública com a legitimidade do Ministério Público para ações cíveis, que é sempre concorrente. Felizmente, não temos conhecimento de qualquer adesão a esse entendimento. Até mesmo quem se dedicou ao tema com um enfoque restritivo à atuação do Ministério Público, nem sequer cogitou questionar sua capacidade postulatória para atuar como autor no processo civil[19]. Jacinto Nelson de Miranda Coutinho, em parecer encomendado pela Ordem dos Advogados do Brasil, afirma expressamente que a capacidade postulatória "é inerente à própria instituição. Pretender exigir-se que para a propositura da Ação Civil Pública o Ministério Público deve comparecer em juízo representado por um advogado é, data vênia, um exagero. Seria amesquinhá-lo. Seria reduzi-lo a um mero órgão administrativo do Estado (...)"[20].

O Superior Tribunal de Justiça já teve que se dedicar a essa questão e a refutou devidamente: "Processual civil. Recurso especial. Ação civil pública. Ato de improbidade. Capacidade postulatória. Artigo 25, IV, "b", da lei 8.625/93. *Legitimatio ad causam* do Parquet. Arts. 127 e 129 da CF/88. Patrimônio público. Dever de proteção. 1. A Constituição Federal de 1988 conferiu ao Ministério Público o status de instituição permanente, essencial à função jurisdicional do Estado, incumbindo-lhe a defesa da ordem jurídica, do regime democrático e dos interesses sociais e individuais indisponíveis (artigo 129, caput). 2. Deveras, o Ministério Público está legitimado a defender os interesses públicos patrimoniais e sociais, ostentando, a um só tempo, *legitimatio ad processum* e capacidade postulatória que pressupõe aptidão para praticar atos processuais. É que essa capacidade equivale a do advogado que atua em causa própria. Revelar-se-ia *contraditio in terminis* que o Ministério Público legitimado para a causa e exercente de função essencial à jurisdição pela sua aptidão técnica fosse instado a contratar advogado na sua atuação pro populo de *custos legis*. 3. A *ratio essendi* da capacidade postulatória vem expressa no art. 36 do

19. MEDINA, Paulo Roberto de Gouvêa. O exercício do *ius postulandi* pelo advogado e pelo membro do Ministério Público no processo civil. *Revista da Ordem dos Advogados do Brasil*, nº 64. Brasília: Conselho Federal da OAB, janeiro/junho de 1997.

20. Propositura, pelo Ministério Público, de ações para a tutela de interesses particulares em ações civis públicas. *Revista de Processo*, nº 80, São Paulo: RT, outubro/dezembro de 1995, p. 174.

CPC, *verbis*: 'A parte será representada em juízo por advogado legalmente habilitado. Ser-lhe-á lícito, no entanto, postular em causa própria, quando tiver habilitação legal ou, não a tendo, no caso de falta de advogado no lugar ou recusa ou impedimento dos que houver'. [...] 7. Sob esse enfoque, adota-se a fundamentação ideológica e analógica com o que se concluiu no RE n.º 163231/SP, para externar que a Constituição Federal confere ao Ministério Público capacidade postulatória para a propositura da ação de improbidade, nos seguintes termos: Recurso extraordinário. Constitucional. Legitimidade do Ministério Público para promover ação civil pública em defesa dos interesses difusos, coletivos e homogêneos. Mensalidades escolares: capacidade postulatória do Parquet para discuti-las em juízo. 1. A Constituição Federal confere relevo ao Ministério Público como instituição permanente, essencial à função jurisdicional do Estado, incumbindo-lhe a defesa da ordem jurídica, do regime democrático e dos interesses sociais e individuais indisponíveis (CF, art. 127). 2. Por isso mesmo detém o Ministério Público capacidade postulatória, não só para a abertura do inquérito civil, da ação penal pública e da ação civil pública para a proteção do patrimônio público e social, do meio ambiente, mas também de outros interesses difusos e coletivos (CF, art. 129, I e III). [...] 5.1. Cuidando-se de tema ligado à educação, amparada constitucionalmente como dever do Estado e obrigação de todos (CF, art. 205), está o Ministério Público investido da capacidade postulatória, patente a legitimidade ad causam, quando o bem que se busca resguardar se insere na órbita dos interesses coletivos, em segmento de extrema delicadeza e de conteúdo social tal que, acima de tudo, recomenda-se o abrigo estatal. [...] 11. É cediço na doutrina pátria que "o bacharel em direito regularmente inscrito no quadro de advogados da OAB tem capacidade postulatória (EOAB 8º, 1º e ss). Também a possui o membro do MP, tanto no processo penal quanto no processo civil, para ajuizar a ação penal e a ACP (CF 129, III; CPC 81; LACP 5º; CDC 82, I; ECA 210 I)." (Nelson Nery Júnior, *Código de Processo Civil Comentado e Legislação Processual Civil Extravagante em Vigor*, 5ª edição, Editora Revista dos Tribunais, página 429). 12. Recurso especial desprovido".[21]

Para afastar essa ideia da falta de capacidade postulatória, bastaria mencionar o disposto no art. 81 do Código de Processo Civil[22], lembrando,

21. REsp 749.988/SP, Rel. Ministro Luiz Fux, Primeira Turma, julgado em 08.08.2006, DJ 18.09.2006 p. 275 – destacamos.

22. Referência ao CPC então em vigor; no atual, a regra citada foi substituída por texto mais amplo (art. 177).

uma vez mais, que a outorga da capacidade postulatória não é monopólio do Estatuto da Ordem dos Advogados do Brasil. Não nos parece consistente imaginar que, para o ajuizamento de ações rescisórias, ações de atribuição originária do Procurador-Geral de Justiça ou do Procurador-Geral da república, incidentes de conflito de competência e interposição de recursos, necessite o Ministério Público dos serviços de advocacia pelo simples fato de não de tratar de matéria penal. Apenas para ilustrarmos esse parágrafo, lembrem-se ainda de outras leis federais que, ao tratarem da legitimidade do Ministério Público, automaticamente conferem capacidade postulatória: a lei 8625/93, que em seu artigo 10, I, prevê que o Procurador-Geral de Justiça representa a o Ministério Público judicialmente e em seu artigo 25 descreve as funções de ajuizamento de ações judiciais; a lei complementar 75/93, artigo 6º, que também prevê a representação judicial da instituição; o artigo 201 do Estatuto da Criança e do Adolescente e o artigo 74 do Estatuto da Pessoa Idosa, entre outros dispositivos infraconstitucionais que poderiam ser lembrados, apenas para afastar a pueril noção de que a capacidade postulatória encontra origem única no Estatuto da Ordem dos Advogados do Brasil.

A própria Constituição confere capacidade postulatória ao Ministério Público para o ajuizamento de ações para qual é legitimado, como podemos ver nos seguintes dispositivos: art. 127, ao incumbir-lhe a *defesa* dos interesses sociais e individuais indisponíveis, estando incluída a possibilidade de ajuizamento de ações judiciais; art. 129, III, em que se lê que cabe ao Ministério Público *promover* a Ação Civil Pública, devendo ser notado que no inciso primeiro do mesmo artigo utiliza-se o mesmo verbo para a ação penal; a vedação do exercício da advocacia evidentemente não significa que o Ministério Público não possa ajuizar ações de sua atribuição, devendo haver compatibilização das normas constitucionais. A razão dessa vedação é histórica e nada tem a ver com a nova configuração da tutela jurisdicional coletiva.

De nada adiantaria conferir legitimidade ao Ministério Público e, ao mesmo tempo, não lhe conceder capacidade postulatória, que, nesse caso específico, decorre da própria legitimação para agir, estando *in re ipsa*. Negar capacidade postulatória ao Ministério Público é interpretar o sistema de forma primitiva e rasteira, em nada contribuindo para um sério e denso debate sobre as reais dificuldades envolvendo a atuação da instituição como órgão agente.

Tratemos de uma outra questão mais séria e relevante, embora tenha recebido o mesmo tratamento equivocado.

Em decisão monocrática, a Ministra Cármen Lúcia Antunes Rocha reconheceu a capacidade postulatória do Ministério Público em ações cíveis, como não poderia deixar de ser, mas decidiu que a Instituição não pode ajuizar ação de interesse institucional sem a participação de advogado: "[...] Trata-se de Ação Cautelar, com pedido de medida liminar, ajuizada neste Supremo Tribunal pelo Ministério Público do Estado de Minas Gerais, em 10 de novembro de 2006, com fundamento nos arts. 21, IV e V, e 304 do RISTF, 'com o intuito de obter efeito suspensivo ao Recurso Extraordinário n. 1.0000.05.422943-0/000 aviado contra o acórdão proferido pela Terceira Câmara Cível do Tribunal de Justiça de Minas Gerais.' O caso 2. A instituição autora, 'Ministério Público do Estado de Minas Gerais', narra que a Requerida, Associação Brasileira de Criadores de Zebu de Uberaba, impetrou mandado de segurança contra ato do 5º Promotor de Justiça da Comarca de Uberaba - MG, para o qual o juiz da 2ª Vara Cível da Comarca de Uberaba se declarou incompetente, remetendo os autos ao Tribunal de Justiça de Minas Gerais. A Terceira Câmara Cível do Tribunal de Justiça do Estado de Minas Gerais afirmou a competência do juízo de primeira instância, devolvendo os autos para o prosseguimento do feito. Não obstante aquela decisão, *o Ministério Público mineiro interpôs recurso extraordinário contra o acórdão prolatado, o qual foi admitido. Devolvido a este Supremo Tribunal em seu efeito legal próprio - o devolutivo - avia a presente Ação o Ministério Público estadual requerendo seja emprestado também efeito suspensivo.* [...] Trata-se da irregularidade da representação processual para a propositura. Tem-se, na inicial apresentada, assinatura não de advogados constituídos, na forma constitucional e legalmente determinada para o processamento das ações, mas dos eminentes Procuradores de Justiça, Dra. Elaine Martins Parise (*Procuradora-Geral Adjunta* Jurídica) e Dr. Renato Franco de Almeida (Promotor de Justiça e Assessor Especial do Ministério Público Estadual). *Nem é matéria sujeita a controvérsia que a representação processual é exclusiva de advogados no Brasil, ressalvadas as hipóteses em que se tenha ação penal ou civil conferida, no sistema jurídico, à legitimidade ativa do Ministério Público* (arts. 129, incs. I, III, IV e V combinado com 133, todos da Constituição da República). De se observar, por igual, a proibição constitucional da advocacia por membro do Ministério Público (art. 128, § 5º, inc. II, alínea b, da Constituição do Brasil, além de ser imperativo dar cumprimento à legislação processual civil (arts. 7º a 13, do Código de Processo Civil). *Não é possível admitir-se que os Procuradores de Justiça, membros da nobre carreira do Ministério Público, e terminante e taxativamente proibidos de advogar, exerçam, como pretendido no presente caso, desempenhar função que lhes é, expressa, literal e exemplarmente, vedada por norma constitucional.* Procurador de Justiça ou Promotor Advogado não é, e por isso mesmo não pode exercer a representação judicial. *O que se tem, no caso presente, é uma ação judicial - ação cautelar - na qual se buscam prerrogativas alegadas ou pretendidas pelo Ministério Público. Não se tem, em qualquer norma jurídica vigente no País, autorização legal para que se afaste da vedação constitucional da advocacia o membro do Ministério Público.* Não compete a ele distinguir-se de qualquer cidadão ou entidade de direito público ou particular, que, ao buscar os seus direitos, tem de se valer de advogado para fazer-se representar perante o Juiz competente. É o que se estampa nos arts. 1º e 3º da Lei n. 8.906/93, denominado 'Estatuto da Advocacia'[...]. E tudo quanto posto na Constituição da República, ao atribuir a exclusividade da advocacia aos profissionais específicos - excluídos os membros do Ministério Público - é para se poder fazer a exigência a esses profissionais da qualificação que lhe é necessária e de que se ressente uma postulação quando apresentada por quem não tenha a necessária qualificação técnica, em que pese possa ser o não advogado dotado das melhores condições intelectuais jurídicas para outros desempenhos, como, tem-se por certo, ocorre no caso presente. Ademais, qualquer problema ou dificuldade que se apresente pelo advogado submete o profissional às exigências éticas perante a instituição específica, que é a Ordem dos Advogados do Brasil. Igual não poderia ser o deslinde se se permitisse o desempenho daquela atividade específica e constitucionalmente afirmada a outrem que não, exclusivamente, ao advogado. Inegável, portanto, a irregularidade processual havida na espécie, que estaria a merecer a aplicação do art. 13 do Código de Processo Civil, se os outros óbices não estivessem a impedir o prosseguimento da presente ação. Ausência dos requisitos referentes à plausibilidade do direito 8. Não se pode atestar, na espécie, a alegada fumaça do bom direito, porque carentes os autos dos elementos necessários para a sua comprovação, conforme acima exposto [...]"[23].

Parece-nos que essa decisão não é a mais adequada, ao menos por dois motivos: 1) se o Ministério Público ajuizou recurso extraordinário no caso, sua capacidade postulatória foi reconhecida exatamente por se tratar de questão institucional - reconhecimento da competência originária para o julgamento de mandado de segurança contra ato de seu membro –,

23. AC 1450/MG, Rel. Min. Cármen Lúcia, DJ 22/11/2006, p. 00048 - destacamos. A decisão não foi objeto de recurso e transitou em julgado em 11/12/2006.

o que faz com que uma ação conexa necessariamente deva ser admitida (conexão por sucessividade), não sendo razoável reconhecer a capacidade postulatória para a interposição do recurso e negá-la para o ajuizamento de ação cautelar que visava a conferir efeito suspensivo a esse mesmo recurso; 2) tratando-se questão vinculada a suas prerrogativas, possui o Ministério Público interesse institucional que lhe outorga capacidade postulatória, o que será examinado no próximo item.

Deve ser remarcado que o entendimento esposado pela referida Ministra é equivocado e pode significar lamentável limitação à atuação do Ministério Público. Se existe capacidade postulatória para a interposição do recurso, forçosamente também existirá para quaisquer medidas que lhe sejam conexas.

O reconhecimento da necessidade de intermediação de um advogado nessa situação subverte o raciocínio processual e homenageia uma reserva de mercado incompatível com uma ordem constitucional dedicada ao amplo acesso à justiça[24].

Outro ponto que merece atenção é a impossibilidade de o Ministério Público Estadual promover sustentação oral perante Tribunais Superiores, quando em julgamento recurso interposto por um de seus membros[25].

24. Como se vê, a propósito, em trecho doutrinário de autoria da própria Ministra: "Também não se pode descurar sobre a questão relativa ao imperativo da presença de advogado que o sistema jurídico nacional tem adotado. De verdade, não é sempre que a presença é imprescindível, sequer necessária. Em algumas ocasiões somente constitui embaraços, às vezes dispêndios a mais, ao exercício do direito à jurisdição. Se não se admite - e é certo que não - que aquele que necessita e deseja um advogado para atuar em sua defesa deixe de tê-lo e o tenha às expensas do Estado, quando impossibilitado se encontra de contratar o de sua preferência e escolha, é exato ainda que nem sempre se deveria impor a presença do patrono, quando puder e quiser dispensá-lo o titular do direito discutido. Isto impede, em uma ou outra ocasião, o exercício direto pelo titular do direito, em casos em que a presença do representante judicial seria prefeita e tranquilamente dispensável, sem qualquer ônus para o Estado-juiz, para as partes ou para a sociedade. Esta presença, que muitas vezes - diria mesmo na maioria delas - é um direito inarredável do cidadão, pode constituir, quando levada a extremos opostos, um óbice para o acesso aos órgãos prestadores da jurisdição, que é dever do Estado providenciar e prover" ROCHA, Cármen Lúcia Antunes. O direito constitucional à jurisdição. *As Garantias do Cidadão na Justiça*. Sálvio de Figueiredo Teixeira (org). São Paulo: Saraiva, 1993, p. 37, *apud* SILVA, Fernando Antonio de Souza e. Ob. cit., p. 3, nota 5.

25. Noticia o Informativo nº 671 do Supremo Tribunal Federal que "por votação majoritária, resolveu questão de ordem - suscitada pelo PGR - com o fito de assentar a legitimidade do Procurador-Geral de Justiça do Estado de Minas Gerais, ora recorrido, para proferir sustentação oral. O Min. Cezar Peluso, relator, anotou que o Plenário já teria reconhecido que o parquet estadual disporia de legitimação para atuar diretamente nesta Corte nas

A Corte Especial do Superior Tribunal de Justiça chegou a anular julgamento em que tal fato aconteceu, entendendo, inclusive, que o prejuízo à parte contrária era presumido[26-27]. Não se discute que, na condição de *custos legis*, somente o Ministério Público Federal atua perante aquela Corte, mas

causas por ele promovidas originariamente. Elucidou que o PGR poderia desempenhar, no Supremo, 2 papéis simultâneos: a) o de fiscal da lei; ou b) o de parte. Assim, quando o MPU, em qualquer dos seus ramos, figurasse como parte do feito, só ao PGR seria dado oficiar perante o STF, porque ele quem encarnaria os interesses confiados pela lei ou pela Constituição a este órgão. Explicou que, nos demais casos, esse parquet exerceria, evidentemente, a função de fiscal da lei. Nesta última condição, a sua manifestação não poderia preexcluir a das partes, sob pena de ofensa ao princípio do contraditório. Destarte, sugeriu que a Lei Complementar federal 75/93 somente incidisse no âmbito do MPU, sob pena de cassar-se a autonomia dos Ministérios Públicos estaduais, que estariam na dependência, para promover e defender interesse em juízo, da aprovação do Ministério Público Federal. RE 593727/MG, rel. Min. Cezar Peluso, 21.6.2012. (RE-593727)". O julgamento foi suspenso por pedido de vista do Min. Fux.

26. O que é ainda mais curioso quando se tem em mente que é pacífica a jurisprudência no sentido de que a falta de intervenção do Ministério Público só gera nulidade se for *demonstrado* o prejuízo: "Processual civil. Habilitação de crédito em falência. Órgão do Ministério Público atuando como fiscal da lei, que, apesar de intimado, não apresenta manifestação. Ausência de prejuízo. Nulidade da sentença não verificada. 1. A atenção do Ministério Público, no caso dos autos, dirige-se de modo direto aos interesses sociais ou individuais indisponíveis (Constituição Federal, art. 127), como um todo, sendo, por isso, considerado fiscal da lei. Dessa forma, instado a se manifestar acerca do caso concreto, não lhe cabe acolher a manifestação de uma delas, sem sequer verificar se seus fundamentos são plausíveis ou existentes, limitando-se a aguardar nova vista dos autos. Oportunidade para manifestação desperdiçada. 2. Em respeito ao princípio da instrumentalidade das formas, não se deve declarar a nulidade do ato processual se este não causa prejuízo a alguém, ou seja, *pas de nullité sans grief*. Nesse contexto, deve o processo ser interpretado como instrumento de realização da justiça, tendente à pacificação dos conflitos sociais, cabendo, no caso, perquirir acerca do sentido teleológico do que dispõe o art. 82 do CPC, no tocante à atuação do Ministério Público enquanto *custos legis*. Recurso não conhecido" (REsp 165.989/MG, Rel. Ministro Luis Felipe Salomão, julgado em 25/11/2008, DJe 15/12/2008). "Processual civil. Ação de indenização. Interesse de menor. Intervenção do Ministério Público. Ausência de prejuízo. CPC, arts. 82, I, 84 e 246. 1. Esta Corte já se posicionou na linha da necessidade de demonstração de prejuízo, para que seja acolhida a nulidade por falta de intimação do Ministério Público, em razão da existência de interesse de incapaz. 2. Embargos de declaração rejeitados" (EDcl no REsp 449.407/PR, Rel. Ministro Mauro Campbell Marques, julgado em 28/10/2008, DJe 25/11/2008).

27. Eis a ementa: "Embargos de divergência. Ministério público estadual. Atuação perante o superior tribunal de justiça. Sustentação oral. Vedação. Nulidade. 1. Consoante disposto na Lei Complementar 73, de 1993, somente o Ministério Público Federal, por meio dos Subprocuradores-Gerais da República, tem legitimidade para atuar nas causas de competência do Superior Tribunal de Justiça, nesta atuação compreendida, inclusive, a sustentação oral. 2. Uma vez permitida a participação de membro do Ministério Público Estadual em julgamento de recurso especial, sustentando oralmente, o julgamento deve ser anulado para que outro se faça sem aquela participação, sendo o prejuízo presumido. 3. Embargos de divergência conhecidos em parte e, nesta extensão, providos". (EREsp 445.664/AC, Rel. Ministro Fernando Gonçalves, Corte Especial, julgado em 21/05/2008, DJe 30/10/2008).

no caso em julgamento o Ministério Público Estadual estava na condição de postulante, não havendo razão para se lhe negar capacidade postulatória para o ato e muito menos para se falar em falta de legitimidade de quem, afinal, teve seu recurso admitido e desejava participar efetivamente do contraditório, olvidando-se os Ministros da importante distinção entre postular ao Tribunal e atuar no Tribunal[28].

Exatamente no sentido desse posicionamento foi proferida decisão do Superior Tribunal de Justiça: "Processual civil. Agravos regimentais. Ministério Público estadual. Legitimidade recursal. Recurso especial. Tempestividade. Recesso forense. Comprovação posterior. Precedente da Corte Especial (AResp 137.141/SE). Conversão em recurso especial. 1. É sabido que esta Corte Superior de Justiça até aqui ampara a tese de que o Ministério Público Estadual não é parte legítima para atuar perante os Tribunais Superiores, uma vez que tal atividade estaria restrita ao Ministério Público Federal. 2. O Ministério Público dos Estados não está vinculado nem subordinado, no plano processual, administrativo e/ou institucional, à Chefia do Ministério Público da União, o que lhe confere ampla possibilidade de postular, autonomamente, perante esta Corte Superior de Justiça. 3. *Não permitir que o Ministério Público Estadual atue perante esta Corte Superior de Justiça significa: (a) vedar ao MP Estadual o acesso ao STF e ao STJ; (b) criar espécie de subordinação hierárquica entre o MP Estadual e o MP Federal, onde ela é absolutamente inexistente; (c) cercear a autonomia do MP Estadual; e (d) violar o princípio federativo. 4. A atuação do Ministério Público Estadual perante o Superior Tribunal de Justiça não afasta a atuação do Ministério Público Federal, um agindo como parte e o outro como custos*

---

28. "Recurso ordinário de mandado de segurança. Legitimidade para impetração do mandamus. Promotor de Justiça. Lei n. 8.625/92. O Promotor de Justiça possui legitimidade para impetrar mandado de segurança perante os Tribunais locais. Distinção entre postular ao Tribunal (art. 32, inciso I da LONMP) e postular no Tribunal (art. 31 da LONMP). Precedentes. Recurso cabível e provido para apreciação" (RMS 5376/SP, Rel. Ministro Felix Fischer, Quinta Turma, julgado em 10/11/1997, DJ 15/12/1997 p. 66460 – destacamos). O problema da sustentação oral também é encontrado nos Tribunais Estaduais e, para tornar o tema mais complexo, envolve um mesmo Ministério Público, na medida em que os Promotores de Justiça não podem sustentar oralmente perante os Tribunais no julgamento dos recursos por eles interpostos, em razão de o Procurador de Justiça atuar como presentante da Instituição. A situação aparentemente ficaria bem resolvida por se tratar estritamente da mesma Instituição, mas a independência funcional e a distância entre os Promotores e Procuradores não raro causam sérias divergências e os recursos não recebem um adequado reforço argumentativo. Trata-se de tema que merece de inegável relevância teórica e prática e que merece maior reflexão.

legis. 5. Recentemente, durante o julgamento da questão de ordem no Recurso Extraordinário nº 593.727/MG, em que discutia a constitucionalidade da realização de procedimento investigatório criminal pelo Ministério Público, decidiu-se pela legitimidade do Ministério Público Estadual atuar perante a Suprema Corte. 6. Legitimidade do Ministério Público Estadual para atuar perante esta Corte Superior de Justiça, na qualidade de autor da ação, atribuindo efeitos prospectivos à decisão. [...]"[29].

Também o Supremo Tribunal Federal conferiu novo enfoque e alterou anterior entendimento: "Reclamação. Ilegitimidade ativa do Ministério Público estadual. Inicial ratificada pelo procurador-geral da república. Afastamento da incidência do art. 127 da LEP por órgão fracionário de tribunal estadual. Violação da súmula vinculante 9. Procedência. 1. Inicialmente, entendo que o Ministério Público do Estado de São Paulo não possui legitimidade para propor originariamente Reclamação perante esta Corte, já que "incumbe ao Procurador-Geral da República exercer as funções do Ministério Público junto ao Supremo Tribunal Federal, nos termos do art. 46 da Lei Complementar 75/93" (Rcl 4453 MC-AgR-AgR/SE, de minha relatoria, DJe 059, 26.03.2009). 2. Entretanto, a ilegitimidade ativa foi corrigida pelo Procurador-Geral da República, que ratificou a petição inicial e assumiu a iniciativa da demanda. 3. **Entendimento original da relatora foi superado, por maioria de votos, para reconhecer a legitimidade ativa autônoma do Ministério Púbico Estadual para propor reclamação**"[30]. Durante o julgamento, cuja íntegra está disponível no sítio daquele Tribunal, o Min. Celso de Mello afirmou que o "Ministério Público estadual dispõe, ele próprio, de legitimidade para ajuizar reclamação, em sede originária, perante o Supremo Tribunal Federal, quando atua no desempenho de suas prerrogativas institucionais e no âmbito de processos cuja natureza justifique sua formal participação, quer como órgão agente, quer como órgão interveniente. Não tem sentido, por implicar ofensa manifesta à autonomia institucional do Ministério Público

29. AgRg no AgRg no AREsp 194892/RJ, Rel. Ministro Mauro Campbell Marques, Primeira Seção, julgado em 24/10/2012, DJe 26/10/2012.

30. Rcl 7358, Relatora: Min. Ellen Gracie, Tribunal Pleno, julgado em 24/02/2011, DJe-106, Divulg 02-06-2011, Public 03-06-2011, Ement Vol-02536-0,1 p-00022. No decorrer do julgamento, ainda travou-se divergência entre o Min. Dias Toffoli e o Min. Celso de Mello, entendendo aquele que, na defesa de suas prerrogativas, deveria o Ministério Público ser representado pela Procuradoria do Estado, discordando frontalmente de tal tese, que se nos afigura esdrúxula, o Min. Celso de Mello.

dos Estados-membros, exigir que sua atuação processual se faça por intermédio do senhor Procurador-Geral da República, que não dispõe de poder de ingerência na esfera orgânica do Parquet estadual [...] Não vejo razão alguma para restringir a atuação processual do Ministério Público dos Estados-membros no Supremo Tribunal Federal. Entendo assistir ao Parquet local plena legitimação para impetrar, p. ex., mandado de segurança, em sede originária, perante esta Suprema Corte, naqueles casos em que o remédio constitucional objetive preservar prerrogativas inerentes a essa Instituição, quando lesadas ou ameaçadas de lesão por qualquer das autoridades cujos atos estejam sujeitos, em sede mandamental, à competência desta Corte", complementando que não se pode estabelecer uma incompreensível "hermenêutica da submissão", que se instalaria caso a atuação do Ministério Público estadual fosse condicionada a um ato volitivo do Procurador-Geral da República.

Espera-se que, a partir desses precedentes[31], o tema seja mais bem compreendido jurisprudencialmente e o panorama envolvendo a atuação postulatória do Ministério Público encontre realidade mais alvissareira.

4. A CAPACIDADE POSTULATÓRIA DO MINISTÉRIO PÚBLICO PARA A DEFESA DE SUAS PRERROGATIVAS

O Ministério Público possui legitimidade não só para o exercício de suas atividades finalísticas, mas também para a defesa de suas prerrogativas, que também é um modo de, preservando-se os meios, garantir a consecução daquelas[32].

31. "Reclamação. Execução penal. Restabelecimento dos dias remidos. Contrariedade à súmula vinculante n. 9 do Supremo Tribunal Federal. Reconhecida, por maioria, a legitimidade do Ministério Público do Estado de São Paulo para propor reclamação, independentemente de ratificação da inicial pelo procurador-geral da república. Decisão reclamada contrária à súmula vinculante n. 9 e proferida após a sua publicação. 1. O Supremo Tribunal reconheceu a legitimidade ativa autônoma do Ministério Público estadual para ajuizar reclamação no Supremo Tribunal, sem que se exija a ratificação da inicial pelo Procurador-Geral da República. Precedente: Reclamação n. 7.358. 2. A decisão reclamada foi proferida após a publicação da súmula vinculante n. 9 do Supremo Tribunal, pelo que, nos termos do art. 103-A da Constituição da República, está a ela sujeita. 3. Reclamação julgada procedente" (Rcl 7101, Relatora: Min. Cármen Lúcia, Tribunal Pleno, julgado em 24/02/2011, DJe-152).

32. "Defendendo a intangibilidade de suas prerrogativas, o Ministério Público, em última ratio, defende a própria sociedade, da qual é legítimo representante. O Ministério Público,

Caso haja violação de uma de suas prerrogativas ou de seus princípios, cabe ao próprio Ministério Público, por meio de seu Procurador-Geral, o ajuizamento de ações que visem a tutelar a própria Instituição.

O fato de o Ministério Público não possuir personalidade jurídica em nada interfere nesse particular, já que é inegável a presença de sua personalidade judiciária e, principalmente, é indiscutível que se trata de órgão com esfera subjetiva e patrimônio jurídico próprios[33], o que o torna *sujeito de direito*[34]. Por ser uma Instituição "concebida como estrutura organizacional dotada de individualidade própria"[35], o Ministério Público possui autonomia que lhe confere direitos e obrigações, decorrendo daí a capacidade postulatória em caso de ameaça ou violação de sua esfera jurídica[36].

Por essa razão, moderna doutrina preconiza que "a teoria dos sujeitos de direito precisa ser repensada, pois não se justifica, pelo exame do direito positivo, que não se reconheça capacidade jurídica a entes a que

---

induvidosamente, pode ser parte em uma demanda destinada a conferir efetividade aos direitos que lhe foram constitucionalmente assegurados e que estejam estritamente vinculados à sua subsistência institucional" (GARCIA, Emerson. *Ministério Público: organização, atribuições regime jurídico.* 3ª ed. Rio de Janeiro: Lumen Juris, 2008, p. 169).

33. Em texto clássico, escrito há mais de meio século, Victor Nunes Leal tratou da personalidade judiciária das câmaras municipais, de onde colhem-se trechos interessantes para ilustrar esse trabalho: "Parece-nos, data venia, que é impossível negar certos direitos das câmaras municipais, reconhecidos em texto expresso das constituições estaduais e das chamadas leis orgânicas dos municípios. Não resta dúvida que a câmara de vereadores é apenas um órgão do município, incumbido da função deliberativa na esfera local. Sendo, entretanto, um órgão independente do prefeito no nosso regime de divisão de poderes (que projeta suas consequências na própria esfera municipal), sua competência privativa envolve, necessariamente, direitos, que não pertencem individualmente aos vereadores, mas a toda a corporação de que fazem parte. Se o prefeito, por exemplo, viola esses direitos, não se pode conceber que não haja no ordenamento jurídico positivo do país um processo pelo qual a câmara dos vereadores possa reivindicar suas prerrogativas". (Personalidade judiciária das câmaras municipais. *Problemas de Direito Público.* Rio de Janeiro: Forense, 1960, p. 430). Em outro parágrafo, ao tratar da autonomia como fundamento da personalidade judiciária, afirmou que não se pode tratar essa autonomia como "competência não garantida", sob pena de se configurar um "conceito vazio, autêntica mistificação constitucional" (ob. cit., p. 431).

34. Cf., capítulo 2 da referida dissertação de GOUVEIA FILHO.

35. GARCIA, Emerson. Ob. cit., p. 171.

36. Sobre a legitimidade do Ministério Público para figurar no polo passivo, e a correlata presença dos pressupostos processuais, vale conferir: CUNHA, Leonardo Carneiro da. Contestação. Ilegitimidade passive *ad causam* do Estado, devendo a demanda que impugna recomendações do Ministério Público para que municípios se abstenham de prática de nepotismo ser proposta em face do Ministério Público. *Revista de Processo*, nº 149, RT, julho de 2007, pp. 328/332.

o ordenamento jurídico atribui aptidão para ter direitos e contrair obrigações, embora não lhes tenha sido atribuída personalidade jurídica", não escapando ao autor a possibilidade de haver processos envolvendo órgãos estatais de uma mesma pessoa jurídica e até de um órgão contra em face dessa mesma pessoa jurídica[37].

Assim, pode o Ministério Público ajuizar ação visando, por exemplo, à salvaguarda do princípio da independência funcional, da autonomia administrativa ou do poder de requisição, como, aliás, já reconheceu o Superior Tribunal de Justiça: "Processual civil. Mandado de segurança requerido pelo Ministério Público objetivando liberar informações existentes em órgãos do Ministério da Aeronáutica. Inexistência de motivação que afete a segurança do Estado. Prevalência do interesse público relevante. Deferimento da segurança. A competência do Ministério Público no concernente a requisição de informações e documentos de quaisquer órgãos da administração, independentemente de hierarquia, advém de sede constitucional e visa ao interesse público que se sobrepõe a qualquer outro (a fim de que possíveis fatos constitutivos de crimes sejam apurados), pondo-lhe, a Lei Maior, a disposição, instrumentos eficazes para o exercício das atribuições constitucionalmente conferidas. Em sendo a ação penal pública de iniciativa exclusiva do Ministério Público, e se a Constituição lhe confere o poder de expedir notificações e de requisitar informações e documentos (Constituição Federal, arts. 127 e 129), resulta, daí, que as suas atividades se revestem de interesse público relevante – oponível a qualquer outro – que deve ser cuidado com previdência, eis que a outorga desse poder constitui reflexo de suas prerrogativas institucionais. A ocultação e o não fornecimento de informações e documentos é conduta impeditiva da ação ministerial e, consequentemente, da justiça, se erigindo em abuso de poder. Os documentos e informações requisitadas (e em poder do Ministério da Aeronáutica) não serão, desde logo, acolhidos como verdadeiros e incontestáveis, mas, submetidos ao crivo da autoridade judiciária e do Ministério Público; deste, para auxiliar e, até, impulsionar as diligencias subsequentes e do Judiciário para que as submeta, em tempo oportuno, ao contraditório, em que se assegurara aos indiciados ou acusados a mais ampla defesa. Nada importa que as conclusões dos órgãos da Aeronáutica sejam diametralmente opostas as do Ministério Público ou do Judiciário. A responsabilidade

37. DIDER JR. *Pressupostos...*, cit., pp. 117 e 120.

civil é independente da criminal (Código Civil, art. 1525), como também a ação do Ministério Público independe do juízo de valor que, na esfera administrativa, a autoridade Aeronáutica atribuir aos fatos, não ficando, por isso mesmo, adstrito, quer as conclusões do relatório preliminar, quer as do relatório final. A publicidade dos atos administrativos e demais atividades estatais decorre de preceito constitucional (art. 5, XXXIII), que só ressalva a hipótese em que o sigilo seja imprescindível à segurança da sociedade e do Estado. 'O novo estatuto brasileiro – que rejeita o poder que oculta e não tolera o poder que se oculta – consagrou a publicidade dos atos e das atividades estatais como valor constitucionalmente assegurado, disciplinando-o como direitos e garantias fundamentais" (STF). Já existindo inquérito instaurado em torno do fato, com o acompanhamento do Parquet, torna-se evidente o interesse público na ultimação dessas investigações cujo fito e o de desvendar a existência de possíveis crimes. O sigilo, *in casu*, não pode ser oponível à ação do Ministério Público, visto como o inquérito policial está se desenvolvendo sob absoluta reserva (CPC, art. 20), inexistindo temor sob possíveis desvirtuamentos das informações e documentos requisitados. É entendimento assente na doutrina que o Ministério Público, em face da legislação vigente, tem acesso até mesmo às informações sob sigilo, não sendo lícito a qualquer autoridade opor-lhe tal exceção. Segurança concedida. Decisão unânime"[38].

O Supremo Tribunal Federal também possui um julgado relevante, em que, embora a questão da capacidade postulatória esteja implícita e decorra automaticamente da conclusão a que chegou o Tribunal, o tema da personalidade judiciária e a existência de esfera jurídica que exige proteção autônoma pela Instituição, mormente suas prerrogativas, receberam tratamento cristalino: "Mandado de segurança: legitimação ativa do Procurador-Geral da República para impugnar atos do Presidente da República que entende praticados com usurpação de sua própria competência constitucional e ofensivos da autonomia do Ministério Público: análise doutrinária e reafirmação da jurisprudência. 1. A legitimidade ad causam no mandado de segurança pressupõe que o impetrante se afirme titular de um direito subjetivo próprio, violado ou ameaçado por ato de autoridade; no entanto, segundo assentado pela doutrina mais autorizada (cf. Jellinek,

38. MS 5.370/DF, Rel. Ministro Demócrito Reinaldo, Primeira Seção, julgado em 12.11.1997, DJ 15.12.1997, p. 66185.

Malberg, Duguit, Dabin, Santi Romano), entre os direitos públicos subjetivos, incluem-se os chamados direitos-função, que têm por objeto a posse e o exercício da função pública pelo titular que a detenha, em toda a extensão das competências e prerrogativas que a substantivem: incensurável, pois, a jurisprudência brasileira, quando reconhece a legitimação do titular de uma função pública para requerer segurança contra ato do detentor de outra, tendente a obstar ou usurpar o exercício da integralidade de seus poderes ou competências: a solução negativa importaria em "subtrair da apreciação do Poder Judiciário lesão ou ameaça de direito". 2. A jurisprudência – com amplo respaldo doutrinário (v.g., Victor Nunes, Meirelles, Buzaid) – tem reconhecido a capacidade ou "personalidade judiciária" de órgãos coletivos não personalizados e a propriedade do mandado de segurança para a defesa do exercício de suas competências e do gozo de suas prerrogativas. 3. Não obstante despido de personalidade jurídica, porque e órgão ou complexo de órgãos estatais, a capacidade ou personalidade judiciária do Ministério lhe é inerente – porque instrumento essencial de sua atuação – e não se pode dissolver na personalidade jurídica do Estado, tanto que a ele frequentemente se contrapõe em juízo; se, para a defesa de suas atribuições finalísticas, os Tribunais têm assentado o cabimento do mandado de segurança, este igualmente deve ser posto a serviço da salvaguarda dos predicados da autonomia e da independência do Ministério Público, que constituem, na Constituição, meios necessários ao bom desempenho de suas funções institucionais. 4. Legitimação do Procurador-Geral da República e admissibilidade do mandado de segurança reconhecidas, no caso, por unanimidade de votos"[39].

Outro exemplo que pode ser trazido à colação é o ajuizamento de ação perante o Supremo Tribunal Federal visando a impugnar ato emanado do Conselho Nacional do Ministério Público que exorbite seu balizamento constitucional e interfira indevidamente na autonomia dos Ministérios Públicos dos Estados e da União. Com efeito, no caso de o Colegiado violar a autonomia funcional e administrativa do Ministério Público, o que está longe de ser uma lucubração abstrata[40], a impugnação do ato perante o Supremo tribunal Federal deve ser feita diretamente pela Instituição por

39. MS 21239/DF – DJ 23/04/1993, p. 06920 – Rel. Min. Sepúlveda Pertence.

40. Cf., com a costumeira precisão, GARCIA, Emerson. Ob. cit., pp. 139/148.

meio de seu Procurador-Geral, sem a necessidade de intermediação por advogado. Não há nenhum motivo razoável que retire do Ministério Público a capacidade postulatória - e *a fortiori* a legitimidade ordinária - em situações desse jaez[41].

A defesa de suas prerrogativas é garantida constitucionalmente ao Ministério Público, não sendo razoável que se valha de advogado para postular em juízo[42].

5. CONSIDERAÇÕES FINAIS

A capacidade para ser parte é uma noção absoluta, não comportando gradações. Isso não significa, contudo, que o ente terá, também, legitimidade para a causa e capacidade postulatória.

No que se refere ao Ministério Público, é inequívoca sua capacidade para ser parte, restando verificar se nas hipóteses concretas estará presente sua legitimidade para agir e, inexoravelmente, sua capacidade postulatória[43].

---

41. Essa situação, como divisado desde a primeira publicação deste texto, chegou ao Supremo Tribunal Federal e recebeu a solução aqui proposta: "Mandado de segurança. Oficial de promotoria do Ministério Público de São Paulo. Ilícitos administrativos. Procedimento disciplinar do Ministério Público estadual: pena de demissão. Impugnação ao Conselho Nacional do Ministério Público: anulação da penalidade. Legitimidade ativa autônoma do Ministério Público estadual para atuar originariamente neste Supremo Tribunal. Incompetência do Conselho Nacional do Ministério Público para revisar processos disciplinares instaurados contra servidores do Ministério Público. Mandado de segurança concedido. 1. O Ministério Público estadual tem legitimidade ativa autônoma para atuar originariamente neste Supremo Tribunal, no desempenho de suas prerrogativas institucionais relativamente a processos em que seja parte. [...]" (MS 28827, Relatora: Min. Cármen Lúcia, julgado em 28/08/2012, DJe-198). No mesmo sentido, tendo como Rel. também a Min. Cármen Lúcia, o julgamento do MS 28028/ES, em 30 de outubro de 2012, cujo acórdão ainda não foi publicado.

42. "À luz da sistemática vigente, que incluiu o Ministério Público dentre as funções essenciais à Justiça e lhe assegurou plena autonomia existencial, não vislumbramos qualquer razão lógica para que a Instituição recorra a outra função essencial, *in casu*, à advocacia, pública ou privada, para postular em juízo" (GARCIA, Emerson. Ob. cit., p. 172).

43. Como bem anotado por Roberto Gouveia, "uma coisa é ter capacidade postulatória absoluta; outra é poder exercê-la livremente. É o que ocorre com os órgãos do Ministério Público. Eles não podem exercer advocacia privada [...] Não por lhes faltar capacidade postulacional. Mas sim porque eles não podem exercê-la quanto não estiverem investidos de seus poderes institucionais. A razão da inadmissibilidade da demanda seria uma espécie de requisito de validade negativo: a vedação ao exercício pleno da capacidade postulatória pelo órgão do Parquet" (ob. cit., p. 128).

Essa afirmação, a nosso ver, não comporta contraposição séria quando se refere à defesa de direitos individuais indisponíveis, sociais e às prerrogativas institucionais. Entretanto, por ser o Ministério Público um ente dotado de autonomia administrativa, há uma gama de direitos e obrigações atrelados à Instituição que são dissociados tanto de suas atividades finalísticas quanto de suas prerrogativas. Embora todos os negócios jurídicos firmados pelo Ministério Público só se justifiquem em razão de sua essência e sirvam, em última análise, para oferecer estrutura para o desenvolvimento de suas funções, há situações em que o tema a ser levado em juízo somente reflexamente se vincule a suas atividades finalísticas ou às suas prerrogativas, como em contratos de locação ou de compra e venda. A complexidade administrativa de que é dotado o Ministério Público realmente provocará algumas perplexidades quando houver conflitos judiciais envolvendo negócios jurídicos por ele protagonizados, já que, embora desprovido de personalidade jurídica, a Instituição tornou-se protagonista de relações jurídicas como ente autônomo e administrativo, podendo, inclusive, figurar no polo passivo de ações ou afirmar que seu patrimônio jurídico próprio foi violado por terceiros etc. Somente em hipótese desse jaez, desvinculadas da atuação constitucional do Ministério Público, parece-nos ser possível discutir a presença da capacidade postulatória.

Contudo, para os fins deste trabalho, especialmente preocupado com a atuação do Ministério Público como instrumento da realização dos direitos individuais indisponíveis e sociais, é necessário estabelecer que a capacidade postulatória da Instituição para suas atividades essenciais e estruturais decorre da legitimidade outorgada constitucionalmente.

Em suma, a capacidade postulatória é um dado normativo que não se confunde com monopólio profissional e, no que se refere ao Ministério Público, estará presente sempre que a Instituição estiver no exercício de suas atividades finalísticas ou na defesa de suas prerrogativas.

4

O MINISTÉRIO PÚBLICO NO NOVO CÓDIGO DE PROCESSO CIVIL: ALGUNS TÓPICOS*

1. DELIMITAÇÃO OBJETIVA DO TEMA

Em texto escrito em coautoria[1] pouco antes da aprovação do novo CPC, apontávamos que o Ministério Público, mesmo após a Constituição de 1988, ainda não é percebido como um personagem multifacetado no processo civil, com toda uma nova dimensão jurídica advinda de diversos textos normativos e da própria prática institucional. Anotávamos também que há certo silêncio da doutrina, que, em linhas gerais, persiste na análise do Ministério Público apenas na tradicional função de *custos legis* ou, na linguagem do novo CPC, fiscal da ordem jurídica[2], salvo quando se abordam questões envolvendo a legitimidade para ações coletivas. Se houve evidente modificação do Ministério Público[3], com necessárias repercussões

---

*. Originalmente publicado em *Ministério Público (Coleção Repercussões do Novo CPC,* v.6). Robson Renault Godinho; Susana Henriques da Costa (coord.); Fredie Didier Jr. (Org.). Salvador: Juspodivm, 2015, v. 1, p. 61-99.

1. DIDIER JR., Fredie. GODINHO, Robson Renault. Questões atuais sobre as posições do Ministério Público no processo civil. *Revista de Processo, nº 237*. São Paulo: RT, novembro de 2014, p. 45/87.

2. ESTELLITA, Guilherme. *O Ministério Público e o Processo Civil*. Rio de Janeiro: Freitas Bastos, 1956. CAMPOS, Benedicto de. *O Ministério Público e o Novo Código de Processo Civil*. São Paulo: RT, 1976. LOPES, José Fernando da Silva. *O Ministério Público e o Processo Civil*. São Paulo: Saraiva, 1976. MACHADO, Antônio Cláudio da Costa. *A Intervenção do Ministério Público no Processo Civil Brasileiro*. 2ª ed. São Paulo: Saraiva, 1998. ZENKNER, Marcelo. *Ministério Público e Efetividade do Processo Civil*. São Paulo: RT, 2006. LIMA, Fernando Antônio Negreiros. *A Intervenção do Ministério Público no Processo Civil Brasileiro como Custos legis*. São Paulo: Método, 2007. MOREIRA, Jairo Cruz. *A Intervenção do Ministério Público no Processo Civil à Luz da Constituição*. Belo Horizonte: Del Rey, 2009.

3. Para a formação histórica geral do Ministério Público e/ou para notícias de direito comparado, vale conferir os seguintes estudos, que também trazem outras referências bibliográficas sobre o tema: GARCIA, Emerson. *Ministério Público – organização, atribuições e regime jurídico*. 4ª ed. São Paulo: Saraiva, 2014. MAZZILLI, Hugo Nigro. *Regime Jurídico do Ministério Público*. 7ª ed. São Paulo: Saraiva, 2013. CARNEIRO, Paulo Cezar Pinheiro. *O Ministério Público no Processo Civil e Penal – Promotor natural, atribuição e conflito*. 6ª ed. Rio de Janeiro: Forense, 2001. LYRA, Roberto. *Teoria e Prática da Promotoria Pública*.

processuais, a manutenção de uma interpretação "retrospectiva" é incompatível com uma realidade que, se não é exatamente nova, exige um

---

Reimpressão. Porto Alegre: Sergio Antonio Fabris, 2001. DIAS, Mario. *Ministério Público Brasileiro* (dois volumes). 2ª ed. Rio de Janeiro: José Konfino, 1955. RITT, Eduardo. *O Ministério Público como Instrumento de Democracia e garantia constitucional.* Porto Alegre: Livraria do Advogado, 2002. SAUWEN FILHO, João Francisco. *Ministério Público Brasileiro e o Estado Democrático de Direito.* Rio de Janeiro: Renovar, 1999. PAES, José Eduardo Sabo. *O Ministério Público na Construção do Estado Democrático de Direito.* Brasília: Brasília Jurídica, 2003. RIBEIRO, Diaulas Costa. *Ministério Público - Dimensão Constitucional e Repercussão no Processo Penal.* São Paulo: Saraiva, 2003. NERY, Rosa Maria de Andrade. Notas sobre a justiça e o Ministério Público no direito da Alemanha ocidental. *Revista de Processo, n° 47.* São Paulo: RT, julho/setembro de 1987. VIGLIAR, José Marcelo Menezes. A participação do Ministério Público no processo civil. *Ministério Público - instituição e processo.* Antonio Augusto Mello de Camargo Ferraz (coord.). São Paulo: Atlas, 1997. PROENÇA, Luis Roberto. Participação do Ministério Público no processo civil nos Estados Unidos da América. *Ministério Público - instituição e processo.* Antonio Augusto Mello de Camargo Ferraz (coord.). São Paulo: Atlas, 1997. FERRAZ, Antonio Augusto Mello de Camargo. Anotações sobre os Ministérios Públicos brasileiro e americano. *Ministério Público e Afirmação da Cidadania.* São Paulo: s/ed., 1997. COSTA, Eduardo Maia. Ministério Público em Portugal. *Ministério Público II - democracia.* José Marcelo Menezes Vigliar e Ronaldo Porto Macedo Júnior (coord). São Paulo: Atlas, 1999. SALLES, Carlos Alberto de. *A Legitimação do Ministério Público para Defesa de Direitos e Garantias Constitucionais.* Dissertação de mestrado. USP. 1992. SALLES, Carlos Alberto de. Entre a razão e a utopia: a formação histórica do Ministério Público. *Ministério Público II - democracia.* José Marcelo Menezes Vigliar e Ronaldo Porto Macedo Júnior (coord). São Paulo: Atlas, 1999. MACEDO JÚNIOR, Ronaldo Porto. A evolução institucional do Ministério Público brasileiro. *Uma Introdução ao Estudo da Justiça.* Maria Tereza Sadek (org.). São Paulo: IDESP/Sumaré, 1995. PORTO, Sérgio Gilberto. *Sobre o Ministério Público no Processo Não-Criminal.* 2ª ed. Rio de Janeiro: Aide, 1998. ARANTES, Rogério Bastos. *Ministério Público e Política no Brasil.* São Paulo: IDESP/EDUC/Sumaré, 2002. ALVES, RUFINO e SILVA (org.). *Funções Institucionais do Ministério Público.* São Paulo: Saraiva, 2001. FARIA, ALVES e ROSENVALD (org.). *Temas Atuais do Ministério Público.* 3ª ed. Salvador: Juspodivm, 2012. JATAHY, Carlos Roberto de C. *O Ministério Público e o Estado Democrático de Direito: perspectivas constitucionais de atuação institucional.* Rio de Janeiro: Lumen Juris, 2007. RODRIGUES, João Gaspar. *Ministério Público Resolutivo: um novo perfil institucional.* Porto Alegre: Sergio Antonio Fabris, 2012. SACCO, Ricardo Ferreira. *Constitucionalismo e Ministério Público.* Belo Horizonte: mandamentos, 2008. MACHADO, Bruno Amaral. *Ministério Público: organização, representação e trajetórias.* Curitiba: Juruá, 2007. RIBEIRO, Carlos Vinícius Alves (org.). *Ministério Público: reflexões sobre princípios e funções institucionais.* São Paulo: Atlas, 2009. ALMEIDA, Gregório Assagra. SOARES JÚNIOR, Jarbas. *Teoria Geral do Ministério* Público. Belo Horizonte: Del Rey, 2013; SABELLA, POZZO e BURLE FILHO (coord.). *Ministério Público: vinte e cinco anos do novo perfil* constitucional. São Paulo: Malheiros, 2013. GOULART, Marcelo Pedroso. *Elementos para uma Teoria Geral do Ministério Público.* Belo Horizonte: Arraes, 2013. Atualização bibliográfica: Atualização bibliográfica: Hermes Zaneti Jr. possui fundamental livro para o estudo sobre o Ministério Público: *O Ministério Público e o Novo Processo Civil Contemporâneo.* 2ª ed. São Paulo: Juspodivm, 2021. Convém mencionar interessante livro que oferece um panorama comparado: DIAS e AZEVEDO (coord.). *O Papel do Ministério Público: estudo comparado dos países latino-americanos.* Coimbra: Almedina, 2008. Para uma visão crítica e interdisciplinar: ARANTES, Rogério Bastos. *Ministério Público e Política no Brasil.* São Paulo: IDESP/EDUC/Sumaré, 2002. SILVA, Cátia Aida Pereira da. *Justiça em Jogo: novas facetas da atuação dos Promotores de* Justiça. São Paulo: Edusp, 2001. KERCHE, Fábio. *Virtude e Limites: autonomia e atribuições do Ministério Público no Brasil.* São Paulo: Edusp, 2009.

tratamento condizente com tais transformações. Barbosa Moreira chegou a afirmar que o silêncio da Instituição no processo civil teria sido interrompido exatamente em razão do processo coletivo, que ensejou a "revitalização do Ministério Público, arrancado à relativa quietude em que usualmente o mantinham, no tocante ao processo civil, as atribuições tradicionais"[4]. Entretanto, não basta concentrar tintas na legitimidade do Ministério Público para os processos coletivos, se outras dimensões continuam negligenciadas pela doutrina e jurisprudência.

A edição de um novo Código de Processo Civil, portanto, pode significar especial oportunidade para que se lance um olhar renovado sobre as dimensões e posições do Ministério Público, ainda que, a rigor, poucas modificações estruturais tenham ocorrido com a nova legislação[5], o que pode ser explicado tanto por essa discreta importância doutrinária antes referida, como também pela anêmica participação da instituição no decorrer do processo legislativo.

O propósito deste breve texto consiste em descrever diversos tópicos que parecem relevantes, em uma primeira leitura do novo Código, tendo como referência a atuação do Ministério Público, sem, contudo, haver qualquer objetivo de esgotar os temas, tanto em relação à amplitude quanto, à profundidade. A proposta é basicamente elaborar uma espécie de sumário para a realização de uma leitura da atuação do Ministério Público no novo CPC.

2. A ADAPTAÇÃO PROCESSUAL DO MINISTÉRIO PÚBLICO À CONSTITUIÇÃO

O novo CPC possui diversos dispositivos cuja finalidade é unicamente pedagógica: reproduzir normas constitucionais a fim de que, paradoxalmente, a consagração infraconstitucional sirva à efetividade da Constituição. Basta ter em conta a preocupação legislativa em explicar como se devem concretizar o princípio do contraditório e o devido processo legal,

4. Os novos rumos do processo civil brasileiro. *Temas de Direito Processual* (Sexta Série). São Paulo: Saraiva, 1997, p. 73.

5. Refiro-me à ausência de mudanças profundas diretamente relacionadas à disciplina específica do Ministério Público, já que o novo Código de Processo Civil, se analisado o conjunto de normas, apresenta indiscutíveis modificações estruturais e paradigmáticas.

como nos artigos 9º, 10, 321, 373, § 1º, parte final, 489, § 1º, entre outros, para se constatar essa opção pela reprodução ou detalhamento de normas constitucionais. Por ser o primeiro Código debatido e editado em regime democrático, é natural essa opção pela expressa e didática constitucionalização das disposições processuais, sobretudo quando se revela cada vez mais necessária a afirmação insistente e reiterada, aproximando-se do truísmo, de normas constitucionais em um ambiente em que há um déficit de concretização de tais comandos.

Esse objetivo legislativo de adaptação do processo civil à Constituição evidentemente abrange também o Ministério Público em sua disciplina específica nos artigos 176 e 177 do novo Código.

E aqui está a unidade hermenêutica que didaticamente o novo CPC impõe para a análise de qualquer tema relacionado ao Ministério Público no processo civil: sua atuação somente se justifica a partir do que está estabelecido no art. 127 da Constituição da República.

Toda análise da atuação e da participação do Ministério Público no processo civil, seja como agente, seja como interveniente, necessariamente deverá partir dessa ideia básica de ser constitucionalmente autorizada.

Essa obviedade é necessária e deve ser repetida à exaustão, sob pena de o hábito atávico – que enseja a inércia da reflexão e a repetição automática de comportamentos – obnubilar qualquer avanço institucional, permanecendo o Ministério Público em sua "relativa quietude" no processo civil, afastando-se inexoravelmente dos balizamentos constitucionais.

Isso significa que mesmo algumas funções tradicionais do Ministério Público, que há décadas são exercidas irrefletidamente, devem ser revistas sob essa perspectiva, não cabendo mais a mera repetição de atuações burocráticas que são normalmente atribuídas a uma tradição inventada e se perpetuam como se fossem situações ontológicas. Um exemplo: a intervenção do Ministério Público em atos de disposição de última vontade. É difícil encontrar um exemplo mais afastado do perfil constitucional do Ministério Público do que sua atuação em razão de um ato de vontade individual, patrimonial e disponível. Nada justifica a atuação do Ministério Público nessas situações, mas o fetiche legal e a obediência cega a hábitos arraigados fazem com que existam Promotorias especializadas em se manifestar no cumprimento de testamentos, sem que haja qualquer outra justificativa para essa atuação. Como o novo Código, fica evidente o que já era patente desde a promulgação da Constituição, mas que não era sequer cogitado – e não será surpreendente se houver resistências a essa "modificação" – por não haver intermediação legislativa.

Essa adaptação processual do Ministério Público à Constituição, portanto, é ao mesmo tempo óbvia e necessária, consistindo em traçar o parâmetro fundamental de atuação: o artigo 127 da Constituição e seu espelho processual, o artigo 176 do novo Código.

3. O NOVO CPC E A APATIA DO MINISTÉRIO PÚBLICO NO PROCESSO LEGISLATIVO: AUSÊNCIA DE AVANÇOS FUNDAMENTAIS

Basicamente o que foi exposto no item anterior constitui o único avanço legislativo em relação ao Ministério Público, o que é muito pouco se considerarmos que um novo Código é sempre um momento para correções de rumos, aperfeiçoamentos e progressos. No caso do Ministério Público, o único avanço, portanto, foi a reprodução de normas constitucionais.

Ao mesmo tempo, não se pode considerar que tenha havido contundentes retrocessos, mas, em um Código em que todos obtiveram importantes conquistas, permanecer na mesma situação pode ser percebido como prejuízo.

Entre os motivos que podem ser creditados para esse fato certamente está o processo legislativo, sob dois pontos de vista: 1) o primeiro decorre das virtudes do Ministério Público, fazendo com que sua atuação efetiva, sobretudo em ações coletivas e na seara criminal, provoque uma reação contrária de grupos de poder que reflita em um ambiente legislativo que lhe é hostil ou pouco receptivo; 2) o segundo advém de seus defeitos e pode ser subdividido em dois subitens: 2.1) não se pode ignorar que algumas distorções funcionais casuísticas justifiquem, no plano político, a reação dos grupos de poder; 2.2) a desconcertante apatia do Ministério Público na participação do processo legislativo, salvo em questões envolvendo conquistas funcionais corporativas, não raro decorrente de uma postura autossuficiente de não buscar o diálogo com os atores políticos por se considerar uma entidade pura e superior, incompatível com o varejo político, quando é notório que as imensas conquistas institucionais se deram exatamente em razão de uma efetiva, articulada e contundente participação política. Felizmente, parece que começa a haver um retorno a essas raízes do diálogo político, com maior participação em processos legislativos, mas o fato é que em relação ao anteprojeto e especialmente ao projeto que deu origem ao novo Código a participação do Ministério Público foi próxima de irrelevante, fragmentada, inconstante e, em muitos momentos, desinteressada. Não é que o Ministério Público não foi ouvido; ele não se fez ouvir. E isso, evidentemente, reflete-se no texto aprovado.

Após esses itens introdutórios, os seguintes cuidarão do exame de alguns tópicos relevantes para a atuação do Ministério Público no novo Código de Processo Civil.

4. AS NORMAS FUNDAMENTAIS

O novo CPC conta com uma Parte Geral que é inaugurada com a previsão de "normas fundamentais", que apresentam desde o início seu compromisso com a finalidade pedagógica da constitucionalização antes referida. Cabe ao Ministério Público a estrita observância das normas fundamentais do CPC em duas frentes, isto é, em sua própria atuação e também zelando para que sejam obedecidas pelos demais integrantes do processo.

O novo CPC estabelece a boa-fé objetiva e a cooperação[6] também para a atuação do Ministério Público, o que significa que se lhe exigem deveres de conduta, como lealdade e esclarecimento (e a fase de saneamento é concebida definitivamente para que todos os sujeitos dela participem ativamente, incluindo o Ministério Público como fiscal da ordem jurídica). Mas antes de se preocupar com o aspecto externo da boa-fé objetiva e da cooperação, deve o Ministério Público se ocupar dessas questões e de seus desdobramentos no âmbito interno, a fim de superar o que neste texto será designado como o "mal-estar no princípio da unidade" e ao qual se dedicará item próprio.

6. Sobre a boa-fé objetiva e a cooperação, DIDIER JR., Fredie. *Curso de Direito Processual Civil*. Vol. 1. 17ª Ed. Salvador: Juspodivm, 2015, p. 104/113 e 120/132. THEODORO Júnior, Humberto. NUNES, Dierle. BAHIA, Alexandre Melo Franco. PEDRON, Flávio Quinaud. *Novo CPC: fundamentos e sistematização*. 2ª ed. Rio de Janeiro: Forense, 2015, p. 69/92 e 183/240.

O efetivo contraditório previsto nos artigos 9º e 10 do novo CPC afeta o Ministério Público não apenas passivamente, mas também como causa ativa para sua atuação a fim de que seja estritamente observado. Nesse particular, aliás, há um caso concreto ocorrido no Tribunal de Justiça do Rio de Janeiro recentemente e ilustra a um só tempo a aplicação patológica do contraditório e também a necessidade de pensarmos criticamente o princípio da unidade: liminarmente, com base nas alegações da parte e com erros fáticos impressionantes, um Desembargador concedeu liminar suspendendo os efeitos de uma ação ajuizada pelo Ministério Público, que havia obtido a tutela antecipada em primeiro grau; diante disso e especialmente em razão do equívoco fático, o Promotor de Justiça procurou o julgador para demonstrar documentalmente o erro; chegando ao gabinete, o desembargador estava reunido com os advogados da outra parte e disse que era para o Promotor de Justiça "despachar" ali mesmo, diante de todos, porque não pode haver "segredos" e há que se prestigiar o contraditório. Seria correta a postura do Desembargador, se não fosse o detalhe de que simplesmente o Ministério Público não foi avisado de que haveria uma reunião com os advogados da outra parte. Ou seja: o contraditório, no caso, era capenga e só valeria se fosse para atender o Ministério Público. Eis um exemplo do uso de um princípio para, contraditoriamente, negá-lo. Por essa e outras razões, é fundamental que o Ministério Público melhor se articule para uma efetiva atuação perante e junto aos Tribunais. De nada adianta o incremento da legitimidade ativa e, depois, há uma atuação desarticulada e desinteressada nas fases recursais.

Ainda nas normas fundamentais, a conciliação, a mediação e outros métodos de solução consensual de conflitos mereceram especial atenção no novo CPC e o artigo 3º dispõe que devem ser estimulados pelo Ministério Público, que, para tanto, deverá se capacitar. Nesse ponto, cabe registrar a repercussão da lei 13.140 (Lei da Mediação), que, em seu artigo 3º, § 2º, dispõe que "o consenso das partes envolvendo direitos indisponíveis, mas transigíveis, deve ser homologado em juízo, exigida a oitiva do Ministério Público". Ainda que se considere esse dispositivo integrante de lei especial e posterior ao novo CPC, não se pode extrair que o Ministério Público atuará em todas as mediações em que haja direitos indisponíveis[7], mas

7. A indisponibilidade do direito é um tema complexo e que não pode mais ser encarado pelos processualistas como se fosse um conceito pré-concebido e ontologicamente

transigíveis, caso se entenda que essas duas características estejam presentes nos casos de consenso envolvendo matéria de família e a Fazenda Pública, por exemplo. Essa conclusão deriva do fato de que, como já afirmado, a atuação do Ministério Público decorre do artigo 127 da Constituição, cuja compreensão, nesse particular, está cristalizada nos artigos 178, parágrafo único, e 698 do novo CPC, o que significa que somente se houver incapazes[8] será obrigatória sua intervenção.

5. PRAZOS PROCESSUAIS E INTIMAÇÕES

O novo CPC traz importantes inovações quanto aos prazos processuais, a começar pelo artigo 219, que estabelece sua contagem em apenas dias úteis. No artigo 220 também há inovação, ao se prever a suspensão dos prazos entre os dias 20 de dezembro a 20 de janeiro, deixando claro seu § 1º que não se trata de recesso ou férias forenses, mas, sim, de causa suspensiva de prazos que afetem a advocacia privada. Por essa razão, cotejando-se o *caput* do artigo 220 com seus §§ 1º e 2º, é possível a designação de audiências e sessões de julgamento quando não houver advogado privado no processo, já que as atividades dos juízes, membros do Ministério Público, da Defensoria Pública e da Advocacia Pública deverão ser exercidas integral e normalmente, sem qualquer paralisação. Os destinatários dessa suspensão dos prazos são inequivocamente – e tão-somente – os advogados privados. Entender essa regra como sendo período de recesso forense será uma interpretação contrária ao texto legal que atenderá a anseios corporativos, mas prestará um desserviço para a prestação jurisdicional, sem contar a

---

perene. Sobre o tema, que será abordado oportunamente com mais vagar, vale conferir: OLIVERO, Luciano. *L'Indisponibilità dei Diritti: analisi di una categoria*. Torino: G. Giappichelli, 2008. DESSÌ, Ombretta. *L'Indisponibilità dei Diritti del Lavoratore Secondo L'Art. 2113 C.C.* Torino: G. Giappichelli, 2011. GUIDARA, Antonio. *Indisponibilità del Tributo e Accordi in Fase di Riscossione*. Milano: Giuffrè, 2010. MARTEL, Letícia de Campos Velho. Indisponibilidade dos Direitos Fundamentais: conceito lacônico, consequências duvidosas. Espaço Jurídico, v. 11, p. 334-373, julho/dezembro de 2010. *Direitos Fundamentais Indisponíveis: Limites e Padrões do Consentimento para a autolimitação do direito fundamental à vida*. UERJ: Tese de doutorado, 2010. NETO, Luísa. *O Direito Fundamental à Disposição sobre o próprio Corpo (a relevância da vontade na configuração do seu regime)*. Coimbra: Coimbra, 2004. ADAMY, Pedro Augustin. *Renúncia a Direito Fundamental*. São Paulo: Malheiros, 2011.

8. Registre-se que o artigo 114 da lei 13.146/15, que instituiu o Estatuto da Pessoa com Deficiência, alterou os artigos do Código Civil que tratam das incapacidades.

frontal violação, para dizer o mínimo, ao previsto no artigo 93, XII, da Constituição da República.

Especificamente afetando a disciplina do Ministério Público, há fixação de prazo de trinta dias para suas manifestações como fiscal da ordem jurídica (artigo 178). Quando não houver fixação de prazo específico, todas as suas manifestações terão prazo em dobro, a partir de sua intimação pessoal, contado em dias úteis (artigo 180 combinado com o citado artigo 219). Quando houver prazo específico, como os trinta dias do artigo 178 ou os dez dias do artigo 12 da Lei do Mandado de Segurança, não haverá a contagem em dobro, conforme expressa previsão do artigo 180, § 2º.

Novidade relevante está no artigo 180, § 1º do novo CPC, fixando prazo próprio[9] para a atuação do Ministério Público: findo o prazo para manifestação do Ministério Público sem o oferecimento de parecer, o juiz requisitará os autos e dará andamento ao processo, sendo que o membro do Ministério Público devem restituir os autos no prazo do ato a ser praticado, prevendo-se multa pessoal para o caso de retardamento injustificado, sem prejuízo de responsabilidade disciplinar (artigo 234, *caput* e parágrafos, do novo CPC).

---

9. Mesmo diante do mencionado artigo 12, o STJ considerou se tratar de prazo impróprio, razão pela qual não será surpresa se interpretar o artigo 180, §1º, do novo CPC da mesma forma, criando, assim, o prazo impropriamente próprio: "Em mandado de segurança, o prazo para a manifestação do Ministério Público como *custos legis* (art. 12 da Lei 12.016/098) não tem a mesma natureza dos prazos das partes, denominados próprios, cujo descumprimento acarreta a preclusão (art. 183 do CPC). Trata-se de prazo que, embora improrrogável, é impróprio, semelhante aos do juiz e seus auxiliares, a significar que a extemporaneidade da apresentação do parecer não o invalida, nem inibe o julgamento da demanda" (RMS 32.880/SP, Rel. Ministro Teori Albino Zavascki, Primeira Turma, julgado em 20/09/2011, DJe 26/09/2011). Nesse sentido, Fernando Gajardoni entende que "a regra do artigo 180, §1º, do CPC/2015 é aplicada, exclusivamente, nos casos em que o MP atua como fiscal da ordem jurídica. Findo o prazo assinado para manifestação do MP sem o oferecimento de parecer, o juiz requisitará os autos e dará andamento ao processo, independentemente da manifestação; Trata-se daquilo que temos convencionado chamar de *prazo impróprio anômalo*, pois, embora eventual manifestação fora do prazo não deixe de ser considerada pelo julgador e nem impeça que o MP volte a atuar em outras fases do processo (não há preclusão), o não cumprimento do prazo pode implicar a tomada de decisões independentemente da manifestação do MP, com a apreensão dos autos" (*Teoria Geral do Processo: Comentários ao CPC de 2015 - Parte Geral*. Gajardoni, Dellore, Roque e Oliveira Jr. (coautores). São Paulo: Método, 2015, p. 584). Essa realidade já é percebida nos processos eletrônicos: após um período em que ocorreu a intimação tácita, os autos são retirados da vista eletrônica e recebem andamento. Parece claro se tratar de preclusão para o ato processual específico.

Em conhecida conceituação, prazos impróprios são os que não geram preclusões e se referem ao cumprimento de um dever e, ainda, quando vinculados a interesses da própria parte que não importem em atrasos no processo. Tradicionalmente os prazos dos juízes, por significarem cumprimento de dever, são considerados impróprios, assim também com o Ministério Público, ou seja, não ensejam preclusão[10]. O disposto no artigo 180, § 1º, contraria esse entendimento, já que fixa prazo próprio para cumprimento de um dever. Trata-se de dispositivo que vai ao encontro, portanto, de linha doutrinária que defende a necessidade de revisão desse entendimento de que não haveria preclusão temporal para o juiz, não podendo haver prazos anódinos[11].

Diante da nova sistemática legal, é necessário buscar uma harmonização do sistema e não rechaçar uma questão de política legislativa sob o argumento de que não se adequaria a uma sistemática "antiga". Como a tarefa interpretativa não pode ser confundida com imposição de preferências pessoais, ainda que se discorde da opção legislativa é imperiosa sua recepção, não cabendo uma acomodação hermenêutica que inviabilize por completo a aplicação da norma. Ainda que se discorde no âmbito da política legislativa, o dado normativo não pode ser ignorado e, sem tergiversações, temos agora um sistema em que se optou por essa regra processual, inexistindo qualquer inconstitucionalidade nessa escolha. Estamos em uma seara de política legislativa, não havendo que se falar aqui em conceitos jurídicos fundamentais, como se estivéssemos diante de problemas ontológicos. A controvérsia, na realidade, deve ser resolvida a partir dos conceitos jurídico-positivos[12]. Se foi essa a opção legislativa, não pode haver uma rebelião prática apenas por questão de preferência pessoal.

---

10. DINAMARCO, Cândido Rangel. *Instituições de Direito Processual Civil*. Vol. II. 4ª ed. São Paulo: Malheiros, 2004, p. 552/554. FERRAZ, Cristina. *Prazos no Processo de Conhecimento*. São Paulo: RT, 2001, p. 123. Por isso que se diz que inexiste preclusão temporal para o juiz: NEVES, Daniel Amorim Assumpção. *Preclusões para o Juiz: preclusão* pro judicato *e preclusão judicial no processo civil*. São Paulo: Método, 2004, p. 41/42. SICA, Heitor Vitor Mendonça. *Preclusão Processual Civil*. São Paulo: Atlas, 2006, p. 106. GIANNICO, Maurício. *A Preclusão no Direito Processual Civil* Brasileiro. São Paulo: Saraiva, 2005, p. 110/112. ROCHA, Raquel Heck Mariano da. *Preclusão no Processo Civil*. Porto Alegre: Livraria do Advogado, 2011, p. 88.

11. DIDIER JR., Fredie. *Curso de Direito Processual Civil*. Vol. 1. 17ª ed. Salvador: Juspodivm, 2015, p. 429.

12. "O conceito jurídico-positivo é construído a partir da observação de uma determinada realidade normativa e, por isso mesmo, apenas a ela é aplicável. Acrescentando que são conceitos contingentes, históricos: descrevem realidades criadas pelo homem em

A opção do novo CPC por fixar preclusão temporal evidentemente pode afetar a atuação do Ministério Público e, assim, a tutela dos interesses arrolados nos artigos 176 e 178. Como não se trata de mera formalidade desprovida de significado relevante, a atuação do Ministério Público constitui também um dever, de modo que o silêncio, ao mesmo tempo que não desnatura a preclusão, já que se deve exigir uma atuação responsável, não pode ser entendido como não intervenção, de modo que, nesse contexto, o juiz deve prosseguir com o andamento dos autos, mas, ao mesmo tempo, oficiar ao Procurador-Geral para que, internamente, seja resolvida a questão, compatibilizando-se as questões envolvidas.

Em relação às intimações devem ser registrados dois dispositivos do novo CPC: no artigo 272, § 6º, consta que a retirada dos autos do cartório ou da secretaria em carga pelo Ministério Público implicará intimação de qualquer decisão contida no processo retirado, ainda que pendente de publicação; já no artigo 1003, § 1º, temos que a previsão no sentido de que o prazo para interposição de recurso conta-se da data em o Ministério Público é intimado da decisão, considerando-se realizada a intimação em audiência quando nesta for proferida a decisão[13].

---

certo lugar, em certo momento. [...] Como se vê, trata-se de conceito que fica submetido às contingências das transformações do Direito positivo. A definição desses objetos variará conforme o tempo e o espaço. Não há, portanto, uma disciplina jurídica única e imutável para esses institutos. Não se pode pretender encontrar, nesses conceitos, elementos invariáveis, que compusessem uma espécie de essência imprescindível do objeto definido" DIDIER JR. *Sobre a Teoria Geral do Processo, essa Desconhecida*. Salvador: Juspodivm, 2012, pp. 39/40.

13. Modifica-se, assim, o entendimento jurisprudencial corrente: "Processual civil. Ministério Público. Intimação do acórdão proferido em segundo grau. Ausência. Nulidade. Presença na sessão de julgamento. Irrelevância. Prerrogativa. Intimação pessoal.1. O Ministério Público, ao ser chamado a manifestar-se, e o fazendo tanto através de parecer quanto na sessão de julgamento, passa a integrar a relação processual como *custos legis*. Sua intimação deve ser sempre pessoal com a vista dos autos, principalmente por se tratar de prerrogativa inerente ao cargo. Precedentes. 2. A presença do membro do Ministério Público na sessão de julgamento não afasta a necessidade de sua intimação pessoal do acórdão. Precedentes. 3. As demais teses inseridas no agravo regimental - extensão do recurso do Ministério Público abrangendo apenas a nulidade; falta de interesse e legitimidade para recorrer; manifestações incompatíveis com a pretensão recursal - não podem ser analisadas, pois não fizeram parte das contrarrazões ao recurso especial e não foram objeto de debate na instância ordinária.4. Agravo regimental não provido" (AgRg nos EDcl no AREsp 265.096/RN, Rel. Ministro Castro Meira, Segunda Turma, julgado em 13/08/2013, DJe 19/08/2013). "Habeas corpus. Processual penal. Crime de desrespeito a superior. Artigo 160 do CPM. Defensoria Pública. Presença de defensor na audiência de leitura da sentença. Intimação do órgão defensivo mediante remessa dos autos. Inocorrência. Recurso de apelação julgado intempestivo. Inobservância das prerrogativas da defensoria pública. 1. À Defensoria Pública, instituição permanente e essencial à função

Prevê-se, ainda, que as intimações realizam-se, sempre que possível, por meio eletrônico, na forma da lei, aplicando-se ao Ministério Público a obrigação de manter cadastro nos sistemas de processo em autos eletrônicos, para efeito de recebimento de citações e intimações, as quais serão efetuadas preferencialmente por esse meio (artigo 270, parágrafo único, do novo CPC), sem que isso desnature a finalidade da intimação pessoal com entrega dos autos, que, por meio eletrônico, significa a disponibilização do conteúdo na íntegra para o órgão com atribuição (artigo 183, § 1º, do novo CPC).

6. INTERVENÇÃO COMO FISCAL DA ORDEM JURÍDICA (*CUSTOS LEGIS*)

O novo CPC traz importantes modificações na atividade interventiva do Ministério Público no processo civil, a começar pela denominação "fiscal da ordem jurídica". Basicamente, são as seguintes as inovações mais relevantes: 1) reprodução do artigo 127 da Constituição, tornando claramente didática a definição da regra-matriz que inspira a atuação do Ministério Público; 2) não repetição das referências às ações de estado, disposições de última vontade e à ausência; 3) intervenção em ações de família somente quando presentes incapazes; 4) expressa referência às hipóteses de intervenção do art. 178, quando se tratar também de jurisdição voluntária; 5) fixação de prazos próprios e modificação na forma de fixação e contagem de prazos; 6) previsão de responsabilidade por ilícito processual; 7) expressas disposições sobre a possibilidade de suscitar incompetência relativa e requerer desconsideração da personalidade jurídica; 8) clara definição do papel do Ministério Público como fiscal da ordem jurídica, sem qualquer similitude com a figura de curador especial; 9) necessidade de intervenção

jurisdicional do Estado, compete promover a assistência jurídica judicial e extrajudicial aos necessitados (art. 134 da Constituição Federal), sendo-lhe asseguradas determinadas prerrogativas para o efetivo exercício de sua missão constitucional. 2. Constitui prerrogativa a intimação pessoal da Defensoria Pública para todos os atos do processo, estabelecida pelo art. 370, § 4º, do Código de Processo Penal; art. 5º, § 5º, da Lei 1.060/1950; e art. 44, I, da Lei Complementar 80/1994, sob pena de nulidade processual. 3. A intimação da Defensoria Pública, a despeito da presença do defensor na audiência de leitura da sentença condenatória, se perfaz com a intimação pessoal mediante remessa dos autos. 4. Ordem concedida" (HC 125270, Relator(a): Min. Teori Zavascki, Segunda Turma, julgado em 3/06/2015, Processo Eletrônico Dje-151 - p. 03-08-2015).

em caso de litígio coletivo pela posse rural ou urbana; 10) intervenção obrigatória em casos de incidente de resolução de demandas repetitivas; 11) procedimento específico para a citação de pessoas com deficiência; 12) decretação de invalidade pela ausência de intervenção apenas após a intimação do Ministério Público, que se manifestará sobre a existência ou não de prejuízo.

Todos esses pontos serão mencionados neste item. Antes, porém, cabem algumas reflexões genéricas sobre essa atividade interventiva.

Em razão do perfil constitucional que indica uma atuação mais ativa, a intervenção do Ministério Público na condição de *custos legis* vem sendo fortemente questionada há anos, dando origem ao que se convencionou denominar de *racionalização da intervenção no processo civil*. Busca-se evitar que a função do membro do Ministério Público se resuma ao que foi denominado de "parecerismo", entendido como o "fenômeno pelo qual os promotores de justiça passam a elaborar pareceres cada vez mais em tudo semelhantes a sentenças judiciais, atendendo a todos requisitos formais de uma sentença e esquecendo-se, por vezes, da própria finalidade com que intervinham no feito"[14].

Não há dúvidas de que a intervenção como *custos legis* deve ser redimensionada, mas nos parece que também há uma resistência injustificada a esse tipo de atuação, já que, inclusive por meio dela, é possível a tutela de direitos. Na realidade, exige-se uma nova compreensão de uma antiga função, não sendo mais compatível uma postura passiva e contemplativa do evolver processual[15].

14. MACEDO JÚNIOR, Ronaldo Porto. A evolução institucional do Ministério Público brasileiro. *Uma Introdução ao Estudo da Justiça*. Maria Tereza Sadek (org.). São Paulo: IDESP/Sumaré, 1995, p. 44. Prossegue o autor: "Importa, todavia, apontar para um dado importante para a compreensão deste papel, de aparente 'assessor do juiz' no processo judicial (especialmente no cível). O Poder Judiciário de primeiro grau está organizado de tal modo que todo o poder da decisão repousa sobre a decisão de um juízo monocrático [...] Dentro dessa engenharia institucional, o promotor de justiça sempre representou um importante contrapeso contra a possível arbitrariedade do magistrado, situação particularmente verdadeira se lembrarmos que, em nosso sistema judicial, especialmente em cidades pequenas, os advogados contam com pouca possibilidade real de conflitarem com atitudes e decisões dos magistrados, sob pena de se indisporem e comprometerem sua própria sobrevivência profissional. Neste sentido, a atribuição de 'fiscal da lei' significa concreta e salutarmente ser o promotor de justiça um 'fiscal do juiz'" (p. 45).

15. Sobre a relação entre a atividade interventiva e a repercussão na legitimidade ativa do Ministério Público, vale conferir o REsp 1155793/DF, Rel. Ministra Maria Isabel Gallotti, Quarta Turma, julgado em 01/10/2013, DJe 11/10/2013.

Notou bem esse aspecto Ronaldo Porto Macedo Júnior, ao considerar que "importa frisar que o ajuste institucional do Ministério Público, visando adaptá-lo ao novo perfil constitucional não implica, necessariamente, na eliminação da atuação processual como *custos legis*; importa, isto sim, na mudança da forma de atuação e eleição de prioridades institucionais".[16]

Não só as hipóteses que ensejam a intervenção do Ministério Público e o número de órgãos que possuam atribuição exclusivamente interveniente devem ser objeto de profunda reflexão, mas também o modo como se deve dar essa participação no processo. Também a aceitação irrefletida da fixação legal de hipóteses de intervenção não é compatível com o perfil constitucional do Ministério Público, devendo haver uma filtragem constitucional das normas legais que criam causas de intervenção[17].

É necessária uma postura mais ativa também na função de interveniente[18], com efetiva participação na instrução do processo, na fase de

---

16. Idem, p. 46. Exemplo de aparente incompreensão da atividade do Ministério Público como *custos legis* é a seguinte passagem da lavra de José Maria Rosa Tesheiner: "De um ponto de vista estatístico, é desprezível a intervenção do Ministério Público na instrução do processo, pela simples razão de que desconhece os fatos vividos pelas partes. O que realmente prepondera, em sua atuação como fiscal da lei, é o parecer que oferece ao juiz como projeto de sentença. Considerando apenas o valor celeridade do processo, apresenta-se o parecer do Ministério Público apenas como um ato a mais, eventualmente inútil, a retardar a entrega da prestação jurisdicional. Considerado o valor qualidade dos julgamentos, o parecer do Ministério Público, acolhido ou não pelo juiz, aumenta o percentual de acertos, isto é, de decisões socialmente desejáveis. Inestimável a ajuda que pode prestar ao juiz o parecer de um órgão independente, sem interesse pessoal no resultado do processo. Um mau parecer não impede uma boa sentença mas um bom parecer pode impedir uma sentença ruim" (*Pressupostos Processuais e Nulidades no processo Civil*. São Paulo: Saraiva, 2000, p. 157). Além de passar a impressão de que o Ministério Público é apenas um detalhe - por vezes incômodo - no processo, o autor peca por não indicar a fonte de suas afirmações, já que trabalha sob um "ponto de vista estatístico", mas não indica nenhuma estatística ou pesquisa como fonte, nem mesmo uma singela consulta a arquivo pessoal. Também com incisivas críticas à atuação do Ministério Público no processo civil, com peculiar acidez, CASTRO FILHO, José Olympio de. *Comentários ao Código de Processo Civil*. Vol. X. 4ª ed. Rio de Janeiro: Forense, 1995, p. 14/18.
17. Cf. ZENKNER, Marcelo. *Ministério Público e Efetividade do Processo Civil*. São Paulo: RT, 2006, *passim*.
18. Em estudo publicado há mais de sessenta anos, Enrico Allorio assim se pronunciou: "séame consentido expresar mi esperanza de que la intervención del Ministerio Público en el proceso civil, ya que no extenderse en superficie,mejorará cualitativamente: de manera que, en los procesos en que intervenga, el Ministerio Público preste a la causa una atención diligente, participando ya en la fase instructoria, concluyendo por escrito y motivadamente, desplegando, en suma, las iniciativas que puedan impedir que su participación en el juicio quede reducida a mera formalidad", afirmando ao final que, em tempos complexos, instituições como o Ministério Público "mantienen encendida,

saneamento e com formulação de pedido de antecipação dos efeitos da tutela provisória.

Quanto à tutela provisória, há quem defenda sua ampla legitimidade[19] e há posicionamento doutrinário no sentido de que o Ministério Público poderá requerer tutela provisória antecipada quando for "assistente diferenciado de incapazes"; já na condição de fiscal da ordem jurídica, poderá "apoiar/sugerir/repelir o pleito provisório formulado; não poderá, entretanto, formular requerimento autônomo de tutela provisória"[20]. Em que pese a indicação de que o novo CPC estabeleceu uma necessária diferenciação entre as hipóteses de intervenção, qualificando efetivamente a atuação do Ministério Público quando presentes incapazes, ainda me parece possível aceitar o requerimento de tutela provisória em todas as hipóteses de intervenção, por não se tratar de ampliação objetiva do processo – e, por isso, não há que se equiparar tal requerimento à substituição processual – e se relacionar com a causa que justificou sua atuação, sem que isso, evidentemente, signifique qualquer vinculação do conteúdo do pronunciamento final.

No que toca à alegação de incompetência relativa, é comum a afirmação de que cabe somente à parte interessada o ônus de opor a exceção específica[21], em razão de sua conveniência acerca do local em que será

---

en las tempestades, la antorcha de la justicia como principio moral del Estado, para transmitirla resplandeciente a um futuro más sereno" (El Ministerio Público. *Problemas de Derecho Procesal*. Vol. I. Santiago Sentís Melendo (trad.). Buenos Aires: EJEA, 1963, p. 437).

19. ZENKNER, ob. cit., p. 161/166. Escrevendo sobre o CPC ainda vigente, Cassio Scarpinella Bueno já entendia que o Ministério Público possui legitimidade para requerer tutela antecipada mesmo quando atua como *custos legis*, "desde que, evidentemente, seu pedido vá ao encontro dos interesses e direitos que motivam sua participação no feito naquela qualidade. Pensar diferentemente não é somente apequenar o Ministério Público e seus misteres constitucionais; é muito mais do que isso. É apequenar a função social do processo e o interesse do próprio estado – imposto pela própria Constituição Federal – em que ele, o processo, seja eficaz, em que ele produza os efeitos que devem surtir em prol daquele que procedimentalmente, apresenta-se com 'melhor direito' do que o outro. Ser 'fiscal da lei', não é despropositado sublinhar, é forma de atenuar os rigores do 'princípio dispositivo', garantindo-se a necessária imparcialidade do magistrado. Neste sentido, não há como recusar ao Ministério Público, quando atua naquela qualidade, ter legitimidade para formular o pedido de tutela antecipada" (*Tutela Antecipada*. 2ª ed. São Paulo: Saraiva, 2007, p. 49).

20. DIDIER JR., Fredie. BRAGA, Paula Sarno. OLIVEIRA, Rafael Alexandria. *Curso de Direito Processual Civil*. 10ª ed. Salvador: Juspodivm, 2015, p. 575.Acolhem os autores a terminologia proposta por Antônio Cláudio da Costa Machado, ob. cit., p. 225/230.

21. Enunciado nº 33 da súmula de jurisprudência do Superior Tribunal de Justiça: *"a incompetência relativa não pode ser declarada de ofício"*. Cf., na doutrina: BARBOSA MOREIRA. Pode o juiz declarar de ofício a incompetência relativa? *Temas de Direito Processual (Quinta*

demandado. Certamente poderá ser da vontade do réu que o processo se estabeleça em outro local que o indicado por lei, mas não se pode excluir peremptoriamente o interesse de o Ministério Público examinar, no caso concreto, se o interesse público que autoriza sua intervenção não está sendo prejudicado por um comportamento desidioso da parte ou de seu advogado.

Afirmava-se que o Ministério Público não poderia suscitar a incompetência relativa quando atua como *custos legis* por não se tratar de matéria de ordem pública, mas, sim, de questão afeta à esfera da disponibilidade das partes de acordo com seus interesses particulares[22]-[23], mas se a causa que legitima a intervenção do Ministério Público puder ser prejudicada pelo deslocamento da competência, sempre nos pareceu que lhe devia ser garantida a possibilidade de atuar no sentido do interesse pelo qual foi chamado a intervir[24]. O novo CPC, felizmente, encerra essa discussão ao dispor

---

Série). São Paulo: Saraiva, 1994. DINAMARCO, Cândido Rangel. Declaração *ex officio* da incompetência relativa? *Fundamentos do Processo Civil Moderno*. 3ª ed. Vol. I. São Paulo: Malheiros 2000. NERY JUNIOR, Nelson. Legitimidade para arguir incompetência relativa. *Revista de Processo nº52*. São Paulo: RT, outubro/dezembro de 1988.

22. NERY JUNIOR. Legitimidade para arguir incompetência relativa. *Revista de Processo nº 52*. São Paulo: RT, outubro/dezembro de 1988, pp. 217/218.

23. O Superior Tribunal de Justiça possui decisões nos dois sentidos: "Processo civil. Incompetência relativa. Legitimidade. Ministério público. O Ministério Público, mesmo quando atua no processo como *custos legis*, tem legitimidade para arguir a incompetência relativa do Juízo". (RESP 223142 / MG - Rel. Min. Garcia Vieira - DJ 25.10.1999, p. 66). "Ministério Público, na qualidade de *custos legis*. Impossibilidade. Nulidade do acórdão embargado. Ausência de demonstração da divergência. 1. As regras de competência relativa são instituídas para a tutela de interesses privados. Consectariamente, é vedado ao juiz declarar ex officio a sua incompetência relativa (Súmula 33 do STJ), porquanto estar-se-ia admitindo inserção na esfera de disponibilidade das partes. 2. Deveras, eleito o foro pelo autor no momento da propositura da ação, e não lhe sendo lícito requerer alteração posterior deste, somente o réu tem legitimidade para arguir a incompetência relativa. Pode ocorrer, entretanto, que haja concordância com o foro eleito para a causa, deixando o demandado de opor exceção, fato que acarreta a prorrogação da competência com a *perpetuatio jurisdictionis* prevista no art. 114 do Código de Processo Civil. 3. Consequentemente, tratando-se de competência territorial relativa, e não tendo sido oposta exceção declinatória do foro pela parte ré, falece ao Ministério Público legitimidade para, na qualidade de *custos legis*, arguir a incompetência. 4. Aliás, *in casu*, versando a ação, repetição de indébito tributário, relativo a direito individual patrimonial, não tem o Ministério Público legitimidade para intervir sequer como *custos legis*. 5. A finalidade dos embargos de divergência é a uniformização da jurisprudência interna da Corte, sendo requisito essencial à sua admissibilidade, a demonstração de que os órgãos colegiados deram interpretação diversa à mesma tese jurídica suscitada". (ERESP 222006 / MG - Rel. Min. Luiz Fux - DJ 13.12.2004, p. 199).

24. GODINHO, Robson Renault. *A Proteção Processual dos Direitos dos Idosos: Ministério Público, Tutela de Direitos Individuais e Coletivos e Acesso à Justiça*. 2ª Ed. Rio de Janeiro: Lumen Juris, 2010, 95/97.

expressamente em seu artigo 65, parágrafo único, que "a incompetência relativa pode ser alegada pelo Ministério Público nas causas em que atuar"[25].

Também quanto à desconsideração da personalidade jurídica, o artigo 133 do novo CPC é expresso ao admitir a possibilidade de o Ministério Público requerer a medida na condição de *custos legis*.

Ainda nessa exemplificação de posturas ativas na atividade interventiva, merece especial registro a aposta do novo CPC na fase de saneamento (artigo 357), ocasião em que o Ministério Público poderá intervir de modo relevante no processo. Nesse particular, não é incomum verificar na prática forense que o juiz somente se lembre de intimar o Ministério Público próximo da audiência de instrução e julgamento ou mesmo antes da sentença, isto é, após o saneamento. Nessas situações, com base no artigo 279, § 2º, estará evidenciado o prejuízo, anulando-se o processo a fim de que o Ministério Público participe do saneamento, salvo manifestação fundamentada[26] em sentido contrário[27].

---

25. Simetricamente, assim dispõe o artigo 951, parágrafo único, do novo CPC: "o Ministério Público somente será ouvido nos conflitos de competência relativos aos processos previstos no art. 178, mas terá qualidade de parte nos conflitos que suscitar".

26. O disposto no artigo 489, §1º, do novo CPC se aplica igualmente às manifestações do Ministério Público, já que se trata apenas de uma espécie de receituário de como deve ser exercido o dever de fundamentação que lhe é imposto. Essa ideia possui relevância inclusive para o desenvolvimento da ideia de "disponibilidade motivada", como bem notou Hermes Zaneti Junior em texto ainda inédito, gentilmente por ele cedido (o texto integrará uma obra coletiva destinada a comentar o novo CPC e o trecho a seguir transcrito insere-se nas considerações sobre o artigo 178): "a possibilidade de determinar graus de interesse público e de indisponibilidade do direito, ao mesmo tempo que, caberia ao MP, a decisão de intervir ou não nos processos, conforme fundamentação adequada, quando a norma que determina a intervenção assentar-se em um conceito jurídico indeterminado (ex.: *interesse social e interesse público*). Trata-se de estabelecer, como premissa técnica de controle da atuação, o '*princípio da disponibilidade motivada*', demonstrando o membro as razões de sua atuação, toda vez que, no exercício de suas funções constitucionais, ao extrair o conteúdo normativo dos textos legais, resolver pela intervenção ou não-intervenção na esfera cível, em concreto. O dever de fundamentação adequada decorre de mandamento constitucional (art. 93, IX) e é um dos pilares nos quais se assenta a estrutura de controle dos deveres-poderes do juiz no novo Código de Processo (art. 489, § 1º), nada mais natural que ele se estenda igualmente ao MP". Atualização bibliográfica: Hermes Zaneti Jr. possui fundamental livro para o estudo sobre o Ministério Público: *O Ministério Público e o Novo Processo Civil Contemporâneo*. 2ª ed. São Paulo: Juspodivm, 2021.

27. "Neste caso, excepcionalmente, a palavra do Ministério Público é definitiva para se decretar ou não a nulidade. A última palavra sobre a necessidade de intervenção do Ministério Público no feito é do Ministério Público e não do juiz" WAMBIER, Teresa Arruda Alvim. *Breves Comentários ao Novo Código de Processo Civil*. Wambier, Didier Jr., Talamini e Dantas (coord.). São Paulo: RT, 2015, p. 738.

Quanto ao conteúdo do pronunciamento do Ministério Público nas causas que exigem sua participação, é necessário abordar as hipóteses que ensejam sua intervenção no processo.

Na hipótese da intervenção em razão da existência de interesse público ou social, na dicção do artigo 178, I[28], do novo Código de Processo Civil, estamos diante de um conceito jurídico indeterminado e, embora possam ser retiradas algumas regras abstratas sobre a atuação do Ministério Público – como, por exemplo, a de que não há interesse público nas ações patrimoniais envolvendo empresas públicas, nem em execuções fiscais[29],

---

28. Sobre a discussão suscitada pela redação do art. 82, III, do Código de Processo Civil de 73, inclusive com abordagem histórica e de direito comparado, vale conferir o trabalho de Antônio Cláudio da Costa Machado antes citado, especialmente páginas 315/345, onde se encontram outras referências bibliográficas valiosas. Também merece ser mencionado, pela maneira peculiar com que examina a matéria, um estudo de Calmon de Passos: Intervenção do Ministério Público nas causas a que se refere o art. 82, III, do C. Pr. Civ. *Revista Forense, vol. 268.* Rio e Janeiro: Forense, 1978. E ainda: Humberto Ávila, Repensando o "princípio da supremacia do interesse público sobre o particular". *Revista Trimestral de Direito Público*, n° 24. São Paulo: Malheiros, 1998, e Marçal Justen Filho. Conceito de interesse público e a "personalização" do direito administrativo. *Revista Trimestral de Direito Público*, n° 26. São Paulo: Malheiros, 1999, além de, Antonio Augusto Mello de Ferraz, Considerações sobre interesse social e interesse difuso. *A Ação Civil Pública após 20 anos: efetividade e desafios.* Edis Milaré (coord.). São Paulo: RT, 2005.

29. Confiram-se os seguintes pronunciamentos do Superior Tribunal de Justiça: "Processual civil. Recurso especial. Intervenção do Ministério Público em ação reparatória de danos morais. Desnecessidade. 1. Tratando-se de ação indenizatória por danos morais promovida em face do Estado por abuso de autoridade em face de denúncia promovida pelo Ministério Público, não se impõe a atuação do Parquet como *custos legis*, consoante jurisprudência da E. Corte. (RESP 327.288/DF, 4ª T., Rel. Min. Cesar Asfor Rocha, *DJ* 17/11/2003; AGRESP 449643/SC, Rel. Min. Francisco Falcão, *DJ* de 28.06.2004; AgRg no Resp 258.798, Rel. Min. Eliana Calmon, *DJ* de 11.11.2002; Resp 137.186, Rel. Min. José Delgado, *DJ* de 10/09/2001) 2. O artigo 82, inciso III, do CPC, dispõe que compete ao Ministério Público intervir: "III – em todas as demais causas em que há interesse público, evidenciado pela natureza da lide ou qualidade da parte." 3. A escorreita exegese da dicção legal impõe a distinção jus-filosófica entre o interesse público primário e o interesse da administração, cognominado "interesse público secundário". Lições de Carnelutti, Renato Alessi, Celso Antônio Bandeira de Mello e Min. Eros Roberto Grau. 3. O Estado, quando atestada a sua responsabilidade, revela-se tendente ao adimplemento da correspectiva indenização, coloca-se na posição de atendimento ao "interesse público". Ao revés, quando visa a evadir-se de sua responsabilidade no afã de minimizar os seus prejuízos patrimoniais, persegue nítido interesse secundário, subjetivamente pertinente ao aparelho estatal em subtrair-se de despesas, engendrando locupletamento à custa do dano alheio. 4. Deveras, é assente na doutrina e na jurisprudência que indisponível é o interesse público, e não o interesse da administração. Nessa última hipótese, não é necessária a atuação do Parquet no mister de *custos legis*, máxime porque a entidade pública empreende a sua defesa através de corpo próprio de profissionais da advocacia da União. Precedentes jurisprudenciais que se reforçam, na medida em que a atuação do Ministério Público não é exigível em várias ações movidas contra a administração, como, v.g., sói ocorrer, com a ação de desapropriação prevista no Decreto-lei n.3.365/41

chegando a afirmar Cândido Rangel Dinamarco que constitui aberração a intervenção do Ministério Público em causas nas quais é parte uma entidade estatal, só pela presença desta no processo[30], apenas as circunstâncias do caso concreto indicarão se haverá necessidade de intervenção da Instituição. O novo CPC, no entanto, é expresso ao acolher orientação doutrinária[31] e jurisprudencial no sentido de que "a participação da Fazenda Pública não configura, por si só, hipótese de intervenção do Ministério Público" (artigo 178, parágrafo único).

Há quem faça distinção acerca do conteúdo da intervenção Ministério Público, vinculando-o se a participação no processo se der em razão da qualidade da parte. Para Cândido Rangel Dinamarco, o Ministério Público intervém no processo para apoiar uma das partes em seu interesse direto ou desvinculado do interesse dos litigantes. Na primeira hipótese, assume características de verdadeiro assistente, a fim de equilibrar o contraditório, como nas causas envolvendo incapazes. Na segunda hipótese, desvincula-se do interesse direto de uma das partes e atua como legítimo fiscal da lei, como nas ações de estado e em processos de mandado de segurança[32].

José Roberto Santos Bedaque também se manifesta sobre a vinculação do Ministério Público ao interesse da parte que o trouxe ao processo, devendo sua atuação durante todo o processo ser no sentido de contribuir para auxiliá-la a obter êxito na demanda e, caso não sejam comprovados os

(Lei de Desapropriação). 5. *In genere,* as ações que visam ao ressarcimento pecuniário contêm interesses disponíveis das partes, não necessitando, portanto, de um órgão a fiscalizar a boa aplicação das leis em prol da defesa da sociedade. 6. Hipótese em que revela-se evidente a ausência de interesse público indisponível, haja vista tratar-se de litígio travado entre o Estado de Rondônia e INSS e o Procurador de Estado Beniamine Gegle de Oliveira Chaves, onde se questiona a reparação por danos morais, tendo em vista ter sido injustamente denunciado pelo crime tipificado no art. 89, da lei 8.666/93. 7. Ademais, a suposta nulidade somente pode ser decretada se comprovado o prejuízo para os fins de justiça do processo, em razão do Princípio de que 'não há nulidade sem prejuízo' (*'pas des nullités sans grief'*). 8. Recurso especial desprovido". (RESP 303806 / RO - Rel. Min. Luiz Fux - DJ 25.04.2005, p. 224). Nos casos de execução fiscal, foi editado o enunciado *nº 189* da súmula da jurisprudência predominante: *"é desnecessária a intervenção do Ministério Público nas execuções fiscais".*

30. *Instituições de Direito Processual Civil.* Vol. I. São Paulo: Malheiros, 2001, p. 679. No segundo volume de suas Instituições, Dinamarco afirma que o Ministério Público sempre será parte no processo, tanto quando atuar como assistente (parte auxiliar), quanto como *custos legis* (4ª. ed., 2004, p. 427).

31. Cf. DINAMARCO. *Instituições de Direito Processual Civil.* Vol. II. 4ª Ed. São Paulo: Malheiros, 2004, p. 428/430.

32. *Instituições...cit.* Vol. I, p. 678.

fatos narrados na petição inicial, não poderia aduzir argumentos favoráveis à outra parte.[33] Também Antônio Cláudio da Costa Machado, tomando como base a suposta necessidade de reequilibrar o contraditório, vincula a atuação do Ministério Público ao interesse do incapaz.[34]

Em outra perspectiva, entende-se que o Ministério Público possui liberdade na atuação como *custos legis*, no que se refere ao mérito do processo, podendo se manifestar contrariamente à pretensão da parte que ensejou sua intervenção no processo, havendo limitação apenas ao seu interesse recursal. Ou seja: em uma ação ajuizada, por exemplo, por incapaz, pode o Ministério Público manifestar-se contrariamente à pretensão veiculada na petição inicial; entretanto, se o pedido for julgado procedente, não poderá recorrer por ausência de interesse recursal.[35]

Concordamos parcialmente com essa última opinião. Parece-me que a questão deve ser resolvida com base no artigo 127 da Constituição da

---

33. "o que não se admite é a possibilidade de o Curador de Incapazes (*sic*) tecer argumento em favor da parte capaz, procurar provas para favorecê-la, ou, até, desenvolver raciocínio jurídico no sentido de que os fatos efetivamente demonstrados se subsumem a uma norma que a favorece. Nessas hipóteses, esgotou ele os méis de que dispunha para auxiliar o incapaz. Deve, pura e simplesmente, declarar nada mais ter a deduzir em favor da parte a quem lhe compete assistir", acrescentando que "todas as vezes em que seja possível mais de uma interpretação, quer dos fatos, quer da norma, o Curador deve sempre optar por aquela mais favorável ao incapaz" (O Ministério Público no processo civil: algumas questões polêmicas. *Revista de Processo, n° 61*. São Paulo: RT, janeiro-março de 1991, pp. 40 e 41). No mesmo sentido: FORNACIARI JÚNIOR, Clito. *Processo Civil: verso e reverso*. São Paulo: Juarez de Oliveira, 2005, pp. 62/63), nos seguintes termos: "se não tivesse nada a acrescentar em favor do incapaz, deveria apenas manifestar-se ciente, opinando quanto à regularidade da representação e deixando o processo seguir a sua própria sorte" "Não se está, nesse caso, protegendo o incapaz e curando seus interesses, mas sim preservando a ordem jurídica, missão que não deveria ser restrita às causas de incapazes, mas a todas as demandas. Assim, ou o Ministério Público haveria de participar de todos os processos ou também não deveria participar daqueles em que seja parte incapaz, quando nada tivesse a dizer em seu favor. Fica clara, nessa situação, a ofensa ao princípio da igualdade processual, porque o menor tem a resistir à sua pretensão não apenas a parte contrária, representada por advogado, mas também o Ministério Público, que fica à cata de vícios do processo e da verdade real, atuando até na produção de provas e, não poucas vezes, suprindo mesmo a deficiência da defesa que contende com a parte incapaz".

34. *Ob. cit.*, p. 220/225.

35. PINHEIRO CARNEIRO, Paulo Cezar *O Ministério Público no Processo Civil e Penal: Promotor natural, atribuição e conflito*. 5ª ed. Rio de Janeiro: 1998, pp. 12/14. No mesmo sentido: MAZZILLI. *Regime...cit.*, pp. 215/216. Também no sentido da atuação desvinculada do Ministério Público temos a posição de José Fernando da Silva Lopes (*O Ministério Público e o Processo Civil*. São Paulo: Saraiva, 1976), que entende que o Ministério Público sempre atua em prol do interesse público. Ainda: ZENKNER, *Ministério Público...cit*, p. 123/130.

República, isto é, o Ministério Público só intervirá em processos individuais pela qualidade da parte se houver direitos indisponíveis em disputa, o que é reforçado pelo novo CPC nos artigos 178 e 698. Se não estiver presente o direito do incapaz, não haverá nenhuma indisponibilidade e simplesmente o Ministério Público não poderá atuar em seu favor por absoluta legitimidade. Também a questão recursal parece ser melhor situada no plano da legitimidade do que no do interesse recursal. Na hipótese de a sentença favorecer o titular de um direito indisponível, não poderá o Ministério Público recorrer contra a sentença por não ter legitimidade, já que, ao prolongar a relação processual, por via reflexa estará atuando como uma espécie de substituto processual de um titular de direito individual disponível, o que lhe é vedado constitucionalmente. O interesse recursal sempre estará presente, mas a legitimidade, não. Note-se que são situações distintas, porque, antes da sentença, há uma relação processual instaurada por um titular de um direito afirmado, que, por razões variadas, o ordenamento considera indisponível. O Ministério Público não está obrigado a defender de modo automático a parte que se afirma titular de um direito indisponível[36].

36. Excelente síntese do problema, com original proposta de compatibilização das teses existentes em ZANETI JUNIOR, Hermes, em texto ainda inédito, gentilmente por ele cedido (o texto integrará uma obra coletiva destinada a comentar o novo CPC e o trecho a seguir transcrito insere-se nas considerações sobre o artigo 178: "o problema surge quando, ao atuar, o Ministério Público encontra uma situação de perplexidade diante de um incapaz que pleiteia um direito contrário ao ordenamento jurídico, segundo o juízo do agente do MP oficiante nos autos. A questão relaciona-se com a correta interpretação da Constituição (Art. 127, *caput*), isto é, pergunta-se: se o incapaz não tem direito, deve o *parquet* manifestar-se contra sua pretensão para garantir a tutela do ordenamento jurídico? Existem três posições na doutrina: a) intervenção com poderes amplíssimos e obrigatoriedade de manifestação no mérito, inclusive recorrendo, mesmo contra os interesses dos incapazes (Nelson Nery Jr.); b) intervenção *ad coadjuvandum*, ou seja, apenas para beneficiar os interesses do incapaz, deixando de se manifestar no mérito, quando, no entendimento do *parquet*, o incapaz não possuir razão (Cândido Rangel Dinamarco); c) liberdade de opinião durante o processo de conhecimento, com manifestação obrigatória quanto ao mérito, vedada a recorribilidade quando a decisão de mérito for favorável ao incapaz, por falta de interesse processual, mesmo após parecer contrário do MP (MAZZILLI: 2011). Nos parece que nenhuma das teses está completamente correta quando iluminadas pela incorporação explícita dos vetores constitucionais ao texto a novo CPC (Art. 1° c/c Art. 176). Entendemos que o MP, quando intervém no processo civil apenas em razão da presença de incapaz, não pode se manifestar no mérito contra o interesse deste mesmo incapaz; portanto, adotamos, no ponto, a doutrina da intervenção *ad coadjuvandum*. Isso porque a opinião jurídica do MP, por mais relevante, culta e bem construída que seja, não tem pertinência para os direitos disponíveis das partes, nos quais falte relevância social. Nestes casos, deverá o membro do MP falar apenas sobre a regularidade processual. Contudo, quando, concorrer na causa um interesse contraposto com relevância social ou individual indisponível, combinado com as funções institucionais previstas no Art. 178 CPC e Art. 129 e incisos, CF/88, caberá ao Ministério Público,

A independência funcional garantida constitucionalmente ao Ministério Público assegura a liberdade de manifestação sobre o mérito do processo[37] e o Superior Tribunal de Justiça vem sufragando essa tese[38].

De todo modo, merece ser registrado que ao Ministério Público caberá a valoração da existência do interesse público, de modo que é ilegítima a existência de uma ordem judicial cogente que obrigue sua intervenção, tendo em vista que a independência funcional garante à Instituição a verificação de quando e como exercer suas funções. Se o membro do Ministério Público entender que não é hipótese de sua intervenção e o juiz discordar, os autos deverão ser remetidos ao Procurador-Geral, que dará a interpretação definitiva sobre a situação.[39] No caso de o membro do Ministério Público resolver atuar e o juiz entender que não é hipótese de intervenção por ausência de interesse público, a palavra final sobre a questão será do Judiciário, por meio da análise dos recursos interpostos.

Ainda sobre a atuação como fiscal da ordem jurídica, devem ser registrados os seguintes pontos que receberam alguma inovação no CPC: 1) a intervenção na jurisdição voluntária somente será necessária se estiver presente alguma hipótese do art. 178, não havendo mais lugar para a antiga discussão sobre a obrigatoriedade dessa intervenção independentemente do caso concreto (artigo 721 do novo CPC)[40]; 2) consequentemente, não

---

obrigatoriamente, manifestar-se no mérito e, inclusive, recorrer da sentença que decida contrariamente aos direitos fundamentais ali previstos. A legitimação para intervenção está presente por se tratar de *causa de intervenção autônoma*, independente do interesse do incapaz. Logo, entendemos por somar as três teses, tendo como vetor interpretativo o comando constitucional, ou seja, tratando-se de direito disponível e sem relevância social, não caberá ao MP zelar pelo ordenamento jurídico (intervenção *ad coadjuvandum*). Tratando-se, por outro lado, de direito indisponível ou com relevância social, caberá ao MP, não só tutelar o ordenamento jurídico, como inclusive recorrer, caso o incapaz que não tem direito, na visão do *parquet*, saia vencedor na fase de conhecimento. Em outras palavras, o MP não recorrerá sempre, atua em nome do incapaz e somente pode atuar contrariamente a pretensão deste, inclusive recorrendo, quando visualizar interesse social ou direito individual indisponível na pretensão da parte contrária. A liberdade de opinião diz respeito à independência funcional e deve ser respeitada em qualquer dos casos, porém esta será controlada pelo dever de fundamentar adequadamente (disponibilidade mitigada)".

37. Cf. GARCIA, Emerson. *Ministério Público...*, 4ª ed., *cit.*, p. 473.

38. REsp 135744 / SP – Rel. Min. Barros Monteiro – DJ 22.09.2003 p. 327.

39. GARCIA. *Ministério Público...*, 4ª ed., *cit.*, p. 474/476.

40. MENDONÇA LIMA, Alcides de. *Comentários ao Código de Processo Civil*. Vol. XII. São Paulo: RT. 1982, p. 43. CASTRO FILHO, José Olympio de. *Comentários ao Código de Processo Civil*. Vol. X. 4ª ed. Rio de Janeiro: Forense, 1995, p. 14/18. Lembre-se, também, da conhecida

há mais intervenção obrigatória em casos de ausência ou de disposições de última vontade, não mais cabendo ao Ministério Público a proteção de patrimônio individual disponível, seja como interveniente ou como agente, sendo inconstitucional a legitimidade conferida pelo artigo 22 do Código Civil e a previsão do artigo 745, § 4º, do novo CPC. No caso dos testamentos, o artigo 735, § 2º, do novo CPC aparentemente prevê a intervenção obrigatória do Ministério Público, o que somente se justificaria com base em uma tradição irrefletida. Diante do artigo 127 da Constituição e dos artigos 176, 178 e 721 do novo CPC, é incabível sustentar a simples tutela de patrimônio individual disponível pelo Ministério Público, cabendo salientar que não há reprodução no referido artigo 178 do vetusto rol do artigo 82, II, do CPC de 1973[41]; 3) nas ações de família a intervenção somente se justifica se houver incapazes (artigo 698); 4) na ação rescisória, somente haverá intervenção se igualmente estiverem presentes as hipóteses do artigo 178, conforme expressa previsão do artigo 967, parágrafo único, encerrando-se a dúvida acerca da obrigatoriedade de sua oitiva[42]. Parece-me, porém, que também se faz necessária a intervenção no caso de a decisão rescindenda decorrer de simulação ou de colusão das partes, a fim de fraudar a lei, porque, se a lei lhe confere para legitimidade para agir nesse caso (artigo 967, III, *b*), estabelece-se uma hipótese evidente de interesse público; 5) no

---

opinião do autor sobre a não obrigatoriedade de intervenção do Ministério Público em todos os processos de jurisdição voluntária (Ministério Público e jurisdição voluntária. *Fundamentos do Processo Civil Moderno*. 3ª ed. Vol. I. São Paulo: Malheiros, 2000, pp. 399/406). Como contraponto a esse posicionamento acerca da jurisdição voluntária: NERY JÚNIOR, Nelson. Intervenção do Ministério Público nos procedimentos especiais de jurisdição voluntária. *Revista de Processo, nº 46*. São Paulo: RT, abril-junho de 1987. Síntese da controvérsia em LUCENA, João Paulo. *Comentários ao Código de Processo Civil*. Vol. 15. São Paulo: RT, 2000, p. 68/72.

41. A doutrina, buscando explicar a razão pela qual o Ministério Público deveria zelar pelas declarações de última vontade, afirma que se trata de observância de "normas de ordem pública" (LIMA, Fernando Antônio Negreiros. *A Intervenção do Ministério Público no Processo Civil Brasileiro como* Custos Legis. São Paulo: Método, 2007, p. 143/144) ou ainda explica porque, "como o testador, porque falecido, não mais pode velar para que sua vontade seja obedecida, a lei coloca o Ministério Público na função de cuidar de que não se descumpra a vontade manifestada no testamento" (BARBI, Celso Agrícola. *Comentários ao Código de Processo Civil*. Vol. I. 9ª ed. Rio de Janeiro: Forense, 1994, p. 230) e, por fim, em virtude de um suposto "interesse indisponível do Estado (da sociedade) em ver realizada a vontade do falecido" (Antônio Cláudio da Costa Machado, ob. cit., p. 302). O testamento é um negócio jurídico unilateral que tem a morte como causa relacionada à sua eficácia, de modo que não há nada que o vincule a "ordem pública" ou disponibilidade.

42. BARBOSA MOREIRA. *Comentários ao Código de Processo Civil*. Vol. V. 12ª Ed. Rio de Janeiro: Forense, 1995, p. 199/200.

incidente de resolução de demandas repetitivas, como haverá fixação de tese para causas de massa e também formação de precedente obrigatório, é fundamental a ampliação do diálogo e também está subjacente o interesse social, tornando obrigatória a intervenção prevista no artigo 976, § 2º; 6) nas ações possessórias envolvendo litígio coletivo, a intervenção será obrigatória, independentemente de haver hipossuficiência econômica, conforme dispõe o artigo 554, § 1º, do novo CPC: "no caso de ação possessória em que figure no polo passivo grande número de pessoas, serão feitas a citação pessoal dos ocupantes que forem encontrados no local e a citação por edital dos demais, determinando-se, ainda, a intimação do Ministério Público e, se envolver pessoas em situação de hipossuficiência econômica, da Defensoria Pública". Esse dispositivo fornece também importante subsídio para reforçar a legitimidade ativa do Ministério Público em casos de posse envolvendo direitos individuais homogêneos, já que reconhece a lei a presença de interesse social; 7) como o recurso de apelação somente passará pelo juízo de admissibilidade no Tribunal competente (artigo 1010, § 3º), também não haverá necessidade de qualquer pronunciamento como *custos legis* após a prolação da sentença do órgão que atua em primeiro grau, acabando, enfim, como que foi denominado de "parecer recursal", sem prejuízo de ser necessária a atuação nos casos em que for possível o juízo de retratação do juiz; 8) o artigo 245 do novo CPC simplifica o procedimento peculiar para a citação de pessoa mentalmente incapaz ou que esteja impossibilitado de recebê-la, prevendo-se que o oficial de justiça descreva e certifique minuciosamente a ocorrência, devendo ser nomeado médico para examinar o citando, que apresentará laudo no prazo de cinco dias, salvo se pessoa da família apresentar declaração do médico do citando que ateste a incapacidade deste, e, reconhecida a impossibilidade de receber o mandado, será nomeado curador ao citando especificamente para a causa, recebendo a citação e lhe incumbindo a defesa dos interesses do incapaz para o ato. Note-se que não se trata de procedimento de interdição, mas de verificação tópica da capacidade para a prática de atos processuais. Por haver incapacidade, será necessária a intervenção do Ministério Público na própria verificação prevista no artigo 245[43] e, caso se constate que o

43. Contra, entendendo que o Ministério Público só atua a partir da constatação da incapacidade para o ato, ROQUE, Andre Vasconcelos. *Teoria Geral do Processo: Comentários ao CPC de 2015 - Parte Geral*. Gajardoni, Dellore, Roque e Oliveira Jr. (co-autores). São Paulo: Método, 2015, p. 748.

citando é incapaz, nos demais atos do processo; 9) o artigo 190 do novo CPC permite a formação de negócios processuais atípicos e o Ministério Público como fiscal da ordem jurídica – e, com mais razão, quando atuar como parte – poderá propor ou participar dessas convenções, sendo potencialmente atingido por essa mudança paradigmática e devendo se preparar para explorar adequadamente suas potencialidades[44].

7. MINISTÉRIO PÚBLICO E A NECESSIDADE DE CURADOR ESPECIAL

O novo CPC corretamente distingue de modo expresso a função do Ministério Público como fiscal da ordem jurídica e, dependendo da hipótese, a necessidade de nomeação de curador especial, eliminando equívocos conceituais, como no caso da interdição (confronte-se, por exemplo, o artigo 752, §§ 1º e 2º, do novo CPC com o artigo 1770 do Código Civil, que será revogado pelo artigo 1072, II, do novo CPC[45]).

A atuação do Ministério Público não elimina a necessidade de o incapaz ser assistido ou representado, na forma do artigo 71 do novo CPC, já que sua participação se dará na condição de fiscal da ordem jurídica, cabendo-lhe, inclusive, por zelar pela adequada observância da atuação dos representantes legais. A intervenção do Ministério Público se dá precisamente em benefício do incapaz, não podendo significar em nenhum momento a diminuição de sua proteção jurídica. A mesma ideia deve incidir quando presente hipótese que justifique a nomeação de curador especial, que nunca será o próprio Ministério Público.

O art. 72 do CPC reproduz em essência o texto correspondente do Código anterior, com aperfeiçoamento redacional e correção técnica

---

44. Cf., CABRAL, Antonio do Passo. A Resolução nº 118 do Conselho Nacional do Ministério Públicos e as convenções processuais. *Negócios Processuais*. Antonio do Passo Cabral, Fredie Didier Jr. e Pedro Henrique Nogueira (coord.). Salvador: Juspodivm, 2015. Sobre os fundamentos para a admissibilidade dos negócios jurídicos processuais: GODINHO, Robson. *Negócios Processuais sobre o Ônus da Prova no Novo Código de Processo Civil*. São Paulo: RT, 2015.

45. As revogações previstas no artigo 1072, II, do novo CPC sofreram uma espécie de constrangimento legislativo, na medida em que o artigo 114 do Estatuto da Pessoa com Deficiência, editado após a aprovação do CPC e com período menor de vacância, altera dispositivos do Código Civil sem revogar a norma revogadora ou estabelecer alguma compatibilização sistemática.

do parágrafo único. Trata-se de hipótese de suprimento de capacidade processual e não material, não dispensando a intervenção do Ministério Público, quando incidir o artigo 178, aplicando-se aqui, como visto, o mesmo raciocínio utilizado na análise do art. 71, CPC. O Ministério Público não atua no processo para integrar a capacidade, mas, sim, como fiscal da ordem jurídica. Se uma das funções do curador especial está no reforço do contraditório e da proteção da esfera jurídica do incapaz, a subtração de sua atuação em virtude da atuação do Ministério Público na verdade levaria a um déficit protetivo.

O parágrafo único do art. 72, CPC, é uma adequação à evolução normativa após a edição do Código anterior, especialmente à disciplina constitucional do Ministério Público, afastando-o definitivamente da possibilidade de ser curador especial, e das Leis Complementares nº 80/94 e 132/09, que dispõem sobre a Defensoria Pública e a erigem à condição de curador especial por excelência. Nas localidades em que ainda não houver Defensoria Pública devidamente instalada, a curadoria especial recairá sobre advogado idôneo. Não há necessidade de o curador ser advogado, mas, como para praticar atos no processo é necessária a capacidade postulatória, não faz sentido prático que a nomeação recaia sobre outra pessoa que terá que contratar profissional habilitado, já que são inconfundíveis os graus de incapacidade e o curador especial somente supre a incapacidade processual.

O que deve ser bem compreendido é a impossibilidade de o Ministério Público exercer a função de curador especial após a Constituição da República de 1988. A função do Ministério Público no processo se dá apenas de três maneiras: como legitimado ordinário, nos casos em que defende situação jurídica própria, como legitimado extraordinário e como fiscal da ordem jurídica. O Ministério Público deve zelar pela nomeação de curador especial nos procedimentos em que intervier e tal providência for exigida, como corretamente dispõe o art. 74, II, do Estatuto da Pessoa Idosa, mas não pode ele exercer essa função por ser ela incompatível com suas atividades institucionais e finalísticas. Nem mesmo na ausência da Defensoria Pública deverá o Ministério Público exercer a curadoria especial, devendo a nomeação recair sobre outra pessoa, preferencialmente um advogado dativo[46]. Se a curadoria especial tiver lugar em hipóteses previstas no art. 178, CPC,

---

46. Contra, entendendo que há possibilidade de nomeação subsidiária do Ministério Público: SILVA, Ovídio Baptista. *Comentários ao Código de Processo Civil*. Vol. I. São Paulo: RT, 2000,

ou em alguma outra situação prevista legalmente, haverá necessidade de intervenção do Ministério Público na condição de fiscal da ordem jurídica, o que, como já afirmado, não exclui a necessidade de nomeação de curador especial, havendo, pois, uma dupla tutela do contraditório justificada por questões de política legislativa. Em suma, o Ministério Público, sendo o caso, deve conviver com o curador especial, mas não exerce essa função. O STJ cometeu grave equívoco nesse sentido, ao entender que era desnecessária a nomeação de curador especial ao interditando, por haver intervenção obrigatória do Ministério Público (REsp 1099458/PR, Rel. Ministra Maria Isabel Gallotti, Quarta Turma, DJe 10/12/2014). Confundiu-se a atuação como fiscal da ordem jurídica com a integração de capacidade processual do curador especial. O artigo 752, §§ 1º e 2º, CPC, corrige o equívoco.

Situação completamente distinta da que foi exposta no item anterior consiste na atuação do Ministério Público como substituo processual e a desnecessidade de nomeação de curador especial. Não perceber essa diferença é o mesmo que não entender a distinção entre substituição processual e fiscalização da ordem jurídica. Não se nomeia curador especial sob o pretexto de equilibrar um contraditório que está plenamente estabelecido, sem que incida nenhuma daquelas hipóteses antes mencionadas. Nesses casos, o Ministério Público é quem figura como autor, na tutela de direitos indisponíveis, não havendo necessidade de nomeação de curador especial. Essa controvérsia se instaurou em diversos casos envolvendo a destituição de poder familiar, em que a Defensoria Pública passou a atuar na condição de curador especial sem inclusive prévia nomeação judicial, incidindo em duplo equívoco. O CPC não possui regra expressa sobre o tema e a polêmica que se instaurou deveria ter sido suficiente para animar regramento específico. Mas esse entendimento sobre a desnecessidade de nomeação de curador especial decorre do sistema e vem sendo acolhido pelo STJ[47].

p. 86. Em sentido semelhante, já escrevendo sobre o novo CPC: DIDIER JR., *Curso*... cit., p. 332/333.

47. AgRg no Ag 1369745/RJ, Rel. Ministro Paulo De Tarso Sanseverino, Terceira Turma, DJe 16/04/2012; AgRg no Ag 1415049/RJ, Rel. Ministra Maria Isabel Gallotti, Quarta Turma, DJe 17/05/2012; AgRg no Ag 1410673/RJ, Rel. Ministro Marco Buzzi, Quarta Turma, DJe 29/10/2014; AgRg no REsp 1478366/RJ, Rel. Ministro Luis Felipe Salomão, Quarta Turma, DJe 11/12/2014.

8. MINISTÉRIO PÚBLICO COMO LEGITIMADO ATIVO[48]

Em passado recente, o STJ se opunha de modo franco à possibilidade de o Ministério Público atuar como substituto processual para a tutela de direitos indisponíveis, basicamente por exigir expressa lei concedendo essa autorização para atuar[49].

Partia o STJ e parte da doutrina da interpretação literal do artigo 6º do CPC de 1973, o que já era uma postura contra a doutrina que, corretamente, vinculava a substituição processual a uma autorização normativa[50], sendo que, no caso do Ministério Público, existe uma previsão constitucional genérica de substituição processual para a tutela de direitos individuais indisponíveis (art. 127 da Constituição). Em nosso atual sistema jurídico, toda a legitimidade do Ministério Público decorre diretamente da Constituição, inclusive a substituição processual, de modo que sempre soou como um desvio de perspectiva negar a possibilidade de o Ministério Público ajuizar uma ação para a garantia de um direito indisponível sob o argumento de inexistir lei ordinária autorizativa.

Enfim, o artigo 18 do novo CPC agora é expresso em dispor que a substituição processual decorre do "ordenamento jurídico", o que faz com que se suponha que a antiga discussão está definitivamente superada.

Sobre a atuação do Ministério Público como legitimado ativo, o novo CPC possui regra que pode ser útil nos casos em que houve uma inadequada formação de título extrajudicial pelo Ministério Público, incluindo,

---

48. Evidentemente, o Ministério Público pode figurar no polo passivo de uma relação processual, como abordamos no artigo em conjunto com Fredie Didier Jr., já citado. Entretanto, abordaremos no presente trabalho apenas a legitimação ativa, ainda que se concorde com as críticas doutrinárias acerca da redação do artigo 177 do novo CPC, que, repetindo o artigo 81 do Código anterior, dá a entender que o Ministério Público somente atua como autor: GAJARDONI, Fernando. *Teoria Geral do Processo: Comentários ao CPC de 2015 – Parte Geral*. Gajardoni, Dellore, Roque e Oliveira Jr. (coautores). São Paulo: Método, 2015, p. 559. STEFANI, Marcos. *Breves Comentários ao Novo Código de Processo Civil*. Wambier, Didier Jr., Talamini e Dantas (coord.). São Paulo: RT, 2015, p. 550.

49. Amplo exame da questão em GODINHO, *A Proteção Processual...cit.*, p. 112/142.

50. O que não significa que necessariamente seja autorização *legal*. Assim, ALVIM NETTO, José Manoel de Arruda. *Código de Processo Civil Comentado*. São Paulo: RT, 1975, v. 1, p. 426; MOREIRA, José Carlos Barbosa. "Notas sobre o problema da efetividade do processo". *Temas de Direito Processual Civil – terceira série*. São Paulo: Saraiva, 1984, p. 33, nota 7; ZANETI JR., Hermes. A legitimação conglobante nas ações coletivas: a substituição processual decorrente do ordenamento jurídico. *Direito Civil e Processo: Estudos em homenagem ao Professor Arruda Alvim*. Araken de Assis e outros (coord.). São Paulo: RT, 2008, p. 859-866.

por exemplo, a má formulação de um termo de ajustamento de conduta, dispondo o artigo 785 que "a existência de título executivo extrajudicial não impede a parte de optar pelo processo de conhecimento, a fim de obter título executivo judicial".

Ainda na seara da efetivação de título executivo extrajudicial, o novo CPC também resolve antiga controvérsia ao prever, no artigo 911, parágrafo único, a possibilidade de imposição de prisão em caso de descumprimento injustificado de acordo de alimentos, reforçando a atuação extrajudicial do Ministério Público.

A nova sistemática da recorribilidade de decisões interlocutórias prevista nos artigos 1009, §§ 1º, 2º e 3º, e 1015 do novo CPC pode causar sérios problemas práticos na atuação do Ministério Público como legitimado ativo, especialmente nos processos envolvendo a tutela de direitos de crianças ou adolescentes que se protraem no tempo e não encontram sentença final em prazo razoável, embora inúmeras decisões interlocutórias sejam proferidas. Nesses casos, a utilização de mandado de segurança talvez seja necessária, a fim de conferir efetividade à atuação.

Ainda sob o aspecto recursal, o novo CPC permitirá a sustentação oral em julgamentos de agravo de instrumento contra decisões referentes à tutela provisória (artigo 937, VIII). Em razão do escalonamento da carreira do Ministério Público e a equivocada ideia de que somente Procuradores de Justiça podem sustentar oralmente perante os Tribunais, na prática essa situação poderá gerar tensões internas, afetando o exercício funcional, como será examinado de modo mais detido no item reservado ao mal estar do princípio da unidade.

Em várias passagens o novo CPC cuida do Ministério Público como legitimado ativo, como no requerimento de desconsideração da personalidade jurídica (artigo 133), requerimento de inventário em favor de incapazes (artigo 616, VII), requerimento em jurisdição voluntária (artigo 720), ação de interdição (artigo 748, sendo que o artigo 114 do Estatuto da Pessoa com Deficiência amplia essa legitimidade, mas alterando dispositivo do Código Civil que será revogado pelo novo CPC, o que ensejará uma acomodação normativa sistemática), a extinção de fundação (artigo 765), ajuizamento de ação rescisória (artigo 967, III), o incidente de resolução de demandas repetitivas (artigo 977, III), reclamação (artigo 988), entre outros.

Entretanto, talvez as mais relevantes inovações sejam as mais sutis e signifiquem embaraços práticos em sua legitimidade ativa, notadamente em relação ao custo do processo, como pode se depreender dos artigos 82, § 1º, e 91, §§ 1º e 2º, do novo CPC, que aparentemente constituirão em obstáculo para a atuação do Ministério Público.

9. SUSPEIÇÃO E IMPEDIMENTO

A finalidade primordial da previsão de situações que geram impedimento e suspeição de sujeitos relevantes para a participação e condução de processos e procedimentos é a proteção da imparcialidade e, em consequência, a garantia dos princípios da legalidade, isonomia e impessoalidade, na medida em que o ordenamento jurídico aprioristicamente estabelece hipóteses em que se presume, de forma relativa ou absoluta, uma espécie de contaminação cognitiva e volitiva para a prática de atos em determinadas circunstâncias.

Cumpre registrar, porém, que a imparcialidade não assegura, por si só, a independência necessária para atuação do juiz ou do membro do Ministério Público. Nas precisas palavras de "um juiz sem independência será sempre um juiz parcial. Por outro lado, um juiz independente não será, somente por isso, um juiz imparcial. A independência é um meio para que o juiz cumpra o seu dever de imparcialidade. Assegurada a independência, outros mecanismos concretos deverão atuar para garantir que o juiz, ainda que independente, seja também imparcial ou, melhor dizendo, não seja um juiz parcial. Um desses mecanismos é a garantia do juiz natural"[51]. E nesse ponto em que a pretensão de imparcialidade, no sentido de atuação desvinculada de características subjetivas ou situações objetivas que a

---

51. Ainda: "A razão de ser da garantia do juiz natural é, exatamente, assegurar um julgador imparcial. Obviamente, não basta o juiz natural para que se tenha um juiz imparcial. Mas a garantia do juiz natural, enquanto juiz pré-constituído e definido segundo critérios legais de competência, é um mecanismo eficiente para permitir que o acusado não seja julgado por um juiz parcial, evitando a manipulação dos poderes do Estado para atribuir um caso a um tribunal específico, escolhendo seu julgador". BADARÓ, Gustavo Henrique Righi Ivahy. *A Garantia do Juiz Natural no Processo Penal: delimitação do conteúdo e análise em face das regras constitucionais e legais de determinação e modificação de competência no direito processual penal brasileiro*. Tese de Livre-Docência. São Paulo: USP, 2010, p. 33 e 35 (essa tese foi publicada comercialmente em setembro de 2014 pela editora RT, com o título *Juiz Natural no processo Penal*, mas consultamos o trabalho original, de modo que as páginas referidas serão da versão que consta na biblioteca de teses da USP). Mais adiante esse autor relacionará a figura do juiz natural com a "pessoa do julgador" e não apenas com o órgão jurisdicional, conforme anuncia na p. 44 e desenvolve na p. 213 e seguintes da referida tese).

contaminem, encontra-se com a independência funcional, é fundamental aderir expressamente às precisas considerações do Relator sobre a relação entre os princípios e à Instituição.

Com efeito, o princípio da independência funcional, verdadeira glória do Ministério Público brasileiro, não possui alcance ilimitado e nunca pode ser invocado para que o membro deixe de cumprir sua função. Trata-se de garantia constitucional para assegurar o cumprimento de atividades finalísticas e não de álibi para a omissão funcional. Como qualquer outro princípio jurídico, a independência funcional não pode ser erigida à condição de ídolo absoluto, devendo ser aplicada em conjunto com outros princípios correlatos. Não há dúvidas de que a independência funcional é a mais importante garantia para que o membro do Ministério Público exerça sua função constitucional, mas não pode ser constituída em refúgio indevassável para o não exercício discricionário de atribuições. Trata-se de garantia do livre exercício da atuação do Ministério Público e não de um escudo para a falta de intervenção. A independência funcional não se confunde com liberdade de crença e não serve como álibi para a omissão do Ministério Público, sob pena de transmudar-se de garantia para ameaça institucional.

Ou seja: a garantia da independência funcional está inexoravelmente ligada à imparcialidade do membro do Ministério Público, mas isso não significa que sua asseguração formal seja suficiente para possibilitar uma adequada atuação finalística, na medida em que o pretexto de preservá-la pode escamotear uma fórmula de sacrificar o interesse público por razões privadas[52].

Isso não significa, entretanto, que inexista um núcleo intangível da independência funcional que sirva precisamente para garantir a imparcialidade do membro do Ministério Público. Se a independência não pode ser tão ampla que signifique um absolutismo privado, também não pode ser reduzida à condição de *slogan* vazio, propiciando uma interferência forçada no exercício funcional.

Para reforçar a independência, portanto, o CPC estabelece hipóteses que maculam ou impedem a atuação do Ministério Público. Como se sabe, enquanto o impedimento relaciona-se com o objeto da causa, a suspeição é

52. Sobre o tema: GARCIA, Emerson. *Ministério Público...cit.*, p. 141/150. GOULART, Marcelo Pedroso. *Elementos para uma Teoria Geral do Ministério Público*. Belo Horizonte: Arraes, 2013, p. 135/137.

a desconfiança, a dúvida, o receio de que o membro do Ministério Público , ainda quando honesto e probo, não terá condições psicológicas de atuar com isenção dada sua relação com qualquer das partes em razão de algum vínculo subjetivo com determinada causa[53].

O CPC de 73 prevê diversas hipóteses de tais situações, devendo-se ler o artigo 138, I, cuja redação pode soar um tanto truncada, da seguinte forma: aplica-se ao Ministério Público, quando for parte no processo, o disposto nos incisos II a VI do art. 134 e I a IV do art. 135[54].

Já o novo CPC, além de acabar com o problema citado acima, já que seu artigo 148, I, é muito claro ao dispor que se aplicam os motivos de impedimento e suspeição aos membros do Ministério Público, traz algumas novidades relevantes: 1) novas hipóteses de impedimento, especialmente as previstas no artigo 144, VII e VIII, isto é: em que figure no processo como parte instituição de ensino com a qual tenha relação de emprego ou decorrente de contrato de prestação de serviços e, também, em que figure como parte cliente do escritório de advocacia de seu cônjuge, companheiro ou parente, consanguíneo ou afim, em linha reta ou colateral, até o terceiro grau, inclusive, mesmo que patrocinado por advogado de outro escritório; 2) além disso, ao especificar o impedimento decorrente da postulação no processo, como defensor público, advogado ou membro do Ministério Público, de seu cônjuge ou companheiro, ou de qualquer parente, consanguíneo ou afim, em linha reta ou colateral, até o terceiro grau, inclusive, o novo CPC amplia a situação no artigo 144, §§ 1º e 3º, sendo que essa situação só incide quando a causa do impedimento já integrava o processo antes da atividade judicante do juiz (e funcional do membro do Ministério Público), verificando-se esse impedimento também no caso de mandato conferido a membro de escritório de advocacia que tenha em seus quadros advogado que individualmente ostente a condição nele prevista, mesmo que não intervenha diretamente no processo; 3) também é estabelecido que é vedada a criação de fato superveniente a fim de caracterizar impedimento

---

53. TORNAGHI, Hélio. *Comentários ao Código de Processo Civil*. Vol. I. 2ª ed. São Paulo: RT, 1976, p. 416. "Quem está sob suspeição está em situação de dúvida de outrem quanto ao seu bom procedimento. Quem está impedido está fora de dúvida, pela enorme probabilidade de ter influência maléfica para a sua função" (PONTES DE MIRANDA. *Comentários ao Código de Processo Civil*. Tomo II. 3ª ed. Rio de Janeiro: Forense, 1998, p. 420).

54. TORNAGHI, ob. cit., p. 430. DALL'AGNOL, Antônio. *Comentários ao Código de Processo Civil*. Vol. 2. São Paulo: RT, 2000, p. 175/176.

(artigo 144, § 2º); 4) será ilegítima a alegação de suspeição quando houver sido provocada por quem a alega ou a parte que a alega houver praticado ato que signifique manifesta aceitação do arguido (artigo 145, I e II); 5) O artigo 146 modifica a disciplina do procedimento da verificação da suspeição ou impedimento, que será suscitado em petição específica, seguindo, após, o procedimento detalhado nos respectivos parágrafos[55].

10. A RESPONSABILIDADE DO MINISTÉRIO PÚBLICO

O novo CPC fixou um regime comum[56] de responsabilidade civil dos agentes públicos em razão da atividade funcional nos artigos 143, 145, 181, 184 e 187. Ainda que esse regime decorra diretamente da Constituição, o regramento expresso é relevante sobretudo para o Ministério Público, cujos membros vêm sendo alvos de pretensões de responsabilização pessoal[57].

---

55. Em relação a procedimentos extrajudiciais instaurados por membros do Ministério Público, é necessário fixar a atribuição do órgão que resolverá a questão de eventual exceção se suspeição ou impedimento. Ou seja, há que se estabelecer quem resolverá uma alegação acerca da parcialidade de membro no decorrer de um inquérito civil. O primeiro ponto que nos parece óbvio, por se relacionar com a fixação de atribuições, é a exclusão do controle jurisdicional primário sobre o tema. Isto é: a suspeição ou o impedimento de membro do Ministério Público em procedimento extrajudicial não é decidida pelo Judiciário, salvo se necessário o controle repressivo do ato interno. Entendo, pois, que se trata de matéria afeta ao Procurador-Geral. A Lei 8.625/93 dispõe o seguinte: "Art. 10. Compete ao Procurador-Geral de Justiça: IX - designar membros do Ministério Público para: d) oferecer denúncia ou propor ação civil pública nas hipóteses de não confirmação de arquivamento de inquérito policial ou civil, bem como de quaisquer peças de informações [...] f) assegurar a continuidade dos serviços, em caso de vacância, afastamento temporário, ausência, impedimento ou suspeição de titular de cargo, ou com consentimento deste". Poder-se-ia cogitar da aplicação da regra que confere ao Órgão Especial a competência para deliberar sobre assuntos de relevância institucional. Entretanto, em casos de designação, corriqueiramente o Procurador-Geral de Justiça é quem disciplina a matéria, especialmente em razão da dinamicidade necessária para a continuidade do serviço público, não cabendo invocar uma regra residual quando se tem toda uma sistemática voltada para a atuação do Procurador-Geral em matéria que afeta a atribuição de órgão de execução (no mesmo sentido, Mazzilli: *O Inquérito Civil*. 3ª ed. São Paulo: Saraiva, 2008, p. 95).
56. Verificando sutis diferenças sistemáticas: TALAMINI, Daniele Coutinho. TALAMINI, Eduardo. *Breves Comentários ao Novo Código de Processo Civil*. Wambier, Didier Jr., Talamini e Dantas (coord.). São Paulo: RT, 2015, p. 565.
57. Sobre o tema: PUOLI, José Carlos Baptista. *Responsabilidade Civil do Promotor de Justiça na Tutela aos Interesses Coletivos*: São Paulo: Juarez de Oliveira, 2007. GODINHO, Robson Renault. Ministério Público e assistência: o interesse institucional como expressão do interesse jurídico. *Aspectos Polêmicos e Atuais sobre os Terceiros no Processo Civil e Assuntos Afins*. Fredie Didier. Jr. e Teresa Arruda Alvim Wambier (coord.). São Paulo: RT, 2004. No STJ: REsp 1435582/MG, Rel. Ministra Nancy Andrighi, Terceira Turma, julgado em 10/06/2014, DJe 11/09/2014.

Com essa expressa previsão legal, bem como uma aposta do Código no trabalho dos juízes no controle da admissibilidade da demanda, sempre em contraditório, e na fase de saneamento, espera-se que a ilegitimidade passiva do membro para responsabilidade direta passe a ser examinada expressamente e, em consequência, seja reconhecida.

Em relação aos deveres de probidade processual previstos no artigo 77 do novo CPC, os agentes públicos estão excluídos do pagamento de multa, reservando-se a responsabilização disciplinar para o órgão interno competente (artigo 77, § 6º).

Manteve-se a responsabilidade pelas despesas dos atos processuais adiados ou repetidos para o Ministério Público, se não houve justo motivo (artigo 93), prevendo-se, ainda, responsabilidade pessoal do membro que, injustificadamente, não restituir os autos quando intimado para tanto (artigos 234, § 4º, e 235).

11. A ATUAÇÃO DO MINISTÉRIO PÚBLICO E O ESCALONAMENTO DA CARREIRA: O MAL-ESTAR NO PRINCÍPIO DA UNIDADE

Um problema interno específico da carreira do Ministério Público será intensificado pelo novo CPC. Trata-se da atuação escalonada da Instituição, com classes estanques, cujo diálogo é desejável, mas nem sempre estabelecido, levando a uma latente tensão na atuação processual que vem sendo intensificada com a maior atuação do Ministério Público como legitimado ativo. O novo CPC, ao estimular a maior concentração da atividade do Ministério Público na legitimação ativa e exigir um aumento qualitativo da função como interveniente, aprofundará esse mal-estar já detectado, especialmente quando necessária uma atuação mais efetiva na fase recursal, em que necessariamente o membro que recorre não é aquele a quem, tradicionalmente, são conferidas as atribuições necessárias para o exercício pleno do ato postulatório, como a sustentação oral, cuja relevância assumirá novas cores com a possibilidade de seu exercício em agravo de instrumento.

O Superior Tribunal de Justiça, por exemplo, já percebeu esse problema decorrente da unidade e vem entendo em alguns julgados que, quando o Ministério Público figura como parte, é desnecessária a intervenção do Procurador de Justiça na condição de *custos legis*. Note-se que se trata de situação diferente daquela que gerou antiga controvérsia acerca da necessidade de dois ou mais órgãos do Ministério atuarem em um mesmo processo. O que agora vem sendo decido é a desnecessidade de atuação de mais de um membro do Ministério Público, ainda que em diferentes graus de jurisdição, desde que o órgão seja parte no processo. Trata-se de leitura peculiar tanto do disposto no artigo 5º, § 1º, da Lei da Ação Civil Pública, quanto do princípio da unidade[58]. A se vingar este entendimento, teremos um redimensionamento da atuação dos Procuradores de Justiça, com no mínimo os seguintes desdobramentos que terão que ser resolvidos institucional e jurisprudencialmente: a) em ação proposta pelo Ministério Público, não mais haverá atuação de Procurador de Justiça; b) ou, no mesmo caso, o Promotor de Justiça somente atuará até a sentença, passando o Procurador de Justiça a assumir o comando do processo; c) ou seja: o Procurador de Justiça é que responderá ao recurso de apelação; d) entretanto, em caso de recurso de agravo haverá um acréscimo de perplexidade; e) deverá ser fixado qual órgão receberá as intimações pessoais; f) por fim, também será afetada a atuação dos membros do Ministério Público que atuam perante os Tribunais Superiores.

Isso se deve, em linhas gerais, a uma peculiar estrutura administrativa simétrica à dos Tribunais, bem como à tensão entre os princípios da independência funcional e da unidade e de uma dificuldade de trabalho conjunto entre as classes, cuja explicação pode situar-se essencialmente em plano meta-jurídico.

Com efeito, embora uno e indivisível, por razões lógicas e funcionais, e seguindo critérios abstratamente fixados por atos normativos, o Ministério Público exerce suas funções por meio de plexos de atribuições individualizados em unidades autônomas, cada qual ocupada por membros previamente investidos à luz do regramento de regência, seja por provimento ou por substituição. Além dos critérios estabelecidos em virtude da matéria e do território, com a finalidade de melhor dimensionamento do exercício funcional do Ministério Público, a mais eloquente cisão de atribuições se dá em nível legislativo e tem como referencial precisamente uma vinculação entre atribuição e competência e a separação da carreira em classes, na forma das respectivas Leis Orgânicas que disciplinam as atribuições genéricas dos Promotores de Justiça e dos Procuradores de

58. Para o presente item, interessa primordialmente uma das dimensões do princípio da unidade, isto é, seu aspecto funcional. Para aspectos conceituais do referido princípio: GARCIA, ob. cit., p. 122/130. GOULART, ob. cit., p. 131/134.

Justiça, no âmbito estadual, e do Ministério Público Federal. Essa rígida separação de atribuições de acordo com os graus jurisdicionais não raro enseja desencontros técnicos, o que é explicado pela convivência entre a unidade e a independência funcional[59], mas recentemente a doutrina[60] e a jurisprudência[61] identificaram alguma perplexidade na manutenção da separação funcional, em um mesmo processo, na atuação do Ministério Público. Essas referências sobre a heterodoxia da simultaneidade da atuação do Ministério Público não significam absoluta adesão a tais decisões[62], mas, sim, servem para ilustrar uma situação que se tornou ainda mais sensível com o exercício das suas atribuições envolvendo atuação como parte em seara não penal, o que, até recentemente, não era um quadro com que se trabalhava institucionalmente. Com efeito, a atuação do Ministério Público como parte autora sempre esteve relacionada ao processo penal e só em período mais recente, especialmente após a promulgação da atual Constituição, sua atividade como autor no campo cível passou a merecer maior

---

59. Cf., GARCIA, Emerson. *Ob. cit.*, p. 129/130.

60. Cf., ZENKNER, Marcelo. Reflexos processuais dos princípios institucionais da unidade e da indivisibilidade - revisitando as atribuições dos órgãos de execução do Ministério Público brasileiro. *Temas Atuais do Ministério Público*. Farias, Alves e Rosenvald (org.). 3ª ed. Salvador: Juspodivm, 2012, *passim*.

61. RMS 16409/MG, Rel. Ministro Luiz Fux, Primeira Turma, julgado em 17/02/2004, DJ 22/03/2004, p. 197. REsp 554.906/DF, Rel. Ministra Eliana Calmon, Segunda Turma, julgado em 15/05/2007, DJ 28/05/2007, p. 308. REsp 1183504/DF, Rel. Ministro Humberto Martins, Segunda Turma, julgado em 18/05/2010, DJe 17/06/2010.HC 87926, Relator(a): Min. Cezar Peluso, Tribunal Pleno, julgado em 20/02/2008, DJe-074, public. 25-04-2008. Entretanto, na jurisprudência do Superior Tribunal de Justiça permanece pacífica a tese contrária: "A previsão de manifestação do Ministério Público em segunda instância, contida no art. 610 do Código de Processo Penal, decorre de sua função de fiscal da lei, o que não se confunde com a atribuição de titular da ação penal pública, a teor do que preconiza o art. 257 do referido diploma legal. 4. Assim, após a manifestação ministerial, não há falar em contraditório a ser exercido pela defesa, visto que, quando o Ministério Público atua como *custos legis*, não compõe nenhum dos polos da relação processual, ainda que se oponha às teses trazidas pelo réu" (HC 244.999/SP, Rel. Ministro Og Fernandes, Sexta Turma, julgado em 23/04/2013, DJe 30/04/2013).

62. Importante registro de Emerson Garcia: "Embora seja desnecessária a simultânea intervenção de dois membros do Ministério Público na mesma relação processual, um na condição de órgão agente, outro na de órgão interveniente, esse raciocínio não é extensivo às causas que, sucessivamente, tramitem em instâncias distintas, perante as quais atuem órgãos de execução diversos. Assim, ainda que a petição inicial seja subscrita por um Promotor de Justiça, em segunda instância intervirá obrigatoriamente um Procurador de Justiça: o primeiro atuando como órgão agente, o segundo como órgão interveniente. Tratando-se de Instituição essencial à função jurisdicional do Estado e funcionalmente escalonada, o que delimita a instância perante a qual os respectivos agentes estão legitimados a atuar, torna-se evidente que a lei somente poderá afastar a intervenção dúplice do Ministério Público, não a sucessiva" (ob. cit., p. 589).

atenção sendo que, mesmo legitimado para o exercício de diversas ações que tutelam direitos individuais, o Ministério Público passou a ser conhecido como o legitimado por excelência para a tutela de direitos transindividuais.

Um ponto que merece especial atenção é a relação entre a necessidade de interposição de recurso por Promotor de Justiça para que o Procurador de Justiça passe a ter as atribuições regulares. Ou seja: por não possuir atribuição para ajuizamento de ações, os Procuradores de Justiça possuem atribuição vinculada à interposição recursal, passando, então, a exercer as funções do Ministério Público junto ao Tribunal de Justiça, invariavelmente na condição de fiscal da lei.

Esse dado demonstra que a atuação dos Procuradores de Justiça *junto* ao Tribunal convive harmonicamente com as atribuições dos Promotores de Justiça que atuam como postulantes *perante* aquele mesmo órgão jurisdicional[63].

Decorre dessa estrutura organizacional que, enquanto estiver exercendo atos postulatórios referentes à interposição de recursos, os Promotores de Justiça estarão no estrito campo de atuação que lhe foi conferido pelos atos normativos de regência.

Destoaria do sistema legal permitir que o Promotor de Justiça interponha recurso e, entrementes, vedar-lhe, por exemplo, a possibilidade de acrescer às razões recursais a apresentação de prova nova ou a correção de

63. "E se a função jurisdicional de primeira instância termina com a prolação da sentença, é lógico concluir que, no mesmo momento processual, cessarão também as atribuições do órgão de execução do Ministério Público que até então atuava no feito, ressalvada a interposição de recursos pelo próprio *Parquet*. Assim, interposta apelação pelo autor, pelo réu ou por um terceiro prejudicado, não cabe ao Promotor de Justiça opinar, como interveniente, quanto ao pleito recursal, já que tal atribuição será oportunamente exercida pelo Procurador de Justiça com atribuição "junto" ao órgão respectivo do Tribunal de Justiça, que atua, da mesma forma, como interveniente. E aqui há que se estabelecer a distinção existente entre o atuar "perante" os tribunais e o atuar "junto" aos tribunais. A primeira forma de intervenção se dá comumente nas hipóteses de interposição de qualquer recurso pelo membro do *Parquet* com atuação em primeiro grau. Existe, no primeiro caso, apenas uma postulação dirigida ao órgão *ad quem*, sem que o postulante atue efetivamente naquele colegiado. Situação distinta é a que ocorre quando se atua "junto" aos tribunais, ali tomando assento, elaborando pareceres e realizando sustentações orais que antecedem à própria decisão que há de ser lavrada. Não se trata aqui de um recurso ou postulação vinda de um órgão de instância diversa, mas de uma intervenção oriunda de um órgão de atuação também em segundo grau, que atua, por isso mesmo, "junto" aos tribunais" (ZENKNER, Marcelo. Reflexos processuais dos princípios institucionais da unidade e da indivisibilidade – revisitando as atribuições dos órgãos de execução do Ministério Público brasileiro. *Temas Atuais do Ministério Público*. Farias, Alves e Rosenvald (org.). 3ª ed. Salvador: Juspodivm, 2012, p. 142).

erros materiais[64] porventura existentes na própria petição de recurso. Todo e qualquer aditamento ao recurso interposto pelo Promotor de Justiça é de sua atribuição, por decorrência lógica da atribuição recursal.

Em suma, tudo aquilo que se referir ao desdobramento da atribuição para recorrer de decisão proferida em primeiro grau está inserido no plexo de atribuições dos Promotores de Justiça.

Esse raciocínio me parece intuitivo e elementar, mas, por razões desconhecidas, pelo menos no plano técnico, não se permite que o Promotor de Justiça sustente oralmente recurso por ele interposto ou contrarrazoado. É interessante anotar que a sustentação oral decorre do ato postulatório – tanto assim que inexiste sustentação oral em reexame necessário, exatamente por não haver postulação nesse caso -, é um desdobramento do ato de recorrer e consiste precisamente em atuação perante o tribunal. É o exercício pleno do ato recursal. Logo, somente quem possui legitimidade para recorrer pode sustentar oralmente. E o entendimento de que aqui incidiria o princípio da unidade – já que o recorrente é o Ministério Público e não o membro, obviamente – é um desserviço para a plena efetividade do ato e decorre de uma interpretação simplista, indiferente aos aspectos factuais, já que tal princípio não serve para transmutação da atribuição que foi fixada com a interposição do recurso. Evidentemente, pode o Promotor de Justiça postular perante o segundo grau e lhe deve ser assegurado o pleno exercício de todos os atos que integrarem essa postulação.

Note-se que, salvo as evidentes exceções dos embargos de declaração e de recursos para a Turma Recursal, os atos recursais dos Promotores de Justiça terão como destinatário necessário o Tribunal de Justiça, não havendo nessa atuação nenhuma situação heterodoxa, já que o juiz de primeiro grau, como visto, nem mais exercerá um preliminar juízo de admissibilidade.

---

64. O erro material também pode constar no ato da parte, como nos casos de equívoco em datas, nomes etc. De todo modo, não há que se falar em preclusão e os erros podem ser corrigidos de ofício: "O erro material, passível de ser corrigido de ofício, e não sujeito à preclusão, é o reconhecido *primu ictu oculi*, consistente em equívocos materiais sem conteúdo decisório propriamente dito" (REsp 1151982/ES, Rel. Ministra Nancy Andrighi, Terceira Turma, julgado em 23/10/2012, DJe 31/10/2012). "A correção de erro material disciplinado pelo art. 463 do CPC não se sujeita aos institutos da preclusão e da coisa julgada, porquanto constitui matéria de ordem pública cognoscível de ofício pelo magistrado. Precedentes: REsp 824.289/TO, Rel. Ministro João Otávio de Noronha, Segunda Turma, DJ 16/10/2006; AgRg no REsp 773273/MG, Rel. Ministro Luiz Fux, Primeira Turma, DJ 27/02/2008" (AgRg no REsp 1160801/CE, Rel. Ministro Benedito Gonçalves, Primeira Turma, julgado em 03/05/2011, DJe 10/05/2011).

Para reforçar de modo eloquente essa atribuição perante o Tribunal, basta lembrar a sistemática adotada nos recursos de agravo, em que, além de a interposição ser realizada diretamente em segundo grau, as contrarrazões também são oferecidas pelos Promotores de Justiça[65].

Um outro dado a se considerar, após todos os argumentos técnicos expostos, refere-se, na realidade, em uma questão factual: não raro precedido por procedimento administrativo ou inquérito civil, não raro com diversos volumes e com laboriosa atividade processual, com dezenas de laudas produzidas, não se pode esperar de um Promotor de Justiça um comportamento indiferente, por exemplo, com o resultado de um recurso por ele interposto e considerar que, após todo o trabalho desenvolvido, com o processo ainda sob julgamento e exatamente por ato postulatório de sua iniciativa, há que permanecer inerte por ter a atribuição coartada. Note-se que, com a proliferação de decisões monocráticas, robustece ainda mais a necessidade de o Promotor de Justiça permanecer atento com o trâmite recursal, a fim de evitar uma apreciação sumária e com cognição parcial sobre os fatos e argumentos relevantes para o processo. Lembre-se, outrossim, do fato de que, pela independência funcional, pode o Procurador de Justiça discordar frontalmente da tese veiculada no recurso interposto pelo Ministério Público por meio do Promotor de Justiça, inclusive com parecer formal nesse sentido, ou simplesmente considerar que não é pertinente o acréscimo que se quer fazer ao recurso, o que é tecnicamente lícito, mas pode ser processualmente indesejável. Não se apregoa, evidentemente, uma relação pessoal entre o membro do Ministério Público e seu trabalho – a propósito, invariavelmente o voluntarismo desprovido de técnica é responsável por práticas contraproducentes -, mas, sim, pretende-se assinalar que, além das questões técnicas, também aspectos factuais devem ser associados na análise do tema.

Não é incomum encontrar na atuação de Procuradores de Justiça um ânimo processual menos intenso do que o Promotor de Justiça que vivenciou os fatos e que desenvolveu todo o trabalho anterior, havendo, assim, o que aqui é denominado de mal-estar da unidade, isto é, a constatação de um absoluto descompasso na forma e no conteúdo da atuação entre as classes. Esse quadro ainda piora se tivermos em mente que o Procurador de Justiça que atuar no processo sequer será o mesmo que participará da

65. Cf., GARCIA, ob. cit., p. 595/596. Ainda, com propostas de mudanças na sistemática recursal, ZENKNER, Reflexos processuais...cit., itens 4.3 e 4.4.

sessão de julgamento, já que inexiste essa vinculatividade, o que pode significar prejuízo para a efetividade da atuação do Ministério Público (note-se, a propósito, que o artigo 1003, § 1º, do novo CPC prevê que a intimação será realizada na audiência em que proferida a decisão), o que pode aprofundar o problema relacionado a essa descoincidência de atuação).

Dois exemplos baseados em casos de que tomamos conhecimento que podem ilustrar a hipótese: 1) Promotor de Justiça instaura procedimento para verificar situação de risco envolvendo criança; após diligências investigatórias, constata-se a situação de risco e ajuíza-se ação de destituição de poder familiar; o pedido é julgado improcedente; o Promotor de Justiça interpõe recurso de apelação e, recusada a retratação pelo juiz, os autos são remetidos ao Tribunal, após as contrarrazões; um Procurador de Justiça oferecerá parecer sobre o caso; no dia do julgamento, aquele Promotor de Justiça não poderá oferecer sustentação oral, porque se entende que não está em sua atribuição, e o procurador de Justiça que estará presente na sessão poderá ser outro, que nunca viu aqueles autos e desconhece os fatos. 2) Promotor de Justiça, após averiguação formal dos fatos, ajuíza ação coletiva visando à tutela do patrimônio público, obtendo a tutela provisória de bloqueio de elevada quantia que seria repassada à ré por entidade pública; contra o deferimento da tutela provisória, a ré interpõe agravo, não obtendo, contudo, a suspensão da tutela provisória; o Promotor de Justiça oferece contrarrazões ao agravo e, entrementes, a agravante, inconformada com a decisão do relator, impetra mandado de segurança perante o órgão especial do Tribunal, deslocando a competência e, consequentemente, passando a atribuição para o Procurador-Geral de Justiça; o relator do mandado de segurança concede a liminar e determina a liberação das verbas, o que pode causar grave lesão ao erário; o Promotor de Justiça, tomando ciência fática dessa decisão, comunica ao Procurador-Geral que a liminar concedida é grave e baseada em equívocos fáticos evidentes, que podem ser facilmente esclarecidos ao relator; o Procurador-Geral se nega a peticionar sob a alegação de que não foi formalmente intimado da decisão; contra essa postura interna passiva, formalista, burocrática, palaciana, desinteressada e em desacordo com tudo o que se espera do Ministério Público nos dias de hoje, o Promotor de Justiça nada pode fazer, salvo lamentar e combater o inevitável desânimo.

Esses exemplos acontecem com desconcertante frequência e revelam uma fragilidade e um descompasso interno de difícil solução, quase uma espécie de esquizofrenia funcional, e, como antes afirmado, poderá ser agravado pelo novo CPC, sem qualquer trocadilho.

Com efeito, o artigo 937, VIII, do novo CPC permite a sustentação oral em julgamento de recurso de agravo de instrumento interposto contra decisões interlocutórias que versem sobre tutelas provisórias de urgência ou da evidência. Ou seja: em situações sensíveis, em que a urgência integra o recurso, o Promotor de Justiça interporá o agravo ou oferecerá contrarrazões, mas, a se manter a atual tradição, não poderá oferecer sustentação oral e dependerá do emprenho do Procurador de Justiça para que seu ato postulatório tenha a adequada complementação.

Essa interpretação de que a sustentação oral é exclusiva dos Procuradores de Justiça, como visto, não encontra respaldo técnico, já que se trata de ato postulatório perante o Tribunal e não junto a ele. Sendo assim, por se tratar de desdobramento de ato postulatório, somente aquele que pode interpor o recurso está legitimado a proferir sustentação oral.

Por uma constatação empírica, a urgência e o empenho do recorrente não são simétricos à atuação do parecerista que, por uma tradição inventada, passa a ostentar exclusividade na sustentação oral. .

Acrescente-se, outrossim, que, se se aderisse à tese de que Promotores de Justiça não podem pleitear perante Tribunal de Justiça, haveria evidente retrocesso na posição institucional que defende a possibilidade de os Ministérios Públicos estaduais atuarem perante os Tribunais Superiores, na medida em que se sufragaria, ainda que por via transversa, a ideia de que há exclusividade topográfica na atuação finalística da Instituição[66].

66. Como é cediço, trata-se de tema muito caro aos Ministérios Públicos estaduais – com proeminente atuação do Ministério Público do Rio de Janeiro – e ainda está viva a controvérsia na jurisprudência, com julgamento sobre o tema na Corte Especial do Superior Tribunal de Justiça (AREsp/DF 285810). Recentes julgados apontam para uma evolução jurisprudencial, ainda em andamento: "Processual civil. Agravos regimentais. Ministério Público estadual. Legitimidade recursal. Recurso especial. Tempestividade. Recesso forense. Comprovação posterior. Precedente da Corte Especial (AResp 137.141/SE). Conversão em recurso especial. 1. É sabido que esta Corte Superior de Justiça até aqui ampara a tese de que o Ministério Público Estadual não é parte legítima para atuar perante os Tribunais Superiores, uma vez que tal atividade estaria restrita ao Ministério Público Federal. 2. O Ministério Público dos Estados não está vinculado nem subordinado, no plano processual, administrativo e/ou institucional, à Chefia do

Ministério Público da União, o que lhe confere ampla possibilidade de postular, autonomamente, perante esta Corte Superior de Justiça. 3. Não permitir que o Ministério Público Estadual atue perante esta Corte Superior de Justiça significa: (a) vedar ao MP Estadual o acesso ao STF e ao STJ; (b) criar espécie de subordinação hierárquica entre o MP Estadual e o MP Federal, onde ela é absolutamente inexistente; (c) cercear a autonomia do MP Estadual; e (d) violar o princípio federativo. 4. A atuação do Ministério Público Estadual perante o Superior Tribunal de Justiça não afasta a atuação do Ministério Público Federal, um agindo como parte e o outro como *custos legis*. 5. Recentemente, durante o julgamento da questão de ordem no Recurso Extraordinário nº 593.727/MG, em que discutia a constitucionalidade da realização de procedimento investigatório criminal pelo Ministério Público, decidiu-se pela legitimidade do Ministério Público Estadual atuar perante a Suprema Corte. 6. Legitimidade do Ministério Público Estadual para atuar perante esta Corte Superior de Justiça, na qualidade de autor da ação, atribuindo efeitos prospectivos à decisão. [...]" (AgRg no AgRg no AREsp 194892/RJ, Rel. Ministro Mauro Campbell Marques, Primeira Seção, julgado em 24/10/2012, DJe 26/10/2012). No Superior Tribunal de Justiça o tema foi pacificado na Corte Especial: "Embargos de divergência no recurso especial. Penal e processo penal. Legitimidade do Ministério Público estadual. Atuação, como parte, para atuar diretamente no STJ. Possibilidade. Questão de ordem no recurso extraordinário nº 593.727/MG. Legitimidade do ministério público estadual para atuar perante o STF. Possibilidade. Embargos de divergência conhecidos e providos, para que, afastada a preliminar, a sexta turma prossiga no julgamento do agravo regimental. 1. O acórdão embargado e o acórdão indicado como paradigma discrepam a respeito da interpretação do art. 47, § 1º, da Lei Complementar nº 75, de 1993, um conhecendo de agravo regimental interposto por membro de Ministério Público, e o outro, não; 2. Cindindo em um processo o exercício das funções do Ministério Público (o Ministério Público Estadual sendo o autor da ação, e o Ministério Público Federal opinando acerca do recurso interposto nos respectivos autos), não há razão legal, nem qualquer outra ditada pelo interesse público, que autorize uma restrição ao Ministério Público enquanto autor da ação. 3. Recentemente, durante o julgamento da questão de ordem no Recurso Extraordinário nº 593.727/MG, em que discutia a constitucionalidade da realização de procedimento investigatório criminal conduzido pelo Ministério Público, decidiu-se pela legitimidade do Ministério Público Estadual atuar perante a Suprema Corte (EREsp 1327573/RJ, Rel. Ministro Ari Pargendler, Rel. p/acórdão Ministra Nancy Andrighi, Corte Especial, julgado em 17/12/2014, DJe 27/02/2015). Também o Supremo Tribunal Federal conferiu novo enfoque e alterou anterior entendimento: "Reclamação. Ilegitimidade ativa do Ministério Público estadual. Inicial ratificada pelo procurador-geral da república. Afastamento da incidência do art. 127 da LEP por órgão fracionário de tribunal estadual. Violação da súmula vinculante 9. Procedência. 1. Inicialmente, entendo que o Ministério Público do Estado de São Paulo não possui legitimidade para propor originariamente Reclamação perante esta Corte, já que "incumbe ao Procurador-Geral da República exercer as funções do Ministério Público junto ao Supremo Tribunal Federal, nos termos do art. 46 da Lei Complementar 75/93" (Rcl 4453 MC-AgR-AgR / SE, de minha relatoria, DJe 059, 26.03.2009). 2. Entretanto, a ilegitimidade ativa foi corrigida pelo Procurador-Geral da República, que ratificou a petição inicial e assumiu a iniciativa da demanda. 3. Entendimento original da relatora foi superado, por maioria de votos, para reconhecer a legitimidade ativa autônoma do Ministério Púbico Estadual para propor reclamação". Durante o julgamento, cuja íntegra está disponível no sítio daquele Tribunal, o Min. Celso de Mello afirmou que o "Ministério Público estadual dispõe, ele próprio, de legitimidade para ajuizar reclamação, em sede originária, perante o Supremo Tribunal Federal, quando atua no desempenho de suas prerrogativas institucionais e no âmbito de processos cuja natureza justifique sua formal participação, quer como órgão agente, quer como órgão interveniente. Não tem sentido, por implicar ofensa manifesta

Imagine-se, por exemplo, um Recurso Especial interposto por Procurador de Justiça de Tutela Coletiva de Ministério Público estadual. Eventual comprovação de fato relevante, como superveniência de decisão jurisdicional pertinente ou algum outro esclarecimento que se fizesse necessário para o acolhimento do recurso dependeria de ato de Subprocurador-Geral da República ou, por ser desdobramento de ato inerente à atribuição do Procurador de Justiça sua atribuição seria estendida para complementação de ato postulatório? Toda a construção técnica e argumentativa da tese institucional sobre o tema se baseia precisamente na permanência da atribuição do Ministério Público estadual perante os Tribunais Superiores por se tratar de legítimo exercício da atribuição recursal. Com efeito, se existe atribuição para a interposição do recurso, forçosamente também existirá para quaisquer medidas que lhe sejam conexas. Um enfoque restrito do princípio da unidade e uma visão radical sobre a rigidez compartimentada das atribuições afetariam a possibilidade de litisconsórcios entre os Ministérios Públicos, bem como a possibilidade de se desvincular a competência e a atribuição de modo amplo.

Além dessas situações, pense-se no ajuizamento de reclamação diretamente no Supremo Tribunal Federal por descumprimento de súmula

---

à autonomia institucional do Ministério Público dos Estados-membros, exigir que sua atuação processual se faça por intermédio do senhor Procurador-Geral da República, que não dispõe de poder de ingerência na esfera orgânica do Parquet estadual [...] Não vejo razão alguma para restringir a atuação processual do Ministério Público dos Estados-membros no Supremo Tribunal Federal. Entendo assistir ao Parquet local plena legitimação para impetrar, p. ex., mandado de segurança, em sede originária, perante esta Suprema Corte, naqueles casos em que o remédio constitucional objetive preservar prerrogativas inerentes a essa Instituição, quando lesadas ou ameaçadas de lesão por qualquer das autoridades cujos atos estejam sujeitos, em sede mandamental, à competência desta Corte", complementando que não se pode estabelecer uma incompreensível "hermenêutica da submissão", que se instalaria caso a atuação do Ministério Público estadual fosse condicionada a um ato volitivo do Procurador-Geral da República. Ainda: "Reclamação. Execução penal. Restabelecimento dos dias remidos. Contrariedade à súmula vinculante n. 9 do Supremo Tribunal Federal. Reconhecida, por maioria, a legitimidade do Ministério Público do Estado de São Paulo para propor reclamação, independentemente de ratificação da inicial pelo procurador-geral da república. Decisão reclamada contrária à súmula vinculante n. 9 e proferida após a sua publicação. 1. O Supremo Tribunal reconheceu a legitimidade ativa autônoma do Ministério Público estadual para ajuizar reclamação no Supremo Tribunal, sem que se exija a ratificação da inicial pelo Procurador-Geral da República. Precedente: Reclamação n. 7.358. 2. A decisão reclamada foi proferida após a publicação da súmula vinculante n. 9 do Supremo Tribunal, pelo que, nos termos do art. 103-A da Constituição da República, está a ela sujeita. 3. Reclamação julgada procedente" (Rcl 7101, Relatora: Min. Cármen Lúcia, Tribunal Pleno, julgado em 24/02/2011, DJe-152).

vinculante, além das sustentações orais em Tribunais Superiores, e se constatará a vinculação entre a hipótese dos autos com a tese institucional ora mencionada. Por fim, basta cogitar a situação em que Procurador de Justiça ou Procurador-Geral de Justiça interpõe recurso especial e lhe é vedada a sustentação oral, passando a depender do compromisso e da boa vontade do Subprocurador-Geral da República, sob o argumento de que o ingresso do recurso em ambiente federal exclui a postulação do recorrente originário...

O fato de o caso dos autos se referir a atribuições dentro de um mesmo Ministério Público evidentemente apresenta peculiaridades, mas não é suficiente para se excluir a preocupação revelada neste item, já que a controvérsia não é resolvida pela singela aplicação do princípio da unidade. Evidentemente, no debate envolvendo a atuação dos Ministérios Públicos perante os Tribunais Superiores há a nota adicional de eventual subordinação à atividade do Ministério Público federal, mas, em essência, estamos igualmente diante de uma controvérsia envolvendo limitações artificiais de atribuições exercidas e, principalmente, em exercício.

Acrescente-se, nesse contexto, que o fato de a atribuição ser dos Promotores de Justiça não implica a exclusão de uma postulação conjunta com as Procuradorias de Justiça, na linha de pretéritos casos emblemáticos nesse sentido que ocorreram neste Ministério Público e que sempre reforçaram efetivamente a unidade institucional. Na realidade, a interface e o entrosamento entre as classes não só é desejável institucionalmente, como também é relevante processualmente, de modo que a atuação conjunta e o diálogo constante devem sempre ser buscados e incentivados[67]. Somente haverá efetiva atuação do Ministério Público, com reais resultados decorrentes de sua atuação, se o princípio da unidade for efetivamente levado a sério[68] e o trabalho entre Promotores e Procuradores de Justiça se der de modo harmônico. O trabalho em segundo grau dos Procuradores de Justiça é fundamental para uma atuação institucional efetiva e produtiva, razão pela qual se deve prestigiar uma atuação cooperativa, sem que, com isso, haja fissuras na independência funcional – que, repita-se, não é um

67. Cf. OLIVEIRA JUNIOR, Oto. ANJOS FILHO, Robério. Breves anotações sobre a atuação conjunta de membros do Ministério Público. *Temas Atuais do Ministério Público*. Farias, Alves e Rosenvald (org.). 3ª ed. Salvador: Juspodivm, 2012, especialmente item 7.4.

68. Cf. GOULART, Marcelo Pedroso. *Elementos para uma Teoria Geral do Ministério Público*. Belo Horizonte: Arraes, 2013, item 20.3.

princípio absoluto e não deve ser usado para frustrar a atuação funcional - e na divisão de atribuições[69].

Não há dúvidas, porém, que a possibilidade de oferecimento de sustentação oral em julgamento de recurso de agravo de instrumento envolvendo tutela provisória aprofundará o já existente mal-estar no princípio da unidade.

Como já mencionado, o novo CPC trabalha com a ideia de cooperação e de boa-fé objetiva, cabendo ao Ministério Público internamente extrair as consequências dessas normas para a consecução de seus objetivos institucionais.

12. ENCERRAMENTO

A maior presença do Ministério Público na seara processual é inversamente proporcional ao número de estudos dedicados a compreender suas peculiaridades, responsabilidades, progressos, possibilidades, desvios e vicissitudes. Não é exagerado afirmar que, salvo textos dedicados ao exame da legitimidade do Ministério Público para o ajuizamento de ações coletivas, grassa um inexplicável silêncio sobre sua atuação processual, que não mais pode ser resumida apenas à condição de órgão interveniente no processo civil individual.

Evidentemente, o impacto da atuação do Ministério Público pós Constituição de 1988 não se resume aos aspectos jurídico-processuais, exigindo, na realidade, uma investigação multidisciplinar[70], especialmente no âmbito de implantação das políticas públicas, da atuação extrajudicial e de seu comportamento nas relações de poder, incluindo o difícil equilíbrio entre a tutela da probidade de terceiros e a convivência com práticas

69. Reflexão sobre a necessidade de redimensionar a atuação em segundo grau do Ministério Público: BERCLAZ, Márcio Soares. O Ministério Público em Segundo Grau diante do *Enigma da* Esfinge (e a Constituição da República): Decifra-me ou Devoro-te!. *Ministério Público: reflexões sobre princípios e funções institucionais*. Carlos Vinícius Alves Ribeiro (org.). São Paulo: Atlas, 2009.

70. Para uma visão crítica e interdisciplinar: ARANTES, Rogério Bastos. *Ministério Público e Política no Brasil*. São Paulo: IDESP/EDUC/Sumaré, 2002. SILVA, Cátia Aida Pereira da. *Justiça em Jogo: novas facetas da atuação dos Promotores de* Justiça. São Paulo: Edusp, 2001. KERCHE, Fábio. *Virtude e Limites: autonomia e atribuições do Ministério Público no Brasil*. São Paulo: Edusp, 2009.

administrativas endógenas que, às vezes, podem reproduzir atos que são combatidos no exercício da atividade institucional.

Trata-se, pois, de uma instituição complexa que, no âmbito processual, revela-se pródiga em novas abordagens.

Este artigo pretende apenas integrar essa tentativa de contribuição para o entendimento do "novo" Ministério Público no processo civil, cuja compreensão crítica, incluindo a discussão do princípio da unidade, é fundamental para o progresso da Instituição.

13. REFERÊNCIAS BIBLIOGRÁFICAS[71]

ARANTES, Rogério Bastos. *Ministério Público e Política no Brasil*. São Paulo: IDESP/EDUC/Sumaré, 2002.

BERCLAZ, Márcio Soares. O Ministério Público em Segundo Grau diante do *Enigma da* Esfinge (e a Constituição da República): Decifra-me ou Devoro-te!. *Ministério Público: reflexões sobre princípios e funções institucionais*. Carlos Vinícius Alves Ribeiro (org.). São Paulo: Atlas, 2009.

DIDIER JR., Fredie. GODINHO, Robson Renault. Questões atuais sobre as posições do Ministério Público no processo civil. *Revista de Processo, nº 237*. São Paulo: RT, novembro de 2014.

GARCIA, Emerson. *Ministério Público – organização, atribuições e regime jurídico*. 4ª ed. São Paulo: Saraiva, 2014.

GODINHO, Robson Renault. *A Proteção Processual dos Direitos dos Idosos: Ministério Público, Tutela de Direitos Individuais e Coletivos e Acesso à Justiça*. 2ª Ed. Rio de Janeiro: Lumen Juris, 2010.

_____. *Negócios Processuais sobre o Ônus da Prova no Novo Código de Processo Civil*. São Paulo: RT, 2015.

GOULART, Marcelo Pedroso. *Elementos para uma Teoria Geral do Ministério Público*. Belo Horizonte: Arraes, 2013.

KERCHE, Fábio. *Virtude e Limites: autonomia e atribuições do Ministério Público no Brasil*. São Paulo: Edusp, 2009.

LIMA, Fernando Antônio Negreiros. *A Intervenção do Ministério Público no Processo Civil Brasileiro como* Custos Legis. São Paulo: Método, 2007. MOREIRA, Jairo Cruz. *A Intervenção do Ministério Público no Processo Civil à Luz da Constituição*. Belo Horizonte: Del Rey, 2009.

MACEDO JÚNIOR, Ronaldo Porto. A evolução institucional do Ministério Público brasileiro. *Uma Introdução ao Estudo da Justiça*. Maria Tereza Sadek (org.). São

71. Serão referidas apenas algumas obras básicas citadas no texto. A bibliografia consultada está integralmente apontada nas notas de rodapé.

Paulo: IDESP/Sumaré, 1995. MACHADO, Antônio Cláudio da Costa. *A Intervenção do Ministério Público no Processo Civil Brasileiro*. 2ª ed. São Paulo: Saraiva, 1998.

MAZZILLI, Hugo Nigro. *Regime Jurídico do Ministério Público.* 7ª ed. São Paulo: Saraiva, 2013.

SILVA, Cátia Aida Pereira da. *Justiça em Jogo: novas facetas da atuação dos Promotores de* Justiça. São Paulo: Edusp, 2001.

ZENKNER, Marcelo. *Ministério Público e Efetividade do Processo Civil*. São Paulo: RT, 2006.

____. Reflexos processuais dos princípios institucionais da unidade e da indivisibilidade – revisitando as atribuições dos órgãos de execução do Ministério Público brasileiro. *Temas Atuais do Ministério Público*. Farias, Alves e Rosenvald (org.). 3ª ed. Salvador: Juspodivm, 2012.

5

O MINISTÉRIO PÚBLICO NOS JUIZADOS ESPECIAIS DA FAZENDA PÚBLICA*

1. OS JUIZADOS ESPECIAIS DA FAZENDA PÚBLICA E DESVIOS PROCEDIMENTAIS

Os Juizados Especiais da Fazenda Pública mais se prestam a uma política de gestão de processos do que efetivamente ao acesso do jurisdicionado a um procedimento especial que, sem dispensar as garantias fundamentais do processo, seja capaz de lhe proporcionar efetiva tutela de direitos.

Com efeito, na medida em que se trata de competência absoluta, a menor ou maior amplitude dos casos submetidos aos Juizados Especiais da Fazenda Pública podem ensejar significativos impactos nos acervos reconhecidamente assoberbados dos Juízos com competência em matéria fazendária.

Essa ilação decorre de duas questões específicas e que, além do impacto em si no alargamento de casos sujeitos à competência absoluta dos Juizados Especiais da Fazenda Pública, faz com que o tema da atuação do Ministério Público receba enfoque diverso da indiferença com que vem sendo tratada na doutrina: 1) a admissão de pessoas incapazes como legitimados ativos nos Juizados da Fazenda Pública[1]; 2) a competência dos Juizados especiais da Fazenda Pública para o julgamento de causas envolvendo o fornecimento

---

*. Originalmente publicado em *Juizados Especiais da Fazenda Pública e Juizados Especiais Federais (Coleção Repercussões do Novo CPC)*. Didier Jr.; Fonseca e Silva; Leopoldino Koehler; Vieira Peixoto. (Org.). São Paulo: Juspodivm, 2019, v. 18, p. 411-432.

1. "Processual civil. Recurso especial. Ação de indenização por dano moral. Juizado Especial da Fazenda Pública. Menor incapaz. Legitimidade ativa. Interpretação do artigo 5º da lei 12.153/2009. Inaplicabilidade subsidiária do art. 8º da lei 9.099/1995. 1. A controvérsia gira em torno da possibilidade de menor incapaz demandar como autor em causa que tramita no Juizado Especial da Fazenda Pública, tendo em vista que o artigo 27 da Lei 12.153/2009, que regula aqueles juizados, determina a aplicação subsidiária da Lei 9.099/95, a qual expressamente proíbe a atuação do incapaz no âmbito dos Juizados Especiais Cíveis. 2. A Lei dos Juizados Especiais da Fazenda Pública, ao tratar da legitimidade ativa das demandas que lhe são submetidas (art. 5º), faz alusão, tão somente, às pessoas físicas, não fazendo restrição quanto aos incapazes, nem mesmo por ocasião das disposições acerca das causas que excepcionam a sua competência (art. 2º). 3. Tendo havido regulação clara e suficiente acerca do tema na Lei 12.153/2009, não há o que se falar em omissão normativa a ensejar a incidência do art. 8º da Lei 9.099/95, visto ser este dispositivo legal de cunho subsidiário

de medicamentos e de tratamentos variados de saúde[2], independentemente do valor da causa[3].

---

e que conflita com aquele regramento específico do Juizado Fazendário. 4. Assim, não há razões para se alterar o entendimento externado no acórdão de origem, corroborado, inclusive, pelo Ministério Público Federal, porquanto, não havendo óbice legal, apresenta-se viável a participação de menor, devidamente representado, no polo ativo de demanda ajuizada no Juizado Especial da Fazenda Pública. 5. Recurso especial não provido" (REsp 1372034/RO, Rel. Ministro Benedito Gonçalves, Primeira Turma, julgado em 14/11/2017, DJe 21/11/2017).

2. É difícil conciliar a desejada simplicidade procedimental dos Juizados com a complexidade das ações envolvendo o direito à saúde, com a multiplicação das demandas envolvendo o fornecimento de medicamentos, motivadas por razões tão variadas quanto complexas, evidenciando a quebra de isonomia com os demais administrados, bem como o ensejando impacto político-financeiro em área sensível e escassa, o que vem motivando novos debates sobre o tema, como cristalizado em recente julgado do STJ, fixando-se a seguinte tese: "A concessão dos medicamentos não incorporados em atos normativos do SUS exige a presença cumulativa dos seguintes requisitos: (i) Comprovação, por meio de laudo médico fundamentado e circunstanciado expedido por médico que assiste o paciente, da imprescindibilidade ou necessidade do medicamento, assim como da ineficácia, para o tratamento da moléstia, dos fármacos fornecidos pelo SUS; (ii) incapacidade financeira de arcar com o custo do medicamento prescrito; (iii) existência de registro na ANVISA do medicamento. 5. Recurso especial do Estado do Rio de Janeiro não provido. Acórdão submetido à sistemática do art. 1.036 do CPC/2015" (REsp 1657156/RJ, Rel. Ministro Benedito Gonçalves, Primeira Seção, julgado em 25/04/2018, DJe 04/05/2018). Já no Supremo Tribunal Federal, ainda não foram concluídos os julgamentos dos recursos que foram afetados para fixação de tese (Recursos Extraordinários 566.471 e 657.718), mas há sinalizações nos votos já proferidos: Min. Marco Aurélio: "o reconhecimento do direito individual ao fornecimento, pelo Estado, de medicamento de alto custo, não incluído em política nacional de medicamentos ou em programa de medicamentos de dispensação em caráter excepcional, constante de rol dos aprovados, depende da demonstração da imprescindibilidade – adequação e necessidade –, da impossibilidade de substituição, da incapacidade financeira do enfermo e da falta de espontaneidade dos membros da família solidária em custeá-lo, respeitadas as disposições sobre alimentos dos artigos 1.649 a 1.710 do Código Civil e assegurado o direito de regresso". Min. Roberto Barroso: "O Estado não pode ser obrigado por decisão judicial a fornecer medicamento não incorporado pelo SUS, independentemente de custo, salvo hipóteses excepcionais, em que preenchidos cinco requisitos: (i) a incapacidade financeira do requerente para arcar com o custo correspondente; (ii) a demonstração de que a não incorporação do medicamento não resultou de decisão expressa dos órgãos competentes; (iii) a inexistência de substituto terapêutico incorporado pelo SUS; (iv) a comprovação de eficácia do medicamento pleiteado à luz da medicina baseada em evidências; e (v) a propositura da demanda necessariamente em face da União, que é a entidade estatal competente para a incorporação de novos medicamentos ao sistema. Ademais, deve-se observar um parâmetro procedimental: a realização de diálogo interinstitucional entre o Poder Judiciário e entes ou pessoas com expertise técnica na área da saúde tanto para aferir a presença dos requisitos de dispensação do medicamento, quanto, no caso de deferimento judicial do fármaco, para determinar que os órgãos competentes avaliem a possibilidade de sua incorporação no âmbito do SUS". Min. Edson Fachin: "Há direito subjetivo às políticas públicas de assistência à saúde, configurando-se violação a direito individual líquido e certo a sua omissão ou falha na prestação, quando injustificada a demora em sua implementação. As tutelas de implementação (condenatórias) de dispensa de medicamento ou tratamento ainda não incorporado à rede pública devem ser – preferencialmente – pleiteadas em ações coletivas ou coletivizáveis, de forma a se conferir máxima

Essas duas situações revelam muito mais do que apenas uma singela acomodação de um microssistema a questões práticas que se impuseram ao desenho normativo originalmente pensado pelo legislador. Na realidade, a discussão passa necessariamente por uma consciente apropriação pelos Tribunais de uma disciplina de política judiciária a partir da manipulação casuística de soluções procedimentais, que não raro caminham contra a facilitação do acesso à justiça e à celeridade dos julgamentos[4]. É interessante

---

eficácia ao comando de universalidade que rege o direito à saúde. A tutela prestacional individual não coletivizável deve ser excepcional; para a respectiva implementação devem concorrer ampla produção probatória, em que se demonstre que a opção diversa (à disponibilizada pela rede pública) destinada ao paciente decorre de comprovada ineficácia ou impropriedade da política de saúde existente para o seu caso e que, de outro lado, haja medicamento ou tratamento eficaz e seguro, com base nos critérios da MBE (Medicina Baseada em Evidências). Para aferir tais circunstâncias na via judicial são propostos os seguintes parâmetros: 1. Prévio requerimento administrativo, que pode ser suprido pela oitiva de ofício do agente público por parte do julgador; 2. Subscrição realizada por médico da rede pública ou a justificada impossibilidade; 3. Indicação do medicamento por meio da Denominação Comum Brasileira ou DCI - Internacional; 4. Justificativa da inadequação ou da inexistência de medicamento ou tratamento dispensado na rede pública; 5. E ainda laudo ou formulário ou documento subscrito pelo médico responsável pela prescrição, em que indique a necessidade do tratamento, seus efeitos, e os estudos da Medicina Baseada em Evidências, além das vantagens para o paciente, comparando-o, se houver, com eventuais fármacos ou tratamentos fornecidos pelo SUS para a mesma moléstia" (trechos obtidos a partir dos votos divulgados na íntegra em https://www.conjur.com.br/2016-set-28/pedido-vista-suspende-julgamento-obrigacao-fornecer-remedio). ALVES, Francisco Glauber Pessoa. Ações de saúde contra o Poder Público: ensaio de um roteiro decisório. Revista de Processo nº259. São Paulo: RT, setembro de 2016.

3. Nesse sentido, o seguinte enunciado publicado do Aviso Conjunto TJRJ/COJES N. 12/ 2017: "16. Tendo em vista tratar se de obrigação de fazer sem conteúdo econômico imediato os Juizados Especiais da Fazenda Pública são absolutamente competentes para apreciar as demandas que tenham por objeto o fornecimento de insumos e remédios, assim como a prestação de assistência hospitalar" (todos os enunciados sobre os Juizados no âmbito do Estado do Rio de Janeiro estão neste endereço eletrônico: *www.tjrj.jus.br/documents/10136/30422/juizados-especiais.pdf*). Registre-se que, considerar que tais pretensões não possuem interesse econômico imediato e essa seria a nota caracterizadora do teto econômico estabelecido em lei para a competência dos Juizados, afigura-se como um contorcionismo hermenêutico que só pode encontrar explicação na utilização de tais órgãos jurisdicionais como meras engrenagens de administração provisória do acervo cartorário. Como a competência dos Juizados Especiais da Fazenda Pública é absoluta, simplesmente esse entendimento do TJRJ faz com que todas as causas individuais envolvendo o tema - e são dezenas *por dia* - não mais tramitem no Juízo comum, o que significa dizer, entre outras coisas, que tais causas podem ser conduzidas por juízes leigos e jamais chegarão ao Tribunal de Justiça, com todas as limitações procedimentais inerentes ao procedimento dos Juizados, incluindo a dificuldade para que a causa chegue aos Tribunais Superiores.

4. Como desdobramento desse panorama, há situações, por exemplo, em que o processo, como se fosse um objeto incômodo, é extinto precipitadamente, sem um adequado exame da situação concreta. Esse comportamento pode decorrer de vários fatores, como o despreparo técnico, a desatenção, a concentração na produção estatística da vara

notar que, quando o discurso deve ser elaborado para afastar a aplicação de regras ou institutos que podem tornar mais complexa a atividade judicante, a aplicação ortodoxa dos "princípios que regem os Juizados" é utilizada com desconcertante naturalidade, mesmo que seja para violar as básicas garantias do contraditório efetivo e da fundamentação das decisões, apenas para ficarmos em dois eloquentes exemplos.

Os Juizados Especiais da Fazenda Pública tornaram-se campo propício para uma flexibilização do discurso travestido de flexibilização procedimental, quando interessante para administração judiciária, assim como a adaptação discursiva se presta a um engessamento do procedimento, desde que para evitar a aplicação de institutos que soam incômodos, configurando, assim, uma utilização cambiante e casuística de figuras retóricas como interpretação sistemática, princípios que regem os Juizados, aplicação subsidiária[5] do Código de Processo Civil

judicial – cuja preocupação com a produtividade cinge-se à quantidade de sentenças sem se preocupar com a qualidade da prestação jurisdicional -, a busca de artifício para o não enfrentamento do mérito e o comodismo, frustrando a finalidade do processo e negando o acesso à tutela jurisdicional, ainda que, por vezes, uma boa resposta jurisdicional a casos simbólicos passe a impressão de uma preocupação efetiva com a tutela dos direitos. Nesse sentido: *"Num Estado em geral opaco ou pouco transparente, um deficiente desempenho instrumental dos tribunais pode não afetar a sua eficácia simbólica, sobretudo se alguns casos exemplares de bom desempenho instrumental forem alimentando a comunicação social e, se o fizerem de molde a que a visibilidade dos tribunais fique reduzida a essas zonas de atenção pública"* (Sousa Santos, Leitão Marques, João Pedroso e Lopes Ferreira: *Os Tribunais nas Sociedades Contemporâneas: o caso português.* 2ª ed. Porto: Afrontamento, 1996, p. 56). Sobre a preocupação com a produtividade estatística do Judiciário, uma advertência se faz necessária nesse particular: os dados estatísticos são fundamentais para o estudo de qualquer ciência e toda iniciativa desse jaez deve ser celebrada e incentivada, especialmente porque o campo jurídico não é muito amigo de dados objetivos. Entretanto, há uma faceta do estabelecimento de controle estatístico que é seriamente preocupante e toca de perto o objeto deste trabalho: há uma espécie de pressão perversa que pode ser impingida aos magistrados, aproximando-se a bem intencionada iniciativa de uma espécie de ditadura numérica. A partir do momento em que se exige um certo número de prolação de sentenças por mês de um juiz, em que a produtividade é o fim principal da atividade jurisdicional, apenas com os olhos voltados para um programa de *"quantidade total"*, sem preocupações qualitativas, efeitos danosos podem ser produzidos, como o descaso com a instrução do processo pela pressa de produzir sentenças e, inclusive, evitando-se a "difícil" tarefa de se julgar o mérito, buscando artifícios formais para tornar inadmissível a tutela jurisdicional.

5. Cf. NÓBREGA, Rafael Estrela. O novo Código de Processo Civil e os Juizados Especiais Cíveis: aplicação subsidiária, supletiva e diálogo das fontes. *Revista de Processo, nº 271.* São Paulo: RT, setembro de 2017. Enunciado nº 2 da 1ª Jornada de Direito Processual Civil do Conselho da Justiça Federal: "As disposições do CPC aplicam-se supletiva e subsidiariamente às Leis n. 9.099/1995, 10.259/2001 e 12.153/2009, desde que não sejam incompatíveis com as regras e princípios dessas Leis". É conhecida a controvérsia

etc[6]. Apenas para exemplificar uma vez mais: o argumento básico para admitir o incapaz como legitimado ativo é a ausência de vedação expressa da lei dos Juizados especiais da Fazenda Pública[7]; ao mesmo tempo, não

---

envolvendo a forma de contagem de prazos nos Juizados. De acordo com o enunciado nº 19 da 1ª Jornada de Direito Processual Civil do Conselho da Justiça Federal, "o prazo em dias úteis previsto no art. 219 do CPC aplica-se também aos procedimentos regidos pelas Leis n. 9.099/1995, 10.259/2001 e 12.153/2009". No mesmo sentido o enunciado nº 415 do Fórum Permanente dos Processualistas Civis: Os prazos processuais no sistema dos Juizados Especiais são contados em dias úteis". Já o enunciado nº 13 do FONAJE, especificamente em referência à Fazenda Pública, é em outro sentido: "a contagem dos prazos processuais nos Juizados da Fazenda Pública será feita de forma contínua, observando-se, inclusive, a regra especial de que não há prazo diferenciado para a Fazenda Pública". A Turma de Uniformização de Jurisprudência dos Juizados Especiais Cíveis de São Paulo decidiu no mesmo sentido: Processo nº 0000002-60.2017.8.26.9059, julgado em 1º de junho de 2018.

6. A utilização de miscelânea de princípios invocados para coonestar os mais diversos atos vem se tornando uma prática comum na jurisprudência e na doutrina brasileiras, como se, por meio de palavras mágicas, as portas da tutela jurisdicional se abrissem para o lado que declamasse mais princípios, quase recriando a clássica sentença literária, que agora seria algo como "se os princípios existem, então tudo é permitido", com a finalidade de conferir autoridade retórica ao argumento. Sobre o tema, vale conferira crítica abordagem de Marcelo Neves em sua recente tese: *Entre Hidra e Hércules: princípios e regras constitucionais*. São Paulo: Martins Fontes, 2013: "a invocação aos princípios (morais e jurídicos) apresentava-se como panaceia para solucionar todos os males da nossa prática jurídica e constitucional. Por outro, a retórica principialista servia ao afastamento de regras claras e completas, para encobrir decisões orientadas. À satisfação de interesses particularistas. Assim, tanto os advogados idealistas quanto os astutamente estratégicos souberam utilizar-se exitosamente da pompa dos princípios e da ponderação, cuja trivialização emprestava a qualquer tese, mesmo as mais absurdas, um tom de respeitabilidade" (pp. IX/X), acrescentando que vive-se um "contexto em que o principialismo tem um enorme significado e, ao provocar certo fascínio, estimula, em geral, abusos de princípio mediante argumentações *ad hoc*, comprometidas imediatamente com os particularismos a que elas tendem a encobrir sob o manto retórico da justiça inerente aos princípios invocados" (p. 220). Registre-se que essa distorção no manuseio da teoria dos princípios não se confunde com uma inadequada compreensão do "neoconstitucionalismo". Sobre o tema há ampla bibliografia, mas é fundamental a leitura de um específico trabalho de Humberto Ávila, onde se encontram outras referências: Neoconstitucionalismo": entre a "ciência do direito" e o "direito da ciência". *Revista Eletrônica de Direito do Estado*, n. 17, jan., fev. e mar./2009, disponível em www.direitodoestado.com. Na teoria processual, confira-se DIDIER JR. *Sobre a Teoria Geral do Processo, essa Desconhecida*. Salvador: Juspodivm, 2012, capítulo 3.

7. Existem algumas peculiaridades na lei dos Juizados Especiais da Fazenda Pública em relação às demais leis de Juizados Especiais e as soluções variam bastante, como já apontado, com a lacuna normativa servindo para permitir ou proibir determinada aplicação normativa, caracterizando, assim, a utilização elástica da hermenêutica para fins de administração dos serviços jurisdicionais. Um exemplo interessante de aplicação do CPC diante da ausência de regra expressa nos Juizados Especiais da Fazenda Pública está na possibilidade de se remeter o processo para o juízo competente, evitando sua extinção. Cf., sobre o ponto, Incompetência não deve extinguir. GAJARDONI, Fernando da Fonseca. GOMES JUNIOR, Luiz Manoel. Breves anotações sobre a competência nos Juizados da Fazenda Pública: a função social do Sistema dos Juizados. *Revista de Processo*,

se permite que se observem as regras que concretizam o contraditório[8], sob o argumento de que não há esse comando expresso[9] e também que há incompatibilidade com os princípios que regem os Juizados Especiais (desconsiderando-se, no caso, a origem constitucional da garantia, evidentemente), ou, ainda, não permitindo a realização de prova pericial[10] mesmo havendo autorização legal[11]. Já para não aplicar a norma sobre

---

nº 273. São Paulo: RT, novembro de 2017, p. 329. Também a questão da capacidade postulatória da parte não é regulada nos Juizados Especiais da Fazenda Pública. No sentido da possibilidade de a parte comparecer sem assistência técnica em Juízo, com base no sistema dos Juizados Especiais: WAMBIER, Luiz Rodrigues. TALAMINI, Eduardo. *Curso Avançado de Processo* Civil. 16ª ed. São Paulo: RT, 2018, p. 405. Vol. 4. CUNHA, Leonardo Carneiro da. *A Fazenda Pública em Juízo*. 15ª ed. Rio de Janeiro: Forense, 2018, p. 895. RODRIGUES, Marco Antonio. *A Fazenda Pública no Processo Civil*. São Paulo: Atlas, 2015, p. 347. Já sobre a compatibilidade dos Juizados Especiais com o instituto do Incidente de Resolução de Demandas Repetitivas, síntese da discussão em TEMER, Sofia. *Incidente de Resolução de Demandas Repetitivas*. 3ª ed. São Paulo: Juspodivm, 2018, p. 123/127.

8. Sobre o contraditório e prova pericial nos Juizados Especiais Federais e da Fazenda Pública: CÂMARA, Alexandre Freitas. *Juizados Especiais Cíveis Estaduais, Federais e da Fazenda Pública: uma abordagem crítica*. 7ª ed. Rio de Janeiro: Lumen Juris, 2012, p. 236/237.

9. Enunciado FONAJE nº 161: "Considerado o princípio da especialidade, o CPC/2015 somente terá aplicação ao Sistema dos Juizados Especiais nos casos de expressa e específica remissão ou na hipótese de compatibilidade com os critérios previstos no art. 2º da Lei 9.099/95".

10. Nesse sentido, os seguintes enunciados do Aviso Conjunto TJRJ/COJES N. 12/ 2017 "12. Inadmissível em sede de Juizado Especial Fazendário o pedido de reajuste da parcela de produtividade fiscal devida ao Auditor Fiscal da Receita do Estado diante da necessidade de realização de perícia contábil, situação que se contrapõe aos princípios da simplicidade, celeridade e à regra do parágrafo único, do artigo 38, da Lei 9.099/95, incidente nos Juizados Fazendários por força do artigo 27 da Lei n. 12.153/09"; "19. Não cabe pedido de internação compulsória em sede de Juizados da Fazenda Pública diante da necessidade de realização de perícia médica e psicológica, situação que se contrapõe aos princípios da simplicidade, celeridade e à regra do parágrafo único, do artigo 38, da Lei 9.099/95, incidente nos Juizados Fazendários por força do artigo 27 da Lei n. 12.153/09" (todos os enunciados sobre os Juizados no âmbito do Estado do Rio de Janeiro estão neste endereço eletrônico: *www.tjrj.jus.br/documents/10136/30422/juizados-especiais.pdf*).

11. "Processual civil. Ação proposta contra o Estado do Rio de Janeiro. Juizado especial da fazenda pública. Artigo 2º da lei 12.153/2009. Necessidade de prova pericial complexa. Valor da causa inferior a 60 salários mínimos. Competência absoluta. 1. O art. 2º da Lei 12.153/2009 possui dois parâmetros – valor e matéria – para que uma ação possa ser considerada de menor complexidade e, consequentemente, sujeita à competência do Juizado Especial da Fazenda Pública. 2. A necessidade de produção de prova pericial complexa não influi na definição da competência dos juizados especiais da Fazenda Pública. Precedente: REsp 1.205.956/SC, Rel. Ministro Castro Meira, Segunda Turma, DJe 01.12.2010; AgRg na Rcl 2.939/SC, Rel. Ministro Hamilton Carvalhido, Primeira Seção, DJe 18.09.2009; RMS 29.163/RJ, Rel. Ministro João Otávio de Noronha, Quarta Turma, DJe 28.04.2010. 3. Agravo Regimental não provido"
(AgRg no AREsp 753.444/RJ, Rel. Ministro Herman Benjamin, Segunda Turma, julgado em 13/10/2015, DJe 18/11/2015).

fundamentação da sentença, argumenta-se que há regra expressa[12], como se não fosse constitucional essa garantia.

2. A INTERVENÇÃO DO MINISTÉRIO PÚBLICO NOS JUIZADOS ESPECIAIS DA FAZENDA PÚBLICA

Entre tantas possibilidades de discussão decorrentes do afirmado nos parágrafos anteriores, o presente trabalho se limita a analisar o impacto procedimental decorrente da atuação do Ministério Público nos Juizados Especiais da Fazenda Pública, especialmente - mas não apenas - em razão daquelas duas situações antes assinaladas: incapaz como legitimado ativo e competência para julgamento de causas envolvendo o direito à saúde.

Em razão de não ser necessária a intervenção do Ministério Público no processo apenas em virtude da presença da Fazenda Pública - o que já era bem desenvolvido pela doutrina e jurisprudência e que agora está expresso no art. 178, parágrafo único, CPC -, a Lei 12.153/2009 não traz regra expressa prevendo sua atuação como fiscal da ordem jurídica, talvez pressupondo, equivocadamente, que o limite do valor da causa dispensasse esse tipo de atuação. Entretanto, além de os Juizados da Fazenda Pública não se limitarem a causas patrimoniais de menor valor, o fato é que, com a participação de incapazes ou a possibilidade de se discutirem causas relacionadas à prestação de serviços de saúde, torna-se inexorável a atuação do Ministério Público em processos que veiculem as hipóteses previstas no art. 127 da Constituição da República e no art. 178, I, II e III, do CPC.

Antes, porém, de examinarmos essa atuação específica, convém tecer algumas considerações genéricas sobre a atuação do Ministério Público como fiscal da ordem jurídica.

12. Enunciado FONAJE nº 162: "Não se aplica ao Sistema dos Juizados Especiais a regra do art. 489 do CPC/2015 diante da expressa previsão contida no art. 38, caput, da Lei 9.099/95". Sobre o tema: SCHMITZ Leonard Ziesemer. Confirmar a sentença por seus "próprios fundamentos" não é motivar: A influência normativa do art. 489, § 1º, do CPC/15 sobre o art. 46 da Lei 9.099/95. *Juizados Especiais.* Redondo; Santos; Silva; Valladares (coord.). Salvador: Juspodivm, 2015.

2.1. O Ministério Público como fiscal da ordem jurídica: generalidades

O Ministério Público, mesmo após a Constituição de 1988, ainda não é percebido como um personagem multifacetado no processo civil, com toda uma nova dimensão jurídica advinda de diversos textos normativos e da própria prática institucional. Anotávamos em trabalhos anteriores[13] que há certo silêncio da doutrina, que, em linhas gerais, persiste na análise do Ministério Público apenas na tradicional função de *custos legis* ou, na linguagem do novo CPC, fiscal da ordem jurídica[14], salvo quando se abordam questões envolvendo a legitimidade para ações coletivas. Se houve evidente modificação do Ministério Público[15], com necessárias repercussões

13. GODINHO, Robson Renault. *A Proteção Processual dos Direitos dos Idosos*. 2ª ed. Rio de Janeiro: Lumen Juris, 2010. DIDIER, JR., Fredie. GODINHO, Robson Renault. Questões atuais sobre as posições do Ministério Público no novo CPC. *Ministério Público*. Robson Renault Godinho; Susana Henriques da Costa (coord.). 2ª ed. Salvador: Juspodivm, 2017. GODINHO, Robson Renault. O Ministério Público no novo Código de Processo Civil: alguns tópicos. *Ministério Público*. Robson Renault Godinho; Susana Henriques da Costa (coord.). 2ª ed. Salvador: Juspodivm, 2017.

14. ESTELLITA, Guilherme. *O Ministério Público e o Processo Civil*. Rio de Janeiro: Freitas Bastos, 1956. CAMPOS, Benedicto de. *O Ministério Público e o Novo Código de Processo Civil*. São Paulo: RT, 1976. LOPES, José Fernando da Silva. *O Ministério Público e o Processo Civil*. São Paulo: Saraiva, 1976. MACHADO, Antônio Cláudio da Costa. *A Intervenção do Ministério Público no Processo Civil Brasileiro*. 2ª ed. São Paulo: Saraiva, 1998. ZENKNER, Marcelo. *Ministério Público e Efetividade do Processo Civil*. São Paulo: RT, 2006. LIMA, Fernando Antônio Negreiros. *A Intervenção do Ministério Público no Processo Civil Brasileiro como* Custos Legis. São Paulo: Método, 2007. MOREIRA, Jairo Cruz. *A Intervenção do Ministério Público no Processo Civil à Luz da Constituição*. Belo Horizonte: Del Rey, 2009.

15. Para a formação histórica geral do Ministério Público e/ou para notícias de direito comparado, vale conferir os seguintes estudos, que também trazem outras referências bibliográficas sobre o tema: GARCIA, Emerson. *Ministério Público – organização, atribuições e regime jurídico*. 4ª ed. São Paulo: Saraiva, 2014. MAZZILLI, Hugo Nigro. *Regime Jurídico do Ministério Público*. 7ª ed. São Paulo: Saraiva, 2013. CARNEIRO, Paulo Cezar Pinheiro. *O Ministério Público no Processo Civil e Penal – Promotor natural, atribuição e conflito*. 6ª ed. Rio de Janeiro: Forense, 2001. LYRA, Roberto. *Teoria e Prática da Promotoria Pública*. Reimpressão. Porto Alegre: Sergio Antonio Fabris, 2001. DIAS, Mario. *Ministério Público Brasileiro* (dois volumes). 2ª ed. Rio de Janeiro: José Konfino, 1955. RITT, Eduardo. *O Ministério Público como Instrumento de Democracia e garantia constitucional*. Porto Alegre: Livraria do Advogado, 2002. SAUWEN FILHO, João Francisco. *Ministério Público Brasileiro e o Estado Democrático de Direito*. Rio de Janeiro: Renovar, 1999. PAES, José Eduardo Sabo. *O Ministério Público na Construção do Estado Democrático de Direito*. Brasília: Brasília Jurídica, 2003. RIBEIRO, Diaulas Costa. *Ministério Público – Dimensão Constitucional e Repercussão no Processo Penal*. São Paulo: Saraiva, 2003. NERY, Rosa Maria de Andrade. Notas sobre a justiça e o Ministério Público no direito da Alemanha ocidental. *Revista de Processo, n° 47*. São Paulo: RT, julho/setembro de 1987. VIGLIAR, José Marcelo Menezes. A participação do Ministério Público no processo civil. *Ministério Público – instituição e processo*. Antonio Augusto Mello de Camargo Ferraz (coord.). São Paulo: Atlas, 1997. PROENÇA, Luis Roberto.

processuais, a manutenção de uma interpretação "retrospectiva" é incompatível com uma realidade que, se não é exatamente nova, exige um tratamento condizente com tais transformações. Barbosa Moreira chegou a afirmar que o silêncio da Instituição no processo civil teria sido interrompido exatamente em razão do processo coletivo, que ensejou a "revitalização do Ministério Público, arrancado à relativa quietude em que usualmente o mantinham, no tocante ao processo civil, as atribuições tradicionais" [16]. E aqui está a unidade hermenêutica que didaticamente o novo CPC impõe para a análise de qualquer tema relacionado ao Ministério Público no processo civil: sua atuação somente se justifica a partir do que está estabelecido no art.

Participação do Ministério Público no processo civil nos Estados Unidos da América. *Ministério Público – instituição e processo.* Antonio Augusto Mello de Camargo Ferraz (coord.). São Paulo: Atlas, 1997. FERRAZ, Antonio Augusto Mello de Camargo. Anotações sobre os Ministérios Públicos brasileiro e americano. *Ministério Público e Afirmação da Cidadania.* São Paulo: s/ed., 1997. COSTA, Eduardo Maia. Ministério Público em Portugal. *Ministério Público II – democracia.* José Marcelo Menezes Vigliar e Ronaldo Porto Macedo Júnior (coord). São Paulo: Atlas, 1999. SALLES, Carlos Alberto de. *A Legitimação do Ministério Público para Defesa de Direitos e Garantias Constitucionais.* Dissertação de mestrado. USP. 1992. SALLES, Carlos Alberto de. Entre a razão e a utopia: a formação histórica do Ministério Público. *Ministério Público II – democracia.* José Marcelo Menezes Vigliar e Ronaldo Porto Macedo Júnior (coord). São Paulo: Atlas, 1999. MACEDO JÚNIOR, Ronaldo Porto. A evolução institucional do Ministério Público brasileiro. *Uma Introdução ao Estudo da Justiça.* Maria Tereza Sadek (org.). São Paulo: IDESP/Sumaré, 1995. PORTO, Sérgio Gilberto. *Sobre o Ministério Público no Processo Não-Criminal.* 2ª ed. Rio de Janeiro: Aide, 1998. ARANTES, Rogério Bastos. *Ministério Público e Política no Brasil.* São Paulo: IDESP/EDUC/Sumaré, 2002. ALVES, RUFINO e SILVA (org.). *Funções Institucionais do Ministério Público.* São Paulo: Saraiva, 2001. FARIA, ALVES e ROSENVALD (org.). *Temas Atuais do Ministério Público.* 3ª ed. Salvador: Juspodivm, 2012. JATAHY, Carlos Roberto de C. *O Ministério Público e o Estado Democrático de Direito: perspectivas constitucionais de atuação institucional.* Rio de Janeiro: Lumen Juris, 2007. RODRIGUES, João Gaspar. *Ministério Público Resolutivo: um novo perfil institucional.* Porto Alegre: Sergio Antonio Fabris, 2012. SACCO, Ricardo Ferreira. *Constitucionalismo e Ministério Público.* Belo Horizonte: mandamentos, 2008. MACHADO, Bruno Amaral. *Ministério Público: organização, representação e trajetórias.* Curitiba: Juruá, 2007. RIBEIRO, Carlos Vinícius Alves (org.). *Ministério Público: reflexões sobre princípios e funções institucionais.* São Paulo: Atlas, 2009. ALMEIDA, Gregório Assagra. SOARES JÚNIOR, Jarbas. *Teoria Geral do Ministério* Público. Belo Horizonte: Del Rey, 2013; SABELLA, POZZO e BURLE FILHO (coord.). *Ministério Público: vinte e cinco anos do novo perfil* constitucional. São Paulo: Malheiros, 2013. GOULART, Marcelo Pedroso. *Elementos para uma Teoria Geral do Ministério Público.* Belo Horizonte: Arraes, 2013. Convém mencionar interessante livro que oferece um panorama comparado: DIAS e AZEVEDO (coord.). *O Papel do Ministério Público: estudo comparado dos países latino-americanos.* Coimbra: Almedina, 2008. Para uma visão crítica e interdisciplinar: ARANTES, Rogério Bastos. *Ministério Público e Política no Brasil.* São Paulo: IDESP/EDUC/Sumaré, 2002. SILVA, Cátia Aida Pereira da. *Justiça em Jogo: novas facetas da atuação dos Promotores de* Justiça. São Paulo: Edusp, 2001. KERCHE, Fábio. *Virtude e Limites: autonomia e atribuições do Ministério Público no Brasil.* São Paulo: Edusp, 2009.

16. Os novos rumos do processo civil brasileiro. *Temas de Direito Processual* (Sexta Série). São Paulo: Saraiva, 1997, p. 73.

127 da Constituição da República. Essa obviedade é necessária e deve ser repetida à exaustão, sob pena de o hábito atávico - que enseja a inércia da reflexão e a repetição automática de comportamentos - obnubilar qualquer avanço institucional, permanecendo o Ministério Público em sua "relativa quietude" no processo civil, afastando-se inexoravelmente dos balizamentos constitucionais.

Toda análise da atuação e da participação do Ministério Público no processo civil, seja como agente, seja como interveniente, necessariamente deverá partir dessa ideia básica de ser constitucionalmente autorizada[17].

Em razão do perfil constitucional que indica uma atuação mais ativa, a intervenção do Ministério Público na condição de *custos legis* vem sendo fortemente questionada há anos, dando origem ao que se convencionou denominar de "racionalização da intervenção no processo civil", o que, como se sabe, provocou vários reflexos precisamente em causas envolvendo a Fazenda Pública. Busca-se evitar que a função do membro do Ministério Público se resuma ao que foi denominado de "parecerismo", entendido como o "fenômeno pelo qual os promotores de justiça passam a elaborar pareceres cada vez mais em tudo semelhantes a sentenças judiciais, atendendo a todos requisitos formais de uma sentença e esquecendo-se, por vezes, da própria finalidade com que intervinham no feito"[18].

Não há dúvidas de que a intervenção como *custos legis* deve ser redimensionada, mas nos parece que também há uma resistência injustificada a esse tipo de atuação, já que, inclusive por meio dela, é possível a tutela de direitos. Na realidade, exige-se uma nova compreensão de uma antiga

---

17. Cf. DIDIER JR., Fredie. GODINHO, Robson Renault. Questões atuais sobre as posições do Ministério Público no processo civil. *Revista de Processo, nº 237*. São Paulo: RT, novembro de 2014.

18. MACEDO JÚNIOR, Ronaldo Porto. A evolução institucional do Ministério Público brasileiro. *Uma Introdução ao Estudo da Justiça*. Maria Tereza Sadek (org.). São Paulo: IDESP/Sumaré, 1995, p. 44. Prossegue o autor: "Importa, todavia, apontar para um dado importante para a compreensão deste papel, de aparente 'assessor do juiz' no processo judicial (especialmente no cível). O Poder Judiciário de primeiro grau está organizado de tal modo que todo o poder da decisão repousa sobre a decisão de um juízo monocrático [...] Dentro dessa engenharia institucional, o promotor de justiça sempre representou um importante contrapeso contra a possível arbitrariedade do magistrado, situação particularmente verdadeira se lembrarmos que, em nosso sistema judicial, especialmente em cidades pequenas, os advogados contam com pouca possibilidade real de conflitarem com atitudes e decisões dos magistrados, sob pena de se indisporem e comprometerem sua própria sobrevivência profissional. Neste sentido, a atribuição de 'fiscal da lei' significa concreta e salutarmente ser o promotor de justiça um 'fiscal do juiz'" (p. 45).

função, não sendo mais compatível uma postura passiva e contemplativa do evolver processual[19].

Não só as hipóteses que ensejam a intervenção do Ministério Público e o número de órgãos que possuam atribuição exclusivamente interveniente devem ser objeto de profunda reflexão, mas também o modo como se deve dar essa participação no processo. Também a aceitação irrefletida da fixação legal de hipóteses de intervenção não é compatível com o perfil constitucional do Ministério Público, devendo haver uma filtragem constitucional das normas legais que criam causas de intervenção[20].

Quanto ao conteúdo do pronunciamento do Ministério Público nas causas que exigem sua participação, é necessário abordar as hipóteses que ensejam sua intervenção no processo.

Na hipótese da intervenção em razão da existência de interesse público ou social, na dicção do artigo 178, I, do novo Código de Processo Civil, estamos diante de um conceito jurídico indeterminado e apenas as circunstâncias do caso concreto indicarão se haverá necessidade de intervenção da Instituição. O novo CPC, no entanto, é expresso ao acolher orientação doutrinária e jurisprudencial no sentido de que "a participação da Fazenda Pública não configura, por si só, hipótese de intervenção do Ministério Público" (artigo 178, parágrafo único), como será mais bem analisado no tópico seguinte.

Há quem faça distinção acerca do conteúdo da intervenção Ministério Público, vinculando-o se a participação no processo se der em razão da qualidade da parte.

Em outra perspectiva, entende-se que o Ministério Público possui liberdade na atuação como *custos legis*, no que se refere ao mérito do processo, podendo se manifestar contrariamente à pretensão da parte que ensejou sua intervenção no processo, havendo limitação apenas ao seu interesse recursal. Ou seja: em uma ação ajuizada, por exemplo, por incapaz, pode o Ministério Público manifestar-se contrariamente à pretensão veiculada na

19. Sobre a relação entre a atividade interventiva e a repercussão na legitimidade ativa do Ministério Público, vale conferir o REsp 1155793/DF, Rel. Ministra Maria Isabel Gallotti, Quarta Turma, julgado em 01/10/2013, DJe 11/10/2013.

20. Cf. ZENKNER, Marcelo. *Ministério Público e Efetividade do Processo Civil*. São Paulo: RT, 2006, *passim*.

petição inicial; entretanto, se o pedido for julgado procedente, não poderá recorrer por ausência de interesse recursal.[21]

Concordamos parcialmente com essa última opinião. Parece-nos que a questão deve ser resolvida com base no artigo 127 da Constituição da República, isto é, o Ministério Público só intervirá em processos individuais pela qualidade da parte se houver direitos indisponíveis em disputa, o que é reforçado pelo novo CPC nos artigos 178 e 698. Se não estiver presente o direito do incapaz, não haverá nenhuma indisponibilidade e simplesmente o Ministério Público não poderá atuar em seu favor por absoluta legitimidade. Também a questão recursal parece ser melhor situada no plano da legitimidade do que no do interesse recursal. Na hipótese de a sentença favorecer o titular de um direito indisponível, não poderá o Ministério Público recorrer contra a sentença por não ter legitimidade, já que, ao prolongar a relação processual, por via reflexa estará atuando como uma espécie de substituto processual de um titular de direito individual disponível, o que lhe é vedado constitucionalmente. O interesse recursal sempre estará presente, mas a legitimidade, não. Note-se que são duas situações distintas: 1) antes da sentença, há uma relação processual instaurada por um titular de um direito afirmado, que, por razões variadas, o ordenamento considera indisponível. O Ministério Público não está obrigado a defender de modo automático a parte que se afirma titular de um direito indisponível[22].

---

21. PINHEIRO CARNEIRO, Paulo Cezar *O Ministério Público no Processo Civil e Penal: Promotor natural, atribuição e conflito*. 5ª ed. Rio de Janeiro: 1998, pp. 12/14. No mesmo sentido: MAZZILLI. *Regime...cit.,* pp. 215/216. Também no sentido da atuação desvinculada do Ministério Público temos a posição de José Fernando da Silva Lopes (*O Ministério Público e o Processo Civil*. São Paulo: Saraiva, 1976), que entende que o Ministério Público sempre atua em prol do interesse público. Ainda: ZENKNER, Marcelo. *Ministério Público e Efetividade do Processo Civil*. São Paulo: RT, 2006, p. 123/130.

22. Excelente síntese do problema, com original proposta de compatibilização das teses existentes em ZANETI JUNIOR, Hermes, em seus comentários ao art.178 no livro coletivo *Comentários ao Código de Processo Civil*. Lenio Streck; Dierle Nunes; Leonardo Cunha; Alexandre Freire (coord.). São Paulo: Saraiva, 2016: "o problema surge quando, ao atuar, o Ministério Público encontra uma situação de perplexidade diante de um incapaz que pleiteia um direito contrário ao ordenamento jurídico, segundo o juízo do agente do MP oficiante nos autos. A questão relaciona-se com a correta interpretação da Constituição (Art. 127, *caput*), isto é, pergunta-se: se o incapaz não tem direito, deve o *parquet* manifestar-se contra sua pretensão para garantir a tutela do ordenamento jurídico? Existem três posições na doutrina: a) intervenção com poderes amplíssimos e obrigatoriedade de manifestação no mérito, inclusive recorrendo, mesmo contra os interesses dos incapazes (Nelson Nery Jr.); b) intervenção *ad coadjuvandum*, ou seja, apenas para beneficiar os interesses do incapaz, deixando de se manifestar no mérito, quando, no entendimento do *parquet,* o incapaz não possuir razão (Cândido Rangel Dinamarco); c) liberdade de

A independência funcional garantida constitucionalmente ao Ministério Público assegura a liberdade de manifestação sobre o mérito do processo[23] e o Superior Tribunal de Justiça vem sufragando essa tese[24].

De todo modo, merece ser registrado que ao Ministério Público caberá a valoração da existência do interesse público, de modo que é ilegítima a existência de uma ordem judicial cogente que obrigue sua intervenção, tendo em vista que a independência funcional garante à Instituição a verificação de quando e como exercer suas funções. Se o membro do Ministério Público entender que não é hipótese de sua intervenção e o juiz discordar, os autos deverão ser remetidos ao Procurador-Geral, que dará a interpretação definitiva sobre a situação. No caso de o membro do Ministério Público resolver atuar e o juiz entender que não é hipótese de intervenção

---

opinião durante o processo de conhecimento, com manifestação obrigatória quanto ao mérito, vedada a recorribilidade quando a decisão de mérito for favorável ao incapaz, por falta de interesse processual, mesmo após parecer contrário do MP (MAZZILLI: 2011). Nos parece que nenhuma das teses está completamente correta quando iluminadas pela incorporação explícita dos vetores constitucionais ao texto a novo CPC (Art. 1° c/c Art. 176). Entendemos que o MP, quando intervém no processo civil apenas em razão da presença de incapaz, não pode se manifestar no mérito contra o interesse deste mesmo incapaz; portanto, adotamos, no ponto, a doutrina da intervenção *ad coadjuvandum*. Isso porque a opinião jurídica do MP, por mais relevante, culta e bem construída que seja, não tem pertinência para os direitos disponíveis das partes, nos quais falte relevância social. Nestes casos, deverá o membro do MP falar apenas sobre a regularidade processual. Contudo, quando, concorrer na causa um interesse contraposto com relevância social ou individual indisponível, combinado com as funções institucionais previstas no Art. 178 CPC e Art. 129 e incisos, CF/88, caberá ao Ministério Público, obrigatoriamente, manifestar-se no mérito e, inclusive, recorrer da sentença que decida contrariamente aos direitos fundamentais ali previstos. A legitimação para intervenção está presente por se tratar de *causa de intervenção autônoma*, independente do interesse do incapaz. Logo, entendemos por somar as três teses, tendo como vetor interpretativo o comando constitucional, ou seja, tratando-se de direito disponível e sem relevância social, não caberá ao MP zelar pelo ordenamento jurídico (intervenção *ad coadjuvandum*). Tratando-se, por outro lado, de direito indisponível ou com relevância social, caberá ao MP, não só tutelar o ordenamento jurídico, como inclusive recorrer, caso o incapaz que não tem direito, na visão do *parquet*, saia vencedor na fase de conhecimento. Em outras palavras, o MP não recorrerá sempre, atua em nome do incapaz e somente pode atuar contrariamente a pretensão deste, inclusive recorrendo, quando visualizar interesse social ou direito individual indisponível na pretensão da parte contrária. A liberdade de opinião diz respeito à independência funcional e deve ser respeitada em qualquer dos casos, porém esta será controlada pelo dever de fundamentar adequadamente (disponibilidade mitigada)".

23. Cf. GARCIA, Emerson. *Ministério Público...*, 4ª ed., *cit.*, p. 473.

24. REsp 135744 / SP - Rel. Min. Barros Monteiro - DJ 22.09.2003 p. 327. Sobre o impacto dessa visão da independência funcional no âmbito recursal, valeu conferir o REsp 1676877/MG, Rel. Min. Nancy Andrighi, DJe 20/10/2017.

por ausência de interesse público, a palavra final sobre a questão será do Judiciário, por meio da análise dos recursos interpostos.

2.2. Especificamente o fiscal da ordem jurídica nos Juizados Especiais da Fazenda Pública

Não há previsão expressa de intervenção do Ministério Público na Lei dos Juizados Especiais da Fazenda Pública, o que em geral enseja silêncio na doutrina, havendo, porém, quem entenda o silêncio da lei como desnecessidade dessa intervenção[25] ou que se trata de situação a ser verificada a partir do art. 11 da lei 9.099/1995, o que necessariamente remete ao Código de Processo Civil e outras leis especiais[26].

Se nos Juizados Especiais da Fazenda Pública tramitassem apenas causas patrimoniais de baixo valor econômico envolvendo partes capazes, realmente seria desnecessário esse debate e o Ministério Público não interviria em nenhum processo.

Entretanto, além de não existirem apenas processos com conteúdo patrimonial que tramitam nos Juizados, o fato é que a presença de incapazes e de direitos indisponíveis tornam obrigatória a intervenção do Ministério Público como fiscal da ordem jurídica e o fundamento normativo, na realidade, está no art. 127 da Constituição da República, de onde decorrem os demais fundamentos normativos.

Ainda que não houvesse esse alargamento da competência dos Juizados Especiais da Fazenda Pública com a inclusão de partes incapazes e das ações envolvendo tratamento médico, não se poderia excluir aprioristicamente a desnecessidade da intervenção do Ministério Público, já que em casos concretos pode estar presente o interesse público ou social.

Na hipótese da intervenção em razão da existência de interesse público ou social, na dicção do artigo 178, I[27], do novo Código de Processo Civil,

---

25. THEODORO JÚNIOR, Humberto. *Curso de Direito Processual Civil*. 50ª ed. Rio de Janeiro: Forense, 2016, p. 667. Vol. II.

26. FIGUEIRA JÚNIOR, Joel Dias. *Juizados Especiais da Fazenda Pública*. 3ª ed. São Paulo: Saraiva, 2017, p. 155.

27. Sobre a discussão suscitada pela redação do art. 82, III, do Código de Processo Civil de 73, inclusive com abordagem histórica e de direito comparado, vale conferir o trabalho

estamos diante de um conceito jurídico indeterminado e, embora possam ser retiradas algumas regras abstratas sobre a atuação do Ministério Público - como, por exemplo, a de que não há interesse público nas ações patrimoniais envolvendo empresas públicas, nem em execuções fiscais[28],

---

de Antônio Cláudio da Costa Machado antes citado, especialmente páginas 315/345, onde se encontram outras referências bibliográficas valiosas. Também merece ser mencionado, pela maneira peculiar com que examina a matéria, um estudo de Calmon de Passos: Intervenção do Ministério Público nas causas a que se refere o art. 82, III, do C. Pr. Civ. *Revista Forense, vol. 268*. Rio e Janeiro: Forense, 1978. E ainda: Humberto Ávila, Repensando o "princípio da supremacia do interesse público sobre o particular". *Revista Trimestral de Direito Público*, nº 24. São Paulo: Malheiros, 1998, e Marçal Justen Filho. Conceito de interesse público e a "personalização" do direito administrativo. *Revista Trimestral de Direito Público*, nº 26. São Paulo: Malheiros, 1999, além de, Antonio Augusto Mello de Ferraz, Considerações sobre interesse social e interesse difuso. *A Ação Civil Pública após 20 anos: efetividade e desafios.* Edis Milaré (coord.). São Paulo: RT, 2005.

28. Confiram-se os seguintes pronunciamentos do Superior Tribunal de Justiça: "Processual civil. Recurso especial. Intervenção do Ministério Público em ação reparatória de danos morais. Desnecessidade. 1. Tratando-se de ação indenizatória por danos morais promovida em face do Estado por abuso de autoridade em face de denúncia promovida pelo Ministério Público, não se impõe a atuação do Parquet como *custos legis*, consoante jurisprudência da E. Corte. (RESP 327.288/DF, 4ª T., Rel. Min. Cesar Asfor Rocha, DJ 17/11/2003; AGRESP 449643/SC, Rel. Min. Francisco Falcão, DJ de 28.06.2004; AgRg no Resp 258.798, Rel. Min. Eliana Calmon, DJ de 11.11.2002; Resp 137.186, Rel. Min. José Delgado, DJ de 10/09/2001) 2. O artigo 82, inciso III, do CPC, dispõe que compete ao Ministério Público intervir: "III - em todas as demais causas em que há interesse público, evidenciado pela natureza da lide ou qualidade da parte." 3. A escorreita exegese da dicção legal impõe a distinção jus-filosófica entre o interesse público primário e o interesse da administração, cognominado "interesse público secundário". Lições de Carnelutti, Renato Alessi, Celso Antônio Bandeira de Mello e Min. Eros Roberto Grau. 3. O Estado, quando atestada a sua responsabilidade, revela-se tendente ao adimplemento da correspectiva indenização, coloca-se na posição de atendimento ao "interesse público". Ao revés, quando visa a evadir-se de sua responsabilidade no afã de minimizar os seus prejuízos patrimoniais, persegue nítido interesse secundário, subjetivamente pertinente ao aparelho estatal em subtrair-se de despesas, engendrando locupletamento à custa do dano alheio. 4. Deveras, é assente na doutrina e na jurisprudência que indisponível é o interesse público, e não o interesse da administração. Nessa última hipótese, não é necessária a atuação do Parquet no mister de *custos legis*, máxime porque a entidade pública empreende a sua defesa através de corpo próprio de profissionais da advocacia da União. Precedentes jurisprudenciais que se reforçam, na medida em que a atuação do Ministério Público não é exigível em várias ações movidas contra a administração, como, v.g., sói ocorrer, com a ação de desapropriação prevista no Decreto-lei n.3.365/41 (Lei de Desapropriação). 5. *In genere*, as ações que visam ao ressarcimento pecuniário contêm interesses disponíveis das partes, não necessitando, portanto, de um órgão a fiscalizar a boa aplicação das leis em prol da defesa da sociedade. 6. Hipótese em que revela-se evidente a ausência de interesse público indisponível, haja vista tratar-se de litígio travado entre o Estado de Rondônia e INSS e o Procurador de Estado Beniamine Gegle de Oliveira Chaves, onde se questiona a reparação por danos morais, tendo em vista ter sido injustamente denunciado pelo crime tipificado no art. 89, da lei 8.666/93. 7. Ademais, a suposta nulidade somente pode ser decretada se comprovado o prejuízo para os fins de justiça do processo, em razão do Princípio de que "não há nulidade sem prejuízo" ("pas des nullités sans grief"). 8. Recurso especial desprovido". (RESP 303806 /

chegando a afirmar Cândido Rangel Dinamarco que constitui aberração a intervenção do Ministério Público em causas nas quais é parte uma entidade estatal, só pela presença desta no processo[29], apenas as circunstâncias do caso concreto indicarão se haverá necessidade de intervenção da Instituição.

Nos Juizados Especiais da Fazenda Pública, por exemplo, tramitam ações envolvendo anulação de concurso público, anulação de processo administrativo sancionador, questionamentos envolvendo progressões funcionais em cargos públicos, concessões de diplomas ou certificados de unidades de ensino, entre outras demandas que, em tese, já ensejariam a intervenção do Ministério Público, sem contar as já citadas ações envolvendo partes incapazes ou direitos indisponíveis relacionados à saúde.

Não se trata, portanto, de analisar o tema somente de acordo com a existência de conteúdo patrimonial. Nesse particular, o CPC já é expresso ao acolher orientação doutrinária[30] e jurisprudencial[31] no sentido de que "a participação da Fazenda Pública não configura, por si só, hipótese de intervenção do Ministério Público" (artigo 178, parágrafo único).

Estando presente alguma das situações previstas no art. 178, CPC, a intervenção do Ministério Público como fiscal da ordem jurídica será obrigatória.

Registre-se que, por força de tudo o que foi exposto, haverá também intervenção do Ministério Público nos julgamentos das Turmas Recursais, nos processos que se enquadrem no citado art. 178, CPC. Além disso, em simetria às previsões do CPC que preveem a intervenção do Ministério Público sempre que houver a possibilidade de definição de tese sobre determinado tema (arts. 948 e 976, § 2º, CPC), ampliando-se o contraditório,

---

RO – Rel. Min. Luiz Fux – DJ 25.04.2005, p. 224). Nos casos de execução fiscal, foi editado o enunciado *nº 189* da súmula da jurisprudência predominante: "é desnecessária a intervenção do Ministério Público nas execuções fiscais".

29. *Instituições de Direito Processual Civil*. Vol. I. São Paulo: Malheiros, 2001, p. 679. No segundo volume de suas Instituições, Dinamarco afirma que o Ministério Público sempre será parte no processo, tanto quando atuar como assistente (parte auxiliar), quanto como *custos legis* (4ª. ed., 2004, p. 427).

30. Cf. DINAMARCO. *Instituições de Direito Processual Civil*. Vol. II. 4ª Ed. São Paulo: Malheiros, 2004, p. 428/430.

31. "A jurisprudência do STJ é pacífica no sentido de que o interesse patrimonial da Fazenda Pública, por si só, não se identifica com o interesse público para fins de intervenção do *Parquet* no processo" (REsp 1676131/MG, Rel. Ministro Herman Benjamin, Segunda Turma, julgado em 05/09/2017, DJe 14/09/2017).

haverá intervenção nos pedidos de uniformização de interpretação da lei quando houver divergência entre decisões proferidas por Turmas Recursais.

2.3. O Ministério Público como autor

A previsão do Ministério Público como legitimado ativo – seja como legitimado ordinário, seja como extraordinário – é uma solução legislativa com que já se convive há bastante tempo e mais recentemente está recebendo em regra o adequado tratamento jurisprudencial no Superior Tribunal de Justiça na tutela de direitos individuais indisponíveis, após um período de confusa instabilidade jurisprudencial[32].

---

32. Cf. GODINHO, Robson Renault. O Ministério Público como substituto processual. *Revista da Ajuris, v. 106*. Porto Alegre: Ajuris, junho de 2007, p. 179-200. Como ilustração dos julgados mais recentes sobre o tema no Superior Tribunal de Justiça: "Administrativo e processual civil. Recurso especial sob a sistemática dos repetitivos. Demandas de saúde com beneficiários individualizados interpostas contra entes federativos. Legitimidade do ministério público. Suposta afronta aos dispositivos dos arts. 1°, V, e 21 da lei n. 7.347/1985, bem como ao art. 6° do CPC/1973. Não ocorrência. Direito à saúde. Direito individual indisponível. Art. 1° da lei n. 8.625/1993 (Lei Orgânica Nacional do Ministério Público). Aplicabilidade. Recurso especial conhecido e não provido. Recurso julgado sob a sistemática do art. 1.036 e seguintes do CPC/2015, c/c o art. 256-N e seguintes do regimento interno do STJ. 1. Os dispositivos legais, cuja aplicação é questionada nos dois recursos especiais e a tramitação se dá pela sistemática dos repetitivos (REsp 1.681.690/SP e REsp 1.682.836/SP), terão sua resolução efetivada em conjunto, consoante determina a regra processual. 2. A discussão, neste feito, passa ao largo de qualquer consideração acerca da legitimidade ministerial para propor demandas, quando se tratar de direitos difusos, coletivos ou individuais homogêneos, até porque inexiste qualquer dúvida da sua legitimidade, nesse particular, seja por parte da legislação aplicável à espécie, seja por parte da jurisprudência. De outra parte, a discussão também não se refere à legitimidade de o Ministério Público postular em favor de interesses de menores, incapazes e de idosos em situação de vulnerabilidade. É que, em tais hipóteses, a legitimidade do órgão ministerial decorre da lei, em especial dos seguintes estatutos jurídicos: arts. 201, VIII, da Lei n. 8.069/1990 e 74, II e III, da Lei 10.741/2003. 3. A fronteira para se discernir a legitimidade do órgão ministerial diz respeito à disponibilidade, ou não, dos direitos individuais vindicados. É que, tratando-se de direitos individuais disponíveis e uma vez não havendo uma lei específica autorizando, de forma excepcional, a atuação do Ministério Público (como no caso da Lei n. 8.560/1992), não se pode falar em legitimidade de sua atuação. Todavia, se se tratar de direitos ou interesses indisponíveis, a legitimidade ministerial já decorreria da redação do próprio art. 1° da Lei n. 8.625/1993 (Lei Orgânica Nacional do Ministério Público). 4. Com efeito, a disciplina do direito à saúde encontra na jurisprudência pátria a correspondência com o próprio direito à vida, de forma que a característica da indisponibilidade do direito já decorreria dessa premissa firmada. 5. Assim, inexiste violação dos dispositivos dos arts. 1°, V, e 21 da Lei n. 7.347/1985, bem como do art. 6° do CPC/1973, uma vez que a atuação do Ministério Público, em demandas de saúde, assim como nas relativas à dignidade da pessoa humana, tem assento na indisponibilidade do direito individual, com fundamento no art. 1° da Lei

A legitimidade ativa para os processos coletivos, embora seja fenômeno bem mais recente, é bastante estudada e trabalhada, mas nos Juizados Especiais da Fazenda Pública não se admite a tramitação de processos coletivos, salvo, para parte da doutrina[33], se envolverem direitos individuais homogêneos. Não se vê, porém, esse tipo de ação coletiva tramitando nos Juizados, mas, se admitida, a legitimidade do Ministério Público deve ser considerada, a partir de todos os contornos envolvendo essa específica discussão quando relacionada aos direitos individuais homogêneos[34].

Interessa-nos tratar mais especificamente da legitimidade ativa do Ministério Público envolvendo direitos individuais indisponíveis, especialmente quando relacionada ao direito à saúde de crianças, adolescentes e pessoas idosas em situação de risco, já que são esses os casos que mais frequentemente ensejam esse tipo de atuação em virtude da realidade fática, o que, porém, não a esgota.

Em relação à legitimidade ativa do Ministério Público nos Juizados Especiais da Fazenda Pública, não há qualquer peculiaridade normativo em seu alcance, devendo guardar pertinência com o que consta no art. 127

---

n. 8.625/1993 (Lei Orgânica Nacional do Ministério Público). 6. Tese jurídica firmada: O Ministério Público é parte legítima para pleitear tratamento médico ou entrega de medicamentos nas demandas de saúde propostas contra os entes federativos, mesmo quando se tratar de feitos contendo beneficiários individualizados, porque se refere a direitos individuais indisponíveis, na forma do art. 1° da Lei n. 8.625/1993 (Lei Orgânica Nacional do Ministério Público). 7. No caso concreto, o aresto prolatado pelo eg. Tribunal de origem está conforme o posicionamento desta Corte Superior, mormente quando, neste caso, o processo diz respeito a interesse de menor, em que a atuação do Ministério Público já se encontra legitimada com base nesse único aspecto de direito. 8. Recurso especial conhecido e não provido. 9. Recurso julgado sob a sistemática do art. 1.036 e seguintes do CPC/2015 e art. 256-N e seguintes do Regimento Interno deste STJ" (REsp 1682836/SP, Rel. Ministro Og Fernandes, Primeira Seção, julgado em 25/04/2018, DJe 30/04/2018). "Administrativo. Direito à saúde. Legitimidade do Ministério Público. Acórdão em confronto com a jurisprudência desta Corte. I – É entendimento assente nesta Corte de Justiça que o Ministério Público possui legitimidade para propositura de demandas de tal natureza, por configurar tutela de direito fundamental indisponível. No mesmo sentido: AgInt no REsp 1588315/MG, Rel. Ministra Regina Helena Costa, Primeira Turma, julgado em 27/09/2016, DJe 07/10/2016; REsp 1520824/ES, Rel. Ministro Herman Benjamin, Segunda Turma, julgado em 13/09/2016, DJe 07/10/2016; AgRg no REsp 1470167/MG, Rel. Ministro Mauro Campbell Marques, Segunda Turma, julgado em 25/11/2014, DJe 02/12/2014. II – Agravo interno improvido" (AgInt no REsp 1645716/MG, Rel. Ministro Francisco Falcão, Segunda Turma, julgado em 21/03/2018, DJe 26/03/2018).

33. Cf. CUNHA, Leonardo Carneiro da. *A Fazenda Pública em Juízo*. 15ª ed. Rio de Janeiro: Forense, 2018, p. 886, nota 79.

34. Cf. DIDIER JR., Fredie. ZANTEI JR., Hermes. *Curso de Direito Processual Civil*. 11ª ed. Salvador: Juspodivm, 2017, p. 198/200 e 399/403.

da Constituição da República. Ou seja: a legitimidade ativa do Ministério Público não é genérica, como se fosse possível uma espécie de ecumenismo temático, mas, sim, limitada pelo art. 127 da Constituição da República. De todo modo, ainda que se reconheça a legitimidade ativa do Ministério Público para algumas hipóteses, sua atuação deverá ser limitada à completa omissão do particular legitimado, cabendo-lhe, salvo se a urgência não indicar tal providência, instá-los à tutela do próprio direito ou de direito alheio, quando autorizado pelo ordenamento jurídico.

Não se aplica, nesse particular, a limitação do art. 5º, § 1º, da Lei dos Juizados Especiais da Fazenda Pública, já que o Ministério Público como legitimado ativo estará na defesa de direito individual indisponível, mantendo-se, assim, em última análise a tutela de direito de pessoa física[35].

Além disso, caso se entenda que as ações envolvendo direito individual à saúde podem tramitar nos Juizados Especiais da Fazenda Pública e considerando que se trata de competência absoluta, a legitimidade ativa do Ministério Público fica ainda mais evidente, como ilustra a ementa de recente julgado: "Administrativo e processual civil. Recurso especial sob a sistemática dos repetitivos. Demandas de saúde com beneficiários individualizados interpostas contra entes federativos. Legitimidade do Ministério Público. Suposta afronta aos dispositivos dos arts.1º, v, e 21 da lei n. 7.347/1985, bem como ao art. 6º do CPC/1973. Não ocorrência. Direito à saúde. Direito individual indisponível. Art. 1º da lei n. 8.625/1993 (Lei Orgânica Nacional do Ministério Público). Aplicabilidade. Recurso especial conhecido e não provido. Recurso julgado sob a sistemática do art. 1.036 e seguintes do CPC/2015, c/c o art. 256-N e seguintes do regimento interno do STJ. 1. Os dispositivos legais, cuja aplicação é questionada nos dois recursos especiais e a tramitação se dá pela sistemática dos repetitivos (REsp 1.681.690/SP e REsp 1.682.836/SP), terão sua resolução efetivada em conjunto, consoante determina a regra processual. 2. A discussão, neste feito, passa ao largo de qualquer consideração acerca da legitimidade ministerial para propor demandas, quando se tratar de direitos difusos, coletivos ou individuais homogêneos, até porque inexiste qualquer dúvida da sua legitimidade, nesse particular, seja por parte da legislação aplicável à espécie,

35. Em sentido contrário, entendendo que nenhum litigante habitual pode ser parte nos Juizados Especiais da Fazenda Pública, CUNHA, Leonardo Carneiro da. *A Fazenda Pública em Juízo*. 15ª ed. Rio de Janeiro: Forense, 2018, p. 893.

seja por parte da jurisprudência. De outra parte, a discussão também não se refere à legitimidade de o Ministério Público postular em favor de interesses de menores, incapazes e de pessoas idosas em situação de vulnerabilidade. É que, em tais hipóteses, a legitimidade do órgão ministerial decorre da lei, em especial dos seguintes estatutos jurídicos: arts. 201, VIII, da Lei n. 8.069/1990 e 74, II e III, da Lei 10.741/2003. 3. A fronteira para se discernir a legitimidade do órgão ministerial diz respeito à disponibilidade, ou não, dos direitos individuais vindicados. É que, tratando-se de direitos individuais disponíveis e uma vez não havendo uma lei específica autorizando, de forma excepcional, a atuação do Ministério Público (como no caso da Lei n. 8.560/1992), não se pode falar em legitimidade de sua atuação. Todavia, se se tratar de direitos ou interesses indisponíveis, a legitimidade ministerial já decorreria da redação do próprio art. 1º da Lei n. 8.625/1993 (Lei Orgânica Nacional do Ministério Público). 4. Com efeito, a disciplina do direito à saúde encontra na jurisprudência pátria a correspondência com o próprio direito à vida, de forma que a característica da indisponibilidade do direito já decorreria dessa premissa firmada. 5. Assim, inexiste violação dos dispositivos dos arts. 1º, V, e 21 da Lei n. 7.347/1985, bem como do art. 6º do CPC/1973, uma vez que a atuação do Ministério Público, em demandas de saúde, assim como nas relativas à dignidade da pessoa humana, tem assento na indisponibilidade do direito individual, com fundamento no art. 1º da Lei n. 8.625/1993 (Lei Orgânica Nacional do Ministério Público). 6. Tese jurídica firmada: O Ministério Público é parte legítima para pleitear tratamento médico ou entrega de medicamentos nas demandas de saúde propostas contra os entes federativos, mesmo quando se tratar de feitos contendo beneficiários individualizados, porque se refere a direitos individuais indisponíveis, na forma do art. 1º da Lei n. 8.625/1993 (Lei Orgânica Nacional do Ministério Público). 7. No caso concreto, o aresto prolatado pelo eg. Tribunal de origem está conforme o posicionamento desta Corte Superior, mormente quando, neste caso, o processo diz respeito a interesse de menor, em que a atuação do Ministério Público já se encontra legitimada com base nesse único aspecto de direito. 8. Recurso especial conhecido e não provido. 9. Recurso julgado sob a sistemática do art. 1.036 e seguintes do CPC/2015 e art. 256-N e seguintes do Regimento Interno deste STJ"(REsp 1682836/SP, Rel. Ministro OG FERNANDES, PRIMEIRA SEÇÃO, julgado em 25/04/2018, DJe 30/04/2018).

3. CONSEQUÊNCIAS PROCEDIMENTAIS

Havendo intervenção do Ministério Público, há evidentes consequências procedimentais, já que passa a integrar o processo outro sujeito que possui prerrogativas processuais.

Em seu formato abstrato, o procedimento nos Juizados Especiais da Fazenda Pública segue o seguinte roteiro: com a propositura da demanda, a parte ré deve ser citada e, no mesmo ato, intimada para a audiência de conciliação, com intervalo mínimo de trinta dias, quando devem ser apresentados documentos; não obtida a conciliação, no mesmo ato ou em outro a ser designado em data próxima, caso as circunstâncias concretas indiquem que a concentração procedimental trará prejuízos à defesa, seguirá para a fase de instrução e julgamento, quando, então, deverão ser apresentados a contestação e eventuais documentos, caso não haja consenso, proferindo-se sentença ao final do ato.

Segue-se, portanto, a ideia de procedimento oral e concentrado em audiências.

Com a intervenção do Ministério Público, já surge um problema procedimental referente ao momento da intervenção, já que, de acordo com o art. 179, I, do CPC, a vista dos autos deverá ocorrer "depois das partes", com intimação pessoal (art. 180, CPC) e entrega dos autos (art. 41, IV, da lei 8.625/1993, o que não apresenta problemas quando se trata de autos eletrônicos), prevendo o *caput* do art. 178, CPC, o prazo de trinta dias para sua manifestação. Ainda que se considere que o Ministério Público possa ser intimado desde logo da data da audiência de conciliação e que o prazo de trinta dias poderá ser atendido se observado esse intervalo (art. 7º, parte final, da Lei dos Juizados Especiais da Fazenda Pública), ainda haverá o problema de a manifestação necessariamente se dar após as partes, considerando-se que contestação será oferecida apenas na audiência. Nesses casos, entendendo-se que a sentença deve ser proferida incontinenti, na forma oral, não se afigura razoável entender que se aplica o CPC para conferir prazo ao Ministério Público, frustrando-se o procedimento que deve ser conduzido pela oralidade. Entretanto, o que normalmente se vê é a postergação do momento decisório, seja para "converter o julgamento em diligências", seja para melhor exame dos autos, seja em razão da apertada pauta de audiências, seja porque o juiz leigo quem elaborou o esboço da sentença, entre outras razões. Nesses casos, havendo requerimento de vista, pressupondo-se que o membro do Ministério Público tenha sido devidamente intimado, os autos devem ser remetidos para pronunciamento no momento processual oportuno.

Não raro acontece de o procedimento assumir totalmente a forma escrita, sem a designação de audiências, praticamente na forma do procedimento comum, mantendo-se somente algumas poucas peculiaridades procedimentais. Isso acontece por razões variadas, mas quase todas podem ser reconduzidas a uma origem comum relacionada precisamente à interpretação heterodoxa da lei, com ampliação dos casos de competência dos Juizados. Em muitos casos, o Estado ou o Município avisam de antemão que não pretendem conciliar ou a própria demanda não admite autocomposição, o que faz com que não se designem audiências. Além disso, a repetição de causas com a mesma matéria, muito comum na Fazenda Pública, também enseja a adoção do procedimento escrito, com a maior parte dos atos processuais apenas reproduzindo conteúdos já utilizados em centenas de outros processos. Outras vezes a maior complexidade da causa exige um tempo mais extenso para os atos instrutórios, com demora para obtenção de documentos essenciais e que não cabem no curto espaço de tempo previsto abstratamente em lei. Nessas e em outras hipóteses se adota um procedimento escrito e sem audiências, com a intervenção do Ministério Público seguindo igualmente a forma ordinária delineada no CPC.

Por fim, convém fazer breve registro sobre a figura do juiz leigo no contexto que se aborda no presente trabalho.

A Lei dos Juizados Especiais da Fazenda Pública, em seu art. 15, prevê expressamente a participação de juízes leigos (ou juízes não togados ou juízes de instrução[36]) na conciliação, instrução e decisão dos processos, submetendo-a à homologação do Juiz de Direito, cuja atividade instrutória suplementar permanece preservada[37]-[38]. Embora a lei determine que as

---

36. GAJARDONI, Fernando da Fonseca. *Comentários à Lei dos Juizados Especiais da Fazenda Pública*. Gomes Junior; Gajardoni; Cruz; Cerqueira. 2ª ed. São Paulo: 2011, p. 184.

37. No sentido de que a decisão do juiz leigo não pode ser modificada no mérito pelo Juiz de Direito, cujos poderes instrutórios também seriam delimitados pela atividade determinada pelo juiz não togado: FIGUEIRA JÚNIOR, Joel Dias. *Juizados Especiais da Fazenda Pública*. 3ª ed. São Paulo: Saraiva, 2017, p. 278/279.

38. É interessante notar que, na Lei dos Juizados Especiais da Fazenda Pública, há o uso de "juiz", sem qualquer outra qualificação, nos arts. 3º, 10, 12, 13, I, e §1º, 16, caput, e §2º, 17, caput, e §§ 1º e 2º, e 18, §2º, o que indicaria que seriam atividades exclusivas

atividades dos juízes leigos sejam supervisionadas pelo Juiz de Direito, na prática ocorre no máximo uma supervisão remota e posterior, não raro com várias audiências sendo conduzidas simultaneamente por vários juízes não togados. As decisões por ele proferidas igualmente não são remetidas, em regra, imediatamente para homologação, assim como o Juiz de Direito não se faz presente em nenhum momento da audiência. Nesses casos, sendo hipótese de intervenção do Ministério Público, em razão de as leis orgânicas somente trabalharem com a atuação junto ao Juiz de Direito, a participação nas audiências é mera faculdade e os autos devem ser remetidos para pronunciamento antes da homologação de eventual decisão.

4. SÍNTESE

A aplicação heterodoxa da lei acarreta consequências procedimentais, não havendo como ampliar a competência dos Juizados sem o correlato impacto procedimental. A partir do momento em que os Juizados Especiais da Fazenda Pública passam a comportar, por exemplo, processos envolvendo direitos que não admitem composição, ações ajuizadas por pessoas incapazes, demandas envolvendo prestações referentes ao direito à saúde etc., necessariamente haverá simétrica complexidade procedimental. É cada vez mais frequente a imposição de situações fáticas e jurídicas que fazem com que os procedimentos nos Juizados da Fazenda Pública sejam escritos e sem audiências, desbordando do desenho legislativo abstrato, na mesma intensidade com que se utilizam os Juizados cada vez mais como alternativas para a administração judiciária. Uma dessas consequências procedimentais com que se passa a conviver mais amiúde consiste precisamente na intervenção do Ministério Público como fiscal da ordem jurídica, além da discussão sobre a possibilidade de sua atuação como parte. Em síntese, sobre a atuação como fiscal da ordem jurídica, devem ser registrados os seguintes pontos conclusivos: 1) a intervenção na somente será necessária se estiver presente alguma hipótese do art. 178, CPC; 2) como o recurso de apelação somente passará pelo juízo de admissibilidade na Turma Recursal

dos Juízes de Direito, já que sempre há referência expressa a "leigo" quando a ele se quis fazer referência e o art. 16 e respectivos parágrafos parecem afastar o juiz leigo no caso de haver conciliador. Entretanto, a referência às atribuições previstas nos arts. 22, 37 e 40 da Lei nº 9.099/1995 indica que os juízes leigos conduzirão, sim, audiências de instrução e submeterão as decisões para homologação judicial.

(artigo 1010, § 3º, CPC), simetricamente no caso de recurso inominado também não haverá necessidade de qualquer pronunciamento como *custos legis* após a prolação da sentença do órgão que atua em primeiro grau, acabando, enfim, como que foi denominado de "parecer recursal"; 3) sem embargo dessa situação, haverá atuação do Ministério Público junto às Turmas Recursais, participando das sessões e sendo intimado das decisões; 4) no caso de uniformização de interpretação, em paralelo à sistemática do Código de Processo Civil para a formação de teses ou padrões decisórios, a participação do Ministério Público igualmente será obrigatória; 5) o momento procedimental da intervenção do Ministério Público deverá ser após as partes e antes da decisão final do Juiz de Direito, buscando-se ao máximo a compatibilidade entre o sistema dos Juizados Especiais, o Código de Processo Civil e as Leis Orgânicas do Ministério Público, que são elementos normativos fundamentais para o estudo do tema e frequentemente são ignoradas; 6) por fim, registre-se que em eventual reforma legislativa que vise a consolidar o fragmentado e lacunoso sistema dos Juizados, a atuação do Ministério Público deve merecer cuidadosa disciplina, a fim de evitar algumas perplexidades hoje existentes.

6

O MINISTÉRIO PÚBLICO NA JURISDIÇÃO VOLUNTÁRIA*

1. LEGITIMADO ATIVO

A previsão do Ministério Público como legitimado ativo – seja como legitimado ordinário, seja como extraordinário – é uma solução legislativa com que já se convive há bastante tempo e mais recentemente está recebendo em regra o adequado tratamento jurisprudencial no Superior Tribunal de Justiça na tutela de direitos individuais indisponíveis, após um período de confusa instabilidade jurisprudencial[1].

---

*. Ensaio escrito a partir de trechos extraídos do livro em que comentei todos os artigos do CPC referentes à jurisdição voluntária e onde se encontram inclusive várias outras referências à atuação do Ministério Público em cada um dos procedimentos especiais (*Comentários ao Código de Processo Civil*. São Paulo: Saraiva, 2018. Vol. XIV). Para a presente publicação, o texto original foi revisto e recebeu algumas modificações, além da inclusão de alguns julgados mais recentes.

1. Cf. GODINHO, Robson Renault. O Ministério Público como substituto processual. *Revista da Ajuris, v. 106*. Porto Alegre: Ajuris, junho de 2007, p. 179-200. Como ilustração dos julgados mais recentes sobre o tema no Superior Tribunal de Justiça: "Administrativo e processual civil. Recurso especial sob a sistemática dos repetitivos. Demandas de saúde com beneficiários individualizados interpostas contra entes federativos. Legitimidade do ministério público. Suposta afronta aos dispositivos dos arts. 1º, V, e 21 da lei n. 7.347/1985, bem como ao art. 6º do CPC/1973. Não ocorrência. Direito à saúde. Direito individual indisponível. Art. 1º da lei n. 8.625/1993 (Lei Orgânica Nacional do Ministério Público). Aplicabilidade. Recurso especial conhecido e não provido. Recurso julgado sob a sistemática do art. 1.036 e seguintes do CPC/2015, c/c o art. 256-N e seguintes do regimento interno do STJ. 1. Os dispositivos legais, cuja aplicação é questionada nos dois recursos especiais e a tramitação se dá pela sistemática dos repetitivos (REsp 1.681.690/SP e REsp 1.682.836/SP), terão sua resolução efetivada em conjunto, consoante determina a regra processual. 2. A discussão, neste feito, passa ao largo de qualquer consideração acerca da legitimidade ministerial para propor demandas, quando se tratar de direitos difusos, coletivos ou individuais homogêneos, até porque inexiste qualquer dúvida da sua legitimidade, nesse particular, seja por parte da legislação aplicável à espécie, seja por parte da jurisprudência. De outra parte, a discussão também não se refere à legitimidade de o Ministério Público postular em favor de interesses de menores, incapazes e de idosos em situação de vulnerabilidade. É que, em tais hipóteses, a legitimidade do órgão ministerial decorre da lei, em especial dos seguintes estatutos jurídicos: arts. 201, VIII, da Lei n. 8.069/1990 e 74, II e III, da Lei 10.741/2003. 3. A fronteira para se discernir

Em relação à legitimidade ativa na jurisdição voluntária prevista no art. 720, CPC, não há qualquer peculiaridade em relação ao Ministério Público, portanto, devendo guardar pertinência com o que consta no art. 127 da Constituição da República. Ou seja: especificamente em relação à jurisdição voluntária, sua legitimidade ordinária surgirá quando se tratar de direitos indisponíveis, como no caso da interdição.

Ou seja: a legitimidade ativa do Ministério Público não é genérica, como se fosse possível uma espécie de ecumenismo temático por se tratar de jurisdição voluntária, mas, sim, limitada pelo art. 127 da Constituição da República. De todo modo, ainda que se reconheça a legitimidade ativa do Ministério Público para algumas hipóteses, sua atuação deverá ser limitada à completa omissão do particular legitimado, cabendo-lhe, salvo se

---

a legitimidade do órgão ministerial diz respeito à disponibilidade, ou não, dos direitos individuais vindicados. É que, tratando-se de direitos individuais disponíveis e uma vez não havendo uma lei específica autorizando, de forma excepcional, a atuação do Ministério Público (como no caso da Lei n. 8.560/1992), não se pode falar em legitimidade de sua atuação. Todavia, se se tratar de direitos ou interesses indisponíveis, a legitimidade ministerial já decorreria da redação do próprio art. 1° da Lei n. 8.625/1993 (Lei Orgânica Nacional do Ministério Público). 4. Com efeito, a disciplina do direito à saúde encontra na jurisprudência pátria a correspondência com o próprio direito à vida, de forma que a característica da indisponibilidade do direito já decorreria dessa premissa firmada. 5. Assim, inexiste violação dos dispositivos dos arts. 1°, V, e 21 da Lei n. 7.347/1985, bem como do art. 6° do CPC/1973, uma vez que a atuação do Ministério Público, em demandas de saúde, assim como nas relativas à dignidade da pessoa humana, tem assento na indisponibilidade do direito individual, com fundamento no art. 1° da Lei n. 8.625/1993 (Lei Orgânica Nacional do Ministério Público). 6. Tese jurídica firmada: O Ministério Público é parte legítima para pleitear tratamento médico ou entrega de medicamentos nas demandas de saúde propostas contra os entes federativos, mesmo quando se tratar de feitos contendo beneficiários individualizados, porque se refere a direitos individuais indisponíveis, na forma do art. 1° da Lei n. 8.625/1993 (Lei Orgânica Nacional do Ministério Público). 7. No caso concreto, o aresto prolatado pelo eg. Tribunal de origem está conforme o posicionamento desta Corte Superior, mormente quando, neste caso, o processo diz respeito a interesse de menor, em que a atuação do Ministério Público já se encontra legitimada com base nesse único aspecto de direito. 8. Recurso especial conhecido e não provido. 9. Recurso julgado sob a sistemática do art. 1.036 e seguintes do CPC/2015 e art. 256-N e seguintes do Regimento Interno deste STJ" (REsp 1682836/SP, Rel. Ministro Og Fernandes, Primeira Seção, julgado em 25/04/2018, DJe 30/04/2018). "Administrativo. Direito à saúde. Legitimidade do Ministério Público. Acórdão em confronto com a jurisprudência desta Corte. I – É entendimento assente nesta Corte de Justiça que o Ministério Público possui legitimidade para propositura de demandas de tal natureza, por configurar tutela de direito fundamental indisponível. No mesmo sentido: AgInt no REsp 1588315/MG, Rel. Ministra Regina Helena Costa, Primeira Turma, julgado em 27/09/2016, DJe 07/10/2016; REsp 1520824/ES, Rel. Ministro Herman Benjamin, Segunda Turma, julgado em 13/09/2016, DJe 07/10/2016; AgRg no REsp 1470167/MG, Rel. Ministro Mauro Campbell Marques, Segunda Turma, julgado em 25/11/2014, DJe 02/12/2014. II – Agravo interno improvido" (AgInt no REsp 1645716/MG, Rel. Ministro Francisco Falcão, Segunda Turma, julgado em 21/03/2018, DJe 26/03/2018).

a urgência não indicar tal providência, instá-los à tutela do próprio direito ou de direito alheio, quando autorizado pelo ordenamento jurídico (art. 18, CPC).

2. FISCAL DA ORDEM JURÍDICA

A atuação do Ministério Público como órgão interveniente em jurisdição voluntária foi objeto de grande polêmica sob o Código revogado[2], agora superada diante do texto do art. 721, CPC.

Em síntese, sobre a atuação como fiscal da ordem jurídica na jurisdição voluntária, devem ser registrados os seguintes pontos que receberam alguma inovação no CPC: 1) a intervenção na jurisdição voluntária somente será necessária se estiver presente alguma hipótese do art. 178, não havendo mais lugar para a antiga discussão sobre a obrigatoriedade dessa intervenção independentemente do caso concreto (artigo 721 do CPC)[3]; 2) consequentemente, não há mais intervenção obrigatória em

---

2. Lembre-se da conhecida divergência entre Cândido Rangel Dinamarco, no sentido da não obrigatoriedade de intervenção do Ministério Público em todos os processos de jurisdição voluntária (Ministério Público e jurisdição voluntária. *Fundamentos do Processo Civil Moderno.* 3ª ed. Vol. I. São Paulo: Malheiros, 2000, pp. 399/406), e, Nelson Nery Júnior, no sentido da obrigatoriedade em razão da ausência de qualquer ressalva no CPC anterior (Intervenção do Ministério Público nos procedimentos especiais de jurisdição voluntária. *Revista de Processo, nº 46.* São Paulo: RT, abril-junho de 1987). Curiosamente, ao comentar o atual art. 721, Nery Junior manteve o entendimento de que "há interesse público *de lege lata* e *de iure condito* em todos os procedimentos de jurisdição voluntária" (NERY JUNIOR, Nelson. NERY, Rosa Maria de Andrade. *Código de Processo Civil Comentado.* 16ª ed. São Paulo: RT, 2016, p. 1670). O Superior Tribunal de Justiça praticamente desde sua instalação já conjugava os dispositivos para fins de intervenção do Ministério Público: "Processo civil - Ministério Público - Jurisdição voluntária - Exegese do art. 1.105, CPC. - Interpretação lógico-sistemática recomenda que se dê ao art. 1105, do Código de Processo Civil, inteligência que o compatibilize com as normas que regem a atuação do Ministério Público, especialmente as contempladas no artigo 82 do diploma codificado. - A presença da instituição nos procedimentos de jurisdição voluntaria somente se dá nas hipóteses explicitadas no respectivo título e no mencionado art. 82" (REsp 364/SP, Rel. Ministro Sálvio De Figueiredo Teixeira, Quarta Turma, julgado em 05/09/1989, DJ 18/12/1989, p. 18476).

3. MENDONÇA LIMA, Alcides de. *Comentários ao Código de Processo Civil.* Vol. XII. São Paulo: RT. 1982, p. 43. CASTRO FILHO, José Olympio de. *Comentários ao Código de Processo Civil.* Vol. X. 4ª ed. Rio de Janeiro: Forense, 1995, p. 14/18. Lembre-se, também, da conhecida opinião do autor sobre a não obrigatoriedade de intervenção do Ministério Público em todos os processos de jurisdição voluntária (Ministério Público e jurisdição voluntária. *Fundamentos do Processo Civil Moderno.* 3ª ed. Vol. I. São Paulo: Malheiros, 2000, pp. 399/406). Como contraponto a esse posicionamento acerca da jurisdição voluntária:

casos de ausência ou de disposições de última vontade, não mais cabendo ao Ministério Público a proteção de patrimônio individual disponível, seja como interveniente ou como agente, sendo inconstitucional a legitimidade conferida pelo artigo 22 do Código Civil e a previsão do artigo 745, § 4º, do CPC. No caso dos testamentos, o artigo 735, § 2º, do CPC aparentemente prevê a intervenção obrigatória do Ministério Público, o que somente se justificaria com base em uma tradição irrefletida. Diante do artigo 127 da Constituição e dos artigos 176, 178 e 721 do CPC, é incabível sustentar a simples tutela de patrimônio individual disponível pelo Ministério Público, cabendo salientar que não há reprodução no referido artigo 178 do vetusto rol do artigo 82, II, do CPC de 1973[4]; 3) nas ações de família a intervenção somente se justifica se houver incapazes (artigo 698, CPC); 4) como o recurso de apelação somente passará pelo juízo de admissibilidade no Tribunal competente (artigo 1010, § 3º), também não haverá necessidade de qualquer pronunciamento como *custos legis* após a prolação da sentença do órgão que atua em primeiro grau, acabando, enfim, como que foi denominado de "parecer recursal", sem prejuízo de ser necessária a atuação nos casos em que for possível o juízo de retratação do juiz; 5) o artigo 245 do CPC simplifica o procedimento peculiar para a citação de pessoa mentalmente incapaz ou que esteja impossibilitado de recebê-la, prevendo-se que o oficial de justiça descreva e certifique minuciosamente a ocorrência, devendo ser nomeado médico para examinar o citando, que apresentará laudo no prazo de cinco dias, salvo se pessoa da família apresentar declaração do médico do citando que ateste

---

NERY JÚNIOR, Nelson. Intervenção do Ministério Público nos procedimentos especiais de jurisdição voluntária. *Revista de Processo, nº 46*. São Paulo: RT, abril-junho de 1987. Síntese da controvérsia em LUCENA, João Paulo. *Comentários ao Código de Processo Civil*. Vol. 15. São Paulo: RT, 2000, p. 68/72.

4. A doutrina, buscando explicar a razão pela qual o Ministério Público deveria zelar pelas declarações de última vontade, afirma que se trata de observância de "normas de ordem pública" (LIMA, Fernando Antônio Negreiros. *A Intervenção do Ministério Público no Processo Civil Brasileiro como* Custos Legis. São Paulo: Método, 2007, p. 143/144) ou ainda explica porque, "como o testador, porque falecido, não mais pode velar para que sua vontade seja obedecida, a lei coloca o Ministério Público na função de cuidar de que não se descumpra a vontade manifestada no testamento" (BARBI, Celso Agrícola. *Comentários ao Código de Processo Civil*. Vol. I. 9ª ed. Rio de Janeiro: Forense, 1994, p. 230) e, por fim, em virtude de um suposto "interesse indisponível do Estado (da sociedade) em ver realizada a vontade do falecido" (Antônio Cláudio da Costa Machado, ob. cit., p. 302). O testamento é um negócio jurídico unilateral que tem a morte como causa relacionada à sua eficácia, de modo que não há nada que o vincule a "ordem pública" ou disponibilidade.

a incapacidade deste, e, reconhecida a impossibilidade de receber o mandado, será nomeado curador ao citando especificamente para a causa, recebendo a citação e lhe incumbindo a defesa dos interesses do incapaz para o ato. Note-se que não se trata de procedimento de interdição, mas de verificação tópica da capacidade para a prática de atos processuais. Por haver incapacidade, será necessária a intervenção do Ministério Público na própria verificação prevista no artigo 245[5] e, caso se constate que o citando é incapaz, nos demais atos do processo; 6) é possível suscitar a incompetência relativa (art. 65, parágrafo único, CPC); 7) o artigo 190 do CPC permite a formação de negócios processuais atípicos e o Ministério Público como fiscal da ordem jurídica – e, com mais razão, quando atuar como parte – poderá propor ou participar dessas convenções, sendo potencialmente atingido por essa mudança paradigmática e devendo se preparar para explorar adequadamente suas potencialidades[6].

Em relação ao Ministério Público, há dois avanços importantes no art. 721, CPC[7]: estabelece que se trata de intimação e não de citação e vincula a intervenção às hipóteses do art. 178. Em brevíssima recapitulação histórica[8], a doutrina, inicialmente, pontuou, em caráter peremptório, a necessidade de intimação do MP para participar de todos os procedimentos de

5. Contra, entendendo que o Ministério Público só atua a partir da constatação da incapacidade para o ato, ROQUE, Andre Vasconcelos. *Teoria Geral do Processo: Comentários ao CPC de 2015 – Parte Geral*. Gajardoni, Dellore, Roque e Oliveira Jr. (coautores). São Paulo: Método, 2015, p. 748.

6. Cf., CABRAL, Antonio do Passo. A Resolução nº 118 do Conselho Nacional do Ministério Públicos e as convenções processuais. *Negócios Processuais*. Antonio do Passo Cabral, Fredie Didier Jr. e Pedro Henrique Nogueira (coord.). Salvador: Juspodivm, 2015. Sobre os fundamentos para a admissibilidade dos negócios jurídicos processuais: GODINHO, Robson. *Negócios Processuais sobre o Ônus da Prova no Novo Código de Processo Civil*. São Paulo: RT, 2015.

7. Sobre a discussão no sistema anterior: MACHADO, Antônio Cláudio da Costa. *A Intervenção do Ministério Público no Processo Civil Brasileiro*. 2ª ed. São Paulo: Saraiva, 1998, p. 497/528. Em seu amplo exame do tema, o referido autor afastava a solução agora consagrada no CPC, considerando inaceitável a utilização do art. 82 do CPC revogado como critério para se interpretar o igualmente revogado art. 1.105 do CPC de 1.973, concluindo que o critério interpretativo deveria ser a indisponibilidade do direito envolvido, o que, a rigor, não distancia muito da ideia daqueles que defendiam a aplicação conjunta do art. 82. O problema está na extensão conferida ao conceito de indisponibilidade que, para aquele autor, abrange quase a totalidade dos procedimentos de jurisdição voluntária.

8. Cf. LEONEL, Ricardo de Barros. Novo CPC: o Ministério Público e a jurisdição voluntária. *Ministério Público*. Robson Renault Godinho; Susana Henriques da Costa (coord.). 2ª ed. Salvador: Juspodivm, 2017.

jurisdição voluntária, sob pena de nulidade.[9] Evoluiu-se, posteriormente, na interpretação da regra específica de intervenção, para se concluir que ela só se faz realmente indispensável, na jurisdição voluntária, se presente um dos fundamentos gerais da atuação do MP, previstos no art. 82 do CPC de 1973[10], o que agora foi consagrado no art. 721.

Já nos outros dispositivos de jurisdição voluntária, salvo naqueles referentes ao processo de curatela, em que houve significativo aperfeiçoamento técnico, e ao de fundações privadas, parece que estamos em uma espécie de túnel do tempo, com previsões de intimação que não guardam qualquer vinculação com o art. 178, CPC, e, consequentemente, com o art. 127 da Constituição da República. Entretanto, como cabe ao próprio Ministério Público a análise sobre a sua intervenção[11], nas hipóteses em que há específica determinação de intimação caberá ao juiz remeter os autos para análise do órgão, evitando-se, assim, qualquer irregularidade processual. Assim, nos arts. 734, § 1º, 735, § 2º, 737, § 2º, 739, § 1º, I, 740, § 6º, 745, § 4º, somente ocorrerá intervenção do Ministério Público se presente

9. Nesse sentido, exemplificativamente, José Olympio de Castro Filho (Comentários ao CPC, vol. X, 2 ed., Rio de Janeiro, Forense, 1980, p. 25), bem como Pontes de Miranda, (Comentários ao CPC, tomo XVI, Rio de Janeiro, Forense, 1977, p. 19).

10. Assim: Cândido Rangel Dinamarco ("Ministério Público e jurisdição voluntária", Fundamentos do processo civil moderno, 3. ed., São Paulo, Malheiros, 2000, p. 399 e ss.); Antonio Carlos Marcato (Procedimentos especiais, 10 ed., São Paulo, Atlas, 2004, p. 340); Humberto Theodoro Júnior (Curso de direito processual civil, v. III, 38. Ed., Rio de Janeiro, Forense, 2007, p. 379); João Paulo Lucena (Comentários ao CPC, v. 15, São Paulo, RT, 2000, p. 69/72); entre outros.

11. "De todo modo, merece ser registrado que ao Ministério Público caberá a valoração da existência do interesse público, de modo que é ilegítima a existência de uma ordem judicial cogente que obrigue sua intervenção, tendo em vista que a independência funcional garante à Instituição a verificação de quando e como exercer suas funções. Se o membro do Ministério Público entender que não é hipótese de sua intervenção e o juiz discordar, os autos deverão ser remetidos ao Procurador-Geral, que dará a interpretação definitiva sobre a situação. No caso de o membro do Ministério Público resolver atuar e o juiz entender que não é hipótese de intervenção por ausência de interesse público, a palavra final sobre a questão será do Judiciário, por meio da análise dos recursos interpostos" (GODINHO, Robson Renault. *A Proteção Processual dos Direitos dos Idosos: Ministério Público, Tutela de Direitos Individuais e Coletivos e Acesso à Justiça.* 2ª ed. Rio de janeiro: Lumen Juris, 2010, p. 98/99. GARCIA, Emerson. *Ministério Público: organização, atribuições e regime jurídico.* 6ª ed. São Paulo: Saraiva, 2017, p. 501/503. Cf., p. 247. Confira-se, ainda, com exame da discussão envolvendo a intervenção na jurisdição voluntária sob a codificação anterior: LIMA, Fernando Antônio Negreiros. *A Intervenção do Ministério Público no Processo Civil Brasileiro como* custos legis. São Paulo: Método, 2007, p. 161/167.

alguma hipótese do art. 178, CPC. Ou seja: em todos os casos o art. 721 incidirá, mesmo que haja determinação específica de intervenção.

Esse nosso entendimento, contudo, não é aceito de modo tranquilo na doutrina, razão pela qual pontuamos expressamente a necessidade de intimação do órgão em todas essas hipóteses. Com efeito, como no *caput* do art. 178, CPC, há a ressalva de que o Ministério Público intervirá nas hipóteses previstas em lei, há entendimento no sentido de que em todas as referências expressas no CPC a intervenção será obrigatória. Essa interpretação, na realidade, esvazia a evolução do art. 721, CPC, e praticamente retorna com a situação anterior, em que se entendia que o Ministério Público sempre intervirá nos casos em que a lei determinar[12]. Entretanto, como há

12. Registre-se a interpretação no sentido de que a intervenção (*rectius*: intimação) será obrigatória em todas as hipóteses expressas em lei: "Com os olhos voltados à sistemática legal, há três interpretações possíveis a respeito da atuação do Ministério Público nos procedimentos de jurisdição voluntária, quais sejam: (1) somente deve intervir nos procedimentos que previram sua atuação quando a situação se enquadrar no art. 178; (2) deve intervir em todos os procedimentos de jurisdição voluntária, quer sua atuação tenha sido prevista, quer não, apenas nas hipóteses do art. 178; e (3) deve intervir em todos os procedimentos em que sua atuação foi prevista de maneira expressa e, nos demais, quando a situação se enquadrar no art. 178. A primeira interpretação parte da premissa de que a menção expressa à intervenção do Ministério Público em alguns dos procedimentos de jurisdição voluntária não seria suficiente para torná-la obrigatória, sendo ainda necessário avaliar a situação concreta à luz do art. 178. Essa tese, em rigor lógico, caminha em norte contrário à liberdade do legislador para realizar juízos de valor dessa natureza. Não é demais lembrar que todas as hipóteses que contemplam essa intervenção mostram-se teoricamente consentâneas com os fins institucionais do Ministério Público. O cuidado, aliás, foi grande, bastando seja lembrada a atribuição para intervir na alteração do regime de bens do matrimônio (art. 734, §1º), que está inserida na mesma seção que trata do divórcio e da separação consensuais e da extinção da união estável, expedientes nos quais o Ministério Público somente intervirá nas hipóteses do art. 178. Pelas mesmas razões, parece-nos incorreto afirmar que o Ministério Público deve intervir em todos os procedimentos de jurisdição voluntária, quer sua atuação tenha sido prevista, quer não, nas hipóteses do art. 178. Afinal, a lei pode determinar que a Instituição efetivamente o faça em situações consentâneas com suas atribuições. Por fim, a interpretação que nos parece mais adequada é a que apregoa que o Ministério Público deve intervir em todos os procedimentos em que sua atuação foi prevista de maneira expressa e, nos demais, quando a situação se enquadrar no art. 178. Não impressiona o argumento, *a contrario sensu*, no sentido de que a lei, ao enunciar os procedimentos em que o Ministério Público deveria atuar, afastou, *ipso iure*, a possibilidade dessa atuação nos demais. A conclusão mais razoável é a de que o silêncio preponderou naquelas situações em que a intervenção somente se justificaria nas hipóteses do art. 178, o que exigiria a análise caso a caso. É o que ocorreria, por exemplo, no procedimento de alienação judicial de bem pertencente a incapazes (art. 730), que atrairia a incidência do art. 178, II" (GARCIA, Emerson. *Ministério Público: organização, atribuições e regime jurídico.* 6ª ed. São Paulo: Saraiva, 2017, p. 518/519).

diferença entre intimação e efetiva intervenção, para fins de regularidade processual, repita-se, basta o ato de comunicação.

Veja-se o exemplo da herança jacente: a jurisdição voluntária não é um território descolado no tempo e no espaço em que o Ministério Público exerceria suas funções em desacordo com os arts. 127 e 129 da Constituição da República, em que pese haver remanescentes ecos de uma superada tradição que foi mantida no CPC nesse particular, forçando um liame entre a atividade de fiscal da ordem jurídica e a defesa de direitos eminentemente patrimoniais. A herança jacente é um desses exemplos, em que a tutela de um patrimônio recebe uma proeminência incompatível[13] com os balizamentos que contemporaneamente delineiam a atividade finalística do Ministério Público. A previsão do art. 739, § 1º, I, segunda parte, CPC, portanto, somente é compatível com a Constituição se lida em conformidade com seus arts. 127 e 129 e com os arts. 176, 177, 178 e 721, CPC. Ao Ministério Público não cabe a defesa de questões patrimoniais ou de direitos disponíveis, de modo que é injustificada sua atuação em casos de herança jacente se inexistir alguma hipótese do art. 178, CPC. A jacência é uma situação transitória em que uma herança tem seu destino indefinido e, enquanto permanecer essa incerteza acerca da titularidade dos bens e direitos, previu-se um procedimento para sua preservação. Em suma, trata-se de procedimento que visa à tutela de uma herança, nada mais do que isso. O fato de potencialmente o acervo hereditário ser destinado à Fazenda Pública não justifica, por si só, a intervenção do Ministério Público, como corretamente dispõe o art. 178, parágrafo único, CPC. Para que a atuação do Ministério Público em procedimento de herança jacente encontrasse coerência no sistema, teremos que ter presente alguma das seguintes hipóteses: a) o Ministério Público intervém em todas as situações de jurisdição voluntária; b) o Ministério Público intervém em todos os casos em que o processo tratar de direitos hereditários; c) o Ministério Público intervém em todos os casos em que a Fazenda Pública integra o processo (o que nem é rigorosamente o caso da herança jacente). Como se sabe, em nenhuma das três hipóteses a resposta é positiva, de modo que é no

13. Mesmo a previsão da administração de herança jacente como procedimento jurisdicional é criticável, com ênfase na atuação de ofício e conferindo ao juiz uma participação ativa para cuidar de um patrimônio originalmente privado e que o fato de poder se tornar público em nada deve interferir, já que não se lhe é dada a mesma iniciativa em todos os casos em que o patrimônio público está em discussão.

mínimo extravagante apontar que deve prevalecer a previsão isolada do art. 739, § 1º, I, segunda parte, CPC. Ressalve-se, porém, que há determinação expressa de intervenção do Ministério Público, o que, numa interpretação literal e conservadora do *caput* do art. 178, quando se refere a "hipóteses previstas em lei"[14], corresponde a uma hipótese legal de atuação como fiscal da ordem jurídica. Sendo assim, a intimação do Ministério Público é obrigatória, cabendo ao órgão a decisão sobre o cabimento ou não de sua intervenção.

Igualmente, para ilustrar com mais um exemplo de jurisdição voluntária, no procedimento para alteração de regime de bens não deve haver intervenção obrigatória do Ministério Público. O fato de se restringir o procedimento de modificação do regime de bens à via judicial, excluindo a via extrajudicial, é uma questão de política legislativa[15] e revela uma espécie de apego ao sistema anterior, criando o que pode ser denominado de mutabilidade temperada - ou restrita - do regime de bens. Esse quadro revela que a previsão expressa de intervenção do Ministério Público decorre desse excessivo zelo legislativo[16]. Entretanto, não cabe ao Ministério Público intervir em casos envolvendo direitos disponíveis de pessoas capazes, de modo que sua intervenção é incompatível com sua finalidade institucional (cf. arts. 178, 698 e 721, CPC)[17]. Há quem argumente que a justificativa para a intervenção está em evitar fraude à lei ou a terceiro[18], mas, se esses critérios forem constitucionalmente admissíveis, em todo caso em que houvesse essas possibilidades fraudulentas deveria ser estendida a intervenção do Ministério Público, o que significaria praticamente uma espécie de função interventiva universal. Somente se houver interesse público ou social ou direitos indisponíveis (art. 127 da Constituição da República) é que haverá intervenção do Ministério Público, o que significa que, como regra geral, isso não ocorrerá no presente procedimento, já que se trata

14. Lembre-se de que o art. 129, IX, da Constituição da República, faz a óbvia referência de que qualquer atribuição do Ministério Público deve ser conferida por lei, "desde que compatíveis com suas finalidades".

15. Nada impede que, no futuro, abra-se a possibilidade de também o regime de bens poder ser modificado por via extrajudicial.

16. Cf. TARTUCE, Flávio. *Direito Civil: Direito de Família*. 13ª ed. São Paulo: Método, 2018, p. 140. Vol. 5.

17. FARIAS, Cristiano Chaves de. ROSENVALD, Nelson. *Curso de Direito Civil: famílias*. 10ª ed. São Paulo: Juspodivm, 2018, p. 3222. Vol. 6.

18. MARCATO, Antonio Carlos. *Procedimentos Especiais*. 16ª ed. São Paulo: Atlas, 2016, p. 361.

de situação de consenso sobre questões patrimoniais. Há quem justifique essa intervenção com o argumento de que se trata de necessidade de resguardar direitos de terreiros[19]. Entretanto, não é função do Ministério Público resguardar direitos patrimoniais de nenhum sujeito e, se fosse o caso de atuar sempre em que houver riscos a direitos alheios, deveria ser essa hipótese interventiva generalizada simetricamente às demais situações, o que subverteria frontalmente o disposto no art. 127 da Constituição da República, cujo reflexo processual está no art. 178 do CPC[20]. Como há expressa determinação legal da intimação do Ministério Público, deve ser cumprida formalmente a regra, a fim de assegurar a validade do procedimento convém que o juiz lhe dê ciência, ficando sob a análise do órgão a manifestação sobre a eventual necessidade de sua intervenção.

Outro ponto relevante é a fixação de que há necessidade de atuação de apenas um órgão do Ministério Público no processo, o que significa dizer que, caso atue como legitimado ativo, não será necessária a atuação de outro na função de fiscal da ordem jurídica[21].

O prazo para a manifestação do Ministério Público é fixado em quinze dias úteis, inexistindo prazo em dobro em razão da disposição expressa no art. 721, que deve ser combinado nesse particular com o art. 180, § 2º, CPC.

---

19. GUEDES, Jefferson Carús. *Comentários ao Código de Processo Civil.* Marinoni, Arenhart e Mitidiero (coord.). São Paulo: RT, 2016, p. 363/364. Vol. 11.

20. Essa ideia foi acolhida na III Jornada de Direito Processual Civil do Conselho da Justiça Federal, realizada em setembro de 2023, dando origem ao enunciado nº 177: "No procedimento de alteração de regime de bens, a intimação do Ministério Público prevista no art. 734, §1º, do CPC somente se dará nos casos dos arts. 178 e 721 do CPC".

21. GARCIA, Emerson. *Ministério Público: organização, atribuições e regime jurídico.* 6ª ed. São Paulo: Saraiva, 2017, p. 503/506. Agravo regimental no recurso especial. Processo civil. Código de defesa do consumidor. Ação civil pública. Ministério Público autor da ação coletiva. 1. A ausência de parecer de mérito do Ministério Público Federal, na condição de fiscal, acerca do recurso especial interposto pelo Ministério Público Estadual, na condição de parte, por si só, não gera nulidade da decisão denegatória de seguimento recursal. 2. Não demonstrado prejuízo à parte, não há falar em nulidade processual. Presente intimação ministerial da decisão denegatória. 3. 'O Ministério Público é uno como instituição, pelo que o fato de o mesmo ser parte do processo dispensa sua presença como fiscal da lei, porquanto defendendo os interesses da coletividade, através da ação civil pública, de igual modo atua na custódia da lei' (REsp 1042223/SC, Rel. Ministro Luiz Fux, Primeira Turma, julgado em 16/12/2008, DJe 19/02/2009). 4. Agravo regimental desprovido" (AgRg no REsp 1342655/RJ, Rel. Ministro Paulo de Tarso Sanseverino, Terceira Turma, julgado em 28/04/2015, DJe 11/05/2015).

3. O MINISTÉRIO PÚBLICO NOS PROCESSOS DE CONSTITUIÇÃO DE CURATELA

Em razão das profundas alterações legislativas envolvendo a tutela das pessoas com deficiência e também da obrigatória atuação do Ministério Público nesses processos, é adequado tratar do tema em item específico[22].

22. Desde a edição do Estatuto da Pessoa com Deficiência e, portanto, das diversas alterações envolvendo a constituição da curatela, o Superior Tribunal de Justiça proferiu algumas decisões importantes: "Recurso especial. Ação de interdição. Negativa de prestação jurisdicional. Não ocorrência. Incapacidade relativa. Novo regime estabelecido pelo estatuto da pessoa com deficiência. Limitação apenas para os atos de cunho econômico. Curador. Inidoneidade das partes integrantes do feito. Aparente conflito de interesses com a curadora nomeada na sentença. Situação conflituosa entre a interdita e os ora recorrentes. Necessidade de nomeação de novo curador. Retorno dos autos à origem que se impõe. Recurso especial conhecido e parcialmente provido. 1. O propósito recursal cinge-se a definir, além da negativa de prestação jurisdicional: i) o grau de incapacidade da interdita, a ensejar a sua interdição total ou parcial; e ii) a pessoa idônea ao exercício da curatela. 2. Verifica-se que o Tribunal de origem analisou todas as questões relevantes para a solução da lide, de forma fundamentada, não havendo falar em negativa de prestação jurisdicional. 3. A partir da entrada em vigor da Lei n. 13.146/2015 (Estatuto da Pessoa com Deficiência - EPD), a incapacidade absoluta para exercer pessoalmente os atos da vida civil se restringe aos menores de 16 (dezesseis) anos, ou seja, o critério passou a ser apenas etário, tendo sido eliminadas as hipóteses de deficiência mental ou intelectual anteriormente previstas no Código Civil. Precedente. 4. Afigura-se descabido o reconhecimento da incapacidade absoluta da interdita, da forma como buscam os recorrentes nas razões do apelo especial, seja à luz da literalidade da lei (pois, com o advento do EPD, em seu art. 114, tal espécie de incapacidade se limita aos menores de 16 - dezesseis - anos), seja através dos laudos médicos e pericial juntados ao processo e devidamente analisados pelas instâncias ordinárias. 5. A curatela, na esteira do art. 85, caput e § 1°, do Estatuto da Pessoa com Deficiência, limitar-se-á aos atos de cunho econômico (a exemplo dos relativos a negócios jurídicos de disposição patrimonial), não alcançando o direito ao próprio corpo, à sexualidade, ao matrimônio, à privacidade, à educação, à saúde, ao trabalho e ao voto. 6. A validade da constituição de advogado pela curatelanda no início do processo de interdição emerge da própria da lei (art. 752, § 2°, do CPC/2015), não se desconstituindo com a superveniente sentença que decreta a interdição, sobretudo em virtude da sua natureza constitutiva, haja vista que, embora a sentença não crie a incapacidade, constitui situação jurídica nova para o incapaz - de sujeição deste ao curador -, a operar efeitos ex nunc, motivo pelo qual os atos antecedentes praticados pela interdita sobressaem válidos, salvo pronunciamento judicial expresso em sentido contrário, mediante ação própria. Precedentes. 7. O CPC/2015, o CC e o EPD estabelecem uma ordem de gradação legal ao exercício da curatela, devendo ser sempre escolhida pelo magistrado, em qualquer caso, aquela pessoa que melhor atenda aos interesses do incapaz, sendo esta a finalidade precípua do processo de interdição. 8. É de se reconhecer a inaptidão da curadora nomeada pelas instâncias ordinárias, à vista do aparente conflito de interesses (ainda que indireto) ao exercício do encargo, à luz do disposto no supracitado art. 755, § 2°, do CPC/2015. 9. A entrevista da interdita prevista no art. 751 do CPC/2015 constitui ato essencial ao processo de interdição, a assumir particular relevância na formação da convicção do magistrado, quando em cotejo com o conjunto fático-probatório, em virtude da maior proximidade do julgador com o interditando (objeto central da ação) e, em consequência, em decorrência da maior

Nos processos de curatela, o Ministério Público atuará sempre como fiscal da ordem jurídica, às vezes como legitimado ativo e nunca como curador especial.

Essa é a síntese de sua atuação, não havendo mais espaço para o insistente equívoco em épocas passadas sobre a natureza de sua participação no processo. O art. 752, §§ 1º e 2º, CPC, é didático ao separar as funções de fiscal da ordem jurídica e a de curador especial, de modo que no processo

---

proximidade com a verdade real do litígio, a melhor delimitar a extensão e as peculiaridades da curatela. 10. Na hipótese em apreço, considerando o acervo fático-probatório acostado ao processo, dentro da delimitação feita pelo magistrado de primeiro grau e pelo Tribunal de origem, sobretudo a vontade e a preferência externadas pela interdita na entrevista realizada pessoalmente pelo magistrado, na presença, inclusive, do membro do Ministério Público estadual na condição de fiscal da ordem jurídica, ocasião em que a interdita demonstrou aversão aos ora recorrentes, conclui-se, também, pela inidoneidade dessas partes para o exercício do mister. 11. Recurso especial conhecido e parcialmente provido" (REsp n. 1.943.699/SP, relator Ministro Marco Aurélio Bellizze, Terceira Turma, julgado em 13/12/2022, DJe de 15/12/2022). "Recurso especial. Direito civil. Direito de família. Estatuto da pessoa com deficiência. Incapacidade relativa. Curatela. Atos relacionados aos direitos de natureza patrimonial e negocial. Limitação. Impossibilidade. Outros atos da vida civil. Extensão. Caráter excepcional. Cabimento. 1. Sustenta-se no recurso especial a existência de dissídio jurisprudencial na interpretação dos arts. 84 e 85 da Lei nº 13.146/2015 (Estatuto da Pessoa com Deficiência), particularmente no que se refere à limitação da curatela aos direitos de natureza patrimonial e negocial. 2. A Lei nº 13.146/2015 alterou o Código Civil e, em seus arts. 3º e 4º, passou a dispor que aqueles que por causa transitória ou permanente não puderem exprimir sua vontade serão considerados relativamente incapazes. 3. Na hipótese, foi reconhecida a incapacidade relativa da curatelada e, a partir do seu quadro de comprometimento global, decidiu-se, em caráter excepcional e de forma fundamentada, que os poderes conferidos ao curador deveriam ser estendidos para outros atos da vida civil que não apenas os de caráter patrimonial e negocial, o que não se confunde com a declaração de incapacidade absoluta. 4. A interpretação conferida aos arts. 84 e 85 da Lei nº 13.146/2015 objetiva impedir distorções que a própria Lei buscou evitar. Na situação sob exame, reconhece-se que a curatela, embora constitua medida excepcional, tem por objetivo a proteção proporcional às necessidades do curatelado, observadas as peculiaridades do caso concreto. 5. Recurso especial não conhecido" (REsp n. 1.998.492/MG, relator Ministro Ricardo Villas Bôas Cueva, Terceira Turma, julgado em 13/6/2023, DJe de 19/6/2023)". "Recurso especial. Direito civil. Direito de família. Estatuto da pessoa com deficiência. Incapacidade relativa. Curatela. Outros atos da vida civil. Extensão. Caráter excepcional. Cabimento. 1. A controvérsia está relacionada com a possibilidade de extensão da curatela, em caráter excepcional e devidamente fundamentada, para outros atos da vida civil, que não apenas os de natureza patrimonial e negocial. 2. Na hipótese, não há discussão acerca da incapacidade relativa do curatelado. 3. A interpretação conferida aos arts. 84 e 85 da Lei nº 13.146/2015 objetiva impedir distorções que a própria Lei buscou evitar, mostrando-se adequada a extensão da curatela não apenas aos atos negociais e patrimoniais, mas também a outros atos da vida civil, excepcionalmente e de forma fundamentada, com o propósito de proteger o curatelado diante das especificidades do caso concreto, conforme se observa na situação em apreço. 4. Recurso especial não provido" (REsp n. 2.013.021/MG, relatora Ministra Nancy Andrighi, relator para acórdão Ministro Ricardo Villas Bôas Cueva, Terceira Turma, julgado em 21/11/2023, DJe de 11/12/2023).

de interdição, sob o aspecto funcional, não há qualquer peculiaridade envolvendo a atuação do Ministério Público.

Caso o Ministério Público seja autor, será desnecessária a atuação de outro órgão como fiscal da ordem jurídica, não havendo previsão para essa dupla e distinta atuação. Na realidade, atuando como legitimado ativo o órgão do Ministério Público concentra também a função de fiscal da ordem jurídica[23].

3.1. Legitimação ativa

Como legitimado ativo, o Ministério Público possui atuação subsidiária e restrita, já que sua legitimidade encontra limitações normativas[24], mesmo se se tratar de pessoa idosa, por força do art. 74, II, do Estatuto da Pessoa Idosa[25].

O *caput* do art. 748, CPC, mantém uma linguagem que não encontra paralelo no CC, revelando uma vez mais a falta de diálogo normativo com o Estatuto da Pessoa com Deficiência. Realmente, não se utiliza mais

23. Em sentido contrário, DIDIER JR., Fredie. Da Interdição. *Breves Comentários ao Novo Código de Processo Civil*. 3ª ed. Wambier, Didier Jr., Talamini e Dantas (coord.). São Paulo: RT, 2016, p. 1938. Sobre a desnecessidade de atuação de mais de um membro do Ministério Público: GARCIA, Emerson. *Ministério Público: organização, atribuições e regime jurídico*. 6ª ed. São Paulo: Saraiva, 2017, p. 503/505. O Superior Tribunal de Justiça também já decidiu nesse sentido: "O Ministério Público é uno como instituição, pelo que o fato de o mesmo ser parte do processo dispensa sua presença como fiscal da lei, porquanto defendendo os interesses da coletividade, através da ação civil pública, de igual modo atua na custódia da lei" (REsp 1042223/SC, Rel. Ministro Luiz Fux, Primeira Turma, julgado em 16/12/2008, DJe 19/02/2009).

24. Em sentido contrário, entendendo haver ampla legitimidade com base no art. 1.769, CC: FARIAS, Cristiano Chaves de. ROSENVALD, Nelson. *Curso de Direito Civil: Famílias*. 10ª ed. São Paulo: Juspodivm, 2018, p. 966/967. Vol. 6. ALMEIDA Luiz Cláudio Carvalho de. A Interdição a partir da Lei Brasileira de Inclusão da Pessoa com Deficiência (Estatuto da Pessoa com Deficiência). *Revista do Ministério Público do Estado do Rio de Janeiro, nº 59*, janeiro/março de 2016, p. 186.

25. "Art. 74. Compete ao Ministério Público: [...] II - promover e acompanhar as ações de alimentos, de interdição total ou parcial, de designação de curador especial, em circunstâncias que justifiquem a medida e oficiar em todos os feitos em que se discutam os direitos de idosos em condições de risco". Essa parte final do dispositivo deixa claro que deve ser cotejado com o art. 43 do mesmo Estatuto. Nesse sentido: FONSÊCA, Vitor. O Ministério Público e ação de interdição no novo CPC. *Ministério Público*. Robson Renault Godinho; Susana Henriques da Costa (coord.). 2ª ed. Salvador: Juspodivm, 2017, p. 265.

a expressão "doença mental grave"[26], que é uma espécie de versão amena da lamentável expressão "loucura furiosa" utilizada no art. 448, I, do CC de 1.916, e, especialmente, da "anomalia psíquica" do art. 1.178, I, CPC de 1.973. De acordo com o art. 2º do Estatuto da Pessoa com Deficiência, "considera-se pessoa com deficiência aquela que tem impedimento de longo prazo de natureza física, mental, intelectual ou sensorial, o qual, em interação com uma ou mais barreiras, pode obstruir sua participação plena e efetiva na sociedade em igualdade de condições com as demais pessoas".

Caberá ao médico ou à equipe multidisciplinar qualificar a deficiência mental como grave para fins de legitimidade do Ministério Público, o que deve ser aferido em procedimento administrativo preparatório ou a partir de documentação médica privada do interditando, caso a urgência do caso impeça melhor avaliação prévia documentada em procedimento próprio.

O fato é que, se a deficiência mental grave é condição específica para a legitimidade do Ministério Público, deve haver algum elemento de prova já na petição inicial. Situação interessante ocorrerá se, no decorrer da instrução, for constatada que a deficiência efetivamente existe, mas não em grau grave. Ou seja: é necessária a situação e curatela, mas não constitui uma hipótese de legitimidade do Ministério Público. Nesse caso, com base no disposto no art. 748, se as pessoas designadas nos incisos I, II, e III do art. 747, CPC, existirem, deverão se intimadas para assumir o polo ativo; se não comparecerem, o processo deverá ser extinto. Se não existirem tais pessoas ou forem incapazes, o processo será extinto por perda de legitimidade ativa. Não será caso de improcedência, porque, a rigor, haverá grau de deficiência apta para constituir a incapacidade relativa, mas não por meio de ação ajuizada pelo Ministério Público. Por se tratar de jurisdição voluntária, pode haver quem sustente a manutenção do processo com base na inaplicabilidade da legalidade estrita. Entretanto, por política legislativa optou-se por restringir a legitimidade do Ministério Público em um assunto que envolve a capacidade de uma pessoa e a extensão da legitimidade ativa contra a lei nessa seara é uma arbitrariedade que não deve ser tolerada. O legislador processual entendeu que somente em caso

26. MENDES JÚNIOR, José Francisco Seabra. A atuação do MP na curatela diante das alterações decorrentes do novo CPC e do Estatuto da Pessoa com Deficiência. *Reflexões sobre o Novo Código de Processo Civil*. Cláudio Barros Silva; Luciano de Faria Brasil (org.). Porto Alegre: Livraria do Advogado, 2016, p. 338/339.

de deficiência mental grave deve incidir plenamente o aparato protetivo estatal, que inclui a legitimidade do Ministério Público. Lembre-se, ainda, de que há a possibilidade da autointerdição que é plenamente aplicável em grau moderado ou leve de deficiência, optando o legislador por confiar à própria pessoa a tutela de sua situação jurídica, de modo que pode o próprio interditando ou curatelando assumir o polo ativo, o que pode ser feito até mesmo em audiência com o juiz e o promotor de justiça, quando lhe será informada a situação.

Verifica-se, pois, que a legitimidade ativa do Ministério Público prevista no art. 748 do CPC é subsidiária[27] e supletiva, restrita a quatro requisitos: a) doença mental grave[28]; b) inexistência ou incapacidade dos outros legitimados arrolados no art. 747, CPC; c) inércia desses legitimados; d) inércia do próprio interditando (art. 1.768, IV, CC).

Há, entretanto, o problema de direito intertemporal envolvendo o art. 1.769, CC, que foi alterado pelo Estatuto da Pessoa com Deficiência para utilizar a expressão "deficiência mental ou intelectual", mas aparentemente foi revogado pelo art. 1.072, II, CPC[29]. Como já foi visto, há forte tendência doutrinária no sentido da convivência dessas normas, que devem ser acomodadas harmonicamente visando à melhor tutela dos interesses da pessoa com deficiência[30]. Nesse sentido, há manifestações doutrinárias fa-

27. SCHENK, Leonardo Faria. *Comentários ao Código de Processo* Civil. Antonio do Passo Cabral; Ronaldo Cramer (coord.). 2ª ed. Rio de Janeiro: Forense, 2016, p. 1066/1067. MENDONÇA, Bruna Lima de. Proteção, liberdade e responsabilidade: uma interpretação axiológico-sistemática da (in)capacidade de agir e da instituição curatela. *O Código Civil e o Estatuto da Pessoa com Deficiência*. Heloisa Helena Barboza; Bruna Lima de Mendonça; Vitor de Azevedo Almeida Junior (coord.). Rio de Janeiro: Processo, 2017, p. 54/55.

28. Em interpretação ampliativa, há quem sustente que se deve ler "vulnerabilidade grave" para fins de legitimidade do Ministério Público: ABREU, Célia Barbosa. *Primeiras Linhas sobre a Interdição após o Novo Código de Processo Civil*. Curitiba: CRV, 2015, p. 151.

29. Entende Fredie Didier Jr. que, não obstante o problema de direito intertemporal, prevalece o disposto no art. 1.769, CC, a cujos termos deve se adequar o art. 748, CPC (Da Interdição. *Breves Comentários ao Novo Código de Processo Civil*. 3ª ed. Wambier, Didier Jr., Talamini e Dantas (coord.). São Paulo: RT, 2016, p. 1931/1932). No mesmo sentido, ARAÚJO, Fabio Caldas de. *Curso de Processo Civil*: *procedimentos especiais*. São Paulo: Malheiros, 2018, p. 517/520. Tomo III.

30. Em relação à legitimidade do Ministério Público e a harmonização legislativa: MENDES JÚNIOR, José Francisco Seabra. A atuação do MP na curatela diante das alterações decorrentes do novo CPC e do Estatuto da Pessoa com Deficiência. *Reflexões sobre o Novo Código de Processo Civil*. Cláudio Barros Silva; Luciano de Faria Brasil (org.). Porto Alegre: Livraria do Advogado, 2016, p. 346/348. Sintetiza o problema Fredie Didier Jr.: "O Ministério Público também pode pedir a interdição. Mas essa legitimidade não é universal: para o

voráveis à ampliação da legitimidade do Ministério Público, superando-se as restrições que se extraem do art. 748, CPC[31]. A fonte normativa infraconstitucional da legitimidade ativa do Ministério Público seria, portanto, o art. 114 do Estatuto da Pessoa com Deficiência, na parte em que conferiu nova redação ao art. 1769, CC, que passou a dispor que "o Ministério Público somente promoverá o processo que define os termos da curatela:

CPC, o Ministério Público somente poderia pedir a interdição em caso de doença mental grave. Sucede que há, também aqui, um problema de direito intertemporal com a Lei n. 13.146/2015. O art. 1.769 do Código Civil foi revogado pelo CPC (art. 1.072, II), pois o regramento da legitimidade do Ministério Público para a propositura da ação interdição passou a estar no art. 748 do CPC. O CPC, no particular, havia inovado, ao exigir que o Ministério Público somente pudesse propor a ação de interdição em caso de doença mental grave (exigência que consta do *caput* do art. 748 do CPC) – pelo Código Civil, o caso de doença mental grave era um dos casos em que o Ministério Público poderia promover a ação, tanto que aparecia em um dos incisos do art. 1.769 do Código Civil. A Lei n. 13.146/2015, nesse ponto, não percebeu a mudança promovida pelo CPC-2015 e manteve a estrutura do Código Civil, alterando apenas a redação do inciso I do art. 1.769: em vez de 'doença mental grave', 'deficiência mental ou intelectual'. A diferença é evidente e, nesse caso, parece mais adequado considerar que houve revogação tácita do CPC-2015, no ponto, pela Lei n. 13.146/2015. A legitimidade do Ministério Público para a ação de interdição deve observar o comando do Estatuto da Pessoa com Deficiência. Assim, por exemplo, a princípio, não pode o Ministério Público pedir a interdição em razão da prodigalidade. Além disso, a legitimidade do Ministério Público é subsidiária; o Ministério Público somente é legitimado se não houver, ou, havendo, forem incapazes os demais legitimados. No caso de existirem outros legitimados capazes, o Ministério Público deve, antes de promover a interdição, expedir *recomendação* (art. 6.°, XX, LC 95/1993) para que promovam a interdição; se não o fizerem, surge a legitimidade do Ministério Público" (DIDIER JR., Fredie. Da Interdição. *Breves Comentários ao Novo Código de Processo Civil*. 3ª ed. Wambier, Didier Jr., Talamini e Dantas (coord.). São Paulo: RT, 2016, p. 1931/1932).

31. FARIAS, Cristiano Chaves de. ROSENVALD, Nelson. *Curso de Direito Civil: Famílias*. 10ª ed. São Paulo: Juspodivm, 2018, p. 966/967. Vol. 6. ABREU, Célia Barbosa. *Primeiras Linhas sobre a Interdição após o Novo Código de Processo Civil*. Curitiba: CRV, 2015, p. 151. MENDES JÚNIOR, José Francisco Seabra. A atuação do MP na curatela diante das alterações decorrentes do novo CPC e do Estatuto da Pessoa com Deficiência. *Reflexões sobre o Novo Código de Processo Civil*. Cláudio Barros Silva; Luciano de Faria Brasil (org.). Porto Alegre: Livraria do Advogado, 2016, p. 342/351. NOGUEIRA, Alécio Silveira. O Ministério Público como órgão agente e o novo CPC. *Ministério Público*. Robson Renault Godinho; Susana Henriques da Costa. 2ª ed. Salvador: Juspodivm, 2017, p. 388/398. Nesse sentido, Alécio Nogueira é bastante direto: Nos casos que legitimam a atuação do Ministério Público com órgão agente, não há muito o que discorrer: a única forma de restringi-la a *doença mental grave* seria sustentar que *apenas* a previsão do art. 748 do novo CPC estaria em vigor; mas, não há futuro nisso; a posição é frágil, dissociada na nova realidade jurídica, e é bastante claro que o Estatuto da Pessoa com Deficiência se empenha em proteger aquelas pessoas que, pelo menos em algum grau, apresentem deficiência mental ou intelectual, não sendo uma posição institucional coerente do Ministério Público fugir desse compromisso – até porque o art. 79, § 3º, da citada lei o convoca, junto com a Defensoria Pública, a tomar "as medidas necessárias à garantia dos direitos previstos nesta Lei" (ob. cit., p. 394).

I – nos casos de deficiência mental ou intelectual; II – se não existir ou não promover a interdição alguma das pessoas designadas nos incisos I e II do artigo antecedente[32]; III – se, existindo, forem menores ou incapazes as pessoas mencionadas no inciso II". Essa harmonização normativa efetivamente parece ser a melhor solução para a fixação da legitimidade ativa do Ministério Público que, nem por isso, será ampla e universal, mas, sim, permanecerá subsidiária. Com efeito, não deve ser o Ministério Público o legitimado primeiro ou principal para as ações constituidoras de curatela. Aqueles que convivem com o interditando ou ele próprio no caso de autointerdição é que devem ser os atores principais desse específico procedimento, mantendo-se na esfera subjetiva próxima essa legitimidade ativa[33]. Nesse contexto, a legitimidade ativa do Ministério Público somente se fará presente se existentes estas situações cumulativamente: a) deficiência mental ou intelectual[34]; b) inexistência ou incapacidade dos outros legiti-

32. Note-se que no inciso II do art. 1768, CC, não se faz menção ao companheiro como legitimado ativo, mas deve ser feita interpretação no sentido de abrangê-lo, não só por força da Constituição, mas também pelo que consta no art. 747, I, CPC.

33. "Mesmo com a amplitude do art. 1.768 do CC (de certa forma repristinado pelo Estatuto da Pessoa com Deficiência), nossa posição é a de que a legitimidade do Ministério Público só ocorre diante de algum tipo *relevante* de deficiência mental, que possa aproximar-se do conceito de *doença grave* do art. 748 do novo CPC (por implicar prejuízo considerável na autonomia e no juízo crítico do indivíduo). Da mesma forma, a iniciativa para o ajuizamento da ação de curatela não seria automática: é necessário, senão imprescindível, que se busquem, num procedimento administrativo instaurado para esse propósito, os parentes do futuro curatelando para trazê-los à responsabilidade e incitá-los a propor eles próprios a ação de curatela. A legitimidade subsidiária do Ministério Público não significa que aqueles mais próximos da pessoa necessitada possam lavar as mãos e entregar o caso ao Promotor de Justiça; esse tipo de omissão pode até caracterizar abandonos tipificados, e devemos deixar isso claro a quem não cumpre seus deveres familiares de assistência e amparo, valores que também devem ser incentivados pelo Ministério Público" (NOGUEIRA, Alécio Silveira. O Ministério Público como órgão agente e o novo CPC. *Ministério Público*. Robson Renault Godinho; Susana Henriques da Costa. 2ª ed. Salvador: Juspodivm, 2017, p. 394/395).

34. Como já apontado, há quem sustente que se deve ler "vulnerabilidade grave" para fins de legitimidade do Ministério Público: ABREU, Célia Barbosa. *Primeiras Linhas sobre a Interdição após o Novo Código de Processo Civil*. Curitiba: CRV, 2015, p. 151. Já Alécio Nogueira entende que somente algum tipo "relevante" de doença mental autoriza a legitimidade do Ministério Público: "É interessante notar que entre a *doença mental grave* e a *deficiência mental ou intelectual* existe um amplo espectro de – recuperemos o termo do art. 1.178 do CPC de 73 – *anomalias psíquicas* que, não sendo *graves*, não atrairiam a atuação do Ministério Público. Depressões, por exemplo, bipolaridades ou transtornos de personalidade dos mais variados graus. Contudo, os drogaditos e alcoolistas podem não escapar da ideia de gravidade, dependendo de seu estado mental – embora não sejam portadores de *doença metal* em sentido estrito. Aliás, é bom lembrar que o Ministério Público também é legitimado subsidiário (de forma implícita, em decorrência do disposto no art. 8º, § 1º, da lei, bom que se diga) para a propositura do pedido de internação

mados arrolados no art. 747, CPC; c) inércia desses legitimados; d) inércia do próprio interditando (art. 1.768, IV, CC).

Em relação ao pródigo, discute-se a legitimidade ativa do Ministério Público – e necessariamente essa discussão afetará também sua atuação como fiscal da ordem jurídica nesses casos –, já que se trata de interdição apenas e tão somente para fins patrimoniais. Com efeito, segundo o art. 1.782, CC, "a interdição do pródigo só o privará de, sem curador, emprestar, transigir, dar quitação, alienar, hipotecar, demandar ou ser demandado, e praticar, em geral, os atos que não sejam de mera administração". Por atingir apenas esse aspecto negocial, isto é, a disponibilidade de direitos, há dúvida sobre a legitimidade do Ministério Público. Entretanto três argumentos nos parecem insuperáveis no sentido de se reconhecer, sim, a legitimidade do Ministério para promover a interdição dos pródigos: a) o efeito da interdição é uma situação de incapacidade, de modo que isso por si só justifica a atuação do Ministério Público; b) com a interdição, inexistirá mais a disponibilidade absoluta dos bens, o que faz com que não se esteja exatamente diante de uma questão envolvendo direitos disponíveis; c) o Estatuto da Pessoa com Deficiência é bastante contundente ao dispor, em seu art., 85, que "a curatela afetará tão somente os atos relacionados aos direitos de natureza patrimonial e negocial"[35], de modo que a coerência interpretativa deve fazer com que se dispense tratamento uniforme a todas essas hipóteses para intervenção do Ministério Público, o que inclui também a legitimidade para os casos envolvendo os ébrios habituais e os viciados em tóxico[36]. De todo modo, há que se registrar que, pela leitura do art.

psiquiátrica com base na Lei nº 10.216, de 06 de abril de 2001. De outro lado, curiosa é a situação do pródigo: relacionado no art. 4º, IV, do CC como relativamente incapaz, em princípio, por cuidar-se de transtorno de personalidade e não de doença mental grave ou de deficiência mental ou intelectual, não teria o Ministério Público legitimidade para propor a ação de curatela em seu favor – também por sua natureza, ao menos num primeiro momento, estritamente patrimonial" (O Ministério Público como órgão agente e o novo CPC. *Ministério Público*. Robson Renault Godinho; Susana Henriques da Costa. 2ª ed. Salvador: Juspodivm, 2017, p. 395, nota 56).

35. Sobre o alcance desses limites: FARIAS, Cristiano Chaves de. ROSENVALD, Nelson. *Curso de Direito Civil: Famílias*. 10ª ed. São Paulo: Juspodivm, 2018, p. 958/961. Vol. 6.

36. Cf. nesse sentido: MENDES JÚNIOR, José Francisco Seabra. A atuação do MP na curatela diante das alterações decorrentes do novo CPC e do Estatuto da Pessoa com Deficiência. *Reflexões sobre o Novo Código de Processo Civil*. Cláudio Barros Silva; Luciano de Faria Brasil (org.). Porto Alegre: Livraria do Advogado, 2016, p. 340/342. Contra a legitimidade do Ministério Público, com percucientes críticas sobre a interdição do pródigo: OLIVEIRA, J. M. Leoni Lopes de. *Direito Civil: família*. Rio de Janeiro: Forense, 2018, p. 684/687 e 693.

748, CPC, essa legitimidade não está expressa. Entendendo-se, porém, pela legitimidade também nesse caso, igualmente será subsidiária e limitada à presença de alguma deficiência mental ou intelectual identificada pelo meio técnico hábil, fazendo com que, a rigor, a legitimidade recaia na regra geral.

Registre-se, ainda, que a natureza da legitimidade do Ministério Público é ordinária, ou seja, não se trata de substituição processual e sua atuação decorre diretamente da compatibilidade com suas funções constitucionais.

Para a extinção ou modificação da curatela, a legitimidade ativa é concorrente entre o próprio curatelado[37], seu curador (no caso de curatela compartilhada, cada curador possui legitimidade própria, já que para restabelecer a capacidade não pode haver restrição que não é imposta pela lei) e o Ministério Público[38].

3.2. Fiscal da ordem jurídica

A presença de um incapaz como parte enseja a intervenção obrigatória do Ministério Público como fiscal da ordem jurídica, sob pena de nulidade, em ocorrendo prejuízo (arts. 178, II, e 279, CPC).

Note-se que a atuação do Ministério Público não elimina a necessidade de o incapaz ser assistido ou representado, já que sua participação se dará na condição de fiscal da ordem jurídica, cabendo-lhe, inclusive, zelar pela adequada observância da atuação dos representantes legais.

---

37. DIDIER JR., Fredie. Da Interdição. *Breves Comentários ao Novo Código de Processo Civil*. 3ª ed. Wambier, Didier Jr., Talamini e Dantas (coord.). São Paulo: RT, 2016, p. 1949. Entendendo que o curatelado possui legitimidade, mas não pode conferir mandato a advogado: MENDONÇA LIMA, Alcides de. *Comentários ao Código de Processo Civil*. São Paulo: RT, 1982, p. 474. Vol. XII. SCHENK, Leonardo Faria. *Comentários ao Código de Processo* Civil. Antonio do Passo Cabral; Ronaldo Cramer (coord.). 2ª ed. Rio de Janeiro: Forense, 2016, p. 1078.

38. Essa legitimidade do Ministério Público "deve ser aferida em situações de: 1) impossibilidade de o próprio interdito fazer o pedido de levantamento; ou 2) eventual conflito entre o interdito e o curador. Essa interpretação é adequada ao papel do Ministério Público quando atua, por exemplo, na remoção do curador (art. 761, CPC)" (FONSÊCA, Vitor. O Ministério Público e ação de interdição no novo CPC. *Ministério Público*. Robson Renault Godinho; Susana Henriques da Costa (coord.). 2ª ed. Salvador: Juspodivm, 2017, p. 270).

A intervenção do Ministério Público se dá precisamente em razão da presença do incapaz, não podendo significar em nenhum momento a diminuição de sua proteção jurídica.

O que deve ser bem compreendido é a impossibilidade de o Ministério Público exercer a função de curador especial após a Constituição da República de 1988. A função do Ministério Público no processo se dá apenas de três maneiras: como legitimado ordinário, nos casos em que defende situação jurídica própria, como legitimado extraordinário e como fiscal da ordem jurídica. Não há possibilidade de atuar como curador especial, de modo que a revogação do equivocado art. 1.770, CC, pelo art. 1.072, II, CPC, foi medida legislativa acertada para que não se perpetuassem confusões nessa seara. Na realidade, o Ministério Público deve zelar pela nomeação de curador especial nos procedimentos em que intervier e tal providência for exigida, como corretamente dispõe o art. 74, II, do Estatuto da Pessoa Idosa, mas não pode ele exercer essa função por ser ela incompatível com suas atividades institucionais e finalísticas. Nem mesmo na ausência da Defensoria Pública deverá o Ministério Público exercer a curadoria especial, devendo a nomeação recair sobre outra pessoa, preferencialmente um advogado dativo. Se a curadoria especial tiver lugar em hipóteses previstas no art. 178, CPC, ou em alguma outra situação prevista legalmente para sua atuação, haverá necessidade de intervenção do Ministério Público na condição de fiscal da ordem jurídica, o que, como já afirmado, não exclui a necessidade de nomeação de curador especial, havendo, pois, uma dupla tutela do contraditório justificada por questões de política legislativa.

Em suma, o Ministério Público, sendo o caso, deve conviver com o curador especial, mas não exerce essa função. O STJ cometeu grave equívoco nesse sentido, ao entender que era desnecessária a nomeação de curador especial ao interditando, por haver intervenção obrigatória do Ministério Público[39]. Confundiu-se a atuação como fiscal da ordem jurídica com a

---

39. "A designação de curador especial tem por pressuposto a presença do conflito de interesses entre o incapaz e seu representante legal. No procedimento de interdição não requerido pelo Ministério Público, quem age em defesa do suposto incapaz é o órgão ministerial e, portanto, resguardados os interesses interditando, não se justifica a nomeação de curador especial. (REsp 1099458/PR, Rel. Ministra Maria Isabel Gallotti, Quarta Turma, julgado em 02/12/2014, DJe 10/12/2014) 3. No tocante à invocação do art. 3º Lei 8.906/1994 e do art. 4º da Lei Complementar n. 80/1994 – que elenca as funções institucionais da Defensoria – são impertinentes para a solução da controvérsia, pois, como observado na decisão ora agravada, a designação de curador especial – atividade

integração de capacidade processual do curador especial[40]. O art. 752, CPC, corrige esse equívoco ao extremar a função do Ministério da atuação do curador especial[41].

---

institucional, que pode ser exercida pela Defensoria Pública - tem por pressuposto a presença de conflito de interesses entre o incapaz e seu representante legal" (AgInt nos EDcl no REsp 1604162/SP, Rel. Ministro Luis Felipe Salomão, Quarta Turma, julgado em 14/02/2017, DJe 20/02/2017).

40. Situação peculiar - e inconfundível com o que aqui se expõe - consiste na atuação do Ministério Público como legitimado ativo e a desnecessidade de nomeação automática de curador especial. Não perceber essa diferença é o mesmo que não entender a distinção entre substituição processual e fiscalização da ordem jurídica. Não se nomeia curador especial sob o pretexto de equilibrar um contraditório que está plenamente estabelecido, sem que incida nenhuma daquelas hipóteses antes mencionadas. Nesses casos, o Ministério Público é quem figura como autor, na tutela de direitos indisponíveis, não havendo necessidade de nomeação de curador especial, já que inexistirá conflito de interesses entre o curatelando e seu representante legal. Essa controvérsia se instaurou em diversos casos envolvendo a destituição de poder familiar, em que a Defensoria Pública passou a atuar na condição de curador especial sem inclusive prévia nomeação judicial, incidindo em duplo equívoco. O CPC não possui regra expressa sobre o tema e a polêmica que se instaurou deveria ter sido suficiente para animar regramento específico. No entanto, esse entendimento sobre a desnecessidade de nomeação de curador especial decorre do sistema e vem sendo acolhido pelo STJ (AgRg no Ag 1369745/RJ, Rel. Min. Paulo de Tarso Sanseverino, 3.ª T., *DJe* 16.04.2012; AgRg no Ag 1415049/RJ, Rel. Min. Maria Isabel Gallotti, 4.ª T., *DJe* 17.05.2012; AgRg no Ag 1410673/RJ, Rel. Min. Marco Buzzi, 4.ª T., *DJe* 29.10.2014; AgRg no REsp 1478366/RJ, Rel. Min. Luis Felipe Salomão, 4.ª T., *DJe* 11.12.2014; AgRg no REsp 1416820/RJ, Rel. Min. Maria Isabel Gallotti, 4.ª T., *DJe* 05.02.2015; REsp 1370537/RJ, Rel. Min. João Otávio de Noronha, 3.ª T., *DJe* 10.03.2015).

41. Cf. DIDIER JR., Fredie. Da Interdição. *Breves Comentários ao Novo Código de Processo Civil.* 3ª ed. Wambier, Didier Jr., Talamini e Dantas (coord.). São Paulo: RT, 2016, p. 1938/1939. Assim também Fernando da Fonseca Gajardoni: GAJARDONI; DELLORE; ROQUE; OLIVEIRA JR. *Processo de Conhecimento e Cumprimento de Sentença: Comentários ao CPC de 2015.* São Paulo: Método, 2016, p. 1303. O próprio STJ resolveu a questão adequadamente em julgado mais recente: "Civil. Processual civil. Recurso especial. Impossibilidade de exercício de curadoria especial pelo Ministério Público. Munus exercido pela Defensoria Pública. [...] Diante da incompatibilidade entre o exercício concomitante das funções de *custos legis* e de curador especial, cabe à Defensoria Pública o exercício de curadoria especial nas ações de interdição. Precedentes" (REsp 1651165/SP, Rel. Ministra Nancy Andrighi, Terceira Turma, julgado em 19/09/2017, DJe 26/09/2017). Mas ainda há sinalização de que a questão não está adequadamente compreendida: "Agravo interno. Processual civil. Legitimidade do parquet estadual para interpor recurso em face de decisão de ministro de tribunal superior. Reconhecimento. Intervenção do ministério público em feito de interdição. Designação de curador especial. Tem por pressuposto a presença de conflito de interesses entre o incapaz e seu representante legal. No procedimento de interdição não requerido pelo Ministério Público, quem age em defesa do suposto incapaz é o órgão ministerial.1. A Corte Especial, por ocasião do julgamento dos EREsp 1.327.573/RJ, revendo sua jurisprudência, por maioria, redatora do acórdão a Ministra Nancy Andrighi, perfilhou entendimento acerca da possibilidade de atuação, no âmbito do STJ, paralela do MP estadual - que atua, nos feitos oriundos da Justiça estadual, na pessoa do Procurador-Geral, como parte e o MPF como fiscal da lei. 2. A designação de curador especial tem por pressuposto a presença do conflito de interesses entre o incapaz e seu representante legal. No procedimento de interdição não requerido pelo

Um ponto que não encontra regra expressa é a participação do Ministério Público como fiscal da ordem jurídica na entrevista[42], já que, se for o autor da ação, sua intimação para o ato é imprescindível em razão da posição processual ocupada. Já como fiscal da ordem jurídica, não há dúvidas de que sua intervenção é obrigatória, seja por força do art. 178, II, CPC, seja por conta do art. 752, § 1º, CPC. Entretanto, o problema está no momento em que deve ocorrer essa intervenção, isto é, a partir de qual ato procedimental deve ocorrer a intimação para sua atuação, já que o art. 179, I, CPC, dispõe que "nos casos de intervenção como fiscal da ordem jurídica, o Ministério Público terá vista dos autos depois das partes, sendo intimado de todos os atos do processo". Essa regra significa, ordinariamente, que a intervenção só se dê após o prazo da resposta do réu[43] ou réplica no procedimento comum, ainda que na prática não seja incomum se ver intimação para que o Ministério Público se manifeste, por exemplo, sobre o pedido de tutela antecipada, o que é equivocado tecnicamente. A própria redação do art. 752, CPC, revela que a sistemática adotada é a mesma já prevista como regra geral no art. 179, I, CPC, ao dispor sobre a intervenção em um parágrafo do artigo que trata do prazo para a impugnação do pedido de interdição. Parece, portanto, de acordo com a sistemática prevista no CPC, que a intimação do Ministério Público para o ato da entrevista, como fiscal da ordem jurídica, não é obrigatória, ainda que se mostre conveniente para a instrução do processo e seja usual na prática. Caso se entenda que, com a previsão do art. 87 do Estatuto da Pessoa com Deficiência, o Ministério

---

Ministério Público, quem age em defesa do suposto incapaz é o órgão ministerial e, portanto, resguardados os interesses interditando, não se justifica a nomeação de curador especial. (REsp 1099458/PR, Rel. Ministra Maria Isabel Gallotti, Quarta Turma, julgado em 02/12/2014, DJe 10/12/2014) 3. No tocante à invocação do art. 3º Lei 8.906/1994 e do art. 4º da Lei Complementar n. 80/1994 – que elenca as funções institucionais da Defensoria – são impertinentes para a solução da controvérsia, pois, como observado na decisão ora agravada, a designação de curador especial – atividade institucional, que pode ser exercida pela Defensoria Pública – tem por pressuposto a presença de conflito de interesses entre o incapaz e seu representante legal. 4. Agravo interno não provido" (AgInt nos EDcl no REsp 1604162/SP, Rel. Ministro Luis Felipe Salomão, Quarta Turma, julgado em 14/02/2017, DJe 20/02/2017).

42. Sobre a necessidade dessa intimação na vigência CPC anterior: CASTRO FILHO, José Olympio de. *Comentários ao Código de Processo* Civil. 4ª ed. Rio de Janeiro: Forense, 1995, p. 188. Vol. X. No atual CPC: DIDIER JR., Fredie. Da Interdição. *Breves Comentários ao Novo Código de Processo Civil*. 3ª ed. Wambier, Didier Jr., Talamini e Dantas (coord.). São Paulo: RT, 2016, p. 1936. MARCATO, Antonio Carlos. *Procedimentos Especiais*. 16ª ed. São Paulo: Atlas, 2016, p. 414.

43. Cf. MACHADO, Antônio Cláudio da Costa. *A Intervenção do Ministério Público no Processo Civil Brasileiro*. 2ª ed. São Paulo: Saraiva, 1998, p. 441.

Público intervirá no processo de interdição sempre antes da nomeação de curador provisório, antecipando-se, portanto, o momento processual em que se dá sua atuação, há que se reconhecer inevitavelmente a necessidade de sua participação em todos os atos do processo desde então, inclusive da entrevista. Entretanto, sendo um ato instrutório, com a entrevista recebendo a amplitude e a relevância conferidas pela lei e pela prática forense, parece-nos que se lhe deva conferir a possibilidade de ampla participação, assim como de todos os sujeitos interessados[44].

Com efeito, a entrevista é um ato processual que concentra diversas possibilidades, tanto de defesa quanto de prova, não podendo ser considerado um ato privativo do juiz, como se no processo houvesse campo para instrução secreta. Mesmo à época em que se debatia sobre o alcance do contraditório na jurisdição voluntária, já se considerava que o processo de interdição exigia ampla participação precisamente em razão da sua finalidade e da averiguação fática necessária[45]. Trata-se, portanto, de ato que deve contar com a participação de todos os interessados já identificados nessa fase do processo.

Por fim, registre-se que, além de a doutrina majoritária se manifestar pela imprescindibilidade da entrevista, o Superior Tribunal de Justiça também assim se pronunciou em julgado recente e em termos enfáticos: "Processual civil e civil. Recurso especial. Ação de interdição. Ausência de interrogatório. Ausência de nomeação de curador à lide. Inviabilidade. Nulidade. A ação de interdição é o meio através do qual é declarada a incapacidade civil de uma pessoa e nomeado curador, desde que fique demonstrada a incapacidade para praticar os atos da vida civil do interditando. A questão que exsurge nesse recurso é julgar se a ausência de nomeação de curador à lide e de interrogatório do interditando dão ensejo à nulidade do processo de interdição. A participação do Ministério Público como *custos legis* em ação de interdição não supre a ausência de nomeação de curador à lide,

44. "Como ato probatório essencial do processo de interdição, não podem o requerente, o advogado do requerido e o Ministério Público ou o curador à líder ser privados de assistirem e participarem desse exame, exercendo não o direito de reperguntas, mas também fazendo observações que o juiz deverá consignar no respectivo termo, tudo igual como em qualquer inspeção judicial" (GRECO, Leonardo. *Jurisdição Voluntária Moderna*. São Paulo: Dialética, 2003, p. 113/114). Também apontando a necessidade de amplo contraditório na entrevista: TESHEINER, José Maria Rosa. *Jurisdição Voluntária*. Rio de Janeiro: Aide, 1992, p. 97/98.

45. Cf. CARNELUTTI, Francesco. *Diritto e Processo*. Napoli: Morano, 1958, p. 393/395.

devido à antinomia existente entre as funções de fiscal da lei e representante dos interesses do interditando. O interrogatório do interditando é medida que garante o contraditório e a ampla defesa de pessoa que se encontra em presumido estado de vulnerabilidade. São intangíveis as regras processuais que cuidam do direito de defesa do interditando, especialmente quando se trata de reconhecer a incapacidade e restringir direitos. Recurso especial provido para nulificar o processo"[46].

46. REsp 1686161/SP, Rel. Ministra Nancy Andrighi, Terceira Turma, julgado em 12/09/2017, DJe 15/09/2017. Em seu voto, a Relatora teceu as seguintes considerações: "Via de regra, esta Corte exige a demonstração de prejuízo gerado por supressão de ato processual previsto em lei para que fique consubstanciada a nulidade. Entretanto, tal entendimento não é aplicável à hipótese específica da ausência de nomeação de curador à lide em processo de interdição, devido à vulnerabilidade presumida do interditando e à gravidade da declaração e constituição de estado de incapacidade. Não é admissível que seja suprimida, em ação de interdição, medida que visa ampliar a proteção do interditando. Assim, considero a ausência de nomeação de curador à lide vício insanável cuja consequência é a nulidade absoluta do processo de interdição. [...] É importante que o juiz proceda ao exame pessoal por meio de interrogatório, ainda que não possua conhecimentos que permitam a elaboração de um diagnóstico. Isso, pois o exame pessoal não visa só a definição do estado biológico do interditando, mas, principalmente, a verificação de seus laços afetivos, suas condições materiais e cognitivas, a forma como se relaciona e se comporta em sociedade e, principalmente, sua opinião acerca da interdição e sua relação com quem se pretende curador. Tanto é importante o interrogatório, que o Novo Código de Processo Civil reformou o instituto, que passou a ser chamado de "entrevista", ampliando os temas a serem perquiridos pelo juiz quando do exame pessoal, para que o interditando, sujeito de direito mais importante da demanda, seja melhor compreendido e ressignificado. O exame a ser feito mediante interrogatório em audiência pessoalmente pelo juiz não é, portanto, mera formalidade. Ao contrário, é medida que garante a participação e a própria defesa do interditando no processo. Aliás, é também medida de humanização do trabalho judicial, que poderá, com habilidade e dedicação, conhecer de fatos que o processo oculta ou omite. A respeito da relativização de regras processuais em ação de interdição, com base no art. 1109, do CPC/73, já afirmei na ocasião do julgamento do REsp 623047/ RJ, de minha relatoria, Dje 07/03/2005, que intangíveis são as regras processuais que cuidam do direito de defesa da parte requerida, especialmente quando se trata de ação de interdição, de caráter indisponível e que privará o interditando da administração da sua vida. Não se extrai do art. 1.109 do CPC, portanto, autorização para que o juiz deixe de praticar os atos processuais inerentes ao procedimento, máxime quando se tratar daquele que representa o direito de defesa da parte requerida. Assim, é nula a decisão que declara a interdição sem proceder antes ao interrogatório do interditando. Assim, cuidando de ação de interdição para decidir acerca do estado da requerida, nuançada pela gravidade das consequências dessa declaração, não se admite a supressão de nenhum ato processual componente do procedimento, porque sempre destinados à proteção do interditando, máxime a inerente vulnerabilidade, aliás que se presume". Pode-se apontar esse entendimento como desdobramento de julgado mais antigo: "Processo civil. Recurso especial. Interdição. Supressão do prazo de impugnação previsto no art. 1.182 do CPC com fundamento no art. 1.109 do mesmo diploma legal. Inviabilidade. – O art. 1.109 do CPC abre a possibilidade de não se obrigar o juiz, nos procedimentos de jurisdição voluntária, à observância do critério de legalidade estrita, abertura essa, contudo, limitada ao ato de decidir, por exemplo, com base na equidade

3.3. Tomada de Decisão Apoiada

Como já mencionado, o Estatuto da Pessoa com Deficiência, em seu art. 84, § 3º, faculta à pessoa que possui algum tipo de deficiência a opção pela Tomada de Decisão Apoiada (TDA), desde que, evidentemente, não haja impossibilidade de expressão da vontade. Ou seja: a TDA é uma possibilidade facultada à pessoa com deficiência plenamente capaz. Note-se, portanto, que a opção pela TDA não afeta formalmente a capacidade da pessoa, cujos atos jurídicos independem de assistência. Trata-se de medida protetiva da pessoa capaz, mas que, em razão de alguma limitação ou vulnerabilidade que não interfira em sua manifestação de vontade, opta pelo auxílio de apoiadores para a prática de determinados atos.

O art. 1.783-A, CC, regula minuciosamente a TDA, cabendo chamar a atenção para os seguintes pontos[47]: 1) a opção pelo tomada de decisão apoiada não implica qualquer grau de incapacidade; 2) a rigor, somente a pessoa com deficiência plenamente capaz pode optar pelo procedimento da TDA[48]; 3) não se trata, portanto, de processo de interdição, mas, sim, de

e na adoção da solução mais conveniente e oportuna à situação concreta. – Isso não quer dizer que a liberdade ofertada pela lei processual se aplique à prática de atos procedimentais, máxime quando se tratar daquele que representa o direito de defesa do interditando. Recurso especial provido" (REsp 623.047/RJ, Rel. Ministra Nancy Andrighi, Terceira Turma, julgado em 14/12/2004, DJ 07/03/2005, p. 250).

47. Cf. amplamente: FARIAS, Cristiano Chaves de. ROSENVALD, Nelson. *Curso de Direito Civil: Famílias*. 10ª ed. São Paulo: Juspodivm, 2018, p. 946/951. Vol. 6.

48. Há entendimento no sentido de que todos os legitimados para a curatela podem requerer o TDA FARIAS, Cristiano Chaves de. ROSENVALD, Nelson. *Curso de Direito Civil: Famílias*. 10ª ed. São Paulo: Juspodivm, 2018, p. 949/950. Vol. 6), o que não parece correto, já que se trata de pessoa plenamente capaz cuidando de direito próprio e personalíssimo, sendo necessário seu ato volitivo para que incida esse específico regime jurídico. O Superior Tribunal de Justiça já julgou o tema e entendeu ser exclusiva a legitimidade ativa: "Recurso especial. Civil e processual civil. Estatuto da pessoa com deficiência. Ausência de prequestionamento. Súmula 7/STJ. Ação de interdição. Audiência de interrogatório ou entrevista. Intervenção do Ministério Público. Desnecessidade. Curador especial. Intimação pessoal. Necessidade. Nulidade. Dever de demonstração de prejuízo. Audiência de instrução. Comparecimento do interditando. Desnecessidade. Tomada de decisão apoiada. Fixação de ofício pelo juiz. Impossibilidade. Necessidade de requerimento. Pessoa com deficiência. Legitimidade exclusiva. Curatela compartilhada. Fixação de ofício pelo juiz. Impossibilidade. Obrigatoriedade. Ausência. 1- Recurso especial interposto em 17/8/2018 e concluso ao gabinete em 14/3/2019. 2- O propósito recursal consiste em dizer se: a) é nula a convalidação de atos processuais sem o deferimento de nova vista ao curador especial; b) foi indevida a nomeação de curadora ao interditado em virtude da existência de conflito de interesses; c) é obrigatória a redução a termo das perguntas e respostas efetivadas em audiência de instrução; d) o acórdão considerou mero atestado médico como laudo pericial; e) há nulidade por ter o Tribunal estadual negado a realização de

procedimento de jurisdição voluntária específico, com aplicação supletiva das disposições gerais (por política legislativa, o procedimento é judicial,

---

perícia pleiteada pelo curador especial; f) o curador especial, em ação de interdição, deve ser prévia e pessoalmente intimado da designação da audiência de instrução, sob pena de nulidade; g) é obrigatória a presença do interditando na audiência de instrução; h) na ação de interdição, é obrigatória a participação do Ministério Público, de defensor e de curador especial na audiência de interrogatório ou entrevista; e i) é obrigatória a fixação pelo juiz, de ofício, das medidas de tomada de decisão apoiada e de curatela compartilhada. 3- No que diz respeito às teses relativas (a) à existência de conflito de interesses entre curador e curatelado, (b) à nulidade em virtude da não redução a termo das perguntas e respostas efetivadas em audiência, (c) à impossibilidade de convalidação de atos processuais sem o deferimento de nova vista ao curador especial, (d) à nulidade em virtude da ausência de participação de defensor na audiência de interrogatório, (e) à negativa de realização de perícia pleiteada pelo curador especial e (f) à necessidade de nomeação de curador especial para o interrogatório do interditando, tem-se, no ponto, inviável o debate, porquanto não se observa o indispensável prequestionamento. 4- Derruir a conclusão a que chegou o Tribunal a quo, verificando se foi ou não realizada perícia judicial, demandaria o revolvimento de fatos e provas, o que é vedado pelo enunciado da Súmula 7 do STJ. 5- Não há que se falar em nulidade do processo por ausência de intervenção do Ministério Público na audiência de interrogatório, seja porque o Parquet foi devidamente intimado, dando-se por ciente, seja porque não houve demonstração de efetivo prejuízo. 6- Na ação de interdição, é imprescindível a constituição de advogado ou nomeação de curador especial ao interditando, porquanto não se admite processo de interdição sem defesa. 7- Nomeado curador especial, é necessária a sua intimação pessoal para a prática dos atos processuais. 8- Esta Corte Superior perfilha o entendimento de que "mesmo nas hipóteses em que se configuram os vícios mais graves, como é a nulidade por falta de intimação pessoal do curador especial, eles serão reconhecidos somente quando devidamente demonstrado o prejuízo suportado pela parte, em homenagem ao princípio da pas de nullité sans grief" (AgInt no REsp 1720264/MG, julgado em 11/09/2018, DJe 21/09/2018). 9- O exame sobre a ocorrência de prejuízo deve se circunscrever apenas ao ato de intimação e à sua validade, devendo-se perquirir somente se a intimação efetivada por meio oficial distinto daquele previsto em lei impediu a ciência inequívoca da decisão pela parte. 10- Não restando demonstrado o prejuízo suportado em virtude da alegada ausência de intimação pessoal, não há como se reconhecer a apontada nulidade. 11- Na ação de interdição, muito embora seja possível a convocação do interditando, não é obrigatório o seu comparecimento na audiência de instrução, máxime tendo em vista que este já foi interrogado anteriormente em audiência. 12- Conforme se extrai da interpretação sistemática dos parágrafos § 1°, § 2° e § 3° do Art. 1.783-A, a tomada de decisão apoiada exige requerimento da pessoa com deficiência, que detém a legitimidade exclusiva para pleitear a implementação da medida, não sendo possível a sua instituição de ofício pelo juiz. 13- A curatela compartilhada é instituto desenvolvido pela jurisprudência que visa facilitar o desempenho da curatela ao atribuir o munus a mais de um curador simultaneamente. 14- Muito embora as normas jurídicas e os entendimentos fixados acerca da guarda compartilhada devam servir de norte interpretativo para a exata compreensão e aplicação da curatela compartilhada, deve-se respeitar não só as peculiaridades de cada instituto, mas também as disposições legislativas próprias que regulam cada uma das matérias. 15- Ao contrário do que ocorre com a guarda compartilhada, o dispositivo legal que consagra, no âmbito do direito positivo, o instituto da curatela compartilhada não impõe, obrigatória e expressamente, a sua adoção. A redação do novel art. 1.775-A do CC/2002 é hialina ao estatuir que, na nomeação de curador, o juiz "poderá" estabelecer curatela compartilhada, não havendo, portanto, peremptoriedade, mas sim facultatividade. 16- Não há obrigatoriedade na mas poderia perfeitamente ser também extrajudicial, por exemplo); 3) o pedido de tomada de decisão apoiada será formulado pelo interessado, constando termo com os limites do apoio a ser oferecido e os compromissos dos apoiadores, que deverão ser expressamente indicados, incluindo o prazo de vigência do acordo e o respeito à vontade, aos direitos e aos interesses da pessoa que devem apoiar; 4) recebido o pedido, o juiz constituirá equipe multidisciplinar para ouvir o interessado e as pessoas que prestarão o apoio, podendo ser determinada perícia; 5) prevê-se a intervenção do Ministério Público, mas há aqui três questões a se discutir: 5.1) por se tratar de capacidade plena somente deve haver intervenção do Ministério Público se se tratar de TDA que envolva direitos indisponíveis, isto é, o apoio pleiteado se dê para a prática de atos jurídicos que envolvam direitos indisponíveis, não havendo necessidade de intervenção automática em todos os casos; 5.2) entretanto, seguindo a linha de pensamento já exposta em outras passagens deste texto, quando há regra expressa prevendo a intervenção do Ministério Público, a intimação será obrigatória, ainda que não haja efetiva atuação no processo; 5.3) o momento procedimental previsto para o pronunciamento do Ministério Público é prematuro, parecendo-nos que se deva intimá-lo para participar da oitiva, mas sua manifestação deverá ser posterior a esse ato, já que serão colhidos os elementos necessários para a análise completa dos fatos; 6) o pedido será julgado por sentença, sendo cabível o recurso de apelação; 7) havendo dissenso entre os apoiadores, poderá haver suprimento judicial do apoio; 8) se, no decorrer do procedimento, for constatada incapacidade do interessado poderá ser convertido o processo em interdição, com as adaptações procedimentais necessárias, incluindo a intervenção obrigatória do Ministério Público e, se for o caso, as adaptações subjetivas e objetivas[49]; 9) o apoiador poderá ser destituído,

fixação da curatela compartilhada, o que só deve ocorrer quando (a) ambos os genitores apresentarem interesse no exercício da curatela, (b) revelarem-se aptos ao exercício do *munus* e (c) o juiz, a partir das circunstâncias fáticas da demanda, considerar que a medida é a que melhor resguarda os interesses do curatelado. 17- Em virtude do caráter rebus sic stantibus da decisão relativa à curatela, não há óbice a que se pleiteie, nas vias ordinárias, a fixação da curatela compartilhada ou que, futuramente, comprovada a inaptidão superveniente da curadora para o exercício do *munus*, o decisum proferido neste feito venha a ser modificado.18- Recurso especial conhecido em parte e, nesta extensão, não provido" (REsp n. 1.795.395/MT, relatora Ministra Nancy Andrighi, Terceira Turma, julgado em 4/5/2021, DJe de 6/5/2021).

49. Em sentido contrário: GUEDES, Jefferson Carús. *Comentários ao Código de Processo Civil.* Marinoni, Arenhart e Mitidiero (coord.). São Paulo: RT, 2016, p. 474. Vol. 11. Assim se pronuncia o referido autor: Não são nem fungíveis, nem conversíveis entre si a *interdição*

por meio de procedimento próprio ou, se possível, simples petição; 10) a qualquer tempo, a pessoa apoiada pode desistir da TDA; 11) o apoiador pode pedir ao juiz sua exclusão também a qualquer tempo; 12) os apoiadores deverão prestar contas anualmente; 13) deve ser aplicado o disposto no art. 755, § 3º, CPC, ao regime da TDA[50].

Do mesmo modo que o procedimento de TDA pode redundar em processo de curatela, se identificada hipótese de incapacidade, o processo de interdição pode ser convertido em procedimento de TDA[51], se constatada

---

e *tomada de decisão apoiada*, em que pese a complementariedade ou a característica comum de procedimentos de jurisdição voluntária; podem ser prejudiciais entre si, mas a improcedência de um pode abrir espaço à propositura de outro, consideradas as razões da rejeição do pedido em cada caso. Entretanto o processamento simultâneo dos procedimentos (de *interdição* e de *tomada de decisão apoiada*) pode motivar a reunião e o julgamento conjunto de processos mesmo sem ocorrência de conexão ou continência (arts. 55 e 56), para a preservação da coerência decisória (art. 55, § 3.º). A coexistência desses institutos, portanto, aumenta o leque de possibilidades que o deficiente físico ou mental tem em promover atos de guarda e de tomada de decisões, restando ao deficiente ou às próprias pessoas que o circundam optar pela forma mais adequada ao caso concreto. Em face disso, não há que se falar em impossibilidade de coexistência desses institutos, mas sim de harmonia"; na nota de rodapé nº 948, na mesma página citada, prossegue: Improvável que se cogite de conexão (art. 55) entre os dois procedimentos de *interdição* e de *tomada de decisão apoiada*, visto possuírem causas de pedir que são diversas e pedidos também diferentes; a continência não se revela possível, pela mesma razão final da diferença entre pedidos nos dois procedimentos e pela diversidade de 'partes'. Mesmo assim, havendo coincidência temporal de procedimentos de *interdição* e de *tomada de decisão apoiada,* envolvendo a mesma pessoa pode ser justificável a reunião de processos de modo a prevenir o 'risco de prolação de decisões conflitantes ou contraditórias caso [sejam] decididos separadamente' (art. 55, § 3.º)".

50. ESTEVES, Diego. CRUZ, Elisa Costa. SILVA, Franklyn Roger Alves. As consequências materiais e processuais da Lei Brasileira de Inclusão da Pessoa com Deficiência e o papel da Defensoria Pública na assistência jurídica das pessoas com deficiência. *Revista de Processo nº 258*. São Paulo: RT, agosto de 2016, p. 304.

51. "Tomada de Decisão Apoiada – Decisão que deferiu, liminarmente, *curatela* provisória ao requerente – Inconformismo deste – Alegação de que suas restrições limitam-se a aspectos físicos causados por males associados à diabete, não sendo ele um incapaz, de forma que a *curatela* lhe é medida desproporcional – Acolhimento – Atestado médico trazido pelo requerente aos autos e estudo psicossocial realizado pelos setores técnicos auxiliares do juízo indicam estar o requerente com suas faculdades cognitivas integralmente preservadas, sofrendo apenas de limitação de locomoção e de visão, além de restrições decorrentes do analfabetismo – Quadro do requerente que se afasta da incapacidade civil que enseja a interdição –*Deficiência* que importa apenas em limitações no exercício do autogoverno – Constatada, ademais, existência de relação de afeto e mútua confiança entre o requerente e as duas pessoas indicadas como apoiadoras, sua companheira e sua filha – Evidenciada a probabilidade do direito invocado, de forma a afastar a *curatela* provisória e permitir a nomeação das indicadas como apoiadoras provisoriamente, até o desfecho da demanda, nos termos do art. 300 do Código de Processo Civil – Contexto fático que, a princípio, compatibiliza-se com as previsões do art. 1.783-A do Código Civil

a plena capacidade, desde que o interessado se manifeste expressamente nesse sentido[52], sempre com as adaptações procedimentais necessárias e com efetiva participação do Ministério Público, que, inclusive, pode provocar essa modificação.

Toda a atuação do Ministério Público na aplicação de medida de apoio à pessoa com deficiência, por curatela ou por tomada de decisão apoiada, foi tratada neste texto a partir da judicialização da medida adequada, mas evidentemente a atuação extrajudicial é fundamental e não raro dispensará o ajuizamento de qualquer medida de apoio, ainda que seja necessária alguma outra judicialização, já que o fundamental é a completa ciência do quadro fático, por meio de estudo social, pesquisa sobre atendimento em unidade da rede pública especializada em saúde mental, passagem por centro de assistência psicossocial, entre outras diligências essenciais[53].

– Recurso provido" (TJSP – Agravo de instrumento nº 2049735-75.2017.8.26.0000 – Relator: Rui Cascaldi – Data de publicação: 18/09/2017).

52. Lembre-se de que a legitimidade para a TDA é exclusiva e, por isso, é necessária a anuência expressa; pode-se considerar que essa modificação procedimental demandaria a iniciativa exclusiva do interessado, já que é dele a legitimidade, mas aqui se está diante da possibilidade de medida de apoio diversa da curatela e, a fim de não resultar apenas na não constituição da curatela, abre-se a possibilidade de aproveitamento dos atos já praticados, inclusive a prova técnica, passando, a partir da manifestação do interessado, à aplicação da medida mais adequada.

53. Cf. ROGAR, Erica. *O modelo social, intersetorialidade e medidas que promovem a autonomia do usuário dos serviços de saúde mental*. Dissertação de Mestrado. Universidade Federal do Rio de Janeiro, 2021 (http://objdig.ufrj.br/52/teses/924713.pdf).

7

O MINISTÉRIO PÚBLICO E A DEFESA DA PESSOA IDOSA*

1. INTRODUÇÃO

Além dos princípios fundamentais e dos dispositivos gerais sobre direitos fundamentais, a Constituição da República reserva especificamente

*. Originalmente publicado em *Ministério Público, Constituição e Acesso à Justiça: Abordagens Institucional, Cível, Coletiva e Penal da Atuação do Ministério Público*. Gregório Assagra de Almeida; Eduardo Cambi; Jairo Moreira. (Org.). 1ed. Belo Horizonte: D'Plácido, 2019, v. 1, p. 911-944. Trata-se de um texto que sintetiza ideias anteriores publicadas inicialmente no livro *A Proteção Processual dos Direitos dos Idosos: Ministério Público, Tutela de Direitos Individuais e Coletivos e Acesso à Justiça*. 2ª Ed. Rio de Janeiro: Lumen Juris, 2010 (versão comercial de minha dissertação de mestrado, cuja primeira edição é de 2007) e nos artigos O Ministério Público e a tutela jurisdicional coletiva dos direitos dos idosos. Revista da EMERJ, v. 34, p. 199-249, 2006. O Ministério Público e o Estatuto do Idoso: aspectos processuais. Revista de Processo, v. 143, p. 136-162, 2007. Atualização jurisprudencial: "Constitucional e processual civil. Recurso em mandado de segurança. Ato administrativo de autoridade judiciária. Vista ao Ministério Público de processos previdenciários que envolvam interesses de idosos ou de pessoas com deficiência. Função institucional do MP. Defesa de direitos individuais indisponíveis. Art. 176 do CPC/2015. Obrigatoriedade da intervenção do MP. Art. 74, III, do Estatuto do Idoso. Legitimidade ativa para propor ACP. Entendimento pacífico do STJ e do STF. Recurso não provido.
1. Trata-se, na origem, de Mandado de Segurança impetrado pelo recorrente contra ato supostamente ilegal do juízo singular que determinou se desse ciência ao Ministério Público, na condição de *custos legis*, de todas as ações previdenciárias ajuizadas por idosos e pessoas com deficiência.
2. A redação do art. 176 do CPC/2015 é indubitável ao afirmar que "o Ministério Público atuará na defesa da ordem jurídica, do regime democrático e dos interesses e direitos sociais e individuais indisponíveis". Por outro lado, o art. 74, II, da Lei 10.741/2003 assentou a obrigatoriedade de intervenção do Ministério Público em ações que veiculem direitos de idosos em condições de vulnerabilidade. Além disso, a Lei 75/1993, no art. 6º, VII, "a" e "c", atribuiu ao Ministério Público "a proteção dos direitos constitucionalmente estabelecidos, além da proteção dos interesses individuais indisponíveis, difusos e coletivos, relativos à criança, ao adolescente e ao idoso". Finalmente, o Estatuto da Pessoa com Deficiência, no art. 79, § 3º, determina que o Ministério Público tomará as medidas necessárias à garantia dos direitos nela previstos.
3. "O reconhecimento da legitimidade do Ministério Público para a ação civil pública em matéria previdenciária mostra-se patente tanto em face do inquestionável interesse social envolvido no assunto, como, também, em razão da inegável economia

o art. 230 para a expressa defesa das pessoas idosas[1], encontrando nos arts. 127 a 129 uma possibilidade de concretização dessa expectativa de efetividade, o que foi reforçado pela edição da Lei 10.741/2003 e, em alguma medida, pela Lei nº 13.146/2015[2]. Este trabalho pretende abordar, ainda que sinteti-

---

processual, evitando-se a proliferação de demandas individuais idênticas com resultados divergentes, com o consequente acúmulo de feitos nas instâncias do Judiciário, o que, certamente, não contribui para uma prestação jurisdicional eficiente, célere e uniforme." (REsp 1.142.630/PR, Rel. Ministra Laurita Vaz, Quinta Turma, DJe 1º/2/2011, grifou-se). 4. Mostra-se evidente, com fulcro no princípio lógico-jurídico segundo o qual "quem pode o mais, pode o menos", que, se é possível ao Ministério Público ajuizar ação própria na seara previdenciária, também lhe é devido ter vista dos autos em causas desse jaez, sobretudo quando no polo ativo se encontrarem idosos e pessoas com deficiência. 5. Recurso Ordinário não provido" (RMS 61319/GO, Rel. Min. Herman Benjamin, DJe 11/09/2020).

1. Dedicamos um trabalho mais completo sobre o tema, cuja primeira edição se deu em 2007 e a segunda em 2010, com nova tiragem em 2014: GODINHO, Robson Renault. *A Proteção Processual dos Direitos dos Idosos: Ministério Público, Tutela de Direitos Individuais e Coletivos e Acesso à Justiça.* 2ª ed., 2ª tiragem. Rio de Janeiro: Lumen Juris, 2014. Nesse trabalho, há diversas referências bibliográficas sobre o tema, além daquelas que serão feitas neste texto, mas desde logo devem ser mencionados dois estudos coletivos com pesquisas muito relevantes para a compreensão da situação dos idosos no Brasil: *Os Novos Idosos Brasileiros: muito além dos 60?* Ana Amélia Camarano (org.). IPEA, 2004, disponível em http://www.ipea.gov.br/portal/images/stories/PDFs/livros/Arq_29_Livro_Completo.pdf. *Cuidados de longa duração para a população idosa: um novo risco social a ser assumido?* Ana Amélia Camarano (org.). IPEA, 2010, também disponível na íntegra na página oficial do IPEA, onde há outros relevantes estudos: http://www.ipea.gov.br/portal/images/stories/PDFs/livros/livro_cuidados.pdf. A Associação Nacional dos Membros do Ministério Público de Defesa dos Direitos dos Idosos e Pessoas com Deficiência possui igualmente relevante repertório de fontes de informações: www.ampid.org.br.
2. Embora a pessoa idosa não seja sinônimo de incapacidade ou de deficiência, é inegável que a idade avançada provoca limitações físicas e, não raro, intelectuais e mentais relevantes para fins de proteção jurídica. Se o universo de pessoas idosas vem aumentando e, com isso, a possibilidade de haver deficiência física e mental é maior, evidentemente esse quadro exige proteção jurídica. Como ressaltam Marcelo Medeiros e Débora Diniz, mostrar a relação entre envelhecimento e deficiência é importante por várias razões: "primeiro, porque o envelhecimento vem acompanhado de algumas limitações nas capacidades físicas e, às vezes, intelectuais mas, apesar do envelhecimento crescente de quase todas as populações do mundo, na maioria delas pouco ou nada se tem feito para que essas limitações não se tornem causas de deficiências. Segundo, porque mostra que, na ausência de mudanças na forma como as sociedades organizam seu cotidiano, que todos seguem em direção a uma fase da vida em que se tornarão deficientes, o que motiva, ainda que por meio da defesa de interesses egoístas, a melhoria das políticas públicas voltadas à deficiência. Terceiro, porque lembra que a interdependência e o cuidado não são algo necessário apenas diante de situações excepcionais e sim necessidades ordinárias em vários momentos da vida de todas as pessoas. Quarto, porque a previsibilidade do envelhecimento permite entender que muito da deficiência é resultado de um contexto social e econômico que se reproduz no tempo, pois a deficiência no envelhecimento é, em parte, a expressão de desigualdades surgidas no passado e que são mantidas" (Envelhecimento e deficiência. *Os Novos Idosos Brasileiros – muito além dos 60?* Ana Amélia Camarano (org.). Rio de Janeiro: IPEA, 2004, pp. 113 e 119). A acessibilidade é sem dúvida um dos maiores problemas enfrentados pelos pessoas idosas e

camente, algumas possibilidades de atuação do Ministério Público na defesa dos direitos das pessoas idosas, sem a menor pretensão de esgotar o tema. Seu desenvolvimento seguirá as seguintes premissas básicas: 1) o Ministério Público brasileiro[3], em razão de seu perfil constitucional, é um órgão

---

pelos deficientes e a legislação brasileira cuidou de disciplinar a matéria, especialmente a partir do conceito de deficiência, mas também incluindo a pessoa idosa como merecedora de especial proteção em razão da dificuldade de locomoção. Além disso, a Lei Brasileira de Inclusão da Pessoa com Deficiência traz importantes avanços em relação à proteção da pessoa idosa e também com deficiência, especialmente nos casos sobre a capacidade civil, com profundas mudanças sobre a situação de curatela (sobre o processo de interdição e a situação de curatela, abordando inclusive a legitimidade ativa do Ministério Público e também sua intervenção como fiscal da ordem jurídica, escrevemos trabalho específico: GODINHO, Robson Renault. José Roberto F. Gouvêa; Luis Guilherme A. Bondioli; João Francisco N. da Fonseca (coord.). *Comentários ao Código de Processo Civil: Dos Procedimentos de Jurisdição Voluntária*.Vol. XIV. São Paulo: Saraiva, 2018, p. 336/452).

3. Para a formação histórica geral do Ministério Público e/ou para notícias de direito comparado, vale conferir: GARCIA, Emerson. *Ministério Público – organização, atribuições e regime jurídico.* 4ª ed. São Paulo: Saraiva, 2014. MAZZILLI, Hugo Nigro. *Regime Jurídico do Ministério Público.* 7ª ed. São Paulo: Saraiva, 2013. CARNEIRO, Paulo Cezar Pinheiro. *O Ministério Público no Processo Civil e Penal – Promotor natural, atribuição e conflito.* 6ª ed. Rio de Janeiro: Forense, 2001. LYRA, Roberto. *Teoria e Prática da Promotoria Pública.* Reimpressão. Porto Alegre: Sergio Antonio Fabris, 2001. DIAS, Mario. *Ministério Público Brasileiro* (dois volumes). 2ª ed. Rio de Janeiro: José Konfino, 1955. RITT, Eduardo. *O Ministério Público como Instrumento de Democracia e garantia constitucional.* Porto Alegre: Livraria do Advogado, 2002. SAUWEN FILHO, João Francisco. *Ministério Público Brasileiro e o Estado Democrático de Direito.* Rio de Janeiro: Renovar, 1999. PAES, José Eduardo Sabo. *O Ministério Público na Construção do Estado Democrático de Direito.* Brasília: Brasília Jurídica, 2003. RIBEIRO, Diaulas Costa. *Ministério Público – Dimensão Constitucional e Repercussão no Processo Penal.* São Paulo: Saraiva, 2003. NERY, Rosa Maria de Andrade. Notas sobre a justiça e o Ministério Público no direito da Alemanha ocidental. *Revista de Processo, n° 47.* São Paulo: RT, julho/setembro de 1987. VIGLIAR, José Marcelo Menezes. A participação do Ministério Público no processo civil. *Ministério Público – instituição e processo.* Antonio Augusto Mello de Camargo Ferraz (coord.). São Paulo: Atlas, 1997. PROENÇA, Luis Roberto. Participação do Ministério Público no processo civil nos Estados Unidos da América. *Ministério Público – instituição e processo.* Antonio Augusto Mello de Camargo Ferraz (coord.). São Paulo: Atlas, 1997. FERRAZ, Antonio Augusto Mello de Camargo. Anotações sobre os Ministérios Públicos brasileiro e americano. *Ministério Público e Afirmação da Cidadania.* São Paulo: s/ed., 1997. COSTA, Eduardo Maia. Ministério Público em Portugal. *Ministério Público II – democracia.* José Marcelo Menezes Vigliar e Ronaldo Porto Macedo Júnior (coord.). São Paulo: Atlas, 1999. SALLES, Carlos Alberto de. *A Legitimação do Ministério Público para Defesa de Direitos e Garantias Constitucionais.* Dissertação de mestrado. USP. 1992. SALLES, Carlos Alberto de. Entre a razão e a utopia: a formação histórica do Ministério Público. *Ministério Público II – democracia.* José Marcelo Menezes Vigliar e Ronaldo Porto Macedo Júnior (coord.). São Paulo: Atlas, 1999. MACEDO JÚNIOR, Ronaldo Porto. A evolução institucional do Ministério Público brasileiro. *Uma Introdução ao Estudo da Justiça.* Maria Tereza Sadek (org.). São Paulo: IDESP/Sumaré, 1995. PORTO, Sérgio Gilberto. *Sobre o Ministério Público no Processo Não-Criminal.* 2ª ed. Rio de Janeiro: Aide, 1998. ARANTES, Rogério Bastos. *Ministério Público e Política no Brasil.* São Paulo: IDESP/EDUC/Sumaré, 2002. ALVES, RUFINO e SILVA (org.). *Funções Institucionais do Ministério Público.* São Paulo: Saraiva, 2001. FARIA, ALVES e ROSENVALD (org.). *Temas Atuais do Ministério Público.* 3ª ed. Salvador: Juspodivm, 2012. JATAHY, Carlos Roberto de C. *O*

precipuamente destinado à tutela de direitos; 2) a atividade-fim do Ministério Público, portanto, é sempre contribuir para a realização dos direitos sociais e/ou indisponíveis; 3) nessa medida, o Ministério Público figura como importante componente estatal para o efetivo acesso à justiça, contribuindo para a realização do Estado Democrático de Direito; 4) o Ministério Público pode tutelar direitos por meio de sua atuação extrajudicial e judicial, seja como interveniente ou como agente.

O Ministério Público efetivamente pode contribuir para o acesso à justiça e, consequentemente, para a tutela de direitos, mas qualquer traço de ufanismo deve ser evitado, já que a consciência das limitações e das dificuldades é requisito imprescindível para o constante desenvolvimento institucional. Ou seja: a contribuição que o Ministério Público pode oferecer para o acesso à justiça é tão fundamental quanto limitada, sobretudo porque condicionada a balizamentos estruturais que ultrapassam o gizamento da própria Instituição[4].

Ministério Público e o Estado Democrático de Direito: perspectivas constitucionais de atuação institucional. Rio de Janeiro: Lumen Juris, 2007. RODRIGUES, João Gaspar. *Ministério Público Resolutivo: um novo perfil institucional*. Porto Alegre: Sergio Antonio Fabris, 2012. SACCO, Ricardo Ferreira. *Constitucionalismo e Ministério Público*. Belo Horizonte: mandamentos, 2008. MACHADO, Bruno Amaral. *Ministério Público: organização, representação e trajetórias*. Curitiba: Juruá, 2007. RIBEIRO, Carlos Vinícius Alves (org.). *Ministério Público: reflexões sobre princípios e funções institucionais*. São Paulo: Atlas, 2009. ALMEIDA, Gregório Assagra. SOARES JÚNIOR, Jarbas. *Teoria Geral do Ministério* Público. Belo Horizonte: Del Rey, 2013; SABELLA, POZZO e BURLE FILHO (coord.). *Ministério Público: vinte e cinco anos do novo perfil* constitucional. São Paulo: Malheiros, 2013. GOULART, Marcelo Pedroso. *Elementos para uma Teoria Geral do Ministério Público*. Belo Horizonte: Arraes, 2013. GODINHO, Robson Renault. COSTA, Susana Henriques da. (coord.). *Ministério* Público. 2ª ed. Salvador: Juspodivm, 2017. Convém mencionar interessante livro que oferece um panorama comparado: DIAS e AZEVEDO (coord.). *O Papel do Ministério Público: estudo comparado dos países latino-americanos*. Coimbra: Almedina, 2008. Para uma visão crítica e interdisciplinar: ARANTES, Rogério Bastos. *Ministério Público e Política no Brasil*. São Paulo: IDESP/EDUC/Sumaré, 2002. SILVA, Cátia Aida Pereira da. *Justiça em Jogo: novas facetas da atuação dos Promotores de* Justiça. São Paulo: Edusp, 2001. KERCHE, Fábio. *Virtude e Limites: autonomia e atribuições do Ministério Público no Brasil*. São Paulo: Edusp, 2009.

4. A consciência das limitações e das dificuldades é requisito imprescindível para o constante desenvolvimento institucional. A autossuficiência é inimiga do aperfeiçoamento institucional. O otimismo exagerado revela prepotência e invariavelmente é um prenúncio de decepcionante desempenho. O desejo de onipotência só pode resultar em prejuízos para o Ministério Público e para a sociedade. É oportuna a transcrição do seguinte trecho de autoria de Barbosa Moreira, "o que não podemos é ser desmedidamente ambiciosos. Acalentar expectativas altas demais expõe-nos ao perigo de cair com facilidade em negativismo extremado. Nutre-se o pessimismo, com frequência, da amargura causada pela decepção: convencidos de ser inatingível o ideal, que ingenuamente supuséramos ao alcance da nossa mão, passamos a descrer da possibilidade de dar quaisquer passos, pequenos que sejam, na direção daquele. A ilusão da onipotência torna-se a véspera do

Nos itens seguintes, analisaremos a atuação do Ministério Público na tutela dos direitos das pessoas idosas, como órgão interveniente e como agente, na defesa de direitos individuais indisponíveis e transindividuais.

2. ATUAÇÃO COMO FISCAL DA ORDEM JURÍDICA NO ESTATUTO DA PESSOA IDOSA

A rigor, poucas modificações estruturais ocorreram com a edição do novo CPC[5] na disciplina do Ministério Público, que, assim como em outras passagens, preocupou-se em ser pedagógico ao reproduzir normas constitucionais a fim de que, paradoxalmente, a consagração infraconstitucional sirva à efetividade da Constituição. Basta ter em conta a preocupação legislativa em explicar como se devem concretizar o princípio do contraditório e o devido processo legal, como nos artigos 9º, 10 e 489, § 1º, entre outros, para se constatar essa opção pela reprodução ou detalhamento de normas constitucionais. Por ser o primeiro Código debatido e editado em regime democrático, é natural essa opção pela expressa e didática constitucionalização das disposições processuais, sobretudo quando se revela cada vez mais necessária a afirmação insistente e reiterada, aproximando-se do truísmo, de normas constitucionais em um ambiente em que há um déficit de concretização de tais comandos.

Esse objetivo legislativo de adaptação do processo civil à Constituição evidentemente abrange também o Ministério Público em sua disciplina específica nos artigos 176 e 177 do novo Código.

E aqui está a unidade hermenêutica que didaticamente o novo CPC impõe para a análise de qualquer tema relacionado ao Ministério Público no processo civil: sua atuação somente se justifica a partir do que está estabelecido nos arts. 127 e 129 da Constituição da República.

---

cepticismo integral. Destarte, não poucas vezes, o talento do progressista desencantado acaba paradoxalmente posto a serviço do mais empedernido conservadorismo" (Efetividade do processo e técnica processual. *Temas de Direito Processual* (Sexta Série). São Paulo: Saraiva, 1997, p. 21).

5. Refiro-me à ausência de mudanças profundas diretamente relacionadas à disciplina específica do Ministério Público, já que o novo Código de Processo Civil, se analisado o conjunto de normas, apresenta indiscutíveis modificações estruturais e paradigmáticas.

Toda análise da atuação e da participação do Ministério Público no processo civil (e, claro, também extraprocessualmente), seja como agente, seja como interveniente, necessariamente deverá partir dessa ideia básica de ser constitucionalmente autorizada.

Essa obviedade é necessária e deve ser repetida à exaustão, sob pena de o hábito atávico - que enseja a inércia da reflexão e a repetição automática de comportamentos - obnubilar qualquer avanço institucional, permanecendo o Ministério Público em sua relativa quietude no processo civil como interveniente, afastando-se inexoravelmente dos balizamentos constitucionais.

Isso significa que mesmo algumas funções tradicionais do Ministério Público, que há décadas são exercidas irrefletidamente, devem ser revistas sob essa perspectiva, não cabendo mais a mera repetição de atuações burocráticas que são normalmente atribuídas a uma tradição inventada e se perpetuam como se fossem situações ontológicas.

Uma forma de atuação bastante negligenciada quando se pensa o Ministério Público moderno é exatamente a intervenção como fiscal da ordem jurídica[6]. É um grave desvio de perspectiva entender que essa for-

6. O novo CPC traz importantes modificações na atividade interventiva do Ministério Público no processo civil, a começar pela denominação "fiscal da ordem jurídica". Basicamente, são as seguintes as inovações mais relevantes: 1) reprodução do artigo 127 da Constituição, tornando claramente didática a definição da regra-matriz que inspira a atuação do Ministério Público; 2) não repetição das referências às ações de estado, disposições de última vontade e à ausência; 3) intervenção em ações de família somente quando presentes incapazes (art. 698); 4) expressa referência às hipóteses de intervenção do art. 178, quando se tratar também de jurisdição voluntária (art. 721); 5) fixação de prazos próprios e modificação na forma de fixação e contagem de prazos; 6) previsão de responsabilidade por ilícito processual; 7) expressas disposições sobre a possibilidade de suscitar incompetência relativa e requerer desconsideração da personalidade jurídica; 8) clara definição do papel do Ministério Público como fiscal da ordem jurídica, sem qualquer similitude com a figura de curador especial; 9) necessidade de intervenção em caso de litígio coletivo pela posse rural ou urbana; 10) intervenção obrigatória em casos de incidente de resolução de demandas repetitivas e também no incidente de assunção de competência, por ser obrigatória sua intervenção na formação de precedentes obrigatórios; 11) procedimento específico para a citação de pessoas com deficiência; 12) decretação de invalidade pela ausência de intervenção apenas após a intimação do Ministério Público, que se manifestará sobre a existência ou não de prejuízo; 13) na ação rescisória, somente haverá intervenção se igualmente estiverem presentes as hipóteses do artigo 178, conforme expressa previsão do artigo 967, parágrafo único, encerrando-se a dúvida acerca da obrigatoriedade de sua oitiva; parece, porém, que também se faz necessária a intervenção no caso de a decisão rescindenda decorrer de simulação ou de colusão das partes, a fim de fraudar a lei, porque, se a lei lhe confere para legitimidade para agir nesse caso (artigo 967, III, b), estabelece-se uma hipótese

ma de atuação não serve para tutelar direitos ou que não possui a mesma relevância que qualquer outra modalidade. Não bastassem outros motivos, o fato é que a intervenção como fiscal da ordem jurídica pode afetar imensamente a atuação do Ministério Público como legitimado ativo[7], o que por si só justifica uma preocupação específica com essa atuação que frequentemente se mostra exercida de modo anacrônico.

Em razão do perfil constitucional que indica uma atuação mais ativa, a intervenção do Ministério Público na condição de fiscal da ordem jurídica vem sendo fortemente questionada há anos, dando origem ao que se convencionou denominar de racionalização da intervenção no processo civil. Busca-se evitar que a função do membro do Ministério Público se resuma ao que foi denominado de "parecerismo", entendido como o "fenômeno pelo qual os promotores de justiça passam a elaborar pareceres cada vez mais em tudo semelhantes a sentenças judiciais, atendendo a todos requisitos

evidente de interesse público; 14) como o recurso de apelação somente passará pelo juízo de admissibilidade no Tribunal competente (artigo 1010, §3º), também não haverá necessidade de qualquer pronunciamento como *custos legis* após a prolação da sentença do órgão que atua em primeiro grau, acabando, enfim, como que foi denominado de "parecer recursal", sem prejuízo de ser necessária a atuação nos casos em que for possível o juízo de retratação do juiz; 15) o artigo 190 do novo CPC permite a formação de negócios processuais atípicos e o Ministério Público como fiscal da ordem jurídica - e, com mais razão, quando atuar como parte - poderá propor ou participar dessas convenções, sendo potencialmente atingido por essa mudança paradigmática e devendo se preparar para explorar adequadamente suas potencialidades.

7. "Recurso especial. Ação civil pública. Ministério Público. Pretensão de invalidar registros imobiliários. Anterior ação de desapropriação indireta com sentença de mérito transitada em julgado. Coisa julgada material. Ausência de interesse processual de agir. Modalidade adequação-utilidade. Recurso não provido. 1- Após intervir, na condição de fiscal da lei, nas fases de conhecimento, liquidação e execução do processo de desapropriação indireta entre os recorridos e a Terracap, o Ministério Público do Distrito Federal busca com a presente demanda, ultrapassado o lapso decadencial da ação rescisória, desconstituir a coisa julgada material nele formada, ao argumento de preservar o "sistema registrário". 2- À semelhança do que se observa com a litispendência, a identidade de partes nas demandas coletivas não se atêm, no que diz respeito à coisa julgada, aos estreitos limites do art. 301, § 2º, do CPC, de modo que, seja atuando como substituto processual na presente ação, seja atuando como *custos legis* na demanda anterior, o recorrente, de fato, participou ativamente de todas as fases e graus de jurisdição, o que identifica ambas as ações também pela unidade de propósito a que fora chamado a resguardar: a defesa da ordem jurídica (CF, art. 127, caput). Sujeita-se, portanto, o Ministério Público à coisa julgada nela produzida. [...]" (REsp 1155793/DF, Rel. Ministra Maria Isabel Gallotti, Quarta Turma, julgado em 01/10/2013, DJe 11/10/2013). No STF tema correlato está pendente de julgamento e foi afetado como repercussão geral (ARE 780152).

formais de uma sentença e esquecendo-se, por vezes, da própria finalidade com que intervinham no feito"[8].

Não há dúvidas de que a intervenção como *custos legis* deve ser redimensionada, mas nos parece que também há uma resistência injustificada a esse tipo de atuação, já que, inclusive por meio dela, é possível a tutela de direitos. Na realidade, exige-se uma nova compreensão de uma antiga função, não sendo mais compatível uma postura passiva e contemplativa do evolver processual[9].

Não só as hipóteses que ensejam a intervenção do Ministério Público e o número de órgãos que possuam atribuição exclusivamente interveniente devem ser objeto de profunda reflexão, mas também o modo como se deve dar essa participação no processo.

É necessária uma postura mais ativa também na função de interveniente[10], com efetiva participação na instrução do processo, na fase de saneamento e com formulação de pedido de antecipação dos efeitos da

---

8. MACEDO JÚNIOR, Ronaldo Porto. A evolução institucional do Ministério Público brasileiro. *Uma Introdução ao Estudo da Justiça*. Maria Tereza Sadek (org.). São Paulo: IDESP/Sumaré, 1995, p. 44. Prossegue o autor: "Importa, todavia, apontar para um dado importante para a compreensão deste papel, de aparente 'assessor do juiz' no processo judicial (especialmente no cível). O Poder Judiciário de primeiro grau está organizado de tal modo que todo o poder da decisão repousa sobre a decisão de um juízo monocrático [...] Dentro dessa engenharia institucional, o promotor de justiça sempre representou um importante contrapeso contra a possível arbitrariedade do magistrado, situação particularmente verdadeira se lembrarmos que, em nosso sistema judicial, especialmente em cidades pequenas, os advogados contam com pouca possibilidade real de conflitarem com atitudes e decisões dos magistrados, sob pena de se indisporem e comprometerem sua própria sobrevivência profissional. Neste sentido, a atribuição de 'fiscal da lei' significa concreta e salutarmente ser o promotor de justiça um 'fiscal do juiz'" (p. 45).

9. Sobre a relação entre a atividade interventiva e a repercussão na legitimidade ativa do Ministério Público, vale conferir o REsp 1155793/DF, Rel. Ministra Maria Isabel Gallotti, Quarta Turma, julgado em 01/10/2013, DJe 11/10/2013.

10. Em estudo publicado há mais de sessenta anos, Enrico Allorio assim se pronunciou: "séame consentido expresar mi esperanza de que la intervención del Ministerio Público en el proceso civil, ya que no extenderse en superficie,mejorará cualitativamente: de manera que, en los procesos en que intervenga, el Ministerio Público preste a la causa una atención diligente, participando ya en la fase instructoria, concluyendo por escrito y motivadamente, desplegando, en suma, las iniciativas que puedan impedir que su participación en el juicio quede reducida a mera formalidad", afirmando ao final que, em tempos complexos, instituições como o Ministério Público "mantienen encendida, en las tempestades, la antorcha de la justicia como principio moral del Estado, para transmitirla resplandeciente a un futuro más sereno" (El Ministerio Público. *Problemas de Derecho Procesal*. Vol. I. Santiago Sentís Melendo (trad.). Buenos Aires: EJEA, 1963, p. 437).

tutela provisória, além de capacitação para contribuir com a mediação e conciliação.

Ainda nessa exemplificação de posturas ativas na atividade interventiva, merece especial registro a aposta do novo CPC na fase de saneamento (artigo 357), ocasião em que o Ministério Público poderá intervir de modo relevante no processo. Nesse particular, não é incomum verificar na prática forense que o juiz somente se lembre de intimar o Ministério Público próximo da audiência de instrução e julgamento ou mesmo antes da sentença, isto é, após o saneamento. Nessas situações, com base no artigo 279, § 2º, estará evidenciado o prejuízo, anulando-se o processo a fim de que o Ministério Público participe do saneamento, salvo manifestação fundamentada[11] em sentido contrário[12].

Quanto ao conteúdo do pronunciamento do Ministério Público nas causas que exigem sua participação, é necessário verificar as hipóteses que ensejam sua intervenção no processo.

Um problema sensível nessa forma de atuação está na fragmentariedade dos pronunciamentos dos membros sobre as causas que ensejam ou não a intervenção do Ministério Público.

---

11. O disposto no artigo 489, §1º, do novo CPC se aplica igualmente às manifestações do Ministério Público, já que se trata apenas de uma espécie de receituário de como deve ser exercido o dever de fundamentação que lhe é imposto. Essa ideia possui relevância inclusive para o desenvolvimento da ideia de "disponibilidade motivada", como bem notou Hermes Zaneti Junior: "a possibilidade de determinar graus de interesse público e de indisponibilidade do direito, ao mesmo tempo que, caberia ao MP, a decisão de intervir ou não nos processos, conforme fundamentação adequada, quando a norma que determina a intervenção assentar-se em um conceito jurídico indeterminado (ex.: *interesse social e interesse público*). Trata-se de estabelecer, como premissa técnica de controle da atuação, o *'princípio da disponibilidade motivada'*, demonstrando o membro as razões de sua atuação, toda vez que, no exercício de suas funções constitucionais, ao extrair o conteúdo normativo dos textos legais, resolver pela intervenção ou não-intervenção na esfera cível, em concreto. O dever de fundamentação adequada decorre de mandamento constitucional (art. 93, IX) e é um dos pilares nos quais se assenta a estrutura de controle dos deveres-poderes do juiz no novo Código de Processo (art. 489, § 1º), nada mais natural que ele se estenda igualmente ao MP" (*Comentários ao Código de Processo Civil*. Lenio Streck, Dierle Nunes e Leonardo Carneiro da Cunha (org.). São Paulo: Saraiva, 2016, p. 271).

12. "Neste caso, excepcionalmente, a palavra do Ministério Público é definitiva para se decretar ou não a nulidade. A última palavra sobre a necessidade de intervenção do Ministério Público no feito é do Ministério Público e não do juiz" WAMBIER, Teresa Arruda Alvim. *Breves Comentários ao Novo Código de Processo Civil*. Wambier, Didier Jr., Talamini e Dantas (coord.). São Paulo: RT, 2015, p. 738.

O Conselho Nacional vem buscando amenizar essa discrepância ao editar recomendações sobre o tema, como a recém editada Recomendação nº 34, de abril de 2016.

Outro ponto de extrema relevância e que necessariamente terá o Ministério Público como fiscal da ordem jurídica, sem prejuízo de sua legitimidade ativa concorrente, é o Incidente de Resolução de Demandas Repetitivas, que exigirá uma nova forma de atuação institucional, com novas possibilidade e exigências que transformam também a forma de atuar em segundo grau de jurisdição. O Ministério Público Federal já editou ato nesse sentido, em que prevê um Núcleo próprio para o exercício dessa atribuição[13], e os Estados provavelmente editarão atos próprios, o que igualmente merece um minucioso diagnóstico por parte da Corregedoria Nacional.

Por fim, há um aspecto envolvendo a atuação como fiscal da ordem jurídica que deve merecer especial atenção e que consiste na multiplicação de pretensões que guardam alguma afinidade, mas, ao mesmo tempo, mantêm especificidades, justificando a existência de demandas individuais e também afetando imensamente o planejamento de políticas públicas[14]. Um exemplo para ilustrar e explicar a preocupação: diariamente são ajuizadas centenas ou milhares de ações individuais visando ao fornecimento de medicamentos e de tratamentos de saúde, com as mais variadas pretensões. Esses processos, em regra, são de competência dos Juizados Especiais Fazendário ou de juízos comuns e contam com a intervenção do Ministério Público como fiscal da ordem jurídica. Temos aqui, então, uma hipótese em que o membro do Ministério Público com atribuição para atuar como fiscal da ordem jurídica, que pode não possuir atribuição para uma série de outras matérias, cuidará de processos individuais que veiculam a um só tempo questões afetas à saúde, ao erário, à criança, adolescente, da pessoa idosa ou pessoa com deficiência, bem como a licitações e contratos administrativos. Todas essas matérias passam a se concentrar nessa imensa quantidade de processos individuais, com atuação de membro não especializado e que em muitas ocasiões sequer possui atribuição como legitimado para a

13. Portaria PGR nº 183/16.

14. Sobre esse e outros problemas envolvendo o conflito entre demandas individuais e soluções coletivas, há estudo fundamental: ARENHART, Sérgio Cruz. *A Tutela Coletiva dos Direitos Individuais*. 2ª ed. São Paulo: RT, 2014.

tutela coletiva. É evidente o impacto que essa multiplicidade de demandas individuais acarreta sobre o planejamento de qualquer política pública e simplesmente inexiste de modo orquestrado um canal de comunicação entre órgãos de execução para um trabalho conjunto e organizado. Nesse contexto, todo um trabalho de tutela coletiva da saúde, por exemplo, pode ser frustrado em razão das milhares de decisões individuais em sentido contrário ou que afetem sensivelmente o orçamento destinado à política de saúde. Ou a fiscalização dos estoques dos medicamentos seja deficiente porque não há controle do que é disponibilizado individualmente por força de decisões judiciais, que, por sua vez, servem de fundamento para a contratação sem licitação. Enfim, o isolamento da atividade do membro do Ministério Público em geral, mas especificamente em matérias tão sensíveis e passíveis de fornecer dados objetivos, decorre de atuação repressiva e, em uma espécie de motocontínuo, pode ensejar outras tantas iniciativas repressivas, frustrando uma atuação mais efetiva em virtude da falta de dados objetivos e de diálogos internos.

Em razão do perfil constitucional que indica uma Instituição mais ativa, a intervenção do Ministério Público na condição de *custos legis* vem sendo fortemente questionada, dando origem ao que se convencionou denominar de "racionalização da intervenção no processo civil". Não há dúvidas de que a intervenção como *custos legis* deve ser redimensionada, mas nos parece que também há uma resistência injustificada a esse tipo de atuação, já que, inclusive por meio dela, é possível a tutela de direitos. Notou bem esse aspecto Ronaldo Porto Macedo Júnior, ao considerar que "importa frisar que o ajuste institucional do Ministério Público, visando adaptá-lo ao novo perfil constitucional não implica, necessariamente, na eliminação da atuação processual como *custos legis*; importa, isto sim, na mudança da forma de atuação e eleição de prioridades institucionais".[15]

Para uma adequada tutela de direitos, é necessária uma postura mais ativa também na função de órgão interveniente, com efetiva participação na instrução do processo, incluindo os espaços de consenso permitidos pelo CPC, como na conciliação e nas disposições dos arts. 190 e 357, entre outras.

15. MACEDO JÚNIOR. A evolução institucional do Ministério Público brasileiro. *Uma Introdução ao Estudo da Justiça*. Maria Tereza Sadek (org.). São Paulo: IDESP/Sumaré, 1995, p. 46.

Como se sabe, o Ministério Público intervém na condição de fiscal da ordem jurídica em razão da qualidade de uma das partes da relação processual ou da natureza do interesse controvertido no processo. Na hipótese da intervenção em razão da existência de interesse público[16] ou social (art. 178, I, CPC), estamos diante de um conceito jurídico indeterminado e, embora possam ser retiradas algumas regras abstratas sobre a atuação do Ministério Público - como, por exemplo, a de que não há interesse público nas ações patrimoniais envolvendo empresas públicas -, apenas as circunstâncias do caso concreto indicarão se haverá necessidade de intervenção da Instituição[17], sendo certo que a participação da Fazenda Pública não enseja por si só a atuação como fiscal da ordem jurídica (art. 178, parágrafo único, CPC).

Há quem faça distinção acerca do conteúdo da intervenção Ministério Público, vinculando-a se a participação no processo se der em razão da qualidade da parte. Para Dinamarco, o Ministério Público intervém no processo para apoiar uma das partes em seu interesse direto ou desvinculado do interesse dos litigantes. Na primeira hipótese, assume características de verdadeiro assistente, a fim de equilibrar o contraditório, como nas causas envolvendo incapazes. Na segunda hipótese, desvincula-se do interesse direto de uma das partes e atua como legítimo fiscal da ordem jurídica, como nas ações de estado e em processos de mandado de segurança[18].

---

16. Sobre a discussão suscitada pela redação do art. 82, III, do Código de Processo Civil, inclusive com abordagem histórica e de direito comparado, vale conferir o trabalho de Antônio Cláudio da Costa Machado citado na nota 1, especialmente páginas 315/345, onde se encontram outras referências bibliográficas valiosas. Também merece ser citado, pela maneira peculiar com que examina a matéria, um estudo de Calmon de Passos: Intervenção do Ministério Público nas causas a que se refere o art. 82, III, do C. Pr. Civ. *Revista Forense, vol. 268*. Rio e Janeiro: Forense, 1978.

17. De todo modo, merece ser registrado que ao Ministério Público caberá a valoração da existência do interesse público, de modo que é ilegítima a existência de uma ordem judicial cogente que obrigue sua intervenção, tendo em vista que a independência funcional garante à Instituição a verificação de quando e como exercer suas funções. Se o membro do Ministério Público entender que não é hipótese de sua intervenção e o juiz discordar, os autos deverão ser remetidos ao Procurador-Geral, que dará a interpretação definitiva sobre a situação. No caso de o membro do Ministério Público resolver atuar e o juiz entender que não é hipótese de intervenção por ausência de interesse público, a palavra final sobre a questão será do Judiciário.

18. Nas referências bibliográficas sobre o Ministério Público em nota anterior há várias abordagens sobre o assunto. A título de exemplificação, transcreve-se trecho de José Roberto dos Santos Bedaque: "o que não se admite é a possibilidade de o Curador de Incapazes (sic) tecer argumento em favor da parte capaz, procurar provas para favorecê-la, ou, até, desenvolver raciocínio jurídico no sentido de que os fatos efetivamente

Em outra perspectiva, entende-se que o Ministério Público possui liberdade na atuação como *custos legis*, no que se refere ao mérito do processo, podendo se manifestar contrariamente à pretensão da parte que ensejou sua intervenção no processo, havendo limitação apenas ao seu interesse recursal. Ou seja: em uma ação ajuizada, por exemplo, por incapaz, pode o Ministério Público manifestar-se contrariamente à pretensão veiculada na petição inicial; entretanto, se o pedido for julgado procedente, não poderá recorrer por ausência de interesse recursal.[19]

Parece-nos que a questão deve ser resolvida com base no artigo 127 da Constituição da República, isto é, o Ministério Público só intervirá em processos individuais se houver direitos indisponíveis em disputa. Se não estiver presente o direito do incapaz, não haverá nenhuma indisponibilidade e simplesmente o Ministério Público não poderá atuar em seu favor por absoluta legitimidade. Também a questão recursal parece ser mais bem situada no plano da legitimidade do que no do interesse recursal. Na hipótese de a sentença favorecer o titular de um direito indisponível, não poderá o Ministério Público recorrer contra a sentença por não ter legitimidade, já que, ao prolongar a relação processual, por via reflexa estará atuando como uma espécie de substituto processual de um titular de direito individual disponível, o que lhe é vedado constitucionalmente. O interesse recursal sempre estará presente, mas a legitimidade, não[20].

---

demonstrados se subsumem a uma norma que a favorece. Nessas hipóteses, esgotou ele os meios de que dispunha para auxiliar o incapaz. Deve, pura e simplesmente, declarar nada mais ter a deduzir em favor da parte a quem lhe compete assistir", acrescentando que "todas as vezes em que seja possível mais de uma interpretação, quer dos fatos, quer da norma, o Curador deve sempre optar por aquela mais favorável ao incapaz" (O Ministério Público no processo civil: algumas questões polêmicas. *Revista de Processo, n° 61*. São Paulo: RT, janeiro-março de 1991, pp. 40 e 41). No mesmo sentido: FORNACIARI JÚNIOR, Clito (*Processo Civil: verso e reverso*. São Paulo: Juarez de Oliveira, 2005, pp. 62/63) e MACHADO, Antônio Cláudio da Costa Machado (*Ob. cit.,*, pp. 220/22).

19. *O Ministério Público no Processo Civil e Penal: Promotor natural, atribuição e conflito*. 5ª ed. Rio de Janeiro: 1998, pp. 12/14. No mesmo sentido: MAZZILLI. *Regime...cit.*, pp. 215/216. Também no sentido da atuação desvinculada do Ministério Público temos a posição de José Fernando da Silva Lopes (*O Ministério Público e o Processo Civil*. São Paulo: Saraiva, 1976), que entende que o Ministério Público sempre atua em prol do interesse público

20. Posição intermediária em notou Hermes Zaneti Junior, para quem só não prevalecerá a intervenção *ad coadjuvandum* se houver outra causa autônoma que justifique a intervenção (*Comentários ao Código de Processo Civil*. Lenio Streck, Dierle Nunes e Leonardo Carneiro da Cunha (org.). São Paulo: Saraiva, 2016, p. 275).

Especificamente no Estatuto da Pessoa Idosa, a simples leitura do artigo 75 estabelece uma ampla e obrigatória intervenção do Ministério Público em processos envolvendo direitos das pessoas idosas. Entretanto, a legitimidade para qualquer atuação do Ministério Público decorre do artigo 127 da Constituição da República, de modo que deve haver uma compatibilização dos dispositivos legais que preveem a intervenção da Instituição com seu perfil constitucional. O simples fato de uma norma infraconstitucional determinar a intervenção do Ministério Público, por mais incisiva que seja sua redação, somente ensejará sua intervenção de estiver em consonância com a Constituição.

Em decorrência disso, somente se houver interesse social ou direitos indisponíveis de pessoas idosas em discussão é que haverá atuação do Ministério Público. O simples fato de uma pessoa idosa figurar em uma relação processual é, em princípio, indiferente para o Ministério Público, salvo se houver interesse social na causa ou direitos indisponíveis em debate. Como a condição de pessoa idosa evidentemente não implica, por si só, a indisponibilidade do direito, a intervenção do Ministério Público não estará *in re ipsa*[21], mas dependerá das circunstâncias do caso concreto.

21. "Agravo regimental. Ação de obrigação de fazer c/c indenização por danos materiais e morais. Plano de saúde. Negativa de cobertura. Cirurgia cardíaca com colocação de marca-passo. Violação do art. 535 do CPC. Não ocorrência. Idoso. Intimação do Ministério Público. Demanda individual. Situação de risco prevista na lei n. 10.741/2003 não verificada. Desnecessidade. Dano moral não comprovado. Revisão. Súmula n. 7/STJ. 1. Não viola o art. 535 do CPC o acórdão que, integrado pelo julgado proferido nos embargos de declaração, dirime, de forma expressa, congruente e motivada, as questões suscitadas nas razões recursais. 2. É desnecessária a intimação do Ministério Público na qualidade de *custos legis* em demanda individual ou em que não haja exposição de idoso aos riscos previstos no art. 43 da Lei n. 10.741/2003. 3. Aplica-se a Súmula n. 7 do STJ quando o acolhimento da tese defendida no recurso especial reclamar a análise dos elementos probatórios produzidos ao longo da demanda. 4. Agravo regimental desprovido" (AgRg no AREsp 755.993/SC, Rel. Ministro João Otávio De Noronha, Terceira Turma, julgado em 15/03/2016, DJe 28/03/2016). "Processo civil. Agravo. Artigo 557 do CPC. Previdenciário. Amparo social. Deficiente físico. Intervenção do MPF. Desnecessidade. Nulidade da sentença. Descabimento. Prejuízo da parte autora. Não evidenciado. I – Na origem, trata-se de ação ajuizada por Jose Francisco de Oliveira Antunes em face do Instituto Nacional do Seguro Social, objetivando concessão de benefício de prestação continuada/amparo social II – Ainda que o presente julgamento ocorra quando já em vigor o Código de Processo Civil de 2015, como a decisão sobre a qual foi interposto o recurso especial foi publicada sob a égide da legislação processual civil anterior, quanto ao cabimento, aos demais pressupostos de admissibilidade e ao processamento do recurso, aplicam-se as regras do Código de Processo Civil de 1973, diante do fenômeno da ultratividade e do enunciado administrativo n. 2 deste Superior Tribunal de Justiça. III – Cinge-se a controvérsia em saber se é obrigatória a intervenção do Ministério Público Federal na defesa do deficiente físico. Cabe ressaltar, que não se trata aqui de idoso, porquanto ao

Um vetor interpretativo que pode ser útil para mensurar a necessidade de intervenção do Ministério Público é a combinação do artigo 75 do Estatuto da Pessoa Idosa com o art. 43 da mesma lei, isto é, haveria intervenção do Ministério Público nos casos de pessoas idosas em situação de risco[22].

Essa solução nos parece razoável em razão do interesse social que está presente na tutela dos direitos de pessoas idosas em situação de risco. A precariedade em que vivem diversos pessoas idosas revela a existência de interesse social na proteção de seus direitos. Imagine-se a seguinte hipótese: uma pessoa idosa, abandonada pela família, sofre maus-tratos no asilo em que foi abrigado e resolve procurar a Defensoria Pública para pleitear reparação por danos morais em virtude dos abusos que sofreu, ressarcimento de danos materiais por uso indevido de seu benefício previdenciário e revogar a procuração que havia concedido para um funcionário do estabelecimento. Nessa hipótese, embora não haja incapacidade e os direitos sejam patrimoniais, parece-nos evidente o interesse social presente na situação de risco em que se encontra a pessoa idosa. Como afirma Pietro Perlingieri, *"o problema do idoso assume dimensões individuais e, ao mesmo tempo, sociais"*[23].

---

tempo da petição inicial o interessado tinha apenas 45 anos, conforme do documento de fls. 18. IV – Argumenta o Ministério Público que a causa possui nítida relevância social a justificar o interesse do Parquet, nos termos do art. 31 da Lei 8.742/93 (que dispõe sobre a organização da Assistência Social) V – Conforme consignado na decisão monocrática, às fls. 315-319, a jurisprudência desta e. Corte tem externado orientação no sentido de que o simples fato de ser pessoa portadora de deficiência ou idosa não é suficiente para caracterizar a relevância social a exigir a intervenção do Ministério Público. Nesse sentido: AgRg nos EDcl nos EREsp 1.267.621/DF, Rel. Ministro Gilson Dipp, Corte Especial, julgado em 20/8/2014, DJe 28/8/2014 e AgRg no AREsp 557.517/SP, Rel. Min. Luis Felipe Salomão, Quarta Turma, julgado em 2/9/2014, DJe 5/9/2014. VI – A nulidade do processo em razão da não intervenção do Ministério Público Federal demanda a efetiva comprovação do prejuízo. Nesse sentido: REsp 1496695/SP, Rel. Ministro Mauro Campbell Marques, Segunda Turma, DJe 30.6.2015 e REsp 818.978/ES, Rel. Ministro Mauro Campbell Marques, Segunda Turma, DJe 18/08/2011. VII – O aresto combatido informa que o autor é plenamente capaz e está devidamente representado por advogado constituído, enquanto o Recurso Especial não demonstra nenhum prejuízo concreto, apenas alega, abstratamente, a existência de prejuízo ante a sua não manifestação, o que nos termos da jurisprudência supra, é insuficiente. VIII – Agravo interno improvido" (AgInt no REsp 1581962/SP, Rel. Ministro Francisco Falcão, Segunda Turma, julgado em 12/06/2018, DJe 18/06/2018).

22. "É desnecessária a intimação do Ministério Público na qualidade de *custos legis* em demanda individual ou em que não haja exposição de idoso aos riscos previstos no art. 43 da Lei n. 10.741/2003" (AgRg no AREsp 755.993/SC, Rel. Ministro João Otávio De Noronha, Terceira Turma, julgado em 15/03/2016, DJe 28/03/2016).

23. *Perfis do Direito Civil – introdução ao Direito Civil Constitucional*. 2ª. Ed. Maria Cristina De Cicco (trad.). Rio de Janeiro: Renovar, 2002, p. 168.

Também pode ser utilizado como critério de intervenção do Ministério Público o exame da causa de pedir, o que já é previsto para os casos de pessoas portadoras de deficiência (art. 5º, da lei nº 7853/89).

Questão instigante é saber se há necessidade de o Ministério Público intervir em causas previdenciárias envolvendo pessoa idosa. Contra essa possibilidade, existe o argumento de que não haveria interesse social, nem direito indisponível que justificasse a intervenção do Ministério Público. Entretanto, parece-nos que um exame mais atento da questão justifica a necessidade da intervenção. Tanto o interesse social quanto a indisponibilidade do direito podem estar presentes em causas previdenciárias.

3. O MINISTÉRIO PÚBLICO COMO SUBSTITUTO PROCESSUAL DA PESSOA IDOSA

Embora não seja nenhuma novidade outorgar ao Ministério Público a condição de substituto processual, há ainda certo desconforto na doutrina e na jurisprudência quando se deparam com ações ajuizadas pelo Ministério Público para a defesa de direitos individuais. É certo que a substituição processual necessariamente deve ser precedida de autorização normativa (art. 18, CPC)[24], mas no caso do Ministério Público existe uma autorização constitucional genérica de substituição processual para a tutela de direitos indisponíveis (art. 127 da Constituição).

Como já afirmamos, em nosso atual sistema normativo toda a legitimidade do Ministério Público decorre diretamente da Constituição, inclusive a substituição processual, de modo que nos parece um desvio de perspectiva negar a possibilidade de o Ministério Público ajuizar uma ação para a garantia de um direito indisponível (direito à vida, por exemplo) sob o argumento de inexistir lei ordinária autorizativa. A partir do momento em que a Constituição confere legitimidade ao Ministério Público para a defesa de direitos individuais indisponíveis, é evidente que se trata de hipótese de substituição processual decorrente de norma constitucional de eficácia plena e aplicabilidade imediata[25].

---

24. O que não significa que necessariamente seja autorização *legal*.

25. As normas constitucionais sobre competência – e sobre atribuição, evidentemente – são classicamente consideradas de eficácia plena e aplicabilidade imediata (SILVA, José Afonso da. *Aplicabilidade das Normas Constitucionais*. 3ª ed. São Paulo: Malheiros, 1998, p. 89).

O Estatuto da Pessoa Idosa, no entanto, de maneira até mesmo didática, expressamente prevê que o Ministério Público atuará como substituto processual de pessoa idosa em situação de risco, na defesa de seus direitos indisponíveis, (art. 74, I e III), de modo que se espera que não mais se obstaculize a tutela dos direitos individuais de pessoas idosas em situação de risco pelo Ministério Público.

Em outro dispositivo do Estatuto da Pessoa Idosa, houve por bem o legislador explicitar que o Ministério Público pode promover ação de alimentos em favor de pessoa idosa em situação de risco (art. 74, II). Tal dispositivo poderia ser considerado desnecessário, já que a previsão genérica de substituição processual na Constituição – e também a previsão genérica do próprio Estatuto – seria suficiente por si só para garantir a legitimidade do Ministério Público, mas diante da resistência da jurisprudência[26], parece-nos que a previsão legislativa específica foi de bom alvitre.

Evidentemente, como a legitimidade do Ministério Público decorre da Constituição, não há necessidade de todas as hipóteses de substituição processual estarem previstas em lei. Isso significa que, sempre que houver interesse social ou lesão ou ameaça de lesão a direito individual indisponível de pessoas idosas, o Ministério Público poderá agir como substituto processual.

Além de ação judicial para fornecimento de medicamentos[27], do tratamento adequado de saúde e da ação de alimentos, o Ministério Público

---

26. Após oscilação no próprio STJ, finalmente foi editado o enunciado de súmula nº 594, pacificando o tema em relação a crianças e adolescentes: "O Ministério Público tem legitimidade ativa para ajuizar ação de alimentos em proveito de criança ou adolescente independentemente do exercício do poder familiar dos pais, ou do fato de o menor se encontrar nas situações de risco descritas no artigo 98 do Estatuto da Criança e do Adolescente, ou de quaisquer outros questionamentos acerca da existência ou eficiência da Defensoria Pública na comarca".

27. "Administrativo e processual civil. Recurso especial sob a sistemática dos repetitivos. Demandas de saúde com beneficiários individualizados interpostas contra entes federativos. Legitimidade do Ministério Público. Suposta afronta aos dispositivos dos arts. 1º, V, e 21 da lei n. 7.347/1985, bem como ao art. 6º do CPC/1973.
Não ocorrência. Direito à saúde. Direito individual indisponível. Art. 1º da lei n. 8.625/1993 (lei orgânica nacional do ministério público). Aplicabilidade. Recurso especial conhecido e não provido. Recurso julgado sob a sistemática do art. 1.036 e seguintes do CPC/2015, c/c o art. 256-N e seguintes do Regimento Interno do STJ. 1. Os dispositivos legais, cuja aplicação é questionada nos dois recursos especiais e a tramitação se dá pela sistemática dos repetitivos (REsp 1.681.690/SP e REsp 1.682.836/SP), terão sua resolução efetivada em conjunto, consoante determina a regra processual. 2. A discussão, neste feito, passa ao largo de qualquer consideração acerca da legitimidade ministerial para propor demandas, quando se tratar de direitos difusos, coletivos ou individuais homogêneos, até

é legitimado, exemplificativamente, para as seguintes ações individuais em favor de pessoas idosas: registro tardio de nascimento – ação fundamental para o resgate da cidadania e da qual decorrem diversos direitos; interdição; revogação de instrumento de procuração; anulação de negócio jurídico; afastamento do lar de parentes que causem maus tratos às pessoas idosas; ação para garantir internação hospitalar para tratamento da pessoa idosa contra planos e seguros de saúde; *habeas corpus* para fazer cessar constrangimento decorrente de internação indevida em clínicas; ajuizamento das medidas de proteção previstas nos arts. 43/45 do Estatuto da Pessoa Idosa etc.

Merece exame separado a legitimidade do Ministério Público para o ajuizamento de ação de alimentos em favor de pessoas idosas em situação de risco, em razão de algumas peculiaridades da obrigação alimentar.

Adiantamos desde já que entendemos ser compatível com a Constituição a legitimidade conferida ao Ministério Público para o ajuizamento

---

porque inexiste qualquer dúvida da sua legitimidade, nesse particular, seja por parte da legislação aplicável à espécie, seja por parte da jurisprudência. De outra parte, a discussão também não se refere à legitimidade de o Ministério Público postular em favor de interesses de menores, incapazes e de idosos em situação de vulnerabilidade. É que, em tais hipóteses, a legitimidade do órgão ministerial decorre da lei, em especial dos seguintes estatutos jurídicos: art. 201, VIII, da Lei n. 8.069/1990, e art. 74, II e III, da Lei 10.741/2003. 3. A fronteira para se discernir a legitimidade do órgão ministerial diz respeito à disponibilidade, ou não, dos direitos individuais vindicados. É que, referindo-se a direitos individuais disponíveis e uma vez não havendo uma lei especifica autorizando, de forma excepcional, a atuação do Ministério Público (como no caso da Lei n. 8.560/1992), não se pode falar em legitimidade de sua atuação. Todavia, se se tratar de direitos ou interesses indisponíveis, a legitimidade ministerial já decorreria da redação do próprio art. 1° da Lei n. 8.625/1993 (Lei Orgânica Nacional do Ministério Público).
4. Com efeito, a disciplina do direito à saúde encontra na jurisprudência pátria a correspondência com o próprio direito à vida, de forma que a característica da indisponibilidade do direito já decorreria dessa premissa firmada. 5. Assim, inexiste violação dos dispositivos do art. 1°, V, e art. 21, da Lei n. 7.347/1985, bem como do art. 6° do CPC/1973, já que a atuação do Ministério Público, em demandas de saúde, assim como nas relativas à dignidade da pessoa humana, tem assento na indisponibilidade do direito individual, com fundamento no art. 1° da Lei n. 8.625/1993 (Lei Orgânica Nacional do Ministério Público). 6. Tese jurídica firmada: O Ministério Público é parte legítima para pleitear tratamento médico ou entrega de medicamentos nas demandas de saúde propostas contra os entes federativos, mesmo quando se tratar de feitos contendo beneficiários individualizados, porque se trata de direitos individuais indisponíveis, na forma do art. 1° da Lei n. 8.625/1993 (Lei Orgânica Nacional do Ministério Público). 7. No caso, o aresto prolatado pelo eg. Tribunal de origem está conforme o posicionamento desta Corte Superior, ao considerar a atuação do Ministério Público, por versar sobre direitos individuais indisponíveis. 8. Recurso especial conhecido e não provido. 9. Recurso julgado sob a sistemática do art. 1.036 e seguintes do CPC/2015 e art. 256-N e seguintes do Regimento Interno deste STJ" (REsp 1681690/SP, Rel. Ministro Og Fernandes, Primeira Seção, julgado em 25/04/2018, DJe 03/05/2018).

de ação de alimentos em favor de pessoas idosas em situação de risco, tendo em vista que, em última análise, estará sendo tutelado o direito à vida, por meio de uma ação judicial que visa a garantir o mínimo existencial necessário para a pessoa idosa, estando presente, assim, a nota da indisponibilidade do direito.

Vale lembrar ainda, para bem gizar a legitimidade do Ministério Público para a ação de alimentos, que o nosso sistema jurídico reconhece a existência de um patrimônio jurídico mínimo[28] decorrente do direito à vida e do respeito da dignidade da pessoa humana, reforçando, assim, a indisponibilidade do direito nas hipóteses em que a pessoa idosa se encontrar em situação de risco e configurando a existência de um interesse social subjacente à pretensão alimentar.

Acrescente-se que o Ministério Público só em situações excepcionais ajuizará ação de alimentos, funcionando como uma espécie de última *ratio* da pessoa idosa abandonada e sem qualquer assistência. A legitimação consagrada pelo Estatuto da Pessoa Idosa de modo algum significa um pretexto para que o Ministério Público busque monopolizar o ajuizamento de ações de alimentos a favor de pessoas idosas, até porque não é sua função a defesa ordinária de direitos individuais e a sobrecarga de trabalho decorrente de suas atribuições constitucionais frustraria qualquer pretensão megalomaníaca de ajuizamento de ações. Em contrapartida, não se pode negar ao Ministério Público a possibilidade de, em havendo pessoa idosa em situação de risco, valer-se de todos os meios possíveis para restaurar sua integral proteção, o que inclui evidentemente o ajuizamento de ação de alimentos.

Em síntese: a ação de alimentos é um dos instrumentos eficazes de que dispõe o Ministério Público para tutelar o direito de pessoa idosa em situação de risco, incluindo o requerimento de medidas protetivas. Subtrair esse instrumento é frustrar a designação constitucional do Ministério Público, por impedir a defesa de direito indisponível. Negar legitimidade ao Ministério Público em hipóteses desse jaez é ignorar a Constituição e significa fechar os olhos para a realidade das pessoas idosas no Brasil. Significa, enfim, subtrair uma possibilidade de tutela de direitos das pessoas idosas e, com isso, negar-lhes o direito fundamental à adequada tutela jurisdicional.

28. Sobre o tema: FACHIN, Luiz Edson. *Estatuto Jurídico do Patrimônio Mínimo*. Rio de Janeiro: Renovar, 2001, *passim*.

4. O MINISTÉRIO PÚBLICO E A TUTELA COLETIVA DOS DIREITOS DAS PESSOAS IDOSAS

4.1. Generalidades

Podemos dizer, sem exagero, que o exercício da tutela coletiva pelo Ministério Público[29] é hoje a face mais visível de sua disciplina constitucional, tendo provocado uma verdadeira revitalização institucional. Ao lado desse incremento de atribuições, houve – e há – forte posicionamento que visa a limitar o amplo espectro de atuação do Ministério Público, especialmente no que se refere à tutela dos direitos individuais homogêneos.

A defesa dos direitos individuais homogêneos, pois, tornou-se campo próprio para a proliferação dessas ideias restritivas.

Parece-nos que a constitucionalidade da atuação do Ministério Público na tutela dos direitos individuais homogêneos está no art. 127 da

29. A questão envolvendo a vinculação do Ministério Público à competência para julgamento da ação coletiva ainda é objeto de polêmica doutrinária e jurisprudencial: "Agravo interno. Recurso especial. Ministério Público Federal. Ação civil pública. Órgão da união. Competência. Justiça federal. Defesa de interesses coletivos de segurados. Lesão. Ações judiciais. Honorários advocatícios. Sistema previdenciário. Interesse do INSS. Legitimidade ativa do ministério público. Função institucional. 1. As questões relativas à natureza da causa e eventual interesse de ente federal, a fim de determinar a competência da Justiça Federal, são exclusivamente direito, susceptíveis de exame em recurso especial. 2. A competência para o processo e julgamento de ação civil pública ajuizada pelo Ministério Público Federal, órgão da União, é a da Justiça Federal. 3. Não se confunde competência com legitimidade das partes. A questão competencial é logicamente antecedente e, eventualmente, prejudicial à da legitimidade. Fixada a competência, cumpre ao juiz apreciar a legitimação ativa do Ministério Público Federal para promover a demanda, consideradas as suas características, as suas finalidades e os bens jurídicos envolvidos. 4. A Previdência Social tem por finalidade garantir aos seus beneficiários meios indispensáveis de sobrevivência, por motivo de incapacidade, desemprego voluntário, idade avançada, tempo de serviço, prisão ou morte de quem dependiam (art. 1º da Lei 8.213/91), pessoas, portanto, se encontram em situação de hipossuficiência. 5. A alegada lesão dos segurados do INSS, em caráter coletivo e continuado, por organização concebida com essa finalidade, configura ofensa do próprio sistema previdenciário, que tem por objeto a mantença de seus segurados, circunstância que justifica o interesse federal. 6. O Ministério Público Federal, no exercício de sua função institucional (Constituição Federal, art. 129, incs. I e II; Lei Complementar 75/93, art. 6º, XII; e Estatuto do Idoso, art. 74), tem legitimidade para ajuizar ação civil pública com o escopo de impedir o oferecimento de serviços de advocacia, que alega ser feito mediante a cobrança excessiva e abusiva de horários, para a propositura de ações judiciais referentes ao já pacificado direito à revisão de benefícios previdenciários mediante a incidência do IRSM. 7. Agravo interno provido para o fim de dar provimento ao recurso especial" (AgInt no REsp 1528630/SP, Rel. Ministro Luis Felipe Salomão, Rel. p/ Acórdão Ministra Maria Isabel Gallotti, Quarta Turma, julgado em 27/06/2017, DJe 08/09/2017).

Constituição, na medida em que menciona a defesa dos interesses sociais, e no art. 129, IX, na parte em que o autoriza a exercer outras funções compatíveis com sua finalidade. A garantia do acesso à justiça também legitima a atuação do Ministério Público, já que existem lesões individuais que possuem relevância social e só receberam a tutela adequada por meio da ação coletiva. O fato de o texto constitucional não mencionar expressamente a categoria dos direitos individuais homogêneos não deve impressionar. O rótulo dado pelo legislador não pode mudar a natureza das coisas, e haverá direitos acidentalmente coletivos independentemente da denominação legislativa. A novidade é que agora temos um sistema processual integrado que possibilita sua tutela efetiva.[30] Ademais, uma outra razão para a não inclusão dos direitos individuais homogêneos no art. 129, III, da Constituição, está no fato de que nem todas as situações individuais alcançam dimensão a justificar a atuação do Ministério Público, ao contrário do que ocorre com os interesses difusos e coletivos, que, pela própria natureza, têm afetação automática à coletividade e não apenas ao indivíduo. Na Constituição temos as diretrizes genéricas, havendo conformação legislativa posterior, que foi o que ocorreu com a disciplina dos direitos individuais homogêneos.

A ideia de que somente em se tratando de direitos individuais homogêneos *indisponíveis* é que haveria legitimidade do Ministério Público também não merece prestígio, já que não se pode confundir patrimonialidade com disponibilidade[31]. A partir do momento em que a lesão a direitos individuais homogêneos adquire dimensão social, supera-se a disponibilidade do direito numa óptica individualizada, em razão de um interesse maior da sociedade em ver essa lesão a direitos tutelada coletiva e genericamente. É como se houvesse uma suspensão da disponibilidade do direito durante a ação coletiva, voltando essa característica no momento da habilitação para a satisfação de um direito específico, a partir de uma condenação genérica.

30. É interessante notar que somente agora venha sendo questionada essa categoria de direitos, se o legislador já trabalha com ela há anos. Basta lembrar que a Lei 6024/74 legitima o Ministério Público a ajuizar ações em hipóteses de liquidação extrajudicial, caso evidente de direitos individuais homogêneos, sem falar no disposto na Lei 7913/89 (Cf. BARBOSA MOREIRA, Liquidação extrajudicial. Pagamento integral dos credores. Efeitos. *Direito Aplicado II (Pareceres)*. Rio de Janeiro: Forense, 2000, p.39).

31. TEPEDINO, Gustavo. A questão ambiental, o Ministério Público e as ações civis públicas. *Temas de Direito Civil*. 2ª ed. Rio de Janeiro: Renovar, 2001.

Ainda nesse tópico sobre generalidades, há dois aspectos que devem ser destacados e que já moram mencionados no item dedicado à intervenção como fiscal da ordem jurídica: 1) o primeiro diz respeito ao Incidente de Resolução de Demandas Repetitivas, cuja prática pode modificar bastante o sistema tradicional de processos coletivos, especialmente com a formação de precedentes obrigatórios, o que deve ensejar especial atenção do Ministério Público; 2) o segundo consiste na multiplicação de pretensões que guardam alguma afinidade, mas, ao mesmo tempo, mantêm especificidades, justificando a existência de demandas individuais e também afetando imensamente o planejamento de políticas públicas, como nos casos de processos estruturais. A existência de ações coletivas não inibe ou impede o ajuizamento de demandas individuais sobre os mesmos temas, seja por eventual inefetividade das ações coletivas, por variadas razões, seja por deficiência concreta na tutela de direitos, de modo que não é possível desconsiderar essa realidade quando se mira a utilização do processo coletivo.

4.2. A defesa coletiva dos direitos das pessoas idosas pelo Ministério Público

Mesmo que não houvesse o Estatuto da Pessoa Idosa, o Ministério Público estaria legitimado para a tutela dos direitos metaindividuais e individuais indisponíveis das pessoas idosas[32]. Entretanto, em face da existência das interpretações restritivas que mencionamos anteriormente, o art. 74, I, do Estatuto da Pessoa Idosa assume particular importância, já que explicita, de maneira bastante didática, que o Ministério Público é legitimado para a defesa de direitos individuais homogêneos das pessoas idosas, sendo que a redação do dispositivo foi feliz ao não vincular o conceito de direitos individuais homogêneos com a nota da indisponibilidade. Espera-se que com a explícita consagração normativa, ao menos no que se refere aos pessoas idosas, a jurisprudência não amesquinhe a tutela dos direitos.

32. Não se quer dizer com isso que o Estatuto da Pessoa Idosa não tenha importância normativa, já que, além de sua função simbólica, diversos direitos materiais foram agora reconhecidos. Nossa afirmação sobre a desnecessidade do Estatuto limita-se à legitimidade ativa do Ministério Público, a partir da interpretação que fazemos do texto constitucional. De todo modo, em matéria de legitimidade do Ministério Público, o Estatuto da Pessoa Idosa possui importante papel didático.

Vejamos agora algumas hipóteses em que se revela possível e necessária a atuação do Ministério Público na tutela coletiva dos direitos das pessoas idosas.

A omissão administrativa é campo fértil para as ações coletivas e o Ministério Público poderá ajuizar diversas ações que visem a obrigar a atuação do poder público em favor dos direitos das pessoas idosas. Assim, poderá ser ajuizada ação coletiva para que sejam construídas entidades públicas de abrigo para pessoas idosas; ação coletiva visando a um adequado tratamento de doenças crônicas que atinjam pessoas idosas; ação coletiva para fornecimento de medicamentos; ação coletiva para efetivar o direito à educação da pessoa idosa; ação coletiva para garantir adequada locomoção para os pessoas idosas (acessibilidade) etc. O acesso ao lazer e à cultura também é tema que merece a atuação do Ministério Público, valendo lembrar que o Superior Tribunal de Justiça já reconheceu a legitimidade da instituição para o ajuizamento de ação coletiva visando a garantir o ingresso de aposentados gratuitamente em estádios de futebol, sob o fundamento de que o lazer das pessoas idosas possui relevância social.[33]

Outra área de atuação importante do Ministério Público para a tutela coletiva dos direitos das pessoas idosas é a fiscalização de entidades de atendimento, asilos e abrigos para pessoas idosas[34]. Constatando irregularidades, e não havendo meios de saná-las, deve o Ministério Público ajuizar ação coletiva para suspensão das atividades ou a dissolução da entidade, podendo inclusive pleitear reparação por danos morais para os pessoas idosas residentes. A prática vem demonstrando que diversos asilos não possuem condições mínimas para o acolhimento de pessoas idosas e a atuação do Ministério Público está sendo fundamental para o resguardo dos direitos dos abrigados. Note-se que as entidades de atendimento prestam serviços (art. 35 do Estatuto da Pessoa Idosa) e, portanto, enquadram-se também nas regras do

33. "Ação Civil Pública. Ministério Público. Legitimidade. Ingresso gratuito de aposentados em estádio de futebol. Lazer. O Ministério Público tem legitimidade para promover ação civil pública em defesa de interesse coletivo dos aposentados que tiveram assegurado por lei estadual o ingresso em estádio de futebol. O lazer do idoso tem relevância social, e o interesse que dele decorre à categoria dos aposentados pode ser defendido em juízo pelo Ministério Público, na ação civil pública" (RESP 242643 / SC – Rel. Min. Ruy Rosado de Aguiar – DJ 18.12.2000, p.00202).

34. Cf. OLIVEIRA, Beatriz Lopes de. Tutela do Idoso e da Pessoa com Deficiência. *Manual de Direitos Difusos*. Edilson Vitorelli (org.). São Paulo: Juspodivm, 2018, p. 1036/1047.

Código do Consumidor[35], o que, entre outras consequências, pode ser interessante no caso de ser pleiteada alguma indenização e haver necessidade de desconsideração da personalidade jurídica. De todo modo, não obstante a prática comprovar que a atuação do Ministério Público na fiscalização das entidades de atendimento é fundamental, a medida do fechamento ou dissolução da entidade deve ser considerada excepcional, inclusive porque as pessoas idosas abrigadas podem não ter outro local apto que as acolha imediatamente. A ponderação e a adequação à realidade de cada comarca se fazem mais presentes do que nunca em questões asilares. Outras peculiaridades referentes aos asilos, casas geriátricas e unidades de atendimentos e que, na medida do possível, merecem atenção quando do ajuizamento de ações coletivas são as seguintes: a) frequentemente o asilo está instalado em casarões antigos que possuem valor histórico e, em razão disso, não podem receber todas as adaptações necessárias para a segurança e conforto das pessoas idosas sem descaracterizações arquitetônicas. Note-se que estamos diante de conflitos entre direitos[36] transindividuais que deverão ser compatibilizados de acordo com o caso concreto, sem que haja sacrifício exclusivo de um deles; b) dadas as especificidades dos estabelecimentos asilares, é de todo conveniente que as ações coletivas sejam instruídas com dados multidisciplinares, como laudos sanitários, estudos sociais etc., o que reforça a ideia de que os Ministérios Públicos devem cada vez mais se preocupar com a formação de quadros técnicos próprios para o suporte dos Promotores e Procuradores; c) deve haver uma atenção especial com o recebimento de pensões ou benefícios pecuniários pelas pessoas idosas abrigadas, já que é comum que algum funcionário ou sócio da própria entidade possua

35. Interessante registrar que, antes da vigência do Estatuto da Pessoa Idosa, o Ministério Público, no esforço para tutelar os direitos das pessoas idosas, fundamentava suas ações coletivas para o fechamento de entidades asilares quase que exclusivamente nos direitos do consumidor. O STJ editou o enunciado de súmula nº 601, cuja redação é a seguinte: "O Ministério Público tem legitimidade ativa para atuar na defesa dos direitos difusos, coletivos e individuais homogêneos dos consumidores, ainda que decorrentes da prestação de serviços públicos".

36. O conflito entre direitos fundamentais vem merecendo atentos estudos, cuja complexidade foge completamente aos limites deste trabalho. Sobre o tema, entre tantos: ALEXY, Robert. *Teoría de los Derechos Fundamentales* (Tradução espanhola do original *Theorie der* Grundrechte feita por Ernesto Garzón Valdés e revista por Ruth Zimmerling. Madri: Centro de Estúdios Políticos e Constitucionales, 2001, especialmente pp. 87/114). PULIDO, Carlos Bernal. *El Principio da Proporcionalidad y los Derechos Fundamentales*. Madri: Centro de Estúdios Políticos y Constitucionales, 2003, *passim*. ÁVILA, Humberto. *Teoria dos Princípios - da definição à aplicação dos princípios jurídicos*. São Paulo: Malheiros, 2003.

procuração ou seja curador dos abrigados, de modo que pode haver interrupção dos pagamentos; d) pelo mesmo motivo da alínea anterior, deve ser incluído na ação coletiva pedido acerca de eventual apropriação indevida de bem móvel (o que inclui seus benefícios pecuniários) de pessoas idosas; e) como invariavelmente há tratamento inadequado às pessoas idosas pelas entidades rés em ações coletivas, é viável a inclusão de pedido de dano moral coletivo; f) não raro as cidades do interior possuem apenas um estabelecimento asilar, normalmente privado, de modo que a atuação do Ministério Público deverá também se dar junto ao Poder Público, a fim de viabilizar a remoção das pessoas idosas, caso tal medida seja necessária.

A tutela coletiva dos direitos das pessoas idosas pelo Ministério Público também se mostra bastante efetiva nas relações de consumo, especialmente no que se refere aos contratos de prestação de serviços em entidades de atendimento e de planos de saúde, inclusive com pedido de reparação de dano moral coletivo, dependendo da hipótese. Para a discussão das cláusulas contratuais de planos de saúde a legitimidade do Ministério Público é tranquila, em razão do que já dispõe o Código do Consumidor, vindo o Estatuto da Pessoa Idosa apenas incrementar essa atribuição.

Para a garantia de transporte gratuito das pessoas idosas, na forma do disposto no art. 230 da Constituição e dos arts. 39 e 40 do Estatuto da Pessoa Idosa, a ação coletiva ajuizada pelo Ministério Público tem se mostrado importante instrumento, com todas as dificuldades que o tema de fundo provoca[37].

37. "Administrativo. Recurso especial. Ação ordinária. Transporte interestadual de passageiros. Estatuto do idoso. Plena efetividade da norma que prevê gratuidade.1. A Lei 10.741/2003 (Estatuto do Idoso) prevê a reserva de duas vagas gratuitas, por veículo, para idosos com renda igual ou inferior a dois salários mínimos, no sistema de transporte coletivo interestadual, bem como desconto de cinquenta por cento (50%), no mínimo, no valor das passagens, para os idosos que excederem as vagas gratuitas, com renda igual ou inferior a dois salários mínimos. 2. Com o ajuizamento da presente ação, a parte autora pretende desobrigar-se de conceder o referido benefício, enquanto não houver a necessária regulamentação da matéria e a criação da respectiva fonte de custeio, de modo a preservar o equilíbrio econômico-financeiro do contrato de concessão.
3. Com o objetivo de regulamentar o benefício em questão, foi editado, inicialmente, o Decreto 5.130/2004, que, embora tenha conferido amplo tratamento à matéria, foi omisso quanto à criação da mencionada fonte de custeio. 4. Mais recentemente, no entanto, foi editado o Decreto 5.934/2006, que estabelece mecanismos e critérios a serem adotados na aplicação do disposto no art. 40 da Lei 10.741/2003, passando a prever, em seu art. 9º, que, "disponibilizado o benefício tarifário, a ANTT, a ANTAQ e o concessionário ou permissionário adotarão as providências cabíveis para o atendimento ao disposto no caput do art. 35 da Lei nº 9.074, de 7 de julho de 1995". Dispôs, ainda, em seu parágrafo único,

A legitimidade do Ministério Público para o ajuizamento de ações que cuidam de benefícios previdenciários sempre nos pareceu evidente, tendo em vista o inequívoco interesse social presente em tais situações, não só na importância de o beneficiário usufruir dignamente a contraprestação do sistema de custeio, mas também na própria subsistência do sistema previdenciário. O zelo pela estrutura mesma da previdência social, que é baseada nos princípios da solidariedade, da universalidade, da proteção contra os riscos sociais, na obrigatoriedade, no equilíbrio financeiro e atuarial e na irredutibilidade do valor dos benefícios, a fim de que se evitem fraudes e se resguardem direitos, possui inegável interesse social. Além disso, a intervenção do Ministério Público se justifica em ações em que se discutam benefícios assistenciais de prestação continuada em razão da idade ou aposentadoria por idade, em razão do caráter alimentar do benefício, invariavelmente a única fonte de subsistência da pessoa idosa. Entretanto, o Superior Tribunal de Justiça, modificando entendimento anterior[38],

---

que 'a concessionária ou permissionária deverá apresentar a documentação necessária para a comprovação do impacto do benefício no equilíbrio econômico-financeiro do contrato, observados os termos da legislação aplicável'. 5. No intuito de conferir efetividade à norma em comento, a ANTT expediu a Resolução 1.692/2006, dispondo que 'a ANTT, em Resolução específica, estabelecerá a revisão da planilha tarifária para recomposição do equilíbrio econômico-financeiro, em observância ao disposto no caput do art. 35 da Lei nº 9.074, de 7 de julho de 1995, referente às duas vagas de que trata o caput do art. 2º desta Resolução, caso o benefício concedido aos idosos resulte comprovadamente em desequilíbrio econômico-financeiro dos contratos'. 6. Verifica-se, desse modo, que a legislação atual, a qual deve ser levada em consideração por força do disposto no art. 462 do CPC, prevê mecanismos adequados para a recomposição de prejuízos eventualmente suportados pelas concessionárias prestadoras do serviço de transporte interestadual de passageiro, dependendo somente da efetiva comprovação do impacto econômico-financeiro negativo em decorrência dos descontos concedidos. 7. Essa parece ser a solução mais adequada ao caso, pois, como bem ressaltado no acórdão recorrido, 'os veículos que executam o transporte interestadual trafegam, normalmente, com substancial ociosidade de vagas, sendo certo que, diante dessa situação, o transporte gratuito de dois idosos e a concessão de descontos aos demais não traria prejuízos tão graves às concessionárias a ponto de representar risco ao equilíbrio econômico-financeiro dos seus contratos de concessão'. 8. Registra-se, por oportuno, que o Supremo Tribunal Federal, ao apreciar a matéria em questão nos autos da Suspensão de Segurança 3.052/DF, já se manifestou, por intermédio de decisão proferida pelo eminente Ministro Gilmar Mendes, que "suposto prejuízo ou desequilíbrio de custos na equação da prestação dos serviços concedidos pode ser eventualmente superado, a partir da atuação da própria Administração, ou desta em conjunto com as prestadoras do serviço". 9. A questão envolvendo a necessidade da criação de uma fonte de custeio para a instituição ou majoração de benefício ou serviço da seguridade social, nos termos do que dispõe o § 5º do art. 195 da Constituição Federal, não pode ser analisada em sede de recurso especial, por envolver matéria de natureza constitucional. 10. Recurso especial desprovido" (REsp 1054390/DF, Rel. Ministra Denise Arruda, Primeira Turma, julgado em 19/11/2009, DJe 10/12/2009).

38. RESP 211019/SP - Rel. Min. Felix Fischer - DJ 08.05.2000, p. 112.

passou a negar legitimidade ao Ministério Público sob o argumento de que se trata de ações para a defesa de direitos individuais homogêneos, sem que haja relação de consumo[39], o que já demonstramos ser um lamentável desvio de perspectiva. Também é incorreta a generalização que faz o Superior Tribunal de Justiça, ao considerar que ações coletivas que cuidam de matéria previdenciária tutelam sempre – e apenas – direitos individuais homogêneos. A pretensão veiculada na ação é que revela qual o direito está sendo tutelado e não a matéria que é discutida. Um exemplo para ilustrar o afirmado: se a ação se limita a pleitear a revisão de benefícios previdenciários pelos índices legais, trata-se de direitos coletivos; caso haja pedido de restituição do que foi pago indevidamente por erro de cálculo, tratar-se-á de direitos individuais homogêneos. Ou seja: o simples fato de se tratar de matéria previdenciária não significa que estejamos diante de direitos individuais homogêneos[40].

De todo modo, mesmo errando ao desprezar o objeto litigioso na análise da natureza do direito tutelado, o Superior Tribunal de Justiça comete pior equívoco ao negar legitimidade ao Ministério Público, desconsiderando o disposto nos arts. 127 e 129, III e IX, da Constituição. Realmente, o interesse social está intrínseco nas questões previdenciárias[41], o que faz com que haja

---

39. AGRESP 502610 / SC - Rel. Min. Felix Fischer - DJ 26.04.2004, p.00196. Tratando-se de previdência privada, o STJ, corretamente, reconheceu legitimidade ao Ministério Público em razão do interesse social (Resp 439509/SP - Rel. Min. Barros Monteiro - DJ 30/08/04, p. 292).

40. "O que importa para os fins da tutela jurisdicional é o que o autor da demanda coletiva traz para o processo. Vale dizer, o seu objeto litigioso. [...] É na transposição do conflito de interesses do plano extraprocessual para o processual e na formulação do pedido de provimento jurisdicional que são cometidos vários equívocos. A tutela de interesses 'coletivos' tem sido tratada, por vezes, como tutela de interesses ou direitos 'individuais homogêneos', e a de interesses ou direitos 'coletivos', que por definição legal são de natureza indivisível, tem sido limitada a um determinado segmento geográfico da sociedade, com uma inadmissível atomização de interesses ou direitos de natureza indivisível" (WATANABE, Kazuo. *Código Brasileiro de Defesa do Consumidor Comentado pelos Autores do Anteprojeto*. 8ª ed. Rio de Janeiro: Forense Universitária, 2004, p. 810).

41. Lembre-se que, além de a previdência ser um direito social e os benefícios previdenciários constituírem na única fonte de renda de aproximadamente metade das pessoas idosas, o impacto das oscilações dos benefícios atinge famílias inteiras que dependem exclusivamente da renda do segurado. Com razão aponta-se que "o perfil do sistema previdenciário construído hoje influirá na distribuição futura da renda das famílias" (CAMARANO, Ana Amélia. KANSO, Solange. MELLO, Juliana Leitão e. Como vive o idoso brasileiro? *Os Novos Idosos Brasileiros - muito além dos 60?* Ana Amélia Camarano (org.). Rio de Janeiro: IPEA, 2004, p. 70). Na previdência rural, dois terços dos benefícios são pagos a idosos, sendo que 88% desse grupo tem o benefício previdenciário como meio de subsistência garantido para suprir as necessidades vitais dos idosos e de sus dependentes (DELGADO, Guilherme C.; CARDOSO JR., José Celso. O idoso e a previdência rural no Brasil: a experiência

uma legitimidade *in re ipsa* do Ministério Público para ajuizar ações coletivas em defesa dos direitos dos segurados. Mais recentemente, o Superior Tribunal de Justiça dá sinais do sentido de nova revisão de sua jurisprudência[42].

Se já nos parecia plenamente possível o ajuizamento de ações coletivas pelo Ministério Público em questões previdenciárias, a edição do Estatuto da Pessoa Idosa torna indiscutível a matéria, já que, além de prever uma série de direitos previdenciários, expressamente confere legitimidade ao Ministério Público para a defesa dos direitos individuais homogêneos das pessoas idosas. Aliás, se a partir do Estatuto da Pessoa Idosa o Superior Tribunal de Justiça continuar desprezando a Constituição e mantiver seu entendimento de que os direitos individuais homogêneos só podem ser tutelados quando houver lei expressa, será obrigado a excluir do âmbito de eficácia subjetiva da decisão coletiva todos os segurados da previdência que não forem pessoas idosas, o que configurará uma situação no mínimo desarrazoada, para não dizer esdrúxula.

Todos esses fatores demonstram que a questão deve ser resolvida com maior simplicidade: o Ministério Público possui legitimidade para

---

recente da universalização. *Os Novos Idosos Brasileiros – muito além dos 60?* Ana Amélia Camarano (org.). Rio de Janeiro: IPEA, 2004, pp. 295/296).

42. "Agravo regimental. Previdenciário. Recurso especial. Ação civil pública. Benefício previdenciário. Ministério Público. Legitimidade. 1. A Quinta Turma do Superior Tribunal de Justiça, após reflexão sobre o tema em debate, alterou seu entendimento para reconhecer que o Ministério Público possui legitimidade ativa ad causam para propor ação civil pública em defesa de direitos de natureza previdenciária.2. Agravo regimental a que se nega provimento" (AgRg no REsp 1243409/PR, Rel. Ministro Adilson Vieira Macabu (Desembargador Convocado do TJ/RJ), Quinta Turma, julgado em 17/05/2011, DJe 31/05/2011)". "Direito previdenciário e processual civil. Retorno dos autos para fins do art. 543-B, § 3º, do CPC. Retratação. Art. 1.030, II, do novo Código de Processo Civil. Legitimidade ad causam do Ministério Público. Propositura de ação civil pública. Direitos individuais homogêneos. Relevante interesse social no caso concreto. Definição de incapacidade para percepção de benefícios previdenciários. Recurso especial improvido. 1. O Supremo Tribunal Federal, em sede de repercussão geral reconhecida no RE n. 631.111/GO, consolidou o seu entendimento no sentido de que quando a tutela jurisdicional desses direitos individuais homogêneos se reveste de interesse social qualificado passa a ser legítima a propositura da ação civil pública pelo Ministério Público, com base no art. 127 da Constituição Federal. 2. *In casu*, se denota que os direitos individuais homogêneos se revestem de interesse social, pois a ação civil pública objetivou que, para a concessão de benefícios previdenciários de prestação continuada, no que toca à definição de deficiência, se utilize como critério da incapacidade a impossibilidade de prover a própria manutenção por outros meios que não trabalho, deixando a autarquia previdenciária de avaliar aqueles relacionados à incapacidade para os atos da vida diária. Recurso especial improvido" (REsp 990.922/RS, Rel. Ministro Joel Ilan Paciornik, Quinta Turma, julgado em 15/08/2017, DJe 23/08/2017).

o ajuizamento de ações que tutelem direitos previdenciários porque está constitucionalmente autorizado para tanto, seja porque se trata de direitos coletivos, seja em razão do inegável interesse social legitimador da tutela de direitos individuais homogêneos.[43]

Por fim, registre-se que, como a legitimidade do Ministério Público para as ações coletivas não é exclusiva[44], haverá a possibilidade de haver

---

43. O Ministério Público Federal, em procedimento administrativo, apurou que dezenas de pessoas idosas foram lesadas por advogados que possuíam poderes para receber valores referentes a benefícios previdenciários. Diante desse quadro, além das medidas criminais, o Ministério Público Federal pleiteou que fossem excluídas de todas as procurações outorgadas por pessoas idosas aos tais advogados a expressão "poderes especiais para receber", a fim de que somente os idosos pudessem levantar os alvarás com o numerário a que tinham direito, tendo sido ainda requerida a obrigação de que os réus apresentassem procurações atualizadas das pessoas idosas, com o fim específico para levantamento de valores disponíveis em Juízo, inclusive especificando os valores que serão entregues à pessoa idosa e os valores que serão recebidos a título de honorários, sempre quando do levantamento de alvarás (esta e outras ações de iniciativa do Ministério Público Federal em favor das pessoas idosas podem ser consultadas no endereço eletrônico www.pgr.mpf.gov.br/pgr/pfdc/index.jsp). Ainda em relação à questão previdenciária, vale lembrar a recente ação civil pública ajuizada pelo Ministério Público Federal em razão da suspensão do pagamento de benefícios previdenciários a beneficiários que possuíssem noventa anos de idade ou mais, visando ao ressarcimento dos danos materiais e à reparação dos danos morais individuais e coletivos sofridos pelos idosos. (Ação civil pública de autoria de Sergio da Cruz Arenhart, publicada na *Revista de Processo nº 117*. São Paulo: RT, setembro/outubro de 2004, pp. 325/340).

44. Trata-se de noção bastante tranquila, ainda que na prática sejam raras as ações ajuizadas por outros legitimados. Entretanto, com o reconhecimento da legitimidade da Defensoria Pública pode haver casos mais frequentes: embargos de divergência no recurso especial nos embargos infringentes. Processual civil. Legitimidade da defensoria pública para a propositura de ação civil pública em favor de idosos. Plano de saúde. Reajuste em razão da idade tido por abusivo. Tutela de interesses individuais homogêneos. Defesa de necessitados, não só os carentes de recursos econômicos, mas também os hipossuficientes jurídicos. Embargos de divergência acolhidos. 1. Controvérsia acerca da legitimidade da Defensoria Pública para propor ação civil pública em defesa de direitos individuais homogêneos de consumidores idosos, que tiveram seu plano de saúde reajustado, com arguida abusividade, em razão da faixa etária. 2. A atuação primordial da Defensoria Pública, sem dúvida, é a assistência jurídica e a defesa dos necessitados econômicos, entretanto, também exerce suas atividades em auxílio a necessitados jurídicos, não necessariamente carentes de recursos econômicos, como é o caso, por exemplo, quando exerce a função do curador especial, previsto no art. 9.º, inciso II, do Código de Processo Civil, e do defensor dativo no processo penal, conforme consta no art. 265 do Código de Processo Penal. 3. No caso, o direito fundamental tutelado está entre os mais importantes, qual seja, o direito à saúde. Ademais, o grupo de consumidores potencialmente lesado é formado por idosos, cuja condição de vulnerabilidade já é reconhecida na própria Constituição Federal, que dispõe no seu art. 230, sob o Capítulo VII do Título VIII ('Da Família, da Criança, do Adolescente, do Jovem e do Idoso'): 'A família, a sociedade e o Estado têm o dever de amparar as pessoas idosas, assegurando sua participação na comunidade, defendendo sua dignidade e bem-estar e garantindo-lhes o direito à vida.' 4. 'A expressão 'necessitados' (art. 134, caput, da Constituição), que qualifica, orienta e enobrece a atuação da Defensoria Pública, deve ser entendida, no campo da Ação Civil Pública, em sentido amplo, de modo a incluir, ao

atuação como fiscal da ordem jurídica nas ações coletivas, caso não seja hipótese de litisconsórcio.

5. ATUAÇÃO EXTRAJUDICIAL

O acesso à justiça não significa necessariamente um acesso ao Judiciário. É perfeitamente possível – e muitas vezes até recomendável – que soluções extrajudiciais tutelem adequadamente os direitos. Entretanto, ainda vivemos uma *"cultura da sentença"*[45] e os instrumentos extrajudiciais permanecem pouco acionados no cenário jurídico brasileiro. Com o CPC atual e a Lei de Mediação, além de outros instrumentos específicos do Ministério Público, o consenso é inequivocamente estimulado e a fase extrajudicial se mostra como espaço próprio para o exercício de atribuições do Ministério Público.

Com efeito, o ordenamento jurídico prevê uma série de instrumentos que possibilitam a tutela de direitos sem a necessidade de se valer do Judiciário, mas ainda se nota certa timidez na utilização desses expedientes. Denominando de "judicialismo" essa falta de percepção da importância da atuação extrajudicial do Ministério Público, Antônio Herman Benjamin corretamente afirma que a atuação da Instituição "sofre de um apego

lado dos estritamente carentes de recursos financeiros – os miseráveis e pobres –, os hipervulneráveis (isto é, os socialmente estigmatizados ou excluídos, as crianças, os idosos, as gerações futuras), enfim todos aqueles que, como indivíduo ou classe, por conta de sua real debilidade perante abusos ou arbítrio dos detentores de poder econômico ou político, 'necessitem' da mão benevolente e solidarista do Estado para sua proteção, mesmo que contra o próprio Estado. Vê-se, então, que a partir da ideia tradicional da instituição forma-se, no Welfare State, um novo e mais abrangente círculo de sujeitos salvaguardados processualmente, isto é, adota-se uma compreensão de *minus habentes* impregnada de significado social, organizacional e de dignificação da pessoa humana' (REsp 1.264.116/RS, Rel. Ministro Herman Benjamin, Segunda Turma, julgado em 18/10/2011, DJe 13/04/2012). 5. O Supremo Tribunal Federal, a propósito, recentemente, ao julgar a ADI 3943/DF, em acórdão ainda pendente de publicação, concluiu que a Defensoria Pública tem legitimidade para propor ação civil pública, na defesa de interesses difusos, coletivos ou individuais homogêneos, julgando improcedente o pedido de declaração de inconstitucionalidade formulado contra o art. 5.°, inciso II, da Lei n.° 7.347/1985, alterada pela Lei n.° 11.448/2007 ('Art. 5.° – Têm legitimidade para propor a ação principal e a ação cautelar: ... II – a Defensoria Pública'). 6. Embargos de divergência acolhidos para, reformando o acórdão embargado, restabelecer o julgamento dos embargos infringentes prolatado pelo Terceiro Grupo Cível do Tribunal de Justiça do Estado do Rio Grande do Sul, que reconhecera a legitimidade da Defensoria Pública para ajuizar a ação civil pública em questão" (EREsp 1192577/RS, Rel. Ministra Laurita Vaz, Corte Especial, julgado em 21/10/2015, DJe 13/11/2015).

45. Expressão utilizada por Kazuo Watanabe: Cultura da sentença e cultura da pacificação. *Estudos em Homenagem à Professora Ada Pellegrini Grinover*. Flávio Luiz Yarshell e Mauricio Zanoide de Moraes. São Paulo: DPJ, 2005.

exagerado a soluções judiciais, sob a equivocada ideia de que o mandamento constitucional que obriga a intervenção institucional cumpre-se em grande medida no momento da propositura da ação civil pública"[46].

O Ministério Público deve se valer cada vez mais de métodos extrajudiciais de solução de conflitos, não só por ser mais rápido e menos burocratizado, mas sobretudo por se coadunar com sua vocação de Instituição realizadora de direitos.

Nesse sentido, utiliza-se doutrinariamente a terminologia *Ministério Público demandista* e *Ministério Público resolutivo*, sendo que o primeiro é aquele que entende que esgota e limita sua atuação com a propositura de ações judiciais e o segundo, que se preocupa com a efetividade do processo e a resolução dos direitos e se vale de todos os instrumentos de que dispõe para a tutela de direitos, vislumbrando a via judicial como um importante canal, mas não o único, nem o preponderante.[47]

O primeiro ponto a se destacar nesse contexto é o atendimento ao público, que, embora não seja, em si mesmo, um método de realização de direitos, o contato com as pessoas que procuram o Ministério Público ser fundamental para o exercício de suas funções, não sendo exagerado afirmar que a atuação extrajudicial da Instituição decorre em linhas gerais desse relacionamento social. Para que se aperfeiçoe o acesso à justiça, o membro do Ministério Público tem que ser ele próprio acessível. É da natureza do Ministério Público esse contato com o público, seja para receber notícias

46. Um novo modelo para o Ministério Público na proteção do meio ambiente. *Funções Institucionais do Ministério Público.* Airton Buzzo Alves, Almir Gasquez Rufino e José Antonio Franco da Silva (org.). São Paulo: Saraiva, 2001, p. 395.

47. Essa terminologia é proposta por Marcelo Pedroso Goulart, segundo informa Gregório Assagra de Almeida em seu *Direito Processual Coletivo: um novo ramo do direito processual* (São Paulo: Saraiva, 2003, pp. 510/512). A cientista política Cátia Silva desenvolveu tese de doutoramento sobre o Ministério Público e trabalhou com os conceitos de "promotores de gabinete" e "promotores de fatos", nos seguintes termos: "Definirei o promotor de gabinete como aquele que, embora utilize procedimentos extrajudiciais no exercício de suas funções, dá tanta ou mais relevância à proposição de medidas judiciais e ao exame e parecer dos processos judiciais dos quais está encarregado. Mais importante, o promotor de gabinete não usa os procedimentos judiciais como meios de negociação, articulação e mobilização de organismos governamentais e não-governamentais. Já o promotor de fatos, conquanto proponha medidas judiciais e realize atividades burocráticas ligadas às suas áreas, dá tanta ou mais importância ao uso de procedimentos extrajudiciais, mobilizando recursos da comunidade, acionando organismos governamentais e não-governamentais e agindo como articulador político." (*Justiça em Jogo: novas facetas da atuação dos Promotores de Justiça*: São Paulo: Edusp, 2001, p. 91).

de violação de direitos, seja para tomar depoimentos, seja para orientar[48] o cidadão que procura um de seus membros na expectativa de encontrar uma solução para seus problemas. Evidentemente, o atendimento ao público deve seguir uma organização administrativa, com prévio agendamento e triagem feita por um servidor preparado, salvo os casos urgentes, a fim de que essa atividade não absorva integralmente o membro do Ministério Público. No conceito de atendimento ao público, não encontra lugar apenas a postura passiva de aguardar que pessoas compareçam espontaneamente ao órgão de execução. Inclui-se nessa ideia uma atitude ativa, não só de notificar aqueles cuja presença seja necessária para a atuação institucional, como também se deslocar até determinado local para estabelecer contato com o público, dependendo das circunstâncias fáticas. Esse comportamento ativo do membro do Ministério Público possui especial relevância na tutela dos direitos das pessoas idosas, em virtude das possíveis dificuldades de locomoção que podem se apresentar no caso concreto. Não raro, para que o membro do Ministério Público possa atuar eficazmente em defesa de um pessoa idosa em situação de risco, é necessário se deslocar até o domicílio ou abrigo em que se encontre, a fim de verificar a situação e colher depoimentos necessários, para tomar as providências cabíveis. Para ilustrar a importância do tema, segue transcrita a impressão de Maria Tereza Sadek, ao concluir uma pesquisa sobre o *sistema de justiça*: "Enquanto o juiz ou está em seu gabinete, fechado, examinando processos ou na sala de audiências em sessão, o promotor, durante a maior parte do tempo, encontra-se em sua sala, tem as portas abertas, recebe a população. Um e outro orientam-se por diferentes concepções sobre a imagem ideal de seu respectivo papel profissional: o bom juiz é aquele que não se pronuncia sobre os problemas, não emite opinião; o bom promotor, ao contrário, é aquele que é comprometido com as causas sociais, um defensor do interesse público, está sempre atento às possíveis transgressões à lei. [...] De fato, em todas as cidades de tamanho pequeno e médio que visitamos, pudemos observar o desempenho da promotoria no atendimento ao público. Eram ante-salas repletas de populares, filas pelos corredores, pessoas trazendo problemas na esperança de vê-los resolvidos. [...] Há, por parte do promotor, um trabalho de distinguir os

48. Essa função de orientação é fundamental para a conscientização dos direitos, lembrando Jorge Miranda e Rui Medeiros que a Declaração dos Direitos e do Cidadão já proclamava que "a ignorância, o esquecimento ou o desprezo dos direitos do homem eram as únicas causas das desgraças públicas e da corrupção dos governos" (*Constituição Portuguesa Anotada*. Tomo I. Coimbra: Coimbra, 2005, p. 176).

casos; de recomendar como e o que deve ser feito para que se chegue a uma solução judicial; indicar o procedimento para a nomeação de um advogado dativo quando a parte ou as partes não possuem recursos para pagar um profissional do direito.[49] Em suma, promotores informam, orientam, dão encaminhamento a demandas, recebem denúncias e reclamações. Este contato direto com o público transforma o promotor, sobretudo nas cidades pequenas, em um agente estatal muito especial: uma autoridade de fácil acesso, com poderes de resolver uma série de questões, 'defensor dos fracos'"[50].

Outro instrumento importante está na recomendação como forma de solução extrajudicial de conflitos - artigo 26, VII, da Lei nº 8.625/93 e art. 6º da Lei Complementar nº 75/93. A recomendação não possui efeito vinculativo, mas sinaliza para o destinatário que o Ministério Público detectou a violação real ou potencial de um direito sob sua tutela e se valerá de todos os instrumentos possíveis para protegê-lo, de modo que pode ser mais interessante acatar o que for recomendado e evitar os desgastes inerentes a qualquer prolongamento de discussão. Possui, portanto, uma inegável eficácia persuasiva. A recomendação pode servir inclusive para demonstrar a existência de dolo na violação de um princípio administrativo capaz de configurar ato de improbidade. A recomendação possui autonomia, mas nada impede que seja expedida no decorrer de um inquérito civil ou até que o inaugure. Apesar de não possuir uma forma definida legalmente, a recomendação deve se revestir das características de um ato administrativo válido, com a exposição dos fatos e a identificação precisa do destinatário. O Ministério Público tem se valido desse instrumento frequentemente e vem obtendo êxito.[51] Em relação às pessoas idosas, vem se mostrando eficaz a expedição de recomendações a empresas de transporte coletivo para que forneçam o transporte gratuito, a empresas de planos de saúde para que limitem o aumento das mensalidades com base em faixas etárias, ao poder público para que supra omissões administrativas, entre outros exemplos.

49. A pesquisa de Maria Sadek se deu em São Paulo, onde não havia formalmente uma Defensoria Pública instalada, o que ajuda a explicar algumas impressões narradas no trecho transcrito.

50. *O Sistema de Justiça*. São Paulo: IDESP/Sumaré, 1999, pp. 15-16.

51. Geisa de Assis Rodrigues fornece diversos exemplos de recomendações bem-sucedidas e noticia que o repasse de verbas para a superfaturada construção do prédio do Tribunal Regional do Trabalho de São Paulo foi sustado exatamente em razão de uma recomendação expedida pelo Ministério Público Federal (*Ação Civil Pública e Termo de Ajustamento de Conduta - teoria e prática*. Rio de Janeiro: Forense, 2003, pp. 89-90 e nota 257).

Há, ainda, o inquérito civil, que tem se mostrado um importante instrumento não só para o fornecimento de subsídios para a eventual propositura de uma ação judicial, mas sobretudo porque possibilita a realização extrajudicial de direitos, especialmente pela solução negociada do conflito.

O termo de ajustamento de conduta, por sua vez, é um instrumento à disposição dos órgãos públicos legitimados para a propositura de ações coletivas e vem sendo constantemente utilizado pelo Ministério Público, normalmente no decorrer do inquérito civil, para a resolução extrajudicial do conflito[52].

Lembre-se, ainda, que o Ministério Público pode homologar acordos[53] envolvendo pessoa idosa, como prevê expressamente o Estatuto da Pessoa

52. Sobre esses instrumentos, registrem-se os dispositivos constantes das Resoluções nº 23 (com suas diversas alterações), 118 e 179 do Conselho Nacional do Ministério Público.

53. Registre-se que a participação do Ministério Público é imprescindível mesmo nas transações extrajudiciais, desde que, evidentemente, estejam envolvidos direitos que exijam sua tutela. Confiram-se estas ementas: "Recurso Especial. Indenização por danos materiais e morais. Transação extrajudicial celebrada pelo pai, em nome dos filhos menores. Recebimento de direitos indenizatórios por atos ilícitos relativos. Quitação geral. Pátrio poder. Poderes de administração dos bens dos filhos. Ato que extrapola a simples gerência e conservação do patrimônio dos menores. Autorização judicial. Imprescindibilidade. Intervenção do Ministério Público. Obrigatoriedade. Art. 82, II, do CPC. – O Código Civil outorga aos pais amplos poderes de administração sobre os bens dos filhos, mas estes não abrangem os atos que extrapolem a simples gerência e conservação do patrimônio do menor. Não podem, assim, praticar atos de disposição, a não ser nos casos especiais mencionados no art. 386 do CC, mediante as formalidades legais exigidas. – A transação, por ser negócio jurídico bilateral, que implica concessões recíprocas, não constitui ato de mera administração a autorizar o pai a praticá-la em nome dos filhos menores independentemente de autorização judicial. Realizada nestes moldes não pode a transação ser considerada válida, nem eficaz a quitação geral oferecida, ainda que pelo recebimento de direitos indenizatórios oriundos de atos ilícitos. – O Ministério Público atua para proteger interesses indisponíveis. No rol destes estão os relacionados à *patria potestas*. É de interesse do Estado assegurar a proteção da relação que envolve pais e filhos. Neste diapasão, quaisquer questões relativas aos direitos de ordem patrimonial dos filhos, assim como, aqueles que concernem ao usufruto e administração pelos pais sobre seus bens, transcendem a órbita do direito privado e justificam a atuação do Ministério Público na causa concernente, com arrimo do art. 82, inciso II, do CPC. – Com vistas a impedir atos fraudulentos ou o propiciar perdas desvantajosas para o menor, competirá ao Ministério Público, nestes casos, coadjuvar seu representante na defesa dos interesses que estão afetos ao incapaz, bem como fiscalizar os negócios por ele praticados que impliquem vedada disposição de bens. Tal participação é obrigatória, sob pena de nulidade. – Recurso especial a que se nega provimento." (REsp 292.974/SP, Rel. Ministra Nancy Andrighi, DJ 25.06.2001, p. 173). "Responsabilidade civil. Transação extrajudicial celebrada pela mãe em nome de filha menor absolutamente incapaz. Ato que extrapola a simples gerência e administração do patrimônio. Autorização judicial e intervenção do Ministério Público imprescindíveis. – 'A transação, por ser negócio jurídico bilateral, que implica concessões recíprocas, não constitui ato de mera administração a

Idosa no artigo 74, X, e o Código de Processo Civil em seu artigo 784, IV, desde que, evidentemente, esteja presente uma situação que outorgue legitimidade à sua atuação. O Estatuto da Pessoa Idosa prevê em seu artigo 13[54] que o Ministério Público pode homologar acordo envolvendo alimentos, norma que seria desnecessária ante a mencionada previsão genérica. Entretanto, cumpre assinalar que há restrição jurisprudencial quanto à possibilidade de se executar obrigação alimentar com base em título extrajudicial, mormente em caso de prisão civil[55], o que é combatido por parte

autorizar o pai a praticá-la em nome dos filhos menores independentemente de autorização judicial. Realizada nestes moldes não pode a transação ser considerada válida, nem eficaz a quitação geral oferecida, ainda que pelo recebimento de direitos indenizatórios oriundos de atos ilícitos.' (REsp n. 292.974-SP, Relatora Ministra Nancy Andrighi.) - Uniformização da jurisprudência pela C. Segunda Seção: 'São indispensáveis a autorização judicial e a intervenção do Ministério Público em acordo extrajudicial firmado pelos pais dos menores, em nome deles, para fins de receber indenização por ato ilícito.' (EREsp n. 292.974-SP, Relator Ministro Sálvio de Figueiredo Teixeira.) Recurso especial conhecido e provido". (REsp 293.874/SP, Rel. Ministro Barros Monteiro, , DJ 13.12.2004, p. 362).

54. Eis a nova redação do referido artigo: *As transações relativas a alimentos poderão ser celebradas perante o Promotor de Justiça ou Defensor Público, que as referendará, e passarão a ter efeito de título executivo extrajudicial nos termos da lei processual civil.* (Redação dada pela Lei nº 11.737, de 2008).

55. No Superior Tribunal de Justiça, ainda antes da vigência do atual CPC, já havia sinais de mudança de entendimento acerca da possibilidade da prisão em caso de título executivo extrajudicial: "Recurso especial. Obrigação alimentar em sentido estrito. Dever de sustento dos pais a bem dos filhos. Execução de acordo extrajudicial firmado perante o Ministério Público. Descumprimento. Cominação da pena de prisão civil. Possibilidade. 1. Execução de alimentos lastrada em título executivo extrajudicial, consubstanciado em acordo firmado perante órgão do Ministério Público (art. 585, II, do CPC), derivado de obrigação alimentar em sentido estrito - dever de sustento dos pais a bem dos filhos. 2. Documento hábil a permitir a cominação de prisão civil ao devedor inadimplente, mediante interpretação sistêmica dos arts. 19 da Lei n. 5.478/68 e 733 do Estatuto Processual Civil. A expressão 'acordo' contida no art. 19 da Lei n. 5.478/68 compreende não só os acordos firmados perante a autoridade judicial, alcançando também aqueles estabelecidos nos moldes do art. 585, II, do Estatuto Processual Civil, conforme dispõe o art. 733 do Código de Processo Civil. Nesse sentido: REsp 1117639/MG, Rel. Ministro Massami Uyeda, Terceira Turma, julgado em 20/05/2010, DJe 21/02/2011. 3. Recurso especial provido, a fim de afastar a impossibilidade apresentada pelo Tribunal de origem e garantir que a execução alimentar seja processada com cominação de prisão civil, devendo ser observada a previsão constante da Súmula 309 desta Corte de Justiça (REsp 1285254/DF, Rel. Ministro Marco Buzzi, Quarta Turma, julgado em 04/12/2012, DJe 01/08/2013). Recurso especial. Processual civil. Execução de alimentos. Acordo referendado pela Defensoria Pública estadual. Ausência de homologação judicial. Observância do rito do artigo 733 e seguintes do Código de Processo Civil. Possibilidade, na espécie. Recurso especial provido. 1. Diante da essencialidade do crédito alimentar, a lei processual civil acresce ao procedimento comum algumas peculiaridades tendentes a facilitar o pagamento do débito, dentre as quais destaca-se a possibilidade de a autoridade judicial determinar a prisão do devedor. 2. O acordo referendado pela Defensoria Pública estadual, além de se configurar como título executivo, pode ser executado sob pena de prisão civil. 3. A tensão que se estabelece entre a tutela do credor alimentar *versus* o direito de liberdade do devedor dos alimentos resolve-se, em um juízo de ponderação de

da doutrina e aparentemente o CPC atual consagra a possibilidade de prisão nesses casos,[56] mas é necessário observar, no caso concreto, se a providência extrajudicial, nesse particular, será a mais efetiva para a pessoa idosa.

6. CONSIDERAÇÕES FINAIS

A defesa dos direitos das pessoas idosas é complexa em um ambiente de desigualdades, vulnerabilidades, escassez de recursos e violência[57] e

---

valores, em favor do suprimento de alimentos a quem deles necessita. 4. Recurso especial provido" (REsp 1117639/MG, rel. Min. Massami Uyeda, Terceira Turma, j. 20/5/2010, DJe 21/2/2011). Em sentido contrário, há julgado mais antigo: "*Habeas corpus*. Título executivo extrajudicial. Escritura pública. Alimentos. Art. 733 do Código de Processo Civil. Prisão civil. 1. O descumprimento de escritura pública celebrada entre os interessados, sem a intervenção do Poder Judiciário, fixando alimentos, não pode ensejar a prisão civil do devedor com base no art. 733 do Código de Processo Civil, restrito à 'execução de sentença ou de decisão, que fixa os alimentos provisionais'. 2. Habeas corpus concedido" (HC 22.401/SP, rel. Min. Carlos Alberto Menezes Direito, Terceira Turma, j. 20/8/2002, DJ 30/9/2002, p. 253). Sob a vigência do atual CPC, parece se consolidar essa tendência: "Recurso especial. Direito de família. Alimentos. Prisão civil. Regime fechado. Norma cogente. Arts. 528, § 4º, Código de Processo Civil de 2015 e 713 do Código de Processo Civil de 1973. Súmula nº 309/STJ. Aplicabilidade. 1. Recurso especial interposto contra acórdão publicado na vigência do Código de Processo Civil de 1973 (Enunciados Administrativos nºs 2 e 3/STJ). 2. O princípio da paternidade responsável consta da Constituição Federal em seu art. 227, *caput*, e representa uma das facetas da dignidade humana. 3. O direito a alimentos é urgente pela mera circunstância de que visa garantir a própria sobrevivência do beneficiário, não havendo espaço para interpretação diversa. 4. A eleição do rito de execução por dívida alimentar é de livre escolha do credor, tanto na hipótese de versar sobre título judicial, como extrajudicial (arts. 528, §§ 3º e 8º, e 911 do CPC/2015). 5. O procedimento executório relativo à coação pessoal exige que o crédito alimentar tenha prestação pecuniária limitada às últimas três prestações antecedentes ao ajuizamento da execução e às que se vencerem no curso do processo (arts. 733 do CPC/1973 e 528, § 4º, do CPC/2015 e Súmula nº 309/STJ). 6. O acórdão proferido pela Corte local destoa do art. 528, § 4º, do Código de Processo Civil de 2015 que prevê, expressamente, que, em caso de inadimplemento de prestação alimentícia, 1ª prisão será cumprida em regime fechado, devendo o preso ficar separado dos presos comuns. 7. Recurso especial provido" (REsp 1557248/MS, rel. Min. Ricardo Villas Bôas Cueva, Terceira Turma, j. 6/2/2018, DJe 15/2/2018).

56. Assim pensam, por exemplo, Fredie Didier Jr., Leonardo José Carneiro da Cunha, Paula Sarno Braga e Rafael Oliveira, com argumentação irrespondível (*Curso de Direito Processual Civil: Execução*. 7ª ed. Vol. 5. Salvador, Juspodivm, 2017, p. 1035).

57. O estudo da violência pode ser realizado nas mais variadas perspectivas, não sendo simples nem mesmo a conceituação do fenômeno, que se apresenta sob variadas formas (MINAYO, Maria Cecília de Souza. *Violência e Saúde*. Rio de Janeiro: FIOCRUZ, 2006). Mesmo sem nos aprofundarmos nesse tema, é intuitivo que atos violentos possuem múltipla relevância no estudo da situação das pessoas idosas, inclusive na repercussão da formação da pirâmide demográfica, sobretudo no que se refere à diminuição da população jovem (cf. CANO, Ignacio e FERREIRA, Carlos Eugênio. Homicídios e evolução demográfica no Brasil: o impacto da evolução demográfica na futura taxa de homicídios e a incidência dos homicídios na pirâmide populacional. *Origens e Destinos: desigualdades sociais ao longo*

corrupção endêmicas. Negar legitimidade ao Ministério Público para a tutela dos direitos das pessoas idosas pode significar um amesquinhamento

da vida. Carlos Haenbalg e Nelson do Valle Silva. Rio de Janeiro: Topbooks, 2003). Os idosos são vítimas de violência física, social, moral e psicológica, apresentando um quadro especialmente preocupante no que se refere à tutela de seus direitos. É importante salientar que a violência contra a pessoa idosa não se limita a agressões físicas. Trata-se de uma questão mais ampla e complexa, por vezes silenciosa, como ocorre com a indiferença familiar, ou com a apropriação das rendas da pessoa idosa, que serviria apenas (e enquanto) como um meio de remuneração para terceiros, mas que, em qualquer de suas dimensões, provoca danos profundos nos idosos. Segundo pesquisa realizada por Cecília Minayo, no conjunto das violências, as que mais vitimaram os idosos no período estudado foram os *acidentes de trânsito e transporte, as quedas* e os *homicídios*. Essas três causas específicas representam 54,1% do total dos óbitos por violência entre os idosos em 1980; e 55,8%, em 1998 (Violência contra idosos: relevância para um velho problema. *Cadernos de Saúde Pública,* v. 19, no 3. Rio de Janeiro: FIOCRUZ, junho de 2003. http://www.ensp.fiocruz.br/csp/pes). É importante destacar que, embora ainda sejam as causas violentas mais significativas de mortes da população com mais de 60 anos, os *acidentes de trânsito e transporte* decresceram proporcionalmente no ano de 1998. Ao contrário, *os homicídios* e as *quedas* apresentaram crescimento proporcional, passando, respectivamente, de 7,2% e 13,7% do total das mortes por acidentes e violências, em 1980, para 9,6% e 16,6%, em 1998. Não é desprezível a proporção de *suicídios*, no conjunto das mortes violentas, tendo se elevado de 6,7% para 7,8%, no período. Ressalta-se, ainda, o alto percentual de óbitos por *causas e intencionalidade ignoradas* em 1980 (19,4%), o que felizmente vem decrescendo, chegando em 1998 a 11,9%. Ainda segundo Minayo, seis estados destacam-se como os mais violentos para os idosos: Goiás, Mato Grosso, Mato Grosso do Sul, Rondônia, Roraima e Rio de Janeiro, com taxas que variam de 133,7 a 249,5 óbitos por 100 mil habitantes. Piauí e Maranhão evidenciam as taxas mais baixas, cerca de 52/100 mil. Na distribuição espacial das causas específicas, os *acidentes de trânsito e transporte* que vitimaram os idosos têm as maiores taxas em Roraima (135,1/100 mil), Rondônia (59,9), Goiás (50,9), Espírito Santo (50,5), Paraná (48,7) e Distrito Federal (47,7) e Acre (42,0). Bahia, Sergipe e Maranhão foram os Estados da Federação que apresentaram as menores taxas de mortalidade, por essa causa específica, em 1998: 12,7, 14,5 e 15,2 por 100 mil, respectivamente. As *quedas,* causa específica cuja relevância só é considerada pelos óbitos por lesões e traumas provocados por acidentes e violências no trânsito, têm as maiores taxas encontradas no Distrito Federal (37,5), Paraná (34,2), Rio de Janeiro (33,9), Minas Gerais (26,2), Espírito Santo (25,2) e Pernambuco (19,6). Para este tipo de agravo, as menores taxas foram encontradas no Maranhão (2,5) e no Amapá. Esse último não apresentou nenhum caso notificado de morte em idosos por essa causa específica, em 1998. Em um estudo realizado por Uchikawa & Gomes (1999) em um grande hospital geral de São Paulo sobre os arquivos hospitalares de 1995, evidenciou-se que 54% das pessoas idosas internados por causas externas o foram por quedas, e 63% desse grupo apresentavam traumatismo cranioencefálico. Do total dos internados, 23% foram a óbito. No caso brasileiro, embora a *violência física* que ocorre no âmbito familiar seja apresentada como de indiscutível presença, estimando-se que 90% dos casos de maus-tratos contra idosos ocorram dentro dos próprios lares, há outras três questões que disputam com ela um espaço de relevância, segundo a mesma pesquisadora. Em primeiro lugar, o que ela denomina de *negligência social difusa*, que se manifesta como uma cultura no relacionamento com os idosos, combinando, em sua configuração: a omissão estatal quanto a programas de proteção e quanto à avaliação das instituições que oferecem assistência; instituições que abrigam e cuidam das pessoas idosas como se ou uma mutilação da garantia constitucional do acesso à justiça[58]. Se é verdade que *"a igualdade perante a lei coexiste com uma grande desigualdade perante os tribunais"*[59], as ações coletivas e a legitimação do Ministério Público servem exatamente para amenizar essa desigualdade e possibilitar uma adequada tutela dos direitos.

---

eles estivessem em um corredor de espera da morte e fossem apenas um produto; e famílias que, por dificuldades financeiras e vários outros motivos, costumam abandonar seus familiares em asilos e clínicas. Em segundo lugar, como decorrência de uma cultura negligente, existe a *violência institucional*, cuja maior expressão são os asilos de pessoas idosas, sobretudo os conveniados com o Estado, onde são comuns processos de maus-tratos, de despersonalização, de destituição de poder e vontade, de falta ou inadequação de alimentos e, também, omissão de cuidados médicos específicos e personalizados. Frequentemente, os idosos são vistos como ocupantes de um leito a mais para obtenção de financiamento público e como fonte de renda a partir da indevida apropriação de seus recursos. Esse problema crucial tem no caso clássico da Clínica Santa Genoveva, no Rio de Janeiro, sua expressão paradigmática. Em terceiro lugar, existe a questão dos *transportes públicos e do trânsito,* assunto que diz respeito à vida urbana e à circulação das pessoas idosas pelas cidades. Essa forma de violência começa no desenho dos ônibus com escadas de acesso muito altas e roletas apertadas ou difíceis de mover, em evidente desrespeito à acessibilidade das pessoas idosas, sem contar o desrespeito ao direito de transporte gratuito, do qual trataremos mais adiante.
Retornando ao caso da violência que ocorre no interior de clínicas e asilos, o mencionado caso da Clínica Santa Genoveva, no Rio de Janeiro, que resultou na morte de várias pessoas idosas, é paradigmático e revela que uma maior preocupação com a situação das pessoas idosas teria evitado a tragédia. Em pesquisa realizada na FIOCRUZ, constatou-se que as mortes ocorridas não constituíram fato isolado, mas sim uma tendência da clínica durante o período investigado. Essa tendência foi consistentemente observada na (1) verificação da frequência mensal de óbitos, (2) na verificação das taxas brutas mensais de mortalidade e (3) nas comparações entre as taxas mensais de mortalidade observadas na Clínica Santa Genoveva com aquelas dos hospitais de referência. Em resumo, os resultados mostram que, no episódio da Clínica Santa Genoveva, a utilização dos dados do SIH-SUS poderia ter antecipado as investigações dos órgãos competentes, de modo a evitar o excesso de mortalidade em idosos, identificado apenas em meados de 1996. Como observam os pesquisadores, *"no momento em que o Brasil vivencia crescimento progressivo da população idosa, o caso da Clínica Santa Genoveva chama a atenção para a vulnerabilidade dessa população"* (GUERRA, Henrique Leonardo e outros. A morte de idosos na Clínica Santa Genoveva, Rio de Janeiro: um excesso de mortalidade que o sistema público de saúde poderia ter evitado. *Cadernos de Saúde Pública,* v. 16, no 2. Rio de FIOCRUZ, abril/junho de 2000. http://www.ensp.fiocruz.br/ csp/pes.html).

58. Com propriedade, anota Celso Fernandes Campilongo que vem aumentando o fenômeno segundo o qual o judiciário vem deixando de enfrentar a matéria de mérito em questões complexas, invariavelmente envolvendo direitos fundamentais, julgando-se quase tudo com "pretexto de natureza processual", ensejando um "perverso fenômeno de utilização do Direito para o descumprimento do Direito por meio de pretextos jurídicos" (Direitos fundamentais e poder judiciário. *O Direito na Sociedade Complexa.* São Paulo: Max Limonad, 2000, p. 109).

59. SOUSA SANTOS, Boaventura de. MARQUES, Maria Manuel Leitão. PEDROSO, João. FERREIRA, Pedro Lopes. *Os Tribunais nas Sociedades Contemporâneas – o caso português.* 2ª ed. Porto: Centro de Estudos Judiciários/Afrontamento, 1996, p. 690.

Por fim, ilustramos a importância da tutela dos direitos das pessoas idosas com uma passagem da obra clássica de Simone de Beauvoir: "Aí está justamente porque escrevo este livro: para quebrar a conspiração do silêncio. A sociedade de consumo, observa Marcuse, substituiu a consciência infeliz por uma consciência feliz e reprova qualquer sentimento de culpa. É preciso perturbar sua tranquilidade. Com relação às pessoas idosas, essa sociedade não é apenas culpada, mas criminosa. Abrigada por trás dos mitos da expansão e da abundância, trata os velhos como –párias. [...] Paremos de trapacear; o sentido de nossa vida está em questão no futuro que nos espera; não sabemos quem somos, se ignorarmos quem seremos: aquele velho, aquela velha, reconheçamo-nos neles. Isso é necessário, se quisermos assumir em sua totalidade nossa condição humana. Para começar, não aceitaremos mais com indiferença a infelicidade da idade avançada, mas sentiremos que é algo que nos diz respeito. Somos nós os interessados".[60]

60. *A Velhice*. Maria Helena Franco Monteiro (trad.). Rio de Janeiro: Nova Fronteira, 1990, p. 9 e 12.

8

A AUTOCOMPOSIÇÃO NO PROCESSO COLETIVO ENTRE O DISCURSO E A POSSIBILIDADE*

1. A AUTOCOMPOSIÇÃO E A ORIGEM DO PROCESSO COLETIVO

O processo coletivo não poderia ficar imune ao movimento cultural, com conhecidos reflexos legislativos, da invasão do consenso nos vários campos do Direito. Ainda essa que afirmação pudesse parecer intuitiva por haver previsão de compromisso de ajustamento de conduta desde a década de noventa do século passado, as discussões sobre sua natureza jurídica revelam que havia forte resistência à ideia de acordo no processo coletivo[1].

---

*. Originalmente foi publicada uma primeira versão deste trabalho como "Acordos no processo coletivo e a influência do código de processo civil", na coletânea *Temas contemporâneos de direito processual: reflexões sobre a vigência do código de processo civil de 2015*. Alexandre Freitas Câmara; Larissa Porchmann; Marcelo Almeida. (Org.). Londrina: Thoth, 2022, p. 500-522. Pouco depois, versão revista e atualizada, já com o título ora utilizado, foi publicada na *Revista do Ministério Público do Rio de Janeiro*, v. 84, p. 171-206, 2022. Nova revisão foi feita para a presente publicação, mas sem modificações significativas em relação ao texto publicado na referida Revista.

1. Basta examinar as discussões originais sobre a natureza do compromisso de ajustamento de conduta, a insistência em incluir os "princípios" da obrigatoriedade e da indisponibilidade da ação civil pública ajuizada pelo Ministério Público e, especialmente, a absoluta ausência de debate sobre o tema nas diversas publicações até o início deste século. Por exemplo, na síntese conclusiva de Geisa de Assis Rodrigues, o termo de ajustamento de conduta "é uma forma de solução extrajudicial de conflitos, promovida por órgãos públicos, tendo como objeto a adequação do agir de um violador ou potencial violador de um direito transindividual (direito difuso, coletivo ou individual homogêneo) às exigências legais, valendo como título executivo extrajudicial. É um negócio jurídico bilateral, um acordo, que tem apenas o efeito de acertar a conduta do obrigado às determinações legais. Independentemente de seu rótulo, não pode ter como resultado disposição, nem transação de direito transindividual" (*Ação Civil Pública e Termo de Ajustamento de Conduta: teoria e prática.* 3ª ed. Rio de Janeiro: Forense, 2011, p. 281; nesse mesmo estudo, que foi fundamental para a evolução do tema no país, a autora expõe as teorias sobre a natureza do ajustamento de conduta nas p. 122/139 confiram-se, ainda: PROENÇA, Luis Roberto. *Inquérito Civil*. São Paulo: RT, 2001, p. 121/125. MACÊDO, Marcus Paulo Queiroz. *O Ministério Público e o Inquérito Civil: aspectos teóricos e práticos*. Belo Horizonte: Arraes, 2012, p. 211/213). Sobre a obrigatoriedade da ação civil pública: SOUZA, Motauri Ciocchetti de. *Ministério Público e o Princípio da Obrigatoriedade: ação civil pública - ação penal* pública. São Paulo: Método, 2007; *Ação Civil Pública e Inquérito*

O inquérito civil, por exemplo, teve inspiração no inquérito policial[2] e ainda hoje é visto como instrumento limitado à colheita de provas destinadas ao Ministério Público[3], quando, na realidade, deve ser visto como

---

Civil. 5ª ed. São Paulo: Saraiva2013, p. 72/75; FERRARESI, Eurico. O Ministério Público e o princípio da não-obrigatoriedade da ação coletiva. *Temas Atuais do Ministério Público*. Cristiano Chaves de Farias. Leonardo Moreira Alves. Nelson Rosenvald (org.). 3ª ed. Salvador: Juspodivm, 2012, p. 328/335. Análise crítica do campo de negociação no compromisso de ajustamento de conduta, buscando sua ampliação, em NERY, Ana Luiza de Andrade. *Compromisso de Ajustamento de Conduta*. 2ª ed. São Paulo: RT, 2012, capítulo 2. Tentando conciliar as posições: DIDIER JR., Fredie. ZANETI JR., Hermes. *Curso de Processo Civil: processo coletivo*. Vol. 4. 15ª ed. São Paulo: Juspodivm, 2021, p. 388/389). Na jurisprudência, em acórdão recente, ainda se vê o impacto dessa ideia atávica que encontra a autocomposição como alternativa heterodoxa e passível de desconfiança: "[...] 2. No âmbito da tutela de direitos transindividuais, as partes da relação jurídica processual não coincidem com as partes da relação jurídica de direito material. Igualmente, no cenário da celebração de compromissos de ajustamento de conduta, os legitimados – órgãos públicos, nos dizeres do art. 5º, §º 6º, da Lei n. 7.347/1985 – não manuseiam direitos próprios, mas de terceiros. Por consequência lógica, muito embora detenham, por força de lei, a faculdade de celebrar compromisso de ajustamento de conduta, não detêm a disponibilidade do conteúdo material do direito controvertido, seguindo-se daí a regra segundo a qual não se pode transacionar com direito alheio (arts. 844 e 850, in fine, do Código Civil de 2002), independentemente de discussão acerca da disponibilidade de tais direitos. 3. Assim, a autocomposição levada a efeito pelos órgãos públicos legitimados, na via administrativa do compromisso de ajustamento de conduta, não constituirá jamais renúncia a direitos, mas simples reconhecimento de direitos mínimos em proveito dos reais detentores do direito material controvertido. Caso assim não fosse, o instrumento de proteção de direitos transindividuais se transmudaria em mecanismo de restrição de direitos, exatamente na contramão de seu propósito e, em última análise, em frontal ofensa ao comando constitucional segundo o qual "a lei não excluirá da apreciação do Poder Judiciário lesão ou ameaça a direito" (CF, art. 5º, inciso XXXV). 4. Com efeito, a sentença proferida em ação civil pública, ajuizada para a tutela de direitos transindividuais, se mais vantajosa aos beneficiários, deve prevalecer em face de termo de ajustamento de conduta celebrado entre o órgão público e o demandado, seja pela preponderância da coisa julgada, seja pela independência das esferas judicial e administrativa, seja, ainda, pela qualidade e titularidade dos direitos controvertidos. 5. Recurso especial não provido" (REsp 1309948/SP, DJe 24/02/2015). Mais remotamente no Superior Tribunal de Justiça, vale conferir o REsp 8.714/RS, DJ 10/02/1992, p. 856. Cf. RODRIGUES, Geisa de Assis. A contribuição do STJ para a consolidação da prática do compromisso de ajustamento de conduta: desafios pretéritos e atuais. *Temas do Ministério Público: acordos no sistema de justiça e liberdade de expressão* (livro coletivo). Brasília: ANPR, 2019, p. 92/131 (anpr.org.br/images/Livros/temas_do_ministerio_publico_2019.pdf).

2. "Por semelhança com o inquérito policial [...] também na área não penal a instituição deveria ser dotada de um mecanismo de investigação administrativa, destinado a colher dados para a propositura da ação civil pública" (MAZZILLI, Hugo Nigro. Questões controvertidas sobre o inquérito civil. *Funções Institucionais do Ministério Público*. Alves; Rufino; Silva (org.). São Paulo: Saraiva, 2001, p. 402-403).

3. O inquérito civil é assim definido pelo Conselho Nacional do Ministério Público na Resolução nº 23/2007: "O inquérito civil, de natureza unilateral e facultativa, será instaurado para apurar fato que possa autorizar a tutela dos interesses ou direitos a cargo do Ministério Público nos termos da legislação aplicável, servindo como preparação para o exercício das atribuições inerentes às suas funções institucionais". No Ministério Público

meio propício também para o diálogo e para a possibilidade de autocomposição[4], além de ser necessário discutir com mais profundidade a questão da coletivização da prova, sobretudo diante dos arts. 381-383, CPC, que cuidam do direito autônomo à produção da prova e que pode ser bastante útil na tutela coletiva, incluindo o próprio inquérito civil[5].

É evidente que o inquérito civil possui essa função instrutória[6], mas não se resume a isso e muito menos possui como destinatário exclusivo apenas um dos legitimados ativos. Pensar o inquérito civil exclusivamente como instrumento administrativo para a obtenção unilateral de provas, com "contraditório mitigado", é limitar e subaproveitar o procedimento, além de estacioná-lo no tempo. A produção de provas configura um importante estímulo à autocomposição (e a redação do art. 381, II, CPC, não é ociosa), o que é mais uma razão para se conferir maior complexidade no manuseio do inquérito civil[7].

---

do Estado do Rio de Janeiro, por exemplo, no art. 11 da Resolução GPGJ 2227/2018, vem assim definido: "O inquérito civil, de natureza inquisitiva, unilateral e facultativa, destina-se à colheita das provas necessárias à atuação do Ministério Público, nos termos da legislação de regência". A insuficiência e a limitação dessa ideia do inquérito civil como instrumento unilateral e destinado a fornecer provas para o Ministério Público é evidente sob o aspecto da autocomposição e também dos processos estruturais. Confira-se, a propósito, VITORELLI, Edilson. *Processo Civil Estrutural: teoria e prática*. São Paulo: Juspodivm, 2020, p. 132-134.

4. Neste texto não serão discutidos os conceitos e campos de aplicação das formas de autocomposição, já que o objetivo é refletir sobre o campo negocial envolvendo o processo coletivo (a convivência de vários instrumentos autocompositivos, aliás, é plenamente possível, como se extrai do art. 174, III, CPC; cf. ALVIM, Thereza. CUNHA, Ígor Martins da. Termo de ajustamento de conduta, mediação e conciliação: uma breve reflexão a respeito do negócio jurídico que previne ou resolve conflito que envolve direitos difusos, coletivos e individuais homogêneos. *Revista de processo, vol. 304*. São Paulo: RT, junho d e2020, p. 379/405). Para refinamento conceitual envolvendo a autocomposição, a doutrina brasileira vem produzindo muitos estudos e deve ser registrada como referência essencial a uma coletânea bastante ampla e onde se encontrarão referências bibliográficas para os temas específicos relevantes: ZANETI JR., Hermes. CABRAL, Trícia Navarro Xavier (coord.). *Justiça Multiportas*. 2ª ed. São Paulo: Juspodivm, 2018. Ainda: CABRAL, Antonio do Passo. CUNHA, Leonardo Carneiro da. Negociação direta ou resolução colaborativa de disputas (collaborative law): "mediação sem mediador". *Revista de Processo | vol. 259*. São Paulo: RT, setembro de 2016, p. 471/489. Especificamente no processo coletivo, importante pesquisa e análise em MAGALHÃES, Ludmilla Camacho Duarte Vidal e. *Microssistema coletivo de negociação: premissas e performance integrada*. Tese de Doutorado. UERJ: 2022.
5. PASCHOAL, Thaís Amoroso. *Coletivização da Prova*. São Paulo: RT, 2020.
6. Nesse ponto, vale lembrar o esquecido art. 19, parágrafo único, da lei nº 9.605/98.
7. No projeto de lei nº 4441/2020 isso já foi percebido e pode ser aperfeiçoado no processo legislativo: "art. 26 [...] § 4º Para o esclarecimento do fato objeto de investigação, deverão ser colhidas as provas pertinentes, sem prejuízo, se necessário, da instauração

É interessante observar, nesse movimento de mão e contramão entre o processo civil e penal[8], o consenso na seara penal já é trabalhado com mais naturalidade, enquanto na tutela coletiva permanece esse enfoque inquisitorial mais clássico, o que exigirá maior adaptação por exigência legal diante da possibilidade de acordos de não persecução[9] na improbidade administrativa[10] e de solução consensual, e outros institutos negociais, como a colaboração premiada[11].

---

de processo jurisdicional de produção antecipada de prova. [...] § 12 No decorrer do inquérito civil poderão ser celebrados negócios jurídicos de direito material ou processual, ainda que não importem arquivamento parcial ou total do procedimento", com a disciplina da autocomposição coletiva nos arts. 27/42.

8. Para utilizar a expressão de conhecido trabalho de Barbosa Moreira: Processo civil e penal: mão e contramão? *Temas de Direito Processual (Sétima Série)*. São Paulo: Saraiva, 2001. Sobre o consenso no processo penal, com indicações bibliográficas complementares: VASCONCELLOS, Vinicius Gomes de. *Colaboração Premiada no Processo Penal*. 3ª ed. São Paulo: RT, 2020, capítulo 1. VASCONCELLOS, Vinicius Gomes de. Colaboração premiada e negociação na justiça criminal brasileira: acordos para aplicação de sanção penal consentida pelo réu no processo penal. *Revista Brasileira de Ciências Criminais, vol.* 166. São Paulo: RT, abril de 2020 p. 241/271. DE-LORENZI, Felipe da Costa. *Justiça Negociada e Fundamentos do Direito Penal: pressupostos e limites materiais para os acordos sobre a sentença*. São Paulo: Marcial Pons, 2020.

9. Cf. CABRAL, Antonio do Passo. Pactum de non petendo: a promessa de não processar no direito brasileiro. *Revista de Processo, vol. 305*. São Paulo: RT, julho de 2020, p. 17/44.

10. A nova lei de improbidade administrativa modificou profundamente o sistema antes vigente e, entre tantas novidades e diversos retrocessos, previu com alguma minúcia o acordo de não persecução cível. Trata-se de tema complexo e que merece estudo apartado, de modo que neste texto fazemos apenas o registro e deixamos a seguinte referência bibliográfica, em que há vários textos sobre o acordo: *Improbidade Administrativa: principais alterações promovidas pela lei 14.230/2021*. Cambi, Garcia e Zaneti Júnior (orgs.). Belo Horizonte: D'Plácido, 2022. A título de curiosidade, no Superior Tribunal de Justiça foi homologado o primeiro acordo em improbidade administrativa: Acordo no AREsp 1314581/SP, DJe 01/03/2021; julgados interessantes também em Acordo nos REsp n. 1.921.272/SP, EAREsp n. 102.585/RS e AgInt nos EDcl no AREsp n. 1.787.217/SP.

11. Sobre o tema, vale conferir julgado restritivo do Superior Tribunal de Justiça (REsp 1464287/DF, DJe 26/06/2020) e, como contraponto, na doutrina: DIDIER JR., Fredie. BOMFIM, Daniela Santos. A colaboração premiada como negócio jurídico processual atípico nas demandas de improbidade administrativa. *Ensaios sobre os Negócios Jurídicos Processuais* (Fredie Didier Jr.). São Paulo: Juspodivm, 2018. DIDIER JR., Fredie. ZANETI JR., Hermes. *Curso de Processo Civil: processo coletivo*. Vol. 4. 15ª ed. São Paulo: Juspodivm, 2021, p. 401-405. Registre-se que a matéria foi afetada como repercussão geral do Supremo Tribunal Federal (tema 1043), ainda pendente de julgamento. Para uma síntese histórica e análise de questões relacionadas ao tema: LANE, Renata. *Acordos na Improbidade Administrativa*. Rio de Janeiro: Lumen Juris, 2021. Trata-se de tema específico reservado para lei própria e que está em debate legislativo, de modo que não será tratado neste artigo.

2. AMPLIAÇÃO DA AUTOCOMPOSIÇÃO E MUDANÇAS LEGISLATIVAS

Com o movimento doutrinário e legislativo[12] ampliando as possibilidades de consenso em domínios clássicos do direito público[13], formou-se campo amplo para que se estabelecessem discussões sobre a autocomposição na tutela coletiva, passando a ocorrer na prática muitas formas de consenso[14] à míngua – e apesar – da quase inexistente de disciplina normativa.

---

12. Além das previsões legislativas sobre o compromisso de ajustamento de conduta, e também os atos normativos do Conselho Nacional do Ministério Público, especialmente as resoluções nº 118/14 e 179/17, as seguintes leis podem ser indicadas como integrantes de um conjunto normativo robusto autocompositivo: leis dos Juizados Especiais, Lei Anticorrupção, Código de Processo Civil, Lei da Mediação, Lei de Introdução às Normas do Direito Brasileiro (especialmente seu art. 26), lei da transação de créditos da Fazenda Pública, lei do mal denominado "pacote anticrime" e nova Lei de Licitações, por exemplo.

13. Cf. ESTORNINHO, Maria João. *A Fuga para o Direito Privado: contributo para o estudo da atividade de direito privado na Administração* Pública. Coimbra: Almedina, 2009. SALLES, Carlos Alberto de. *Arbitragem em Contratos Administrativos*. Rio de Janeiro: Forense, 2011. SOUZA, Luciane Moessa. *Meios Consensuais de Solução de Conflitos Envolvendo Entes Públicos: negociação, mediação e conciliação na esfera administrativa e judicial*. Belo Horizonte: Fórum, 2012. BATISTA JÚNIOR, Onofre Alves. *Transações* Administrativas. São Paulo: Quartier Latin, 2007. AMARAL, Paulo Osternack. *Arbitragem e Administração Pública: aspectos processuais, medidas de urgência e instrumentos de controle*. Belo Horizonte: Fórum, 2012. SILVA, Eduardo Silva da. DALMAS, Samir Bahls. Câmara de Arbitragem da AGU e modelo arbitral brasileiro: aproximações e distinções. *Revista de Processo, nº 217*. São Paulo: RT, março de 2013. Nessa discussão há relevância fundamental da atual conformação do princípio da legalidade: OTERO, Paulo. *Legalidade e Administração Pública: o sentido da vinculação administrativa à juridicidade*. Coimbra: Almedina, 2003. PALMA, Juliana Bonacorsi de. *Sanção e Acordo na Administração Pública*. São Paulo: Malheiros, 2015. Para uma discussão envolvendo a arbitragem coletiva: NERY, Ana Luiza Barreto de Andrade Fernandes. Class Arbitration*: instauração de processo arbitral para a resolução de conflitos envolvendo direitos de natureza transindividual*. Tese de doutorado. São Paulo: PUC/SP, 2015. FRANCO, Marcelo Veiga. *Administração Pública como Litigante Habitual: a necessária mudança da cultura jurídica de tratamento dos conflitos*. Londrina: Thoth, 2021, especialmente para o que interessa ao presente debate, p. 189/203 e 335/343. O consenso no campo administrativo já possui histórico legislativo relevante, mas o art. 26 da LINDB possui potencial para ampliação significativa, sobretudo se o cotejarmos com as leis de mediação e de arbitragem. Sobre o tema, com bibliografia complementar, confiram-se: OLIVEIRA, Gustavo Justino de (coord.). *Acordos Administrativos no Brasil*. São Paulo: Almedina, 2020. MACHADO, Gabriel. *Acordos Administrativos: uma leitura a partir do art. 26 da LINDB*. São Paulo: Almedina, 2021. FRANCO, Marcelo Veiga. *Administração Pública como Litigante Habitual: a necessária mudança da cultura jurídica de tratamento de conflitos*. Londrina: Thoth, 2021.

14. A bibliografia é extensa e como referência mínima há relevante coletânea coordenada por Hermes Zaneti Jr. e Trícia Navarro Xavier Cabral: *Justiça Multiportas*. 2ª ed. São Paulo: Juspodivm, 2018. Em relação aos métodos de resolução de conflitos, fala-se que no Brasil prevalece a "cultura da sentença", mas talvez seja mais adequado falar em uma cultura burocrática ou cultura da estatalidade, no sentido de provimento de todos os serviços públicos essenciais, como se pode ver nos recentes debates sobre a extrajudicialidade de

Não deixa de ser curioso observar que, diante de uma prática que já era visível, o Conselho Nacional do Ministério Público editou em 2014 a resolução nº 118, que institui a "política nacional de incentivo à autocomposição no âmbito do Ministério Público[15]", incluindo a "negociação, mediação, conciliação, convenções processuais, processos restaurativos

algumas situações e a "inovadora" solução é atribuir a atividade ao serviço cartorial. Não se pode utilizar como parâmetro, quando se pretende analisar a situação da litigiosidade brasileira, a realidade existente em ilhas de excelência e de exceção, como os centros de mediação existentes em poucas cidades e faculdades e uma assistência jurídica gratuita eficiente. A arbitragem, em um contexto sócio-cultural como o brasileiro, é uma reserva luxuosa, muitíssimo distante da esmagadora maioria das comarcas brasileiras. Em regra, tendo em conta que a sociedade brasileira é carente de meios e de informações, temos um país continental desprovido de assistência jurídica em um imenso número de municípios, com comarcas cujas sedes são muitíssimo distantes das demais cidades que a compõem, não raro sem juízes, defensores e promotores de justiça titulares, com precárias instalações físicas e frequentemente com horários de funcionamento bastante limitados, com um atendimento ao público ineficiente e precário. Em pesquisa divulgada em março de 2013, por exemplo, a Associação Nacional dos Defensores Públicos e o Instituto de Pesquisa Econômica Aplicada constataram que faltam defensores públicos em setenta e dois por cento das comarcas brasileiras, ou seja, apenas um quarto das comarcas conta com a prestação desse serviço (*www.ipea.gov.br/sites/mapadefensoria*). Não se pode prescindir desses dados e dessa realidade quando se trata de questões processuais, porque, entre outras razões, "las formas de solución de conflictos son en gran parte um reflejo de la cultura en la cual se integran; no son un sistema autónomo fundalmentalmente producto de expertos y especialistas aislados" (CHASE, *Derecho, cultura y ritual: sistemas de resolución de controversias en un contexto intercultural*. Fernando Martín Diz (trad.). Madrid: Marcial Pons, 2011, p. 21. Sobre a relação entre a cultura e as alternativas para resolução dos conflitos: TARUFFO. Una alternativa a las alternativas: modelos de resolución de conflictos. *Páginas sobre Justicia Civil*. Maximiliano Aramburo Calle (trad.). Madrid: Marcial Pons, 2009). Nesse contexto, não parece adequado demonstrar um entusiasmo abstrato com a ideologia de alternativas em relação ao Judiciário, quando a própria prestação estatal apresenta tais carências que, necessariamente, refletem-se na ausência de profissionais capacitados para o exercício da mediação e da conciliação extrajudiciais. Vivemos em uma realidade na qual a busca pelo Judiciário não é só natural como é quase obrigatória para significativa parcela da população (interessante observação de Taruffo, no trabalho antes citado, p. 115-120, no sentido de que o incentivo à utilização dos meios alternativos revela uma face "dramaticamente negativa", por apostar na disfuncionalidade da justiça estatal e apontar para uma "fuga da jurisdição". Essa fuga da jurisdição estatal é bem descrita por Paula Costa e Silva: *A Nova Face da Justiça: os meios extrajudiciais de resolução de controvérsias*. Coimbra: Coimbra, 2009, pp. 19/21). Isso não significa, contudo, que deva haver uma postura resignada da academia e, em uma espécie de conformismo sociológico, ignorar as formas alternativas de resolução de conflitos, não só porque se trata de uma exigência contemporânea, como também porque é uma realidade prática, ainda que em escala menor, além do fato de que a relação entre a doutrina e a cultura é de recíproca influência.

15. De acordo com os dados consolidados pelo Conselho Nacional do Ministério Público, nos últimos dois anos foram celebrados vinte mil termos de ajustamento de conduta em todo o país pelo Ministério Público (https://www.cnmp.mp.br/portal/relatoriosbi/mp-um-retrato-2021).

e outros mecanismos autocompositivos"[16]. Posteriormente, na sequência das várias leis que valorizaram ainda mais a autocomposição, foi editada resolução mais sofisticada sobre o compromisso de ajustamento de conduta[17], fornecendo um ambiente normativo um pouco mais adequado para o tema, ainda que seja discutível o exercício dessa função por um órgão administrativo[18].

---

16. Na justificativa da resolução, constam referências legais que indicavam a possibilidade de consenso, como já mencionado: "considerando as várias disposições legais (art. 585, inciso II, do CPC; art. 57, parágrafo único, da Lei nº 9.099/1995; art. 5º, § 6º, da Lei nº 7.347/1985, dentre outras), que conferem legitimidade ao Ministério Público para a construção de soluções autocompositivas; Considerando que o Ministério Público, como instituição permanente, é uma das garantias fundamentais de acesso à justiça da sociedade, incumbindo-lhe a defesa da ordem jurídica, do regime democrático e dos interesses sociais e individuais indisponíveis (arts. 127, caput, e 129, da CR/1988), funções essenciais à efetiva promoção da justiça; Considerando que na área penal também existem amplos espaços para a negociação, sendo exemplo o que preveem os artigos 72 e 89, da Lei nº 9.099/1995 (Dispõe sobre os Juizados Cíveis e Criminais), a possível composição do dano por parte do infrator, como forma de obtenção de benefícios legais, prevista na Lei nº 9.605/1998 (Dispõe sobre as sanções penais e administrativas derivadas de condutas e atividades lesivas ao meio ambiente), a delação premiada inclusa na Lei nº 8.137/1990, artigo 16, parágrafo único, e Lei nº 8.072/1990, artigo 8º, parágrafo único, e a Lei 9.807/1999, e em tantas outras situações, inclusive atinentes à execução penal, em que seja necessária a atuação do Ministério Público".
17. Trata-se da resolução CNMP nº 179/2017; todos os atos normativos do Conselho estão disponíveis no respectivo endereço eletrônico institucional. O Conselho Nacional do Ministério Público também regula o inquérito civil por meio da Resolução nº 23/2007 (já alterada algumas vezes), cuja previsão constitucional até hoje não foi acompanhada de disciplina legislativa adequada. Além disso, o referido Conselho, por meio da Resolução nº 174/2017, coonestou a prática do "procedimento administrativo" destinado a "acompanhar o cumprimento das cláusulas de termo de ajustamento de conduta celebrado; acompanhar e fiscalizar, de forma continuada, políticas públicas ou instituições; apurar fato que enseje a tutela de interesses individuais indisponíveis; IV – embasar outras atividades não sujeitas a inquérito civil", assinalando que o "procedimento administrativo não tem caráter de investigação cível ou criminal de determinada pessoa, em função de um ilícito específico". Esse procedimento administrativo foi considerado adequado para questões envolvendo litígios estruturais por Edilson Vitorelli (*Processo Civil Estrutural: teoria e prática*. São Paulo: Juspodivm, 2020, p. 134-136; nas p. 151-156, o autor tece importantes críticas à referida resolução CNMP nº 179/17; para registro, há contraponto de Alexandre Amaral Gavronsk: Os limites negociais do Ministério Público nos TACs (ou da interpretação do §1º do art. 1º da Res CNMP n. 179). *Revista Jurídica da Corregedoria Nacional do Ministério Público: coletânea especial de fomento à resolutividade: unidade, independência funcional e integridade no Ministério Público brasileiro*, volume X / Conselho Nacional do Ministério Público. Brasília: CNMP, 2023, p. 59-70 em que o autor concorda com os estreitos termos do ato do CNMP).
18. A atividade normativa primária vem sendo no mínimo uma prática que se aproxima dos atos editados pelos Conselhos Nacionais do Ministério Público e do Judiciário. Em relação ao tratamento legal da autocomposição coletiva, há três projetos legislativos que visam a alterar a Lei da Ação Civil Pública e todos cuidam da autocomposição coletiva, como se verá em tópico próprio.

Nesse contexto normativo, assume especial proeminência o Código de Processo Civil, não só por sua aplicabilidade evidente na tutela coletiva (arts. 19 e 21, LACP, e art. 90, CDC, além do fato de ser inerente à própria estrutura codificada sua aplicação expandida às leis especiais), mas sobretudo por suas diversas previsões que significam ou reforçam mudanças legislativas e culturais, notadamente o protagonismo das partes, o estímulo à autocomposição e a possibilidade de negócios processuais atípicos[19].

A flexibilidade procedimental, por exemplo, encontra respaldo normativo no Código de Processo Civil em vários dispositivos (por exemplo: arts. 69, 139, IV e VI, 190, 200, 297, 327, § 2º, 354, par. único, 356, 357, § § 2º e 3º, 369,493, 536, § 1º, CPC) e é aplicável perfeitamente aos processos coletivos e necessariamente é utilizada nos denominados processos estruturais[20].

Nos denominados processos estruturais, o consenso se mostra de especial relevância em diversos momentos, desde a fase extrajudicial[21] até

19. A primeira parte do que escrevi como tese de doutorado foi toda dedicada ao debate cultural sobre o protagonismo das partes no processo, com indicação de razoável bibliografia complementar: *Negócios Processuais sobre o ônus da Prova no Novo Código de Processo Civil*. São Paulo: RT, 2015, p. 25-139.

20. "O processo estrutural se caracteriza por: *(i)* pautar-se na discussão sobre um problema estrutural, um estado de coisas ilícito, um estado de desconformidade, ou qualquer outro nome que se queira utilizar para designar uma situação de desconformidade estruturada; *(ii)* buscar uma transição desse estado de desconformidade para um estado ideal de coisas (uma reestruturação, pois), removendo a situação de desconformidade, mediante decisão de implementação escalonada; *(iii)* desenvolver-se num procedimento bifásico, que inclua o reconhecimento e a definição do problema estrutural e estabeleça o programa ou projeto de reestruturação que será seguido; *(iv)* desenvolver-se num procedimento marcado por sua flexibilidade intrínseca, com a possibilidade de adoção de formas atípicas de intervenção de terceiros e de medidas executivas, de alteração do objeto litigioso, de utilização de mecanismos de cooperação; (v) e pela consensualidade, que abranja inclusive a adaptação do processo (art. 190, CPC)" (DIDIER JR, ZANETI JR, OLIVEIRA. Elementos para uma teoria do processo estrutural aplicada ao processo civil brasileiro. *Processos Estruturais*. Arenhart; Jobim (coord.). 3ª ed. São Paulo: Juspodivm, 2021, p. 430-431). O conceito de processo estrutural é, claro, um tema polêmico, mas, para o fim do presente texto, o trecho transcrito ilustra com exatidão o ponto a ser ressaltado. Há, por exemplo, quem sequer limite os processos estruturais aos processos coletivos. Para toda essa discussão, a coletânea referida nessa nota é um livro fundamental e concentra os estudiosos que mais se dedicam ao tema, resultando em uma leitura incontornável. Acrescente-se, ainda, o já citado livro do Edilson Vitorelli, autor que também integra a referida coletânea.

21. VITORELLI, Edilson. *Processo Civil Estrutural: teoria e prática*. São Paulo: Juspodivm, 2020, capítulo 3.

nas fases de efetivação das providências[22], mas a discussão não pode se localizar apenas em questões processuais[23] ou de adequação ao estabelecido na decisão judicial, mas, sim, nos limites e possibilidades de efetiva autocomposição, ou seja, se realmente existe espaço para acordos envolvendo direitos coletivos.

Além de base normativa para adaptações procedimentais, o Código de Processo Civil e a Lei de Mediação formam um conjunto bastante relevante para a autocomposição em litígios coletivos[24]. Outro dispositivo

22. VITORELLI, Edilson. *Processo Civil Estrutural: teoria e prática.* São Paulo: Juspodivm, 2020, capítulo 6. COSTA, Eduardo da Fonseca. A "execução negociada" de políticas públicas em juízo, disponível em www.abdpro.com.br/wp/doutrina/. DIDIER JR., Fredie. CABRAL, Antonio. Negócios jurídicos processuais atípicos e execução. *Ensaios sobre os Negócios Jurídicos Processuais* (Fredie Didier Jr.). São Paulo: Juspodivm, 2018. CABRAL, Antonio. ZANETI JR., Hermes. Entidades de infraestrutura específica para a resolução de conflitos coletivos: as *claims resolution facilities* e sua aplicabilidade no Brasil. *Revista de Processo nº 287.* São Paulo: RT, janeiro de 2019 (também disponível na plataforma "academia.edu" dos autores). PEÇANHA, Catharina. LAMEGO, Guilherme. ARGOLO, Isaac. SÉ, Jairo. ROSSI, Thais. O desastre de Mariana e a tipologia dos conflitos: bases para uma adequada regulação dos processos coletivos. *Revista de Processo nº 278* São Paulo: RT, abril de 2018 (também disponível na plataforma "academia.edu" dos autores). "A mera referência à indisponibilidade do direito ao meio ambiente ecologicamente equilibrado não comporta mais a simples e fácil negação de procedimentos verdadeiramente negociais a respeito dos conflitos que cotidianamente o envolvem. Nada impede que, submetidas ao devido gerenciamento institucional (a envolver a integração das diversas instâncias internas do Ministério Público), ao necessário debate social (viabilizado pelo instrumento das audiências públicas) e à devida fiscalização jurisdicional (ainda que meramente homologatória), possíveis negociações travadas por via de compromissos de ajustamento de condutas ou outros mecanismos judiciais ou extrajudiciais (como a mediação) passem a representar modelo social muito mais legítimo e efetivo para a solução eficiente de difíceis e por vezes antigos conflitos, pragmaticamente irresolúveis pela tradicional técnica da sentença adjudicatória. Como bem se sabe, por mais 'perfeita' revele-se a sentença que adjudica conflitos difusos (sob o ponto de vista de sua fundamentação fático-jurídica), a experiência das costumeiramente malsucedidas tentativas de execução forçada aponta não apenas para a insuficiência, mas para a verdadeira inadequação do modelo adjudicatório. É mais do que hora de se reconhecer que o adequado enfrentamento das mais importantes e conflituosas pretensões relacionadas aos direitos transindividuais não pode mais prescindir dos processos negociais e consensuais" (VENTURI, Elton. Transação de direitos indisponíveis? Revista de Processo, vol. 251. São Paulo: RT, p. 391/426, janeiro de 2016; do mesmo autor, mais recentemente: O devido processo legal para os acordos coletivos: para além do TAC. *Ministério Público Estratégico, vol. 8: resolução consensual e tratamento adequado dos conflitos, controvérsias e problemas na tutela de direitos fundamentais pelo Ministério Público.* Sarubbo; Magalhães Jr.; Almeida; Romano; Leitão (org.). Indaiatuba: Foco, 2024).

23. Sobre a possibilidade de convenções processuais: CABRAL, Antonio do Passo. *Convenções Processuais.* 2ª ed. São Paulo: Juspodivm, 2018. Sobre os negócios processuais especificamente no processo coletivo: MAGALHÃES JUNIOR, Alexandre Alberto de. *Convenção Processual na Tutela Coletiva.* São Paulo: Juspodivm, 2020.

24. PINHO, Humberto Dalla Bernardina de. Acordos em litígios coletivos: limites e possibilidades do consenso em direitos transindividuais após o advento do CPC/2015 e da Lei

com especial importância é o art. 190, CPC, já que os negócios processuais atípicos podem facilitar a autocomposição e integrar o respectivo instrumento, contribuindo para o diálogo e constando, por exemplo, em cláusulas de compromisso de ajustamento de conduta[25]. Havendo processo jurisdicional em curso, a fase da organização, nos moldes delineados no art. 357, CPC, é um componente importante na busca da autocomposição, como consta na Recomendação nº 76/20 do Conselho Nacional de Justiça[26]. Independentemente do método de autocomposição, o certo é que deve ser adaptado a peculiaridades do processo coletivo e a primeira que soa evidente é a impossibilidade de confidencialidade, ainda que não se envolva a Fazenda Pública[27], porque é incompatível com a natureza da tutela de direitos transindividuais a existência de sigilo, assim como não se deve incidir automaticamente a designação da audiência de mediação ou conciliação[28].

---

de Mediação. *Revista Eletrônica de Direito Processual*. Rio de Janeiro: UERJ, Volume 19, maio/agosto de 2018 (www.e-publicacoes.uerj.br/index.php/redp). PINHO, Humberto Dalla Bernardina de. VIDAL, Ludmilla Camacho Duarte. Primeiras reflexões sobre os impactos do novo CPC e da lei de mediação no compromisso de ajustamento de conduta. *Revista de Processo, vol. 256*. São Paulo: RT, junho de 2016, p. 371/411. CUNHA, Leonardo Carneiro da. CABRAL, Trícia Navarro Xavier. A abrangência objetiva e subjetiva da mediação. *Revista de Processo, vol. 287*. São Paulo: RT, janeiro de 2019, p. 531/552.

25. O tema é tão complexo quanto amplo, merecendo referência monografia específica, em que se encontram indicações bibliográficas complementares: MAGALHÃES JUNIOR, Alexandre Alberto de Azevedo. *Convenção Processual na Tutela Coletiva*. São Paulo: Juspodivm, 2020.

26. TAVARES, João Paulo Lordelo Guimarães. *A Certificação Coletiva: organizando as ações coletivas e o julgamento de casos repetitivos*. São Paulo: Juspodivm, 2020.

27. Se presente a Fazenda Pública, ainda que não se trate estritamente de processo coletivo, jamais incidirá o sigilo (cf. FERREIRA, Kaline. A autocomposição e as pessoas jurídicas de direito público: o que mudou depois da lei de mediação? *Revista dos Tribunais vol. 982*. São Paulo: RT, p. 323/333, agosto de 2017).

28. Cf. NUNES, Bruno José Silva. THIBAU, Tereza Cristina Sorice Baracho. Da designação de audiências para autocomposição em processos coletivos. *Revista de Processo, vol. 283*. São Paulo: RT, setembro de 2018, p. 417/431. ARENHART, Sérgio Cruz. OSNA, Gustavo. Notas sobre a autocomposição no processo coletivo. *Revista de Processo, vol. 316*. São Paulo, RT, junho de 2021, p. 239/272. Para exame mais amplo dessas questões: PEIXOTO, Ravi. A nova sistemática de resolução consensual de conflitos pelo poder público – uma análise a partir do CPC/2015 e da lei 13.140/2015.*Revista de Processo, vol. 261*. São Paulo: RT, novembro de 2016, p. 467/497. Ponto muito relevante está no impacto das formas de autocomposição na prescrição: ZANETI JR., Hermes. LINO, Daniela Bermudes. SOBRAL, Mariana Andrade. CAMPOS, Rafael Mello Portella. TRAZZI, Paulo Henrique Camargo. Ações individuais no caso rio doce: interrupção da prescrição, suspensão da prescrição e comportamento contraditório dos litigantes no processo de autocomposição. *Revista de Processo, vol. 298*. São Paulo: RT, dezembro de 2019, p. 193/217. Entendendo ser

3. O DISCURSO DA ACEITAÇÃO DA AUTOCOMPOSIÇÃO E AS RESTRIÇÕES PARA SUA EFETIVIDADE

Persiste, porém, o principal problema já sugerido no início deste texto: a ausência de titularidade do direito material pelo legitimado coletivo[29]. Essa situação ainda recebe acréscimo de dificuldade se se considerar que há indisponibilidade intrínseca às questões veiculadas em ações coletivas[30]. Essas duas limitações podem significar, portanto, o esvaziamento da possibilidade de efetiva autocomposição coletiva, que seria um discurso sem efetividade.

Se nada pode ser cedido, não há espaço para autocomposição, salvo se houver uma aceitação retórica da submissão como acordo.

Em relação à falta de titularidade do direito material - situação que sempre estará presente na tutela coletiva –, se a discussão envolvendo a representação adequada é intensa quando se discute a própria legitimidade ativa, o tema recebe novas cores ao se pensar na possibilidade de acordos, já que a disposição de direitos ortodoxamente se vincula à sua titularidade.

Mesmo que se considere que a autocomposição encontra espaço na indisponibilidade[31], mantém-se no processo coletivo a limitação decorrente

---

aplicável o art. 334, CPC: DIDIER JR., Fredie. ZANETI JR., Hermes. *Curso de Processo Civil: processo coletivo*. Vol. 4. 15ª ed. São Paulo: Juspodivm, 2021, p. 397/399.

29. Para uma abordagem que revela ainda mais complexidade do tema: VITORELLI, Edilson. De quem é o meio ambiente? Parâmetros para um modelo de tutela jurisdicional adequada à luz da teoria dos litígios coletivos. *Revista de Processo Comparado, vol. 8*. São Paulo: RT, julho/dezembro de 2018, p. 251/297.

30. Mesmo nos casos de direitos individuais homogêneos, o tratamento coletivo levaria a uma indisponibilidade que justificaria até a legitimidade coletiva e que, portanto, seria afetada até a fase de execução, quando, então, haveria o retorno da individualidade e, portanto, da disponibilidade. Evidentemente essa noção aqui simplificada ao máximo é pródiga em controvérsias e para aprofundamento com referências sobre o tema e apreciação crítica: OSNA, Gustavo. *Direitos Individuais Homogêneos: pressupostos, fundamentos e aplicação no processo civil*. São Paulo: RT, 2014, especialmente capítulo 4. Note-se que, ainda que se considerem os direitos individuais homogêneos em seu aspecto processual, persiste a questão envolvendo a representação adequada para a autocomposição de um legitimado que não é o titular do direito material.

31. Como diz o art. 3º da Lei de Mediação, o que reservaria o art. 841, CC, para mais reduzido campo de aplicação e não mais como regra que atingiria todos os campos jurídicos, como se fosse conceito absoluto (é evidente a inadequação do art. 844, CC, para o acordo coletivo, razão pela qual pensar o tema a partir da transação privada possui muitos problemas). Ressalve-se, porém, que a nova redação do art. 1º, §1º, da Lei da Arbitragem contém expressa referência à disponibilidade do direito. Trata-se de questão de direito positivo e não conceitual, portanto. A indisponibilidade do direito é um tema complexo e que não pode mais ser encarado pelos processualistas como se fosse um conceito

da legitimidade, que pode ser sintetizada neste excerto: "a jurisprudência desta Corte Superior é no sentido de que os legitimados para o ajuizamento da ação coletiva não são titulares do direito material discutido em juízo, motivo pelo qual não podem renunciar ou dispensar direitos e obrigações, os quais constituem requisitos essenciais para a promoção de concessões mútuas relacionadas à transação. Logo, a disponibilidade que o legitimado coletivo possui e exercita por meio do acordo é restrita ao aspecto processual do procedimento judicial, não alcançando o conteúdo material da causa (princípio da indisponibilidade temperada da demanda coletiva)"[32]. Há, portanto, um acréscimo limitador para a autocomposição no processo coletivo.

---

pré-concebido e ontologicamente perene. Sobre o tema, que será abordado oportunamente com mais vagar, vale conferir: OLIVERO, Luciano. *L'Indisponibilità dei Diritti: analisi di una categoria*. Torino: G. Giappichelli, 2008. DESSÌ, Ombretta. *L'Indisponibilità dei Diritti del Lavoratore Secondo L'Art. 2113 C.C.* Torino: G. Giappichelli, 2011. GUIDARA, Antonio. *Indisponibilità del Tributo e Accordi in Fase di Riscossione*. Milano: Giuffrè, 2010. MARTEL, Letícia de Campos Velho. Indisponibilidade dos Direitos Fundamentais: conceito lacônico, consequências duvidosas. Espaço Jurídico, v. 11, p. 334-373, julho/dezembro de 2010. *Direitos Fundamentais Indisponíveis: Limites e Padrões do Consentimento para a autolimitação do direito fundamental à vida*. UERJ: Tese de doutorado, 2010. NETO, Luísa. *O Direito Fundamental à Disposição sobre o próprio Corpo (a relevância da vontade na configuração do seu regime)*. Coimbra: Coimbra, 2004. SILVA, Virgílio Afonso da. *A Constituicionalização do Direito: os direitos fundamentais nas relações entre os* particulares. São Paulo: Malheiros, 2005, p. 61/65. ADAMY, Pedro Augustin. *Renúncia a Direito Fundamental*. São Paulo: Malheiros, 2011. MAC CROIRE, Benedita. *Os Limites da Renúncia a Direitos Fundamentais nas Relações entre Particulares*. Coimbra: Almedina, 2013. A patrimonialidade e a disponibilidade são requisitos tradicionalmente exigidos para a arbitragem, conforme, por exemplo, arts. 851 e 852, CC, mas considera-se que o critério da patrimonialidade é que deve assumir proeminência na arbitragem objetiva, ainda que haja indisponibilidade (cf. NERY, Ana Luiza Barreto de Andrade Fernandes. Class Arbitration*: instauração de processo arbitral para a resolução de conflitos envolvendo direitos de natureza transindividual*. Tese de doutorado. São Paulo: PUC/SP, 2015, p. 113/126). Sobre a indisponibilidade e suas várias dimensões e a impossibilidade de simplificação da categoria, notadamente sua vinculação com a não patrimonialidade: FONSECA, Tiago Soares da. *A Transação Civil na Litigância Extrajudicial e Judicial*. Coimbra: Gestlegal, 2018, p. 540/561. Com a descrição e análise de várias dimensões da indisponibilidade envolvendo a Fazenda Pública, vale conferir TALAMINI, Eduardo. A (in)disponibilidade do interesse público: consequências processuais (composições em juízo, prerrogativas processuais, arbitragem, negócios processuais e ação monitória) – versão atualizada para o CPC/2015. *Revista de Processo, vol. 264*. São Paulo: RT, p. 83/107, fevereiro de 2017.

32. AgInt no REsp 1724754/SP, DJe 01/12/2020, com expressa referência ao REsp 1656874/SP, DJe 22/11/2018, em cuja ementa já constava que "os legitimados para o ajuizamento da ação coletiva não são titulares do direito material discutido em juízo, razão pela qual não podem dispensar direitos ou obrigações, nem renunciar a direitos, que são requisitos essenciais para a configuração de concessões mútuas, relacionadas à transação. A disponibilidade que o legitimado coletivo possui e exercita por meio do acordo é restrita ao aspecto processual do procedimento judicial, não alcançando o conteúdo material da

Além da discussão sobre a indisponibilidade do direito, há o problema da representação[33], que, por sua vez, possui duas dimensões para o que nos interessa: a discussão sobre a representação adequada e a própria falta de coincidência entre a titularidade do direito e a representação, fenômeno que é da essência do processo coletivo[34], além da alegada indisponibilidade do direito[35].

Note-se, porém, que essa ausência de titularidade está presente igualmente na designação do legitimado ativo[36] para o processo judicial, que,

---

lide", com o acréscimo de que, ainda assim, a homologação judicial do acordo pode lhe conferir a imutabilidade da coisa julgada. A resolução nº 179 do Conselho Nacional do Ministério Público, na mesma linha, dispõe que "não sendo o titular dos direitos concretizados no compromisso de ajustamento de conduta, não pode o órgão do Ministério Público fazer concessões que impliquem renúncia aos direitos ou interesses difusos, coletivos e individuais homogêneos, cingindo-se a negociação à interpretação do direito para o caso concreto, à especificação das obrigações adequadas e necessárias, em especial o modo, tempo e lugar de cumprimento, bem como à mitigação, à compensação e à indenização dos danos que não possam ser recuperados" (art. 1º, §1º).

33. A representação e a legitimidade das partes talvez sejam o ponto mais complexo e sensível na tutela coletiva, figurando a representação adequada como um tema ainda em busca de um equilíbrio. Pelos limites desse trabalho, não será possível sequer um desenvolvimento mínimo da discussão, que já possui bibliografia interessante no Brasil e as referências a seguir trazem outras várias indicações bibliográficas: GIDI, Antonio. *A* Class Action *como Instrumento da Tutela Coletiva dos Direitos: as ações coletivas em uma perspectiva comparada*. São Paulo: RT, 2007, p. 99-135. GIDI, Antonio. *Rumo a um Código de Processo Civil Coletivo: a codificação das ações coletivas no Brasil.* Rio de Janeiro: Forense, 2008, p. 74/116. GUEDES, Clarissa Diniz. *Legitimidade Ativa e Representatividade na Ação Civil Pública.* Rio de Janeiro: GZ, 2012. ARENHART, Sergio Cruz. Processo multipolar, participação e representação de interesses concorrentes. *Processos* Estruturais. 3ª ed. São Paulo: Juspodivm, 2021. ARENHART, Sergio Cruz. OSNA, Gustavo. *Curso de Processo Civil Coletivo.* São Paulo: RT, 2019, p. 196-218. DIDIER JR., Fredie. ZANETI JR., Hermes. *Curso de Processo Civil: processo coletivo.* Vol. 4. 15ª ed. São Paulo: Juspodivm, 2021, capítulo 6. VITORELLI, Edilson. *O Devido Processo Legal Coletivo: dos direitos coletivos aos litígios coletivos.* 2ª ed. São Paulo: RT, 2020. Tema elegante e que acresce complexidade é a possibilidade de legitimidade coletiva negocial, que vem sendo objeto de estudo na Universidade Federal do Pará por Debora Vieira e cuja apresentação pode ser consultada aqui: Um novo heterônimo na legitimidade ativa na tutela coletiva: a legitimidade extraordinária negocial, disponível em processualistas.jusbrasil.com.br.

34. DIDIER JR., Fredie. ZANETI JR., Hermes. *Curso de Processo Civil: processo coletivo*. Vol. 4. 15ª ed. São Paulo: Juspodivm, 2021, p. 385.

35. Cf. importante síntese e apreciação crítica em GIDI, Antonio. *Rumo a um Código de Processo Civil Coletivo: a codificação das ações coletivas no Brasil.* Rio de Janeiro: Forense, 2008, p. 275/285, com várias referências bibliográficas.

36. "Por isso, afirmar que a falta de coincidência entre o titular do direito e o legitimado para o acordo impede o recurso a técnicas autocompositivas é, a um só tempo, desconsiderar a realidade vigente e formular exigência impossível, que priva da via adequada de solução da controvérsia, ampla gama de interesses. Ademais, é certo que o suposto obstáculo em questão esconde a manifesta contradição que acaba admitindo. Embora

por variadas razões, pode ajuizar um processo tão equivocado quanto prejudicial à tutela coletiva, de modo que não se trata de questão específica da autocomposição e, por isso, o debate deve ser deslocado para a adequação da atuação, independentemente do tempo, do meio e do modo.

Em decorrência do sintetizado no parágrafo anterior, há que se verificar a possibilidade de no processo coletivo se obter o que pode ser chamado de "acordo coletivo adequado", isto é, um negócio entre as partes que passa necessariamente pelo controle subjetivo e objetivo[37], ensejando efetiva negociação, com concessões recíprocas.

---

negue a possibilidade de que os legitimados da ação coletiva celebrem acordos coletivos – porque não são os titulares desses direitos – essa orientação não vê qualquer problema em por nas mãos desses mesmos legitimados a direção livre e ampla do processo coletivo. Por outras palavras, não se vê qualquer problema em permitir que os legitimados coletivos realizem os pedidos que entendam adequados no processo coletivo, que apresentem as causas de pedir que tomarem por melhores, que eles requeiram as provas que acreditem convenientes ou que tenham a ampla disponibilidade sobre a condução do processo e eventuais recursos de sentenças de improcedência. Tudo isso parece não impressionar a doutrina brasileira, que acredita que essa quase "liberdade absoluta" na condução do processo coletivo seja ínsita à legitimidade que se dá àqueles entes autorizados a propor as ações coletivas existentes. No entanto, paradoxalmente, essa mesma orientação acredita que a falta de identidade entre o titular do direito e o titular da ação inviabilize a celebração de acordos coletivos, porque isso implicaria a disponibilidade sobre direitos alheios. Parece evidente a contradição, que só revela a necessidade de se cortar as raízes desse pensamento e evoluir na admissão da autocomposição coletiva. Admitir que esses 'autores coletivos' estejam autorizados ao emprego das técnicas de autocomposição, porém, não significa dizer que, pelo simples fato de constarem no rol de legitimados, disponham de uma carta em branco para a transação. Já se observou anteriormente a necessidade de observância de certos critérios para a celebração desses negócios. Mas além desses elementos, parece fundamental também a incidência dos elementos que governam a discussão da representatividade adequada. A permissão para que os legitimados coletivos celebrem acordos no campo dos direitos difusos e coletivos deve estar subordinada, também, à avaliação da representatividade adequada daquele que realiza a autocomposição, especialmente para que se afira se os termos do acordo correspondem à melhor solução existente para o interesse metaindividual em jogo" (ARENHART, Sérgio Cruz. OSNA, Gustavo. Notas sobre a autocomposição no processo coletivo. *Revista de Processo, vol. 316*. São Paulo, RT, junho de 2021, item 4.1).

37. A expressão "acordo coletivo adequado" foi retirada de GIDI, Antonio. *Rumo a um Código de Processo Civil Coletivo: a codificação das ações coletivas no Brasil.* Rio de Janeiro: Forense, 2008, item 3.14. Há que se registrar, porém, o exato pensamento do referido autor que, após criticar a ideia de que o acordo coletivo não poderia implicar renúncia parcial ou total de direito, afirma que o acordo coletivo adequado é "uma verdadeira e tradicional transação, um negócio jurídico bilateral, comportando concessões mútuas entre as partes, inclusive a renúncia de direito. Trata-se de um instrumento muito mais abrangente, poderoso e perigoso que o 'compromisso de ajustamento de conduta' do direito brasileiro" (p. 268), razão pela qual propõe vários mecanismos de controle (p. 266/267).

Caso se conclua que apenas questões periféricas podem ser objeto de negociação, a fim de que se mantenha a "integralidade" do direito do grupo ou da coletividade, essa limitação deve ser assumida claramente e todo o discurso sobre a autocomposição coletiva na verdade será mera expressão da euforia terapêutica que às vezes parece acompanhar a invocação de um sistema de resolução multiportas.

O entendimento majoritário da jurisprudência encontra forte apoio na doutrina brasileira e a rigor não permite efetiva autocomposição, mas, sim, alguma flexibilidade na forma, no tempo ou no modo do cumprimento de obrigação.

Essa situação pode formar um quadro que pode não ser o mais adequado para a tutela dos direitos coletivos, mas é o que decorre de uma apreciação formal e ortodoxa do sistema: há obrigatoriedade na instauração do inquérito civil ou no ajuizamento da ação civil pública, com o Ministério Público funcionando como legitimado por excelência, já que a ele cabe uma atuação supletiva em caso de omissão de colegitimados, além de já ser na prática o autor coletivo mais atuante, sem qualquer possibilidade de poder de agenda e também sem controle da adequação de sua atuação, com impossibilidade de autocomposição que não seja o reconhecimento da obrigação (que não é autocomposição no sentido negocial[38], mas reconhecimento do pedido, isto é, submissão a uma situação absoluta[39]).

---

38. Como observa Elton Venturi, "a ausência de genuína transação (concessões recíprocas), sob a justificativa da indisponibilidade dos direitos ou interesses em disputa, implica a ausência de qualquer real incentivo para que o conflito seja resolvido, pragmaticamente, da melhor forma possível para todos. Afastada *ab initio* qualquer possibilidade de negociação relativamente à essência do conflito coletivo, a mera regulação de "prazos e formas" para o cumprimento da obrigação não é conciliação (muito menos transação), senão retórico reforço a disposições constitucionais, legais ou contratuais consideradas indiscutíveis e imutáveis. Neste sentido, a assinatura de ajustes de conduta, no mais das vezes, revela-se pouco útil e insuficiente para garantir concretamente a melhor ou a possível proteção dos direitos ou interesses em discussão" VENTURI, Elton. Transação de direitos indisponíveis? Revista de Processo, vol. 251. São Paulo: RT, p. 391/426, janeiro de 2016, item 4).

39. "Não se admite, assim, a *transação substancial* (ou *material*). Todavia, é possível a *transação formal* (atípica ou imprópria), que não signifique qualquer renúncia ao direito coletivo em questão. Assim, poderão ser pactuadas a *forma*, o *prazo* de reparação do dano causado ao direito coletivo e o *lugar da reparação*, mas desde que essa *transação formal* e *atípica* não inviabilize, indiretamente, a reparação e a compensação adequadas ao direito coletivo lesionado e não coloque em risco a tutela preventiva do mesmo direito coletivo ou de outros com ele relacionados. Com efeito, no plano da teoria geral do direito, o termo de ajustamento de conduta é espécie de *autocomposição* (solução amigável do litígio) pela *submissão*" (ALMEIDA, Gregório Assagra de. *Manual de Ações Constitucionais*. Belo

Desenha-se, portanto, um quadro de "sempre" e de "tudo" ou em linguagem mais técnica de obrigatoriedade e de inevitabilidade, como se a tutela coletiva se satisfizesse apenas com isso, quando, entre outros problemas, sequer há garantia da adequação e da efetividade das providências adotadas.

Mesmo nesse contexto de um discurso de absoluta limitação da autocomposição, há problemas evidentes que podem afetar a efetiva garantia dos direitos do grupo ou da coletividade, como a completa dissociação entre a apreciação do legitimado e dos titulares do direito sobre a situação conflituosa, o despreparo técnico do legitimado para a lidar com a situação específica, a ausência de diálogo e de participação do grupo ou da coletividade etc.

A possibilidade de autocomposição, inclusive, pode amenizar algumas dessas questões, na medida em que possibilita, ao menos idealmente, a participação de colegitimados e de demais interessados, já que é sabido que, da forma como se dá a tutela coletiva tradicionalmente, imperam iniciativas individuais ou solipsistas, como se o legitimado ativo, em um misto de paternalismo e autoritarismo, detivesse a solução única para o problema transindividual.

Evidentemente, a autocomposição comporta também outros tantos problemas e pode até mesmo servir para coonestar um trabalho inadequado do legitimado ativo, razão pela qual é fundamental a existência de regras claras que disciplinem sua atuação e possibilitem amplo controle do acordo.

Horizonte, 2007, p. 234/235, com o uso de itálico no original). "É, sem dúvida, possível a autocomposição por negociação em tutela coletiva sem que haja disposição sobre direitos coletivos pelos legitimados a defendê-los, isto é, sobre seu conteúdo normativo, residindo o equívoco fundamental na confusão entre essa negociação e a transação do direito civil. Sem dúvida, a negociação em tutela coletiva não comporta, como na transação, concessões sobre o conteúdo dos direitos (renúncias), ao menos não por parte dos legitimados coletivos em relação a direitos coletivos que defendem[...]" (GAVRONSKI, Alexandre Amaral. Autocomposição no novo CPC e nas ações coletivas. *Processo Coletivo (Coleção Repercussões do Novo CPC)*. Hermes Zaneti Jr. (coord.). Salvador: Juspodivm, 2016, p. 351). Referido autor, no mesmo texto, reconhece a insuficiência das limitações impostas pelos autores que entendem que somente a especificação do tempo, modo e lugar do cumprimento de obrigações para autocomposição coletiva, mas, diante de seu entendimento antes transcrito, defende que a ampliação com indisponibilidade implica a possibilidade de se negociar a "concretização do direito defendido, isto é, sua interpretação à luz do caso concreto e de todo o sistema jurídico, com a especificação dos elementos necessários à sua efetivação" (p. 355).

Com efeito, mesmo se considerarmos as limitações hoje majoritariamente existentes como balizadoras de acordos em tutela coletiva, podemos verificar casos em que a manipulação do que é considerado periférico pode afetar a própria tutela coletiva[40], entre outros problemas envolvendo os acordos e que serão abordados com mais vagar em item próprio deste texto. A patrimonialidade, por exemplo, que tradicionalmente é considerada o núcleo integrante da disponibilidade, pode ser a essência da tutela coletiva em determinado caso, como na proteção do erário, de modo que não se pode considerar aqui que o valor seja algo periférico, mas, ao mesmo tempo, também não se pode concluir que inexiste algum espaço para negociação[41]. Também questões processuais - e mesmo que sem qualquer negociação entre as partes, mas, sim, por meio de imposição criativa jurisdicional - podem afetar plenamente a adequada tutela coletiva, como no caso de se impossibilitar a utilização de prova pericial[42]. Além disso,

40. Com base em uma lei estadual, uma empresa pretende parcelar sua dívida de mais de um bilhão de reais com o estado do Rio de Janeiro em dois mil anos, "quitando-a" no ano de 4.015. O caso foi julgado pelo Superior Tribunal de Justiça e não se tratou de autocomposição, mas essa referência apenas mostra que a patrimonialidade e o tempo podem servir para frustrar o essencial que, no caso, é a tutela do erário (trata-se do AREsp 1.723.732, que contou com decisão liminar em favor da pretensão do que se denominou de forma de parcelamento, mas obviamente era um imenso dano ao erário). Cf., ainda, ARENHART, Sérgio Cruz. OSNA, Gustavo. Notas sobre a autocomposição no processo coletivo. *Revista de Processo, vol. 316*. São Paulo, RT, junho de 2021, item 4.1. VITORELLI, Edilson. *Processo Civil Estrutural: teoria e prática*. São Paulo: Juspodivm, 2020, p. 153.

41. Deve ser observada, no caso de improbidade administrativa, a limitação material do art. 17-B, I, da Lei de Improbidade Administrativa, que pode ser vista como vedação de acordo sobre o valor, em interpretação literal.

42. Por decisões monocráticas, o Supremo Tribunal Federal vem negando aplicação ao art. 18 da lei da ação civil pública e determinando, contra o Tema nº 510 do Superior Tribunal de Justiça - cujo entendimento foi reafirmado após a vigência do atual CPC e é acompanhado há anos por todos os tribunais, de modo que monocraticamente o STF vai de encontro a todo um sistema de estabilidade decisória, fazendo com que a ideia de sistema de precedentes minimamente sério uma vez mais seja apenas uma realidade distante e isso por meio de decisões judiciais que não raro ignoram julgados do próprio colegiado a que pertencem ou que de inopino modificam questões consolidadas pelos tribunais competentes para a matéria -, o depósito prévio de honorários periciais pelo legitimado ativo, em fundamentação sem qualquer fundamento fático e normativo, baseada apenas em suposições e em superficial uso do que denomina de "consequencialismo" (cf., por exemplo, ACO 1.560 e ARE 1.283.040). Esse tipo de decisão possui potencial para prejudicar o sistema de tutela coletiva sem que aparentemente se disponha de seu núcleo, o que ilustra uma vez mais a ideia que inspira o presente artigo de que a manipulação de conceitos é muito mais prejudicial do que o enfrentamento direto e claro dos problemas, com estabelecimento de regras que minimizem o risco de uma tutela coletiva inadequada. A decisão sobre o custeio da prova pericial, portanto, sem que se fale em qualquer dimensão de disponibilidade, esvazia potencialmente a

há questões envolvendo o próprio bem a ser tutelado, cuja aferição pode apresentar dificuldades e permitir que haja margens de negociação, desde que não se disponha integralmente do que deve ser tutelado. Exemplo: na proteção do erário, o dano pode não ser integralmente dimensionado de forma objetiva[43], não se podendo considerar a possibilidade de "perdão" da dívida, salvo lei autorizadora, mas também deve ser considerado que os valores acessórios podem assumir importante dimensão na restauração do patrimônio público, ou ainda que algum espaço para fixação do valor pode ser atingido por acordo e a exclusão de algum grau de discricionariedade em situações assim vai de encontro com a realidade. Ou seja, há um quadro muito mais complexo para ser examinado e o desenho tradicional simplifica bastante a possibilidade e o limite da autocomposição.

A indisponibilidade deve ser vista como algo contingencial e relacionado a uma determinada realidade. Conferir perenidade a um conceito essencialmente contingencial pode significar apenas estender amarras jurídicas que impeçam ou retardem uma evolução cultural e a autocomposição passaria ser apenas um recurso retórico, já que não há acordo unidirecional.

4. A AUTOCOMPOSIÇÃO, AS LIMITAÇÕES E AS POSSIBILIDADES: ENTRE O DISCURSO E A PRÁTICA

Esse quadro incompleto e brevemente exposto indica que a autocomposição não é a solução nem a frustração para a tutela coletiva, assim como a impossibilidade de negociação não assegura a adequada tutela dos direitos.

Assim como a autocomposição sobre questões consideradas periféricas pode afetar diretamente o direito do grupo, com o acordo servindo

---

tutela coletiva a ponto de torná-la mero adereço retórico. O tema é analisado de forma precisa por Edilson Vitorelli, em artigo no prelo e que gentilmente o autor cedeu para esta pesquisa: Análise Econômica e Comportamental da distribuição do custo da prova no processo coletivo. Nesse artigo, o autor descreve os diversos julgados sobre o tema e que foram monocraticamente ignorados, além de analisar criticamente a fundamentação utilizada no Supremo Tribunal Federal, demonstrando com base em argumentos com profunda fundamentação os "equívocos fundamentais" desse entendimento por enquanto isolado, mas que já paralisou ações coletivas,

43. Há situações, porém, em que o dano ao patrimônio público será passível de constatação objetiva, seja por meio de prova documental, seja por prova pericial, o que enseja o problema da absoluta vinculação ao valor estabelecido (nesse sentido, importantes considerações em MACÊDO, Marcus Paulo Queiroz. *O Ministério Público e o Inquérito Civil: aspectos teóricos e práticos*. Belo Horizonte: Arraes, 2012, p. 211/213).

como instrumento escamoteador de desvio de finalidade ou de mera inépcia do legitimado[44], também a via judicial pode se mostrar ineficiente pelas mesmas razões e por várias outras não diretamente relacionadas com os problemas inerentes à via jurisdicional (cumprimento de decisões judiciais, por exemplo[45]). Uma equivocada atuação do legitimado ativo, como a má formulação de pedidos e a inadequada condução processual, pode causar uma frustração absoluta da tutela coletiva, ainda que formal e aparentemente pareça assegurada a integralidade do direito material.

Em suma, nem sempre a autocomposição é a alternativa possível, assim como a tutela jurisdicional por si só não assegura a adequação nem a integralidade do direito coletivo.

Além dessa superação de qualquer raciocínio maniqueísta – e daquelas simplificações que são derivações da equivocada ideia de que um acordo sempre é melhor do que um litígio -, deve-se considerar que há comunhão de problemas entre as soluções consensuais e as resoluções litigiosas, bem como cada uma dessas possui suas próprias particularidades que podem configurar obstáculos para uma adequada tutela coletiva. A questão da representação adequada, por exemplo, atinge indistintamente a autocomposição e a resolução litigiosa, já que a atuação do legitimado deve ser aferida independentemente do meio pelo qual se solucionará a controvérsia. A falta de controle dos atos do legitimado e a ausência de participação de integrantes do grupo ou de colegitimados constituem questões sensíveis para qualquer alternativa visando a uma adequada tutela coletiva.

Na tutela coletiva a autocomposição, evidentemente, pode ser extrajudicial[46] e há muitos problemas envolvendo os delineamentos do compromis-

44. Um acordo mal redigido, com cláusulas descuidadas e de difícil ou impossível compreensão ou execução, ou ainda estipulando obrigações elementares e desvinculadas do bem jurídico tutelado, quase que premiando o ilícito, enfraquece não só o bem jurídico coletivo com o próprio sistema de autocomposição.

45. No processo coletivo há ainda dificuldades inerentes a sua própria natureza. A propósito: CABRAL, Antonio. ZANETI JR., Hermes. Entidades de infraestrutura específica para a resolução de conflitos coletivos: as *claims resolution facilities* e sua aplicabilidade no Brasil. *Revista de Processo nº 287*. São Paulo: RT, janeiro de 2019. VITORELLI, Edilson. *O Devido Processo Legal Coletivo: dos direitos coletivos aos litígios coletivos*. 2ª ed. São Paulo: RT, 2020.

46. A tutela coletiva extrajudicial possui várias possibilidades e um panorama original foi realizado por Alexandre Amaral Gavronski: *Técnicas Extraprocessuais de Tutela Coletiva*. São Paulo: RT, 2010. Confiram-se ainda os seguintes livros mais recentes: VITORELLI, Edilson. *Processo Civil Estrutural: teoria e prática*. São Paulo: Juspodivm, 2020, capítulo 3.

so de ajustamento de conduta, sobretudo diante da ausência de regramento legislativo minimamente satisfatório, como já assinalado.

Há problemas que são comuns também à autocomposição judicial, como aqueles envolvendo o próprio consenso e especialmente a legitimidade das partes, com o acréscimo da eficácia potencial e genérica de questões coletivas[47], mas sem dúvida a autocomposição extrajudicial apresenta algumas questões sensíveis que necessitam de disciplina legislativa[48], como a discussão sobre a indisponibilidade do direito[49], os acordos sobre direitos

Casebook *de Processo Coletivo: estudos de processo coletivo a partir de casos – técnicas extrajudiciais de tutela coletiva e temas especiais*. Zaneti Jr.; Vitorelli (coord.). São Paulo: Almedina, 2020, vol. 2. Registre-se que, fora da jurisdição estatal, a arbitragem coletiva vem sendo objeto de estudos há alguns anos e aqui não será mencionada além dessa brevíssima referência, já que exige uma sistematização própria incompatível com a proposta desse texto. Sobre o tema: LIMA, Bernardo. *A Arbitralidade do Dano Ambiental*. São Paulo: Atlas, 2010. MARIANI, Romulo Greff. *Arbitragens Coletivas no* Brasil. São Paulo: Atlas, 2015. NERY, Ana Luiza. *Arbitragem Coletiva*. São Paulo: RT, 2016 (esse trabalho de Ana Nery é a versão comercial de sua tese de doutorado citada no presente artigo e cujo acesso é livre na biblioteca virtual de teses da PUC/SP).

47. Cf. sobre a eficácia subjetiva da coisa julgada coletiva, o Supremo Tribunal Federal fixou a seguinte tese: "I – É inconstitucional a redação do art. 16 da Lei 7.347/1985, alterada pela Lei 9.494/1997, sendo repristinada sua redação original. II – Em se tratando de ação civil pública de efeitos nacionais ou regionais, a competência deve observar o art. 93, II, da Lei 8.078/1990 (Código de Defesa do Consumidor). III – Ajuizadas múltiplas ações civis públicas de âmbito nacional ou regional e fixada a competência nos termos do item II, firma-se a prevenção do juízo que primeiro conheceu de uma delas, para o julgamento de todas as demandas conexas" (RE 1101937, 8 de abril de 2021). Ainda que não seja homologada judicialmente a autocomposição e, portanto, não se possa falar em coisa julgada (abstraindo-se, nesse momento, qualquer discussão envolvendo a interpretação e o alcance do art. 966, par. 4º, CPC), é evidente que, em tese, pode haver autocomposição que transcenda limites territoriais, razão pela qual haverá acréscimo de exigências na aferição da legitimidade e nos contornos dos atos praticados.

48. Como já referido, há projetos de lei em curso que buscam colmatar as lacunas ora referidas e que merecem atenta leitura e intenso debate.

49. Como já mencionado, a indisponibilidade do direito é um tema complexo e que não pode mais ser encarado pelos processualistas como se fosse um conceito pré-concebido e ontologicamente perene. Sobre o tema, que será abordado oportunamente com mais vagar, vale conferir: OLIVERO, Luciano. *L'Indisponibilità dei Diritti: analisi di una categoria*. Torino: G. Giappichelli, 2008. DESSÌ, Ombretta. *L'Indisponibilità dei Diritti del Lavoratore Secondo L'Art. 2113 C.C.* Torino: G. Giappichelli, 2011. GUIDARA, Antonio. *Indisponibilità del Tributo e Accordi in Fase di Riscossione*. Milano: Giuffrè, 2010. MARTEL, Letícia de Campos Velho. Indisponibilidade dos Direitos Fundamentais: conceito lacônico, consequências duvidosas. Espaço Jurídico, v. 11, p. 334-373, julho/dezembro de 2010. *Direitos Fundamentais Indisponíveis: Limites e Padrões do Consentimento para a autolimitação do direito fundamental à vida*. UERJ: Tese de doutorado, 2010. NETO, Luísa. *O Direito Fundamental à Disposição sobre o próprio Corpo (a relevância da vontade na configuração do seu regime)*. Coimbra: Coimbra, 2004. ADAMY, Pedro Augustin. *Renúncia a Direito Fundamental*. São Paulo: Malheiros, 2011. VENTURI, Elton. Transação de direitos indisponíveis? Revista de Processo, vol. 251. São Paulo: RT, p. 391/426, janeiro de 2016. TALAMINI, Eduardo. A

individuais homogêneos, a convivência entre os colegitimados, a multiplicidade de acordos envolvendo o mesmo objeto, o controle das cláusulas, a possibilidade de anulação ou rescisão dos acordos, a participação dos interessados diretos, a liquidez, a redação e a concretude das cláusulas[50], o papel do Ministério Público diante da multiplicidade de atribuições que pode significar conflitos dentro da própria instituição, entre instituições e entre colegitimados, além de outras questões[51].

Além dessas complexas questões, o próprio consenso se apresenta como uma questão que merece atenção, sob pena de se sacrificarem interesses coletivos em relações assimétricas e as convenções agravarem a desigualdade processual, fazendo com que a abusividade venha travestida de consenso[52].

(in)disponibilidade do interesse público: consequências processuais (composições em juízo, prerrogativas processuais, arbitragem, negócios processuais e ação monitória) – versão atualizada para o CPC/2015. *Revista de Processo nº 264*. São Paulo: RT, fevereiro de 2017. BARREIROS, Lorena Miranda Santos. *Convenções Processuais e Poder Público*. Salvador: Juspodivm, 2017. BRANCO, Janaína Soares Noleto Castelo. *Advocacia Pública e Solução Consensual de Conflitos*. São Paulo: Juspodivm, 2018. TANNURE, Stela. *Consenso na Advocacia Pública Municipal: pesquisa empírica sobre culturas e práticas*. Londrina, Thoth, 2021.

50. A necessidade de preparo técnico e o cuidado na redação das cláusulas, sobretudo diante da possibilidade de previsão de garantias que reforcem a tutela coletiva, devem ser considerados pelos legitimados ativos, já que a autocomposição não significa apenas boa vontade ou modo de encerrar formalmente uma situação complexa, mas, sim, tem que ser considerada dentro de uma estratégia de litigância.

51. Cf. DIDIER JR., Fredie. ZANETI JR., Hermes. *Curso de Processo Civil: processo coletivo*. Vol. 4. 15ª ed. São Paulo: Juspodivm, 2021, capítulo 10.

52. Sobre essa face dos acordos, vale conferir as reflexões de FISS, Owen. Contra o acordo. *Um Novo Processo Civil: estudos norte-americanos sobre jurisdição, constituição e sociedade*. Daniel Silva e Melina Mós (trad.). São Paulo: RT, 2004. Uma epígrafe utilizada por Neil Andrews ao abrir o capítulo 10 de seu já citado livro, que trata precisamente do acordo, é bastante eloquente: "Acordo é tipicamente o auge de um processo desgastante durante o qual representantes de uma das partes terão enfraquecido, com sucesso, a outra", Simon Roberts (*O Moderno Processo Civil: formas judiciais e alternativas de resolução de conflitos na Inglaterra*. Teresa Arruda Alvim Wambier (orientação e revisão da tradução). 2ª ed. São Paulo: RT, 2012, p. 343, com importantes ressalvas na p. 355). Como observa Neil Andrews, ao falar da "cultura do acordo" existente na Inglaterra, diversos problemas podem ocorrer na formação de um negócio jurídico: a) as partes podem não compreender completamente suas posições; b) pode haver desigualdades em diversos aspectos; c) há possibilidade de uso de procedimento desleal; d) o acordo pode "neutralizar" a parte que tem direito; e) a dificuldade de se mensurar dimensão exata do acordo, que, por isso, deve ser "comedido, preciso e exato" (ob. cit., p. 355). Na realidade, o que se pretende com a indisponibilidade transacional é não permitir que se mascare eficazmente um resultado proibido: "O juízo de que as partes transigiram sobre direitos de que lhes não é permitido dispor não deverá ser feito *a priori*, tomando por referência o objeto do litígio, mas *a posteriori*, tomando em consideração a controvérsia e as concessões recíprocas. Com efeito, a transação até poderá ter por objeto um direito indisponível, mas

A possibilidade de autocomposição não pode eliminar a cautela para evitar o efeito perverso de favorecer o litigante habitual[53] e aumentar a desigualdade e a vulnerabilidade no processo. Há que se evitar que a autonomia privada constitua uma espécie de "modernização das ordálias", onde a astúcia e a estratégia substituam o processo justo[54]. O acordo, como qualquer outro instituto, não pode ser visto como uma panaceia. O reconhecimento dos problemas e limites é uma das formas de moldar corretamente a aplicação de um expediente importante para a tutela coletiva.

Ainda se mostra atual a indagação formulada por Vittorio Denti: "cabe perguntarse hasta donde el predomínio de este 'paternalismo judicial' es solamente consecuencia de una certa política procesal, o si es más bien, todavia antes, un hecho de costumbre, conexo con la decadencia en la sociedade de una autônoma y responsable iniciativa individual"[55].

Em relação aos métodos de resolução de conflitos, fala-se que no Brasil prevalece a "cultura da sentença"[56], mas talvez seja mais adequado

---

a composição do litígio não se traduzir num ato de disposição desse direito" (FONSECA, Tiago Soares da. *A Transação Civil na Litigância Extrajudicial e Judicial*. Coimbra: Gestlegal, 2018, p. 572 – *sic*). Na doutrina brasileira: DIDIER JR., Fredie. ZANETI JR., Hermes. *Curso de Processo Civil: processo coletivo*. Vol. 4. 15ª ed. São Paulo: Juspodivm, 2021, p. 411/413.

53. O litigante habitual ou frequente é definido não só pelo tipo de litígio em que se envolve, mas sobretudo por sua dimensão e pelos recursos disponíveis; ele "programa e estrutura as suas relações contratuais de forma a garantir a sua defesa em eventual conflito, sendo muitas vezes ele próprio a escrever o contrato; tem um acesso fácil a especialistas; beneficia de economia de escala, sendo baixo o investimento inicial para cada litígio; tem oportunidades para estabelecer relações informais com os responsáveis das instituições nos diferentes níveis hierárquicos – mesmo que isso não implique situações de favorecimento sempre facilitará o relacionamento; tem uma reputação como litigante que se esforça por manter como meio para tornar mais credíveis as suas posições; pode arriscar-se a litigar em acções onde não são claros os seus direitos, na medida em que o facto de litigar com frequência o leva a calcular as suas vantagens relativamente ao conjunto das situações, minimizando os elevados riscos que possam existir num caso ou noutro; pode e tem interesse em influenciar, não só o próprio conteúdo das leis, substantivas ou processuais, mas também a sua interpretação, para que ambas lhe sejam favoráveis" (Sousa Santos, Leitão Marques, João Pedroso e Lopes Ferreira: *Os Tribunais nas Sociedades Contemporâneas: o caso português*. 2ª ed. Porto: Afrontamento, 1996, pp. 71/72).

54. Cf. CHIARLONI, Sergio. Relaciones entre partes, jueces y abogados. Monroy Palacios (trad.). *Revista Peruana de Derecho Procesal*, vol. VIII. Lima: Palestra, 2005, pp. 82/83.

55. La evolución del derecho de las pruebas en los processos civiles contemporâneos. *Estudios de Derecho Probatorio*. Santiago Sentis Melendo y Tomás A. Banzhaf (trad.). Buenos Aires: EJEA, 1974, p. 152.

56. Expressão utilizada por Kazuo Watanabe e muitíssimo reproduzida: Cultura da sentença e cultura da pacificação. *Estudos em Homenagem à Professora Ada Pellegrini Grinover*. Flávio Luiz Yarshell e Mauricio Zanoide de Moraes (coord.). São Paulo: DPJ, 2005.

falar em uma cultura burocrática ou cultura da estatalidade, no sentido de Estado provedor de todos os serviços públicos essenciais. Não se pode prescindir desses dados e dessa realidade quando se trata de questões processuais, porque, entre outras razões, "las formas de solución de conflictos son en gran parte un reflejo de la cultura en la cual se integran; no son un sistema autónomo fundamentalmente producto de expertos y especialistas aislados"[57].

Não parece adequado demonstrar um entusiasmo abstrato com a ideologia de alternativas em relação ao Judiciário, quando a própria prestação estatal apresenta tais carências que, necessariamente, refletem-se na ausência de profissionais capacitados para o exercício da mediação e da conciliação extrajudiciais. Vivemos em uma realidade na qual a busca pelo Judiciário não é só natural como é quase obrigatória para significativa parcela da população[58].

Isso não significa, contudo, que deva haver uma postura resignada da academia e, em uma espécie de conformismo sociológico, ignorar as formas alternativas de resolução de conflitos, não só porque se trata de uma exigência contemporânea[59], como também porque é uma realidade prática, ainda que em escala menor, além do fato de que a relação entre a doutrina e a cultura é de recíproca influência[60].

57. CHASE, ob. cit. p. 21. Sobre a relação entre a cultura e as alternativas para resolução dos conflitos: TARUFFO. Una alternativa a las alternativas: modelos de resolución de conflictos. *Páginas sobre Justicia Civil*. Maximiliano Aramburo Calle (trad.). Madrid: Marcial Pons, 2009.

58. Interessante observação de Taruffo no sentido de que o incentivo à utilização dos meios alternativos revela uma face "dramaticamente negativa", por apostar na disfuncionalidade da justiça estatal e apontar para uma "fuga da jurisdição" (Una alternativa...cit., pp. 115/116 e 120). Essa fuga da jurisdição estatal é bem descrita por Paula Costa e Silva: *A Nova Face da Justiça: os meios extrajudiciais de resolução de controvérsias*. Lisboa: Coimbra, 2009, pp. 19/21.

59. Cf., SILVA, Paula Costa e. *A Nova Face*... cit.

60. CHASE, ob. cit., pp. 25 e 185/188. E nem há exclusivamente influência cultural na formação dos modelos de prova, mas também incidem outras tantas influências, como o modo com que se administra a atividade judicial, cabendo registrar que, na evolução histórico-cultural, o que se mostra ultrapassado em dado momento foi uma verdadeira evolução no passado. Nesse sentido, por exemplo, o sistema de provas legais foi uma relevante iniciativa para superar os modelos de provas irracionais (DENTI, Vittorio. La evolucion...cit., pp. 81/81).

Evidentemente a penúria estrutural pode afetar toda e qualquer forma de consenso[61], mas essa limitação convive com as demais e apenas revela que a autocomposição deve ser vista como uma possibilidade técnica e não uma panacéia em que tudo cabe. Entre o discurso e a prática, há espaço para esse equilíbrio de a formulação de acordos coletivos adequados[62] que se mostrem mais vantajosos do que todo o caminho processual litigioso.

---

61. Especificamente sobre a mediação, é esclarecedor o estudo de Fernanda Tartuce: *Mediação nos Conflitos Civil*. São Paulo: Método, 2008. Confira-se, ainda, a Resolução nº 125 do Conselho Nacional de Justiça, bem como o estudo que a contextualiza: LUCHIARI, Valeria Ferioli Lagastra. *Mediação Judicial*. Rio de Janeiro: Forense, 2012. Registre-se, porém, que, como qualquer método de resolução de conflitos, a mediação e a conciliação não são alternativas neutras ou essencialmente benevolentes e podem tornar-se espaço para amplificar a desigualdade entre as partes, com a sobreposição do "mais forte" sobre o "mais débil" (TARUFFO. Una alternativa...cit., p. 117). Acerca de um absoluto ceticismo em relação a qualquer modalidade de acordo, incluindo a mediação: FISS, Owen. Contra o acordo. *Um Novo Processo Civil: estudos norte-americanos sobre jurisdição, constituição e sociedade*. Daniel Silva e Melina Mós (trad.). São Paulo: RT, 2004, *passim*, sendo que especificamente sobre o "desequilíbrio de poder" nas pp. 124/128 (o mesmo texto recebeu nova tradução de Carlos Alberto de Salles: FISS, Owen. *Direito como Razão Pública: processo, jurisdição e sociedade*. 2ª ed. Curitiba, Juruá, 2017, p. 133/150).

62. A Corregedoria-Geral do Ministério Público do Estado de Minas Gerais buscou a sistematização de critérios para a aferição de um acordo adequado, por meio do Ato CGMP nº 2/21: "art. 100. Em atenção ao disposto nos §§2º e 3º do art. 3º do CPC, o órgão de execução priorizará, sempre que possível, a resolução consensual dos conflitos em todas as suas áreas de atuação judicial ou extrajudicial, atentando, quando cabível, para o disposto na Resolução CNMP n.º 118/ 2014. §1º Para fins do disposto no "caput" deste artigo, o órgão de execução analisará, diante do caso concreto, se a resolução consensual apresenta vantagens sobre a tutela por adjudicação judicial (liminar e/ou sentença ou acórdão), por demonstrar ser a mais adequada, justa e razoável. §2º A aferição da adequação, da justiça e da razoabilidade da resolução consensual, nos termos do §1º deste artigo, ocorrerá por intermédio da aplicabilidade de testes de fatores e/ou indicadores de resultado, amparados nas regras de experiência comum decorrentes da observação do que ordinariamente acontece nas atuações dos órgãos institucionais do Ministério Público. §3º Para avaliar se uma proposta de acordo é justa, razoável e adequada, é recomendável ainda, entre outras diretrizes que podem ser aplicadas, aferir: I – se, na proposta, não há discriminação negativa entre os interessados envolvidos na resolução consensual ou entre os membros do grupo ou da comunidade em situação similar quando se tratar de tutela coletiva; II – se está contemplada, na proposta de acordo, sempre que possível, a dimensão dos direitos fundamentais envolvidos no litígio, na controvérsia ou no problema; III – se a proposta de acordo é produto de negociação com a participação de representantes adequados e legítimos; IV – se a proposta de acordo proporciona, em magnitude, a suficiente proteção e a garantia para os titulares dos direitos ou interesses difusos, coletivos, individuais homogêneos e/ou individuais puros, tais como aqueles pertencentes à sociedade em geral e ao Estado, à comunidade, ao grupo e aos respectivos membros afetados; V – se a proposta de acordo está racionalmente relacionada com o prejuízo alegado e sofrido e se nela estão inseridas as medidas preventivas, ressarcitórias e repressivas necessárias; VI – se a proposta de acordo considerou, quando possível, prognósticos sobre prováveis efeitos fáticos e jurídicos, a curto, médio e longo prazo. §4º A aferição da adequação,

Nesse sentido, é fundamental evitar que as convenções sirvam para a imposição de situações que dificultem excessivamente o exercício do direito, ou seja, que agravem a desigualdade processual e que a abusividade vinha travestida de consenso. Como observa Neil Andrews, ao falar da "cultura do acordo" existente na Inglaterra, diversos problemas podem ocorrer na formação de um negócio jurídico: a) as partes podem não compreender completamente suas posições; b) pode haver desigualdades em diversos aspectos; c) há possibilidade de uso de procedimento desleal; d) o acordo pode "neutralizar" a parte que tem direito; e) a dificuldade de se mensurar dimensão exata do acordo[63]. Tais possibilidades não são suficientes para inviabilizar abstratamente os acordos, mas, claro, servem para recomendar o preciso controle sobre seus termos, especialmente em casos de contratos envolvendo partes reconhecidamente desiguais e em uma sociedade que aprofunda desigualdades que já existem autonomamente.

Nesse sentido, essa consciência da limitação das convenções visa a evitar o efeito perverso de favorecer o litigante habitual e fragilizar a tutela coletiva. O litigante habitual ou frequente é definido não só pelo tipo de litígio em que se envolve, mas sobretudo por sua dimensão e pelos recursos disponíveis; ele "programa e estrutura as suas relações contratuais de forma a garantir a sua defesa em eventual conflito, sendo muitas vezes ele

da justiça e da razoabilidade da resolução consensual, nos termos deste artigo, ocorrerá também por intermédio da aplicabilidade de testes de fatores e/ou indicadores de resultado, recomendando-se que sejam levados em consideração, entre outros, os seguintes fatores: I - os argumentos favoráveis e contrários à proposta; II - as questões de fato e de direito envolvidas no litígio; III - a probabilidade de procedência da pretensão caso fosse levada à adjudicação judicial; IV - a comparação entre o acordo proposto e o provável resultado de um julgamento judicial sobre o mérito da demanda, com ênfase na responsabilidade e nos danos; V - os riscos envolvidos no litígio, inclusive as dificuldades para se estabelecer judicialmente a responsabilidade e de se apurarem os danos sofridos e os possíveis prejuízos a terceiros; VI - a ausência, na proposta, de colusão ou de qualquer espécie de fraude; VII - a complexidade, o custo e a provável duração do processo; VIII - o comportamento das partes envolvidas, o seu comprometimento e a sua capacidade para o cumprimento do que for acordado; IX - a possibilidade de o acordo abranger os diversos grupos atingidos e/ou afetados; X - a possibilidade de se trazerem para a negociação representantes adequados dos grupos ou das comunidades afetadas. §5° Se o conflito, a controvérsia ou o problema envolverem a atuação de mais de um órgão de execução, é recomendável a atuação articulada e integrada para a formulação ou a aceitação de propostas de acordos que abranjam a mais adequada proteção conjunta dos bens jurídicos envolvidos, nos âmbitos cível, criminal e administrativo. §6° O rol dos métodos de resolução consensual dos conflitos, previsto no §3° do art. 3° do CPC, é meramente exemplificativo" (disponível em https://www.mpmg.mp.br/files/diariooficial/DO-20210416.PDF).

63. *O Moderno...cit.*, p. 355.

próprio a escrever o contrato; tem um acesso fácil a especialistas; beneficia de economia de escala, sendo baixo o investimento inicial para cada litígio; tem oportunidades para estabelecer relações informais com os responsáveis das instituições nos diferentes níveis hierárquicos – mesmo que isso não implique situações de favorecimento sempre facilitará o relacionamento; tem uma reputação como litigante que se esforça por manter como meio para tornar mais credíveis as suas posições; pode arriscar-se a litigar em acções onde não são claros os seus direitos, na medida em que o facto de litigar com frequência o leva a calcular as suas vantagens relativamente ao conjunto das situações, minimizando os elevados riscos que possam existir num caso ou noutro; pode e tem interesse em influenciar, não só o próprio conteúdo das leis, substantivas ou processuais, mas também a sua interpretação, para que ambas lhe sejam favoráveis"[64]. Essas características revelam que as desigualdades e vulnerabilidades são criadas ou mantidas também pelo processo estatal, mas isso não invalida o necessário controle que deve recair sobre os pactos privados, sob pena de se instalar a barbárie processual.

Autocomposição sem negociação é mero discurso sem efetividade; já a autocomposição que enfraquece a tutela coletiva é o uso do discurso para impedir a efetividade. Entre esses extremos, há espaço para o estabelecimento de autocomposição coletiva adequada[65].

---

64. Sousa Santos, Leitão Marques, João Pedroso e Lopes Ferreira: *Os Tribunais nas Sociedades Contemporâneas: o caso português*. 2ª ed. Porto: Afrontamento, 1996, pp. 71/72.

65. Como milhares de acordos coletivos são firmados anualmente, temos três possibilidades: 1) os acordos na verdade são submissão às exigências legais e funcionam como submissão ou "reconhecimento do pedido", ou seja, na análise do legitimado passivo, é melhor abreviar a controvérsia; 2) os acordos são mal formulados e funcionam como peça retórica e não tutela adequadamente a situação coletiva; 3) há efetiva negociação bilateral, ainda que isso não seja explicitado, passando uma aparência de indisponibilidade.

5. ENCERRAMENTO: O REGRAMENTO DA AUTOCOMPOSIÇÃO COLETIVA NO PL Nº 1641/21[66]

Ainda que permaneçam incertezas e controvérsias sobre os limites da autocomposição no processo coletivo, nenhum projeto de lei sério sobre o tema pode deixar de estabelecer regras que avancem em sua disciplina.

O quadro normativo atual descrito no início deste texto e a realidade da prática cotidiana do processo coletivo indicam a autocomposição como inerente ao sistema do processo coletivo, com centenas de termos de ajustamento de conduta celebrados anualmente[67].

Evidentemente, há muitas questões que permanecem polêmicas e algumas delas não podem ser resolvidas abstratamente e necessitam da análise do caso concreto, mas o certo é que o regramento mínimo hoje existente é incompatível com a relevância e a complexidade do tema, já que, basicamente, há apenas a previsão da possibilidade de um "ajustamento de conduta

---

66. Diversos projetos de lei visando à alteração do processo coletivo foram propostos, mas recentemente houve a proposição quase simultânea dos PLs 4441/20 e 4778/20, ambos pretendendo a regulação completa do tema, mas com concepções e disposições bastante diferentes. Diante desse quadro, como uma espécie de proposta consensual, foi elaborado o PL 1641/21, a partir de comissão organizada pelo Instituto Brasileiro de Direito Processual, que sem dúvida obteve uma sistematização muito boa para o debate legislativo. Os três projetos estão apensados e tudo indica, apesar da imprevisibilidade do processo legislativo, que o debate terá como parâmetro o PL 1641/21, até por ter sido redigido para aproveitar o que de positivo havia nos dois anteriores, além de apresentar novidades positivas, lamentando-se, apenas, a inexistência de debate prévio com estudiosos e entidades interessadas em relação a todos os projetos. Por essa razão, será examinado apenas o PL 1641/21, sem prejuízo de as sintéticas considerações aqui declinadas se aplicarem a todos eles. Entre os três projetos, sem nenhuma dúvida aquele que apresenta os maiores problemas de forma e de conteúdo é o nº 4778/20 e espera-se que suas proposições não sejam acolhidas (sobre o tema: GIDI, O Projeto CNJ de Lei de Ação Civil Pública. Avanços, inutilidades, imprecisões e retrocessos: a decadência das ações coletivas no Brasil. *Civil Procedure Review, v. 12*, n. 1: jan.-abr. 2021(www.civilprocedurereview.com), já que o que nele se apresenta de útil está inserido PL nº 1641/21). Cf., ainda, MAGALHÃES JUNIOR, Alexandre Alberto de. LEONEL, Ricardo de Barros. O projeto de lei Ada Pellegrini Grinover do IBDP e a resolução consensual no processo coletivo. *Ministério Público Estratégico, vol. 8: resolução consensual e tratamento adequado dos conflitos, controvérsias e problemas na tutela de direitos fundamentais pelo Ministério Público*. Sarubbo; Magalhães Jr.; Almeida; Romano; Leitão (org.). Indaiatuba: Foco, 2024.

67. Alguns Ministérios Públicos inclusive criaram "núcleos" de autocomposição (as experiências do MPMG e do MPSP estão relatadas em capítulos do livro *Ministério Público Estratégico, vol. 8: resolução consensual e tratamento adequado dos conflitos, controvérsias e problemas na tutela de direitos fundamentais pelo Ministério Público*. Sarubbo; Magalhães Jr.; Almeida; Romano; Leitão (org.). Indaiatuba: Foco, 2024).

às exigências legais", fixando-se a legitimidade e nada mais. Não há dúvida de que a autocomposição coletiva se submete ao regramento comum dos negócios jurídicos, já que se trata de tema da teoria geral do direito, mas ainda assim há peculiaridades que exigem regulamentação própria e essa hipossuficiência legislativa abre espaço para criações judiciais ou edição de normas administrativas, quando há espaço legislativo a se ocupar.

Nesse contexto a sistemática proposta no referido projeto de lei abre espaço para o debate e permite a evolução da disciplina legislativa da matéria, que, nesses mais de trinta anos, já recebeu material prático e teórico que permitem uma discussão profunda e madura, a fim de que não se sobrevenha legislação que amesquinhe a tutela coletiva, como se ensaia também há muitos anos[68], o que recomenda extrema vigilância no trâmite do processo legislativo.

O projeto de lei segue, portanto, a ideia de que a possibilidade de autocomposição é ínsita ao processo coletivo e desde o início trabalha com sua inclusão procedimental, caso não seja estabelecida extrajudicialmente.

Prevê-se, então, que antes de se oferecer a defesa poderá ser designada audiência especial para a "identificação do conflito" e tentativa de autocomposição (art. 14, II), constando no artigo seguinte que, "inexistindo autocomposição e estando em ordem a petição inicial, o juiz determinará a citação do réu". A ideia parece ser semelhante ao disposto nos arts. 334 e 335, CPC, mas com pior técnica redacional, sobretudo porque a audiência será facultativa, o que me parece correto, e não fica clara a relação entre o prazo, o ato de comunicação e a designação ou não da audiência, o que recomenda melhor disciplina, já que se sabe que nunca se peca pelo excesso de didatismo quando se trata de marcos temporais para a prática de atos processuais essenciais. Em relação à autocomposição, a ideia está de acordo em essência com o disposto no Código de Processo Civil e como reforço poderia ser reproduzida a regra do art. 139, V, assim como deveriam ser incorporados o art. 3º, §§ 2º e 3º[69], e o art. 381, II, todos do CPC.

---

68. Basta ilustrar com a referência ao problema dos limites da coisa julgada coletiva, cuja mudança legislativa demorou anos para ser afastada pelo Supremo Tribunal Federal no julgamento com repercussão geral que resultou no tema nº 1075

69. No referido projeto, constam no art. 2º como "princípios" a "III – prevenção e resolução consensual e integral dos conflitos coletivos, judicial ou extrajudicialmente, mediante o emprego de métodos de solução tais como os da conciliação, da mediação, da negociação e outros meios considerados adequados nessa via consensual" e a "XI – flexibilidade do

Outra regra relevante está na previsão de fase organização e saneamento do processo (art. 22 do projeto), com preferência para a designação de audiência de saneamento compartilhado, constando que, antes, durante ou depois da audiência de saneamento o juiz deverá estimular a autocomposição, que poderá envolver sujeito estranho ao processo e versar sobre relação jurídica que não tenha sido deduzida em juízo, sendo que poderá ser designada audiência para tentativa de solução consensual do conflito coletivo, a ser realizada pelos Centros Judiciários de Solução Consensual de Conflitos ou por entidade extrajudicial ou por profissional qualificado, reputados adequados pelas partes (§§ 2º, 3º e 4º). Essa última regra acerca da designação a qualquer tempo de audiência para autocomposição está deslocada dentro do artigo e deveria constar na parte inicial do projeto, mas se trata apenas de sugestão de técnica legislativa, já que seu conteúdo veicula ideia relevante e coerente com um sistema que pretende levar a sério a possibilidade de acordo. Já a previsão de organização do processo coletivo é muito relevante e oportuna, constando da Recomendação nº 76/20 do Conselho Nacional de Justiça[70]. Quanto à possibilidade de a autocomposição envolver sujeito estranho ao processo e versar sobre relação jurídica que não tenha sido deduzida em juízo, parece que essa regra deve ser excluída do projeto, por ser desnecessária no que tem de correto e possuir potencial de desvirtuar a tutela coletiva naquilo que possui de caráter retórico. Por ser possível a autocomposição extrajudicial, é ínsita ao processo de negociação a inclusão de interessados e também de outras situações jurídicas, desde que sejam atendidos os requisitos e pressupostos específicos do caso. Nesse ponto, portanto, a disposição é supérflua, já que diz o óbvio[71]. O problema está na força simbólica ou retórica da disposição, porque o óbvio normativo possui força e o dispositivo pode servir como entrada para ampliações indevidas, desvios de foco e alterações de outras regras, formando um tortuoso processo de autocomposição que pode inclusive

---

processo e pragmatismo, devendo ser consideradas por todos as consequências práticas e jurídicas das decisões judiciais e das soluções consensuais". Não me parece que sejam efetivamente princípios e muito menos que seja necessária a referência a um inusitado "princípio do pragmatismo", que, além de não se saber bem do que se trata, ainda já se pode antever que será utilizado para enfraquecer a tutela coletiva, se pudermos exercer um prognóstico a partir do que se encontra na jurisprudência atual.

70. Na doutrina: TAVARES, João Paulo Lordelo Guimarães. *A Certificação Coletiva: organizando as ações coletivas e o julgamento de casos repetitivos*. São Paulo: Juspodivm, 2020.

71. Cf. art. 515, § 2º, CPC.

obnubilar a causa primária que deu ensejo à controvérsia. O processo coletivo não pode se tornar um ato ecumênico em que afluem interessados em geral para resolverem as questões em ampla negociação. Algo assim poderia tumultuar e enfraquecer a tutela coletiva adequada. Além disso, não podem outras questões serem incluídas em prejuízo à questão original, como se outros elementos objetivos pudessem ser considerados em substituição ao problema que deu causa ao processo[72]. Há também questões relacionadas à atribuição do legitimado ativo, em se tratando do Ministério Público, por exemplo, já que a carreira é compartimentada e não necessariamente uma situação pode ser conduzida pelo mesmo membro. De modo semelhante, há a questão envolvendo o juiz natural, dirigindo-se autocomposição para um juiz predeterminado[73]. Por fim, um ponto notadamente sensível na autocomposição coletiva está não só na representação adequada, prevista nos arts. 7º e 37 do projeto, mas sobretudo na possibilidade de participação de interessados (o art. 37 do projeto é bastante didático), o que pode ser mal tutelado se permitida indevida ampliação temática e subjetiva. Obviamente nenhum dispositivo legal possui eficácia isolada e essa autorização do art. 22, § 4º, necessariamente deverá ser compatível sistematicamente com as demais regras cujos delineamentos essenciais são resumidos no já citado art. 37, mas a experiência com as tentativas de amesquinhar a tutela coletiva não recomenda entusiasmo com qualquer abertura para manobras que possam

72. Pode-se argumentar que isso seria um problema de quem participa do acordo, agindo de má-fé ou sendo apenas inepto, mas a permissão para a cumulação superveniente de objetos e sujeitos para autocomposição pode dificultar o controle do acordo. Em um caso concreto de que tive conhecimento, um membro do Ministério Público, talvez entusiasmado pelo caso ou amedrontado por questões sofisticadas, considerou satisfeito um processo coletivo por autocomposição em que nada do que era discutido foi contemplado, inclusive com cláusulas que foram suportadas por pessoa jurídica que não integrava o processo (mas integrou o acordo, claro) e que não cuidavam de responsabilizações das pessoas físicas que eram efetivamente rés e não se foram efetivamente atingidas pelas cláusulas.

73. O projeto de lei trata da competência para o processo coletivo de forma mais sofisticada do que o regramento atual, mas escapa de nosso propósito qualquer análise a esse respeito que não a mera referência a um potencial problema decorrente de uma autocomposição ecumênica. Registre-se apenas que o tema hoje não prescinde da cooperação entre juízes (e também membros do Ministério Público), como dispõe o próprio projeto no art. 8º, §4º, e há sofisticada discussão doutrinária sobre o juiz natural e a eficiência processual, como consta no título da obra de referência: CABRAL, Antonio do Passo. *Juiz Natural e Eficiência Processual: flexibilização, delegação e coordenação de competências no Processo Civil*. São Paulo: RT, 2021. Acrescente-se que, no caso do processo coletivo, a proximidade com o local do dano pode assumir especial relevância e esse é outro ponto a se considerar quando se examina esse chamamento ao ecumenismo autocompositivo.

afastar sua efetividade e não é novidade que um dos artifícios mais utilizados para enfraquecer ou desprestigiar um instituto é exatamente lhe conferir uma roupagem que permita um discurso de eficiência e robustecimento.

O já citado art. 37 enumera o que denomina de princípios e sintetiza didaticamente as opções legislativas constantes do projeto: "I – melhor tutela do interesse público, difuso, coletivo ou individual homogêneo; II – transparência e publicidade; III – participação, sempre que possível, do grupo social titular da pretensão coletiva e dos demais legitimados processuais; IV – representatividade adequada e informação suficiente sobre os melhores termos para a tutela coletiva; V – preservação de todos os interesses envolvidos, permitindo-se, se for o caso, a segmentação do grupo em subgrupos com representantes adequados que possam tutelar de modo adequado os respectivos interesses; VI – boa-fé objetiva na previsão dos termos do acordo e na sua implementação; VII – a observância à ordem pública, aos bons costumes e aos direitos fundamentais; VIII – preservação da justiça, imparcialidade, proporcionalidade e razoabilidade na resolução da controvérsia por autocomposição; IX – a isonomia e a segurança jurídica". Em que pese a utilização de algumas referências genéricas e da desnecessária reprodução do art. 122, CC[74], não há como discordar de seus propósitos, incluindo o que está em seu § 1º, que prevê "o uso de qualquer técnica, tais como consultas públicas, reuniões e audiências públicas, inclusive com o uso de meios eletrônicos". Já seu § 2º dispõe que cabe aos "órgãos superiores dos legitimados públicos para a tutela coletiva o estabelecimento de requisitos, padrões e critérios para a autocomposição de direitos difusos, coletivos e individuais homogêneos, atendidos os princípios estabelecidos no inciso VIII do caput". Nesse ponto cabem duas observações: 1) não se entende o porquê da referência expressa apenas ao inciso VIII, já que todos os incisos devem ser considerados; 2) a edição de normas administrativas internas podem ser úteis par alguma peculiaridade local, mas deve ser considerada a função absolutamente secundária desse tido de poder normativo, a fim de que não se incentivem edições de regramentos assimétricos nas diversas unidades do país e com inovações indevidas[75].

74. Todo negócio jurídico se submete à sua teoria geral e as regras do Código Civil, nesse particular, aplicam-se a todos os negócios exatamente porque não se prendem ao direito civil, mas à teoria geral do direito.

75. Em relação ao Ministério Público, há a possibilidade de regramento administrativo minimamente unificado por ato do respectivo Conselho Nacional. Entretanto, diante da lacuna

Em seguida o art. 38 deixa claro que "os conflitos envolvendo direitos difusos, coletivos e individuais homogêneos poderão ser objeto de autocomposição parcial ou total, definitiva ou temporária, judicial ou extrajudicial, por meio de todo e qualquer mecanismo adequado de solução consensual que viabilize acordos coletivos, tais como a conciliação, a mediação, a negociação, o compromisso de ajustamento de conduta e quaisquer outros meios consensuais adequados, dependendo das peculiaridades de cada tipo de conflito". É um dispositivo didático e, ainda que confunda método e meio, estabelece um quadro mínimo sobre o tema e o prepara para as regras posteriores. Em seu § 1º, mantém-se a legitimidade dos entes públicos para a autocomposição em direitos difusos e coletivos é dos entes públicos, isolados ou conjuntamente, e admite a "participação de associação civil, sindicatos, entes ou grupos representativos ou interessados". O dispositivo parece dizer que a participação não significa uma colegitimidade, mas, sim, ampliação subjetiva visando à adequada tutela coletiva, ou seja, amplia-se apenas a participação no debate, o que autoriza duas observações: 1) essa participação não deve ser dirigida de antemão pelo legitimado, sob pena de violar a transparência e a publicidade, de modo que a convocação deve se dar de forma ampla e acessível e esse é um tema importante a ser regulamentado administrativamente; 2) caso o participante privado subscreva o instrumento de autocomposição, inexistirá vício relevante, já que o essencial é a presença de um dos legitimados públicos. O § 2º é dedicado aos direitos individuais homogêneos, que antes se submetiam à genérica previsão do compromisso de ajustamento de conduta, sem que fossem consideradas suas peculiaridades[76], como a necessidade de incluir os demais legitimados

legislativa existente acerca da disciplina do inquérito civil e do termo de ajustamento de conduta, aquele órgão assumiu amplo poder normativo primário, o que é no mínimo indesejável. O fato de haver produzido atos normativos de reconhecida qualidade não prejudica essa observação que se relaciona com norma de competência.

76. A absoluta ausência de regramento sobre a acordos envolvendo direitos individuais homogêneos ensejou um emblemático caso no Supremo Tribunal Federal que recebeu relevante apreciação crítica de Edilson Vitorelli: Representatividade (in)Adequada: o acordo coletivo dos planos econômicos e por que ele não deveria ser homologado. *Jota Notícias Jurídicas*, p. 1 – 11, 16 jan. 2018 (disponível em www.jota.info). Sobre a utilização de acordos como estratégia de litigantes habituais, vale conferir o estudo de ASPERTI, Maria Cecília de Araujo. *A Mediação e a Conciliação de Demandas* Repetitivas. Belo Horizonte: Forum, 2020. Outro ponto que merece registro e preocupação está na possibilidade de acordos serem firmados em incidente de resolução de demandas repetitivas e afetarem situações coletivas, sem que haja garantia de participação devida da coletividade e, com isso, seja utilizado estrategicamente por litigantes habituais para a formação de precedentes e também para disciplinarem temas discutidos em ações coletivas. Ainda que não haja

coletivos, já que os entes públicos podem não se interessar ou não vislumbrar interesse social em sua proteção. Agora essa legitimidade é ampliada nesse parágrafo e no seguinte se permite a "adesão dos titulares de direitos individuais", o que vinculará a esfera subjetiva do aderente. Além disso, no § 4º "admite-se a celebração de programas e projetos para atendimento das pretensões dos titulares dos direitos individuais por prestação pecuniária ou de obrigação de fazer, mediante o estabelecimento de procedimentos a serem utilizados no atendimento e satisfação dos interessados diretos". Por fim, há a regra de encerramento do § 5º sobre o controle da representação adequada para toda autocomposição na forma estabelecida no próprio projeto.

O art. 39 se assemelha ao disposto no art. 3º, § 2º, da Lei da Mediação[77] e prevê que "os acordos coletivos que tenham por objeto direitos indisponíveis passíveis de autocomposição deverão ser homologados judicialmente, exigida a intervenção do Ministério Público". É um dispositivo complexo, mas, como dito, encontra já paralelo no ordenamento e a possibilidade de autocomposição envolvendo direito indisponível é fundamental no processo coletivo. Entretanto, há aqui questões essenciais: 1) se o direito é indisponível, há que se definir o limite da autocomposição, que, em princípio, não poderá dispor sobre o direito, salvo se se admitir o oxímoro; 2) outro ponto sensível é a natureza dos direitos difusos, coletivos e individuais homogêneos[78], já que boa parte da doutrina defende que sempre são

---

identidade entre ações coletivas e tais incidentes, pode haver evidente relação entre eles (sobre o debate envolvendo a natureza do IRDR e o processo coletivo: DIDIER JR., Fredie. ZANETI JR., Hermes. Ações coletivas e o incidente de julgamento de casos repetitivos – espécies de processo coletivo no direito brasileiro: aproximações e distinções. *Revista de Processo, vol. 256*. São Paulo: RT, junho de 2016, p. 209/218. TEMER, Sofia. *Incidente de Resolução de Demandas Repetitivas*. 4ª ed. São Paulo: Juspodivm, 2020, item 3.4). Como se trata de incidente para fixação de tese abstrata sobre questão de direito, em tese o acordo não seria possível. Mas, ainda em tese, vem sendo cada vez mais admitido consenso para questões de direito (cf. art. 357, IV e §2º, CPC, e arts. 23 e 26, LINDB, além da tese sobre pactuação da "concretização do direito" defendida por Alexandre Gavronski e citada neste texto) e não é impossível que, com o argumento de ampliação do debate e a proeminência que a autocomposição vem assumindo, também em sua dimensão retórica, comece a se estabelecerem audiências públicas com essa finalidade.

77. Art. 3º Pode ser objeto de mediação o conflito que verse sobre direitos disponíveis ou sobre direitos indisponíveis que admitam transação. § 1º A mediação pode versar sobre todo o conflito ou parte dele. § 2º O consenso das partes envolvendo direitos indisponíveis, mas transigíveis, deve ser homologado em juízo, exigida a oitiva do Ministério Público.

78. Sobre os direitos individuais homogêneos e a autocomposição, confira-se ARENHART, Sérgio Cruz. OSNA, Gustavo. Notas sobre a autocomposição no processo coletivo. *Revista*

indisponíveis, o que significa dizer que inexistirá autocomposição coletiva sobre direito disponível; logo, essa regra se aplicaria a toda autocomposição coletiva, porque sempre haverá indisponibilidade; 3) se há direitos disponíveis, haverá que fixar critérios para identificá-los, já que terá que se definir se há direitos difusos disponíveis ou coletivos disponíveis e individuais homogêneos, enquanto tratado coletivamente, também disponíveis e, nesse caso, se haverá situações em que seria indisponíveis; 4) se todos os direitos coletivos em sentido amplo forem indisponíveis, isso significa que não haverá rigorosamente autocomposição extrajudicial, mas apenas esboço[79] de autocomposição, já que a judicialização será obrigatória, assim como será imprescindível a participação do Ministério Público, obviamente quando já não for ele o próprio legitimado; 5) de acordo com essa regra, portanto, pressupõe-se uma definição conceitual inexistente e, diante da absoluta insegurança jurídica em que vivemos, será recomendável que todas as autocomposições sejam submetidas à homologação judicial, o que infelizmente desestimulará a formação de título executivo extrajudicial; 6) essa regra terá também o potencial de afetar todas as autocomposições envolvendo direitos indisponíveis, incluindo os estritamente individuais, como aqueles que envolvem crianças e adolescentes; 7) por se submeter à homologação judicial, poderá ser admitida a retratação unilateral[80]; 8) em relação ao Ministério Público, poderá ser necessária a prévia homologação

---

de Processo, vol. 316. São Paulo, RT, junho de 2021, item 4.2.

79. Note-se que esse vem sendo o entendimento do Superior Tribunal de Justiça em relação a acordo extrajudicial sobre alimentos de incapaz e o projeto aplica a mesma lógica para acordos transindividuais: "[...] o acordo estabelecido e subscrito pelos cônjuges no tocante ao regime de guarda, de visita e de alimentos em relação ao filho menor do casal assume o viés de mera proposição submetida ao Poder Judiciário, que haverá de sopesar outros interesses, em especial, o preponderante direito da criança, podendo, ao final, homologar ou não os seus termos. Em se tratando, pois, de mera proposição ao Poder Judiciário, qualquer das partes, caso anteveja alguma razão para se afastar das disposições inicialmente postas, pode, unilateralmente, se retratar [...]" (REsp 1756100/DF, DJe 11/10/2018). "[...] Acordo de alimentos firmado em sede extrajudicial, cujo direito a eles é de caráter indisponível, demanda a necessária intervenção do órgão do Ministério Público para resguardar os direitos da criança, ainda que a alimentada estivesse representada por sua genitora. No mister de tutelar e de proteger os interesses indisponíveis da criança e do adolescente, cabe ao Ministério Público alertar o Juiz na causa que diz respeito a alimentos, que antes de homologar eventual acordo, deve verificar se o valor acordado entre os genitores prejudica a subsistência do menor envolvido, considerando sempre o binômio necessidade/possibilidade, de modo a impedir e velar para que o processo não acarrete perdas desvantajosas ao menor" (REsp 1609701/MG, DJe 20/05/2021).

80. Cf. REsp 1609701/MG, DJe 20/05/2021, com transcrição na nota anterior.

do órgão colegiado interno responsável pelo controle do arquivamento do inquérito civil, antes de se submeter à homologação judicial, que deverá examinar essa particularidade, caso tenha havido prévio arquivamento de inquérito civil, a fim de evitar problemas futuros[81]; 9) como a intervenção do Ministério Público será obrigatória, caso não seja ele o legitimado que participou da autocomposição, o juiz deverá ouvi-lo antes de qualquer providência, aplicando-se o regramento da atuação como fiscal da ordem jurídica; 10) será discutível essa atuação quando se tratar de direito individual homogêneo sem interesse social, mas a intimação do Ministério Público será obrigatória, cabendo ao membro o exame da necessidade de sua intervenção, que, em minha opinião, sempre deverá ocorrer, já que a função de fiscal da ordem jurídica não coincide necessariamente com o fundamento da legitimidade ativa; 11) como a autocomposição pode se dar em qualquer momento e grau de jurisdição – e temos casos de acordos homologados no Superior Tribunal de Justiça e no Supremo Tribunal Federal -, em regra atuará como fiscal da ordem jurídica o órgão do Ministério Público com atribuição junto ao respectivo tribunal, o que poderá significa ruma grande distância dos fatos e da matéria sob exame, recomendando a cooperação entre membros, inclusive de ramos diversos, como já se extrai da relevante e pouco citada Recomendação nº 57/2017 do Conselho Nacional do Ministério Público; 12) a profundidade da cognição judicial na atividade de homologação não é uniforme na legislação e, quando relacionada a negócios jurídicos, comumente se entende que se trata de um requisito legal formal, isto é, sem exame do mérito ou conteúdo do pactuado[82]; entretanto, além

81. Essa integração de ato do órgão colegiado como condição de eficácia gera controvérsia desde sempre, com forte entendimento de que somente lei federal poderia impor esse requisito (cf. RODRIGUES, Geisa de Assis. *Ação Civil Pública e Termo de Ajustamento de Conduta: teoria e prática.* 3ª ed. Rio de Janeiro: Forense, 2011, p. 186). Entretanto, a lei complementar nº 75/93 e a lei 8625/93 conferem tal atribuição ao órgão colegiado revisor, já que se tratará de fundamento par arquivamento de inquérito civil (cf. art. 6º da Res. nº 179/17 do Conselho Nacional do Ministério Público), de modo que não parece que a solução do problema esteja nessa questão de competência legislativa. O que pode ser considerado é a plena eficácia desde a celebração, salvo posterior decisão do colegiado (cf, ainda RODRIGUES, Geisa de Assis. *Ação Civil Pública e Termo de Ajustamento de Conduta: teoria e prática.* 3ª ed. Rio de Janeiro: Forense, 2011, p. 201/203). Evidentemente isso se aplica a ajustes extrajudiciais, já que os pactos incidentais à ação judicial não se submetem a controle administrativo e a participação do colegiado se dá na fase de análise de arquivamento de inquérito civil.

82. Cf. Enunciado nº 260 do Fórum Permanente de Processualistas Civis: "A homologação, pelo juiz, da convenção processual, quando prevista em lei, corresponde a uma condição de eficácia do negócio". Evidentemente, a homologação judicial de negócios jurídicos é

de condição de eficácia, a homologação implica controle de validade[83], já que o que é submetido à atividade jurisdicional enseja algum grau de controle; no caso da autocomposição coletiva envolvendo direitos indisponíveis, porém, parece que o controle do mérito das cláusulas não está inserido na redação da regra, que tentou dizer que o controle será apenas de legalidade, como um paralelo com processos administrativos, mas na prática e para manter a coerência do sistema, não há como escapar da análise do conteúdo das cláusulas[84], sobretudo porque a participação do Ministério Público é obrigatória e não faria sentido a participação de um legitimado apenas para análise de critérios procedimentais; em todo caso, esses limites são um tema em aberto e a exigência de homologação traz necessariamente o problema dos limites dessa atividade[85]. O § 1º dispõe que "nas demais hipóteses de solução consensual, a homologação judicial dos acordos coletivos é facultativa, caso em que valerá como título executivo judicial, adquirindo presunção de legitimidade e de ciência geral", o que

---

acidental e somente quando a lei determinar é que esse ato se fará necessário, mas, como aqui estamos diante de uma proposição clara, no caso da autocomposição coletiva será a regra.

83. Com o problema adicional do disposto no art. 848, CC, cuja aplicação em sede de autocomposição coletiva pode ser afastada se se utilizar a manipulação conceitual de que não se trata de transação, mas, tecnicamente, parece que somente será afastada essa regra se possível a manutenção de integridade de autocomposição parcial, como se os temas e cláusulas fossem agrupáveis em capítulos.

84. Nesse sentido ARENHART, Sérgio Cruz. OSNA, Gustavo. Notas sobre a autocomposição no processo coletivo. *Revista de Processo, vol. 316*. São Paulo, RT, junho de 2021, item 3. DIDIER JR., Fredie. ZANETI JR., Hermes. *Curso de Processo Civil: processo coletivo*. Vol. 4. 15ª ed. São Paulo: Juspodivm, 2021, p. 406/410.

85. Insista-se na referência feita nas notas 73 e 74. Para ilustrar a discussão, note-se que o mesmo Superior Tribunal de Justiça, em exame de acordo de não persecução penal, decidiu que ao Judiciário só cabe o exame de aspectos formais: "O controle do Poder Judiciário quanto à remessa dos autos ao órgão superior do Ministério Público deve se limitar a questões relacionadas aos requisitos objetivos, não sendo legítimo o exame do mérito a fim de impedir a remessa dos autos ao órgão superior do Ministério Público. Nesse sentido, a Segunda Turma do Supremo Tribunal Federal decidiu recentemente que não se tratando de hipótese de manifesta inadmissibilidade do ANPP, a defesa pode requerer o reexame de sua negativa, nos termos do art. 28-A, § 14, do Código de Processo Penal (CPP) (2), não sendo legítimo, em regra, que o Judiciário controle o ato de recusa, quanto ao mérito, a fim de impedir a remessa ao órgão superior no MP. (HC n. 194.677/SP, julgado em 11 de maio de 2021. Informativo n. 1017)" (HC 668.520/SP, DJe 16/08/2021). Nesse debate deve entrar também a questão da imparcialidade do julgador, já que, em regra, no processo civil não há impedimento expresso para o juiz participar da autocomposição judicial e no processo penal há regra explícita na colaboração premiada. Sobre o tema na seara penal: VASCONCELLOS, Vinicius Gomes de. *Colaboração Premiada no Processo Penal*. 3ª ed. São Paulo: RT, 2020, p. 113/123.

significa duas coisas: 1) há direitos coletivos disponíveis, porque só isso pode significar "demais hipóteses" (na verdade é só uma outra hipótese); 2) todo o parágrafo, a rigor, é supérfluo, já que a facultatividade da homologação e suas consequências decorrem do sistema. Se haverá homologação, necessariamente surge o problema dos limites da atividade judicial, como já mencionado no item 12 em linhas anteriores, e disso trata o § 2º, dispondo que "envolverá a avaliação do respeito ao devido processo legal do procedimento utilizado, assim como da observância dos princípios estabelecidos no artigo 2º desta Lei, sob pena de devolução às partes para rediscussão, indicando-se expressamente na decisão judicial os motivos da rejeição da proposta e as cláusulas que devem ser reavaliadas ou o procedimento a ser observado". Isso significa que se pressupõe a existência de um processo administrativo para a formação do acordo, o que é facilitado no caso de ter havido inquérito civil, mas esse tipo de instrumento é privativo de um dos legitimados e, mesmo assim, facultativo. Além disso, o acordo pode decorrer de procedimento judicial de produção antecipada de prova ou simplesmente de proposta levada diretamente a um dos legitimados. Ou seja: não é necessário um procedimento prévio, mas cabe ao juiz o exame da ampla publicidade e da oportunidade de participação no acordo, que é o que importa entre os princípios elencados no art. 2º para fins de autocomposição coletiva. A propósito, os princípios previstos no art. 2º, incluindo o inacreditável "princípio do pragmatismo", não são os únicos pontos obrigatórios a serem observados, já que a representação adequada, a competência e as cláusulas do acordo devem ser controladas, com prévia oitiva do Ministério Público, caso não se ele um dos proponentes do compromisso para homologação. A determinação para que haja indicação específica dos problemas identificados pelo juiz é relevante e segue o parâmetro do art. 321, parte final, CPC. De todo modo, reitere-se que esse parágrafo acaba com a autocomposição extrajudicial, já que, na dúvida dobre a disponibilidade de direitos difusos, coletivos e individuais homogêneos, os interessados não devem criar mais um espaço da já precária segurança jurídica e, por natural cautela, submeterão para homologação toda autocomposição que obtiverem. Em suma, se mantida essa proposta, será o fim desse tipo de título executivo extrajudicial, afetando, claro, entre outras questões, a incidência do art. 785, CPC, já que se estará diante de título executivo judicial.

No art. 40 há uma regra que mais se aproxima de uma recomendação, dispondo que "os legitimados coletivos, ao participarem da autocomposição, poderão solicitar, aos órgãos e entidades públicas com reconhecida capacidade técnica, manifestação sobre a viabilidade técnica, operacional e financeira das obrigações a serem assumidas em autocomposição coletiva". Ou seja: prevê-se a possibilidade de o caso exigir conhecimentos técnicos para prognoses e planejamentos[86] e, quando não se tratar de processo jurisdicional, não se tratará de caso de prova pericial em sentido estrito, o que significa que não incidirão as causas de suspeição e impedimento e poderá haver participação técnica de profissionais vinculados aos próprios legitimados. A perícia no processo coletivo se tornou um ponto de extrema vulnerabilidade no momento, com as isoladas, mas catastróficas decisões monocráticas tomadas no Supremo Tribunal Federal e o projeto resolve a questão de forma satisfatória[87], de modo que a regra ora mencionada pode ser útil, mas é uma questão sob responsabilidade dos legitimados, parecendo descabido esse tipo de exortação. Um acordo sério, em caso que necessite desse tipo de prognóstico e de descrição, necessariamente incluirá exposição nesses moldes e tal providência poderá ser determinada pelo juiz na fase de homologação.

Homologada a autocomposição, surge o problema da sua estabilidade, já que o pior estímulo para qualquer pactuação é a existência de prognóstico de precariedade do pactuado.

---

86. Em alguma medida, o projeto dá seguimento ao disposto nos arts. 20 e 21 da LINDB.
87. Art. 25. Nas ações coletivas de que trata esta lei não haverá adiantamento de custas emolumentos, honorários periciais e quaisquer outras despesas pelo autor coletivo. § 1°. Não haverá condenação do autor nas custas, emolumentos, honorários periciais e quaisquer outras despesas salvo em caso de litigância de má-fé, hipótese em que o autor, por decisão fundamentada, será condenado em honorários advocatícios e ao décuplo das custas, sem prejuízo da responsabilidade por perdas e danos. § 2°. Diante da necessidade de produzir a prova e de peculiaridades concretas da causa relacionadas, entre outras, à verossimilhança das alegações, à impossibilidade ou à excessiva dificuldade de cumprir os encargos financeiros por parte da Fazenda Pública, à produção da prova técnica em prazo razoável, ou à maior facilidade de financiamento da prova do fato contrário, desde que ouvida a parte contrária, o juiz poderá: I – solicitar a colaboração, inclusive por protocolos institucionais, para fins de realização de perícia, de órgãos públicos, como universidades e entidades de pesquisa; II – valer-se, quando houver, do financiamento por recursos advindos de fundos públicos municipais, estaduais ou federais que possuam entre seu objeto ou sua atribuição o custeio de perícias em processos coletivas; III – excepcionalmente, em decisão devidamente fundamentada, imputar ao réu o dever de custear as despesas com a antecipação da prova técnica, quando entender demasiada a inversão do ônus da prova. § 3° É facultada às partes a celebração de convenção processual tendo por objeto a distribuição da antecipação dos custos da prova técnica e de demais despesas processuais ligadas à sua antecipação.

Em razão da falta de disciplina legislativa por todos esses mais de trinta anos, os posicionamentos doutrinários são variados e o projeto adota um posicionamento claro, que, mesmo sujeito a críticas, ao menos é um posicionamento explícito que perime o debate parlamentar. De acordo com o art. 41, a "autocomposição coletiva pode ser: I – impugnada por ação rescisória, caso tenha sido homologada por decisão transitada em julgado, nos termos do art. 966 do Código de Processo Civil, inclusive para discutir vício de consentimento, vício social, simulação, fraude à lei ou falta de adequada legitimação para sua celebração; II – por ação autônoma de invalidação, nos termos da lei civil, com intervenção obrigatória do Ministério Público, nos demais casos. Parágrafo único. Os legitimados que não tenham participado do compromisso ou do acordo coletivo não poderão desconsiderar seus termos, enquanto não desconstituídos por decisão judicial". Como a homologação será a regra, para não dizer que será a unanimidade dos casos, a autocomposição somente poderá ser rescindida e, pela natureza da legitimidade coletiva, qualquer colegitimado poderá ajuizar a ação[88], não se limitando àqueles que participaram do pacto[89]. Com efeito, já que

88. Assim como o colegitimado poderá interpor recurso contra a homologação do acordo de que discordar, na forma do art. 996, parágrafo único, CPC (cf. DIDIER JR., Fredie. ZANETI JR., Hermes. *Curso de Processo Civil: processo coletivo*. Vol. 4. 15ª ed. São Paulo: Juspodivm, 2021, p. 415).

89. Antonio Gidi tece duras críticas sobre a participação e mais de um legitimado na autocomposição coletiva: "o acordo coletivo não é celebrado por "qualquer legitimado", mas somente por aquele legitimado que é o representante adequado que está promovendo a ação coletiva específica. Se uma ação coletiva foi proposta pela associação A, nenhum outro legitimado coletivo poderá celebrar acordo nesta ação coletiva, sem que A seja destituída da sua posição de representante do grupo. Caso contrário, o réu poderia escolher o legitimado mais dócil para celebrar o acordo e ignorar o autor da ação coletiva. Isso se chama *reverse auction*, um leilão invertido em que o réu fará o acordo com aquele que exigir menos. Somente uma entidade pode estar encarregada de negociar com a parte contrária: isso faz parte de qualquer teoria de negociação" O Projeto CNJ de Lei de Ação Civil Pública. Avanços, inutilidades, imprecisões e retrocessos: a decadência das ações coletivas no Brasil. *Civil Procedure Review, v. 12*, n. 1: jan.-abr. 2021. (www.civilprocedurereview.com). É precisa sua preocupação com a escolha do legitimado mais despreparado, razão pela qual a adequação da representação afigura-se fundamental, como o próprio autor deixa claro no referido texto e em tantos outros trabalhos de sua autoria. No entanto, em tese não se enxerga óbice para a participação de mais de um legitimado na autocomposição, já que a adequação pode ser compartilhada e a ampliação subjetiva pode fortalecer a tutela coletiva e aumentar a participação no debate. Em abstrato, ou seja, desvinculada de qualquer caso concreto, essa objeção não me parece absoluta, mas fica o registro dessa observação contrária. Confira-se, ainda, ARENHART, Sérgio Cruz. OSNA, Gustavo. Notas sobre a autocomposição no processo coletivo. *Revista de Processo, vol. 316*. São Paulo, RT, junho de 2021, item 5.

o decidido vinculará todos os legitimados[90], a coisa julgada poderá ser impugnada também por quem dela não participou. Se se entender que não haveria essa legitimidade para a ação rescisória, necessariamente poderia se entender que outro legitimado coletivo poderia ajuizar ação "idêntica", o que seria absoluto desestímulo à autocomposição, já que nada asseguraria para o eventual réu e não faria sentido como coisa julgada coletiva[91]. As hipóteses de rescindibilidade são as mesmas do CPC, explicitando que, em síntese, a autocomposição deve decorrer da boa-fé[92], além de acrescentar a legitimidade adequada, já que o projeto consagra essa aptidão para a atuação na tutela coletiva. Se não houver homologação judicial ou subsistir hipótese que não se enquadre como caso de rescindibilidade, prevê-se a ação autônoma de invalidação, com intervenção obrigatória do Ministério Público, o que diz mais e diz menos ao mesmo tempo. Diz mais, porque desnecessária a previsão de uma intervenção que sempre ocorrerá em ação coletiva e essa impugnação será uma ação coletiva. E diz menos porque a intervenção do Ministério Público será igualmente obrigatória na ação rescisória e não só não ação de invalidação. Somente quando o Ministério

---

90. Há julgado do Superior Tribunal de Justiça que possui visão bastante restrita dessa eficácia subjetiva, exigindo a anuência dos litisconsortes, com fundamentação do acórdão com potencial para futuras limitações: REsp 1563135/SP, DJe 07/08/2020.

91. Incide aqui também o problema de se considerar o pactuado como garantia mínima (cf. RODRIGUES, Geisa de Assis. *Ação Civil Pública e Termo de Ajustamento de Conduta: teoria e prática.* 3ª ed. Rio de Janeiro: Forense, 2011, p. 188), isto é, patamar a partir do qual seria possível o acréscimo de obrigações, o que também geraria insegurança e desestímulo para a autocomposição. Imagine-se que uma empresa concorde em pagar determinada quantia como danos morais pela participação em violação de direitos humanos (pode-se utilizar o eloquente exemplo do compromisso de ajustamento de conduta de três ramos do Ministério Público com a Volkswagen, conforme descrito no documento publicado em www.conjur.com.br/dl/volkswagen-pagar-36-milhoes-colaborar.pdf e www.mpf.mp.br/sp/sala-de-imprensa/noticias-sp/mpf-mpsp-e-mpt-divulgam-relatorio-final-sobre-participacao-da-volkswagen-na-repressao-durante-regime-militar); posteriormente, se algum legitimado considerasse o valor inferior, bem como a possibilidade de imposição de novas obrigações, e pudesse propor novo pacto (salvo, claro, se a empresa voluntariamente quiser ampliar sua obrigação dentro da disponibilidade de seu patrimônio) e, em caso de recusa, ajuizar ação judicial sobre os mesmos fatos, considerando o compromisso anterior como mero piso para discussão, a instabilidade seria imensa e o desestímulo para qualquer acordo seria igualmente amplo (também discordando dessa ideia do ajustamento de conduta como garantia mínima, ALMEIDA, Gregório Assagra de. *Manual de Ações Constitucionais*. Belo Horizonte, 2007, p. 241). Sobre a incerteza como desestímulo ao acordo, imprescindível a análise de VITORELLI, Edilson. *Processo Civil Estrutural: teoria e prática*. São Paulo: Juspodivm, 2020, p. 145/151.

92. Sobre o impacto da boa-fé na ação rescisória: DIDIER JR., Fredie. CUNHA, Leonardo Carneiro da. *Curso de Direito Processual Civil*. Vol. 3. 17ª ed. São Paulo: Juspodivm, 2020, p. 595/598.

Público figurar como parte é que sua intervenção como fiscal da ordem jurídica simultânea e por meio de outro membro será desnecessária. Por fim, a vinculação subjetiva da autocomposição coletiva segue a lógica da coisa julgada coletiva, por isso a legitimidade para a rescisão e a invalidação se estende para todos os colegitimados e também é essa a razão que reforça a necessidade de ampla publicidade e transparência das negociações em curso. Essa vinculação subjetiva pode prejudicar integrantes do grupo, já que os termos da autocomposição podem ser divorciados das peculiaridades do caso concreto, mas ao mesmo tempo a inexistência de vinculação faz com que a autocomposição seja esvaziada. É, portanto, uma questão delicada de política legislativa, sobretudo em se tratando da relação com as demandas individuais e certamente será um dos temas mais sensíveis no debate parlamentar. Outro ponto essencial e que não é tratado no projeto se liga ao aspecto temporal e não na contagem de prazo para as ações mencionadas nesse artigo, já que essa lacuna pode ser resolvida por aplicação legislativa subsidiária, mas, sim, na parte da prescrição, já que deve haver clara disciplina a esse respeito, como no art. 17, parágrafo único, da Lei da Mediação.

O art. 42 prevê a possibilidade de qualquer colegitimado promover a execução da autocomposição coletiva, mesmo que celebrado por outro e desde que observado o controle da adequação da legitimidade. Tal previsão é decorrência lógica da legitimação concorrente e também da observância da adequação prevista no próprio projeto. No parágrafo único do mesmo artigo consta que "o Ministério Público poderá adotar outras providências de natureza civil ou criminal que se mostrarem pertinentes, inclusive em face da inércia do órgão público compromitente", a fim de reforçar e estimular a efetivação da autocomposição coletiva.

Não seria possível pensar em um sistema de autocomposição sem considerar as convenções processuais, sobretudo após a vigência do art. 190, CPC[93]. Como nãos e pode confundir o instrumento com seu conteúdo, o termo de ajustamento de conduta, assim como qualquer outro instrumento

93. Vale registrar que mesmo antes do atual CPC o Conselho Nacional do Ministério Público tratou das convenções processuais na tutela coletiva, como bem analisado por Antonio do Passo Cabral que já no título de seu artigo indica o respectivo ato normativo: A Resolução nº 118 do Conselho Nacional do Ministério Público e as Convenções Processuais. *Negócios Processuais*. Pedro Henrique Nogueira. Antonio do Passo Cabral (coord.). 4ª ed. São Paulo: Juspodivm, 2019, p. 721/737. Vol. 1.

negocial, pode conter cláusulas de direito material e de direito processual e na tutela coletiva, especialmente em questões que se protraem no tempo, como as políticas públicas, a adaptação artesanal de processo atual ou futuro apresenta muitas vantagens, incluindo soluções para a efetivação do título executivo judicial[94]. O projeto prevê expressamente os negócios processuais nos arts. 25, § 3º, 34, § 4º, e 43, §§ 1º e 2º, sendo que esse último artigo está no capítulo da autocomposição coletiva e merece transcrição: "43. As partes poderão celebrar convenções processuais antes ou durante o processo, inclusive no cumprimento de sentença e na execução. § 1º A autocomposição coletiva pode conter convenções processuais. § 2º As convenções processuais poderão ser celebradas na forma de protocolos coletivos para gestão de acervos processuais de litigantes habituais". O artigo está bem redigido e pode ser relevante para a adequada tutela coletiva.

Por fim, é fundamental que se estabeleçam e se reúnam informações e dados sobre a tutela coletiva e uma consolidação nacional dos "compromissos de ajustamento de conduta e demais autocomposições coletivas" é prevista no art. 62, que prevê a divulgação de relatório anula a ser elaborado pelo Conselho Nacional de Justiça. Trata-se de iniciativa importante, mas tímida, já que o projeto não confere maior proeminência ao Conselho Nacional do Ministério Público (no próprio art. 62 a referência a esse colegiado é secundária) e também não é prevista uma forma de divulgação

---

94. A bibliografia sobre convenções processuais é bastante variada, mas como referência as seguintes indicações devem ser reiteradas: CABRAL, Antonio do Passo. *Convenções Processuais*. 2ª ed. São Paulo: Juspodivm, 2018 (o autor já publicou a terceira edição de seu livro, em 2020, onde acrescenta conteúdo e indicações bibliográficas; cito no presente texto a 2ª edição porque foi a que efetivamente utilizei para a pesquisa, mas o registro de atualização é relevante por se tratar de livro fundamental). Sobre os negócios processuais especificamente no processo coletivo: MAGALHÃES JUNIOR, Alexandre Alberto de. *Convenção Processual na Tutela Coletiva*. São Paulo: Juspodivm, 2020.VITORELLI, Edilson. *Processo Civil Estrutural: teoria e prática*. São Paulo: Juspodivm, 2020, capítulo 6. COSTA, Eduardo da Fonseca. A "execução negociada" de políticas públicas em juízo, disponível em www.abdpro.com.br/wp/doutrina/. DIDIER JR., Fredie. CABRAL, Antonio. Negócios jurídicos processuais atípicos e execução. *Ensaios sobre os Negócios Jurídicos Processuais* (Fredie Didier Jr.). São Paulo: Juspodivm, 2018. CABRAL, Antonio. ZANETI JR., Hermes. Entidades de infraestrutura específica para a resolução de conflitos coletivos: as *claims resolution facilities* e sua aplicabilidade no Brasil. *Revista de Processo nº 287*. São Paulo: RT, janeiro de 2019 (também disponível na plataforma "academia.edu" dos autores). PEÇANHA, Catharina. LAMEGO, Guilherme. ARGOLO, Isaac. SÉ, Jairo. ROSSI, Thais. O desastre de Mariana e a tipologia dos conflitos: bases para uma adequada regulação dos processos coletivos. *Revista de Processo nº 278* São Paulo: RT, abril de 2018 (também disponível na plataforma "academia.edu" dos autores).

das autocomposições em andamento, a fim de atender à necessária transparência e conferir a fundamental publicidade.

A sistematização legislativa do tema é fundamental para que a autocomposição coletiva não seja mero discurso e realmente contribua para a efetividade da tutela coletiva.

6. BIBLIOGRAFIA

ADAMY, Pedro Augustin. *Renúncia a Direito Fundamental.* São Paulo: Malheiros, 2011.

ALMEIDA, Gregório Assagra de. *Manual de Ações Constitucionais.* Belo Horizonte: Del Rey, 2007.

ALVIM, Thereza. CUNHA, Ígor Martins da. Termo de ajustamento de conduta, mediação e conciliação: uma breve reflexão a respeito do negócio jurídico que previne ou resolve conflito que envolve direitos difusos, coletivos e individuais homogêneos. *Revista de processo, vol. 304.* São Paulo: RT, junho de 2020.

ANDREWS, Neil. *O Moderno Processo Civil: formas judiciais e alternativas de resolução de conflitos na Inglaterra.* Teresa Arruda Alvim Wambier (orientação e revisão da tradução). 2ª ed. São Paulo: RT, 2012.

ARENHART, Sérgio Cruz. Processo multipolar, participação e representação de interesses concorrentes. *Processos* Estruturais. Marco Jobim. Sergio Arenhart (org.). 3ª ed. São Paulo: Juspodivm, 2021.

ARENHART, Sérgio Cruz. OSNA, Gustavo. *Curso de Processo Civil Coletivo.* São Paulo: RT, 2019.

_____. Notas sobre a autocomposição no processo coletivo. *Revista de Processo, vol. 316.* São Paulo, RT, junho de 2021.

BARBOSA MOREIRA, José Carlos. Processo civil e penal: mão e contramão? *Temas de Direito Processual (Sétima Série).* São Paulo: Saraiva, 2001.

CABRAL, Antonio do Passo. *Convenções Processuais.* 2ª ed. São Paulo: Juspodivm, 2018.

CABRAL, Antonio do Passo. CUNHA, Leonardo Carneiro da. Negociação direta ou resolução colaborativa de disputas (collaborative law): "mediação sem mediador". *Revista de Processo | vol. 259.* São Paulo: RT, setembro de 2016.

CABRAL, Antonio. ZANETI JR., Hermes. Entidades de infraestrutura específica para a resolução de conflitos coletivos: as *claims resolution facilities* e sua aplicabilidade no Brasil. *Revista de Processo nº 287.* São Paulo: RT, janeiro de 2019.

CABRAL, Antonio do Passo. Pactum de non petendo: a promessa de não processar no direito brasileiro. *Revista de Processo, vol. 305.* São Paulo: RT, julho de 2020.

CHASE, *Derecho, cultura y ritual: sistemas de resolución de controversias en un contexto intercultural.* Fernando Martín Diz (trad.). Madrid: Marcial Pons, 2011.

COSTA, Eduardo da Fonseca. A "execução negociada" de políticas públicas em juízo, disponível em www.abdpro.com.br/wp/doutrina/.

CUNHA, Leonardo Carneiro da. CABRAL, Trícia Navarro Xavier. A abrangência objetiva e subjetiva da mediação. *Revista de Processo, vol. 287*. São Paulo: RT, janeiro de 2019.

DE-LORENZI, Felipe da Costa. *Justiça Negociada e Fundamentos do Direito Penal: pressupostos e limites materiais para os acordos sobre a sentença*. São Paulo: Marcial Pons, 2020.

DIDIER JR., Fredie. BOMFIM, Daniela Santos. A colaboração premiada como negócio jurídico processual atípico nas demandas de improbidade administrativa. *Ensaios sobre os Negócios Jurídicos Processuais* (Fredie Didier Jr.). São Paulo: Juspodivm, 2018.

DIDIER JR., Fredie. CABRAL, Antonio. Negócios jurídicos processuais atípicos e execução. *Ensaios sobre os Negócios Jurídicos Processuais* (Fredie Didier Jr.). São Paulo: Juspodivm, 2018.

DIDIER JR., Fredie. CUNHA, Leonardo Carneiro da. *Curso de Direito Processual Civil*. Vol. 3. 17ª ed. São Paulo: Juspodivm, 2020.

DIDIER JR., Fredie. ZANETI JR., Hermes. *Curso de Processo Civil: processo coletivo*. Vol. 4. 15ª ed. São Paulo: Juspodivm, 2021.

DIDIER JR, Fredie. ZANETI JR, Hermes. OLIVEIRA, Rafael Alexandria de. Elementos para uma teoria do processo estrutural aplicada ao processo civil brasileiro. *Processos Estruturais*. Arenhart; Jobim (coord.). 3ª ed. São Paulo: Juspodivm, 2021

FERRARESI, Eurico. O Ministério Público e o princípio da não-obrigatoriedade da ação coletiva. *Temas Atuais do Ministério Público*. Cristiano Chaves de Farias. Leonardo Moreira Alves. Nelson Rosenvald (org.). 3ª ed. Salvador: Juspodivm, 2012.

FERREIRA, Kaline. A autocomposição e as pessoas jurídicas de direito público: o que mudou depois da lei de mediação? *Revista dos Tribunais vol. 982*. São Paulo: RT, agosto de 2017.

FISS, Owen. Contra o acordo. *Um Novo Processo Civil: estudos norte-americanos sobre jurisdição, constituição e sociedade*. Daniel Silva e Melina Mós (trad.). São Paulo: RT, 2004.

FONSECA, Tiago Soares da. *A Transação Civil na Litigância Extrajudicial e Judicial*. Coimbra: Gestlegal, 2018.

FRANCO, Marcelo Veiga. *Administração Pública como Litigante Habitual: a necessária mudança da cultura jurídica de tratamento dos conflitos*. Londrina: Thoth, 2021

GAVRONSKI, Alexandre Amaral. *Técnicas Extraprocessuais de Tutela Coletiva*. São Paulo: RT, 2010.

_____. Autocomposição no novo CPC e nas ações coletivas. *Processo Coletivo (Coleção Repercussões do Novo CPC)*. Hermes Zaneti Jr. (coord.). Salvador: Juspodivm, 2016.

_____. Os limites negociais do Ministério Público nos TACs (ou da interpretação do § 1º do art. 1º da Res CNMP n. 179). *Revista Jurídica da Corregedoria Nacional do Ministério Público: coletânea especial de fomento à resolutividade: unidade, independência funcional e integridade no Ministério Público brasileiro*, volume X / Conselho Nacional do Ministério Público. Brasília: CNMP, 2023.

GIDI, Antonio. *A* Class Action *como Instrumento da Tutela Coletiva dos Direitos: as ações coletivas em uma perspectiva comparada*. São Paulo: RT, 2007.

____. *Rumo a um Código de Processo Civil Coletivo: a codificação das ações coletivas no Brasil*. Rio de Janeiro: Forense, 2008.

____. O Projeto CNJ de Lei de Ação Civil Pública. Avanços, inutilidades, imprecisões e retrocessos: a decadência das ações coletivas no Brasil. *Civil Procedure Review, v. 12*, n. 1: jan.-abr. 2021(www.civilprocedurereview.com).

GODINHO, Robson. *Negócios Processuais sobre o ônus da Prova no Novo Código de Processo Civil*. São Paulo: RT, 2015.

GUEDES, Clarissa Diniz. *Legitimidade Ativa e Representatividade na Ação Civil Pública*. Rio de Janeiro: GZ, 2012.

LANE, Renata. *Acordos na Improbidade Administrativa*. Rio de Janeiro: Lumen Juris, 2021.

MAC CROIRE, Benedita. *Os Limites da Renúncia a Direitos Fundamentais nas Relações entre Particulares*. Coimbra: Almedina, 2013.

MACÊDO, Marcus Paulo Queiroz. *O Ministério Público e o Inquérito Civil: aspectos teóricos e práticos*. Belo Horizonte: Arraes, 2012.

MACHADO, Gabriel. *Acordos Administrativos: uma leitura a partir do art. 26 da LINDB*. São Paulo: Almedina, 2021.

MAGALHÃES, Ludmilla Camacho Duarte Vidal e. *Microssistema coletivo de negociação: premissas e performance integrada*. Tese de Doutorado. UERJ: 2022.

MAGALHÃES JUNIOR, Alexandre Alberto de. *Convenção Processual na Tutela Coletiva*. São Paulo: Juspodivm, 2020.

MAGALHÃES JUNIOR, Alexandre Alberto de. LEONEL, Ricardo de Barros. O projeto de lei Ada Pellegrini Grinover do IBDP e a resolução consensual no processo coletivo. *Ministério Público Estratégico, vol. 8: resolução consensual e tratamento adequado dos conflitos, controvérsias e problemas na tutela de direitos fundamentais pelo Ministério Público*. Sarubbo; Magalhães Jr.; Almeida; Romano; Leitão (org.). Indaiatuba: Foco, 2024.

MARTEL, Letícia de Campos Velho. Indisponibilidade dos Direitos Fundamentais: conceito lacônico, consequências duvidosas. Espaço Jurídico, v. 11, julho/dezembro de 2010.

____. *Direitos Fundamentais Indisponíveis: Limites e Padrões do Consentimento para a autolimitação do direito fundamental à vida*. UERJ: Tese de doutorado, 2010.

MAZZILLI, Hugo Nigro. Questões controvertidas sobre o inquérito civil. *Funções Institucionais do Ministério Público*. Alves; Rufino; Silva (org.). São Paulo: Saraiva, 2001.

NERY, Ana Luiza de Andrade. *Compromisso de Ajustamento de Conduta*. 2ª ed. São Paulo: RT, 2012.

_____. Class Arbitration*: instauração de processo arbitral para a resolução de conflitos envolvendo direitos de natureza transindividual*. Tese de doutorado. São Paulo: PUC/SP, 2015.

NUNES, Bruno José Silva. THIBAU, Tereza Cristina Sorice Baracho. Da designação de audiências para autocomposição em processos coletivos. *Revista de Processo, vol. 283*. São Paulo: RT, setembro de 2018.

OSNA, Gustavo. *Direitos Individuais Homogêneos: pressupostos, fundamentos e aplicação no processo civil*. São Paulo: RT, 2014.

PASCHOAL, Thaís Amoroso. *Coletivização da Prova*. São Paulo: RT, 2020.

PEÇANHA, Catharina. LAMEGO, Guilherme. ARGOLO, Isaac. SÉ, Jairo. ROSSI, Thais. O desastre de Mariana e a tipologia dos conflitos: bases para uma adequada regulação dos processos coletivos. *Revista de Processo nº 278* São Paulo: RT, abril de 2018.

PEIXOTO, Ravi. A nova sistemática de resolução consensual de conflitos pelo poder público - uma análise a partir do CPC/2015 e da lei 13.140/2015.*Revista de Processo, vol. 261*. São Paulo: RT, novembro de 2016.

PINHO, Humberto Dalla Bernardina de. Acordos em litígios coletivos: limites e possibilidades do consenso em direitos transindividuais após o advento do CPC/2015 e da Lei de Mediação. *Revista Eletrônica de Direito Processual*. Rio de Janeiro: UERJ, Volume 19, maio/agosto de 2018 (www.e-publicacoes.uerj.br/index.php/redp).

PINHO, Humberto Dalla Bernardina de. VIDAL, Ludmilla Camacho Duarte. Primeiras reflexões sobre os impactos do novo CPC e da lei de mediação no compromisso de ajustamento de conduta. *Revista de Processo, vol. 256*. São Paulo: RT, junho de 2016.

PROENÇA, Luis Roberto. *Inquérito Civil*. São Paulo: RT, 2001.

RODRIGUES, Geisa de Assis. *Ação Civil Pública e Termo de Ajustamento de Conduta: teoria e prática*. 3ª ed. Rio de Janeiro: Forense, 2011

_____. A contribuição do STJ para a consolidação da prática do compromisso de ajustamento de conduta: desafios pretéritos e atuais. *Temas do Ministério Público: acordos no sistema de justiça e liberdade de expressão* (livro coletivo). Brasília: ANPR, 2019, p. 92/131 (disponível em https://anpr.org.br/images/Livros/temas_do_ministerio_publico_2019.pdf).

SILVA, Paula Costa e. *A Nova Face da Justiça: os meios extrajudiciais de resolução de controvérsias*. Coimbra: Coimbra, 2009.

SILVA, Virgílio Afonso da. *A Constitucionalização do Direito: os direitos fundamentais nas relações entre os* particulares. São Paulo: Malheiros, 2005.

SOUZA, Motauri Ciocchetti de. *Ministério Público e o Princípio da Obrigatoriedade: ação civil pública - ação penal* pública. São Paulo: Método, 2007.

____. *Ação Civil Pública e Inquérito Civil*. 5ª ed. São Paulo: Saraiva2013.

TALAMINI, Eduardo. A (in)disponibilidade do interesse público: consequências processuais (composições em juízo, prerrogativas processuais, arbitragem, negócios processuais e ação monitória) – versão atualizada para o CPC/2015. *Revista de Processo, vol. 264*. São Paulo: RT, fevereiro de 2017.

TARUFFO. Una alternativa a las alternativas: modelos de resolución de conflictos. *Páginas sobre Justicia Civil*. Maximiliano Aramburo Calle (trad.). Madrid: Marcial Pons, 2009.

TAVARES, João Paulo Lordelo Guimarães. *A Certificação Coletiva: organizando as ações coletivas e o julgamento de casos repetitivos*. São Paulo: Juspodivm, 2020.

VASCONCELLOS, Vinicius Gomes de. *Colaboração Premiada no Processo Penal*. 3ª ed. São Paulo: RT, 2020, capítulo 1.

____. Colaboração premiada e negociação na justiça criminal brasileira: acordos para aplicação de sanção penal consentida pelo réu no processo penal. *Revista Brasileira de Ciências Criminais, vol.* 166. São Paulo: RT, abril de 2020.

VENTURI, Elton. Transação de direitos indisponíveis? Revista de Processo, vol. 251. São Paulo: RT, janeiro de 2016.

____. O devido processo legal para os acordos coletivos: para além do TAC. *Ministério Público Estratégico, vol. 8: resolução consensual e tratamento adequado dos conflitos, controvérsias e problemas na tutela de direitos fundamentais pelo Ministério Público*. Sarubbo; Magalhães Jr.; Almeida; Romano; Leitão (org.). Indaiatuba: Foco, 2024.

VITORELLI, Edilson. De quem é o meio ambiente? Parâmetros para um modelo de tutela jurisdicional adequada à luz da teoria dos litígios coletivos. *Revista de Processo Comparado, vol. 8*. São Paulo: RT, julho/dezembro de 2018.

____. Representatividade (in)Adequada: o acordo coletivo dos planos econômicos e por que ele não deveria ser homologado. *Jota Notícias Jurídicas*, 16 jan. 2018 (disponível em www.jota.info).

____. *Processo Civil Estrutural: teoria e prática*. São Paulo: Juspodivm, 2020.

____. *O Devido Processo Legal Coletivo: dos direitos coletivos aos litígios coletivos*. 2ª ed. São Paulo: RT, 2020.

____. Análise Econômica e Comportamental da distribuição do custo da prova no processo coletivo (artigo no prelo, gentilmente cedido pelo autor).

ZANETI JR., Hermes. CABRAL, Trícia Navarro Xavier (coord.). *Justiça Multiportas*. 2ª ed. São Paulo: Juspodivm, 2018.

ZANETI JR., Hermes. LINO, Daniela Bermudes. SOBRAL, Mariana Andrade. CAMPOS, Rafael Mello Portella. TRAZZI, Paulo Henrique Camargo. Ações individuais no caso rio doce: interrupção da prescrição, suspensão da prescrição e comportamento contraditório dos litigantes no processo de autocomposição. *Revista de Processo, vol. 298*. São Paulo: RT, dezembro de 2019.

9

A PROVA NO PROCESSO COLETIVO ENTRE DUAS DECISÕES DESASTROSAS: PODERES PROBATÓRIOS DO JUIZ E CUSTEIO DA PROVA PERICIAL*

Há muitos temas sofisticados e interessantes de direito probatório que merecem exame no contexto dos "processos sobre desastres" e consequentemente do processo coletivo, como o uso da inteligência artificial, a prova por amostragem ou por estatísticas, a prova do nexo causal, a prova pericial, as convenções probatórias, o ônus probatório, estândares probatórios[1], entre outros, mas a opção temática desta intervenção é muito mais singela, como o título anuncia, e isso por três razões fundamentais:

1) não se pode apenas estudar o que é sofisticado ou vislumbrar o que se afigura ainda como novidade, quando se convive com obstáculos básicos e que dificultam ou impedem qualquer avanço efetivo e, no direito brasileiro, há uma espécie de âncora epistemológica que insiste em atrasar o percurso e nos manter presos aos mesmos problemas, como são exemplos as duas decisões de que trataremos nas linhas seguintes;

2) o Brasil é pródigo em catástrofes de todos os tipos, mas, quando se fala em processos sobre desastres, em regra se pensa no impacto de atividade de risco que atinge uma coletividade, como em questões ambientais ou de

---

*. Palestra proferida no II Congresso Internacional de Direito Probatório, no dia 5 de dezembro de 2022, em Porto Alegre, no painel "Provas e processo coletivo. O que os recentes processos sobre desastres ensinaram sobre Direito Probatório?". O texto foi publicado originalmente em livro coletivo com outras palestras do referido evento (*Direito* Probatório, Vol. II. Londrina: Thoth, 2023). A referência a decisões "desastrosas", portanto, deve-se ao título do painel em que foi proferida a palestra original. Para a presente publicação, foi incluída a referência ao julgado do Superior Tribunal de Justiça citado na parte conclusiva, mantendo-se a estrutura do que foi apresentado oralmente em um tempo máximo permitido de vinte minutos e, para o texto escrito, no espaço máximo de quinze páginas.

1. Cf. FERRER-BELTRAN, Jordi. *Prova sem Convicção:* standards *de prova e devido processo*. Vitor de Paula Ramos (trad.). São Paulo: Juspodivm, 2022.

saúde pública[2]; entretanto, para fins de tutela do direito pelo processo coletivo, a jurisprudência, por meio de decisões catastróficas, pode constituir ela própria um desastre, de modo que se optou por tratar do tema a partir de decisões desastrosas;

3) por fim, podemos denominar de doutrina hagiográfica jurisprudencial um recente fenômeno editorial em que textos são publicados para enaltecer a atuação dos tribunais, sem qualquer compromisso com devido exame teórico, como se a jurisprudência fosse objeto de culto e não de estudo e, inevitavelmente, de crítica.

Feitas essas considerações, serão examinadas uma decisão do Superior Tribunal de Justiça e uma do Supremo Tribunal Federal, ambas com potenciais catastróficos para o processo coletivo e que assumem especial gravidade se as contextualizarmos no sistema de precedentes tal como visto pelos próprios tribunais, que cada vez mais buscam o fortalecimento de suas decisões, mas, paradoxalmente, produzem julgados que as desvalorizam, ainda que para os postulantes sempre se mantenha a exigência do que foi traduzido em "dever de candura"[3], que, como pode se notar, seria uma imposição de mão única apenas para quem se dirige ao julgador.

A primeira decisão a ser analisada diz respeito ao clássico tema dos poderes instrutórios do juiz, mas apresenta peculiaridades inéditas, além de não dialogar com as decisões anteriores e majoritárias do próprio tribunal. Como foi adotada em processo coletivo, o potencial desastroso da decisão é evidente.

---

2. Há aqui evidente simplificação conceitual, mas cabe assinalar que o Decreto nº 10593/2020 define desastre como um "resultado de evento adverso decorrente de ação natural ou antrópica sobre cenário vulnerável que cause danos humanos, materiais ou ambientais e prejuízos econômicos e sociais" (art. 2º, VII). Na doutrina se lê que "relação semântica pendular entre: (i) *causas* e (ii) *consequências* altamente específicas e complexas, convergindo para a descrição de fenômenos socioambientais de grande apelo midiático e irradiação econômica, política, jurídica e ambiental, capazes de comprometer a (iii) *estabilidade do sistema social*. Os desastres consistem, conceitualmente, em um *cataclismo sistêmico* de causas que, combinadas, adquirem consequências catastróficas" (CARVALHO, Délton Winter de. A natureza jurídica da pandemia covid-19 como um desastre biológico: um ponto de partida necessário para o direito. *Revista dos Tribunais*, nº 1017, p. 243. São Paulo: RT, julho de 2020).

3. Cf. Superior Tribunal de Justiça: AgInt nos EDcl no RMS n. 34.477/DF, DJe de 27/6/2022. Além de desnecessária referência a uma expressão estrangeira quando há norma mais adequada no processo brasileiro, o uso de "candura" é ruim como tradução, mas ao mesmo tempo pode ilustrar a ideia de como os tribunais enxergam a autoridade externa de seus precedentes.

A segunda decisão é monocrática[4] e se relaciona com o custeio de provas periciais pelo Ministério Público, notoriamente o legitimado ativo mais atuante em processos coletivos.

1. OS PODERES INSTRUTÓRIOS DO JUIZ EM RECENTE JULGADO DO SUPERIOR TRIBUNAL DE JUSTIÇA (RESP. 1.693.334[5])

No direito brasileiro os poderes instrutórios do juiz são reconhecidos legalmente há muitos anos e, além do art. 370, CPC, há previsões em outros vários dispositivos, como aqueles que preveem a possibilidade de colher o depoimento pessoal das partes (art. 385), inquirir testemunhas (arts. 456 e 459, § 1º), determinar perícia ou prova técnica simplificada (art. 464, § 2º), elaborar quesitos (art. 470, II), requisitar esclarecimentos ao perito (art. 477, §§ 2º e 3º), determinar segunda perícia (art. 480), realizar inspeção (art. 481) etc[6].

Deve-se acrescentar, também, que os poderes instrutórios do juiz não se limitam à determinação de meios de prova não requeridos pelas partes nem se limitam à instrução para o julgamento de mérito e, a rigor, compreendem em alguma medida todas as fases relacionadas à prova[7]. Entre-

4. Mas isso está longe de significar de que seja breve no tempo, já que no Supremo Tribunal Federal não é raro que decisões liminares não sejam submetidas ao colegiado por anos. No final de 2022, o Supremo Tribunal Federal aprovou a Emenda Regimental nº 58/2022, publicada no DJe em 19/01/23, que, entre outras medidas, visa a limitar temporalmente as decisões monocráticas e pedidos de vista. As decisões liminares aqui examinadas, porém, foram proferidas em 2020 e desde então nunca foram submetidas efetivamente a julgamento colegiado e há dois anos os processos não recebem qualquer movimentação e permaneceram com o relator até sua aposentadoria, em maio de 2023; ainda não houve formalização de substituto no Tribunal para assumir a relatoria.

5. DJe de 14/12/2021.

6. Mesmo no processo penal, em que mais recentemente o Superior Tribunal de Justiça adotou discurso mais contundente sobre o processo acusatório, é admitido o exercício de poderes instrutórios pelo juiz com base nos mesmos argumentos utilizados no processo civil – "verdade processual não deve ser relegada apenas às partes" e "não se pode tolher por completo o juiz da possibilidade de, com isenção e prudência, também diligenciar para trazer aos autos informações e provas que conduzam à verdade mais próxima possível da realidade histórica dos fatos sobre os quais gira a pretensão punitiva" -; confiram-se dois eloquentes julgados recentes: AgRg no HC n. 758.697/SC, DJe de 30/3/2023; REsp n. 2.022.413/PA, DJe de 7/3/2023.

7. Sobre os poderes probatórios do juiz, são imprescindíveis dos textos de FERRER BELTRÁN, que se complementam e abordam com profundidade sobre suas várias dimensões: Los poderes probatorios del juez y el modelo de proceso. *Revista de la Maestría en Derecho*

tanto, em que pese certa naturalidade com que a doutrina majoritária e a jurisprudência tratam do tema, a matéria pródiga em problemas clássicos que vão desde questões procedimentais, e também se é efetivamente um poder, uma faculdade ou um dever, até questionamentos sobre a constitucionalidade[8] dessa atividade judicial.

Em uma primeira aproximação e, portanto, simplificada, pode-se dizer desde logo que diante de regras legais expressas permitindo atividade probatória oficial, há três caminhos possíveis:

a) entender que se trata de regras inconstitucionais e nenhuma atividade probatória pode ser exercida pelo juiz;

b) considerar que de trata de poderes amplos, previstos no interesse de uma prestação jurisdicional plena, devendo ser exercidos com amplitude;

c) afirmar que as regras vigentes são constitucionais, mas os poderes instrutórios se submetem a diversos limites, com diferenças de graus entre os adeptos dessa posição mais restritiva.

Pode-se afirmar que no processo civil brasileiro, doutrina e jurisprudência tendem para a segunda posição, isto é, ampla incidência dos poderes instrutórios do juiz (exemplos do próprio STJ: AgInt no AREsp n. 2.029.044/GO, DJe de 22/9/2022; AgInt no AgInt no AREsp 1533146/GO, DJe 04/12/2020; AgInt nos EDcl no AREsp 1817742/SP, DJe 18/10/2021; AgInt no REsp 1918008/MT, DJe 15/10/2021), inclusive o exercício de

---

Procesal, Vol. 7, nº 2, 2017, p. 137-164 (revistas.pucp.edu.pe/index.php/derechoprocesal/article/view/19697). *Manual de razonamiento probatorio*, capítulo III, Suprema Corte de Justicia de la Nación, Ciudad de México, México, 2022. Fundamental também a referência a um texto clásico: TARUFFO, Michele. Poderes probatórios de las partes y del juez en Europa. *La Prueba (apêndice I)*. Laura Manríquez. Jordi Ferrer Beltrán (trad.). Madrid: Marcial Pons, 2008. A bibliografia no direito brasileiro é longa, ainda que bastante repetitiva, cabendo indicar no momento a visão panorâmica que expusemos em GODINHO, Robson Renault. Reflexões sobre os poderes instrutórios do juiz: o processo não cabe no 'leito de Procusto'. *Revista de Processo*, n.235. São Paulo: RT, set. 2014 (versão desse artigo pode ser acessada em www.mprj.mp.br/servicos/revista-do-mp/revista-53/artigo-das-pags-187-211).

8. A discussão sobre a constitucionalidade das leis que autorizam a atividade probatória do juiz na realidade se refere a objeções clássicas do tema e que são abordadas por Taruffo no texto antes referido. De todo modo, ainda que no Brasil não haja essa discussão em sede jurisprudencial, de uns anos para cá a discussão ressurgiu com ares de artificial novidade. Pode se conferir uma abordagem relevante sobre o tema em SOUSA, Diego Crevelin. *Impartialidade: a divisão funcional de trabalho entre as partes e juiz a partir do contraditório*. Belo Horizonte: Casa do Direito, 2021.

poderes instrutórios em sede de competência recursal (STJ: AgInt no REsp 1841905/MG, DJe 02/09/2020), com o Supremo Tribunal Federal admitindo sua constitucionalidade no processo civil e no penal (exemplos: HC 160496, DJe-034 de 23-02-2021; RHC 205921 AgR, DJe-241 de 06-12-2021 ; Pet 7074 QO, DJe-085 de 02-05-2018; HC 103070, DJe-146 de 29-07-2011; AR 1538 AgR-AgR, DJ 08-02-2002, sendo esse último julgado o exemplo da amplitude máxima para o tema). Vez por outra, porém, encontra-se na jurisprudência a tendência de se imporem alguns limites, ainda que tímidos, aos poderes probatórios (exemplo: STJ – REsp 894.443/SC, DJe 16/08/2010), especialmente quando as partes não produzem provas dos fatos alegados, como se colhe recentemente no julgado do Superior Tribunal de Justiça que dá título a este item: REsp. 1.693.334 – RJ, DJe 13/12/2021.

Na ementa do referido acórdão consta que "a existência de regras disciplinando o ônus da prova não autoriza a conclusão de que o juiz está adstrito a uma posição de inércia no campo probatório, permanecendo estanque diante da iniciativa probatória das partes. Pelo contrário, o magistrado, consoante as regras previstas no art. 130 do CPC/73, compartilha com elas o dever de evitar os efeitos do *non liquet*. Contudo, essa presunção não é absoluta, devendo, pois, ater-se às hipóteses nas quais, diante de um mínimo juízo de convicção quanto aos fatos narrados, a insuficiência de provas impede que o encontre de uma resposta jurídica para o julgamento. O juízo de conveniência quanto às diligências necessárias, além de ser exclusivo do julgador, deve considerar os seguintes elementos: i) mínima certeza da prática delituosa, ii) existência, ainda que mínimos, de elementos probatórios que indicam a prática de infração à ordem econômica por formação de cartéis, iii) ativa atuação do autor da ACP, notadamente quanto a delimitação dos fatos narrados e com intensa participação na fase instrutória do feito".

Em síntese[9], segundo o relatório do voto, foi ajuizada uma ação civil pública pelo Ministério Público Federal contra duas empresas em razão de

9. Na exposição oral das ideias agora escritas neste texto, como em todo estudo que se apresenta, foi feito um recorte do caso e, ainda que se tenha relatado brevemente o caso, apenas a fundamentação da decisão foi comentada, por razões óbvias. Além de não ser objeto da palestra a descrição pormenorizada do caso, mas, sim, o que se extrai com objetividade e potencial transcendência do decidido (até porque se fosse uma abordagem casuística eu cairia em um dos equívocos em que a decisão incorreu), havia o rígido limite temporal de vinte minutos para a exposição. De todo modo, o número do acórdão foi projetado em *slide* para conferência simultânea ou posterior, como é

alegadas infrações à ordem econômica, como prática de preços abusivos, formação de cartel e controle concertado de concorrentes para fornecimento de gases industriais a hospitais públicos federais. A sentença de primeiro grau julgou improcedentes os pedidos por ausência de provas e em segunda instância por força de remessa necessária não se vislumbrou a comprovação de cartel nem se constatou cerceamento do direito à prova. Diante desse quadro, o Ministério Público recorreu ao STJ essencialmente

intuitivo. Faço todos esses esclarecimentos porque há um dado do caso, que em nenhum momento foi referido na fundamentação da decisão, que não foi objeto de menção com destaque na exposição e que aparentemente ensejou a equivocada ideia de sonegação de informação, o que, pelas razões antes expostas e também pela minha formação pessoal, jamais aconteceria como forma de direcionamento da exposição, até porque, como dito, o acórdão está sujeito à conferência de qualquer pessoa. Mas como possuo especial zelo pela seriedade e fidelidade na pesquisa, passo a detalhar o caso nesta nota, mas reiterando o registro de que continua me parecendo irrelevante para o exame da decisão. Como mencionado no corpo do texto e consta no relatório do acórdão (e não na fundamentação), o Ministério Público Federal não interpôs recurso contra a decisão de primeiro grau e o caso foi submetido à revisão por meio de reexame necessário. Evidentemente, como não existe no direito brasileiro o "reexame necessário especial", a partir daí houve iniciativa recursal do Ministério Público. O fato de não ter havido recurso voluntário contra a decisão de primeiro grau é irrelevante para o que foi discutido na palestra e agora neste texto pelas seguintes razões: 1) a iniciativa recursal é irrelevante para fins de instrução da causa e inclusive a produção probatória oficiosa em segundo grau é plenamente possível e não condicionada à provocação da parte (até porque provocação e atuação de ofício são termos que claramente não possuem relação causal); 2) esse comportamento inerte (que efetivamente foi no mínimo estranho e deveria ter ensejado verificação disciplinar) não foi utilizado como fundamento em momento algum pelo Relator; 3) se, mesmo omitindo essa desídia como fator determinante, a vedação para a instrução de ofício se deu como forma de sanção para a omissão processual, houve desvio de finalidade, já que se aplicou uma consequência processual não prevista legalmente para um comportamento que não foi analisado na fundamentação; 4) além disso, não deve interessar à doutrina a peculiaridade do caso concreto que a ele deve ficar confinado, já que não se pode extrair efeito genérico de algo que sequer foi considerado pelo Relator e o relevante está na crítica daquilo que se extrai do julgado com potencial normativo; 5) se o acórdão considerasse que o reexame necessário impede a incidência dos poderes instrutórios do juiz, necessariamente esse tema seria enfrentado, mas, além de isso não haver sido afirmado, trata-se de ideia insustentável e que é impossível de ser considerada nos termos em que foi proferida a decisão; 6) é fundamental aqui ter clara a ideia de que o debate proposto é eminentemente técnico e limitado às razões de decidir, de modo que apenas o que foi considerado como comportamento processual na fundamentação foi analisado; 7) note-se que, caso o debate fosse apenas sobre o caso, numa espécie de crítica descritiva individualizada, haveria necessidade da análise das demais peças processuais, já que, por exemplo, alegou o Ministério Público Federal nas razões recursais e no parecer que exerceu ampla atividade probatória e, assim, teria também que ser analisada a postura do autor a partir de todo o alegado, o que simplesmente inviabilizaria um estudo que se pretende abstrato (mas também não se pode considerar que houve absoluta desídia e ignorar as peças processuais das partes, porque, se a opção for discutir detalhadamente os atos processuais, isso deve ser feito com rigor e completude); 8) é fundamental fixar que não importam os particularismos com fundamento na incompatibilidade entre os poderes instrutórios e o julgamento por ausência de provas.

Na fundamentação do voto, além da reprodução dos trechos que constam na ementa, são relevantes as seguintes passagens relevantes: "não há que se falar em ampla atividade probatória a cargo do julgador de forma a alcançar diligências que uma das partes, a tempo e a ora, deixou de requerer. É fato que o princípio inquisitivo previsto nos arts. 128 e 461 do CPC/73, confere ao juiz poder de não se conformar com a verdade apresentada pelas partes, se entender que aquela não se mostra suficiente para se aproximar o máximo da verdade substancial. Porém, o juízo de conveniência quanto as diligências necessárias, justamente por ser ele o destinatário da prova, é exclusivo do julgador"; "A lealdade processual é um dos deveres anexos criados pela boa-fé objetiva. Direcionada a todos os partícipes do processo, indica ser dever das partes – no campo probatório – narrar os fatos objeto da demanda, com indicação de todos os elementos probatórios, de forma a permitir que a parte ex adversa exerça o contraditório de forma eficaz. Como bem ensina o professor Arruda Alvim '(...) a lealdade é um paradigma ético, que informa a atividade, no sentido do litigante agir de frente, sem chicanices, sem providências inesperadas, mesmo que tais providências sejam legítimas.' Deixar de apresentar documentos já conhecidos ao tempo da ação e atribuir responsabilidade instrutória ao magistrado, repito, fere de morte, os deveres anexos da boa-fé objetiva na seara processual".

Com base nessas referências, passemos a comentários objetivos sobre os termos do julgado:

a) trata-se de decisão que diverge em alguns pontos essenciais do posicionamento majoritário do próprio STJ e, embora se encontrem outros julgados do STJ no sentido de que a atividade instrutória do juiz é limitada por prévia atuação das partes (exemplo: REsp 894.443/SC, DJe 16/08/2010;

---

para fins de estudo doutrinário, sobretudo quando se pensa em decisão proferida sob um sistema legal de objetivação e transcendência das decisões e, por isso, somente o que pode ser extraído com eficácia normativa deve ser objeto de análise (e nesse ponto é interessante remeter ao item sobre particularismo e universalismo em FERRER-BELTRAN, Jordi. *Prova sem Convicção:* standards *de prova e devido processo*. Vitor de Paula Ramos (trad.). São Paulo: Juspodivm, 2022, p. 76/109, em que se colhem importantes subsídios para o estabelecimento de um enfoque teórico que me parece mais adequado); 9) por fim, o fato de ter havido reexame necessário prossegue me parecendo irrelevante e, afinal, em nada altera tudo o que foi dito na apresentação do trabalho e agora é reiterado por escrito.

AgRg no REsp 1105509/RN, DJe 18/12/2012), não é esse o entendimento majoritário de sua jurisprudência e esse é o primeiro problema que se apresenta: o próprio julgado se baseia bastante na lealdade processual, que também deve se dirigir aos julgadores, e a previsibilidade, a coerência e a estabilidade das decisões integram esse quadro de boa-fé;

b) ao mesmo tempo em que a decisão atribui corretamente responsabilidade às partes – e realmente é um tanto bizarra a ideia de um processo em que as partes não produzem provas e aguardam a atuação instrutória do juiz, mas tal quadro de paroxismo é inerente a uma defesa ilimitada dos poderes instrutórios judiciais, como se estivéssemos permanentemente sob a vigência de uma versão ainda mais intensa do art. 1107 do CPC revogado, que é o que fazem majoritariamente a doutrina e a jurisprudência do STJ – a decisão se vale de concepção do juiz como destinatário da prova e senhor absoluto do que é relevante ("o juízo de conveniência quanto às diligências necessárias, além de ser exclusivo do julgador" e "o juízo de conveniência quanto as diligências necessárias, justamente por ser ele o destinatário da prova, é exclusivo do julgador"), o que torna difícil a atuação da parte, na medida em que mesmo uma postura ativa do litigante não é suficiente para a instrução da causa e, como inexistem regras de estândares probatórios, o umbral de suficiência probatória passa a integrar uma apreciação discricionária do julgador, o que nos parece um equívoco, com o acréscimo de que se submeteu a atuação probatória do juiz à sua convicção, ou seja, a um psicologismo[10];

c) deve ser notado que o recurso partiu da ideia de que haveria um dever de instrução do juiz, especialmente em processo de interesse público, e que isso supriria a inércia do legitimado ativo; logicamente, ao afastar essa ideia explicitamente, entendeu o STJ que se trata de atividade discricionária e excluiu qualquer referência a dever ou "poder-dever", reservando-se a atuação discricionária quando o próprio juiz entender que há mínima instrução;

---

10. Cf. FERRER-BELTRAN, Jordi. *Prova sem Convicção:* standards *de prova e devido processo.* Vitor de Paula Ramos (trad.). São Paulo: Juspodivm, 2022. Entre tantas passagens fundamentais no referido livro, lê-se na p. 325 que "incluir como condição necessária para que uma hipótese fática esteja provada que o julgador deva ter a crença de que a hipótese é verdadeira desemboca necessariamente em uma concepção subjetivista da prova, que impede o controle do raciocínio probatório, precisamente porque o parâmetro de decisão é a convicção do próprio julgador".

d) decorre desse quadro uma espécie de mistério epistêmico constante na afirmação de que o exercício dos poderes instrutórios deve "ater-se às hipóteses nas quais, diante de um mínimo juízo de convicção quanto aos fatos narrados, a insuficiência de provas impede o encontre uma resposta jurídica para o julgamento" (*sic*), já que não há elementos objetivos sobre o que significa mínima convicção, nem poderia haver já que convicção é necessariamente um estado mental pessoal e, portanto, não suscetível de controle intersubjetivo, bem como não é fácil perscrutar qual seria o grau de suficiência de provas para encontrar a resposta para o julgamento;

e) segue o julgado com outro asserção inquietante, quando diz que "não há que se falar em ampla atividade probatória a cargo do julgador de forma a alcançar diligências que uma das partes, a tempo e a ora, deixou de requerer" (*sic*), já que, se assim for, dificilmente haverá exercício do poder instrutório, porque necessariamente seu campo de incidência é limitado por diligências que uma das partes deixou de requerer no momento oportuno, ou seja, só há espaço para instrução, ainda que complementar, se algo deixou de ser produzido;

f) se se acolher o trecho citado na alínea anterior, fulmina-se a própria atividade probatória oficiosa, porque, mesmo considerando que inexiste preclusão para o juiz em matéria probatória – e o próprio STJ decide assim reiteradamente -, o meio de prova faltante deveria ser requerido por alguma parte (deve ser ressalvado que, nas razões recursais e no parecer dirigido ao Relator, o Ministério Público afirma peremptoriamente que havia alguma prova produzida e que houve requerimento de prova pericial pelos réus, mas não houve manifestação do juiz sobre o requerimento); se se tratar de fato superveniente ou de prova nova passível de se incluir no julgamento, igualmente se abre oportunidade para proposição das partes; enfim, a rigor essa assertiva do voto anula a atividade instrutória do juiz, que já é limitada somente a meios de prova, já que não há determinação de ofício sobre fontes de provas, e que necessariamente devem ser requeridos tempestivamente pelas partes;

g) acresça-se a esse quadro que deverá o juiz realizar um exercício retrospectivo para discernir os meios de prova faltantes e concluir que as partes não os requereram, passando assim a uma fase de autocontenção;

h) além disso, esse entendimento vai de encontro à jurisprudência do próprio STJ no sentido de que inexiste preclusão para o exercício de poderes instrutórios, já que somente se pode defender essa ideia dominante se se admite que o juiz pode instruir o processo após esgotado o prazo das partes;

i) ainda que seja possível interpretar os fundamentos da decisão do STJ no sentido de que somente é necessária a proposição de algum meio de prova que dê "mínima convicção", novamente cairemos no casuísmo próprio do "leito de Procusto" e os poderes probatórios serão exercidos de modo incontrolável e imprevisível;

j) o julgado também retrata uma inversão de perspectiva ao afirmar que o juiz não deve produzir as provas que as partes deveriam ter produzido, como anteriormente descrito, já que, no caso de uma penúria probatória como no caso julgado, o controle deve ocorrer na admissibilidade da petição inicial, determinando-se ao autor especificamente sua complementação e, ultrapassada essa fase, as lacunas probatórias devem ser verificadas na fase de organização e saneamento (deve ser ressalvado que todo o caso foi julgado com base no CPC anterior, por questões de direito intertemporal, mas essas providências poderiam ter sido adotadas mesmo naquela época; de todo modo, este julgado somente possui relevância para os processos futuros e o atual Código possui regras muito mais adequadas para evitar um processamento às cegas como parece ter acontecido no caso), de modo que os poderes instrutórios devem pressupor, na realidade, a diligência das partes e também o dever de alerta do juiz, a fim de que não seja o autor informado do que era necessário provar somente após a última instância;

k) no caso sob exame, repita-se, a inicial sequer deveria ter sido admitida se efetivamente não estava acompanhada de provas ou não as requeresse e, quando muito, na fase de organização e saneamento deveriam ter sido fixados os pontos controvertidos e as lacunas de conhecimento (como no já citado exemplo do art. 429.1da *Ley de Enjuiciamiento Civil* da Espanha);

l) é fundamental que não se esqueça de que essas providências também expressam uma dimensão dos poderes probatórios, que, como já afirmado mais de uma vez, não se exaurem na produção de ofício de provas e é necessário que se percebam os múltiplos alcances dessa atuação judicial para que dela se extraia o melhor resultado dentro do sistema do CPC, que ao mesmo tempo lhe impõe limites mas apresenta outras possibilidades;

m) é bem conhecida a proposta doutrinária[11] de que os poderes instrutórios do juiz devem incidir com menos intensidade em processos que versem sobre direitos disponíveis e com total força nos processos sobre direitos indisponíveis ou de interesse público, sendo que, em regra, essa distinção não foi acolhida pela jurisprudência e a produção de provas de ofício costuma atuar indistintamente em relação ao objeto do litígio; mesmo assim, é bastante relevante e eloquente que o presente caso trate de uma ação civil pública e que a tutela coletiva tenha versado sobre ilícitos relacionados a insumos essenciais para o funcionamento de hospitais públicos, revelando, assim, que mesmo em um processo com evidente interesse público não foi considerada a atuação probatória judicial;

n) se assim foi decidido em um processo coletivo, em que se procurava coibir a existência de cartel em serviço de saúde pública, dificilmente poderá ser sustentada a ampla incidência de poderes instrutórios em causas eminentemente disponíveis ou que admitem autocomposição;

o) com todas as ressalvas e críticas dos itens anteriores, entendemos que corretamente foi entendida a atividade instrutória do juiz como subsidiária e jamais autônoma, mas isso raramente fica claro nas decisões anteriores e posteriores do Tribunal em processos civis;

p) além disso, ficou bastante evidente que as fontes de prova não podem ser objeto dos poderes instrutórios, o que também se afigura correto, mas também aqui não é que se vê em boa parte da doutrina e na jurisprudência;

q) se o comportamento das partes é o elemento essencial para a limitação dos poderes instrutórios, a existência de convenções processuais sobre a exclusão de determinado meio de prova é um evidente e intransponível limite; com efeito, se o comportamento omissivo impede a atuação supletiva do juiz, com muito mais razão a manifestação de vontade impede a atividade probatória do juiz; ou seja: convenção probatória excluindo meio de prova é uma limitação aos poderes instrutórios, devendo haver uma leitura conjunta dos arts. 190 e 370, reforçando-se a ideia de que a convenção atinge o acervo probatório e não a atividade judicial, cuja limitação se dá objetivamente a partir do cenário fático delineado nos autos; as convenções

11. O Superior Tribunal de Justiça também já se filiou a esse entendimento (exemplo: EDcl no REsp n. 1.344.511/DF, DJe de 15/8/2013), embora em regra chancele os poderes instrutórios independentemente da qualidade do direito controvertido.

probatórias típicas ou atípicas podem abarcar várias situações e não se limitam a exclusões de meios de provas, mas, no caso de haver manifestação de vontade das partes nesse sentido de limitação probatória, o juiz estaria diante de um cenário de explícita ausência de prova mínima, o que automaticamente impediria sua atuação instrutória; note-se que pode ser um antecedente lógico de uma convenção probatória a exclusão de fonte de prova, o que sempre depende da iniciativa da parte, e a consequência disso é ainda mais intensa, já que, como antes observado, as fontes de prova não passíveis de extração pelo juiz, o que ganha especial acréscimo limitador quando acompanhado de convenção probatória excluindo meio de prova;

r) por fim, apesar de na decisão haver muito espaço para críticas sobre questões relacionadas à teoria da prova, o fato de reconhecer que os poderes instrutórios possuem limites é um avanço importante no tema, mas não da forma como concluído do julgado, cabendo agora aguardar se se trata de uma decisão de exceção ou se o Superior Tribunal de Justiça ampliará a discussão e indicará o entendimento que observará a necessária estabilidade.

Deve ser registrado que, embora o STJ tenha inúmeros julgados sobre os poderes instrutórios do juiz, nem todos harmônicos, mas com tranquila orientação do sentido de ausência desse tipo de limitação, chama a atenção que nenhum deles tenha sido sequer mencionado no acórdão ora comentado, inexistindo um diálogo com a própria jurisprudência do próprio Tribunal. Em um contexto em que se afirma que há uma cultura de precedentes[12], trata-se de prática decisória inconcebível.

12. Cf., no próprio STJ: AgInt no REsp n. 1.477.320/PR, DJe de 27/9/2018 e AgInt no AREsp n. 1.843.196/RJ, DJe de 22/9/2021. Ainda que se argumente que os julgados anteriores (e o tema é recorrente no STJ desde sua instalação, já que se trata de clássico debate processual) são apenas persuasivos, é da natureza de um Tribunal o diálogo com as decisões proferidas por ele, sobretudo quando se trata de proferir entendimento que vai contra toda uma previsível jurisprudência.

2. O CUSTEIO DA PROVA PERICIAL NOS PROCESSOS COLETIVOS EM DECISÃO MONOCRÁTICA DO SUPREMO TRIBUNAL FEDERAL: ACO 1.560 E ARE 1.283.040[13]

Além do grave problema envolvendo decisões monocráticas que não são submetidas a julgamento colegiado, essas duas específicas decisões apresentam outros problemas fundamentais:

a) as fundamentações são idênticas, já que se trata de mesmo problema jurídico, mas são genéricas e se prestam a abordar, em tese, qualquer outra questão naquilo que resvala em argumento de "incentivo processual", valendo-se de noções superficiais da análise econômica e a guindando à condição de superior método interpretativo[14];

b) não há nenhuma questão constitucional no caso, tanto assim que na fundamentação não se encontra uma única vez referência à Constituição ou mesmo a menção retórica a palavras como "inconstitucional", "inconstitucionalidade" etc., quando se sabe que o Supremo Tribunal Federal possui exagerada avareza para exame de temas processuais, mesmos aqueles com evidente sede constitucional, sempre se valendo da quase mística invocação da ofensa indireta ou reflexa à Constituição;

---

13. Após as decisões monocráticas idênticas, o então Relator dos processos os paralisou por três anos, até que se aposentou; até janeiro de 2024, mesmo com novo relator, os processos permaneciam paralisados e decisão monocrática persiste subvertendo toda a ordem do processo coletivo nesse particular (felizmente, o STJ ignora tal decisão monocrática, mas o fato prático é que inúmeros incidentes ocorrem porque persistem tais decisões há quatro ano). A emenda regimental nº 58/22, publicada em janeiro de 2023, alterou o Regimento do Supremo Tribunal Federal para fixar o tempo máximo de noventa dias para prosseguimento de votação após o pedido de vista (art. 134, *caput*, e parágrafo 5º. Resta aguardar para saber como será a efetiva aplicação do dispositivo de todo modo, no caso das decisões comentadas, não se tratou de pedido de vista, mas, sim, de eficácia de decisão liminar monocrática sem que o Relator libere o processo para julgamento, prática tão ou mais nociva do que o pedido de vista sem limite temporal. Na mesma emenda foi alterado o art. 21 na tentativa também de evitar esse grave desvio (as liminares no Supremo Tribunal Federal apresentam várias possibilidades de análises e interessante panorama pode ser consultado em REIS, Ulisses Levy Silvério dos; MEYER, Emilio Peluso Neder. "Ministrocracia" e decisões individuais contraditórias no Supremo Tribunal Federal. *Revista Brasileira de Políticas Públicas*, Brasília, v. 11, n. 3. p. 401-425, 2021 (disponível em www.publicacoesacademicas.uniceub.br/RBPP/issue/archive).
14. Cf., especificamente sobre as referidas decisões, o contundente trabalho de VITORELLI, Edilson. Análise econômica e comportamental da distribuição do custo da prova no processo coletivo, *Revista de Processo*, nº 327/2022, RT, p. 235-262, maio de 2022.

c) a questão já havia sido decidida de forma consolidada há anos pelo Superior Tribunal de Justiça, inclusive com edição de tema vinculativo que foi confirmado após a vigência do Código de Processo Civil e, além de aquele tribunal ser o competente para fixar o precedente sobre o tema, é no mínimo peculiar que uma decisão liminar proferida há três anos, sem apreciação do colegiado, modifique integralmente o entendimento vinculativo do órgão competente para interpretação da legislação federal[15], subvertendo todo o sistema de custeio da prova no processo coletivo e impactando ações no país inteiro;

d) o custeio da prova pericial no processo coletivo é disciplinado por lei específica[16] e o Superior Tribunal de Justiça editou enunciado sintetizando a questão, prosseguindo a peculiar necessidade de um tribunal expedir entendimento no mesmo sentido de lei vigente, por meio de seu "tema repetitivo" nº 510: "Não é possível se exigir do Ministério Público o adiantamento de honorários periciais em ações civis públicas. Ocorre que a referida isenção conferida ao Ministério Público em relação ao adiantamento dos honorários periciais não pode obrigar que o perito exerça seu ofício gratuitamente, tampouco transferir ao réu o encargo de financiar ações contra ele movidas. Dessa forma, considera-se aplicável, por analogia, a Súmula n. 232 desta Corte Superior ('A Fazenda Pública, quando parte no processo, fica sujeita à exigência do depósito prévio dos honorários do perito'), a determinar que a Fazenda Pública ao qual se acha vinculado o Parquet arque com tais despesas"[17];

e) consta da fundamentação da decisão que deve ser feita uma "releitura do art. 18 da Lei da Ação Civil Pública para conferir maior responsabilidade ao Parquet no ingresso das ações coletivas, por meio de incentivos financeiros voltados a esta finalidade" e prossegue da seguinte forma: "Penso que

---

15. Na decisão monocrática, afirma-se expressamente que é o caso de rever decisão do Superior Tribunal de Justiça na interpretação de legislação infraconstitucional: "Não obstante o entendimento atualmente predominante no Superior Tribunal de Justiça, entendo, com o devido respeito, que existem interpretações mais condizentes com o atual arcabouço legislativo processual e que calibram melhor os incentivos para a atuação das partes no processo". Literalmente, a Constituição sequer foi aberta nesse caso.

16. Para completa exposição processual do tema: ZANETI JR., Hermes. Quem financia o direito fundamental à prova nos processos coletivos brasileiros? O problema da completude probatória e o custo da prova pericial no are 1.283.040/RJ (STF). *Direito Probatório*. Osna, Ramos e outros (org.). Londrina: Thoth, 2022.

17. Cf., ainda, no STJ o RMS n. 59.638/SP, DJe de 7/4/2021.

aprimorar os incentivos financeiros para que o Parquet tome medidas judiciais com maior responsabilidade é de todo desejável, eis que a atuação do Ministério Público como curador universal de todos os valores públicos, e sua pujante proeminência nessa função, não encontra justificação nem prática nem teórica. Criar incentivos para que esse órgão público passe a atuar, com maior frequência, juntamente com legitimados de direito privado, aperfeiçoando suas parcerias e oportunidades de litisconsórcio, é uma das tarefas pendentes para que a tutela do interesse público seja feita de forma mais profissional, especializada e responsável". Trata-se de trecho a que podem se destinar muitas críticas, entre as quais a ideia legiferante de inovar no ordenamento com uma medida processual que, sem qualquer técnica, entende o julgador que pode incentivar melhores práticas. Trata-se de aplicação vulgar e equivocada de qualquer modelo teórico que se possa rotular – e na decisão é invocada a teoria econômica do direito, sem que se explique o que se entende por isso e a apresentando como grande novidade[18]. Entretanto, dois outros dados impressionam ainda mais: 1) a absoluta ausência de qualquer referência a dados objetivos para fundamentar a premissa ou a conclusão, de modo que estamos diante de mais um caso de "impressionismo", ou seja, de uma suposição subjetiva; 2) a frase, se generalizada, serviria para tudo e, portanto, não se presta para algo tão específico;

f) na ausência de qualquer dado que justifique o afirmado na decisão sobre o incentivo para , fica difícil considerar que há alguma robustez no argumento sobre o incentivo para melhor atuação de legitimado ativo para o custeio de prova pericial, mas há ainda uma ponderação um tanto desconcertante: pressupõe o julgador que toda ação coletiva exige produção de prova pericial, o que é um evidente equívoco; ou, o que é ainda mais equivocado, parte o julgador da ideia de que apenas nos processos em que for produzida a prova pericial custeada pelo legitimado ativo se estará diante de uma tutela "mais profissional, especializada e responsável";

g) não se pode deixar de registrar uma última passagem da decisão, que é melhor não adjetivar: "Note-se que, com a presente interpretação, não se está, de maneira nenhuma, enfraquecendo o processo coletivo. Pelo contrário, o que se pretende é, de fato, fortalecê-lo, desenvolvendo-se

18. Insista-se na indicação do seguinte artigo sobre esse debate teórico: VITORELLI, Edilson. Análise econômica e comportamental da distribuição do custo da prova no processo coletivo, *Revista de Processo*, nº 327/2022, RT, p. 235-262, maio de 2022.

incentivos para que apenas ações coletivas efetivamente meritórias sejam ajuizadas". Evidentemente, a finalidade retórica dessa passagem é suficiente, por si só, para demonstrar a fragilidade de uma decisão que não foi feliz nem mesmo quando quis ser irônica e essa transcrição final é a ilustração do desconhecimento ou descompromisso em relação ao processo coletivo.

Valendo-se da autoridade de sua competência na matéria, mesmo diante dessas duas decisões monocráticas o Superior Tribunal de Justiça corretamente reafirmou seu entendimento, valendo transcrever a ementa do julgado: "Processual civil. Agravo interno no agravo em recurso especial. Ação civil pública. Adiantamento dos honorários periciais. Responsabilidade do estado a que estiver vinculado o ministério público, autor da ação. Tese firmada em recurso repetitivo. Incidência, por analogia, da súmula 232/STJ. Inaplicabilidade do art. 91 do CPC/2015. Princípio da especialidade. Precedentes do STJ. Violação à cláusula de reserva de plenário não configurada. 1. A Primeira Seção do STJ, sob o rito dos recursos dos recursos repetitivos, firmou a tese no sentido de que os valores dos honorários periciais devem ser suportados pela Fazenda Pública à qual se ache vinculada a parte autora da ação civil pública, em aplicação analógica da Súmula 232/STJ (REsp 1253844/SC, Rel. Ministro Mauro Campbell Marques, Primeira Seção, julgado em 13/03/2013, DJe 17/10/2013). 2. As Turmas de Direito Público do STJ entendem que, mesmo na vigência do CPC/2015, cabe à Fazenda Pública arcar com o adiantamento dos honorários de perícia requerida pelo Ministério Público em sede de ação civil pública (AgInt no RMS 55.757/SP, Rel. Min. Manoel Erhardt (Desembargador convocado do TRF-5ª Região), Primeira Turma, DJe 29/04/2021; AgInt no AREsp 1768468/SP, Rel. Ministro Herman Benjamin, Segunda Turma, DJe 01/07/2021; AgInt no RMS 59.106/SP, Rel. Ministra Regina Helena Costa, Primeira Turma, DJe 21/03/2019; AgInt no RMS 56.423/SP, Rel. Ministra Assusete Magalhães, Segunda Turma, DJe 12/09/2018). 3. A existência de posicionamento monocrático e isolado do Supremo Tribunal Federal, em sentido contrário ao da jurisprudência desta Corte, não configura a superação dos precedentes elencados pela decisão agravada, tampouco caracteriza violação à cláusula de reserva de plenário. 4. Agravo interno não provido" (AgInt no AREsp n. 2.028.790/RJ, DJe de 19/10/2022)[19].

19. No mesmo sentido, os seguintes julgados posteriores: AgInt no REsp n. 1.944.981/CE, DJe de 10/2/2023; AgInt no REsp n. 1.947.312/PE, DJe de 23/3/2023; AgInt no RMS n. 61.139/SP, DJe de 17/5/2023.

A rigor, as duas decisões aqui comentadas brevemente se complementam e impedem a adequada produção da prova nos processos coletivos, razão pela qual foram adjetivadas de desastrosas.

A primeira decisão comentada, embora tenha a importância didática de reforçar a responsabilidade das partes na devida proposição probatória, caminha em sentido contrário das decisões do próprio Tribunal sobre os poderes instrutórios do juiz, não enquadra o caso (nem rechaça a proposta) dentro da ideia teórica de que os processos de interesse público admitem uma participação mais incisiva dos poderes do juiz, submetem a produção da prova apenas ao comportamento das partes, cai em evidente subjetivismo ao conferir ampla discricionariedade ao julgador, parece vedar a produção probatória como forma de punir uma litigância que soou omissa, ou seja, há utilização velada de sanção não prevista em lei, limita os poderes do juiz apenas à produção da prova e, por fim, incide no grave problema de manipular os poderes probatórios casuisticamente, ou seja, sem qualquer objetividade e o enquadrando como artifício de política processual.

Já a segunda decisão é desastrosa integralmente, inexistindo até mesmo elementos técnicos que efetivamente ensejam debate direto sobre os termos genéricos e equivocados que se encontram na fundamentação, de modo que a manutenção do entendimento em sentido totalmente oposto pelo Superior Tribunal de Justiça se mostra perfeito tecnicamente e adequado simbolicamente.

As críticas e ideias da presente intervenção visam apenas a tentar contribuir com o debate do incipiente – e especialmente relevante – movimento que busca a construção de um modelo racional da prova no direito brasileiro[20], evitando-se que o subjetivismo no tema impeça a efetiva tutela de direitos.

---

20. Cf. ACCATINO, Daniela. Teoría de la prueba: ¿somos todos "racionalistas" ahora? *Revus*, v. 5, n. 39, p. 85-109, 2019 https://journals.openedition.org/revus/5559). TWINING, William. La tradición racionalista en el estudio de la doctrina probatoria. *Repensar el Derecho Probatorio: ensayos exploratorios*. Paul William Cifuentes (trad.). Bogotá: Universidad Nacional de Colombia, 2022. FERRER BELTRÁN. *Valoração Racional da Prova*. Vitor de Paula Ramos (trad.). São Paulo: Juspodivm, 2021. A visão racionalista da prova, na síntese de Ferrer Beltrán, apresenta como notas essenciais (a) a valoração da prova a partir do método de corroboração e refutação de hipóteses, (b) opção por uma imediação limitada do princípio da imediação, (c) forte exigência de motivação sobre os fatos e (d) defesa de sistema de recursos que possibilite amplo controle da decisão (FERRER BELTRÁN. *Valoração Racional da Prova*. Vitor de Paula Ramos (trad.). São Paulo: Juspodivm, 2021, p. 96.

Note-se, por fim, que o Superior Tribunal de Justiça voltou a tratar do tema dos poderes instrutórios na forma como reiteradamente julga o tema, com expressa referências às peculiaridades do processo coletivo, mas sem referência ao julgado aqui criticado, indicando, de todo modo, que efetivamente se tratou de um caso de exceção o acórdão ora analisado: "[...] 6. Malgrado o art. 370, caput, do CPC estabeleça poder instrutório amplo, em linha de princípio, deve ser utilizado somente de forma complementar, proporcionando às partes primeiramente se desincumbirem de seus ônus da forma que melhor lhes aprouver. Contudo, no âmbito do processo coletivo, em razão do princípio da indisponibilidade da demanda coletiva, haverá um poder instrutório amplo para o juiz, uma vez que: a) deve fiscalizar a produção probatória, bem como atuar ativamente na sua produção, inclusive com a possibilidade de averiguar a deficiência do substituto processual em produzi-la; b) por serem os representantes escolhidos por um rol legal, ganha ainda mais destaque a função do juiz na instrução probatória, atuando ativamente, ainda que de forma complementar, suprindo eventual deficiência dos substitutos processuais; c) sob um viés estático, as provas pertencem ao campo do direito material, pois, sob esse aspecto, elas são consideradas como meios ou fontes, relacionadas à função de certeza dos negócios jurídicos; mas, sob um aspecto dinâmico, a prova ganha especial importância no direito processual, em razão de importar numa reprodução ao juízo do fato a se provar, o que ocorre no bojo do processo e obriga

Do mesmo autor, reforçando a ideia racionalista, mas enfatizando a necessidade de estândares probatórios para o controle objetivo e intersubjetivo da decisão, refinando as ideais expostas no livro antes citado, é fundamental a leitura de *Prova sem Convicção*, também publicado em tradução de Vitor de Paula Ramos pela editora Juspodivm, cuja 2ª edição foi publicada em 2023). A essência dessa concepção é retirar a convicção subjetiva do julgador como componente do raciocínio probatório. A depender da visão sobre o raciocínio probatório, "convicção subjetiva" pode ser visto como uma tautologia, mas preferimos essa expressão para deixar bem clara a ideia em um contexto em que prevalece a concepção persuasiva da prova, cuja proeminência doutrinária vem sendo fortalecida até mesmo com a estranha empolgação com algumas ideias sobre direito e economia e também psicologia, além das novas tecnologias e a aplicação jurídica. O que importa neste texto, porém, é marcar definitivamente essa ideia do racionalismo probatório e sobre o tema é incontornável o já citado livro de Ferrer Beltrán *Prova sem Convicção*. Confiram-se, ainda, inclusive para outras referências bibliográficas: BADARÓ, Gustavo Henrique. *Epistemologia Judiciária e Prova Penal*. São Paulo: RT, 2019.RAMOS, Vitor de Paula. *Prova Testemunhal: do subjetivismo ao objetivismo, do isolamento científico ao diálogo com a psicologia e a epistemologia*. 3ª ed. São Paulo: Juspodivm, 2022. E sempre TARUFFO, Michele. *La Prova dei Fatti Giuridici. Trattato di Diritto Civile e Commerciale*. Antonio Cicu, Francesco Messineo e Luigi Mengoni. Vol. III, t. 2, sez. 1. Milano: Giuffrè, 1992. *Uma Simples Verdade: o juiz e a construção dos fatos*. Vitor de Paula Ramos (trad.). São Paulo: Marcial Pons, 2012.

todos os sujeitos processuais; d) não há nenhum impedimento para a aplicação dessa redistribuição do ônus da prova nas ações civis públicas que veiculem relações de consumo, desde que para beneficiar o consumidor (ou, no caso, o substituto processual dos consumidores). 7. No processo coletivo, as situações jurídicas discutidas são complexas, envolvendo direitos essencialmente coletivos, cuja a titularidade pertence a uma coletividade, ou direitos individuais homogêneos, que envolvem a existência de um grande número de lesados. A produção da prova, nesses casos, afigura-se dificultosa, uma vez que, em muitas situações, é impossível demonstrar a lesão aos sujeitos individuais, ou mesmo inviável diante do grande número de sujeitos eventualmente lesados, sendo recorrente e válida a utilização como meio de prova da amostragem (a partir da prova de um fato ou de alguns fatos selecionados de um conjunto comum, formula-se um raciocínio indutivo no qual se pressupõe que, uma vez demonstrada determinada situação para os objetos selecionados, ela também se repetirá para os demais componentes do conjunto). 8. Por um lado, em linha de princípio, quem afirma um fato positivo tem de prová-lo com preferência a quem sustenta um fato negativo, não sendo conveniente o ajuizamento de ação civil pública apontando abusividade contratual sem que seja colacionado aos autos um único contrato, extrato, recibo de pagamento ou documento equivalente que indique a cumulação da cobrança de comissão de permanência com outros encargos. Por outro lado, deveria o Juízo de primeira instância ter determinado ao menos que a parte demandada colacionasse aos autos seus contratos de adesão, de modo a aferir a efetiva existência de cláusula abusiva, prevendo a cumulação de comissão de permanência com encargos narrada na exordial; por sua vez, a própria recorrente, exercitando o seu lídimo direito de defesa, poderia ter colacionado aos autos esses contratos e demais documentos que fossem úteis para a formação do convencimento do Juízo, não se estando a falar de prova diabólica (verdadeiramente impossível). [...]" (REsp n. 1.583.430/RS, DJe de 23/9/2022).

10

O MINISTÉRIO PÚBLICO E A AÇÃO RESCISÓRIA*

1. INTRODUÇÃO

Toda atuação processual[1] do Ministério Público se dá como interveniente ou como agente, isto é, como fiscal da ordem jurídica ou como legitimado ordinário ou extraordinário[2]. No caso da ação rescisória, essas formas de atuação podem incidir integralmente, inclusive com o Ministério Público ocupando o polo passivo do processo, o que vem se tornando

---

*. Texto escrito especialmente para o livro em homenagem à memória do Professor Rodrigo Barioni, no prelo.

1. O Ministério Público exerce importante atuação extrajudicial, mas, como toda desconstituição de decisão judicial somente se dá por meio de processo jurisdicional estatal, apenas será mencionada a atuação processual. Em tese, a desconstituição de decisão jurisdicional pode se dar pela via extrajudicial, como no caso de convenções processuais, além de ser possível pensar em alternativas de política legislativa, mas não é este o ponto deste texto e somente trataremos da ação rescisórias nos moldes disciplinados no CPC, em que somente é possível o desfazimento de coisa julgada pela via jurisdicional. Sobre negócios processuais envolvendo a coisa julgada (excluindo sua rescisão), há interessantes considerações em DIDIER JR.; BRAGA; OLIVEIRA. *Curso de Direito Processual Civil*. 14 ed. Vol. 2. São Paulo: Juspodivm, 2019, p. 637/639. Para uma visão ainda mais favorável à negociação processual, incluindo o desfazimento da coisa julgada, TOSCAN, Anissara. *Coisa Julgada Revisitada*. São Paulo: RT, 2022, p. 465/475. Sobre o tema, confiram-se os seguintes trabalhos de Antonio do Passo Cabral: *Coisa julgada e preclusões dinâmicas: entre continuidade, mudança e transição de posições processuais estáveis*. 4. ed., São Paulo: Juspodivm, 2021, p.119; *Convenções processuais*. 4. ed. São Paulo: Juspodivm, 2023, p.385-386, 449. CABRAL, Antonio do Passo. *Jurisdição sem decisão: non liquet e consulta jurisdicional no direito processual civil*. Tese apresentada para promoção ao posto de Professor Titular da Faculdade de Direito da Universidade do Estado do Rio de Janeiro, 2022 (versão comercial, Juspodivm, 2023, no prelo), p.293-294.

2. Cf., para desenvolvimento do tema e outras referências bibliográficas: DIDIER JUNIOR, Fredie. GODINHO, Robson Renault. Questões atuais sobre as posições do Ministério Público no novo CPC. *Ministério Público (Coleção Repercussões do Novo CPC, v.6)*. Didier Jr.; Costa; Godinho (org.). Salvador: Juspodivm, 2015, p. 15-41. GODINHO, Robson Renault. O Ministério Público no novo Código de Processo Civil: alguns tópicos. *Ministério Público (Coleção Repercussões do Novo CPC, v.6)*. Didier Jr.; Costa; Godinho (org.). Salvador: Juspodivm, 2015, v. 1, p. 61-99.

frequente na medida em que sua atuação no polo ativo se intensificou, já que a regra da ação rescisória é a da simetria subjetiva[3].

Em relação ao Ministério Público, o art. 967, III, do CPC prevê a legitimidade ativa em três casos: a) se não foi ouvido no processo em que lhe era obrigatória a intervenção; b) quando a decisão rescindenda é o efeito de simulação ou de colusão das partes, a fim de fraudar a lei; c) em outros casos em que se imponha sua atuação. Já a legitimidade passiva não é objeto de expressa previsão, mantendo-se a tradição do CPC de não prever regra sobre o polo passivo da ação rescisória em geral, mas evidentemente será réu em ação rescisória se figurou no processo em que se formou a decisão rescindenda e mantiver vínculo com o que foi decidido.

Quanto à atuação interventiva, o parágrafo único do art. 967 do CPC dispõe que o Ministério Público será intimado para intervir como fiscal da ordem jurídica quando não for parte.

2. FISCAL DA ORDEM JURÍDICA: ATUAÇÃO COMO ÓRGÃO INTERVENIENTE NA AÇÃO RESCISÓRIA E O REGIME COMUM INTERVENTIVO

O CPC possui diversos dispositivos com finalidade unicamente pedagógica: reproduzir normas constitucionais a fim de que, paradoxalmente, a consagração infraconstitucional sirva à efetividade da Constituição.

Esse objetivo legislativo de adaptação do processo civil à Constituição evidentemente abrange também o Ministério Público em sua disciplina

---

3. E isso inclui o Ministério Público quando atua como parte (isto é, como "órgão agente", na expressão normalmente utilizada na doutrina específica sobre o Ministério Público), o que compreende sua atuação como recorrente e o acórdão seja o objeto da rescisão, ainda que a princípio sua atuação tenha se dado como interveniente (BARBOSA MOREIRA, José Carlos. *Comentários ao Código de Processo Civil*. Vol. V. 12ª ed. Rio de Janeiro: Forense, 2005, p. 171).
Há aqui evidente simplificação da legitimidade na ação rescisória prevista no art. 967, CPC, além de peculiaridades decorrentes do capítulo a ser rescindido, mas a regra geral é da simetria subjetiva, sendo que no polo passivo há maior complexidade por ser necessário o exame do vínculo com o que se pretende rescindir (cf. BARIONI, Rodrigo. *Ação Rescisória e Recursos para os Tribunais* Superiores. 2ª ed. São Paulo: RT, 2013, p. 48/53. YARSHELL, Flávio Luiz. *Ação Rescisória: juízos rescindente e rescisório*. São Paulo: Malheiros, 2005, p. 138. CARVALHO, Fabiano. *Comentários ao Código de Processo Civil*. Vol. XLX. São Paulo: Saraiva, 2022, p. 352/354).

específica nos artigos 176 a 178, refletindo em algumas outras regras, como, em relação à ação rescisória, o artigo 967, parágrafo único, todos do CPC.

E aqui está a unidade hermenêutica que didaticamente o novo CPC impõe para a análise de qualquer tema relacionado ao Ministério Público no processo civil: sua atuação somente se justifica a partir do que está estabelecido no art. 127 da Constituição da República e consequentemente no art. 178 do CPC, constituindo um regime jurídico interventivo único.

Toda análise da atuação e da participação do Ministério Público no processo civil, seja como agente, seja como interveniente, necessariamente deverá partir dessa ideia básica de ser constitucionalmente autorizada.

Essa obviedade é necessária e deve ser repetida à exaustão, sob pena de o hábito atávico – que enseja a inércia da reflexão e a repetição automática de comportamentos – obnubilar qualquer avanço institucional, permanecendo o Ministério Público em sua "relativa quietude"[4] no processo civil, afastando-se inexoravelmente dos balizamentos constitucionais.

Isso significa que mesmo algumas funções tradicionais do Ministério Público, que há décadas são exercidas irrefletidamente, devem ser revistas sob essa perspectiva, não cabendo mais a mera repetição de atuações burocráticas que são normalmente atribuídas a uma tradição inventada e se perpetuam como se fossem situações ontológicas.

Essa adaptação processual do Ministério Público à Constituição, portanto, é ao mesmo tempo óbvia e necessária, consistindo em traçar o parâmetro fundamental de atuação: o artigo 127 da Constituição e seu espelho processual, o artigo 176 do CPC.

Desde logo registro, portanto, que definitivamente deve ser afastada a ideia de que a atuação do Ministério Público é necessária em toda e qualquer ação rescisória, desvinculando-a do art. 127 da Constituição da República e dos artigos 178 e 967, parágrafo único, do CPC.

Quanto ao conteúdo do pronunciamento do Ministério Público nas causas que exigem sua participação, é necessário abordar as hipóteses que ensejam sua intervenção no processo.

---

4. Cf. BARBOSA MOREIRA. Os novos rumos do processo civil brasileiro. *Temas de Direito Processual* (Sexta Série). São Paulo: Saraiva, 1997, p. 73.

Na hipótese da intervenção em razão da existência de interesse público ou social, na dicção do artigo 178, I[5], CPC, estamos diante de um conceito jurídico indeterminado e, embora possam ser retiradas algumas regras abstratas sobre a atuação do Ministério Público – como a de que não há interesse público nas ações patrimoniais envolvendo empresas públicas, nem em execuções fiscais, apenas as circunstâncias do caso concreto indicarão se haverá necessidade de intervenção da Instituição. O CPC, no entanto, é expresso ao acolher orientação doutrinária[6] e jurisprudencial[7] no sentido

5. Sobre a discussão suscitada pela redação do art. 82, III, do Código de Processo Civil de 73, inclusive com abordagem histórica e de direito comparado, vale conferir o trabalho de Antônio Cláudio da Costa Machado antes citado, especialmente páginas 315/345, onde se encontram outras referências bibliográficas valiosas. Também merece ser mencionado, pela maneira peculiar com que examina a matéria, um estudo de Calmon de Passos: Intervenção do Ministério Público nas causas a que se refere o art. 82, III, do C. Pr. Civ. *Revista Forense, vol. 268.* Rio e Janeiro: Forense, 1978. E ainda: Humberto Ávila, Repensando o "princípio da supremacia do interesse público sobre o particular". *Revista Trimestral de Direito Público*, nº 24. São Paulo: Malheiros, 1998, e Marçal Justen Filho. Conceito de interesse público e a "personalização" do direito administrativo. *Revista Trimestral de Direito Público*, nº 26. São Paulo: Malheiros, 1999, além de, Antonio Augusto Mello de Ferraz, Considerações sobre interesse social e interesse difuso. *A Ação Civil Pública após 20 anos: efetividade e desafios.* Edis Milaré (coord.). São Paulo: RT, 2005.

6. Cf. DINAMARCO, Cândido Rangel. *Instituições de Direito Processual Civil.* Vol. II. 4ª Ed. São Paulo: Malheiros, 2004, p. 428/430.

7. "1. Tratam os autos de Ação Rescisória ajuizada pelo Município de Rondônia em face de Pneuminas S/A Indústria e Comércio objetivando a desconstituição de sentença proferida em autos de Ação Monitória proposta contra a Fazenda Municipal visando à cobrança do montante de R$ 639.934,50 (seiscentos e trinta e nove mil, novecentos e trinta e quatro reais e cinquenta centavos – valor em novembro/97) em razão de venda de pneus novos, câmaras de ar e protetores efetuada sem licitação e sob o argumento de urgência/emergência, por intermédio de requisições de material e de memorandos assinados pelo Prefeito e Secretários. O TJRO concluiu pela presença de interesse público determinante da intervenção do Ministério Público, tendo, posteriormente, em sede de embargos infringentes, assumido posicionamento oposto. O recurso especial é fundamentado na alínea "a" do permissivo constitucional apontando vulneração do art. 82, III, do CPC, e defende a imperiosidade do interesse na preservação do patrimônio público a justificar a intervenção ministerial. Em contra-razões, o recorrido aduz que o acórdão está em harmonia com a jurisprudência deste STJ, pois o interesse público e o do Poder Público são distintos. O representante do Ministério Público Estadual opinou pela inadmissibilidade do especial. 2. Repele-se o fundamento de existência de interesse público suficiente a reclamar a presença do órgão do Ministério Público em Ação Monitória ajuizada contra a Fazenda Pública Municipal. Esta ação tem natureza patrimonial, sem repercussão relevante no interesse público de modo a justificar a intervenção prevista no inciso III do art. 82 da lei adjetiva civil. 3. 'O fato de figurar na relação processual pessoa jurídica de direito público ou entidade da administração indireta não significa, por si só, a presença de interesse público de modo a ensejar a obrigatória atuação do Ministério Público. O interesse público, aí, quer significar um interesse geral ligado a valores de maior relevância, vinculados aos fins sociais e às exigências do bem comum que a vontade própria e atual da lei tem em vista' (STF, RE nº 90286-4/PR, Rel. Min. DJACI

de que "a participação da Fazenda Pública não configura, por si só, hipótese de intervenção do Ministério Público" (artigo 178, parágrafo único)[8].

Há quem faça distinção acerca do conteúdo da intervenção Ministério Público, vinculando-o se a participação no processo se der em razão da qualidade da parte. Para Cândido Rangel Dinamarco, o Ministério Público intervém no processo para apoiar uma das partes em seu interesse direto ou desvinculado do interesse dos litigantes. Na primeira hipótese, assume características de verdadeiro assistente, a fim de equilibrar o contraditório, como nas causas envolvendo incapazes. Na segunda hipótese, desvincula-se do interesse direto de uma das partes e atua como legítimo fiscal da lei, como nas ações de estado e em processos de mandado de segurança[9].

Em outra perspectiva, entende-se que o Ministério Público possui liberdade na atuação como fiscal da ordem jurídica, no que se refere ao mérito do processo, podendo se manifestar contrariamente à pretensão da

---

FALCÃO, j. em 28/09/1979).4. Recurso especial improvido" (REsp n. 633.631/RO, relator Ministro José Delgado, Primeira Turma, julgado em 3/8/2004, DJ de 13/9/2004, p. 185).

8. Diante desse quadro, o Conselho Nacional do Ministério Público vem tentando uniformizar orientações sobre as hipóteses interventivas, já que há atos normativos fragmentados em diversos Ministério Públicos sobre o tema, mas a atual versão da recomendação possui conceitos muito abertos e ideias de difícil compreensão. O tema está em constante debate e o Conselho costuma rever o ato periodicamente, mas no momento está em vigor a Recomendação CNMP nº 34/2016, cujo art. 5º, inciso XIV reputa de "relevante interesse social" a atuação em "ações rescisórias de decisões proferidas em ações judiciais nas quais o Ministério Público já tenha atuado como órgão interveniente". Ou seja: disse ainda menos do que o CPC e a redação é ruim, mas de todo modo deixa claro que não se recomenda a intervenção em toda e qualquer rescisória.

9. *Instituições...cit.* Vol. I, p. 678. José Roberto Santos Bedaque também se manifesta sobre a vinculação do Ministério Público ao interesse da parte que o trouxe ao processo, devendo sua atuação durante todo o processo ser no sentido de contribuir para auxiliá-la a obter êxito na demanda e, caso não sejam comprovados os fatos narrados na petição inicial, não poderia aduzir argumentos favoráveis à outra parte: "o que não se admite é a possibilidade de o Curador de Incapazes (*sic*) tecer argumento em favor da parte capaz, procurar provas para favorecê-la, ou, até, desenvolver raciocínio jurídico no sentido de que os fatos efetivamente demonstrados se subsumem a uma norma que a favorece. Nessas hipóteses, esgotou ele os méis de que dispunha para auxiliar o incapaz. Deve, pura e simplesmente, declarar nada mais ter a deduzir em favor da parte a quem lhe compete assistir", acrescentando que "todas as vezes em que seja possível mais de uma interpretação, quer dos fatos, quer da norma, o Curador deve sempre optar por aquela mais favorável ao incapaz" (O Ministério Público no processo civil: algumas questões polêmicas. *Revista de Processo, nº 61*. São Paulo: RT, janeiro-março de 1991, pp. 40 e 41). No mesmo sentido: FORNACIARI JÚNIOR, Clito. *Processo Civil: verso e reverso*. São Paulo: Juarez de Oliveira, 2005, pp. 62/63; e Antônio Cláudio da Costa Machado, tomando como base a suposta necessidade de reequilibrar o contraditório, vincula a atuação do Ministério Público ao interesse do incapaz (*Ob. cit.*, p. 220/225).

parte que ensejou sua intervenção no processo, havendo limitação apenas ao seu interesse recursal. Ou seja: em uma ação ajuizada, por exemplo, por incapaz, pode o Ministério Público manifestar-se contrariamente à pretensão veiculada na petição inicial; entretanto, se o pedido for julgado procedente, não poderá recorrer por ausência de interesse recursal.[10]

A questão deve ser resolvida com base no artigo 127 da Constituição da República, isto é, o Ministério Público só intervirá em processos individuais pela qualidade da parte se houver direitos indisponíveis em disputa, o que é reforçado pelo CPC nos artigos 178 e 698. Se não estiver presente o direito do incapaz, não haverá nenhuma indisponibilidade e simplesmente o Ministério Público não poderá atuar em seu favor por absoluta legitimidade.

Na ação rescisória, isso significa que como fiscal da ordem jurídica somente será necessária a atuação do Ministério Público nos casos previstos no art. 178, CPC, devendo ser intimado regularmente para que se manifeste, havendo liberdade para seu pronunciamento de mérito. Já como legitimado ativo, inclusive para fins recursais, a atuação do Ministério Público é balizada pelo art. 127 da Constituição, o que afeta especificamente a análise do art. 967, III, *c*, CPC, como se verá oportunamente.

De todo modo, merece ser registrado que ao Ministério Público caberá a valoração da existência do interesse público, de modo que é indevida a existência de uma ordem judicial cogente que obrigue sua intervenção, tendo em vista que a independência funcional garante à Instituição a verificação de quando e como exercer suas funções. Se o membro do Ministério Público entender que não é hipótese de sua intervenção e o juiz discordar, os autos deverão ser remetidos ao Procurador-Geral, que dará a interpretação definitiva sobre a situação.[11] No caso de o membro do Ministério Público resolver atuar e o juiz entender que não é hipótese de intervenção

---

10. PINHEIRO CARNEIRO, Paulo Cezar *O Ministério Público no Processo Civil e Penal: Promotor natural, atribuição e conflito*. 5ª ed. Rio de Janeiro: 1998, pp. 12/14. Também no sentido da atuação desvinculada do Ministério Público temos a posição de José Fernando da Silva Lopes (*O Ministério Público e o Processo Civil*. São Paulo: Saraiva, 1976), que entende que o Ministério Público sempre atua em prol do interesse público. Ainda: ZENKNER, Marcelo. *Ministério Público e Efetividade do Processo* Civil. São Paulo: RT, 2006, p. 123/130. GARCIA, Emerson. *Ministério Público: organização, atribuições e regime jurídico*. 6ª ed. São Paulo: Saraiva, 2017, p. 500.
11. GARCIA, Emerson. *Ministério Público: organização, atribuições e regime jurídico*. 6ª ed. São Paulo: Saraiva, 2017, p. 501/503.

por ausência de interesse público, a palavra final sobre a questão será do Judiciário, por meio da análise dos recursos interpostos.

O disposto no parágrafo único do art. 967, CPC, integra inegavelmente o que pode ser considerado o regime único interventivo do Ministério Público, em que o art. 127 da Constituição da República e o art. 178 do CPC balizam os casos de intervenção no processo. Ou seja: na ação rescisória, inexiste intervenção obrigatória do Ministério Público em todos os processos, mas apenas naqueles em que há alguma das hipóteses do art. 178, CPC.

Note-se, portanto, que não basta que o Ministério Público tenha intervindo no processo em que se produziu a decisão rescindenda para que seja mantida a necessidade de sua intimação, mas, sim, que na pendência da ação rescisória permaneça ou surja hipótese de sua intervenção. Exemplos: a) em processo ajuizado por relativamente incapaz foi produzida coisa julgada[12] que se pretende desconstituir por meio de ação rescisória; quando do ajuizamento da rescisória – ou mesmo em sua pendência –, é superada a incapacidade relativa (pela maioridade, por exemplo), o que significa que não será necessária a intervenção do Ministério Público ou cessará a intervenção porventura já iniciada na ação rescisória. Segue-se, portanto, a mesma lógica de qualquer processo em que o Ministério Público deva funcionar como fiscal da ordem jurídica, isto é, sua intervenção somente se dará enquanto estiver presente alguma hipótese do art. 178, CPC; b) em processo que tramitou sem a intervenção do Ministério Público, por não estar presente qualquer hipótese do art. 178, CPC, formou-se coisa julgada posteriormente objeto de pretensão de desconstituição; ao se ajuizar ação rescisória, uma das partes se encontra, por exemplo, em situação de curatela; logo, embora não tenha havido intervenção do Ministério Público no processo em que se formou a decisão rescindenda, haverá sua atuação como fiscal da ordem jurídica na ação rescisória (se não for o autor da ação, evidentemente); c) por fim, a hipótese de intervenção pode se manter contínua.

O importante, portanto, é considerar que não há qualquer peculiaridade na ação rescisória em relação à intervenção do Ministério Público

12. Em diversas passagens deste texto será feita referência à coisa julgada material, já que é esse o fundamento utilizado para justificar a atuação do Ministério Público como fiscal da ordem jurídica. Entretanto, cabe registrar que a ação rescisória possui maior amplitude em nosso ordenamento e não é exato o vínculo entre rescisão e coisa julgada material (cf. EID, Elie Pierre. *Impugnação das Decisões Judiciais: reconstrução da relação entre recursos e ações autônomas de impugnação*. São Paulo: Juspodivm, 2022, p. 193).

como fiscal da ordem jurídica e os arts. 176 a 180 do CPC constituem o regime jurídico interventivo que disciplina sua atuação.

Na realidade, desde a vigência do art. 127 da Constituição da República todos os resquícios da atuação tradicional do Ministério Público deveriam ter sido objeto de análise de compatibilidade com a radical transformação por que passou a Instituição, mas essa evolução se deu paulatinamente. No caso da ação rescisória, por meio do que podemos considerar uma "tradição inventada", praticamente por inércia acomodou-se a ideia de que a intervenção do Ministério Público seria obrigatória pelo simples fato de se discutir a desconstituição da coisa julgada, sem qualquer outro questionamento. O CPC revogado nada dispunha especificamente sobre o assunto, mas o CPC de 1939, em sua redação original, determinava que o Procurador-Geral da República deveria intervir nas ações rescisórias de competência do Supremo Tribunal Federal e isso se refletiu em outros atos normativos da época[13] e isso ainda perdura[14]. A doutrina majoritária[15]

---

13. Cf. BARBOSA MOREIRA. *Comentários ao Código de Processo Civil.* Vol. V. 12ª ed. Rio de Janeiro: Forense, 2005, p. 199. ASSIS, Araken de. *Ação Rescisória.* São Paulo: RT, 2023, p. 324.

14. Apenas para ficarmos com o Regimento Interno do Supremo Tribunal Federal, o art. 53, X, dispõe que o Procurador-Geral da República terá vista dos autos "nas revisões criminais e ações rescisórias". Note-se que "ter vista dos autos" não significa intervir necessariamente, sem que se verifique hipótese prevista na legislação (evidentemente, nas revisões criminais essa intervenção sempre será obrigatória, assim como em rescisórias de processos coletivos, por exemplo). Já o art. 262 do Regimento prevê que, "concluída a instrução, o Relator abrirá vista sucessiva às partes, por dez dias, para oferecimento de razões e, após ouvido o Procurador-Geral, lançará o relatório e passará os autos ao Revisor que pedirá dia para julgamento". A expressão "após ouvido o Procurador-Geral" deveria ser lida com o acréscimo de "se for o caso" ou apenas como ato de intimação para verificação de interesse do Ministério Público. No Superior Tribunal de Justiça há dispositivo com redação semelhante no respectivo regimento (art. 237), mas no art. 64, VI, consta que o Ministério Público terá vista dos autos nas ações rescisórias e apelações cíveis e não há quem sustente uma intervenção obrigatória como fiscal da ordem jurídica em toda e qualquer apelação cível.

15. Cf. referências bibliográficas em DIDIER JR., Fredie; CUNHA, Leonardo Carneiro da. *Curso de Direito Processual Civil.* 17a ed. Vol. 3. São Paulo: Juspodivm, 2020, p. 640, em que noticiam na nota 244 que assim também entendiam antes da mudança legislativa. ASSIS, Araken de. *Ação Rescisória.* São Paulo: RT, p. 324. Sem maiores fundamentações, mas aparentemente sempre a partir da genérica menção de Barbosa Moreira sobre o interesse público na preservação da autoridade da coisa julgada, também se manifestaram sobre a necessidade da intervenção do Ministério Público Antônio Claudio da Costa Machado (*A Intervenção do Ministério Público no Processo Civil Brasileiro.* 2ª ed. São Paulo: Saraiva, 1989, p. 373/375) e Fábio Guedes de Paula Machado (O Ministério Público na ação rescisória. *Revista Jurídica.* Porto Alegre: Síntese, nº197, março de 1994, p. 24). O Superior Tribunal de Justiça também possui julgados no sentido dessa intervenção obrigatória e

também se formou no sentido da intervenção obrigatória, entendendo que a discussão sobre a "a validade de decisão judicial trânsita em julgado" possui interesse público[16], sem, contudo, indicar no que consistiria esse interesse. Com efeito, salvo se se considerar a coisa julgada por si só um direito indisponível ou uma categoria jurídica que por si só seja de interesse público ou social, independentemente de seu objeto específico. Entretanto, também isso soa como uma tradição inventada ou um eco de um discurso de outro momento cultural[17], já que não há nada que aponte para um estado superior e exclusivo da coisa julgada que autorize esse tipo de interpretação. O fato de a coisa julgada estar garantida na Constituição da República[18] em nada influencia nessa argumentação, já que nem tudo o que é garantia fundamental enseja a atuação do Ministério Público. Também por se tratar de garantia institucional e não individual, poder ser conhecida de ofício, não gerar efeitos da revelia na ação rescisória e a segurança jurídica são características consideradas como dimensões do interesse público[19]. Não há dúvidas de que a coisa julgada se liga à segurança jurídica e à eficiência[20], mas não lhe são características exclusivas, assim como invocar o interesse público para sua caracterização não traz qualquer vantagem ou ganho conceitual, inclusive porque o fato de ser garantia fundamental não a explica nem a distingue[21]. Também o fato de se tratar de matéria cog-

---

com o mesmo fundamento do interesse público na preservação da coisa julgada, o que me parece equivocado: (REsp n. 98.487/CE, DJ de 1/2/1999, p. 222

16. BARBOSA MOREIRA. *Comentários ao Código de Processo Civil*. Vol. V. 12ª ed. Rio de Janeiro: Forense, 2005, p. 199.
17. Cf. TOSCAN, Anissara. *Coisa Julgada Revisitada*. São Paulo: RT, 2022, p. 199/208.
18. Este é o fundamento utilizado por Emerson Garcia para justificar a intervenção obrigatória do Ministério Público, por considerar que há "indiscutível interesse público na preservação da coisa julgada, que está inserida no rol dos direitos e garantias fundamentais (art. 5º, XXXXVI, da CR/1988)" (ob. cit., p. 523).
19. TALAMINI, Eduardo. *Coisa Julgada e sua Revisão*. São Paulo: RT, 2005, p. 67/68; ressalve-se, porém, que o autor, em obra mais recente e em coautoria, utiliza as mesmas características para enquadrar a coisa julgada como matéria de ordem pública (e não de interesse público) e não considera a intervenção do Ministério Público obrigatória em toda ação rescisória e acata a mudança provocada pelo CPC (WAMBIER, Luiz Rodrigues. TALAMINI, Eduardo. *Curso Avançado de Processo Civil*. 16ª ed. Vol. 2. São Paulo: RT, 2016, p. 796 e 840).
20. Para mais referências sobre o tema, CABRAL, Antonio do Passo. *Coisa Julgada e Preclusões Dinâmicas: entre continuidade, mudança e transição de posições processuais estáveis*. São Paulo: Juspodivm, 2013, p. 53/59, com a segunda parte do livro dedicada a um exame crítico do tema.
21. CABRAL, ob. cit., p. 518/521. LUCCA, Rodrigo Ramina de. *Disponibilidade Processual: a liberdade das partes no processo*. São Paulo: RT, 2019, p. 358.

noscível pelo juiz de ofício ou na ação rescisória não ocorrerem efeitos da revelia não constituem características que lhe dão exclusividade e muito menos são situações que atraem a atuação do Ministério Público. Isso não significa qualquer tentativa de diminuição da importância da coisa julgada no ordenamento jurídico, mas, sim, a tentativa de demonstrar que não há critério exclusivo que justifique que se trate de interesse público para atrair a atuação do Ministério Público independentemente da qualidade da parte ou da matéria discutida. Se se entender que alguma daquelas características é suficiente para configurar o interesse público, necessariamente qualquer outra situação que também a contiver deverá atrair a intervenção do Ministério Público, ou seja: se o critério for a segurança jurídica, toda categoria que também que tiver como objetivo a estabilidade deve ser considerada de interesse público; igualmente nos casos de matérias cognoscíveis de ofício, toda questão com essa natureza também sempre exigiria a intervenção do Ministério Público[22]; se o critério for a garantia constitucional, todas as

22. Ninguém sustenta a ideia de que uma matéria de "ordem pública", por si só, enseja a intervenção do Ministério Público, já que, se assim fosse, a mera discussão sobre competência absoluta, por exemplo, faria com que se intimasse para atuação interventiva, independentemente de estar presente alguma hipótese do art. 178, CPC. Mesmo em relação à coisa julgada – cuja tutela abstrata se chega a atribuir ao Ministério Público para justificar a atuação em toda rescisória, mesmo que se trate de matéria individual e disponível -, não se conhece posição doutrinária que defenda que, uma vez suscitada como preliminar em algum processo ou mesmo identificada pelo juiz da causa, na forma do art. 337, VII e §5º, CPC, o Ministério Público seja intimado para se manifestar sobre a matéria, a fim de garantir a autoridade de coisa julgada pretérita. A propósito, essa ideia de que a autoridade da coisa julgada merece especial proteção não resiste a uma análise mais detida, já que: 1) a coisa julgada não é essencial à jurisdição estatal e a tutela de direitos é obtida em muitas vezes por cognição sumária, para não falar sobre outros métodos de resolução de conflitos; 2) a ação rescisória não é o único meio de discutir a coisa julgada material e o Ministério Público não tem participação obrigatória nos demais (basta pensar em processos em que se alega inexistência de coisa julgada ou, como dito nesta mesma nota, nas vezes em que a coisa julgada é examinada incidentalmente em processos individuais); 3) o que a doutrina considera como características essenciais da coisa julgada e que justificaria sua proeminência ou não atributos exclusivos da coisa julgada ou constituem o que corretamente Anissara Toscan denominou de "'núcleo precioso' da coisa julgada clássica" demonstrou na parte II de seu importante livro que não se sustentam (*Coisa Julgada Revisitada*. São Paulo: RT, 2022, *passim*, mas o trecho entre aspas é o título do capítulo 5 e em seguida há os capítulos críticos); 4) se fosse o Ministério Público uma espécie de curador ao vínculo da coisa julgada, não seria ele mesmo legitimado ativo para rescindir coisa julgada; 5) na verdade, a desconstituição de coisa julgada rescindível não deve ser tutelada por sua autoridade, já que ao sistema não deve interessar a permanência, dentro dos parâmetros de política legislativa, de decisões proferidas nas condições de rescindibilidade; 6) além disso, na rescisória também se formará coisa julgada (ou a partir da rescisão), salvo algum impedimento legal; 7) não há exata vinculação entre coisa julgada material e ação rescisória, de modo que nem sempre se estará diante desse fundamento (que

discussões envolvendo as dezenas de garantias constitucionais (a começar por aquelas que estão no mesmo inciso XXXVI do art. 5º) deverão ensejar a intervenção do Ministério Público e assim por diante. Também não se pode confundir ação constitutiva que exige "jurisdição necessária" com atuação obrigatória do Ministério Público, já que sua intervenção não é exigida em todos os casos em que há reserva jurisdicional estatal para modificação de situação jurídica[23]. Sabe-se que essa extensão não existe e ninguém defende, felizmente, essa amplitude de atuação do Ministério Público no processo civil, de modo que somente o apego à tradição e a manutenção de certa sacralidade da coisa julgada justificam a recalcitrância diante do art. 967, parágrafo único, CPC, que inegavelmente inseriu a ação rescisória na mesma lógica dos artigos 178, 698, 721 e 951, parágrafo único, CPC, que formam o já citado regime único interventivo[24].

Em conclusão, não havendo qualquer inconstitucionalidade do disposto no art. 967, parágrafo único do CPC, e considerando-se que há um

---

por si só se afigura insuficiente) para atuação do Ministério Público; 8) por fim, na conhecida discussão sobre conflitos entre coisas julgadas (que nunca incluiu no debate a necessidade de o Ministério Público estar presente nesses processos, salvo se presente alguma hipótese interventiva específica, mas jamais apenas por se discutir autoridade de coisa julgada), a doutrina majoritária e a jurisprudência do Superior Tribunal de Justiça prestigiam exatamente a segunda coisa julgada (cf. referências doutrinárias em DIDIER JR., Fredie. CUNHA, Leonardo Carneiro. *Curso de Direito Processual Civil.* 17a ed. Vol. 3. São Paulo: Juspodivm, 2020, p. 604. CARVALHO, Fabiano. *Comentários ao Código de Processo Civil.* Vol. XIX. São Paulo: Saraiva, 2022, p. 317/319. Superior Tribunal de Justiça: EAREsp n. 600.811/SP, Corte Especial, julgado em 4/12/2019, DJe de 7/2/2020).

23. Considerando que na ação rescisória há indisponibilidade do objeto e, portanto, a intervenção do Ministério Público seria obrigatória: MACHADO, Antônio Cláudio da Costa. *A Intervenção do Ministério Público no Processo Civil Brasileiro.* 2ª ed. São Paulo: Saraiva, 1989, p. 373/375.

24. Por essa razão, não há como concordar com Araken de Assis, que, ao considerar que a redação do parágrafo único do art. 967, CPC, "não é muito feliz" por deixar subentendido que a intervenção nem sempre é obrigatória, entende que todas as hipóteses de ação rescisória são de interesse público porque garantem a autoridade da coisa julgada (ASSIS, Araken de. *Ação Rescisória.* São Paulo: RT, 2023, p. 324). Pode-se discordar da opção legislativa, mas inegavelmente não há qualquer problema de redação no dispositivo legal, já que, como demonstrado, há um regime jurídico comum interventivo e deliberadamente foi essa a orientação legislativa. Ao se interpretar o texto como algo não escrito, já que considerar que todos os casos de ação rescisória se enquadram no art. 178, I, CPC, ignora-se o sistema codificado e se entende que a regra é supérflua, quando, na realidade, é profundamente necessária e integra toda uma lógica do sistema. A única forma de afastar o parágrafo único do art. 967, CPC, é considerá-lo inconstitucional, mas para isso deverá ser extraída da Constituição a função do Ministério Público como uma espécie de curador ao vínculo decorrente da coisa julgada, o que não parece ser possível.

regime jurídico único que disciplina a intervenção como fiscal da ordem jurídica no processo civil, o Ministério Público somente será intimado para intervir como fiscal da ordem jurídica na ação rescisória, quando não for parte, se ocorrer alguma hipótese do art. 178, CPC, inexistindo interesse público genérico apenas por se tratar de discussão de decisão rescindível[25].

3. LEGITIMIDADE ATIVA

A legitimidade ativa do Ministério Público também se vincula a suas hipóteses de intervenção, ou seja, sempre poderá ajuizar ação rescisória se presente uma das hipóteses do art. 127 da Constituição da República ou

25. O Superior Tribunal de Justiça, julgando um caso ainda sob o CPC revogado, mas já se referindo ao regramento do Código em vigor, decidiu corretamente a questão: "Previdenciário e processual civil. Ação rescisória. Aposentadoria rural. Intimação do Ministério Público. Desnecessidade. Direito individual disponível. Ausência de nulidade. Trata-se de Ação Rescisória proposta por segurado com o objetivo de rescindir coisa julgada que não assegurou a concessão do benefício de aposentadoria por tempo de serviço a trabalhador rural em regime de economia familiar. O Recurso Especial do Ministério Público Federal fundamenta-se na alegação de nulidade do Acórdão do Tribunal de origem que entendeu desnecessária a intimação do Parquet em Ação Rescisória que discute a concessão de benefício previdenciário. Inexistência de nulidade processual em razão da não intimação do Ministério Público Federal para participar como fiscal da lei no Tribunal de origem. Direito individual disponível que torna desnecessária a atuação do representante do Parquet federal, por não estar o caso concreto abrangido nas situações em que a intervenção ministerial é exigida, consoante previsão do art. 82 do Código de Processo Civil de 1973, diploma em vigor no momento da edição do Acórdão recorrido. Não há, no caso ora analisado, interesse de incapaz que justifique a atuação do Ministério Público como *custos legis*. Nem se trata de discussão que transcende o interesse individual do segurado, como ocorre nas situações em que o Ministério Público ajuíza Ação Civil Pública na defesa do interesse individual homogêneo dos segurados da Previdência Social, cuja legitimidade ad causam já foi reconhecida anteriormente pelo Supremo Tribunal Federal e pelo Superior Tribunal de Justiça. Recurso Especial não provido" (REsp n. 1.676.444/SP, DJe de 25/5/2018). Na doutrina em sentido favorável à aplicação do art. 967, parágrafo único, CPC, exemplificativamente: BARIONI, Rodrigo. *Breves Comentários ao Novo Código de Processo Civil*. Alvim; Didier Jr.; Talamini; Dantas (coord.). 3ª ed. São Paulo: RT, 2016, p. 2400/2401. *Instituições de Processo Civil*. Vol. III. Rio de Janeiro: Forense, 2015, p. 351. WAMBIER, Luiz Rodrigues. TALAMINI, Eduardo. *Curso Avançado de Processo Civil*. 16ª ed. Vol. 2. São Paulo: RT, 2016, p. 840. MARINONI, Luiz Guilherme. MITIDIERO, Daniel. *Comentários ao Código de Processo* Civil. 2ª ed. Vol. XV. São Paulo: RT, 2018, p. 464. DIDIER JR., Fredie; CUNHA, Leonardo Carneiro da. *Curso de Direito Processual Civil*. 17a ed. Vol. 3. São Paulo: Juspodivm, 2020, p. 640. NEVES, Daniel Amorim Assumpção. *Novo CPC Comentado*. 2ª ed. Salvador: Juspodivm, 2017, p. 1613. CARVALHO, Fabiano. *Comentários ao Código de Processo Civil*. Vol. XIX. São Paulo: Saraiva, 2022, p. 350. DINAMARCO, Cândido Rangel. *Instituições de Direito Processual* Civil. Vol. V. São Paulo: Malheiros/Juspodivm, 2022, p. 438. Contra: ASSIS, Araken de. *Ação Rescisória*. São Paulo: RT, 2023, p. 324.

do art. 178 do CPC. Isso significa que a legitimidade ativa do Ministério Público não é genérica, mas possui a amplitude que decorre daquelas referências normativas[26] e consequentemente suas limitações.

Ou seja: o Ministério Público somente pode ajuizar ação rescisória se interveio ou deveria ter intervindo ou integrou como legitimado ativo ou passivo o processo cuja decisão se pretende rescindir. Isso significa, por exemplo, que nos processos coletivos sempre haverá legitimidade ativa para o Ministério Público, ainda que não tenha sido o autor da ação originária, já que, além de se tratar de legitimidade concorrente, necessariamente terá intervindo no processo. Há, portanto, inequívoca relação entre a legitimidade ativa e a atuação interventiva, reforçando que existe uma lógica sistemática que decorre do artigo 127 da Constituição da República e que funciona como autorizadora e limitadora da atuação do Ministério Público. A única exceção está na autorização para desconstituir decisão proferida em processo simulado ou fraudulento, que é causa autônoma de legitimação e, por isso, independe de qualquer outra questão para conferir legitimidade, já que se entende que o interesse público surge precisamente dessa hipótese de rescisão.

Antes de serem examinadas as três hipóteses de legitimidade ativa previstas no art. 967, cabe registrar que nenhuma delas traz por si só caso de legitimidade exclusiva do Ministério Público e, mesmo que se trata de discussão sobre sua não intervenção no processo, também outro legitimado pode discutir a questão que, a rigor, resume-se à violação de norma jurídica.

26. Ainda sob a vigência do CPC anterior, o Superior Tribunal de Justiça já considerava a legitimidade ativa a partir da leitura do art. 82, conforme o julgado a seguir, em que há erro material na referência legislativa: "O Ministério Público detém legitimidade para ajuizar ação rescisória na condição de fiscal da lei, quando evidenciado o interesse público decorrente da natureza da causa, conforme o disposto no art. 83, III, do Código de Processo Civil. Precedentes. Afasta-se a decadência em razão da ausência de intimação do Ministério Público relativamente à decisão que inadmitiu o recurso extraordinário de uma das partes, porquanto o prazo decadencial da ação rescisória somente se inicia após trânsito em julgado da sentença ou acórdão de mérito" (AgRg no REsp n. 650.030/RS DJe de 10/12/2012). Assim como o STJ não conferiu legitimidade ativa genérica: "Não configuradas as hipóteses previstas no art. 487, III, letras "a" e "b", do Código de Ritos, em processos nos quais figurou o parquet estadual como *custos legis*, e tampouco identificada a presença de interesse público indisponível, não se tem como legitimado ativamente o Ministério Público para propor ação rescisória objetivando a desconstituição de sentença proferida em ação em que decretado o divórcio de casal" (REsp n. 441.892/AC, relator Ministro Aldir Passarinho Junior, Quarta Turma, julgado em 11/11/2008, DJe de 1/12/2008).

Evidentemente pode haver situação em que o Ministério Público tenha atuado no processo em que se produziu a decisão rescindenda como legitimado ordinário[27] e não haja nenhum outro legitimado ativo para eventual ação rescisória, mas isso se trata de particularidade que pode ocorrer em qualquer processo e com qualquer legitimado, não decorrendo de qualquer questão específica que o qualifica.

O art. 967, III, CPC dispõe expressamente sobre três hipóteses de legitimidade ativa do Ministério Público para a ação rescisória, além, evidentemente, da regra geral do inciso I do referido artigo, já que como parte no processo em que se proferiu a decisão rescindenda[28] a legitimidade

27. Sobre a legitimidade ordinária, além do texto que em coautoria com Didier Jr. antes citado, confira-se também: GODINHO, Robson Renault. Notas acerca da capacidade postulatória do Ministério Público. *Temas Atuais do Ministério* Público. Farias; Alves; Rosenvald (org.). 5ª. ed. Salvador: Juspodivm, 2014, p. 267/286. Exemplos: defesa de prerrogativa institucional e pretensão relacionada à sua esfera jurídica autônoma, especialmente diante da complexidade administrativa (acerca dessa última questão, há interessante julgado do TJRJ sobre pretensão do Ministério Público veiculada em mandado de segurança que bem ilustra o que foi dito: "Cinge-se a controvérsia sobre a real titularidade dos imóveis situados nos 3º, 4º, 7º e 8º pavimentos da Av. Marechal Câmara nº 350, Centro, Rio de Janeiro, e a possibilidade destes serem registrados em nome do Ministério Público do Estado do Rio de Janeiro. Documentos acostados aos autos, especialmente os Decretos Estaduais nos 40.777/07, 40.778/07 e 41.894/09 dos quais se verifica que, apesar da Procuradoria Geral do Estado estar incumbida de promover a desapropriação dos imóveis em tela, todos os recursos necessários para a expropriação dos bens eram oriundos do orçamento do Parquet fluminense. De seu turno, não se olvida ter a Procuradoria Geral do Estado promovido a desapropriação dos imóveis em questão, porém, tal se deu em razão de o art. 2º do Decreto-Lei nº 3.365/1941 exigir que a desapropriação seja efetivada pela União, pelos Estados, Municípios, Distrito Federal, tendo agido, assim, apenas na qualidade de substituto processual do Parquet, o que não o legitima como proprietário dos bens expropriados. Nesse diapasão, considerando que o Parquet é o verdadeiro expropriante dos imóveis, a teor do disposto nos Decretos Estaduais nos 40.777/07, 40.778/07 e 41.894/09, nada obsta a consumação da transferência do bem desapropriado para o patrimônio do Ministério Público do Estado do Rio de Janeiro, o qual de há muito, inclusive, já se encontra imitido em sua posse. Ministério Público que tem aptidão para ser titular de direitos e obrigações na esfera civil, tal como a aquisição de bens imóveis sob sua titularidade, afigurando-se inteiramente desinfluente o fato de ter ou não personalidade jurídica própria. Ordem concedida, para declarar a nulidade do ato administrativo que importou na recusa ao requerimento ministerial de regularização da situação registral dos imóveis objeto do presente writ, bem como determinar a efetivação do registro, nas matrículas dos imóveis em questão, da aquisição das respectivas propriedades pelo Ministério Público Estadual do Estado do Rio de Janeiro (Apelação 0015132-97.2020.8.19.0000 – julgado em 05/08/20).

28. Uma situação interessante decorre da legislação especial envolvendo ato infracional praticado por adolescente: não se discute a legitimidade do Ministério Público para as ações que visam à aplicação de medidas socioeducativas, mas, por não as considerar de natureza penal, será cabível ação rescisória para desconstituir qualquer decisão proferida naquele âmbito. Entretanto, ainda que razões de política legislativa impeçam

decorre dessa condição e se insere na regra geral[29]. Examinemos brevemente as três situações legitimantes específicas:

a) se não foi ouvido no processo em que lhe era obrigatória a intervenção: neste caso a legitimidade decorre de violação de norma jurídica que imponha a atuação como fiscal da ordem jurídica e que pode ser suscitada por qualquer legitimado. Como o Ministério Público não integrou o processo em que foi proferida a decisão rescindenda, previu-se expressamente a autorização legal para o ajuizamento da ação precisamente para discutir sua ausência[30]. Por se tratar de violação à norma jurídica especificamente

---

que explicitamente se afirme que se trata de regime processual penal nesses casos, artificialmente se utiliza o processo civil como seu sucedâneo e, portanto, a ação rescisória com a mesma lógica da revisão criminal. Isso significa que, embora o Ministério Público tenha legitimidade ativa, não se admite ação rescisória para rever sentença que considerou improcedente o pedido de aplicação de medida socioeducativa: "Recurso especial. Estatuto da criança e do adolescente. Representação por ato infracional análogo ao tráfico de drogas. Rejeição. Falta de justa causa. Trânsito em julgado. Ação rescisória proposta pelo Ministério Público. Inadmissibilidade. Aplicação subsidiária do Código de Processo Penal. Revisão criminal *pro societade*. Descabimento. Recurso especial desprovido. 1. Embora as medidas socioeducativas tenham natureza pedagógica, é inegável que possuem, igualmente, caráter sancionador e punitivo. Tanto é assim, que a sua imposição depende da comprovação da prática de ato infracional, feita por meio de processo judicial, no qual devem ser observadas as garantias do devido processo legal e do contraditório. 2. A admissão de ação rescisória, proposta pelo Ministério Público, visando a rescisão da coisa julgada absolutória formada no processo de apuração de ato infracional, colocaria o menor em situação mais gravosa do que o adulto, o que não é admitido por esta Corte Superior. 3. O art. 152 do Estatuto da Criança e do Adolescente estatui que lhe são aplicáveis, "subsidiariamente as normas gerais previstas na legislação processual pertinente". No caso de processo para apuração de ato infracional, as regras subsidiárias a serem aplicadas ao Estatuto da Criança e do Adolescente, são aquelas relativas ao Código de Processo Penal que estabelece, em seu arts. 621 e 626, que a revisão criminal é cabível tão-somente contra sentença condenatória e que o julgamento proferido na revisional nunca pode agravar a situação do condenado. [...]" (REsp n. 1.923.142/DF, DJe de 28/11/2022).

29. BARBOSA MOREIRA, José Carlos. *Comentários ao Código de Processo Civil*. Vol. V. 12ª ed. Rio de Janeiro: Forense, 2005, p. 170/171. BARIONI, Rodrigo. *Ação Rescisória e Recursos para os Tribunais* Superiores. 2ª ed. São Paulo: RT, 2013, p. 44. BARIONI, Rodrigo. *Breves Comentários ao Novo Código de Processo Civil*. Alvim; Didier Jr.; Talamini; Dantas (coord.). 3ª ed. São Paulo: RT, 2016, p. 2400. DINAMARCO, Cândido Rangel. *Instituições de Direito Processual* Civil. Vol. V. São Paulo: Malheiros/Juspodivm, 2022, p. 437/438, em que reserva a legitimidade da alínea "a" apenas para o caso de falta absoluta de intervenção, já que nos demais casos em que tenha participado do processo a qualquer título a legitimidade decorreria no inciso I.

30. Exemplo: "Processual civil. Recurso especial. Ação rescisória. Violação a disposição literal de lei. Ação que visa a tutela de interesse de portador de deficiência e de idoso. Interesse público coletivo. Intervenção do Ministério Público. Obrigatoriedade. Há interesse público coletivo na ação proposta com o objetivo de assegurar o direito de acesso físico a edifício de uso coletivo por idosos, portadores de deficiência e pessoas com mobilidade

relacionada à sua atuação funcional e por não haver integrado o processo em que foi proferida a decisão, a regra legal se mostra necessária. Trata-se, portanto, de um caso em que a legitimidade se vincula a um vício específico da decisão[31], ou melhor, do processo em que foi proferida a decisão, mas nada impede que haja cumulação de causas, já que necessariamente estará presente também a situação legitimante da alínea "c". Com efeito, se se trata de hipótese em que era necessária a intervenção no processo, forçosamente será um caso em que "se imponha sua atuação", isto é, alguma hipótese prevista do art. 178 do CPC. Em relação ao significado da expressão contida na alínea "a", são necessárias sete observações adicionais: 1) é necessária que tenha havido a intimação do Ministério Público, por meio do órgão com atribuição, para intervir no processo e não a efetiva intervenção, já que cabe apenas ao próprio Ministério Público a análise da efetiva necessidade de sua atuação[32]; 2) em alguns casos, a hipótese interventiva é objetiva (exemplo:

---

reduzida. A Lei 7.853/89 deve ser interpretada à luz da igualdade de tratamento e oportunidade entre as pessoas que fazem uso de edifício destinados a uso coletivo, facilitando o acesso daqueles que tem a mobilidade reduzida em razão de necessidade especial. Nas causas em que se discute interesse de pessoa portadora de deficiência ou pessoa com dificuldade de locomoção, e também interesse de idoso, é obrigatória a intervenção do Ministério Público. Recurso especial provido para julgar procedente o pedido formulado na ação rescisória" (REsp n. 583.464/DF, DJ de 24/10/2005, p. 308).

31. "A primeira hipótese remonta ao CPC/1973, que continha a mesma hipótese (art. 487, III, *a*). A previsão configura hipótese autônoma de rescisão, especificamente conferida ao Ministério Público. Note-se que a simples não intervenção do Ministério Público – em processo em que deveria ter necessariamente participado nos termos do art. 178 – representa causa para a postulação da rescisão da decisão, independentemente de esta ter ou não algum dos vícios elencados no art. 966. O fundamento rescindente é a "não intervenção", capaz de ser deduzido apenas pelo Ministério Público. Seria possível argumentar, contra a previsão legal, no sentido de que a não intervenção só deveria ser fundamento apto a propositura da ação rescisória quando associado a fundamento presente em algum dos incisos do art. 966, lembrando-se que, a despeito da não intervenção, a decisão obviamente poderia ser imaculada. Ocorre que o legislador tomou em conta a participação do Ministério Púbico para a formação da decisão que resolve determinados litígios (art. 178, CPC) e, assim, desenhou fundamento rescindente autônomo, desligado da existência de outro vício capaz de corromper a higidez da decisão [...] Somente deverá propor a ação rescisória quando, além de não ter tido a oportunidade de participar, esteja diante de decisão que contraria a ordem jurídica, ou seja, a razão pela qual deveria ter atuado no processo" (MARINONI, Luiz Guilherme. MITIDIERO, Daniel. *Comentários ao Código de Processo* Civil. 2ª ed. Vol. XV. São Paulo: RT, 2018, p. 462/463).

32. "É a falta de intimação do Ministério Público que enseja a nulidade do processo e não a ausência de sua manifestação quando lhe foi aberta vista dos autos. Precedente" (AgInt no AgInt no AREsp n. 1.493.582/SP, DJe de 21/10/2020.) "[...] Nulidade não verificada sob o enfoque da necessidade de intervenção do Ministério Público. A inicial do mandamus foi indeferida de plano por ausência de requisitos legais, afastada a afronta a direito líquido e certo. No julgamento do respectivo agravo regimental, constou a presença de Procurador de Justiça do Estado do Rio de Janeiro, sendo o Ministério Público intimado

processo em que figura uma criança como parte), mas os casos em que se verificam discussões envolvem conceitos abertos de interesse público ou social. Em casos assim, cabe ao juiz intimar o Ministério Público para que se manifeste; com a intimação regular, em caso de manifestação sobre a não intervenção ou se mantendo inerte[33], inexistirá o vício; entretanto, pode ocorrer de o Ministério Público ser intimado, intervir no processo e deixar de ser intimado de todos os demais atos, o que significa que, a rigor, houve descumprimento da norma e será passível de rescisão, já que a intervenção deve se dar em sua plenitude[34] (art. 179, I, CPC); 3) para

---

do posterior acórdão, declarando ciência expressamente. Ademais, a Procuradoria-Geral de Justiça e a Subprocuradoria-Geral da República apresentaram pareceres quanto ao presente recurso em mandado de segurança. Todas essas circunstâncias são suficientes para afastar o defeito apontado pelo recorrente, relativo à participação do Ministério Público nestes autos. 4. O parágrafo único do art. 12 da Lei n. 12.016/2009 deixa claro que, "com ou sem o parecer do Ministério Público, os autos serão conclusos ao juiz, para a decisão, a qual deverá ser necessariamente proferida em 30 (trinta) dias". Assim, eventual ausência de manifestação do Parquet - neste processo houve - não implica, necessariamente, nulidade do processo, mormente pelo fato de que o recorrente não demonstra nenhum prejuízo" (AgInt nos EDcl nos EDcl no RMS n. 48.349/RJ, DJe de 14/2/2019).

33. É indiferente, para fins rescisórios, que posteriormente outro membro do Ministério Público entenda que a intervenção era devida, se houve omissão ou manifestação anterior sobre a desnecessidade da intervenção, já que é incompatível com a boa-fé objetiva e com a segurança jurídica a instabilidade decorrente de oscilação de pronunciamentos no processo. Como dito, o que importa é a intimação, mas se houve pronunciamento sobre a não intervenção ou mesmo omissão essa matéria não pode mais ser alegada em futura ação rescisória. De todo modo, incrivelmente o tema já foi apreciado no Superior Tribunal de Justiça, que teve que reafirmar o óbvio: "Processual civil. Ministério Público. Legitimidade. Pessoa jurídica de direito público. 1. Com a edição da Lei Complementar n° 73/93, o Ministério Público Federal deixou de exercer determinadas atividades em defesa da União em juízo, em razão de que tais atribuições foram conferidas à Advocacia-Geral da União a quem cabe representá-la judicial e extrajudicialmente. 2. A intervenção do Ministério Público só deve ocorrer naqueles processos em que haja interesses indisponíveis, nos termos estabelecidos no artigo 82 do Código de Processo Civil. 3. A legitimidade do Ministério Público para propor a ação rescisória está disciplinada no art. 487 do Código de Processo Civil nos casos em que não fora ouvido no processo, em que sua intervenção era obrigatória, ou quando se considera que a sentença é resultado de conluio entre as partes para fraudar a lei. 4. *In casu*, mesmo não sendo obrigatória a participação do Ministério Público, foi ouvida nas duas instâncias, manifestando não haver interesse em participar da ação originária (art. 487, III, "a", do CPC).5. Além disso, não há nos autos indícios de que tenha havido dolo ou acerto entre as partes, com o objetivo de simular uma situação, de modo a causar prejuízos, mediante processo fraudulento. O próprio recorrente não aventa essa hipótese que, aliás, está expressamente descartada em um dos votos proferidos no julgamento.6. Recurso especial improvido" (REsp n. 676.707/DF, DJ de 30/5/2005, p. 316).

34. E obviamente a intimação deve ser regular em sua integralidade: "Processual civil. Ação rescisória. Ministério Público. Intimação pessoal como parte. Inocorrência. Nulidade. Presença na sessão de julgamento como fiscal da lei. Irrelevância. 1. É nulo o julgamento

verificação dessa hipótese de rescisão, é necessário que se constate que, além de se tratar de caso de necessária intervenção do Ministério Público[35], tenha ocorrido prejuízo, conjugando-se o dispositivo com o art. 279, CPC[36]; 4) a

---

de ação rescisória promovido sem a regular intimação do Ministério Público, parte no processo. Não sana o vício a simples presença do representante ministerial, na condição de fiscal da lei, na sessão em que ocorreu o julgamento. Precedentes. 2. Recurso especial provido." (REsp n. 687.547/RJ, DJ de 18/10/2007, p. 268). BARIONI, Rodrigo. *Ação Rescisória e Recursos para os Tribunais* Superiores. 2ª ed. São Paulo: RT, 2013, p. 44.

35. "Recurso especial. Ação rescisória. Ofensa à literal disposição de lei. Ausência. Programa de arrendamento residencial (par). Ação de reintegração de posse de imóvel. Arrendatária que residia no imóvel com filhos menores. Intervenção do ministério público. Art. 82, i, do código de processo civil. Hipótese não configurada. Interesse meramente reflexo dos incapazes.1. Cinge-se a controvérsia a saber se na ação de reintegração de posse, objetivando a desocupação do bem em que a autora reside com filhos menores, a intervenção do Ministério Público é obrigatória, a fim de salvaguardar o interesse de incapazes, e consequentemente apta a ensejar a desconstituição da sentença rescindenda.
2. Nos termos do inciso I do artigo 82 do CPC, o Ministério Público deve intervir nas causas em que houver interesse de incapazes, hipótese em que deve diligenciar pelos direitos daqueles que não podem agir sozinhos em juízo.
3. Na hipótese, a ação de reintegração de posse foi ajuizada tão somente contra a genitora dos menores, não veiculando, portanto, pretensão em desfavor dos incapazes, já que a relação jurídica subjacente em nada tangencia os menores, os quais não são parte no negócio jurídico de arrendamento residencial do imóvel cujo agente financeiro pretende reaver a posse. 4. A simples possibilidade de os menores virem a ser atingidos pelas consequências fáticas oriundas da ação de reintegração de posse não justifica a intervenção no Ministério Público no feito como *custos legis*. No caso, o interesse dos menores é meramente reflexo. Não são partes ou intervenientes no processo, tampouco compuseram qualquer relação negocial. Concretamente, não evidenciado o interesse público pela qualidade das partes, a atuação do Ministério Pública importaria na defesa de direito disponível, de pessoa maior, capaz e com advogado constituído, situação não albergada pela lei. 5. Recurso especial parcialmente conhecido e não provido" (REsp n. 1.243.425/RS, DJe de 3/9/2015).

36. Confiram-se estas duas ementas do Superior Tribunal de Justiça: "Processual civil e administrativo. Ação rescisória. Art. 485, V, do CPC. Nomeação em concurso público. Portador de deficiência física. Não intervenção do ministério público. Direito disponível. Inexistência de prejuízo. Ausência de nulidade. Divergência jurisprudencial não configurada. 1. A intervenção do Ministério Público, fundamentada na qualidade da parte dotada de capacidade civil, deve envolver direitos indisponíveis ou de tamanha relevância social que evidenciem a existência de interesse público no feito. (Nesse sentido: AgRg no REsp 565.084/DF, Rel. Min. Maria Thereza de Assis Moura, Sexta Turma, julgado em 24.8.2009, DJe 14.9.2009).
2. A ausência de intimação do Ministério Público, por si só, não enseja a decretação de nulidade do julgado, a não ser que se demonstre o efetivo prejuízo às partes ou para apuração da verdade substancial da controvérsia jurídica, à luz do princípio *pas de nullités sans grief*. 3. Até mesmo nas causas em que a intervenção do Parquet é obrigatória, seria necessária a demonstração de prejuízo deste para que se reconheça a nulidade processual. (Precedentes: REsp 1.010.521/PE, Rel. Min. Sidnei Beneti, Terceira Turma, julgado em 26.10.2010, DJe 9.11.2010; REsp 814.479/RS, Rel. Min. Mauro Campbell Marques, Segunda Turma, julgado em 2.12.2010, DJe 14.12.2010)" (REsp n. 1.249.050/RN, DJe de 29/6/2011.)
"Processual civil e previdenciário. Recurso especial. Pensão por morte. Dependentes. Interesse de menor absolutamente incapaz. Intervenção obrigatória do ministério público

necessidade de intervenção do Ministério Público pode ocorrer apenas na própria ação rescisória (e aqui não se refere àquela intervenção genérica e obrigatória de que tratamos no item anterior, mas, sim, de causa específica de intervenção), o que significa que a ausência de intimação pode autorizar futura rescisão da rescisória[37]; 5) a avaliação sobre a necessidade ou não de sua atuação no processo é reservada exclusivamente ao Ministério Público, cabendo ao juiz realizar regularmente a intimação; isso, entretanto, é correto na pendência do processo em que se verifica causa para sua intervenção, já que em ação rescisória fundada na alegação da necessidade da intervenção essa avaliação será questão de mérito e, portanto, de apreciação exclusiva do julgador; 6) em toda ação rescisória com fundamento em simulação ou colusão das partes, a fim de fraudar a lei, enseja a intervenção do Ministério Público como fiscal da ordem jurídica, caso não seja o autor da ação, na medida em que a legitimidade ativa que lhe é conferida abrange a atuação interventiva[38]; 7)a discussão sobre a necessidade ou não da atuação do Ministério Público pode ser suscitada por qualquer legitimado para a ação rescisória, já que se trata de uma especificação do art. 966, V, CPC[39].

federal. Interpretação do artigo 82, I, do CPC. Prejuízo evidenciado no caso concreto. Nulidade dos atos do processo. Necessidade de reinício do processamento da ação previdenciária. Recurso especial conhecido e provido. 1. No presente caso, o Ministério Público Federal não foi intimado no primeiro grau de jurisdição para intervir no processo que tem por objeto reconhecimento de direito previdenciário de menor absolutamente incapaz. 2. A intervenção do Parquet apenas no segundo grau de jurisdição não supre a não intervenção no primeiro grau, porque o processo foi extinto liminarmente, sem a citação do INSS, por sentença, confirmada pelo Tribunal a quo, que reconheceu coisa julgada formada em juizado especial federal. 3. A sentença que transitou em julgado no juizado especial federal, a qual se tem por coisa julgada, a despeito de não ser desafiada por ação rescisória, vedação do artigo 59 da Lei 9.099/1995 combinado com o artigo 1° da Lei 10.259/2001, julgou o pedido de pensão por morte improcedente por falta de provas. 4. Mostra-se evidenciado o prejuízo sofrido pelo requerente absolutamente incapaz que, diante de documentos que possibilitariam caracterizar a qualidade se segurado do de cujus, teve seu pedido indeferido liminarmente, tendo o Tribunal a quo violado o artigo 82, I, do CPC. 5. Recurso especial conhecido e provido" (REsp n. 1.481.667/RS, DJe de 30/3/2015).

37. "A falta de intervenção do Ministério Público, quando necessária, gera a nulidade da decisão proferida na ação rescisória, que pode ser suscitada em sede recursal ou até mesmo em nova ação rescisória" (BARIONI, Rodrigo. *Breves Comentários ao Novo Código de Processo Civil*. Alvim; Didier Jr.; Talamini; Dantas (coord.). 3ª ed. São Paulo: RT, 2016, p. 2401).

38. Em análise sistemática da atuação do Ministério Público constata-se que nem sempre as hipóteses de atuação como fiscal da ordem jurídica coincidem com a legitimação ativa, mas sempre que há legitimidade ativa há também atuação como fiscal da ordem jurídica.

39. "A hipótese sob *a* nada mais é do que um caso particular da prevista no art. 485, nº V (violação de literal disposição de lei): se era obrigatória a intervenção do Ministério Público,

b) quando a decisão rescindenda é o efeito de simulação ou de colusão das partes, a fim de fraudar a lei: há nesta alínea duas causas situações que legitimam o Ministério Público a ajuizar ação rescisória, havendo, portanto, alteração em relação ao Código revogado, já que se incluiu a simulação como hipótese de rescisão, resolvendo antiga controvérsia[40]. Ainda que processo simulado não se confunda com processo fraudulento[41], as hipóteses foram tratadas em conjunto e, para a finalidade deste texto, somente interessa a razão de haver sido conferida legitimidade para o Ministério Público. A legitimidade do Ministério Público é autônoma e independe de haver atuado no processo em que foi produzida a decisão rescindenda. Ou seja: trata-se de legitimação autônoma e desvinculada da atuação anterior do Ministério Público no processo, que pode ou não ter acontecido[42], constituindo, assim, hipótese legal adicional ao art. 178, CPC, conforme seu *caput*. A rigor, a específica regra da alínea "b" se justifica, assim como na alínea "a", para estender a legitimidade para quem não participou do processo, já que aquele que o integrou possui a legitimidade genérica do inciso I do art. 967, CPC. No caso do Ministério Público, portanto, a legitimidade decorrerá de um ou outro dispositivo, com a relevante diferença na contagem do prazo para o ajuizamento da rescisória no caso de não haver participado do processo em que houve a simulação ou a fraude. Desde logo é necessário assentar que a legitimidade do Ministério Público não é exclusiva, podendo ser invocado por qualquer outro legitimado, incluindo terceiro interessado e até mesmo, em tese, por parte que tenha participado do ato viciado[43]. Cabe assinalar que, sempre em tese, o

---

e não se deu, violado foi o art. 82, ou a disposição da lei especial. Assim, também a parte se legitima aí à propositura da rescisória, com fundamento na violação. A exigência do art. 487, nº III, letra *a*, justifica-se pelo propósito de estender a legitimação, neste caso particular, ao Ministério Público (estranho embora ao feito)". BARBOSA MOREIRA. *Comentários ao Código de Processo Civil*. Vol. V. 12ª ed. Rio de Janeiro: Forense, 2005, p. 171.

40. DIDIER JR., Fredie; CUNHA, Leonardo Carneiro da. *Curso de Direito Processual Civil*. 17a ed. Vol. 3. São Paulo: Juspodivm, 2020, p. 599.

41. DIDIER JR., Fredie; CUNHA, Leonardo Carneiro da. *Curso de Direito Processual Civil*. 17a ed. Vol. 3. São Paulo: Juspodivm, 2020, p. 600. BARBOSA MOREIRA. *Comentários ao Código de Processo Civil*. Vol. V. 12ª ed. Rio de Janeiro: Forense, 2005, p. 126. ASSIS, Araken de. *Ação Rescisória*. São Paulo: RT, 2023, p. 193/199.

42. BARIONI, Rodrigo. *Ação Rescisória e Recursos para os Tribunais* Superiores. 2ª ed. São Paulo: RT, 2013, p. 47.

43. BARBOSA MOREIRA, p. 172). *Comentários ao Código de Processo Civil*. Vol. V. 12ª ed. Rio de Janeiro: Forense, 2005, p. 172/173. BARIONI, Rodrigo. *Ação Rescisória e Recursos para os Tribunais* Superiores. 2ª ed. São Paulo: RT, 2013, p. 47. DIDIER JR., Fredie; CUNHA,

Ministério Público pode ter feito parte do conluio e da simulação e, para quem entende que a participação no ato afeta a legitimidade ou o interesse, há que se estabelecer se a mácula é subjetiva ou objetiva, ou seja, se atinge a Instituição ou fica adstrita ao membro que a praticou[44]. Em razão da natureza dos vícios e do disposto no art. 181, CPC, parece ser mais adequado considerar que não se trata de situação objetiva e, portanto, atingiria apenas determinado membro, que deve ser afastado de qualquer ato relacionado ao processo, incluindo a discussão sobre a decisão produzida, além das demais repercussões legais. Se se considerar, porém, que quem participou da simulação ou da fraude não possui legitimidade ou interesse e isso atinge de modo objetivo todos os sujeitos, pode haver caso em que inexista legitimado ativo, já que o disposto no art. 142, CPC, evidentemente não confere ao juiz a possibilidade de rescindir decisão proferida. Essa possibilidade de envolvimento dos sujeitos processuais pode ser a razão para, como uma espécie de legitimado residual, ser conferida ao Ministério Público a legitimidade ativa, razão pela qual também se previu que, "nas hipóteses de simulação ou de colusão das partes, o prazo começa a contar, para o terceiro prejudicado e para o Ministério Público, que não interveio no processo, a partir do momento em que têm ciência da simulação ou da colusão" (art. 975, § 3º, CPC), ou seja, pensou-se primordialmente em quem não integrou o processo. Entretanto, nada impede que se trate de simulação ou fraude em processo com a participação do Ministério Público como fiscal da ordem jurídica ou como parte, inclusive sem que tenha participado da simulação ou da fraude e ainda assim terá sua

---

Leonardo Carneiro da. *Curso de Direito Processual Civil.* 17a ed. Vol. 3. São Paulo: Juspodivm, 2020, p. 602/603. ASSIS, Araken de. *Ação Rescisória.* São Paulo: RT, 2023, p. 198/199 e 315/316. Fabiano Carvalho parece entender que somente aqueles que não participaram da simulação ou da fraude são legitimados, mas menciona que o=se o membro do Ministério Público também participar sua legitimidade será mantida (*Comentários ao Código de Processo Civil.* Vol. XIX. São Paulo: Saraiva, 2022, p. 313 e 349). Cândido Rangel Dinamarco exclui a legitimidade de quem participou da simulação ou da colusão (*Instituições de Direito Processual* Civil. Vol. V. São Paulo: Malheiros/Juspodivm, 2022, p. 420). No mesmo sentido, Wambier e Talamini (*Curso Avançado de Processo Civil.* 16ª ed. Vol. 2. São Paulo: RT, 2016, p. 832. Pontes de Miranda também se pronunciou no sentido de que "só não têm legitimação ativa as partes que se conluiaram" (*Tratado da Ação Rescisória.* São Paulo: RT, 2016, p. 296).

44. Cf. BARIONI, Rodrigo. *Ação Rescisória e Recursos para os Tribunais* Superiores. 2ª ed. São Paulo: RT, 2013, p. 47/48, em que o tema é expressamente abordado, mas há aparente contradição entre as páginas; de todo modo, a legitimidade é reconhecida e a questão, na linha da doutrina de Barbosa Moreira, é analisada sob o prisma do interesse e não da legitimidade.

legitimidade assegurada. De todo modo, a opção legislativa se dá a partir de uma ideia de distanciamento dos fatos do Ministério Público, mas convém assinalar que modernamente há intensa atividade da Instituição como parte e a proximidade com os fatos e com os demais sujeitos interessados integra a visão moderna da atuação institucional. Além desse fundamento de conferir legitimidade a quem, em tese, estaria excluído da simulação ou fraude, parece que há também explicação histórica de um caso do direito italiano que causou profundo impacto doutrinário[45] e pode ter levado à solução da lei brasileira, mas isso não fica claro nas fontes consultadas[46]. Em regra, explica-se a legitimidade do Ministério Público com base na invocação do interesse público[47], uso ilícito do processo[48] ou defesa da ordem jurídica[49]. Não se discute que a ocorrência de um processo probo ou que o combate à utilização da via jurisdicional para fins ilícitos sejam temas de especial interesse e devem ser pensadas soluções legais para prevenir e reprimir tais condutas, inclusive no plano penal. Entretanto, apenas para fins de reflexão, não me parece que apenas este caso de ação rescisória possua peculiaridade suficiente para conferir legitimidade ativa autônoma – ainda que não exclusiva – ao Ministério Público. Uma vez mais a situação mais se afigura um apego irrefletido à tradição do que efetivamente fruto de reflexão dentro de uma visão sistemática, já que os argumentos utilizados para justificar essa específica legitimidade não exclusivos dessa hipótese. Logo, é mais um caso de ver exclusividade no que possui generalidade suficiente para, no mínimo, discutir a restrição dessa legitimidade a essa hipótese apenas ou até para pensar na impertinência em conferir essa mesma legitimidade ao Ministério Público, independentemente da

45. BARBOSA MOREIRA, p. 172). *Comentários ao Código de Processo Civil*. Vol. V. 12ª ed. Rio de Janeiro: Forense, 2005, p. 127 e nota 65 e 173 e nota 166

46. Em sentido próximo para justificar essa legitimidade: ASSIS, Araken de. *Ação Rescisória*. São Paulo: RT, 2023, p. 314/316. RAGAZZI, José Luiz. GODOY, Paulo Henrique Silva. Da ação rescisória resultante de simulação ou colusão entre as partes no CPC/2015. *Revista de Processo*, nº 309. São Paulo: RT, novembro de 2020, p. 165/180.

47. PONTES DE MIRANDA. *Tratado da Ação Rescisória*. São Paulo: RT, 2016, p. 391.

48. CARVALHO, Fabiano. *Comentários ao Código de Processo Civil*. Vol. XIX. São Paulo: Saraiva, 2022, p. 349.

49. ASSIS, Araken de. *Ação Rescisória*. São Paulo: RT, 2023, p. 314. Leonardo Greco se vale do argumento da defesa da ordem jurídica e complementa que", se o juiz tivesse percebido o intuito fraudulento das partes no curso do processo, teria extinguido o processo sem resolução do mérito. Como não o fez, o órgão do Estado ao qual incumbe constitucionalmente a defesa da ordem jurídica está legitimado a promover a rescisão [...]" (*Instituições de Processo Civil*. Vol. III. Rio de Janeiro: Forense, 2015, p. 350).

presença de qualquer outro fator (como já mencionado, cabe assinalar que a legitimidade aqui é autônoma e independe de ter havido participação anterior do Ministério Público no processo em que foi proferida a decisão rescindenda, o que significa que o legislador enxerga aqui hipótese exclusiva de legitimidade). Para verificar a peculiaridade desse caso de rescisória, examinemos algumas outras causas para rescisão: a) decisão proferida por força de prevaricação, concussão ou corrupção do juiz: a se considerar como correta a legitimidade do Ministério Público para a hipótese de simulação, com igual (ou mais) razão também haveria que se lhe conferir legitimidade para este caso, já que todas os fundamentos mencionados pela doutrina e antes referidos aqui também se fazem presentes; b) no caso de decisão por juiz impedido a causa do vício também pode ser bastante grave e também se enquadrar nos mesmos fundamentos; c) no caso de violação da boa-fé no processo[50], a defesa da ordem jurídica e mesmo da probidade processual também estaria presente nesse caso; d) a ofensa à coisa julgada deveria ser objeto de incisiva ampliação por parte daqueles que defendem a intervenção obrigatória do Ministério Público em todas as rescisórias; e) já a violação manifesta de norma jurídica é caso eloquente para quem confere larga interpretação da defesa da ordem jurídica prevista no art. 127 da Constituição. Note-se que não se está defendendo neste item qualquer ampliação da legitimidade do Ministério Público, mas apenas questionando a política legislativa que elegeu esta única hipótese da alínea "b" para prever uma causa autônoma e desvinculada do art. 178, CPC, para permitir a atuação no polo ativo. Se os fundamentos justificadores dessa legitimidade se encontram em outras hipóteses, nada justifica a contradição de se tornar exclusivo o que transcende, de modo que a exclusão da alínea não impediria a atuação do Ministério Público no caso de fraude processual, mas evitaria que essa previsão tivesse o efeito simbólico de fazer com que as demais hipóteses pareçam menos graves e, ao mesmo tempo, parecer que há uma vigilância constante sobre a probidade processual. De todo modo, em se tratando de legitimidade que não exige sua participação em anterior processo (e o art. 975, § 3º, CPC, é bastante didático quanto a isso), o Ministério Público deverá ser comunicado ou tomar conhecimento dos fatos que ensejam a rescisão por algum meio, até

50. E aqui há interessantes ponderações da evolução do tratamento processual da boa-fé como possibilidade de ampliação da rescindibilidade feitas por Didier Jr. e Carneiro da Cunha no já citado volume do *Curso*, p. 597/598.

mesmo para instruir sua petição inicial ou requerer os meios de prova necessários, e o inquérito civil e o procedimento antecipado de provas podem ser bastante úteis nesse caso, além, claro, da importante função extrajudicial de atendimento ao público que é bastante cara ao exercício funcional. Para finalizar este item, deve ser reiterado que, por coerência sistemática, se o Ministério Público não for o autor da rescisória, nela deverá obrigatoriamente intervir, já que a atribuição da legitimidade ativa necessariamente inclui a função de fiscal da ordem jurídica.

c) em outros casos em que se imponha sua atuação: Essa previsão de legitimidade ativa do Ministério Público já era admitida pela jurisprudência e pela doutrina[51], embora com divergência[52]. As duas alíneas anteriores sempre foram justificadas pela doutrina em razão da ausência do Ministério Público no processo em que foi proferida a decisão rescindenda, sendo necessária extensão da legitimação para deixá-la expressa[53], já que, como afirmado em linhas anteriores, caso o Ministério Público tenha participado do processo sua legitimidade decorre do inciso primeiro. Portanto, a fim de não persistir a divergência quanto à legitimidade no caso de atuação como fiscal da ordem jurídica, isto é, intervindo no processo sem a qualidade

51. Enunciado nº 407 da Súmula do Tribunal Superior do Trabalho: "A legitimidade "ad causam" do Ministério Público para propor ação rescisória, ainda que não tenha sido parte no processo que deu origem à decisão rescindenda, não está limitada às alíneas "a" e "b" do inciso III do art. 487 do CPC, uma vez que traduzem hipóteses meramente exemplificativas". Superior Tribunal de Justiça: AR n. 384/PR, DJ de 1/9/1997, p. 40715; EAR n. 384/PR, DJ de 6/3/2006, p. 133; AgRg no REsp n. 650.030/RS DJe de 10/12/2012. Pontes de Miranda já afirmava que o Ministério Público sempre que for o autor da ação cuja rescisão se pede e sempre que tiver legitimidade recursal terá legitimidade para rescindir, isto é, sua legitimidade é mais ampla do que a prevista na regra específica. *Tratado da Ação Rescisória*. São Paulo: RT, 2016, p. 227, 233 e 391.

52. "Sempre que o Ministério Público *haja* intervindo como *custos legis*, sem jamais assumir no feito a posição de parte, sua legitimação para a rescisória adstringe-se ao caso da letra *b* (colusão das partes em fraude à lei). Vale a pena sublinhar essa diferença de extensão quanto à legitimidade do Ministério Público (presente no anterior processo), entre a hipótese de ter ele sido parte e a de ter atuado apenas como fiscal da lei; na primeira, cabe-lhe invocar em geral os motivos enumerados no art. 485; na segunda, só o motivo de que cogita o art. 487, III, letra *b*. Se se permitisse ao Ministério Público, fora dos casos em que foi parte, basear a rescisória em qualquer dos motivos no art. 485, tornar-se-ia supérfluo o dispositivo ora sob exame (BARBOSA MOREIRA. *Comentários ao Código de Processo Civil*. Vol. V. 12ª ed. Rio de Janeiro: Forense, 2005, p. 172). Análise crítica, mas inclinando-se pela interpretação restritiva: BARIONI, Rodrigo. *Ação Rescisória e Recursos para os Tribunais* Superiores. 2ª ed. São Paulo: RT, 2013, p. 44/46.

53. BARBOSA MOREIRA. *Comentários ao Código de Processo Civil*. Vol. V. 12ª ed. Rio de Janeiro: Forense, 2005, p. 171.

de parte, houve por bem o legislador em tornar expressa essa legitimidade[54]. Essa previsão, portanto, torna a legitimidade do Ministério Público genérica, no sentido de que, sendo hipótese compatível com o art. 127 da Constituição da República e com o art. 178, CPC, poderá ser pleiteada a rescisão da decisão por qualquer hipótese do art. 966, CPC. Em regra essa legitimidade decorrerá de prévia atuação como fiscal da ordem jurídica no processo em que foi proferida a decisão rescindenda, mas não é impossível que a causa da intervenção seja superveniente e que, portanto, somente se verifique quando do ajuizamento da rescisória, o que deverá ser narrado e demonstrado na inicial[55]. Não se confunde aqui com o que consta na alínea "a", embora o efeito seja o mesmo, isto é, conferir a legitimidade, mas no caso da alínea "c", eventual não intervenção foi correta, porque naquelas condições não havia qualquer hipótese interventiva. Entretanto, por várias questões, como incapacidade superveniente, pode surgir a causa de atuação do Ministério Público apenas após o trânsito em julgado da decisão e isso é suficiente para a legitimidade, que não deve ficar confinada ao caso de necessária atuação prévia, porque evidentemente o dispositivo consta como norma de encerramento para abarcar situações outras compatíveis com o perfil constitucional do Ministério Público[56]. Trata-se, portanto, de

54. Cf. ASSIS, Araken de. *Ação Rescisória*. São Paulo: RT, 2023, p. 313.

55. ASSIS, Araken de. *Ação Rescisória*. São Paulo: RT, 2023, p. 315.

56. Por isso há parcial discordância com a seguinte passagem doutrinária: "A letra c do inc. III do art. 967, ao afirmar que o Ministério Público pode propor ação rescisória 'em outros casos em que se imponha sua atuação', certamente não está tratando das hipóteses em que este foi parte ou deveria ter participado como fiscal da ordem jurídica. Afinal, essas já estão previstas nos incs. I e III, *a*, do art. 967. A previsão dirige-se à situação em que o Ministério Público participou do processo como fiscal da ordem jurídica, mas a decisão que nele foi proferida está marcada por algum fundamento rescindente do art. 966. Se o Ministério Público deve atuar como fiscal da ordem jurídica, conforme diz o art. 178, é racional que possa propor ação rescisória quando, a despeito da sua intervenção como fiscal da ordem jurídica, tenha sido proferida decisão que contraria a ordem jurídica e é gravada por hipótese rescindente prevista em um dos incisos do art. 966, que, sem dúvida, pode mesmo ser a de 'violação manifesta de norma jurídica', delineada no seu inc. V". MARINONI, Luiz Guilherme. MITIDIERO, Daniel. *Comentários ao Código de Processo* Civil. 2ª ed. Vol. XV. São Paulo: RT, 2018, p. 462/463. Em sentido semelhante, confira-se Alexandre Freitas Câmara: Pode-se dizer, então, que o inciso III do art. 967 só se aplica aos processos em que o MP não interveio. Na redação das alíneas a e c desse dispositivo isso fica muito claro, já que se trata ali exatamente do caso em que o Ministério Público deveria ter atuado no processo e não o fez. Também na alínea b assim é, porém. Isso porque nos casos em que o Ministério Público participou do processo original terá ele legitimidade para propor a ação rescisória com apoio no inciso I desse mesmo artigo, uma vez que ostentou a condição de parte daquele processo. Importante, aliás, deixar claro que o fato de o MP ter participado do processo original lhe dá legitimidade para

regra aberta que, em paralelo com o art. 177, CPC[57], confere ao Ministério Público legitimidade para ação rescisória nas demais situações compatíveis com suas funções institucionais.

Por fim, como legitimado ativo, há que se assinalar que, por se tratar de prazo decadencial e expressamente fixado em lei, não há qualquer regra especial para o Ministério Público como legitimado ativo para o ajuizamento da ação rescisória, incidindo o art. 180, CPC, para outros atos processuais que não contenham prazos próprios (art. 180, § 2º). A contagem do prazo terá seu marco inicial a partir da data da ciência da causa da rescisão, já que ao menos na letra "a" pode não haver integrado o processo, impedindo, assim, a ciência da violação à lei, e na letra "b" aplica-se o art. 975, § 3º, CPC, cujo fundamento deve ser estendido à letra "a", quando for o caso de ausência de intervenção no processo. Já o depósito exigido art. 968, II, CPC, não é exigível por força do respectivo § 1º.[58]

4. LEGITIMIDADE PASSIVA

Comumente relaciona-se a atuação do Ministério Público ao polo ativo da relação processual, mas há situações em que sua atuação se dará no polo passivo e a ação rescisória vem se firmando como o exemplo por excelência. Na medida em que aumentou significativamente a atuação do Ministério Público no polo ativo, sobretudo no processo coletivo (e aqui, para fins de exemplificação, devem ser incluídos processos de improbidade administrativa) é natural que haja maior número de casos de ações rescisórias em

---

propor ação rescisória, por qualquer fundamento, pouco importando se ele ali atuou como parte da demanda ou como fiscal da ordem jurídica. Como já visto, o inciso I do art. 967 se vale do conceito de parte do processo, e não do conceito de parte da demanda. O Ministério Público que atua como fiscal da ordem jurídica, embora não seja parte da demanda (já que não é demandante nem demandado), é – evidentemente – parte do processo, uma vez que participa do feito com influência no seu resultado final. Não há qualquer razão para admitir, por exemplo, a legitimidade do assistente para propor ação rescisória por qualquer fundamento e não admitir a do Ministério Público que atue como fiscal da ordem jurídica. Este, na qualidade de sujeito do processo, está legitimado a postular a rescisão do pronunciamento transitado em julgado que seja considerado rescindível" (*Manual de direito processual civil*. 2. ed. Barueri: Atlas, 2023, p. 945/947).

57. CARVALHO, Fabiano. *Comentários ao Código de Processo Civil*. Vol. XIX. São Paulo: Saraiva, 2022, p. 349.

58. Há julgados do Superior Tribunal de Justiça considerando que a rescisória que decorre de ação coletiva é isenta de custas para qualquer legitimado coletivo (AgInt no REsp n. 1.954.269/PE, DJe de 7/4/2022).

que passe a figurar no polo passivo[59]. O fato de o Ministério Público haver intervindo no processo em que foi proferida a decisão rescindenda não lhe confere legitimidade passiva, mas, se persistir a causa de sua intervenção, forçosamente atuará como fiscal da ordem jurídica na ação rescisória. Em suma, se atuou como legitimado ativo no processo em que se proferiu a decisão que se pretende desconstituir, figurará no polo passivo da ação rescisória; se atuou como fiscal da ordem jurídica, em regra continuará nessa condição na ação rescisória, salvo se se tornar o autor da pretensão de rescisão ou se não mais subsistir hipótese para sua atuação, quando, então, recomenda-se que de todo modo seja intimado para se manifestar sobre sua intervenção.

O prazo para a resposta é processual e, de acordo com o art. 970, CPC, nunca será inferior a quinze dias nem superior a trinta dias e, por ser considerado "prazo judicial" já que há esse intervalo a ser considerado pelo julgador, há quem considere que não incide o benefício do prazo em dobro[60], mas tal entendimento não se coaduna com o a razão de se fixar o prazo ampliado para determinados entes e por isso há que se considerar, no caso do Ministério Público, a incidência do art. 180, CPC[61]. Logo, salvo o prazo para o ajuizamento da ação rescisória, que se submete ao regramento de prazo decadencial de direito material, os prazos processuais da ação rescisória devem ser contados em dobro para o Ministério Público.

---

59. Na síntese de Alexandre Câmara, "no caso de ter o Ministério Público atuado como fiscal da ordem jurídica no processo original, e não sendo ele o autor da ação rescisória, deverá ser intimado a participar desse novo processo também na condição de fiscal da lei. Já no caso de ter o MP atuado como parte da demanda original e não sendo ele próprio o autor da ação rescisória, deverá ser réu da ação rescisória. Haverá, aqui, a interessante situação de se ver o Ministério Público como demandado em um processo civil (fenômeno raro, mas evidentemente não de todo impossível)". *Manual de direito processual civil*. 2. ed. Barueri: Atlas, 2023, p. 948.

60. MARINONI, Luiz Guilherme. MITIDIERO, Daniel. *Comentários ao Código de Processo* Civil. 2ª ed. Vol. XV. São Paulo: RT, 2018, p. 477.

61. BARIONI, Rodrigo. *Breves Comentários ao Novo Código de Processo Civil*. Alvim; Didier Jr.; Talamini; Dantas (coord.). 3ª ed. São Paulo: RT, 2016, p. 2165. DIDIER JR., Fredie; CUNHA, Leonardo Carneiro da. *Curso de Direito Processual Civil*. 17a ed. Vol. 3. São Paulo: Juspodivm, 2020, p. 635. CARVALHO, Fabiano. *Comentários ao Código de Processo Civil*. Vol. XIX. São Paulo: Saraiva, 2022, p. 369. ASSIS, Araken de. *Ação Rescisória*. São Paulo: RT, 2023, p. 394. No Superior Tribunal de Justiça: Processo civil. Ação rescisória. Prazo para contestação. Artigo 188 do Código de Processo Civil.1. A regra do artigo 188 do Código de Processo Civil, referente à dilação de prazos processuais, é aplicável ao prazo de resposta para a ação rescisória. 2. Precedentes do STF e do STJ. 3. Recurso especial conhecido" (REsp n. 363.780/RS, DJ de 2/12/2002, p. 379).

5. A ATUAÇÃO DO MINISTÉRIO PÚBLICO E O ESCALONAMENTO DA CARREIRA: A FIXAÇÃO DA ATRIBUIÇÃO PARA ATUAR NA AÇÃO RESCISÓRIA

Um problema interno específico da carreira do Ministério Público não costuma despertar quase nenhuma preocupação teórica, mas é intensificado na ação rescisória, sobretudo no processo coletivo em que figurou a instituição como parte e se formou a decisão rescindenda, ou seja, quando o Ministério Público foi o autor daquele processo e será necessariamente réu na ação rescisória. A atuação escalonada da Instituição, com classes estanques, cujo diálogo é desejável, mas nem sempre estabelecido, levando a uma latente tensão na atuação processual que vem sendo intensificada com a maior atuação do Ministério Público como legitimado ativo. O CPC e as leis que regulam o processo coletivo, ao estimularem a maior concentração da atividade do Ministério Público na legitimação ativa e exigirem um aumento qualitativo da função como interveniente, aprofundam esse mal-estar já detectado[62], especialmente quando necessária uma atuação mais efetiva na fase recursal, em que necessariamente o membro que recorre não é aquele a quem, tradicionalmente, são conferidas as atribuições necessárias para o exercício pleno do ato postulatório, como a sustentação oral, cuja relevância assumirá novas cores com a possibilidade de seu exercício em agravo de instrumento.

Como se vê, na ação rescisória ocorrem situações semelhantes e há esses desacordos ou dúvidas sobre a atribuição. Isso normalmente não se reflete no processo jurisdicional e raramente passa a ser matéria submetida ao contraditório, mas o conflito de atribuições[63] e o chamado "princípio do promotor natural"[64] são temas frequentes e caros ao Ministério Público

---

62. Cf. GODINHO. O Ministério Público no novo Código de Processo Civil: alguns tópicos. *Ministério Público (Coleção Repercussões do Novo CPC, v.6).* Didier Jr.; Costa; Godinho (org.). Salvador: Juspodivm, 2015, v. 1, p. 61-99, quando foi falado sobre o "mal-estar no princípio da unidade".

63. Após muita oscilação jurisprudencial, os conflitos de atribuições entre órgãos de diferentes Ministério Público são resolvidos pelo Conselho Nacional do Ministério Público (Cf. com histórico sobre o tema e análise do mais recente entendimento do Supremo Tribunal Federal sobre a matéria, PINHEIRO CARNEIRO, Paulo Cezar. Conflito de Atribuições entre membros do Ministério Público de estados diversos. *Revista do Ministério Público do Estado do Rio de Janeiro, nº 86.* Rio de Janeiro: MPRJ, outubro/dezembro de 2022, disponível em www.mprj.mp.br/servicos/revista-do-mp).

64. Para o conceito e delineamento do princípio, PINHEIRO CARNEIRO, Paulo Cezar *O Ministério Público no Processo Civil e Penal: Promotor natural, atribuição e conflito.* 5ª ed. Rio de

e não é impossível que sejam objeto de controvérsias em processos jurisdicionais.

O Superior Tribunal de Justiça, por exemplo, já percebeu esse problema decorrente da unidade e vem entendo em alguns julgados que, quando o Ministério Público figura como parte, é desnecessária a intervenção do Procurador de Justiça na condição de *custos legis*. Note-se que se trata de situação diferente daquela que gerou antiga controvérsia acerca da necessidade de dois ou mais órgãos do Ministério atuarem em um mesmo processo. O que agora vem sendo decido é a desnecessidade de atuação de mais de um membro do Ministério Público, ainda que em diferentes graus de jurisdição, desde que o órgão seja parte no processo[65]. Trata-se de leitura peculiar tanto do disposto no artigo 5º, § 1º, da Lei da Ação Civil Pública, quanto do princípio da unidade[66]. A se vingar este entendimento, teremos um redimensionamento da atuação dos membros que atual diretamente em tribunais, com no mínimo os seguintes desdobramentos que terão que ser resolvidos institucional e jurisprudencialmente: a) em ação proposta pelo Ministério Público, não mais haverá atuação de outro membro em segundo grau apenas como fiscal da ordem jurídica; b) ou, no mesmo caso, o Promotor de Justiça somente atuará até a sentença, passando o Procurador de Justiça a assumir o comando do processo; c) ou seja: o Procurador de Justiça é que responderá ao recurso de apelação, por exemplo; d) entretanto, se assim for, em caso de recurso de agravo haverá um acréscimo de perplexidade; e) deverá ser fixado qual órgão receberá as intimações pessoais;

Janeiro: 1998. Para nova reflexão sobre o tema: CABRAL, Antonio do Passo. O princípio do promotor natural após o CPC/15: reconfigurando as atribuições do Ministério Público no processo civil (texto ainda inédito e gentilmente cedido pelo autor; reflexão instigante sobre o tema se extrai de livro do mesmo autor, em que há reflexões que com muito proveito podem ser discutidas sobre a atuação do Ministério Público: *Juiz Natural e Eficiência Processual: flexibilização, delegação e coordenação de competências no processo civil.* São Paulo: RT, 2021. Atualização bibliográfica: Cabral, Antonio do Passo. O princípio do promotor natural ontem e hoje: reconfigurando as atribuições do Ministério Público no processo civil e administrativo. *Revista de Processo*, v. 345, RT, p. 19-43, 2023.

65. O art. 4º da Recomendação CNMP nº 34/16 dispõe que "é prescindível a atuação simultânea de mais de um órgão do Ministério Público em ações individuais ou coletivas, propostas ou não por membro da Instituição".

66. Para o presente item, interessa primordialmente uma das dimensões do princípio da unidade, isto é, seu aspecto funcional. Para aspectos conceituais do referido princípio: GARCIA, Emerson. *Ministério Público: organização, atribuições e regime jurídico.* 6ª ed. São Paulo: Saraiva, 2017, p. 128/136.

f) por fim, também será afetada a atuação dos membros do Ministério Público que atuam perante os Tribunais Superiores.

Em se tratando de ação rescisória, para se definir o órgão que funcionará como fiscal da ordem jurídica a solução é mais simples[67] e ordinariamente decorrerá de regras dos regimentos internos dos tribunais e a atribuição par atuar será vinculada à competência para o julgamento. Já no caso de o Ministério Público ser legitimado ativo ou passivo a complexidade teórica aumenta, embora na prática o caso se acomode em entendimentos já consolidados na tradição no sentido de que também a competência para julgamento orienta a fixação da atribuição ou, em alguns casos, mesmo que seja uma decisão de primeiro grau o objeto da rescisória, o Procurador--Geral concentra a atribuição, exercendo-a por meio de órgão que integra sua assessoria.

Essas questões se devem, em linhas gerais, a uma peculiar estrutura administrativa simétrica à dos Tribunais, bem como à tensão entre os princípios da independência funcional e da unidade e de uma dificuldade de trabalho conjunto entre as classes[68], cuja explicação pode situar-se essencialmente em plano meta-jurídico.

Com efeito, embora uno e indivisível, por razões lógicas e funcionais, e seguindo critérios abstratamente fixados por atos normativos, o Ministério Público exerce suas funções por meio de plexos de atribuições individualizados em unidades autônomas, cada qual ocupada por membros previamente investidos à luz do regramento de regência, seja por provimento ou por substituição. Além dos critérios estabelecidos em virtude da matéria e do território, com a finalidade de melhor dimensionamento do exercício funcional do Ministério Público, a mais eloquente cisão de atribuições se dá em nível legislativo e tem como referencial precisamente uma vinculação entre atribuição e competência e a separação da carreira em classes, na forma das respectivas Leis Orgânicas que disciplinam as atribuições genéricas dos Promotores de Justiça e dos Procuradores de Justiça, no âmbito estadual, e do Ministério Público Federal. Essa rígida

67. A simplicidade decorre mais da tradição do que de efetiva reflexão, já que, se realmente pensarmos seriamente sobre os princípios da colaboração e da eficiência alternativas podem ser encontradas, mas o presente artigo enveredaria por temas muito variados.

68. O Conselho Nacional do Ministério Público se preocupou com tema e editou a Recomendação nº 57/17.

separação de atribuições de acordo com os graus jurisdicionais não raro enseja desencontros técnicos, o que é explicado pela convivência entre a unidade e a independência funcional, mas recentemente a doutrina[69] e a jurisprudência[70] identificaram alguma perplexidade na manutenção da separação funcional, em um mesmo processo, na atuação do Ministério Público. Essas referências sobre a heterodoxia da simultaneidade da atuação do Ministério Público não significam absoluta adesão a tais decisões[71], mas, sim, servem para ilustrar uma situação que se tornou ainda mais sensível com o exercício das suas atribuições envolvendo atuação como parte em seara não penal.

Decorre dessa estrutura organizacional que, enquanto estiver exercendo atos postulatórios, os Promotores de Justiça estarão no estrito campo de atuação que lhe foi conferido pelos atos normativos de regência[72].

---

69. Cf., ZENKNER, Marcelo. Reflexos processuais dos princípios institucionais da unidade e da indivisibilidade - revisitando as atribuições dos órgãos de execução do Ministério Público brasileiro. *Temas Atuais do Ministério Público*. Farias, Alves e Rosenvald (org.). 3ª ed. Salvador: Juspodivm, 2012, *passim*.

70. RMS 16409/MG, Rel. Ministro Luiz Fux, Primeira Turma, julgado em 17/02/2004, DJ 22/03/2004, p. 197. REsp 554.906/DF, Rel. Ministra Eliana Calmon, Segunda Turma, julgado em 15/05/2007, DJ 28/05/2007, p. 308. REsp 1183504/DF, Rel. Ministro Humberto Martins, Segunda Turma, julgado em 18/05/2010, DJe 17/06/2010.HC 87926, Relator(a): Min. Cezar Peluso, Tribunal Pleno, julgado em 20/02/2008, DJe-074, public. 25-04-2008. Entretanto, na jurisprudência do Superior Tribunal de Justiça permanece pacífica a tese contrária: "A previsão de manifestação do Ministério Público em segunda instância, contida no art. 610 do Código de Processo Penal, decorre de sua função de fiscal da lei, o que não se confunde com a atribuição de titular da ação penal pública, a teor do que preconiza o art. 257 do referido diploma legal. 4. Assim, após a manifestação ministerial, não há falar em contraditório a ser exercido pela defesa, visto que, quando o Ministério Público atua como *custos legis*, não compõe nenhum dos polos da relação processual, ainda que se oponha às teses trazidas pelo réu" (HC 244.999/SP, Rel. Ministro Og Fernandes, Sexta Turma, julgado em 23/04/2013, DJe 30/04/2013).

71. Como contraponto há o registro de Emerson Garcia: "Embora seja desnecessária a simultânea intervenção de dois membros do Ministério Público na mesma relação processual, um na condição de órgão agente, outro na de órgão interveniente, esse raciocínio não é extensivo às causas que, sucessivamente, tramitem em instâncias distintas, perante as quais atuem órgãos de execução diversos. Assim, ainda que a petição inicial seja subscrita por um Promotor de Justiça, em segunda instância intervirá obrigatoriamente um Procurador de Justiça: o primeiro atuando como órgão agente, o segundo como órgão interveniente. Tratando-se de Instituição essencial à função jurisdicional do Estado e funcionalmente escalonada, o que delimita a instância perante a qual os respectivos agentes estão legitimados a atuar, torna-se evidente que a lei somente poderá afastar a intervenção dúplice do Ministério Público, não a sucessiva" (ob. cit., p. 620; no mesmo livro, o tema da desnecessidade de atuação de mais de um órgão está nas p. 503/506).

72. Esse dado demonstra que a atuação dos Procuradores de Justiça *junto* ao Tribunal convive harmonicamente com as atribuições dos Promotores de Justiça que atuam

Destoaria do sistema legal permitir que o Promotor de Justiça interponha recurso e, entrementes, vedar-lhe, por exemplo, a possibilidade de acrescer às razões recursais a apresentação de prova nova ou a correção de erros materiais[73] porventura existentes na própria petição de recurso. Todo e qualquer aditamento ao recurso interposto pelo Promotor de Justiça é de sua atribuição, por decorrência lógica da atribuição recursal.

Em suma, tudo aquilo que se referir ao desdobramento da atribuição para recorrer de decisão proferida em primeiro grau está inserido no plexo de atribuições dos Promotores de Justiça.

Esse raciocínio me parece intuitivo e elementar, mas, por razões desconhecidas, pelo menos no plano técnico, não se permite que o Promotor de Justiça sustente oralmente recurso por ele interposto ou contrarrazoado. É interessante anotar que a sustentação oral decorre do ato postulatório - tanto assim que inexiste sustentação oral em reexame necessário, exatamente por não haver postulação nesse caso -, é um desdobramento do ato de recorrer e consiste precisamente em atuação perante o tribunal. É o exercício pleno do ato recursal. Logo, somente quem possui legitimidade para recorrer pode sustentar oralmente. E o entendimento de que aqui incidiria o princípio da unidade - já que o recorrente é o Ministério Público e não o membro, obviamente - é um desserviço para a plena efetividade do ato e decorre de uma interpretação simplista, indiferente aos aspectos factuais, já que tal princípio não serve para transmutação da atribuição que foi fixada com a interposição do recurso. Evidentemente, pode o Promotor

como postulantes *perante* aquele mesmo órgão jurisdicional (ZENKNER, Marcelo. Reflexos processuais dos princípios institucionais da unidade e da indivisibilidade - revisitando as atribuições dos órgãos de execução do Ministério Público brasileiro. *Temas Atuais do Ministério Público*. Farias, Alves e Rosenvald (org.). 3ª ed. Salvador: Juspodivm, 2012, p. 142).

73. O erro material também pode constar no ato da parte, como nos casos de equívoco em datas, nomes etc. De todo modo, não há que se falar em preclusão e os erros podem ser corrigidos de ofício: "O erro material, passível de ser corrigido de ofício, e não sujeito à preclusão, é o reconhecido primu ictu oculi, consistente em equívocos materiais sem conteúdo decisório propriamente dito" (REsp 1151982/ES, Rel. Ministra Nancy Andrighi, Terceira Turma, julgado em 23/10/2012, DJe 31/10/2012). "A correção de erro material disciplinado pelo art. 463 do CPC não se sujeita aos institutos da preclusão e da coisa julgada, porquanto constitui matéria de ordem pública cognoscível de ofício pelo magistrado. Precedentes: REsp 824.289/TO, Rel. Ministro João Otávio de Noronha, Segunda Turma, DJ 16/10/2006; AgRg no REsp 773273/MG, Rel. Ministro Luiz Fux, Primeira Turma, DJ 27/02/2008" (AgRg no REsp 1160801/CE, Rel. Ministro Benedito Gonçalves, Primeira Turma, julgado em 03/05/2011, DJe 10/05/2011).

de Justiça postular perante o segundo grau e lhe deve ser assegurado o pleno exercício de todos os atos que integrarem essa postulação.

Note-se que, com algumas adaptações, esses problemas também podem ser suscitados no manejo da ação rescisória, já que, como parte, o Ministério Público atuará perante o respectivo órgão julgador.

Com o aumento dos casos em que o Ministério Público é legitimado ativo, necessariamente cresce a quantidade de ações rescisórias em que passa figurar também como autor ou frequentemente como réu. Se se tratar de matéria exclusivamente de órgãos superiores e concentrados dos tribunais, não haverá maiores problemas se o órgão legitimado for o mesmo, normalmente o respectivo Procurador-Geral. Entretanto, não é incomum que a ação rescisória tenha como objeto uma decisão de mérito de primeiro grau, fazendo com que se imponha a discussão decorrente de atuar *perante* ou *junto* ao juízo competente, sem falar nas ainda incipientes, mas já robustas questões envolvendo colaboração e eficiência da atuação institucional.

Aqui deve ser mencionada específica e claramente a possibilidade ou não de um membro do Ministério Público que atua em primeiro grau estar apto para ajuizar ou responder ação rescisória contra decisão também de primeiro grau. É certo que, por questões regimentais e ainda mais por razões de uma tradição que remonta a uma época em que o Ministério Público quase não figurava como parte, a resposta mais automática é a de que a atribuição para o tema deve se manter concentrada no Procurador-Geral, mais precisamente em sua estrutura de assessoramento. Entretanto, não seria demasiada ousadia ao menos refletir sobre essa solução, já que muito se assemelha com questões de atribuição para recursos que não parecem ser resolvidas adequadamente ao se excluírem membros do primeiro grau da possibilidade de participação, ao menos em atos conjuntos ou concertados, sobretudo quando se pensa tanto na colaboração quanto na eficiência. O maior obstáculo para a atuação isolada de membro do primeiro grau no ajuizamento de ação rescisória está na possível falta de atribuição para ação de competência originária em segundo grau. Abstraindo a discussão sobre a natureza dos recursos e das ações de impugnação[74], há nesse ponto alguns problemas: a) é possível o ajuizamento de mandado de segurança

74. Cf. EID, Elie Pierre. *Impugnação das Decisões Judiciais: reconstrução da relação entre recursos e ações autônomas de impugnação*. São Paulo: Juspodivm, 2022.

por membro de primeiro grau contra ato jurisdicional; 2) a atribuição de primeiro grau sempre compreende a atuação perante órgão de segundo grau; 3) como será desenvolvido abaixo, se se pensar nessa impossibilidade, ficaria muito difícil sustentar a atuação dos Ministérios Públicos estaduais nos tribunais superiores, além das interposições de recursos; 4) há evidente problema de efetividade em condicionar a atuação de um membro à vontade de outro para o pleno exercício de suas atribuições e, além da rescisória, especialmente em casos que desafiam reclamação essa questão deve ser revista com urgência, a fim de que o Ministério Público não acompanhe integralmente os avanços que a legislação lhe confere por se manter preso em outras dimensões históricas. [75]

Acrescente-se, ainda, que, se se aderisse à tese de que Promotores de Justiça não podem pleitear perante Tribunal de Justiça, haveria evidente retrocesso na posição institucional que defende a possibilidade de os Ministérios Públicos estaduais atuarem perante os Tribunais Superiores, na medida em que se sufragaria, ainda que por via transversa, a ideia de que há exclusividade topográfica na atuação finalística da Instituição[76].

6. ENCERRAMENTO

O presente texto pretendeu expor e criticar algumas questões envolvendo a atuação do Ministério Público na ação rescisória, com o objetivo de provocar uma reflexão sobre um sujeito processual que quase nunca desperta maiores preocupações sistemáticas dos estudiosos, permanecendo

75. Agradeço ao professor – e membro do Ministério Público do Espírito Santo – Hermes Zaneti Jr. por haver gentilmente compartilhado um estudo que realizou para aquela Instituição e que traz reflexões que caminham no sentido do defendido neste item. Como se trata de material por ora restrito ao exercício funcional, o texto permanece inédito, mas é necessário o presente registro. Em linhas gerais, além de outras importantes considerações, Zaneti Jr. defende a possibilidade de atribuição concorrente entre membros que atuam no primeiro e no segundo graus, com possibilidade de atuação conjunta, quando de se tratar de ação rescisória contra decisão proferida também em primeiro grau. Hermes Zaneti Jr. possui ampla e profunda produção bibliográfica, além de fundamental livro para o estudo sobre o Ministério Público: *O Ministério Público e o Novo Processo Civil Contemporâneo*. 2ª ed. São Paulo: Juspodivm, 2021.

76. Há muitos julgados mais recentes sobre o tema e o debate teórico foi objeto de desenvolvimento nos trabalhos citados nas notas 2 e 27. No Supremo Tribunal Federal mencione-se este julgado: RE 985392 RG, DJe-256 DIVULG 09-11-2017 PUBLIC 10-11-2017; no Superior Tribunal de Justiça: AgRg nos EDcl no AREsp n. 42.058/GO, DJe de 12/2/2015.

em regra reservado seu estudo para aqueles que integram a carreira da Instituição. É bem verdade que, em razão do protagonismo no processo coletivo (aqui incluídos os processos de improbidade administrativa), há mais estudos sendo publicados, mas ainda assim de forma tímida e sem maiores análises das variadas formas de atuação no processo civil.

Na ação rescisória há necessidade de análise crítica sobre entendimentos anteriores ao Código vigente e também de buscar interpretação das regras atuais, que, na função como fiscal da ordem jurídica, apontou para a existência de um regime interventivo único para o Ministério Público no processo civil, como defendido no texto. Além disso, há necessidade de uma revisão urgente a forma de entendimento das atribuições do Ministério Público, tema que normalmente é um tabu institucional e que é indiferente ou desconhecido pela doutrina.

De todo modo, além das questões clássicas envolvendo a ação rescisória, a apreciação crítica do tema é necessária para futuras reflexões.

Tudo o que foi escrito, porém, serviu como pretexto para poder participar desta fundamental homenagem à memória do grande Professor Rodrigo Barioni. Para nossa sorte, Rodrigo resolveu compartilhar seu talento com temas do processo civil, especialmente no estudo da ação rescisória. Como tudo o que fez, seus estudos são sérios, elegantes, refinados e fundamentais. A tristeza e a falta nunca desaparecerão, mas sempre devem ser acompanhadas das melhores memórias e homenagens. Voltar a seus textos trouxe muitas emoções e o objetivo maior e único deste artigo é na realidade que simbolize a imensa admiração por Rodrigo Barioni e que efetivamente sirva como homenagem, já que me arrisquei em tema que sempre foi sua especialidade, mas, exatamente porque o estudioso tem seus escritos renovados sempre que é estudado, escrever sobre ação rescisória a partir dos escritos de Rodrigo Barioni expressa uma homenagem contínua.

11

O MINISTÉRIO PÚBLICO E FUNDAÇÕES PRIVADAS: QUESTÕES PROCESSUAIS*

1. INTRODUÇÃO

O Código de Processo Civil é bastante sucinto ao disciplinar especificamente as questões processuais relacionadas às fundações privadas, dedicando-lhes expressamente apenas dois artigos no capítulo dos procedimentos de jurisdição voluntária (arts. 764 e 765, CPC)[1].

Essa avareza legislativa também se repete no Código Civil[2] e muitas lacunas referentes ao direito fundacional permanecem sem regramento legal, conferindo margem para leis estaduais ou atos infralegais disciplinarem questões relevantes sem a adequada uniformidade nacional e, em alguns temas, com discutível competência normativa.

Ao mesmo tempo, se as omissões legislativas não fossem supridas por atos normativos estaduais, a atividade fundacional sofreria muitas paralisações ou se encontraria por vezes em situações de absoluta ausência de

---

*. Texto inédito.

1. Sobre o regramento das fundações no contexto da jurisdição voluntária: GODINHO, Robson Renault. *Comentários ao Código de Processo Civil*. São Paulo: Saraiva, 2018. Vol. XIV. GUEDES, Jefferson Carús. *Comentários ao Código de Processo Civil*. 2ª ed. São Paulo: RT, 2018. Vol. XI.

2. No momento em que este texto foi revisto para a presente publicação, consta como proposta do relatório de comissão temática para a revisão legislativa do Código Civil a exclusão dessa atividade do Ministério Público, que apenas passaria a fiscalizar fundações de direito público. Caso se mantenha essa ideia, será mais um prejuízo ao sistema de tutela do erário e do interesse público, pelas razões que constam neste texto mesmo e fundamentam a atividade histórica do Ministério Público. Além disso, é desnecessário tratar de fundação de direito público no Código Civil e, se a ideia é retirar qualquer fiscalização de fundação privada e não regular devidamente a matéria, isso deveria ser assumido claramente, sem a referência ao regime público (nem mesmo houve regulação satisfatória das fundações públicas no CC; cf; ARAGÃO, Alexandre Santos de. As fundações públicas e o novo Código Civil. *Revista dos Tribunais*, vol. 815. São Paulo: RT, set. de 2003, p. 739-754).

regramento, além de a fundamental atividade de velamento – que não se exaure na fiscalização, mas necessariamente a inclui[3] – restar esvaziada[4].

---

3. "A atuação do Ministério Público, na organização e fiscalização das fundações, é múltipla, inserindo-se em suas atribuições os seguintes atos: (a) aprovar minutas das escrituras de instituição de fundações e respectivas alterações; (b) aprovar a prestação de contas dos administradores ou tesoureiros das fundações; (c) fiscalizar o funcionamento das fundações, preservando-lhes a sua estrutura jurídico-estatutária; (d) fiscalizar a aplicação e utilização dos bens e recursos fundacionais; (e) examinar os balanços e demonstrações de resultados das fundações; (f) requisitar informações e cópias autenticadas das atas; (g) promover judicialmente: (1) a anulação dos atos contrários à lei e aos estatutos praticados pelos administradores das fundações; (2) o sequestro dos bens fundacionais irregularmente alienados, sem prejuízo de outras medidas cautelares, típicas ou atípicas; (3) a prestação de contas dos administradores e tesoureiros das fundações quando estes não o fizerem administrativamente; (4) a extinção das fundações quando se tornar ilícito o seu objeto, ou for impossível a sua manutenção, ou se vencer o prazo de sua existência; (5) a remoção dos administradores das fundações no caso de negligência ou malversação e a nomeação de administrador provisório e (6) a elaboração dos estatutos quando o instituidor não o fizer e nem nomear quem o faça, assim como quando a pessoa encarregada de fazê-lo não cumprir o encargo no prazo fixado pelo instituidor ou, em não havendo prazo, dentro de seis meses. A atividade fiscalizadora do Ministério Público sobre os entes fundacionais é ampla, incidindo sobre todos os momentos de sua vida, inclusive aquele que antecede a sua própria criação" MELLO FILHO, José Celso de. Notas sobre as fundações. *Revista de Direito Privado*. São Paulo: RT, vol. 53, Jan-Mar/2013 (republicação do texto original de 1980). Mais recentemente a função de velamento do Ministério Público foi bem sintetizada em NERY JR., Nelson. Fundação, conceito e natureza jurídica limites para atuação da curatela do Ministério Público. *Soluções Práticas de Direito*, vol. 6. São Paulo: RT, 2014, e SOARES, Janine Borges; CLOS, Keller Dornelles. O velamento das fundações privadas pelo Ministério Público. *Revista de Direito Civil Contemporâneo*. vol. 29. São Paulo: out./dez. 2021, p. 369-395; SOARES, Janine Borges. Velamento de fundações privadas: unidade no Ministério Público e impacto social. *Revista Jurídica da Corregedoria Nacional do Ministério Público: coletânea especial de fomento à resolutividade: unidade, independência funcional e integridade no Ministério Público brasileiro*. Vol. 10. Brasília: CNMP, dez. de 2023, p. 203/222.
4. Como disse Seabra Fagundes, "não se poder admitir que, em deferindo ao Ministério Público a função de velar pelas fundações, a lei o quisesse deixar inerte e sem meios, tendo de assistir, passivamente, a má gestão do patrimônio delas. [...] Velar supõe ação e ação eficiente. Velar é vigiar, é proteger, é patrocinar em Juízo. [...] Na atribuição de vigilância ficou implícita a competência para praticar quantos atos, regulados pelas leis administrativas, judiciárias, processuais, civis e penais, se tornassem necessários. O que logo mais procuraremos demonstrar. Sim, porque o Direito não constitui diversão de doutôres, nem "hobby" de especulativos. O Direito existe para a vida, para permitir a coexistência dos homens, para lhes ser útil aos propósitos sadios e construtivos. É por isto que quando alguém se pode individualizar como destinatário de alguma vantagem declarada peja norma jurídica, ou como órgão dêsse destinatário, abrem-sê-lhe, necessàriamente, os meios que lhe permitam obtê-la. São as vias de postulação administrativa ou jurisdicional. É por isto que quando a lei comete a um órgão estatal uma atribuição, òbviamente no interêsse da efetivação das normas jurídicas, do mesmo passo declina ou admite, disponha êle de vias para exercê-la. Nem o legislador poderia ter tido a insciência de cometer ao Ministério Público a vigília sôbre as fundações, sem o dotar, virtual e necessàriamente, de meios para exercê-la, nem o significado do vocábulo de que se utilizou (velar) se compadece, sob o aspecto léxico, com a inércia daquele ao

Em razão da função de velamento[5] das fundações privadas, comumente as leis orgânicas estaduais[6] e também resoluções dos respectivos Ministérios Públicos acabam por colmatar as lacunas legislativas e, a rigor, formam o regramento mínimo que regula a vida fundacional[7]. Há realidades muito

---

qual se dirige" (SEABRA FAGUNDES, Miguel. Fundação: âmbito da atuação do Ministério Público em sua defesa - Interpretação do art. 26 do Código Civil - Afastamento imediato de seus administradores - Legalidade da providência, tanto como medida de natureza administrativa, como medida de caráter judicial preventivo. *Doutrinas Essenciais de Direito Civil*. São Paulo: RT, 2010. Vol. 3 (republicação do texto original de 1961 - foi consultada a versão eletrônica da "RT online", que não traz a devida paginação para referência).

5. Em clássica passagem em seu texto antes citado, Seabra Fagundes já assinalava que o "papel do Ministério Público em relação às fundações não é de mero observador das irregularidades que nelas ocorrem. A expressão de que nesses textos se usa - velará pelas fundações - significa a entrega, ao Ministério Público, da guarda ativa das fundações, de modo que possa fiscalizar as administrações delas para que se não desviem do reto caminho e para o atendimento das finalidades visadas pelo fundador. E, consequentemente, implica no uso dos meios para tanto insertos nas leis locais reguladoras, do ponto de vista administrativo, do papel e da ação do órgão da defesa social (leis de organização judiciária do Ministério Público), e no Código de Processo Civil como vias de atuação judicial. Não se lhe pode negar, para o desempenho da função que a lei assim lhe confia, o acesso aos meios adequados a uma atuação eficiente"

6. A título de exemplo, a Lei Complementar do Estado do Rio de Janeiro nº 106/2003 dispõe: "Art. 34 - Além das funções previstas nas Constituições da Federal e Estadual e em outras leis, incumbe, ainda, ao Ministério Público: [...] XII - velar pela regularidade de todos os atos e atividades, direta ou indiretamente relacionados às fundações sob sua fiscalização, devendo, entre outras medidas disciplinadas em resolução do Procurador-Geral de Justiça: a) exigir e examinar a prestação de contas por parte dos administradores; b) promover, sempre que necessário, a realização de auditorias, estudos atuariais e técnicos, e perícias, correndo as despesas por conta da entidade fiscalizada; c) emitir pronunciamento prévio sobre os pedidos de alienação e de oneração dos bens patrimoniais das fundações; d) comparecer, quando necessário, às dependências das fundações e às reuniões dos órgãos destas, com a faculdade de discussão das matérias, nas mesmas condições asseguradas aos respectivos membros; [...] Art. 39- [...] XVIII - designar administrador provisório para as fundações de direito privado, desde que não tenham sido criadas por lei e não sejam mantidas pelo Poder Público, sempre que inexistir administrador regularmente investido e tal se fizer necessário". Especialmente as alíneas *a* e *c* e o último dispositivo transcrito mereceriam tratamento legislativo federal; já as outras duas alíneas, ainda que possam ser discutidos os conteúdos, são questões que possuem natureza mais próxima de assunto relacionado à atividade institucional do Ministério Público.

7. O Conselho Nacional do Ministério Público instituiu grupo de trabalho "visando a elaborar anteprojeto de regulamentação nacional do regime jurídico das fundações, como norma de aperfeiçoamento do velamento dessas pessoas jurídicas de direito privado, bem como eventual proposta de aprimoramento do tratamento legislativo da matéria" (Portaria CNMP PRESI nº 108 de 10 de junho de 2021). Trata-se de providência relevante para o debate do tema, especialmente para buscar a uniformidade das questões tratadas pelos diversos Ministérios Públicos em atos locais. Registre-se a importante finalidade do referido grupo, já que se pretende, corretamente, a elaboração de sugestões legislativas e não a elaboração de resolução do Conselho Nacional do Ministério Público, que evidentemente não possui poder normativo primário, o

distintas envolvendo as fundações privadas, que podem ser pessoas jurídicas com patrimônio modesto e atividade simples ou entidades complexas de âmbito nacional ou com robusto patrimônio, mas essa multifacetada possibilidade não modifica o fato de que todas elas devem se submeter ao regramento específico que as regula, notadamente o sistema de velamento e, portanto, de fiscalização.

As fundações privadas não são um papel em branco em que cabem todas as vontades dos administradores e muito menos podem ser confundidas com empreendimento comercial, como se o regime jurídico fundacional servisse apenas para auferir os benefícios legais que existem exatamente por questões teleológicas. Reitere-se, pois, que a opção pelo negócio fundacional não pode ensejar apenas os benefícios legais do regime jurídico, não podendo servir como uma espécie de álibi para que verdadeiras empresas de fato se valham do rótulo de fundação privada, mas na prática não se submetem à integralidade do sistema de velamento e ainda protagonizam atos incompatíveis com seu regime jurídico, como distribuição de lucros, ainda que indiretamente, para seus integrantes, realizem investimentos no exterior, não prestem contas etc.[8]

Em síntese, não se pode querer ser empresa privada e se apresentar como fundação: o regime jurídico fundacional deve incidir integralmente e isso inclui a preservação da fundação privada mesmo contra os desvios e excessos administrativos, já que é intrínseco ao seu regramento o especial balizamento da autonomia privada[9], cabendo ao Ministério Público a ado-

---

que não significa que, naquilo que se inclui em sua competência administrativa, não possam ser editados atos sobre a matéria, com a ressalva de Seabra Fagundes, no texto já citado, de que "não se pode admitir que, em deferindo ao Ministério Público a função de velar pelas fundações, a lei o quisesse deixar inerte e sem meios, tendo de assistir, passivamente, a má gestão do patrimônio delas", já que "a consecução dos objetivos finalísticos da Fundação é acompanhada pela Curadoria, a quem incumbe velar, na acepção mais ampla da palavra, qual seja, proteger, zelar e cuidar, a fim de que a fundação cumpra de forma eficiente os seus desígnios" (REsp 776.549/MG, Rel. Ministro Luiz Fux, DJ 31/05/2007, p. 346).

8. O artigo 14 do Código Tributário Nacional nada mais faz do que concretizar alguns dos elementos decorrentes do regime jurídico fundacional para fins de limitação da competência tributária. Isso significa que as regras do referido dispositivo evidentemente não se limitam ao ambiente tributário, mas, sim, decorrem da própria essência da fundação privada. Ou seja: o CTN apenas especifica para sua matéria elementos que integram o conceito fundacional.

9. "Não se pode confundir, entretanto, o exercício do poder fundacional com os grupos de interesse do entorno dessa organização. O interesse reflete a posição de necessidade

ção das medidas extrajudiciais ou judiciais no exercício da função de velamento, inclusive atuando para intervir em decisões ou atos que desvirtuem o regime jurídico fundacional. Em paralelo à atividade administrativa de velamento das fundações, sobretudo na atuação extrajudicial e relacionada ao cotidiano da fundação privada, todo ato abusivo ou desviante (em síntese, antijurídico) deverá receber medida interventiva para restaurar a higidez fundacional[10].

---

em relação a um bem jurídico. Por grupo de interesse, compreendam-se os conjuntos de pessoas aglutinadas por necessidades comuns e que, nas fundações, podem ser aglomerados em: (*a*) fundadores; (*b*) membros de órgãos internos; (*c*) terceiros que travem relações jurídicas de mercado com a organização, como credores, consumidores, trabalhadores, concorrentes, cada um com sua carga de necessidades tuteladas; (*d*) beneficiários das atividades-fim da fundação; (*e*) eventuais interesses públicos, como no caso de subvenções ou no caso de fundações privadas instituídas pelo Poder Público. Observa-se, então, uma assimetria de interesses no entorno da organização, que devem ser devidamente contidos pela estrutura de poder moldada no negócio instituidor e no estatuto" (DINIZ, Gustavo Saad. O poder nas fundações privadas. *Revista de Direito Privado*. São Paulo: RT, vol. 76, abril de 2017).

10. Nessa atividade para restaurar ou manter a correção da fundação privada, o Ministério Público "não pode intervir desmotivadamente na administração hetero-orgânica de uma fundação – composta originariamente para representar os grupos de interesse daquela organização – se não forem identificadas motivações vinculadas ao esvaziamento patrimonial, ao descumprimento de finalidades estatutárias ou a alguma antijuridicidade no exercício do poder fundacional. As duas primeiras hipóteses (esvaziamento e descumprimento de fins) são conhecidas causas de extinção da fundação (art. 69 do CC), motivando inclusive sustentações doutrinárias de adaptação do estatuto e finalidades em situações específicas para permitir a continuidade da fundação, naturalmente com a preservação da essência do que foi projetado pelo instituidor. Ao contrário, a antijuridicidade do poder fundacional ainda não foi analisada e torna-se necessário o socorro de doutrina societária para compreender, de certa forma, as espécies conhecidas: abuso de direito e abuso de poder, esse último com as espécies excesso e desvio. [...] Assim, no excesso de poder se identifica problema de órgão *incompetente* para a tomada de decisões na fundação. Nesse caso, por exemplo, a administração invade a esfera de atuação do órgão deliberativo. Já na espécie de abuso consistente no desvio de poder são observadas as formalidades, mas o exercício leva à *finalidade* distinta da prerrogativa de poder dada ao órgão administrativo. A hipótese permite a intervenção do MP, seja para o imediato retorno do fim estatutário, seja para pleitear a extinção. Exemplifica-se, também, com decisão do STJ, em acórdão da lavra do Min. Luiz Fux, ainda na 1ª Turma daquele Tribunal Superior, e com delimitação da atuação do MP à busca do cumprimento dos fins: 'A consecução dos objetivos finalísticos da Fundação é acompanhada pela Curadoria, a quem incumbe velar, na acepção mais ampla da palavra, qual seja, proteger, zelar e cuidar, a fim de que a fundação cumpra de forma eficiente os seus desígnios'" (DINIZ, Gustavo Saad. O poder nas fundações privadas. *Revista de Direito Privado*. São Paulo: RT, vol. 76, abril de 2017).

2. FUNDAÇÕES PRIVADAS: BREVES ASPECTOS CONCEITUAIS

As fundações de direito privado[11] possuem personalidade jurídica própria (art. 44, III, CC), a partir da instituição de uma dotação especial de bens por meio de escritura pública ou testamento, para fins de assistência social, cultura, defesa, conservação do patrimônio histórico e artístico, educação,

---

11. As fundações públicas e aquelas que se enquadram nas Leis Complementares nº 108 e 109/2001, que trata das entidades fechadas de previdência privada, não se submetem ao procedimento do CPC, que é reservado para as fundações reguladas pelo Código Civil. "A distinção entre fundações públicas e privadas decorre da forma como foram criadas, da opção legal pelo regime jurídico a que se submetem, da titularidade de poderes e também da natureza dos serviços por elas prestados" (ADI 191, Relatora: Min. Cármen Lúcia, Tribunal Pleno, julgado em 29/11/2007, DJe-041). Na doutrina, aponta-se diferença entre "fundações de direito público" e "fundações públicas", que se submeteriam ao regime de direito privado. Sobre o tema: JUSTEN FILHO, Marçal. *Curso de Direito Administrativo*. 9ª ed. São Paulo: RT, 2013, p. 285/286 e 312/315; ARAGÃO, Alexandre Santos de. As fundações públicas e o novo Código Civil. *Revista dos Tribunais*, vol. 815. São Paulo: RT, set. de 2003, p. 739-754. Não há como confundir tais figuras com as denominadas fundações de apoio às instituições de ensino superior, que são pessoas de direito privado e se submetem às regras comuns do negócio fundacional, incluindo o velamento pelo Ministério Público estadual, conforme dispõe o art. 2º, I, da lei 8.958/1994 (sobre o tema, amplamente, PAES, José Eduardo Sabo. *Fundações, Associações e Entidades de Interesse Social*. 8ª ed. Rio de Janeiro: Forense, 2013, p. 231/281). As denominadas fundações de apoio podem aparecer também como figuras de direito público e, na realidade, não são de tranquilo enquadramento jurídico em muitas hipóteses. Nesse contexto, não é raro que se valham de permissões legais, notadamente a lei nº 10.973/04, para constituírem verdadeiras pessoas criadas para contratações com o poder público sem licitações. O quadro é complexo e desafia permanente e atenta fiscalização, como pode ser ilustrado com a seguinte descrição: "Quando definida como pessoa jurídica de direito privado sem fins lucrativos com a finalidade de auxiliar instituições públicas de ensino superior em suas atividades de ensino, pesquisa e extensão, a fundação de apoio passa a guardar em si a comunhão entre o público e o privado. Público, pois atua no auxílio da efetivação das missões das Universidades Públicas, tendo presente na sua atuação recursos e o patrimônio público. Privado, pois seu regime jurídico é de direito privado, ou seja, segundo as regras do Código Civil Brasileiro. Uma comunhão complexa, uma vez que seu auxílio se estendeu a diversas atividades das universidades públicas, envolvendo cursos de extensão universitária, gestão de hospitais universitários, organização de concursos e a gestão da tecnologia desenvolvida pela universidade. Tais atividades delinearam formas de atuação e características específicas às fundações de apoio, que, entre si, foram gradativamente ganhando linhas próprias. Nestes contextos, fundações de apoio são contratadas por universidades públicas, com dispensa de licitação, para que executem, ou contratem terceiros para executar, a administração de hospitais, de núcleos de pesquisa, cursos de especialização, concursos para ingresso e ascensão na universidade, dentre outras atividades menos comuns. Para isso, recebem recursos das universidades, de Agências de Fomento e da iniciativa privada para adquirir equipamentos, insumos de pesquisa, material hospitalar, contratar pessoal para trabalhar em projetos e hospitais, bem como pessoal para a realização de obras" SILVA, Alexandre Pacheco. *Antes de uma Fundação, um Conceito: um estudo sobre a disciplina jurídica das fundações de apoio na cooperação entre Universidade e Empresa*. São Paulo: Escola de Direito da Fundação Getúlio Vargas, Dissertação de mestrado, p. 5 (disponível em http://bibliotecadigital.fgv.br/).

saúde, segurança alimentar e nutricional, defesa, preservação e conservação do meio ambiente e promoção do desenvolvimento sustentável, pesquisa científica, desenvolvimento de tecnologias alternativas, modernização de sistemas de gestão, produção e divulgação de informações e conhecimentos técnicos e científicos, promoção da ética, da cidadania, da democracia e dos direitos humanos e atividades religiosas, na forma do extenso rol que passou a constar no art. 62, CC, por força da lei 13.151/15[12].

Essa ampliação dos fins de uma fundação privada incluiu matérias potencialmente transindividuais, como "cidadania", "direitos humanos", "conservação do patrimônio histórico e artístico, educação, saúde, segurança alimentar e nutricional, defesa, preservação e conservação do meio ambiente e promoção do desenvolvimento sustentável". A Lei da Ação Civil Pública, por sua vez, inclui como legitimada ativa a fundação (art. 5º, IV, da Lei 7347/1.985), o que poderia autorizar interpretação no sentido de que as fundações privadas também seriam legitimadas ativas para ações coletivas vinculadas a suas atividades[13], em razão de um artificial paralelo com a legitimidade das associações privadas. Entretanto, vale registrar desde logo que se trataria de interpretação incompatível com o próprio dispositivo em

---

12. Optou o legislador pela ampliação do rol de objetos da fundação, ao invés de adotar a "neutralidade de escopo", que seria mais interessante, permitindo fundações com "quaisquer fins, menos aqueles que lesem o 'bem comum'" (DIAS, Daniel Pires Novais. *Negócio Fundacional: criação de fundações privadas*. São Paulo: Método, 2014, p. 3). Sobre a interpretação do art. 62, parágrafo único, CC, há na doutrina manifestações divergentes, prevalecendo aquela que entende que o dispositivo não abrange todas as hipóteses possíveis, de modo que sua leitura possui uma aplicação negativa: a norma legal veda a criação de fundações para fins particulares. Nesse sentido os Enunciados das Jornadas de Direito Civil: nº 8 - "A constituição de fundação para fins científicos, educacionais ou de promoção do meio ambiente está compreendida no Código Civil, art. 62, parágrafo único", nº 9 - [O art. 62, parágrafo único, CC,] "Deve ser interpretado de modo a excluir apenas as fundações com fins lucrativos". Sobre o tema, amplamente: DIAS, Daniel Pires Novais. *Negócio Fundacional: criação de fundações privadas*. São Paulo: Método, 2014, p. 105/114. Pertinente análise crítica de Paulo Lôbo: "O CC/2002 restringe os fins que podem ser utilizados. O modelo aberto anterior permitiu seu desvirtuamento, com a proliferação de fundações que encobriam fins econômicos, inclusive de participação e controle de empresas. Historicamente, as fundações surgiram como frutos de desprendimento e liberalidade de pessoas que pretenderam afetar parte de seu patrimônio a finalidades pias, caritativas, assistenciais e religiosas. O direito brasileiro não mais admite fundações criadas no interesse do instituidor, de sua família ou de sua atividade econômica" (LÔBO, Paulo. *Direito Civil: parte geral*. 6ª ed. São Paulo: Saraiva, 2017, p. 205). São corretas as observações e preocupações de Paulo Lôbo, mas o fato é que a atual redação do art. 62, CC, está longe de evitar a amplitude de finalidades e a realidade é que há, sim, fundações que se tornam, na prática, agentes econômicos.
13. LÔBO, Paulo. *Direito Civil: parte geral*. 6ª ed. São Paulo: Saraiva, 2017, p. 207.

que está inserta a referência à fundação, já que parece ser evidente que se trata de hipótese de legitimação de órgãos públicos e, portanto, somente inclui as fundações públicas. Feita essa ressalva que também serve para ilustrar a inconveniência dessa abertura legislativa sobre o objeto fundacional, passa-se ao exame conceitual para justificar e delimitar a atuação do Ministério Público[14].

Em clássica definição, a fundação é uma "universidade de bens personalizada, em atenção ao fim, que lhe dá unidade"[15]. Trata-se de negócio jurídico unilateral[16] em que se afeta um patrimônio para criação de pessoa jurídica com objetivos específicos e previstos em lei. É, em sua origem, expressão da autonomia privada do instituidor, ao estabelecer o que pode ser denominado de negócio fundacional[17].

---

14. A discussão sobre a representatividade das fundações públicas para aperfeiçoar a legitimidade ativa realizada no REsp 1978138/SP, DJe 01/04/2022, reforça essa interpretação. Entretanto, o Superior Tribunal de Justiça, sem analisar especificamente o ponto, já mencionou abstratamente as fundações privadas como legitimadas coletivas em simetria ao regime jurídico das associações (Cf. REsp 1796436/RJ, DJe 18/06/2019, e REsp 1974436/RJ, DJe 25/03/2022).

15. BEVILAQUA, Clovis. *Código Civil dos Estados Unidos do Brasil*. Edição histórica. Rio de Janeiro: Rio, sem data, p. 240. Vol. I (confira-se a semelhança com a definição proposta por António Menezes Cordeiro: "Os bens em causa ficam ao serviço de determinado fim", conforme seu *Tratado de Direito* Civil. 3ª ed. Coimbra: Almedina, 2011, p. 799. Vol. IV). Na síntese de Bevilaqua, para a instituição de uma fundação devem estar presentes os seguintes requisitos: a) patrimônio composto de bens livres no momento da constituição; b) ato constitutivo ou a dotação, que deverá constar na escritura pública ou no testamento; c) declaração, nesse ato, do fim especial a que se destina a fundação; d) estatutos, que atenderão as bases deixadas pelo instituidor; e) uma administração (idem, p. 240). Cumpre salientar que, no direito brasileiro, a criação e a personificação da fundação ocorrem em momentos jurídicos distintos: "a fundação somente se personifica a partir do registro" (PONTES DE MIRANDA. *Tratado de Direito Privado*. 4ª ed. São Paulo: RT, 1983, p. 466. Tomo 1). "A fundação é a personalização jurídica de um patrimônio ou de um conjunto de bens destinados à realização de fins definidos pelo instituidor. [...] A fundação difere, fundamentalmente, das demais pessoas jurídicas pela singularidade de não ser integrada por pessoas físicas. [...] Para que a fundação de direito privado possa ser constituída são necessários os requisitos de ato de instituição, estatuto, patrimônio destinado suficiente e registro público competente. São dois momentos distintos: o ato de instituição é de criação e o registro é de personificação" (LÔBO, Paulo. *Direito Civil: parte geral*. 6ª ed. São Paulo: Saraiva, 2017, p. 204). Para uma análise conceitual histórica: BARREIRA, Dolor. Fundação. Sua conceituação na doutrina jurídica. Como se orientou no assunto o nosso Código Civil. *Revista de Direito Civil Contemporâneo*, vol. 10. São Paulo: RT, Jan – Mar/2017, p. 333 – 340 (republicação do texto original de 1947).

16. PONTES DE MIRANDA. *Tratado de Direito Privado*. 4ª ed. São Paulo: RT, 1983, p. 453/454. Tomo 1. CORDEIRO, António Menezes. *Tratado de Direito* Civil. 3ª ed. Coimbra: Almedina, 2011, p. 803. Vol. IV. Cf. DIAS, Daniel Pires Novais. *Negócio Fundacional: criação de fundações privadas*. São Paulo: Método, 2014, capítulo 7.

17. DIAS, Daniel Pires Novais. *Negócio Fundacional: criação de fundações privadas*. São Paulo: Método, 2014, p. 5.

Por ser uma universalidade de bens destinada a alguma finalidade prevista em lei, quando insuficientes para constituir a fundação, os bens a ela destinados serão incorporados em outra fundação que se proponha a fim igual ou semelhante, se de outro modo não dispuser o instituidor (art. 63, CC).

Ainda sobre a afetação dos bens ao fim a que se destina a fundação[18], dispõe o art. 64, CC, que, constituída por negócio jurídico entre vivos, o instituidor é obrigado a transferir-lhe a propriedade, ou outro direito real, sobre os bens dotados, e, se não o fizer, serão registrados, em nome dela, por mandado judicial. O Código de Processo Civil não manteve a técnica legislativa adotada na codificação anterior e regulou de modo simplificado os aspectos procedimentais relacionados ao estatuto e à extinção das fundações, reservando ao Código Civil a disciplina de sua instituição e de seu objeto.

Há um déficit legal sobre os contornos do regramento das fundações privadas[19], mas, para a compreensão dos dispositivos do CPC, é fundamental o cotejo com os arts. 62 a 69, CC, onde estão as normas básicas que justificam o procedimento especial de jurisdição voluntária, assim como os demais contornos do regime jurídico fundacional.

Essa insuficiência legislativa, como já assinalado no item anterior, faz com que haja inúmeras regulamentações infralegais, normalmente editadas pelos Ministérios Públicos para organizar rotinas de trabalho, que impõem obrigações aos instituidores, como a necessidade de exame prévio ao efetivo negócio fundacional, que passa a ter um procedimento bifásico[20]: primeiro, submete-se ao Ministério Público o projeto de criação de uma fundação; depois, caso admitido o projeto, efetiva-se a escritura pública ou testamento[21].

---

18. A rigor, não se trata de afetação do patrimônio ao fim a que se destina a fundação; há, na verdade, uma vinculação indireta da dotação especial (DIAS, Daniel Pires Novais. *Negócio Fundacional: criação de fundações privadas.* São Paulo: Método, 2014, p. 89/91).

19. DIAS, Daniel Pires Novais. *Negócio Fundacional: criação de fundações privadas.* São Paulo: Método, 2014, p. 6.

20. DIAS, Daniel Pires Novais. *Negócio Fundacional: criação de fundações privadas.* São Paulo: Método, 2014, p. 14.

21. A rigor, se o exame for do próprio testamento em sua fase de cumprimento, a análise será sobre o próprio negócio fundacional e não sobre a viabilidade prévia.

Essa fase de exame prévio possui conteúdo variável exatamente por inexistir padrão normativo geral, mas basicamente constitui uma fase em que se analisam a viabilidade financeira, a dotação de bens e a finalidade da fundação, além de outras características relacionadas ao modo de funcionamento da pessoa jurídica e também aspectos subjetivos do instituidor. Ainda que não prevista em lei federal essa fase, o exame prévio possui a utilidade de fazer com que o instituidor tenha a orientação adequada das etapas que deve seguir e dos requisitos que deve observar, sem prejuízo de ser possível o controle jurisdicional de alguma exigência que se mostre inadequada[22]. Em relação ao CPC de 1.973, a nova legislação não apresenta profundas modificações, mas simplificou a regulação da matéria e excluiu regras heterotópicas, que devem efetivamente permanecer reservadas ao direito material.

3. ESTATUTO DA FUNDAÇÃO PRIVADA

O estatuto é a "norma fundamental e norteadora da organização e do funcionamento da fundação"[23] e seu registro público confere personalidade jurídica à fundação[24]. O procedimento de jurisdição voluntária passa a incidir apenas na fase estatutária, caso haja discordâncias, não havendo procedimento previsto para a fase prévia de criação da fundação, ainda que, se necessário, as regras de jurisdição voluntária possam ser utilizadas por analogia.

De acordo com o art. 65, CC, "aqueles a quem o instituidor cometer a aplicação do patrimônio, em tendo ciência do encargo, formularão logo, de acordo com as suas bases (art. 62, CC), o estatuto da fundação projetada, submetendo-o, em seguida, à aprovação da autoridade competente, com recurso ao juiz", acrescentando, em seu parágrafo único, que, "se o estatuto não for elaborado no prazo assinado pelo instituidor, ou, não havendo prazo, em cento e oitenta dias, a incumbência caberá ao Ministério Público".

---

22. DIAS, Daniel Pires Novais. *Negócio Fundacional: criação de fundações privadas.* São Paulo: Método, 2014, p. 16/22.
23. PAES, José Eduardo Sabo. *Fundações, Associações e Entidades de Interesse Social.* 8ª ed. Rio de Janeiro: Forense, 2013, p. 326.
24. PAES, José Eduardo Sabo. *Fundações, Associações e Entidades de Interesse Social.* 8ª ed. Rio de Janeiro: Forense, 2013, p. 307/308. MENDONÇA LIMA, Alcides. *Comentários ao Código de Processo Civil.* São Paulo: RT, 1982, p. 520. Vol. XII.

O art. 120 da Lei dos Registros Públicos aponta as disposições estatutárias obrigatórias, assim como devem ser observadas as disposições cogentes do Código Civil, sem prejuízo de que haja outras tantas disposições facultativas que se amoldem ao perfil da fundação criada. Aprovado o estatuto, dispõe o art. 67, CC, sobre a possibilidade de sua alteração[25].

O estatuto será submetido à aprovação do Ministério Público, cabendo recurso ao juiz em caso de alteração ou rejeição de seus termos. Problemas processuais poderão surgir com intensidade no caso de haver desencontros volitivos, mas já nessa faze extrajudicial incidem os contornos legislativos da atuação do Ministério Público.

Nesse exame para a aprovação do estatuto, o Ministério Público não só examina seus termos, mas também todas as regras referentes à criação, organização e funcionamento de uma fundação[26].

Caso entenda que devem ser alterados pontos específicos do estatuto, deverá o membro do Ministério Público especificar fundamentadamente o que precisa ser modificado, semelhante ao que dispõe a parte final do art. 321, CPC, assim como a rejeição deve ser fundamentada analogamente ao disposto no art. 489, § 1º, CPC.

Aprovado o estatuto, não haverá intervenção judicial nessa fase e o procedimento administrativo será interno e vinculado ao Ministério Público, o que, como já visto, não o exime de observar o dever de fundamentação e os demais contornos do devido processo administrativo. Com a aprovação, segue-se o necessário registro para que se aperfeiçoe formalmente a existência jurídica da fundação[27].

---

25. Art. 67 - "Para que se possa alterar o estatuto da fundação é mister que a reforma: I - seja deliberada por dois terços dos competentes para gerir e representar a fundação; II - não contrarie ou desvirtue o fim desta; III - seja aprovada pelo órgão do Ministério Público no prazo máximo de 45 (quarenta e cinco) dias, findo o qual ou no caso de o Ministério Público a denegar, poderá o juiz supri-la, a requerimento do interessado". Consta, ainda, no art. 68, CC que, "quando a alteração não houver sido aprovada por votação unânime, os administradores da fundação, ao submeterem o estatuto ao órgão do Ministério Público, requererão que se dê ciência à minoria vencida para impugná-la, se quiser, em dez dias".

26. PAES, José Eduardo Sabo. *Fundações, Associações e Entidades de Interesse Social*. 8ª ed. Rio de Janeiro: Forense, 2013, p. 311(sobre as cláusulas estatutárias obrigatórias e facultativas, vale conferir o mesmo livro nas p. 327/341).

27. O negócio fundacional possui eficácia mesmo antes ou independentemente da criação da pessoa jurídica da fundação, como o encargo para que se elabore o estatuto, o direito ao exame da aprovação (ou, para alguns, o próprio direito à aprovação) da fundação,

Caso sejam determinadas modificações, não havendo discordâncias por parte do requerente, novamente será submetido o estatuto já modificado para homologação e, caso finalmente aprovado, deverá seguir para posterior registro, também sem intervenção judicial.

Somente no caso de rejeição do estatuto ou discordância com a determinação de alterações haverá intervenção judicial, mediante provocação do requerente, a fim de que seja suprida a provação. A rigor, não se trata de "recurso" ao juiz, mas, sim, de demanda a ser ajuizada por quem figure no negócio fundacional, com o Ministério Público ocupando o polo passivo[28].

Antes de decidir, deverá o juiz ouvir o Ministério Público, a fim de que se colham as razões que ensejaram a rejeição ou a determinação de alterações e também se lhe possibilite manifestar sobre as razões apresentadas pelo requerente. Além disso, por se tratar de procedimento judicial visando à aprovação de estatuto, a intervenção do Ministério Público é obrigatória.

Isto é, o fato de o Ministério Público haver atuado previamente não elimina a necessidade de sua intervenção do procedimento judicial para aprovação ou alteração do estatuto.

A intervenção do Ministério Público é obrigatória, portanto, em todo procedimento envolvendo questões estatutárias, assim como todas as questões que envolvem o estatuto lhe devem ser previamente submetidas extrajudicialmente.

Em síntese, o Ministério Público atua sempre em questões envolvendo a elaboração ou modificação de estatuto fundacional; o juiz só atuará no caso de controvérsia entre o interessado e o Ministério Público.

Pode o juiz determinar alterações, antes de suprir a aprovação, o que, na verdade, mais se aproxima de decisão interlocutória do que de mera atuação administrativa[29], já que não é tarefa do juiz elaborar norma estatutária, mas,

---

a possibilidade de incorporação de bens dotados insuficientes em outra fundação com fim igual ou semelhante (cf. DIAS, Daniel Pires Novais. *Negócio Fundacional: criação de fundações privadas*. São Paulo: Método, 2014, p. 11, nota 2).

28. É possível sustentar também que não haja polo passivo nesse caso, mas de todo modo haverá atuação obrigatória do Ministério Público, agora exclusivamente como fiscal da ordem jurídica.

29. MENDONÇA LIMA, Alcides. *Comentários ao Código de Processo Civil*. São Paulo: RT, 1982, p. 519. Vol. XII.

sim, controlar cláusulas de acordo com a legislação de regência. Pelo novo sistema recursal, tal decisão não será passível de recorribilidade imediata por meio de recurso de agravo de instrumento. Após sua aprovação por sentença[30], o estatuto deverá ser registrado na forma dos arts. 114, I, 119 e 120 da lei 6.015/73 e do art. 45, CC.

Dispõe o parágrafo único do art. 65, CC, que o Ministério Público elaborará o estatuto da fundação, se em até cento e oitenta dias o instituidor ou a pessoa por ele indicada não o elaborou, não nos parecendo consentânea com a Constituição da República essa atribuição atípica. Com efeito, nada justifica que o Ministério Público elabore o estatuto de uma fundação, como se fosse assistente do instituidor. Havendo inércia na elaboração do estatuto, simplesmente a fundação não se estabelecerá. De todo modo, como há essa regra expressa, ainda que seja hipótese rara na prática, há que se vislumbrar a ocorrência dessa situação e que, caso haja provocação de um interessado, ensejará o controle jurisdicional do estatuto elaborado pelo Ministério Público, a fim de que haja controle das cláusulas estabelecidas. Em suma, elaborado o estatuto pelo Ministério Público, haverá remessa para controle jurisdicional caso haja discordância, nos moldes do procedimento previsto no art. 764, CPC[31].

A alteração no estatuto, na forma do art. 67, CC, igualmente seguirá o procedimento do art. 764, CPC, merecendo especial atenção do Ministério Público, especialmente para alterações oblíquas ou ampliativas que mascarem modificação substancial do objetivo da fundação[32], não raro para possibilitar contratações com o poder público[33], inserir cláusula sobre

30. MARCATO, Antonio Carlos. *Procedimentos Especiais*. 16ª ed. São Paulo: Atlas, 2016, p. 433.

31. Entendendo que, sempre que o Ministério Público elaborar o estatuto, haverá necessária remessa para controle jurisdicional: MENDONÇA LIMA, Alcides de. *Comentários ao Código de Processo Civil*. São Paulo: RT, 1982, p. 521/522. Vol. XII. Há também entendimento de que o Ministério Público deverá elaborar o estatuto no caso de omissão ou na hipótese de o próprio instituidor assim o requerer (PONTES DE MIRANDA. *Comentários ao Código de Processo Civil*. 2ª ed. Rio de Janeiro: Forense, 2008, p. 349/350. Tomo XVI).

32. Cf. PAES, José Eduardo Sabo. *Fundações, Associações e Entidades de Interesse Social*. 8ª ed. Rio de Janeiro: Forense, 2013, p. 382/383.

33. Para a relação entre as fundações privadas e o poder público, convém esclarecer que a titulação de organização social, organização da sociedade civil, assistência social, entre outras, decorre de lei e não é algo ínsito ao regime jurídico fundacional. As fundações podem ou não se enquadrar nos requisitos exigidos por lei. Para a compreensão da matéria, são relevantes ao menos as seguintes leis, no âmbito federal, com a ressalva de que se trata de regulação fragmentada entre as diversas esferas administrativas, havendo leis estaduais e locais sobre a matéria: Leis nº 9637/1998, 9790/1999, 12101/2009,

consultoria ou tornar-se prática exclusiva para a realização de concurso público e de terceirização de serviço, entre outras, que não só descaracterizam a finalidade específica de uma fundação, como também a finalidade de interesse social abstratamente considerada.

Devem ser objeto de rigorosa fiscalização as alterações que visem a modificar ou a misturar objetivos ou modificações ampliativas e genéricas, não raro com a única intenção de contratar com o poder público ou receber verba pública a partir da ampliação do escopo.

O estatuto de uma fundação não é um catálogo de disposições que podem ser alteradas livremente, como se houvesse ampla mutabilidade dos fins de uma fundação. A rigor, a alteração estatutária deve ser excepcional, justificada e guardar pertinência estrita com os objetivos da fundação (art. 67, II, CC).

Há que se atentar para a alteração do art. 67, III, CC, que permite a aprovação da alteração, por meio de suprimento judicial, no caso de omissão do Ministério Público no prazo máximo de quarenta e cinco dias. Caso haja requerimento desse suprimento judicial na forma do art. 67, III, CC, o Ministério Público deverá ser citado (de todo modo, sua intervenção no processo se dará ao menos na condição de fiscal da ordem jurídica, caso não se admita, por uma questão de tradição e não de técnica, seu posicionamento no polo passivo). De acordo com o art. 68, CC, "quando a alteração não houver sido aprovada por votação unânime, os administradores da fundação, ao submeterem o estatuto ao órgão do Ministério Público, requererão que se dê ciência à minoria vencida para impugná-la, se quiser, em dez dias". Nessa hipótese, também no procedimento judicial porventura instaurado (art. 764, CPC, e art. 67, III, CC), será citada a minoria vencida.

13019/2014 e 13204/2015. Confira-se, ainda, o julgamento pelo Supremo Tribunal Federal da ADI 1923, Relator Min. Ayres Britto, Relator(a) p/ Acórdão: Min. Luiz Fux, Tribunal Pleno, julgado em 16/04/2015, Acórdão Eletrônico DJe-254.

4. A ATUAÇÃO DO MINISTÉRIO PÚBLICO

Já foram mencionadas diversas possibilidades de atuação do Ministério Público nos itens antecedentes, precisamente porque, no direito positivo brasileiro, é impossível desvincular a fundação privada do sistema de velamento e, portanto, à atuação do Ministério Público. A atuação do Ministério Público em relação às fundações privadas[34] é classicamente vinculada ao seu "velamento", que é um conceito que abrange tanto a função como órgão interveniente quanto como órgão agente.

No exercício dessa atividade, o Ministério Público poderá se valer de todos os instrumentos oferecidos pela legislação, não só na atuação como fiscal da ordem jurídica, mas também como legitimado ativo, além da cada vez mais relevante atuação extrajudicial, como inspeções, instauração de inquérito civil, celebração de termo de ajustamento de conduta, expedição de recomendação, entre outros, cabendo assinalar que as questões fundacionais não se limitam e muito menos se exaurem na jurisdição voluntária.

34. Registre-se que a função de velamento do Ministério Público se dá em relação às fundações privadas, como se colhe em julgado especialmente didático: "Recurso especial. Fundações. Fundações privadas. Instituição por particular. Fundações públicas de natureza pública. Lei criadora. Fundações autárquicas. Fundações de natureza privada. Lei autorizadora da criação. Supervisão a cargo do Ministro de Estado. 1. Convivem no ordenamento jurídico brasileiro três tipos de fundação: fundação de direito privado, instituída por particulares; fundações públicas de direito privado, instituídas pelo Poder Público; e fundações públicas de direito público, que possuem natureza jurídica de autarquia. 2. As fundações privadas são pessoas jurídicas instituídas por particular, por ato unilateral e irrevogável, por meio de escritura pública ou testamento, com dotação especial de bens livres para determinada finalidade, sendo regidas exclusivamente pelo Direito Civil. 3. Nos termos da jurisprudência do STF e do STJ, fundação pública é toda fundação instituída pelo Estado, podendo sujeitar-se ao regime público ou privado, a depender do estatuto da fundação e das atividades por ela exercidas. As fundações públicas de direito público são criadas por lei específica, também chamadas de fundações autárquicas. No caso das fundações públicas de direito privado, uma lei específica é editada autorizando sua criação. 4. No caso dos autos, a entidade fundacional é de direito privado, filantrópica e de utilidade pública, cuja criação se deu por lei municipal autorizativa de doação de bem imóvel público, não se aplicando à hipótese, portanto, os critérios utilizados pelo acórdão recorrido para o arbitramento dos honorários advocatícios, nem mesmo a isenção de custas processuais. 5. As fundações públicas de direito público (Administração Indireta) e as fundações públicas de direito privado, cuja instituição ocorre por autorização legislativa, submetem-se à supervisão determinada pelo Ministro de Estado competente, por motivo de interesse público, nos termos do Decreto n. 200/1967 (art. 26, parágrafo único, "i"), prescindindo, portanto, da manifestação do órgão do Ministério Público nas ações em que são parte. 6. Recurso especial provido para restaurar o arbitramento dos honorários e das custas tal como realizado pela sentença" (REsp 1409199/SC, Rel. Ministro Luis Felipe Salomão, Quarta Turma, julgado em 10/03/2020, DJe 04/08/2020).

As possibilidades são, portanto, bastante variadas, não sendo possível oferecer um elenco sequer próximo do exaustivo de uma espécie de tipologia de atuação judicial, mas convém registrar exemplificativamente as medidas mais comuns[35], muitas delas no âmbito extrajudicial, mas com potencial aptidão para serem judicializadas: a) cobrar a integralização da dotação inicial de todos os instituidores, uma vez que são responsáveis solidariamente; b) anular ato praticado pelos administradores e dirigentes que for contrário ao estatuto e à lei; c) impedir a alienação indevida de bens da fundação; d) ajuizar ações para a remoção de diretores, curadores ou dirigentes; e) exigir prestação de contas[36], já que o correlato dever de

35. Cf. PAES, José Eduardo Sabo. *Fundações, Associações e Entidades de Interesse Social*. 8ª ed. Rio de Janeiro: Forense, 2013, p. 585. Cf., ainda, MACHADO, Antônio Cláudio da Costa. *A Intervenção do Ministério Público no Processo Civil Brasileiro*. 2ª ed. São Paulo: Saraiva, 1998, p. 272/275.

36. Comumente há regulamentações internas dos Ministérios Públicos que preveem o exame anual das contas das fundações, com participação de auditores externos e, não raro, com a participação de contadores e outros profissionais vinculados às Promotorias de Justiça. Esses atos são relevantes e constituem importante fonte de informações sobre o desempenho das atividades das fundações. Deve ser instaurado um procedimento administrativo para fins de organização do trabalho para cada ano e para cada fundação. Caso haja aprovação ou reprovação das contas, o procedimento não será submetido ao crivo de qualquer controle externo, já que não se reexamina a ação do Promotor de Justiça, mas, sim, a omissão, quando previsto em lei, como no caso dos inquéritos civis. A partir da reprovação, pode haver instauração de inquérito civil, expedição de recomendações (como para que o poder público não firme contrato com determinada fundação) etc. ou ajuizamento de ação pela própria fundação. De todo modo, a prestação ou exigência de contas é mais uma das possibilidades no contexto do velamento das fundações e merece disciplina legal expressa. Há que se registrar, na linha das citações já realizadas das clássicas e permanentes lições de Celso de Mello e Seabra Fagundes, que os meios para o exercício do velamento não podem ser obstaculizados nem mesmo de forma oblíqua e a prestação de contas integra esse contexto, não podendo ser vista como uma alternativa excludente (parecendo entender que a prestação de contas é forma autônoma de controle, o que seria em nossa visão um desvio de perspectiva, GUEDES, Jefferson Carús. *Comentários ao Código de Processo Civil*. 2ª ed. São Paulo: RT, 2018, p. 548, nota 1115. Vol. XI). Sobre a prestação de contas, consultem-se os seguintes julgados do Superior Tribunal de Justiça, nem todos relacionados diretamente às fundações privadas, mas todos a elas aplicáveis, especialmente porque não se trata, a rigor, do procedimento especial previsto no CPC: AgRg no AREsp 5.496/MG, DJe 24/04/2013; AgInt no AREsp 540.604/RS, DJe 20/03/2017; REsp 1776035/SP, DJe 19/06/2020; REsp 1707014/MT, DJe 04/06/2021). O dever de prestar contas decorre da essência do negócio fundacional, já que um patrimônio é afetado a um fim de interesse público e quem o administra deve se submeter a controle interno e externo. O Conselho Nacional do Ministério Público, em decisão monocrática, limitada ao Rio de Janeiro e que recai diretamente sobre a atuação finalística do membro do Ministério Público, além de criar norma primária e de modo heterodoxo limitada a um órgão de execução, inovou em balizamentos sobre a prestação de contas (pedido de providências nº 1.00932/2019-15; a decisão recebeu ampla publicidade e pode ser conferida aqui: https://www.conjur.com.br/dl/cnmp-recomenda-medidas-resolver-impasse.pdf).

prestar contas é inerente ao regime jurídico fundacional, com o acréscimo de que não se trata de mero controle contábil, mas, por se tratar de verificação de consecução finalisticamente vinculada, as contas devem ser acompanhadas das atividades praticadas com o patrimônio da fundação; f) extinguir a fundação; g) responsabilizar dirigentes e ex-dirigentes pela prática de irregularidades na condução da vida patrimonial, econômica e financeira das instituições [37]; h) exibição de documentos. Deveria ser

37. "Processual civil. Ação civil pública proposta pelo Ministério Público em face de ex-dirigentes de fundação de direito privado. *Legitimatio ad causam* do Parquet. Art. 127 da cf/88. Arts. 7.º, 200, e 201 da Lei n.º 8.069/90. 1. O Ministério Público Estadual detém legitimidade para a propositura de ação civil pública, objetivando a responsabilização de ex-dirigentes de fundação de direito privado, instituída para a execução de programas de proteção e socioeducativos destinados a crianças e adolescentes. 2. Deveras, o Ministério Público está legitimado a defender os interesses transindividuais, quais sejam os difusos, os coletivos e os individuais homogêneos. 3. É que a Carta de 1988, ao evidenciar a importância da cidadania no controle dos atos da administração, com a eleição dos valores imateriais do art. 37, da CF como tuteláveis judicialmente, coadjuvados por uma série de instrumentos processuais de defesa dos interesses transindividuais, criou um microssistema de tutela de interesses difusos referentes à probidade da administração pública, nele encartando-se a Ação Popular, a Ação Civil Pública e o Mandado de Segurança Coletivo, como instrumentos concorrentes na defesa desses direitos eclipsados por cláusulas pétreas.4. A nova ordem constitucional erigiu um autêntico 'concurso de ações' entre os instrumentos de tutela dos interesses transindividuais e, a fortiori, legitimou o Ministério Público para o manejo dos mesmos. 5. O Ministério Público do Estado de Minas Gerais ajuizou ação civil pública em face de ex-dirigentes de fundação privada de assistência à criança, fundado na prática de inúmeras irregularidades, apuradas em auditoria interna, especialmente, uso indevido de verbas, além da apropriação indébita de recursos da referida entidade, no importe de R$ 81.192,47), consoante se infere dos autos. 6. *In casu*, o estatuto da fundação (fls. 49/61) revela estreme de dúvidas a sua vocação protetiva e assistencial, especialmente, pelo auxílio e assistência às crianças e famílias desamparadas, sem distinção de raça, cor, sexo e ideias políticas ou religiosas. 7. O controle engendrado pelo Ministério Público, consoante prevê os art. 26 do Código Civil/2002 e o arts. 1.199 a 1.204 do CPC, realiza-se mediante exame do balanço anual, recebido dos órgãos diretivos da Fundações, o qual possibilita, com considerável precisão, a aferição acerca da vida patrimonial, econômica e financeira da instituição fiscalizada. 8. A consecução dos objetivos finalísticos da Fundação é acompanhada pela Curadoria, a quem incumbe velar, na acepção mais ampla da palavra, qual seja, proteger, zelar e cuidar, a fim de que a fundação cumpra de forma eficiente os seus desígnios. 9. Consectariamente, a ampliação conceitual do vocábulo "velar", inserto no art. 26 do Código Civil de 1916 e reproduzido no art. 66 do novel Código Civil de 2002, justifica-se pela proporcionalidade entre os encargos atribuídos e os meios postos à disposição para a consecução daqueles, sob pena de inocuidade do "dever-poder" atribuído ao Ministério Público no exercício de quão importante mister. 10. À luz da legislação atinente à matéria, afere-se anomalia na administração da fundação, revela-se razoável que os interessados e, especialmente, o Ministério Público, no exercício de seu mister, sejam legitimados à propositura de ações judiciais aptas à coibir eventuais ingerências, possibilitando à fundação o cumprimento de sua finalidade precípua, consoante a lei e seus estatutos, máxime pela expressa previsão de fiscalização das mencionadas entidades, inserta no art. 95 do Estatuto da Criança do Adolescente, verbis: "As entidades governamentais e

ocioso acrescentar que as fundações privadas podem figurar como rés em processos coletivos e também em processos estruturais[38], já que a forma do litígio depende mais de questões objetivas do que subjetivas e é a realidade fática em conjunto com as pretensões veiculadas que indicarão a adequada tutela jurisdicional. Entretanto, talvez por não ser tão comum esse tipo de ação, verifica-se algum desconforto na prática forense, de modo que é necessário registrar essas possibilidades. Assim como as questões processuais envolvendo as fundações privadas não se limitam à jurisdição voluntária, os conflitos podem se inserir no rol de processos coletivos, especialmente quando se tem em conta o impacto coletivo de finalidades de certas fundações (exemplos: educação, pesquisa, direitos das crianças, proteção do meio ambiente etc.), a importância social de fundações privadas ou das relações estabelecidas com o poder público, por exemplo.

Essas providências são diretamente relacionadas ao exercício da função de velamento de fundações, no sentido de que visam a preservar o patrimônio da entidade e o resguardo das atividades sociais que desenvolve em prol do interesse social, mas muitas outras possibilidades decorrem envolvendo uma fundação, e que, a rigor, não se vincula ao velamento.

---

não-governamentais referidas no art. 90 serão fiscalizadas pelo Judiciário, pelo Ministério Público e pelos Conselhos Tutelares(...). [...]" (REsp 776.549/MG, Rel. Ministro Luiz Fux, Primeira Turma, julgado em 15/05/2007, DJ 31/05/2007, p. 346). Na doutrina: FARIAS, Cristiano Chaves de. ROSENVALD, Nelson. *Curso de Direito Civil*. 15ª ed. Salvador: Juspodivm, 2017, p. 446. Vol. 1.

38. Como corretamente observa Edilson Vitorelli, "é um equívoco associar a reforma estrutural apenas a instituições públicas. Apesar de elas serem os réus mais comuns, instituições privadas podem perfeitamente demandar alterações estruturais para que resultados sociais desejáveis sejam produzidos. No mundo contemporâneo, estruturas particulares são tão ou mais importantes para a vida dos cidadãos que os próprios Estados nacionais e, por isso, podem representar ameaças ainda maiores às liberdades dos cidadãos" (Processo estrutural e processo de interesse público: esclarecimentos conceituais. *Revista Iberoamericana de Derecho Procesal*, vol. 7. São Paulo: RT, Jan-Jun/2018). O próprio Edilson Vitorelli, não mais como doutrinador, mas como membro do Ministério Público Federal, fornece ótimo exemplo, já que ajuizou com outros vários membros ação civil pública visando à intervenção na administração de empresa privada para "desenvolver e posteriormente implementar um novo sistema de governança" (a inicial merece atenta leitura: http://www.mpf.mp.br/mg/sala-de-imprensa/docs/2020/inicial-acp-vale-anm-cvm.pdf). Com muito mais razão, é plenamente possível ação judicial para destituir diretoria de uma fundação, por exemplo, independentemente de se discutir a melhor qualificação para essa "ação", isto é, se seria coletiva, civil pública, estrutural ou qualquer outro rótulo, já que a busca de tutela jurisdicional prescinde de pia batismal.

Exemplos: a nulidade de um contrato do poder público com uma fundação ou a atribuição de ato de improbidade a partir de fatos relacionados com uma fundação[39].

Como já mencionado, o Ministério Público possui especial função na aprovação dos estatutos e de suas modificações, cabendo-lhe nessas situações firme atuação para que não se desvirtuem as finalidades fundacionais e para que verdadeiras empresas de atividade econômica – não raro com especial predileção para a contratação com o poder público – não se beneficiem do fato de formalmente serem tratadas como fundação, como a possibilidade de dispensa de licitação prevista no art. 24 da Lei 8.666/1993 (e no art. 75 da Lei 14.133/2021), e do gozo de isenções ou imunidades fiscais previstas no ordenamento jurídico (como o que preveem o art. 150, VI, *c*, da Constituição da República, e os arts. 9º, IV, *c*, 12 e 14 do Código Tributário Nacional).

A fiscalização das alterações estatutárias se mostra especialmente sensível, não por ser uma conhecida manobra para descaracterizar a fundação, mas também diante da alteração do art. 68, III, CC, que passou a prever prazo próprio para manifestação do Ministério Público, valendo o silêncio, após quarenta e cinco dias, como anuência. Essas diversas funções

39. Sobre o "terceiro setor" incluído entre os sujeitos dos atos de improbidade: GARCIA, Emerson. ALVES, Rogério Pacheco. *Improbidade Administrativa*. 8ª ed. São Paulo: Saraiva, 2014, p. 327/338. Há que se ter atenção, porém, que o fato de uma fundação ou integrantes de sua administração poderem ser réus em ações de improbidade não impede que outras providências possam ser adotadas a partir dos mesmos fatos, inclusive a extinção da fundação ou a destituição da diretoria (sobre a possibilidade autônoma de destituição de administrador de fundação privada, vale conferir a íntegra do seguinte julgado do Superior Tribunal de Justiça: REsp 162.114/SP, DJ 26/10/1998, p. 122). Não se podem confundir os planos de atuação, sobretudo diante da lógica própria que inspira o processo de improbidade administrativa (cf., sobre as especificidades desse tipo de processo, defendendo quase que a aplicação da lógica penal, MERÇON-VARGAS, Sarah. *Teoria do Processo Judicial Punitivo Não Penal*. São Paulo: Juspodivm, 2018. A nova lei de improbidade administrativa inaugurada no final de 2021 efetivamente modifica radicalmente sua disciplina, mas não a torna processo penal, como se vê em seu art. 17). Ou seja: várias possibilidades de atuação do Ministério Público podem envolver uma fundação, não se resumindo estritamente ao que se denomina de velamento. Assim como também não se pode confundir o sistema de tutela da probidade administrativa com outras providências decorrentes do mesmo fato. Exemplo: diretores de determinada fundação praticam atos que, em tese, configuram improbidade administrativa, atraindo a incidências de diversas possibilidades de atuação do Ministério Público além da própria ação específica pela improbidade administrativa, como anulação de eventual contrato, destituição da diretoria etc. (isso fica mais evidente com o atual art. 17D da lei de Improbidade Administrativa, que é bastante contundente ao procurar conferir certa pureza ao procedimento de improbidade administrativa).

do Ministério Público somente se justificam se for considerada a finalidade das fundações atrelada ao interesse público.

A atuação funcional do Ministério Público não deve ser confundida com um enfoque voluntarista ou paternalista que privilegie uma fundação irregular em detrimento do interesse público, como se a razão para sua atuação estivesse no meio e não no fim, em evidente desvio de perspectiva e subversão de valores. Note-se que esse enfoque técnico decorre do próprio sistema e não se confunde com a prevalência de uma atuação repressiva[40], já que a atuação extrajudicial e preventiva se mostra muitas vezes mais adequada para a tutela de direitos e evita a judicialização de questões que poderiam ter sido resolvidas por meio de uma recomendação, por exemplo, antecipando-se ao potencial conflito. Como já ressaltado, para a efetiva tutela de direitos a atuação repressiva é insuficiente, o que não significa que não possua imenso espaço e relevância funcional.

O importante é assinalar que a atuação repressiva ou sancionatória não pode mais ser percebida como única possibilidade de atuação do Ministério Público, ainda que se mantenha como uma das várias possibilidades de atuação. Nesse sentido, utiliza-se doutrinariamente a terminologia *Ministério Público demandista* e *Ministério Público resolutivo*, sendo que o primeiro é aquele que entende que esgota e limita sua atuação com a propositura de ações judiciais e o segundo, que se preocupa com a efetividade do processo e a resolução dos direitos e se vale de todos os instrumentos de que dispõe para a tutela de direitos, vislumbrando a via judicial como um importante canal, mas não o único, nem o preponderante[41]. Na realidade, a atuação preventiva deve ser o meio por excelência da atuação do Ministério Público,

40. A doutrina denomina de tutela repressiva ou sancionatória aquela que tradicionalmente se contrapõe semanticamente à preventiva (BARBOSA MOREIRA, José Carlos. Tutela sancionatória e tutela preventiva. *Temas de Direito processual (Segunda Série)*. São Paulo: Saraiva, 1980, 21/29.

41. Essa terminologia é proposta por Marcelo Pedroso Goulart há anos e novamente referida em seu mais recente livro: *Elementos para uma Teoria Geral do Ministério Público*. Belo Horizonte: Arraes, 2013, p. 201/205 (sobre o tema, adotando expressamente a terminologia, Gregório Assagra de Almeida em seu *Direito Processual Coletivo: um novo ramo do direito processual* São Paulo: Saraiva, 2003, pp. 510/512, e também no artigo Direitos Fundamentais e os principais fatores de legitimação social do Ministério Público no neoconstitucionalismo. *Teoria Geral do Ministério Público*. Gregório Assagra de Almeida e Jarbas Soares júnior (coord.). Belo Horizonte: Del Rey, 2013, item 3). Confira-se, ainda, SILVA, Cátia Aida. *Justiça em Jogo: novas facetas da atuação dos Promotores de Justiça*: São Paulo: Edusp, 2001, p. 91.

mas não há dúvidas de que a adoção de práticas repressivas é necessária e, não raro, inevitável[42]. Não se deve confundir a atuação processual do Ministério Público com o exercício de formas repressivas. Na realidade, a atuação repressiva pode se dar processual ou extraprocessualmente, assim como a atuação preventiva pode se verificar em ambos os contextos.

Em relação às fundações, mostra-se muito eficaz a atuação preventiva extrajudicial, especialmente por meio de recomendações, termos de ajustamento de conduta, exigência de contas e inspeções formais nos locais de atividade da fundação[43].

Acerca da atuação funcional do Ministério Público em matéria fundacional, dispõe o art. 66, CC, que "velará pelas fundações o Ministério Público do Estado onde situadas" e, "se funcionarem no Distrito Federal ou em Território, caberá o encargo ao Ministério Público do Distrito Federal e Territórios"; "se estenderem a atividade por mais de um Estado, caberá o encargo, em cada um deles, ao respectivo Ministério Público". Cotejando esse dispositivo com o art. 127 da Constituição e com os arts. 178 e 721, CPC, o fundamento da atuação do Ministério Público, portanto, está no interesse público ou social das fundações[44], a fim de assegurar que a ativi-

---

42. ALMEIDA, Gregório Assagra de. Direitos Fundamentais e os principais fatores de legitimação social do Ministério Público no neoconstitucionalismo. *Teoria Geral do Ministério Público*. Gregório Assagra de Almeida e Jarbas Soares júnior (coord.). Belo Horizonte: Del Rey, 2013, p. 46/48.

43. Essa fiscalização presencial pode ser muito útil, mas deve ser também realizada com técnica e preparo prévio, não podendo soar como visita de cortesia ou inspeção improvisada. Nem sempre, porém, a presença pessoal do Promotor de Justiça é adequada, como nos casos em que há eleições internas de diretoria ou outras atividades deliberativas na sede da fundação, sob pena de o membro do Ministério Público tornar-se testemunha de algum ilícito, podendo afetar sua posterior atuação, ou coonestar algum procedimento, sem que perceba que sua presença apenas serve como uma espécie de atestado de idoneidade do ato, o que, evidentemente, não é sua função. Também não cabe ao Ministério Público efetuar registro de atas sem a devida regularização de acordo com as normas estatutárias nem fornecer "atestados de idoneidade" ou declarações assemelhadas, limitando-se, quando muito, a certificar situações jurídicas sob sua atribuição. Não há que se confundir função administrativa ou executiva, sempre decorrente de lei e vinculada ao exercício funcional, com uma espécie de tutela ou coadministração da fundação. Há que se evitar qualquer ato assistencialista, em que se a dimensão privada da fundação, ainda que com finalidade de interesse público, e não robustece a atuação finalística, podendo, na realidade, servir apenas para legitimar atos que, no futuro, poderá se deparar como um problema que enseja atuação repressiva.

44. Na doutrina, identificam-se quatro fundamentos para a atuação do Ministério Público: 1) patrimônio que se torna de domínio público, em razão de sua finalidade social; 2) prestação de serviços à comunidade de forma desinteressada e em que predomina o interesse público; 3) fiscalização de sua estrutura organizacional para a consecução de

dade social prevista no estatuto da entidade, e que beneficia uma coletividade carente específica ou que, por exemplo, aprimore o desenvolvimento da pesquisa, cultura, tecnologia, seja, de fato, desenvolvida, justificando o acompanhamento estatal de suas atividades, não só pelo Ministério Público, mas também por outros órgãos de controle, incluindo o Judiciário. A fiscalização da atividade das fundações merece especial destaque, não só para o cumprimento dos fins a que se destinam, mas também em razão de vantagens tributárias recebidas e da ativa participação em contratos administrativos, inclusive com dispensa de licitação.

Além de suas funções clássicas, assume o Ministério Público importante papel administrativo no direito fundacional[45], cabendo-lhe quase uma função cartorária de controle dos requisitos para a instituição da fundação e de fiscalização contínua de seu funcionamento, incluindo o aspecto contábil no exame das contas.

O CPC ainda prevê a anômala – e de discutível constitucionalidade – função de, supletivamente, elaborar o estatuto. Se o Ministério Público elaborar o estatuto, aponta-se na doutrina que deverá submetê-lo diretamente à aprovação judicial[46]. Parece-nos, porém, que essa remessa não será automática, havendo necessidade de provocação de interessado, por discordar dos termos do estatuto elaborado.

Por essas atividades heterodoxas, poderá o Ministério Público figurar no polo passivo de ações ajuizadas precisamente para discutir os atos administrativos por ele exarados.

---

seus objetivos; 4) percepção de benefícios e de isenções tributárias (PAES, José Eduardo Sabo. *Fundações, Associações e Entidades de Interesse Social*. 8ª ed. Rio de Janeiro: Forense, 2013, p. 577). Airton Grazzioli e Edson José Rafael identificam o fundamento da intervenção no interesse social de onde, por sua vez, decorre um "interesse indisponível envolvido na constituição, administração e alcance dos objetivos sociais de uma fundação" (*Fundações Privadas*. São Paulo: Atlas, 2009, p. 167). Confira-se, ainda, a tentativa de se concluir que a justificativa para atuação do Ministério Público em tema fundacional se relaciona com a indisponibilidade do direito: MACHADO, Antônio Cláudio da Costa. *A Intervenção do Ministério Público no Processo Civil Brasileiro*. 2ª ed. São Paulo: Saraiva, 1998, p. 269/272.

45. Edson Prata dizia que as funções do Ministério Público relacionadas às fundações dividiam-se em orientadoras, fiscalizadoras e executivas (PRATA, Edson. *Comentários ao Código de Processo Civil*. Rio de Janeiro: Forense, 1978, p. 351. Vol. 7).

46. MENDONÇA LIMA, Alcides de. *Comentários ao Código de Processo Civil*. São Paulo: RT, 1982, p. 521/522. Vol. XII. Há também entendimento de que o Ministério Público deverá elaborar o estatuto no caso de omissão ou na hipótese de o próprio instituidor assim o requerer (PONTES DE MIRANDA. *Comentários ao Código de Processo Civil*. 2ª ed. Rio de Janeiro: Forense, 2008, p. 349/350. Tomo XVI).

Entrementes, haverá o exercício de suas funções típicas, que incluem, como já ressaltado, a instauração de procedimentos e, se necessário, o ajuizamento de ações para exigir contas, afastar diretorias, extinguir fundações, apurar atos de improbidade quando for o caso, entre outras possibilidades que integram o amplo conceito de "velamento", que, insista-se, dá-se em benefício do interesse público, que não necessariamente coincidirá, por exemplo, com a manutenção de uma fundação que apresente desvio de finalidade.

Esse ponto assume especial relevância porque não é incomum que se perceba a atividade do Ministério Público como de um "tutor" ou "curador" da fundação por si só. O velamento é da atividade desenvolvida de interesse social, e, evidentemente, quando a fundação de fato implementar os meios para a atingir as finalidades estatutárias[47].

Não se está aqui, no campo fundacional, diante de qualquer exceção ao art. 127 da Constituição da República (no caso das fundações, também deve-se invocar em conjunto o art. 129, IX, da Constituição), de modo que o exercício dessa atividade de curadoria fundamento da atuação do Ministério Público deve ser sempre encontrado naquela sede normativa.

Como em toda atividade de que participa o Ministério Público, o assistencialismo e o voluntarismo devem ceder lugar para a técnica e para a preservação do interesse social. Na esfera processual, além da legitimidade ativa – e, de modo mais raro, da legitimidade passiva –, a atuação jurisdicional do Ministério Público também pode se dar na clássica função de fiscal da ordem jurídica, caso haja processo em que se discutam questões essencialmente relacionadas à estrutura, organização ou finalidade da fundação, como modificação de estatuto, afastamento de membro da diretoria, anulação de ata administrativa, alienação de patrimônio, entre outras.

Note-se que não é a simples presença de uma fundação no processo que ensejará a intervenção do Ministério Público como fiscal da ordem jurídica, mas, sim, a existência de questões relacionadas essencialmente à função de

47. Nessa atividade de velamento deve ser incluída, portanto, iniciativa que vise ao atendimento do estatuto fundacional, não se tratando, obviamente, apenas de medidas repressivas (cf. SOARES, Janine Borges. Velamento de fundações privadas: resolutividade e impacto social. *Revista Jurídica da Corregedoria Nacional do Ministério Público: coletânea especial de fomento à resolutividade: estímulo à atuação resolutiva*. Vol. 8. Brasília: CNMP, dez. de 2023, p. 204/221).

"velamento". Assim, por exemplo, questões obrigacionais, como discussão de contrato de locação ou de cobrança de mensalidade de faculdade vinculada a uma fundação não ensejarão intervenção do Ministério Público.

Em suma, para fins de intervenção como fiscal da ordem jurídica, haverá indicação expressa na lei (completando-se, assim, a referência constante no *caput* do art. 178, CPC), ou se houver hipótese que se encaixe nos incisos do art. 178, CPC. Parafraseando o que consta no parágrafo único do referido art. 178, a participação de uma fundação no processo não configura, por si só, hipótese de intervenção do Ministério Público.

Seja atuando como legitimado ativo, seja como fiscal da ordem jurídica, apenas um membro do Ministério Público atuará no processo[48].

Em se tratando de atividade relacionada ao velamento da fundação, a atribuição será do Ministério Público do Estado (ou, se for o caso, do Distrito Federal) em que situada a sede da fundação, conforme o já citado art. 66, CC[49] – ou do Ministério Público do Estado onde se situam as suas filiais, limitado, evidentemente, às atividades desenvolvidas nesses locais, já que permanece a atribuição do Ministério Público onde se situa sua sede para o seu velamento. Entretanto, como pode haver fatos relacionados à determinada fundação que

---

48. "Esta Corte firmou entendimento no sentido de que 'é desnecessária a intervenção do Ministério Público na qualidade de *custos legis* quando atua como parte na ação civil pública' (STJ, AgRg no REsp 1.385.059/RJ, Rel. Ministro Benedito Gonçalves, Primeira Turma, DJe de 11/09/2014). Nesse sentido: STJ, AgRg no REsp 1.417.765/ RJ, Rel. Ministro Moura Ribeiro, Terceira Turma, DJe de 26/06/ 2015; STJ, AgRg no REsp 1.342.655/RJ, Rel. Ministro Paulo De Tarso Sanseverino, Terceira Turma, DJe de 11/05/2015" (AgInt no AREsp 698.557/BA, Rel. Ministra Assusete Magalhães, Segunda Turma, julgado em 13/09/2016, DJe 27/09/2016).

49. O Supremo Tribunal Federal julgou Ação Direta de Inconstitucionalidade que versou sobre o alcance do art. 66, CC, na fixação de atribuições do Ministério Público: "[...] O critério eleito para definir a atribuição discutida – funcionar a fundação no Distrito Federal – peca, a um só tempo, por escassez e por excesso. 4. Por escassez, de um lado, na medida em que há fundações de direito público, instituídas pela União – e, portanto, integrantes da Administração Pública Federal e sujeitas, porque autarquias fundacionais, à jurisdição da Justiça Federal ordinária, mas que não tem sede no Distrito Federal. 5. Por excesso, na medida em que, por outro lado, a circunstância de serem sediadas ou funcionarem no Distrito Federal evidentemente não é bastante nem para incorporá-las à Administração Pública da União – sejam elas fundações de direito privado ou fundações públicas, como as instituídas pelo Distrito Federal –, nem para submetê-las à Justiça Federal. 6. Declarada a inconstitucionalidade do § 1° do art. 66 do Código Civil, sem prejuízo, da atribuição ao Ministério Público Federal da veladura pelas fundações federais de direito público, funcionem, ou não, no Distrito Federal ou nos eventuais Territórios" (ADI 2794, Relator: Min. Sepúlveda Pertence, Tribunal Pleno, julgado em 14/12/2006, DJ 30-03-2007, p. 00068).

gerem plexos de atribuições distintas, não se pode excluir aprioristicamente a atuação do Ministério Público Federal para cuidar de matérias que não estejam relacionadas com essa atividade de velamento.

Na realidade, o Ministério Público Federal não possui atribuição para o que se denomina de "velamento", isto é, aquelas funções compreendidas na atuação ordinária do Ministério Público em matéria fundacional.

Nesse sentido, é esclarecedor o enunciado nº 147 das Jornadas de Direito Civil: "A expressão 'por mais de um Estado', contida no § 2º do art. 66, não exclui o Distrito Federal e os Territórios. A atribuição de velar pelas fundações, prevista no art. 66 e seus parágrafos, ao Ministério Público local - isto é, dos Estados, DF e Territórios onde situadas - não exclui a necessidade de fiscalização de tais pessoas jurídicas pelo Ministério Público Federal, quando se tratar de fundações instituídas ou mantidas pela União, autarquia ou empresa pública federal, ou que destas recebam verbas, nos termos da Constituição, da LC n. 75/93 e da Lei de Improbidade"[50].

A escassez legislativa referente à matéria fundacional, faz com que os Ministérios Público estaduais, em uma espécie de movimento compensatório[51], editem resoluções normativas contendo diversos deveres e obrigações. Ou seja: atos infralegais não raro inovam em matéria regulatória e preenchem as lacunas legislativas. Exemplo dessa anômala atividade legiferante é a previsão de uma fase prévia de admissibilidade para a criação de uma fundação, notadamente para análise da dotação patrimonial, idoneidade do instituidor[52] e finalidade de interesse público ou social, isto é, dos pressu-

50. Por exemplo, cabe ao Ministério Público Estadual o ajuizamento para extinguir determinada fundação; eventuais atos de improbidade relacionados a verbas federais recebidas por essa fundação serão de atribuição do Ministério Público Federal. A rigor, nenhuma peculiaridade há nisso e o compartilhamento de atribuições existe mesmo dentro de um mesmo Ministério Público estadual, dependendo da organização interna. Caso, por exemplo, haja uma Promotoria de Justiça com atribuição exclusiva para matérias fundacional, qualquer outra questão que extrapole a função de velamento, como ação de improbidade e ação penal, será de atribuição de outra Promotoria de Justiça. Essa situação, aliás, não é exclusiva da matéria fundacional e essa divisão de atribuições é algo bastante frequente na atuação do Ministério Público, não guardando nenhuma relação com a antiga discussão acerca da presença de mais de um órgão de execução em um mesmo procedimento. Em casos de atribuições diversas, sempre haverá multiplicidade de procedimentos e unidade de atuação.

51. DIAS, Daniel Pires Novais. *Negócio Fundacional: criação de fundações privadas*. São Paulo: Método, 2014, p. 6.

52. Esse pressuposto é normalmente exigido pelas Promotorias de Justiça e recebe duras críticas de Daniel Pires Novais Dias, sobre o equívoco de confundi-lo com um crivo

postos, do conteúdo e dos requisitos do negócio fundacional[53]. Embora não se trata de procedimento previsto em lei, é largamente utilizado e possui inegáveis vantagens práticas[54], como a orientação ao instituidor, evitando transtornos futuros[55].

O certo é que, nessa fase prévia, pode haver discordância entre o instituidor e o Ministério Público, com possibilidade de impedimento prático para a criação da fundação, razão pela qual o procedimento previsto no art. 764, CPC, deve ser aplicado também nesse caso, por força de interpretação extensiva.

Não é ocioso assinalar, nesse ponto, que a aprovação do negócio fundacional não se insere na esfera discricionária[56] do Ministério Público, sendo vinculado o ato[57], se atendidos os elementos exigidos por lei, devendo ser devidamente fundamento o ato administrativo que reprovar a instituição da fundação – aplicando-se aos atos do Ministério Público o disposto no art. 489, § 1º, CPC, no caso combinado com o art. 15, CPC[58] – e sempre passível de controle jurisdicional.

---

meramente formal sobre antecedentes criminais (*Negócio Fundacional: criação de fundações privadas*. São Paulo: Método, 2014, p. 45/46).

53. Sobre as questões relacionadas aos pressupostos, ao conteúdo e aos requisitos do negócio fundacional, que escapam aos limites dos presentes comentários, vale conferir DIAS, Daniel Pires Novais. *Negócio Fundacional: criação de fundações privadas*. São Paulo: Método, 2014, capítulos 2, 3 e 4.

54. Essa fase prévia é aplicável integralmente na prática à instituição por meio de escritura pública, já que na modalidade *mortis causa* há limitações evidentes a essa admissibilidade prévia, o que não impede que, quando da confecção do testamento (lembrando que não se pode estabelecer o negócio fundacional por meio de codicilo), o Ministério Público seja procurado para orientação acerca das exigências ordinariamente feitas.

55. Sobre o tema, DIAS, Daniel Pires Novais. *Negócio Fundacional: criação de fundações privadas*. São Paulo: Método, 2014, p. 14/22. PAES, José Eduardo Sabo. *Fundações, Associações e Entidades de Interesse Social*. 8ª ed. Rio de Janeiro: Forense, 2013, p. 305.

56. Repita-se o que já foi falado quando do exame do juízo de equidade: a discricionariedade não significa simples expressão de ato de vontade, mas não é sem motivo que é considerada "o cavalo de Troia dentro do Estado de Direito" (a expressão entre aspas é de Hans Huber e a citação foi extraída de obra escrita por Eduardo García de Enterría e Tomás-Ramón Fernández: *Curso de Direito Administrativo*. José Alberto Froes Cal (trad.). Carlos Ari Sundfeld (rev.). São Paulo: RT, 2014, p. 464. Vol. 1.

57. Cf. DIAS, Daniel Pires Novais. *Negócio Fundacional: criação de fundações privadas*. São Paulo: Método, 2014, p. 145/152, em que se defende o "direito de exigir a criação da fundação".

58. Mormente em virtude do emprego de diversos conceitos indeterminados e a necessidade de verificação de elementos concretos, como a dotação patrimonial suficiente e a relação com a finalidade da fundação.

5. DECISÃO JURISDICIONAL EM PROCEDIMENTOS DE JURISDIÇÃO VOLUNTÁRIA ENVOLVENDO AS FUNDAÇÕES

O art. 764, CPC, prevê a atuação jurisdicional a partir do pronunciamento do Ministério Público: 1) reprovação total ou parcial do estatuto; 2) reprovação total ou parcial de alterações no estatuto anteriormente aprovado; 3) discordância do estatuto por ele elaborado. Ou seja: há específica previsão da via jurisdicional quando houver discordância entre o interessado e o Ministério Público, em relação aos termos do estatuto apresentado ou elaborado ou às alterações posteriormente propostas[59]. Trata-se de disposição supérflua, na medida em que o controle jurisdicional é franqueado diante de qualquer afirmação de violação de direito, de modo que, havendo alegação de ameaça de lesão ou efetiva lesão à situação jurídica de determinado sujeito, a via jurisdicional lhe é assegurada.

Nesse contexto, negada pelo Ministério Público a aprovação de estatuto de determinada fundação nos moldes como desejado pelo interessado – que pode, inclusive, ser o próprio instituidor – é inerente ao sistema a atuação jurisdicional para resolver a questão. A peculiaridade do dispositivo, a rigor, está em seu parágrafo segundo, quando dispõe que "antes de suprir a aprovação, o juiz poderá mandar fazer no estatuto modificações a fim de adaptá-lo ao objetivo do instituidor". Prevê-se, pois, uma ação constitutiva[60]

59. Na doutrina, há quem defenda a ampliação dessa intervenção judicial para garantir o direito da minoria: "O estatuto que não tenha sido aprovado por unanimidade poderá ser aprovado. O art. 67, I, do CC exige quórum qualificado, e não quórum unânime. No entanto, o art. 68nprocura proteger ao máximo os bens e o fim a que se destina. O dispositivo exige que a minoria vencida seja cientificada, por ocasião do oferecimento do estatuto ao Ministério Público, no prazo de 10 dias, para a impugnação. O contraditório será desenvolvido no âmbito administrativo (*interna corporis*). A minoria poderá não se conformar com a aprovação do estatuto pelo Ministério Público, o que motiva uma interpretação ampla do art. 764, II, do CPC, para abranger não só a hipótese literal do art. 65, parágrafo único, do CC (estatuto elaborado pelo Ministério Público e pela inércia do instituidor ou responsável), mas para permitir que a minoria possa impugnar, judicialmente, o estatuto encampado pelo Ministério Público, em face do quórum qualificado, mas não unânime" (ARAÚJO, Fabio Caldas de. *Curso de Processo Civil: procedimentos especiais*. São Paulo: Malheiros, 2018, p. 535. Tomo III). Na realidade, parece-nos que não se trata de interpretação ampliativa do procedimento ora comentado, mas, sim, de assegurar o acesso à justiça à minoria, o que independe do previsto no art. 764, CPC, como já salientado. Trata-se, na verdade, de uma pretensão contra a aprovação de um estatuto que estaria em desacordo com determinado regramento, o que é suficiente para se admitir o ajuizamento de ação judicial.

60. PONTES DE MIRANDA. *Comentários ao Código de Processo Civil*. 2ª ed. Rio de Janeiro: Forense, 2008, p. 350. Tomo XVI.

para que seja "suprida" a aprovação do Ministério Público. Rigorosamente, não se trata de suprimento da aprovação, mas, sim, de controle jurisdicional de ato administrativo[61]. Por essa razão, o art. 764, CPC, pode servir como parâmetro de outros procedimentos relacionados à instituição de uma fundação, como a denominada fase prévia de aprovação pelo Ministério Público, como já mencionado.

Não havendo previsão procedimental específica, serão aplicadas as disposições gerais da jurisdição voluntária, bem como, supletivamente, as regras do procedimento comum. Proposta a ação no foro em que se situa a sede da fundação[62], será citado o Ministério Público, que, nesse caso, por se tratar de ato próprio por ele emitido, figurará como réu do processo, o que é uma situação incomum, embora não inédita, no processo civil.

De todo modo, a participação do Ministério Público em procedimentos envolvendo questões essencialmente fundacionais é obrigatória, como já assinalado no item próprio. Figurando no polo passivo ou intervindo como fiscal da ordem jurídica, o certo é que apenas atuará no processo um único órgão do Ministério Público.

Os efeitos da revelia não incidirão por se tratar de opção legislativa a indisponibilidade do direito, o que decorre do próprio sistema legal que reputa de interesse público "primário" a instituição e fiscalização das fundações e a pretensão veiculada no procedimento vincula-se à própria essência do direito fundacional e à atuação obrigatória do Ministério Público.

Se necessário, haverá dilação probatória, não havendo nenhum corte de cognição que decorra da especialidade do procedimento. Evidentemente, pode o instituidor desistir a qualquer tempo, antes do registro do estatuto, de prosseguir com o procedimento. A controvérsia será decidida por sentença e, portanto, será passível de interposição de recurso de apelação.

---

61. Em sentido aproximado, CASTRO FILHO, José Olympio de. *Comentários ao Código de Processo Civil*. 4ª ed. Rio de Janeiro: Forense, 1995, p. 216/217. Vol. X.

62. ARAÚJO, Fabio Caldas de. *Curso de Processo Civil: procedimentos especiais*. São Paulo: Malheiros, 2018, p. 534. Tomo III. Na realidade, como já dito, aplicam-se as regras comuns do CPC para esse procedimento, mas, mesmo em caso em que a instituição da fundação não esteja aperfeiçoada, a competência deverá ser no local de sua sede em perspectiva, considerando-se o próprio objetivo da intervenção jurisdicional, que só faz sentido se prestada no local em que se pretende instituir o negócio jurídico.

O art. 764, CPC, em essência, salvo em seu parágrafo segundo, veicula regras desnecessárias, na medida em que basicamente prevê a possibilidade de controle jurisdicional de atos administrativos relacionados ao estatuto da fundação. Evidentemente, é desnecessária uma regra específica desse jaez, já que a via jurisdicional é garantida constitucionalmente. Por isso, não menos evidente é a constatação de que esse dispositivo legal não exaure as ações processuais relacionadas às fundações, seja em relação à instituição e à fiscalização, abarcando, também, sua extinção. Especialmente o Ministério Público, como visto no item próprio, utilizará de outros meios jurisdicionais – além e suas atribuições extrajudiciais – para o exercício de suas funções, a fim de preservar o interesse público e social[63].

---

63. "Processual civil. Ação civil pública proposta pelo Ministério Público em face de ex-dirigentes de fundação de direito privado. *Legitimatio ad causam* do *parquet*. Art. 127 da CF/88. Arts. 7.º, 200, e 201 da Lei n.º 8.069/90. 1. O Ministério Público Estadual detém legitimidade para a propositura de ação civil pública, objetivando a responsabilização de ex-dirigentes de fundação de direito privado, instituída para a execução de programas de proteção e socioeducativos destinados a crianças e adolescentes. 2. Deveras, o Ministério Público está legitimado a defender os interesses transindividuais, quais sejam os difusos, os coletivos e os individuais homogêneos. 3. É que a Carta de 1988, ao evidenciar a importância da cidadania no controle dos atos da administração, com a eleição dos valores imateriais do art. 37, da CF como tuteláveis judicialmente, coadjuvados por uma série de instrumentos processuais de defesa dos interesses transindividuais, criou um microssistema de tutela de interesses difusos referentes à probidade da administração pública, nele encartando-se a Ação Popular, a Ação Civil Pública e o Mandado de Segurança Coletivo, como instrumentos concorrentes na defesa desses direitos eclipsados por cláusulas pétreas. 4. A nova ordem constitucional erigiu um autêntico 'concurso de ações' entre os instrumentos de tutela dos interesses transindividuais e, a fortiori, legitimou o Ministério Público para o manejo dos mesmos. 5. O Ministério Público do Estado de Minas Gerais ajuizou ação civil pública em face de ex-dirigentes de fundação privada de assistência à criança, fundado na prática de inúmeras irregularidades, apuradas em auditoria interna, especialmente, uso indevido de verbas, além da apropriação indébita de recursos da referida entidade, no importe de R$ 81.192,47), consoante se infere dos autos. 6. *In casu*, o estatuto da fundação (fls. 49/61) revela estreme de dúvidas a sua vocação protetiva e assistencial, especialmente, pelo auxílio e assistência às crianças e famílias desamparadas, sem distinção de raça, cor, sexo e ideias políticas ou religiosas. 7. O controle engendrado pelo Ministério Público, consoante prevê os art. 26 do Código Civil/2002 e o arts. 1.199 a 1.204 do CPC, realiza-se mediante exame do balanço anual, recebido dos órgãos diretivos da Fundações, o qual possibilita, com considerável precisão, a aferição acerca da vida patrimonial, econômica e financeira da instituição fiscalizada. 8. A consecução dos objetivos finalísticos da Fundação é acompanhada pela Curadoria, a quem incumbe velar, na acepção mais ampla da palavra, qual seja, proteger, zelar e cuidar, a fim de que a fundação cumpra de forma eficiente os seus desígnios. 9. Consectariamente, a ampliação conceitual do vocábulo "velar", inserto no art. 26 do Código Civil de 1916 e reproduzido no art. 66 do novel Código Civil de 2002, justifica-se pela proporcionalidade entre os encargos atribuídos e os meios postos à disposição para a consecução daqueles, sob pena de inocuidade do "dever-poder" atribuído ao Ministério Público no exercício de quão importante mister. 10. À luz da legislação atinente à matéria, afere-se anomalia na administração da fundação, revela-se razoável que os interessados

6. EXTINÇÃO DA FUNDAÇÃO

Como qualquer pessoa jurídica, a fundação poderá ser extinta administrativa ou judicialmente. Dispõe o art. 69, CC, que, "tornando-se ilícita, impossível ou inútil a finalidade a que visa a fundação, ou vencido o prazo de sua existência, o órgão do Ministério Público, ou qualquer interessado, lhe promoverá a extinção, incorporando-se o seu patrimônio, salvo disposição em contrário no ato constitutivo, ou no estatuto, em outra fundação, designada pelo juiz, que se proponha a fim igual ou semelhante". Já o art. 765, CPC, prevê a extinção por qualquer interessado ou pelo Ministério Público, quando se tornar ilícito o objeto, for impossível a manutenção da fundação ou vencer o prazo de sua existência.

Em virtude da discrepância textual entre os dois dispositivos, editou-se o enunciado nº 189 do Fórum Permanente de Processualistas Civis, que conclui pela conjugação dos textos legais: "o art. 765 deve ser interpretado em consonância com o art. 69 do Código Civil, para admitir a extinção da fundação quando inútil a finalidade a que visa".

As causas de extinção, portanto, devem ser conjugadas e basicamente se justificam pela impossibilidade de a fundação atender ao interesse social, seja pela ilicitude ou impossibilidade do objeto, sua manutenção se tornar

---

e, especialmente, o Ministério Público, no exercício de seu mister, sejam legitimados à propositura de ações judiciais aptas à coibir eventuais ingerências, possibilitando à fundação o cumprimento de sua finalidade precípua, consoante a lei e seus estatutos, máxime pela expressa previsão de fiscalização das mencionadas entidades, inserta no art. 95 do Estatuto da Criança do Adolescente, *verbis*: "As entidades governamentais e não-governamentais referidas no art. 90 serão fiscalizadas pelo Judiciário, pelo Ministério Público e pelos Conselhos Tutelares (...)".11. *Ad argumentandum tantum*, o direito insculpido na Constituição Federal e no Estatuto da Criança e do Adolescente, é direito indisponível, em função do bem comum, maior a proteger, derivado da própria força impositiva dos preceitos de ordem pública que regulam a matéria. 12. Outrossim, a Lei n.º 8.069/90 no art. 7.º, 200 e 201, consubstanciam a autorização legal a que se refere o art. 6.º do CPC, configurando a legalidade da legitimação extraordinária cognominada por Chiovenda como "substituição processual", senão vejamos: "Art. 7º A criança e o adolescente têm direito a proteção à vida e à saúde, mediante a efetivação de políticas sociais públicas que permitam o nascimento e o desenvolvimento sadio e harmonioso, em condições dignas de existência." "Art. 200. As funções do Ministério Público previstas nesta Lei serão exercidas nos termos da respectiva lei orgânica." "Art. 201. Compete ao Ministério Público: (...) V - promover o inquérito civil e a ação civil pública para a proteção dos interesses individuais, difusos ou coletivos relativos à infância e à adolescência, inclusive os definidos no art. 220, § 3º inciso II, da Constituição Federal;" 13. Recurso especial provido para reconhecer a legitimidade do Ministério Público Estadual" (REsp 776.549/MG, Rel. Ministro Luiz Fux, Primeira Turma, julgado em 15/05/2007, DJ 31/05/2007, p. 346).

impossível por questões financeiras ou administrativas, quando se tornar obsoleta ou inútil ou quando for encerada a pessoa jurídica, se instituída com prazo certo.

Entre as causas de extinção, a mais complexa e com inegável potencial de litigiosidade é que se refere à ilicitude do objeto em razão do desvio de finalidade[64], exigindo especial atuação do Ministério Público. Há fundações que querem os benefícios – como a contratação com o poder público sem licitação e vantagens fiscais – sem as respectivas contrapartidas, isto é, opta--se por uma formalidade legal para auferir bônus financeiros, comportando, sim, como verdadeira atividade com fim econômico, frequentemente servindo apenas para firmar vultosos e longos contratos com o poder público.

Esse desvio de perspectiva, não raro por meio de alteração estatutária, deve ser firmemente fiscalizado e reprimido pelo Ministério Público. Para a extinção judicial são legitimados o Ministério Público e quaisquer outros interessados, como dirigentes, integrantes dos órgãos da fundação e credores[65].

Na petição inicial – e nos documentos que a acompanham – deverá haver elementos narrativos e probatórios que revelem essa pertinência subjetiva com as causas que, em tese, ensejam a extinção judicial. Para a caracterização da causa que enseja a extinção da fundação, inexiste limitação procedimental para a produção de provas, mas desde a inicial devem ser

64. "Verifica-se a ilicitude do objeto de uma fundação quando se constata que ela desenvolve e mantém suas atividades em desvio das finalidades lícitas e sociais para as quais ela foi instituída. Quando, por exemplo, ela passa a agir como verdadeira empresa comercial, auferindo lucro e colocando no mercado seus produtos e serviços de forma mercantilista, ou quando ela passa a agir em desacordo com suas normas estatutárias, dilapidando seu patrimônio, como, por exemplo, distribuindo bens de seu acervo patrimonial entre os próprios dirigentes, ou com comportamentos ilegais, como sonegação fiscal ou movimentação de recursos financeiros sem comprovação documental. A ilicitude de seu objeto ou de suas finalidades pode ocorrer em razão do próprio desvio de finalidades que acarreta a nocividade de sua mantença [...] pode ocorrer também na hipótese em que os fins ou as finalidades tornam-se ilícitas, quando, por exemplo, a atividade fundacional realizada passa a ser tipificada como crime" (PAES, José Eduardo Sabo. *Fundações, Associações e Entidades de Interesse Social*. 8ª ed. Rio de Janeiro: Forense, 2013, p. 416/417. Ainda: DINIZ, Gustavo Saad. O poder nas fundações privadas. *Revista de Direito Privado*. São Paulo: RT, vol. 76, abril de 2017). É importante considerar que o conceito de lucro não se confunde com a prática onerosa ou gratuita de serviços. O que se deve coibir é a instituição de fundação que vise ao lucro subjetivo como objetivo final, como se fosse um agente econômico empreendedor ou uma empresa.

65. PAES, José Eduardo Sabo. *Fundações, Associações e Entidades de Interesse Social*. 8ª ed. Rio de Janeiro: Forense, 2013, p. 419.

indicadas as provas que revelam a justa causa ou informadas as razões pelas quais não são apresentadas naquele momento (o que pode até justificar a inversão do ônus da prova). O procedimento para a produção antecipada de provas pode ser útil nesse particular, além de eventual inquérito civil ou outro procedimento extrajudicial.

A extinção de uma fundação deve contar, obviamente, com a intervenção obrigatória do Ministério Público, caso não seja ele o autor.

No polo passivo, devem figurar a fundação e eventuais interessados.

A sentença de extinção deve ser enviada para o registro, para os fins do art. 120, V, da Lei 6.015/73. Contra essa sentença será cabível recurso de apelação.

Extinta a fundação, o patrimônio remanescente deve ter seu destino a partir da vontade do instituidor ou o regramento estatutário e, subsidiariamente, deve ser incorporado em outra fundação que se proponha a fim igual ou semelhante.

O sistema legal aparentemente indica, portanto, que a extinção enseja a imediata transferência patrimonial da fundação, a fim de que se atenda à disposição de vontade ou aos fins semelhantes.

Entretanto, há dois problemas que antecedem o exame propriamente dito da destinação do patrimônio remanescente, caso haja.

O primeiro ponto a ser observado está na necessária proteção aos eventuais credores da fundação a ser extinta, inclusive a Fazenda Pública, tanto no âmbito fiscal quanto obrigacional. Não se pode pensar em transferência do patrimônio de uma fundação caso haja dívidas a serem adimplidas. A extinção da fundação, caso haja patrimônio, não significa extinção das obrigações, de modo que o procedimento deve assegurar, na medida do possível, a possibilidade de os credores receberem os valores devidos. Mesmo com as evidentes limitações procedimentais para o caso, não se assemelhando aos procedimentos de liquidação extrajudicial ou falimentar, é possível vislumbrar algumas alternativas de publicidade do processo de extinção de uma fundação que possua patrimônio, podendo, inclusive, ser alvitrada uma simetria entre sua capacidade econômica e as possibilidades de comunicação a potenciais credores.

Quanto maior o patrimônio, igualmente mais amplas as alternativas de publicação, podendo-se cogitar a publicação de edital e aviso em jornal de grande circulação, por exemplo. Na generalidade dos casos, pode-se pensar em alternativas mais singelas, como manutenção de campo próprio nas páginas oficiais na internet do Ministério Público e do Tribunal de Justiça para divulgação dos processos de extinção, intimação dos órgãos da Fazenda Pública (no âmbito municipal, estadual e federal) e também intimações específicas a partir de informações concretas obtidas no decorrer do próprio procedimento, por meio de documentos, prestações de contas e informações da própria fundação.

Há que se registrar que, ainda que os direitos dos credores possam e devam ser resguardados no decorrer do processo de extinção de uma fundação, não se pode transformar tal procedimento em campo próprio para que sejam dirimidas as potenciais controvérsias envolvendo circunstâncias da obrigação, a correta fixação do valor, entre outras, sob pena não só de descaracterizar o procedimento de jurisdição voluntária, mas sobretudo de impedir que seja resolvido o objeto principal que é a extinção das fundações.

Diante desse contexto, não se pode confundir o aviso aos eventuais credores com o chamamento para que exerçam de imediato o eventual direito de crédito, salvo, se for o caso, o bloqueio de determinado valor para garantir o crédito ou a expedição singela de alvará para a liberação de alguma quantia incontroversa, com anuência do Ministério Público. Resguardado o direito de eventuais credores, passa-se ao ponto de se verificar a existência de ato de vontade do instituidor ou de disposição estatutária regulando a extinção da fundação, quando, então, prevalecerá a autonomia privada[66]. Caso haja disposição expressa de vontade para que o patrimônio,

66. O que não se confunde com a prevalência ilimitada da vontade, sendo conhecidos os diversos balizamentos normativos existentes. A propósito, na própria teoria clássica do negócio jurídico privado já se via essa limitação da autonomia privada, como se lê, por exemplo, em Emílio Betti: "O instituto do negócio jurídico não consagra a faculdade de 'querer' no vácuo, como apraz afirmar a certo individualismo, que ainda não foi extirpado da hodierna dogmática", acrescentando que a "errônea mitologia da vontade" celebra a "omnipotência da vontade individual (a qual, de facto, no foro interno da consciência não encontra limites extrínsecos); e dessa maneira induz a desconhecer os múltiplos limites sociais e jurídicos da autonomia privada" (*Teoria Geral do Negócio* Jurídico. Tomo I. Fernando Miranda (trad.). Coimbra: Coimbra, 1969, pp. 107 e 118/119). Confira-se, ainda, com profunda construção crítica, MELLO, Marcos Bernardes de. *Teoria do Fato Jurídico: plano da validade.* 7ª ed. São Paulo: Saraiva, 2006, capítulo XII. Ainda: PRATA, Ana. *A Tutela Constitucional da Autonomia* Privada. Coimbra: Almedina, 1982, capítulo 1. Confira-se, ainda, a evolução do conceito de autonomia privada em DUQUE, Marcelo Schenk. *Direito Privado e Constituição:* drittwirkung *dos direitos fundamentais. Construção de um modelo de convergência à luz dos contratos de consumo.* São Paulo: RT, 2013, p.

após a liquidação, seja transferido para outra fundação específica[67], somente poderá haver objeção no caso de a destinatária também estiver extinta ou figurando em processo de extinção. Em se tratando de respeito à vontade – e a norma estatutária, nesse sentido, é ato de vontade -, desde que não redunde em prática antijurídica, há que prevalecer a disposição válida, quando da extinção da fundação, o que pode significar, inclusive, que o patrimônio não seja destinado para nenhuma outra entidade semelhante. Efetivamente, não há que se falar em perpetuidade da afetação do patrimônio e a ressalva do art. 69, CC, é bastante indicativa dessa conclusão, embora não seja esse o entendimento majoritário na doutrina[68].

Entretanto, não é incomum que uma fundação amplie seu patrimônio no decorrer dos anos, devido à boa administração e também a privilégios legais que lhe são conferidos exatamente em virtude de sua finalidade que transcende – ou deveria transcender – o aspecto privado e patrimonial.

Nesse contexto, pode-se questionar a obrigatoriedade, ainda que parcial, de persistir um patrimônio afetado para fins iguais ou semelhantes que justificaram a dotação original, sob pena de enriquecimento ilícito[69].

Depois dessas questões, havendo patrimônio livre remanescente, passa-se ao exame do objeto da fundação, a fim de que se delimite a identidade com outra fundação ou, se inexistente alguma com igual finalidade, a semelhança. Por fim, a escolha da fundação que incorporará o patrimônio deverá observar rigorosamente a finalidade estatutária, somente se buscando fundação com fim semelhante se não houver alguma com a mesma finalidade.

---

150 e ss. Registre-se, também, que a fundação não se confunde com a autonomia privada do instituidor e, tendo personalidade própria, há um desprendimento do negócio fundacional com a criação de pessoa jurídica autônoma.

67. Inclusive uma fundação pode criar uma outra fundação (cf. DIAS, Daniel Pires Novais. *Negócio Fundacional: criação de fundações privadas.* São Paulo: Método, 2014, p. 41).

68. Cf. PAES, José Eduardo Sabo. *Fundações, Associações e Entidades de Interesse Social.* 8ª ed. Rio de Janeiro: Forense, 2013, p. 426/427. Ampla abordagem em DIAS, Daniel Pires Novais. *Negócio Fundacional: criação de fundações privadas.* São Paulo: Método, 2014, capítulo 6, em que são examinados e rebatidos os argumentos restritivos à possibilidade da reversão dos bens.

69. DIAS, Daniel Pires Novais. *Negócio Fundacional: criação de fundações privadas.* São Paulo: Método, 2014, p. 172, nota 33.

O Ministério Público e demais interessados, incluindo a própria fundação, no decorrer do procedimento, deverão se manifestar antes que seja proferida a decisão em que se apontará a fundação designada para a incorporação do patrimônio. Note-se que, por força dos arts. 9º e 10, CPC, necessariamente o juiz deverá submeter às possíveis fundações aptas a receberem o patrimônio para debate, caso não sejam acolhidas ou inexistam indicações formuladas pelos interessados ou pelo Ministério Público.

7. CONSIDERAÇÕES FINAIS

O propósito deste sucinto artigo é apenas apresentar algumas questões processuais envolvendo o Ministério Público e as fundações privadas, sem procurar esgotar, porém, todas as possibilidades de tão multifacetada relação.

Há sem dúvida necessidade de um quadro legislativo federal mais completo para formar aquilo que pode ser denominado de regime jurídico fundacional, mas é igualmente certo que a função de velamento conferida ao Ministério Público pode ser plenamente exercida dentro do atual contexto normativo, já que é inerente à fundação privada a estrita vinculação com uma finalidade de interesse público. Incide, portanto, inexoravelmente a necessidade de controle interno e externo dos atos dos administradores, o que inclui o dever de prestar contas e atividades praticadas pela fundação na consecução de sua finalidade e toda uma gama de possibilidades de atuação extrajudicial e judicial do Ministério Público.

Assim como as questões processuais envolvendo as fundações privadas não se exaurem nos procedimentos de jurisdição voluntária, não se esgotam as atividades de velamento em providências extrajudiciais ou processos individuais, podendo haver questões afetas a processos jurisdicionais coletivos e também estruturais. Inexiste qualquer confinamento temático envolvendo as fundações privadas e, a depender do substrato fático e das pretensões veiculadas, toda e qualquer providência jurisdicional deve ser admitida.

As fundações privadas são destinadas à consecução do interesse público vinculado à sua finalidade específica, que é o que fundamenta a afetação do patrimônio e, portanto, constitui seu pressuposto, sua finalidade e justifica sua permanência somente enquanto cumpri-la. O regime jurídico fundacional não pode ser utilizado para que verdadeiras empresas se beneficiem das regras que facilitem a obtenção e distribuição de lucros e ao mesmo tempo se subtraiam aos deveres relacionados à inerente fiscalização a que devem se submeter. A opção pelo regime fundacional implica balizamentos e vinculações a fim de que se tutele o interesse público ou social, justificando, assim, as múltiplas atuações do Ministério Público no velamento das fundações privadas.

8. REFERÊNCIAS

ARAGÃO, Alexandre Santos de. As fundações públicas e o novo Código Civil. *Revista dos Tribunais*, vol. 815. São Paulo: RT, set. de 2003, p. 739-754.

ARAÚJO, Fabio Caldas de. *Curso de Processo Civil: procedimentos especiais*. São Paulo: Malheiros, 2018.Tomo III.

BARREIRA, Dolor. Fundação. Sua conceituação na doutrina jurídica. Como se orientou no assunto o nosso Código Civil. *Revista de Direito Civil Contemporâneo*, vol. 10. São Paulo: RT, Jan – Mar/2017.

BEVILAQUA, Clovis. *Código Civil dos Estados Unidos do Brasil*. Edição histórica. Rio de Janeiro: Rio, sem data, p. 240. Vol. I.

CASTRO FILHO, José Olympio de. *Comentários ao Código de Processo Civil*. 4ª ed. Rio de Janeiro: Forense, 1995. Vol. X.

CORDEIRO, António Menezes. *Tratado de Direito* Civil. 3ª ed. Coimbra: Almedina, 2011. Vol. IV.

DIAS, Daniel Pires Novais. *Negócio Fundacional: criação de fundações privadas*. São Paulo: Método, 2014.

DINIZ, Gustavo Saad. O poder nas fundações privadas. *Revista de Direito Privado*. São Paulo: RT, vol. 76, abril de 2017.

FARIAS, Cristiano Chaves de. ROSENVALD, Nelson. *Curso de Direito Civil*. 15ª ed. São Paulo: Juspodivm, 2017. Vol. 1.

GARCIA, Emerson. ALVES, Rogério Pacheco. *Improbidade Administrativa*. 8ª ed. São Paulo: Saraiva, 2014.

GODINHO, Robson Renault. *Comentários ao Código de Processo Civil*. São Paulo: Saraiva, 2018. Vol. XIV.

GUEDES, Jefferson Carús. *Comentários ao Código de Processo Civil*. 2ª ed. São Paulo: RT, 2018. Vol. XI.

GRAZZIOLI, Airton. RAFAEL Edson José. *Fundações Privadas*. São Paulo: Atlas, 2009.

JUSTEN FILHO, Marçal. *Curso de Direito Administrativo*. 9ª ed. São Paulo: RT, 2013.

LÔBO, Paulo. *Direito Civil: parte geral*. 6ª ed. São Paulo: Saraiva, 2017.

MACHADO, Antônio Cláudio da Costa. *A Intervenção do Ministério Público no Processo Civil Brasileiro.* 2ª ed. São Paulo: Saraiva, 1998.

MARCATO, Antonio Carlos. *Procedimentos Especiais.* 16ª ed. São Paulo: Atlas, 2016.

MELLO FILHO, José Celso de. Notas sobre as fundações. *Revista de Direito Privado.* São Paulo: RT, vol. 53, Jan - Mar / 2013.

MENDONÇA LIMA, Alcides. *Comentários ao Código de Processo Civil.* São Paulo: RT, 1982. Vol. XII.

NERY JR., Nelson. Fundação, conceito e natureza jurídica limites para atuação da curatela do Ministério Público. *Soluções Práticas de Direito,* vol. 6. São Paulo: RT, 2014.

PAES, José Eduardo Sabo. *Fundações, Associações e Entidades de Interesse Social.* 8ª ed. Rio de Janeiro: Forense, 2013.

PONTES DE MIRANDA. *Tratado de Direito Privado.* 4ª ed. São Paulo: RT, 1983. Tomo 1.

PONTES DE MIRANDA. *Comentários ao Código de Processo Civil.* 2ª ed. Rio de Janeiro: Forense, 2008. Tomo XVI.

PRATA, Edson. *Comentários ao Código de Processo Civil.* Rio de Janeiro: Forense, 1978. Vol. 7.

SEABRA FAGUNDES, Miguel. Fundação: âmbito da atuação do Ministério Público em sua defesa - Interpretação do art. 26 do Código Civil - Afastamento imediato de seus administradores - Legalidade da providência, tanto como medida de natureza administrativa, como medida de caráter judicial preventivo. *Doutrinas Essenciais de Direito Civil.* São Paulo: RT, 2010. Vol. 3.

SILVA, Alexandre Pacheco. *Antes de uma Fundação, um Conceito: um estudo sobre a disciplina jurídica das fundações de apoio na cooperação entre Universidade e Empresa.* São Paulo: Escola de Direito da Fundação Getúlio Vargas, Dissertação de mestrado, 2011 (disponível em http://bibliotecadigital.fgv.br/).

SOARES, Janine Borges; CLOS, Keller Dornelles. O velamento das fundações privadas pelo Ministério Público. *Revista de Direito Civil Contemporâneo.* vol. 29. São Paulo: out./dez. 2021.

SOARES, Janine Borges. Velamento de fundações privadas: resolutividade e impacto social. *Revista Jurídica da Corregedoria Nacional do Ministério Público: coletânea especial de fomento à resolutividade: estímulo à atuação resolutiva.* Vol. 8. Brasília: CNMP, dez. de 2023.

SOARES, Janine Borges. Velamento de fundações privadas: unidade no Ministério Público e impacto social. *Revista Jurídica da Corregedoria Nacional do Ministério Público: coletânea especial de fomento à resolutividade: unidade, independência funcional e integridade no Ministério Público brasileiro.* Vol. 10. Brasília: CNMP, dez. de 2023.

PARTE 2

1

QUESTÕES ATUAIS SOBRE AS POSIÇÕES DO MINISTÉRIO PÚBLICO NO NOVO CPC*

Fredie Didier Jr.

Robson Renault Godinho

1. INTRODUÇÃO

Para os fins deste trabalho, interessa-nos a compreensão da história recente do Ministério Público brasileiro[1], já que sua formação o torna peculiar, se comparado a Ministérios Públicos de outros países[2].

---

*. Este texto em coautoria com Fredie Didier Jr., Professor Titular da UFBA e Advogado, originalmente foi escrito antes da aprovação do atual CPC e publicado na *Revista de Processo, nº 237*. São Paulo: RT, novembro de 2014, p. 45/87; posteriormente foi revisto e atualizado de acordo com o CPC e publicado na coletânea *Ministério Público (Coleção Repercussões do Novo CPC*, v.6). Robson Renault Godinho; Susana Henriques da Costa (coord.); Fredie Didier Jr. (Org.). Salvador: Juspodivm, 2015, v. 1, p. 15-41.

1. Para a formação histórica geral do Ministério Público e/ou para notícias de direito comparado, vale conferir os seguintes estudos, que também trazem outras referências bibliográficas sobre o tema: GARCIA, Emerson. *Ministério Público – organização, atribuições e regime jurídico*. 4ª ed. São Paulo: Saraiva, 2014. SAUWEN FILHO, João Francisco. *Ministério Público Brasileiro e o Estado Democrático de Direito*. Rio de Janeiro: Renovar, 1999. NERY, Rosa Maria de Andrade. Notas sobre a justiça e o Ministério Público no direito da Alemanha ocidental. *Revista de Processo, nº 47*. São Paulo: RT, julho/setembro de 1987. PROENÇA, Luis Roberto. Participação do Ministério Público no processo civil nos Estados Unidos da América. *Ministério Público – instituição e processo*. Antonio Augusto Mello de Camargo Ferraz (coord.). São Paulo: Atlas, 1997. FERRAZ, Antonio Augusto Mello de Camargo. Anotações sobre os Ministérios Públicos brasileiro e americano. *Ministério Público e Afirmação da Cidadania*. São Paulo: s/ed., 1997. COSTA, Eduardo Maia. Ministério Público em Portugal. *Ministério Público II – democracia*. José Marcelo Menezes Vigliar e Ronaldo Porto Macedo Júnior (coord). São Paulo: Atlas, 1999. SALLES, Carlos Alberto de. Entre a razão e a utopia: a formação histórica do Ministério Público. *Ministério Público II – democracia*. José Marcelo Menezes Vigliar e Ronaldo Porto Macedo Júnior (coord). São Paulo: Atlas, 1999. MACEDO JÚNIOR, Ronaldo Porto. A evolução institucional do Ministério Público brasileiro. *Uma Introdução ao Estudo da Justiça*. Maria Tereza Sadek (org.). São Paulo: IDESP/Sumaré, 1995. ARANTES, Rogério Bastos. *Ministério Público e Política no Brasil*. São Paulo: IDESP/EDUC/Sumaré, 2002. ZENKNER, Marcelo. *Ministério Público e Efetividade do Processo Civil*. São Paulo: RT, 2006. MACHADO, Bruno Amaral. *Ministério Público: organização, representação e trajetórias*. Curitiba: Juruá, 2007.

2. Além das referências citadas na nota anterior, convém mencionar interessante livro que oferece um panorama comparado: DIAS e AZEVEDO (coord.). *O Papel do Ministério Público: estudo comparado dos países latino-americanos*. Coimbra: Almedina, 2008.

É interessante observar que o Ministério Público, mesmo após a Constituição de 1988, ainda não é percebido como um personagem multifacetado no processo civil, com toda uma nova dimensão jurídica advinda de diversos textos normativos e da própria prática institucional.

Essa visão restritiva decorre também de certo silêncio da doutrina, que, em linhas gerais, persiste na análise do Ministério Público apenas na tradicional função de *custos legis* ("fiscal da ordem jurídica", segundo o atual CPC), salvo quando se abordam questões envolvendo a legitimidade para ações coletivas.

Se houve evidente modificação do Ministério Público, com necessárias repercussões processuais, a manutenção de uma interpretação "retrospectiva" é incompatível com uma realidade que, se não é exatamente nova, exige um tratamento condizente com tais transformações. Barbosa Moreira chegou a afirmar que o silêncio da Instituição no processo civil teria sido interrompido exatamente em razão do processo coletivo, que ensejou a "revitalização do Ministério Público, arrancado à relativa quietude em que usualmente o mantinham, no tocante ao processo civil, as atribuições tradicionais" [3].

Entretanto, não basta concentrar tintas na legitimidade do Ministério Público para os processos coletivos, se outras dimensões continuam negligenciadas pela doutrina e jurisprudência.

Em suma, nossa intenção é apenas a de registrar alguns pontos que, pelo conteúdo e/ou pelo simbolismo, indicam um caminho para mais bem compreender a complexidade do Ministério Público.

2. O MINISTÉRIO PÚBLICO COMO LEGITIMADO ORDINÁRIO E SUA CAPACIDADE POSTULATÓRIA

A Segunda Turma do Supremo Tribunal Federal, por unanimidade, julgou procedente pedido formulado em mandado de segurança impetrado pelo Ministério Público do Espírito Santo contra ato proferido pelo Conselho Nacional do Ministério Público[4].

3. Os novos rumos do processo civil brasileiro. *Temas de Direito Processual* (Sexta Série). São Paulo: Saraiva, 1997, p. 73.
4. "Mandado de segurança. Conselho Nacional do Ministério Público. Anulação de ato do Conselho Superior do Ministério Público do Estado do Espírito Santo em termo de

Desse julgamento decorrem duas situações especialmente interessantes e que foram acertadamente compreendidas pelo STF: o reconhecimento da legitimidade do Ministério Público para a defesa, em nome próprio, de sua esfera jurídica e a aceitação da capacidade postulatória do Procurador-Geral de Justiça para subscrever o mandado de segurança.

O CPC expressamente arrolou alguns entes despersonalizados no art. 75[5], mas isso não esgota todas as possibilidades, especialmente porque a capacidade de ser parte não se confunde com a personalidade jurídica. Os fatos de o Ministério Público ser um órgão administrativo e, tradicionalmente, a ele não ser reconhecida personalidade jurídica em nada interferem no ponto. É inegável que ele possui personalidade judiciária e, principalmente, que se trata de ente com esfera e patrimônio jurídicos próprios, o que o torna *sujeito de direitos.*

Quando vai a juízo na defesa de situações jurídicas por ele titularizadas, como é o caso, a sua legitimação é ordinária. Sim, ordinária: nem sempre a atuação do Ministério Público dá-se na condição de legitimado extraordinário, como se supõe indevidamente. *Esse é o primeiro ponto a ser destacado no julgamento em questão.*

O Ministério Público possui autonomia que lhe confere direitos e deveres, decorrendo daí a capacidade postulatória em caso de ameaça ou violação de sua esfera jurídica[6]. "A teoria dos sujeitos de direito precisa ser repensada, pois não se justifica, pelo exame do direito positivo, que não se

---

ajustamento de conduta. Atividade-fim do Ministério Público estadual. Interferência na autonomia administrativa e na independência funcional do Conselho Superior do Ministério Público do Espírito Santo - CSMP/ES. Mandado de segurança concedido" (STF, 2ª T., MS n. 28.028, Relatora: Min. Cármen Lúcia, j. em 30.10.2012, DJe-107, public 07-06-2013).

5. Atualização bibliográfica: UZEDA, Carolina; TEMER, Sofia ; PANTOJA, Fernanda Medina ; FARIA, Marcela Kohlbach. Entes organizados despersonalizados e capacidade de ser parte: grupos e associações de fato em juízo (Art. 75, IX, do CPC). *Civil Procedure Review*, v. 12, p. 165-205, 2021.

6. Em texto clássico, escrito há mais de cinquenta anos, Victor Nunes Leal tratou da personalidade judiciária das câmaras municipais e já afirmava que "sendo, entretanto, um órgão independente do prefeito no nosso regime de divisão de poderes (que projeta suas consequências na própria esfera municipal), sua competência privativa envolve, necessariamente, direitos, que não pertencem individualmente aos vereadores, mas a toda a corporação de que fazem parte. Se o prefeito, por exemplo, viola esses direitos, não se pode conceber que não haja no ordenamento jurídico positivo do país um processo pelo qual a câmara dos vereadores possa reivindicar suas prerrogativas". (LEAL, Victor Nunes. Personalidade judiciária das câmaras municipais. *Problemas de Direito Público*. Rio de Janeiro: Forense, 1960, p. 430.)

reconheça capacidade jurídica a entes a que o ordenamento jurídico atribui aptidão para ter direitos e contrair obrigações, embora não lhes tenha sido atribuída personalidade jurídica", com a possibilidade de haver processos envolvendo órgãos estatais de uma mesma pessoa jurídica e até de um órgão contra em face dessa mesma pessoa jurídica[7].

Assim, pode o Ministério Público ajuizar ação visando, por exemplo, à salvaguarda do princípio da independência funcional, da autonomia administrativa ou do poder de requisição, como, aliás, já reconheceu o Superior Tribunal de Justiça[8].

O CPC não cuida expressamente da capacidade de ser parte, considerando-a, porém, pressuposta. Ainda que haja divergências conceituais relevantes, parte, em sentido processual, pode ser entendida como sendo o sujeito de uma relação processual que formula pedido de tutela jurisdicional ou aquele contra quem é igualmente formulado esse tipo de pedido. A capacidade de ser parte, portanto, é a aptidão abstrata para ser sujeito do processo ou assumir situação jurídica processual[9]. Ao contrário da capacidade processual, que pode ser absoluta ou relativa, a capacidade de ser parte é uma noção absoluta, não comportando gradações: a personalidade judiciária está presente ou não, sem meio termo. A capacidade de ser parte relaciona-se com a viabilidade de estar em juízo a fim de tutelar uma situação jurídica, isto é, vincula-se com a simples possibilidade de estar em juízo e independe da capacidade de agir ou da capacidade processual. Relaciona-se, pois, com a pretensão à tutela jurídica. A capacidade para ser parte é uma noção absoluta, não significando, porém, que o ente terá necessariamente legitimidade para a causa e capacidade postulatória.

No que se refere ao Ministério Público, é inequívoca sua capacidade para ser parte, restando verificar se nas hipóteses concretas estará presente sua legitimidade para agir e, inexoravelmente, sua *capacidade postulatória*.

O singular perfil reservado ao Ministério Público no ordenamento jurídico brasileiro provoca algumas perplexidades que comumente ensejam

---

7. DIDIER JR. *Pressupostos Processuais e Condições da Ação: o juízo de admissibilidade do processo*. São Paulo: Saraiva, 2005, p. 117 e 120.
8. STJ, MS n. 5.370/DF, j. em 12.11.1997, RSTJ, v. 107, p. 21.
9. DIDIER JR., Fredie. *Pressupostos Processuais e Condições da Ação: o juízo de admissibilidade do processo*. São Paulo: Saraiva, 2005, p. 111.

uma reação restritiva da doutrina e da jurisprudência, como no caso da capacidade postulatória. Essa situação jurídica processual, que autoriza a prática de atos postulatórios, é quase sempre automaticamente vinculada ao exercício da advocacia e vislumbra-se certa dificuldade em trabalhar com essa categoria como conceito pertencente à teoria geral do processo[10] e cujos contornos são delineados pelo direito positivo.

No entanto, é indiscutível que o Ministério Público tem capacidade postulatória nos casos em que atua como legitimado extraordinário. Negá-la nos casos em que atua como legitimado ordinário é interpretação contrária à igualdade: afinal, um sujeito de direito teria capacidade postulatória para defender interesses de outrem, mas não a teria para defender os próprios interesses juridicamente tuteláveis. Não bastasse isso, se o Ministério Público não tivesse capacidade postulatória, nesses casos, haveria de, necessariamente, contratar um advogado, situação no mínimo esdrúxula[11].

Uma noção importante, que às vezes é desconsiderada e, assim, provoca alguns equívocos, é a inexistência de monopólio da capacidade postulatória. Esse pressuposto processual não é um instituto pré-normativo, que antecede qualquer construção legislativa ou doutrinária, como se fosse um dado na natureza que deva ser aceito inapelavelmente. Ao revés, trata-se de uma situação jurídica, que é ou não atribuída ao sujeito por razões de política legislativa, não sendo ocioso relembrar que historicamente a capacidade postulatória era outorgada a todos os cidadãos, encontrando-se resquícios dessa época inclusive nos dias de hoje (*habeas corpus*, por exemplo)[12]. O fato de o art. 103 do CPC mencionar apenas os advogados como procuradores se deve a motivos históricos e corporativos, refletindo

10. Cf. o estudo em que se parte da Teoria Geral do Direito, de autoria de GOUVEIA FILHO, Roberto P. Campos: *A capacidade postulatória como uma situação jurídica processual simples: ensaio em defesa de uma teoria das capacidades em direito*. Recife: Universidade Católica de Pernambuco (UNICAP), março de 2008, sob a orientação do Prof. Dr. Alexandre Freire Pimentel. Texto ainda inédito, gentilmente cedido pelo autor, que pode ser acessado em *www.unicap.br/tede/*.

11. Isso não quer dizer que o Ministério Público não possa contratar advogado; não há impedimento para isso, sobretudo se imaginarmos essas situações em que atua como legitimado ordinário, quando a contratação de um parecer, por exemplo, pode ser bem útil.

12. Cf. SILVA, Fernando Antonio Souza e. *O Direito de Litigar sem Advogado*. Rio de Janeiro: Renovar, 2007, p. 25-39; MADEIRA, Hélcio Maciel França. *História da Advocacia*. São Paulo: RT, 2002.

aquilo que ordinariamente ocorre na maioria dos casos, mas não atingindo as demais exceções normativas.

Negar capacidade postulatória ao Ministério Público é interpretar o sistema de forma primitiva e rasteira, em nada contribuindo para um sério e denso debate sobre as reais dificuldades envolvendo a atuação da instituição como órgão agente.

Essa afirmação, a nosso ver, não comporta contraposição séria quando se refere à defesa de direitos individuais indisponíveis, sociais e às prerrogativas institucionais. Entretanto, por ser o Ministério Público um ente dotado de autonomia administrativa, há uma gama de direitos e deveres atrelados à Instituição que são dissociados tanto de suas atividades finalísticas quanto de suas prerrogativas, o que certamente ensejará peculiaridades processuais outras que escapam à finalidade deste texto, cujo propósito é precisamente registrar possibilidades de sua atuação no processo civil.

3. AINDA A LEGITIMIDADE E A CAPACIDADE POSTULATÓRIA DO MINISTÉRIO PÚBLICO ESTADUAL: O PROBLEMA DA SUSTENTAÇÃO ORAL NOS TRIBUNAIS SUPERIORES

No item anterior, comentamos decisão sobre a legitimidade e a capacidade postulatória do Ministério Público estadual e boa parte do que ali foi escrito se aplica a uma importante decisão do Superior Tribunal de Justiça, que aponta para uma alvissareira modificação jurisprudencial:

> "1. É sabido que esta Corte Superior de Justiça até aqui ampara a tese de que o Ministério Público Estadual não é parte legítima para atuar perante os Tribunais Superiores, uma vez que tal atividade estaria restrita ao Ministério Público Federal.
>
> 2. O Ministério Público dos Estados não está vinculado nem subordinado, no plano processual, administrativo e/ou institucional, à Chefia do Ministério Público da União, o que lhe confere ampla possibilidade de postular, autonomamente, perante esta Corte Superior de Justiça.
>
> 3. Não permitir que o Ministério Público Estadual atue perante esta Corte Superior de Justiça significa: (a) vedar ao MP Estadual o acesso ao STF e ao STJ; (b) criar espécie de subordinação hierárquica entre o MP Estadual e o MP Federal, onde ela é absolutamente inexistente; (c) cercear a autonomia do MP Estadual; e (d) violar o princípio federativo.

> 4. A atuação do Ministério Público Estadual perante o Superior Tribunal de Justiça não afasta a atuação do Ministério Público Federal, um agindo como parte e o outro como *custos legis*.
>
> 5. Recentemente, durante o julgamento da questão de ordem no Recurso Extraordinário nº 593.727/MG, em que discutia a constitucionalidade da realização de procedimento investigatório criminal pelo Ministério Público, decidiu-se pela legitimidade do Ministério Público Estadual atuar perante a Suprema Corte.
>
> 6. Legitimidade do Ministério Público Estadual para atuar perante esta Corte Superior de Justiça, na qualidade de autor da ação, atribuindo efeitos prospectivos à decisão. [...]" (AgRg no AgRg no **AREsp 194.892-RJ**, Rel. Min. Mauro Campbell Marques, julgado em 24/10/2012 – transcrição parcial da ementa).

Registre-se que, em diversas decisões anteriores, considerou-se que apenas o Ministério Público federal poderia atuar perante o STJ (exemplos: AgRg nos EREsp 1162604/SP, Rel. Ministro Cesar Asfor Rocha, Primeira Seção, julgado em 23/05/2012, DJe 30/05/2012; AgRg na SLS 828/CE, Rel. Min. Ari Pargendler, Corte Especial, DJe 12.2.2009), o que, além de impor uma heterodoxa subordinação entre os diversos Ministérios Públicos, numa particular interpretação do conceito de unidade institucional, acarretava uma série de embaraços e perplexidades processuais.

Permitia-se ao Ministério Público estadual a interposição de recursos extraordinários, mas, a partir do ingresso dos autos naquele Tribunal Superior, todos os atos processuais se restringiam à iniciativa do Ministério Público federal, ensejando uma relação assimétrica a partir de um desvio de perspectiva na compreensão da legitimidade e das capacidades daquelas instituições[13].

13. Esse entendimento favorável à atuação do Ministério Público no Superior Tribunal de Justiça foi reiterado em 2013: "O Plenário do Supremo Tribunal Federal, na QO no RE 593.727/MG, Rel. Min. Cezar Peluso, 21.6.2012, em inequívoca evolução jurisprudencial, proclamou a legitimidade do Ministério Público Estadual para atuar diretamente no âmbito da Corte Constitucional nos processos em que figurar como parte e estabeleceu, entre outras, as seguintes premissas (Informativo 671/STF): a) em matéria de regras gerais e diretrizes, o PGR poderia desempenhar no Supremo Tribunal Federal dois papéis simultâneos, o de fiscal da lei e o de parte; b) nas hipóteses que o Ministério Público da União (MPU) figurar como parte no processo, por qualquer dos seus ramos, somente o Procurador Geral da República (PGR) poderia oficiar perante o Supremo Tribunal Federal, o qual encarnaria os interesses confiados pela lei e pela constituição ao referido órgão; c) nos demais casos, o Ministério Público Federal exerceria, evidentemente, a função de fiscal da lei e, nessa última condição, a sua manifestação não poderia preexcluir a das partes, sob pena de ofensa ao contraditório; d) A Lei Complementar federal 75/93

somente teria incidência no âmbito do Ministério Público da União (MPU), sob pena de cassar-se a autonomia dos Ministérios Públicos estaduais que estariam na dependência, para promover e defender interesse em juízo, da aprovação do Ministério Público Federal; e) a Constituição Federal distinguiu "a Lei Orgânica do MPU (LC 75/93) – típica lei federal -, da Lei Orgânica Nacional (Lei 8.625/93), que se aplicaria em matéria de regras gerais e diretrizes, a todos os Ministérios Públicos estaduais"; f) a Resolução 469/2011 do Supremo Tribunal Federal determina a intimação pessoal do Ministério Público estadual nos processos em que figurar como parte; g) não existiria subordinação jurídico-institucional que submetesse o Ministério Público dos estados à chefia do Ministério Público da União (MPU), instituição que a Constituição teria definido como chefe o Procurador Geral da República (PGR); h) não são raras as hipóteses em que seriam possíveis situações processuais que estabelecessem posições antagônicas entre o Ministério Público da União e o Ministério Público estadual e, em diversos momentos, o parquet federal, por meio do Procurador Geral da República (PGR), teria se manifestado de maneira contrária ao recurso interposto pelo parquet estadual; i) a privação do titular do Parquet Estadual para figurar na causa e expor as razões de sua tese consubstanciaria exclusão de um dos sujeitos da relação processual; j) a tese firmada pelo Supremo Tribunal Federal "denotaria constructo que a própria práxis demonstrara necessário, uma vez que existiriam órgãos autônomos os quais traduziriam pretensões realmente independentes, de modo que poderia ocorrer eventual cúmulo de argumentos". [...] Portanto, diante das premissas estabelecidas, é possível estabelecer que: a) o Ministério Público dos Estados, somente nos casos em que figurar como parte nos processos que tramitam no âmbito do Superior Tribunal de Justiça, poderá exercer todos os meios inerentes à defesa da sua pretensão (v.g. Interpor recursos, realizar sustentação oral e apresentar memoriais de julgamento); b) a função de fiscal da lei no âmbito deste Tribunal Superior, será exercida exclusivamente pelo Ministério Público Federal, por meio dos Subprocuradores-Gerais da República designados pelo Procurador-Geral da República. 5. O Poder Judiciário tem como uma de suas principais funções, a pacificação de conflitos. O reconhecimento da tese de legitimidade do Ministério Público estadual para atuar no âmbito do Superior Tribunal de Justiça não objetiva gerar confronto entre o Ministério Público Federal e Estadual, mas reconhecer a importância e imprescindibilidade de ambas as instituições no sistema judicial brasileiro e estabelecer os limites de atuação do Ministério Público brasileiro no âmbito das Cortes Superiores. Ademais, a plena atuação do Ministério Público estadual na defesa de seus interesses, trará mais vantagens à coletividade e aos direitos defendidos pela referida instituição" (EDcl no AgRg no AgRg no AREsp 194892/RJ, Rel. Ministro Mauro Campbell Marques, Primeira Seção, julgado em 12/06/2013, DJe 01/07/2013). "A jurisprudência deste Superior Tribunal evoluiu e, em julgados recentes, passou a admitir a legitimidade do Ministério Público estadual ou distrital para atuar diretamente neste Tribunal, nos termos do entendimento consignado no Supremo Tribunal Federal" (EDcl no AgRg no REsp 1326532/DF, Rel. Ministro Sebastião Reis Júnior, Sexta Turma, julgado em 03/12/2013, DJe 13/12/2013). A tese, porém, ainda será apreciada pela Corte Especial no julgamento dos Embargos de Divergência em Recurso Especial nº 1.327.573/RJ, ainda pendente de decisão final até ª conclusão desse texto e a persistência da indefinição produz julgados com este conteúdo: "Agravo regimental nos embargos de declaração no agravo em recurso especial. Recurso interposto pelo Ministério Público Estadual. Ilegitimidade". I – Enquanto a questão não for decidida pela Corte Especial, adoto, com a ressalva do meu entendimento pessoal, com vista à uniformidade das decisões, a orientação firmada pela 3ª Seção desta Corte, segundo a qual os Ministérios Públicos dos Estados e do Distrito Federal não possuem legitimidade para atuar perante este Tribunal Superior, porquanto prerrogativa do Ministério Público Federal, nos termos do art. 47, § 1º, da Lei Complementar n. 75/1993. II – Agravo Regimental não conhecido.

A mudança de entendimento, finalmente pacificada no âmbito do Superior Tribunal de Justiça[14], é bem-vinda, notadamente porque o novo CPC confere melhor disciplina à sustentação oral (arts. 936, 937, 1042, § 5º).

(AgRg nos EDcl no AREsp 8.747/RS, Rel. Ministra Regina Helena Costa, Quinta Turma, julgado em 10/06/2014, DJe 18/06/2014).

14. Consolidou-se a festejada modificação jurisprudencial: Processual civil e administrativo. Agravo regimental nos embargos de declaração em agravo em recurso especial. Legitimidade do Ministério Público Estadual. Atuação como parte no âmbito do STJ. Possibilidade. Novo entendimento firmado pelo Plenário do STF e pela Corte Especial do STJ. Agravo regimental não provido. 1. O Ministério Público Estadual, nos processos em que figurar como parte e que tramitam no Superior Tribunal de Justiça, possui legitimidade para exercer todos os meios inerentes à defesa de sua pretensão. A função de fiscal da lei no âmbito deste Tribunal Superior, será exercida exclusivamente pelo Ministério Público Federal, por meio dos Subprocuradores-Gerais da República designados pelo Procurador-Geral da República. 2. Sobre o tema, os recentes julgados desta Corte Superior: AgRg no REsp 1.323.236/RN, 2ª Turma, Rel. Min. Herman Benjamin, DJe de 28.11.2014; AgRg nos EREsp 1256973/RS, 3ª Seção, Rel. Min. Laurita Vaz, Rel. p/ Acórdão Min. Rogerio Schietti Cruz, DJe de 6.11.2014; AgRg nos EDcl no REsp 1.262.864/BA, 3ª Turma, Rel. Min. Paulo de Tarso Sanseverino, DJe de 22.5.2014; EDcl no AgRg no REsp 1380585/DF, 6ª Turma, Rel. Min. Assusete Magalhães, DJe de 11.3.2014; EDcl no AgRg no REsp 1.326.532/DF, 6ª Turma, Rel. Min. Sebastião Reis Júnior, DJe de 13.12.2013; AgRg no AgRg no AREsp 194.892/RJ, 1ª Seção, Rel. Min. Mauro Campbell Marques, DJe de 1º.7.2013. 3. No mesmo sentido, o julgamento dos EREsp 1.327.573/RJ, Corte Especial, Rel. Ari Pargendler, Rel. p/ acórdão, Min. Nancy Andrighi, ainda pendente de publicação e a QO no RE 593.727/MG, Plenário do Supremo Tribunal Federal, Rel. Min. Cezar Peluso, 21.6.2012 (Informativo 671/STF). 4. Agravo regimental não provido. (AgRg nos EDcl no AREsp 42.058/GO, Rel. Ministro Mauro Campbell Marques, Segunda Turma, julgado em 05/02/2015, DJe 12/02/2015). Embargos de Divergência no Recurso Especial. Penal e processo penal. Legitimidade do Ministério Público Estadual. Atuação, como parte, para atuar diretamente no STJ. Possibilidade. Questão de ordem no Recurso Extraordinário nº 593.727/MG. Legitimidade do Ministério Público Estadual para atuar perante o STF. Possibilidade. Embargos de divergência conhecidos e providos, para que, afastada a preliminar, a Sexta Turma prossiga no julgamento do agravo regimental. 1. O acórdão embargado e o acórdão indicado como paradigma discrepam a respeito da interpretação do art. 47, § 1º, da Lei Complementar nº 75, de 1993, um conhecendo de agravo regimental interposto por membro de Ministério Público, e o outro, não; 2. Cindindo em um processo o exercício das funções do Ministério Público (o Ministério Público Estadual sendo o autor da ação, e o Ministério Público Federal opinando acerca do recurso interposto nos respectivos autos), não há razão legal, nem qualquer outra ditada pelo interesse público, que autorize uma restrição ao Ministério Público enquanto autor da ação. 3. Recentemente, durante o julgamento da questão de ordem no Recurso Extraordinário nº 593.727/MG, em que discutia a constitucionalidade da realização de procedimento investigatório criminal conduzido pelo Ministério Público, decidiu-se pela legitimidade do Ministério Público Estadual atuar perante a Suprema Corte. 4. Embargos de divergência conhecidos e providos, para que, afastada a preliminar da ilegitimidade do Ministério Público Estadual, a Sexta Turma prossiga no julgamento do agravo regimental (AgRg na SLS 1.612/SP, Rel. Ministro ARI PARGENDLER, CORTE ESPECIAL, julgado em 29.08.2012, Dje 06.09.2012). (EREsp 1327573/RJ, Rel. Ministro ARI PARGENDLER, Rel. p/ Acórdão Ministra NANCY ANDRIGHI, CORTE ESPECIAL, julgado em 17/12/2014, DJe 27/02/2015).

4. LIMITES DA ATUAÇÃO RECURSAL DOS PROMOTORES DE JUSTIÇA: A RELAÇÃO COM OS PROCURADORES DE JUSTIÇA E O FIM DO DENOMINADO "PARECER RECURSAL"

Há outra questão que tangencia os problemas anteriores: a possibilidade de o Promotor de Justiça realizar diretamente acréscimos às razões de recurso por ele interposto e já recebido pelo Tribunal de Justiça.

Não se trata de mero exercício de imaginação dos autores.

Na realidade, não são raras as divergências internas entre Promotores e Procuradores de Justiça de um mesmo Ministério Público, que mantêm o que se pode denominar de uma "relação difícil". A hipótese ora tratada foi objeto de controvérsias em mais de um Estado.

Enquadremos o tema apenas na divisão interna de atribuições do Ministério Público.

Embora uno e indivisível, por razões lógicas e funcionais, e seguindo critérios abstratamente fixados pelo legislador e pela Administração Superior, o Ministério Público exerce suas funções por meio de plexos de atribuições individualizados em unidades autônomas, cada qual ocupada por membros previamente investidos à luz do regramento de regência, seja por provimento ou por substituição.

Além dos critérios estabelecidos em virtude da matéria e do território, com a finalidade de melhor dimensionamento do exercício funcional do Ministério Público, a mais eloquente cisão de atribuições se dá em nível legislativo e tem como referencial precisamente uma vinculação entre atribuição e competência e a separação da carreira em classes, na forma das referidas Leis Orgânicas, que disciplinam as atribuições genéricas dos Promotores de Justiça e dos Procuradores de Justiça.

Essa rígida separação de atribuições de acordo com os graus jurisdicionais não raro enseja desencontros técnicos, o que é explicado pela convivência entre a unidade e a independência funcional, mas, recentemente, a doutrina[15] e os tribunais[16] identificaram alguma perplexidade na

15. Cf., ZENKNER, Marcelo. *Ministério Público e Efetividade do Processo Civil*, cit., *passim*.

16. "Administrativo – Improbidade administrativa – Ministério Público como autor da ação – Desnecessidade de intervenção do *Parquet* como *custos legis* – Ausência de prejuízo – Não ocorrência de nulidade – Responsabilidade do advogado público – Possibilidade

manutenção da separação funcional, em um mesmo processo, na atuação do Ministério Público.

Essa referência não significa adesão a tais decisões, mas serve para ilustrar uma situação que se tornou ainda mais sensível com o exercício das atribuições do Ministério Público envolvendo a tutela coletiva.

Outro ponto que merece especial atenção é a relação entre a necessidade de interposição de recurso por Promotor de Justiça – ou outro legitimado no específico processo coletivo – para que a Procuradoria de Justiça de Tutela Coletiva passe a ter as atribuições regulares. Ou seja: por não possuir atribuição para ajuizar ação civil pública, as Procuradorias de Justiça de Tutela Coletiva possuem atribuição vinculada à interposição recursal, passando, então, a exercer as funções do Ministério Público junto ao Tribunal de Justiça, invariavelmente na condição de fiscal da lei[17].

Esse dado demonstra que a atuação dos Procuradores de Justiça especializados *junto* ao Tribunal convive harmonicamente com as atribuições

---

em situações excepcionais não presentes no caso concreto – Ausência de responsabilização do parecerista – atuação dentro das prerrogativas funcionais – Súmula 7/STJ. 1. Sendo o Ministério Público o autor da ação civil pública, sua atuação como fiscal da lei não é obrigatória. Isto ocorre porque, nos termos do princípio da unidade, o Ministério Público é uno como instituição, motivo pelo qual, o fato dele ser parte do processo, dispensa a sua presença como fiscal da lei, porquanto defendendo os interesses da coletividade através da ação civil pública, de igual modo atua na custódia da lei. 2. Ademais, a ausência de intimação do Ministério Público, por si só, não enseja a decretação de nulidade do julgado, a não ser que se demonstre o efetivo prejuízo para as partes ou para a apuração da verdade substancial da controvérsia jurídica, à luz do princípio *pas de nullités sans grief*" (REsp 1183504/DF, Rel. Ministro Humberto Martins, Segunda Turma, julgado em 18/05/2010, DJe 17/06/2010). Registre-se que o Conselho Nacional do Ministério Público editou, em 08/06/11, sua Recomendação nº 19, que, no que interessa a este texto, alterou a anterior Recomendação nº 16, passando a ter os seguintes termos: Art. 3º. É desnecessária a atuação de mais de um órgão do Ministério Público em ações individuais ou coletivas, propostas ou não por membro da Instituição, podendo oferecer parecer, sem prejuízo do acompanhamento, sustentação oral e interposição de medidas cabíveis, em fase recursal, pelo órgão com atuação em segundo grau." Art. 5º. Perfeitamente identificado o objeto da causa e respeitado o princípio da independência funcional, é desnecessária a intervenção ministerial nas seguintes demandas e hipóteses: I – (...) XX – Em ação civil pública proposta por membro do Ministério Público, podendo, se for o caso, oferecer parecer, sem prejuízo do acompanhamento, sustentação oral e interposição de medidas cabíveis, em fase recursal, pelo órgão com atuação no segundo grau".

17. A especialização de Procuradorias de Justiça, mormente em matéria envolvendo tutela coletiva, vem ocorrendo diversos Estados e as linhas básicas dessa experiência foram relatadas em trabalho que bem ilustra o tema: CARPENA, Heloisa. Tutela coletiva em 2º grau. A experiência da criação das Procuradorias especializadas no Ministério Público do Estado do Rio de Janeiro. *Revista de Processo, nº 225*. São Paulo: RT, novembro de 2013.

dos Promotores de Justiça que atuam como postulantes *perante* aquele mesmo órgão jurisdicional[18].

Decorre dessa estrutura organizacional que, enquanto estiverem exercendo atos postulatórios referentes à interposição de recursos, os Promotores de Justiça estarão no estrito campo de atuação que lhe foi conferido pelos atos normativos de regência.

Não é coerente, do ponto de vista sistemático, permitir que o Promotor de Justiça interponha recurso e, ao mesmo tempo, vedar-lhe a possibilidade de acrescer às razões recursais a apresentação de prova nova ou a correção de erros materiais porventura existentes na própria petição de recurso, por exemplo. Todo e qualquer aditamento ao recurso interposto pelo Promotor de Justiça é de sua atribuição, como conteúdo do poder de recorrer que lhe foi atribuído. Caso se considere extemporâneo o ato praticado, passa-se a ser um problema de preclusão e não de atribuição. Ou seja: o serôdio aditamento é uma questão submetida à apreciação jurisdicional por integrar um ato postulatório que lhe é submetido por agente legitimado.

Somente pode integrar, complementar ou alterar um ato o sujeito que possui competência ou atribuição para praticá-lo. No caso de atos postulatórios – dos quais os recursos são espécies –, aquele legitimado, ou melhor, aquele que detém atribuição para a respectiva interposição pode prosseguir na postulação, até a sessão de julgamento no Tribunal, quando a atribuição se transfere aos Procuradores de Justiça, por conta da estrutura funcional escalonada.

Em suma, tudo aquilo que se referir ao desdobramento da atribuição para recorrer de decisão proferida em primeiro grau está inserido no plexo de atribuições dos Promotores de Justiça.

---

18. ZENKNER, Marcelo. Reflexos processuais dos princípios institucionais da unidade e da indivisibilidade – revisitando as atribuições dos órgãos de execução do Ministério Público brasileiro. *Temas Atuais do Ministério Público*. Farias, Alves e Rosenvald (org.). 3ª ed. Salvador: Juspodivm, 2012, p. 142). Cf, ainda, recente julgado do Superior Tribunal de Justiça: "1. O membro do Ministério Público Federal que atua na 1ª Instância tem legitimidade para impetrar mandado de segurança perante os Tribunais Regionais Federais, contra ato tido por abusivo e ilegal praticado pelo Juiz Federal. 2. Distinção entre postular ao Tribunal e postular no Tribunal. Precedentes desta Corte. 3. Recurso ordinário em mandado de segurança provido, para que prossiga o Tribunal a quo com o exame do mérito do *mandamus*" (RMS 42.235/GO, Rel. Ministro Nefi Cordeiro, Sexta Turma, julgado em 03/06/2014, DJe 20/06/2014).

Para reforçar a existência dessa atribuição perante o Tribunal, basta lembrar a sistemática adotada nos recursos de agravo de instrumento, em que, além de a interposição ser realizada diretamente em segundo grau, as contrarrazões também são oferecidas pelos Promotores de Justiça[19].

Por fim, há ainda as hipóteses de mandado de segurança contra ato judicial, *habeas corpus* e reclamação: ações de competência originária de tribunal, que podem ser propostas por Promotor de Justiça, pois servem, à semelhança dos recursos, como meio de impugnação de decisão judicial.

Outro dado a se considerar, ainda que factual: precedido de inquérito civil, não raro com diversos volumes e com laboriosa atividade processual, com dezenas de laudas produzidas, não se pode esperar de um Promotor de Justiça um comportamento indiferente, por exemplo, com o resultado de um recurso por ele interposto e considerar que, após todo o trabalho desenvolvido, com o processo ainda sob julgamento e exatamente por ato postulatório de sua iniciativa, haja de permanecer inerte por ter a atribuição coartada.

Se se aderisse à equivocada tese de que Promotores de Justiça não podem pleitear perante Tribunal de Justiça, haveria evidente retrocesso na posição institucional que defende a possibilidade de os Ministérios Públicos estaduais atuarem perante os Tribunais Superiores, na medida em que se sufragaria, ainda que por via transversa, a ideia de que há exclusividade topográfica na atuação da Instituição.

O CPC nesse particular veicula inovação que reforça de modo irretorquível o que foi dito e ainda encerra uma antiga polêmica: o art. 1.010, § 3º, do CPC elimina a dupla admissibilidade do recurso de apelação; a partir da vigência do novo Código, portanto, a apelação será interposta em primeiro grau apenas por uma questão procedimental para facilitar o contraditório (art. 1.010, *caput*, e §§ 1º e 2º). Com isso, a postulação recursal propriamente dita será diretamente submetida ao Tribunal, cabendo ao juiz de primeiro grau apenas a função protocolar de preparação dos autos.

19. Cf., ZENKNER. Reflexos processuais dos princípios institucionais da unidade e da indivisibilidade – revisitando as atribuições dos órgãos de execução do Ministério Público brasileiro. *Temas Atuais do Ministério Público*. Farias, Alves e Rosenvald (org.). 3ª ed. Salvador: Juspodivm, 2012, cit., itens 4.3 e 4.4.

Inexistindo mais a denominada dupla admissibilidade, decorrem duas consequências para o que interessa ao presente item: primeiro, reforça a obviedade de que os atos postulatórios formulados por Promotores de Justiça ou Procuradores da República não se limitam ao primeiro grau de jurisdição; em segundo lugar, termina definitivamente com a polêmica sobre a necessidade de haver o que se denominou de "parecer recursal", que é a manifestação como fiscal da ordem jurídica, após a sentença, que era justificada precisamente porque o juiz de primeiro grau ainda exercia atividade jurisdicional típica - e não apenas administrativa - quando da interposição da apelação.

O CPC, portanto, elimina a atividade do Ministério Público como fiscal da ordem jurídica após a prolação da sentença, para fins do anódino "parecer recursal".

5. O MINISTÉRIO PÚBLICO NO POLO PASSIVO DE UMA RELAÇÃO JURÍDICA PROCESSUAL

Comumente relaciona-se a atuação do Ministério Público ao polo ativo da relação processual, mas há situações em que sua atuação se dará no polo passivo.

Note-se, em primeiro lugar, que estamos nos referindo a "uma relação jurídica processual", e não "a relação jurídica processual". Essa sutileza se justifica porque o processo dá ensejo a múltiplas relações jurídicas. Não há apenas uma relação jurídica processual; há diversas. O processo gera um conjunto (feixe[20]) de relações jurídicas.

A redação do art. 17 do CPC reforça isso. Esse artigo corresponde ao art. 3º do CPC-1973, que, porém, tinha redação um pouco diferente: "Para propor ou contestar ação é necessário ter interesse e legitimidade". A mudança é sutil, mas considerável. *Interesse* e *legitimidade* são exigidos para qualquer postulação em juízo, não apenas para a propositura da demanda

20. CARNELUTTI, Francesco. *Diritto e processo.* Napoli: Morano, 1958, n. 20, p. 35; MONACCIANI, Luigi. *Azione e Legittimazione.* Milano: Giufffrè, 1951, p. 46; FERNANDES, Antonio Scarance. *Teoria Geral do Procedimento e o procedimento no processo penal.* São Paulo: RT, 2005, p. 28; GRECO, Leonardo. *Instituições de Processo Civil.* 2ª ed. Rio de Janeiro: Forense, 2010, v. 1, p. 251; DIDIER Jr., Fredie. *Sobre a Teoria Geral do Processo.* 2ª ed. Salvador: Editora Juspodivm, 2013, p. 65-67.

ou apresentação da respectiva defesa. Também se exigem o interesse e a legitimidade para recorrer, arguir impedimento ou suspeição do juiz, chamar ao processo, suscitar os incidentes processuais (conflito de competência, incidente de resolução de demandas repetitivas etc.) etc. A redação do enunciado também ajuda a compreender a *dinamicidade das posições processuais*. O sujeito pode ter legitimidade para um ato e não a ter para o outro; pode não ter interesse para algo e tê-lo para outra coisa; pode não ter, originariamente, legitimidade e, tempos depois, essa legitimidade ser adquirida – o mesmo pode ocorrer com o interesse de agir. As posições processuais são dinâmicas. Há diversas relações processuais[21].

É possível imaginar o Ministério Público como réu de um processo – assumindo o polo passivo da principal relação jurídica processual, portanto. O exemplo mais corriqueiro, embora não seja o único, é o do Ministério Público como réu de uma ação coletiva passiva derivada[22] – uma ação coletiva passiva que nasce de um processo coletivo ativo (ação rescisória de sentença proferida em ação civil pública promovida pelo Ministério Público, *v. g.*). Outro exemplo: ação que visa a anular termo de ajustamento de conduta celebrado pelo Ministério Público. Nestes casos, o Ministério Público atua no processo como legitimado extraordinário.

É possível, ainda, cogitar uma situação em que o Ministério Público seja réu, agindo na qualidade de legitimado ordinário. Pense na hipótese de que o Ministério Público, durante a obra de edificação de sua sede, possa vir a destruir patrimônio arqueológico ou arquitetônico da comunidade. O Ministério Público poderá ser réu de uma ação coletiva, muito possivelmente proposta por outro Ministério Público. Neste caso, atuará no processo como legitimado ordinário.

Mas o Ministério Público pode estar no polo passivo de outras relações jurídicas processuais.

Há quem aceite, como se verá em item próprio, que o Ministério Público intervenha, como assistente simples, nos processos propostos contra

21. CABRAL, Antonio do Passo. "Despolarização do processo e "zonas de interesse": sobre a migração entre polos da demanda". *Reconstruindo a Teoria Geral do Processo*. Fredie Didier Jr. (org.). Salvador: Editora Juspodivm, 2012; DIDIER JR., Fredie. *Curso de Direito Processual Civil*. 17ª ed. Salvador: Editora Juspodivm. 2015, v. 1, p. 368-371.

22. Sobre a ação coletiva passiva, cf. DIDIER Jr., Fredie; ZANETI Jr., Hermes. *Curso de Direito Processual Civil*. 9ª ed. Salvador: Editora Juspodivm, 2014, v. 4, p. 377 e segs.

membro do Ministério Público, em razão de ato praticado no exercício da função. Trata-se de intervenção que se justifica no interesse jurídico reflexo de defender as prerrogativas institucionais. Neste caso, o Ministério Público seria assistente simples do réu, assumindo, por isso, uma posição no polo passivo de uma relação processual (podendo ser considerado, inclusive, seu substituto processual, conforme o art. 121, parágrafo único, do CPC).

6. O MINISTÉRIO PÚBLICO NA DEFESA DE DIREITOS INDIVIDUAIS DE CRIANÇAS E ADOLESCENTES E A DESNECESSIDADE DE ATUAÇÃO DE CURADOR ESPECIAL

O presente item pretende oferecer resposta à seguinte indagação: agindo o Ministério Público como substituto processual em favor de criança e/ou adolescente, há necessidade de atuação de curador especial (defensor público) para a defesa dos direitos do substituído? Ou seja: em ações ajuizadas pelo Ministério Público na seara da infância e da juventude, há necessidade de intervenção de curador especial para proteger a situação jurídica da criança ou do adolescente?

Aqui o CPC poderia haver avançado, resolvendo a questão de modo claro e expresso. Entretanto, o texto final foi omisso, ainda que, obviamente, decorra do sistema a solução para o problema.

Embora, como já mencionado, não seja nenhuma novidade outorgar ao Ministério Público a condição de substituto processual, há certo desconforto na doutrina e na jurisprudência quando se deparam com ações ajuizadas pelo Ministério Público para a defesa de direitos individuais.

Araken de Assis, por exemplo, ao discorrer sobre a necessidade de autorização legislativa para que haja substituição processual, ilustra bem essa perplexidade ao afirmar que "o Ministério Público não se legitima a pleitear determinada prestação positiva do Estado, na área de saúde, em favor de pessoa doente. [...] A jurisprudência do STJ nega, pelo motivo exposto [ausência de autorização legislativa], legitimidade para defender direito de incapaz sob poder dos pais e propor ação de alimentos"[23].

---

23. ASSIS, Araken de. "Substituição Processual". *Revista Dialética de Direito Processual*. São Paulo: Dialética, nº 9, dezembro de 2003, p. 18/19. O esclarecimento entre colchetes é nosso.

É certo que a substituição processual necessariamente deve ser precedida de autorização normativa[24], mas no caso do Ministério Público existe uma previsão constitucional genérica de substituição processual para a tutela de direitos individuais indisponíveis (art. 127 da Constituição). Em nosso atual sistema jurídico, toda a legitimidade do Ministério Público decorre diretamente da Constituição, inclusive a substituição processual, de modo que nos parece um desvio de perspectiva negar a possibilidade de o Ministério Público ajuizar uma ação para a garantia de um direito indisponível sob o argumento de inexistir lei ordinária autorizativa.

No que se refere aos direitos individuais indisponíveis de crianças e adolescentes, o Superior Tribunal de Justiça rejeitou em diversas oportunidades a possibilidade de o Ministério Público atuar como substituto processual[25].

---

24. O que não significa que necessariamente seja autorização *legal*, como agora está expresso corretamente no art. 18 do novo CPC. Assim, ALVIM NETTO, José Manoel de Arruda. *Código de Processo Civil Comentado*. São Paulo: RT, 1975, v. 1, p. 426; MOREIRA, José Carlos Barbosa. "Notas sobre o problema da efetividade do processo". *Temas de Direito Processual Civil – terceira série*. São Paulo: Saraiva, 1984, p. 33, nota 7; ZANETI JR., Hermes. A legitimação conglobante nas ações coletivas: a substituição processual decorrente do ordenamento jurídico. *Direito Civil e Processo: Estudos em homenagem ao Professor Arruda Alvim*. Araken de Assis e outros (coord.). São Paulo: RT, 2008, p. 859-866.

25. Exemplo: "Processual civil e administrativo. Fornecimento de dispositivo médico. Menor carente. Ação civil pública. Ministério Público. Legitimidade. 1. Na esteira do artigo 129 da Constituição Federal, a legislação infraconstitucional inclusive a própria Lei Orgânica, preconiza que o Ministério Público tem legitimidade ativa ad causam para propor ação civil pública para a proteção de interesses difusos e coletivos, como regra. Em relação aos interesses individuais, exige que também sejam indisponíveis e homogêneos. No caso em exame, pretende-se que seja reconhecida a sua legitimidade para agir como representante de pessoa individualizada, suprimindo-se o requisito da homogeneidade.2. O interesse do menor carente deve ser postulado pela Defensoria Pública, a quem foi outorgada a competência funcional para a "orientação jurídica e a defesa, em todos os graus, dos necessitados na forma do art. 5º, LXXIV". Não tem o Ministério Público legitimidade para propor ação civil pública, objetivando resguardar interesses individuais, no caso de um menor carente." (REsp 684594/RS – Rel. Min. Castro Meira, DJ 10.10.2005, p. 318). Na fundamentação do acórdão, partiu-se de uma premissa completamente equivocada a nosso sentir: a de que o Ministério Público só pode defender direitos individuais se forem homogêneos. Trata-se de absoluta falta de compreensão dos princípios institucionais do Ministério Público insculpidos na Constituição e de toda legislação infraconstitucional, especialmente do Estatuto da Criança e do Adolescente, que sequer é citado. Se fosse verdadeiro o raciocínio assentado nesse acórdão, ao Ministério Público seria vedado, por exemplo, o ajuizamento de ações de investigação de paternidade, o que nem mesmo é mais objeto de discussão na jurisprudência. Além disso, o artigo 127 da Constituição possui clareza solar ao legitimar o Ministério Público para a tutela dos direitos individuais indisponíveis. Essa legitimidade é autorizada constitucionalmente e em nada se confunde com a vedação do exercício de advocacia pelo Ministério Público, que apenas estará exercendo sua função constitucional.

Persistindo em sua linha interpretativa restritiva, o Superior Tribunal de Justiça também vem negando legitimidade ao Ministério Público para o ajuizamento de ação de alimentos em favor de crianças e adolescentes que estejam sob o poder familiar.[26]

Esse entendimento do Superior Tribunal de Justiça é lamentável e igualmente decorre de uma interpretação equivocada do Estatuto da Criança e do Adolescente e de uma percepção simplista do perfil constitucional da instituição, já que a legitimação do Ministério Público decorre da indisponibilidade do direito e independe de prévia suspensão ou perda do poder familiar, mas, sim, da existência de uma situação de risco em que se encontre a criança ou o adolescente e a omissão dos pais ou responsáveis caracteriza essa situação de risco.

A legitimidade do Ministério Público não está condicionada a nenhum fator externo que não seja a indisponibilidade do direito. O fato de o menor estar sob o poder familiar se mostra irrelevante no particular, especialmente porque, se os pais são omissos, é necessária a atuação de um terceiro – no caso, o Ministério Público – para que o direito seja adequadamente tutelado. Não é por outro motivo que o Estatuto da Criança e do Adolescente, em seu artigo 98, II, considera que a situação de risco ensejadora de medidas protetivas pode ser caracterizada pela omissão dos pais[27].

---

26. Cf. REsp nºs 89.661/MG, 127.725/MG e 102.039/MG). 3 - Recurso não conhecido." (RESP 659498 / PR - Rel. Ministro Jorge Scartezzini - DJ - 14.02.2005, p. 214. Noticia-se, no Informativo de Jurisprudência nº 541, de 11 de junho de 2014, que a Segunda Seção do Superior Tribunal de Justiça pacificou a questão, no sentido de que "o Ministério Público tem legitimidade ativa para ajuizar ação de alimentos em proveito de criança ou adolescente, independentemente do exercício do poder familiar dos pais, ou de o infante se encontrar nas situações de risco descritas no art. 98 do Estatuto da Criança e do Adolescente (ECA), ou de quaisquer outros questionamentos acerca da existência ou eficiência da Defensoria Pública na comarca". No momento em que escrevemos este texto, ainda não foi divulgada a íntegra do acórdão que, ao que parece, caminhou na minha argumentativa ora exposta. De todo modo, não nos é possível proceder a um exame crítico do referido julgado antes da leitura do inteiro teor.

27. No julgamento do Recurso Especial nº 120118/PR, houve o voto vencido do Min. Ruy Rosado de Aguiar, em que a matéria foi analisada com perfeição e que merece transcrição parcial: *"penso que está sendo feita indevida limitação à atuação do Ministério Público no âmbito do Estatuto da Criança e do Adolescente. Não é apenas nos casos de abandono, perda ou suspensão do pátrio poder que a lei atribui ao Ministério Público promover em juízo a defesa dos interesses difusos, coletivos ou mesmo individuais de crianças e adolescentes. A sua competência é ampla, pois a proteção do Estatuto se estende a todos os casos de ameaça ou violação aos direitos dos menores (art. 98), e para lutar por eles a lei apôs o Ministério Público, dando-lhe as atribuições elencadas no artigo 201. A carência de alimentação de uma criança decorre de falta dos pais ou responsáveis, e a hipótese se enquadra na*

Não deixa de ser curioso observar que o Superior Tribunal de Justiça admite que o Ministério Público ajuíze ação de investigação de paternidade cumulada com ação de alimentos em favor de menor, estendendo a legitimidade à fase executiva[28], sem, contudo, mencionar a questão do poder familiar, que obviamente se faz presente, demonstrando uma incongruência jurisprudencial – e, portanto, uma violação aos deveres de integridade e coerência previstos no art. 927 do CPC[29].

A partir do momento em que a Constituição confere legitimidade ao Ministério Público para a defesa de direitos individuais indisponíveis, é evidente que se trata de hipótese de substituição processual decorrente de norma constitucional de eficácia plena e aplicabilidade imediata[30].

---

situação prevista no art. 98, inc. II, onde o direito é ameaçado ou violado por falta dos pais. Para esse caso, o art. 201, inc. III, do ECA, dispõe: compete ao Ministério Público promover e acompanhar as ações de alimentos. Somente descumprindo a lei é que se pode retirar essa competência do Ministério Público, diminuindo o campo de sua atuação e causando grave prejuízo aos menores necessitados, pois a experiência do Foro demonstra que, muitas vezes, especialmente nas pequenas comarcas, é o Ministério Público a única instituição capaz de zelar pelos desassistidos. Sendo assim, reconheço no Ministério Público legitimidade para promover a ação de alimentos, ainda que as crianças estejam sob pátrio poder da mãe. Pergunto-me: quem proporá a ação em favor dessas duas pobres crianças?" (destacamos).

28. "Ação de investigação de paternidade cumulada com alimentos. Execução. Lei n° 8.560, de 29 de dezembro de 1992.1. Ajuizada a ação de investigação de paternidade cumulada com alimentos, julgada procedente, tem o Ministério Público, autor da ação, legitimidade para intentar a execução" (RESP 208429 / MG - Relator Min. Carlos Alberto Menezes Direito - DJ 01/10/2001, p.205).

29. Em decisão mais recente, o Superior Tribunal de Justiça demonstrou evolução de seu entendimento: "Direito civil e processual civil. Ação de execução de alimentos. Ministério Público. Legitimidade ativa. - É socialmente relevante e legítima a substituição processual extraordinária do Ministério Público, notadamente quando na defesa dos economicamente pobres, como também em virtude da precária ou inexistente assistência jurídica prestada pelas Defensorias Públicas. - Dado o caráter indisponível do direito a receber alimentos, em se tratando de criança ou adolescente, é legítima a atuação do Ministério Público como substituto processual em ação de execução de prestação alimentícia por descumprimento de acordo referendado pelo próprio Órgão Ministerial. - O tão-só descumprimento de acordo de alimentos evidencia violação a direito da criança, que se vê privada do atendimento de suas necessidades básicas." *(*REsp 510969/PR, DJ 06.03.2006, p. 372, Rel. Min. Nancy Andrighi).

30. Nesse sentido, assim se pronunciou o Ministro Teori Albino Zavascki: "poder-se-ia, quem sabe, duvidar da auto-aplicabilidade do art. 127 da CF, em face do seu conteúdo indeterminado, o que comprometeria sua força normativa para, desde logo, independentemente de intermediação do legislador infraconstitucional, autorizar o Ministério Público a propor demandas judiciais em defesa dos bens jurídicos ali referidos. A dúvida não tem consistência. Mesmo quando genéricas, as normas constitucionais possuem, em algum grau, eficácia e operatividade. 'Não há norma constitucional alguma destituída de eficácia. Todas elas irradiam efeitos jurídicos, importando sempre uma inovação da ordem jurídica preexistente...', ensina José Afonso da Silva. (Auto-aplicabilidade das normas constitucionais, SP, RT, 1968, p. 75). 'De fato', observa Celso Bandeira de Mello, 'não

Finalmente essa posição doutrinária tornou-se jurisprudência[31], restando ainda pendente uma definição sobre o cabimento de curadoria especial em situações mencionadas neste item.

---

teria sentido que o constituinte enunciasse certas disposições apenas por desfastio ou por não sopitar seus sonhos, devaneios ou anelos políticos. A seriedade do ato constituinte impediria a suposição de que os investidos em tão alta missão, dela se servissem como simples válvula de escape para emoções antecipadamente condenadas, por seus próprios emissores, a permanecer no reino da fantasia. Até porque, se desfrutavam do supremo poder jurídico, seria ilógico que, desfrutando-o, houvessem renunciado a determinar, impositivamente, aquilo que consideram desejável, conveniente, adequado' (Eficácia das normas constitucionais sobre justiça social, Revista de Direito Público, v. 57, p. 238). Ora, o preceito constitucional que confere ao Ministério Público a incumbência de promover a defesa de direitos individuais indisponíveis (art. 127) é um preceito completo em si mesmo, apto a legitimar o agente ministerial, se for o caso, a exercer inclusive judicialmente a incumbência ali atribuída. Trata-se de preceito muito mais específico que o contido, por exemplo, no art. 82, III, do CPC, que atribui ao Ministério Público a competência para intervir em todas as causas em que há interesse público. Muito se questionou a respeito da extensão de tal comando processual, mas jamais se duvidou de sua auto-aplicabilidade. A mesma atitude interpretativa se há de ter frente à norma constitucional do art. 127: pode-se questionar seu conteúdo, mas não sua suficiência e aptidão para gerar, desde logo, a eficácia que lhe é própria". Voto proferido no Recurso Especial nº 822.712/RS, de sua relatoria, publicado no DJ de 17.04.2006, p. 196. Essa posição também foi defendida em sua tese de doutoramento: *Processo Coletivo: tutela de direitos coletivos e tutela coletiva de direitos*. São Paulo: RT, 2006, p. 234/237.

31. "Processual civil. Embargos de divergência. Fornecimento de medicamento a menor carente. Direito à saúde. Direito individual indisponível. Legitimação extraordinária do Ministério Público. Art.127 da CF/88. Precedentes. 1. O Ministério Público possui legitimidade para defesa dos direitos individuais indisponíveis, mesmo quando a ação vise à tutela de pessoa individualmente considerada. 2. O artigo 127 da Constituição, que atribui ao Ministério Público a incumbência de defender interesses individuais indisponíveis, contém norma auto-aplicável, inclusive no que se refere à legitimação para atuar em juízo. 3. Tem natureza de interesse indisponível a tutela jurisdicional do direito à vida e à saúde de que tratam os arts. 5º, caput e 196 da Constituição, em favor de menor carente que necessita de medicamento. A legitimidade ativa, portanto, se afirma, não por se tratar de tutela de direitos individuais homogêneos, mas sim por se tratar de interesses individuais indisponíveis. Precedentes: EREsp 734493/RS, 1ª Seção, DJ de 16.10.2006; REsp 826641/RS, 1ª Turma, de minha relatoria, DJ de 30.06.2006; REsp 716.512/RS, 1ª Turma, Rel. Min. Luiz Fux, DJ de 14.11.2005; EDcl no REsp 662.033/RS, 1ª Turma, Rel. Min. José Delgado, DJ de 13.06.2005; REsp 856194/RS, 2ª T., Ministro Humberto Martins, DJ de 22.09.2006, REsp 688052/RS, 2ª T., Ministro Humberto Martins, DJ de 17.08.2006. 4. Embargos de divergência não providos" (EREsp 819010/SP, Rel. p/ Acórdão Ministro Teori Albino Zavascki, julgado em 13/02/2008, DJe 29/09/2008). "Processual civil. Embargos de declaração. Pretensão de reexame de matéria de mérito (Administrativo. Ação civil pública. Fornecimento de medicamentos. Criança portadora de esquizofrenia hefrênica. Direito individual indisponível. Art. 227 da CF/88. *Legitimatio ad causam* do Parquet. Art. 127 da CF/88. Arts. 7.º, 200, e 201 da Lei n.º 8.069/90). Inobservância das exigências do art. 535, e incisos, do CPC. 1. O inconformismo, que tem como real escopo a pretensão de reformar o decisum, não há como prosperar, porquanto inocorrentes as hipóteses de omissão, contradição, obscuridade ou erro material, sendo inviável a revisão em sede de embargos de declaração, em face dos estreitos limites do art. 535 do CPC. Precedentes da Corte Especial:

Não se discute que a Defensoria Pública é um componente fundamental para o efetivo acesso à justiça dos hipossuficientes, não havendo sequer possibilidade de um debate sério sobre a efetividade da tutela de direitos sem que haja uma preocupação com a devida estruturação de uma

---

AgRg nos EDcl nos EREsp 693.711/RS, DJ 06.03.2008; EDcl no AgRg no MS 12.792/DF, DJ 10.03.2008 e EDcl no AgRg nos EREsp 807.970/DF, DJ 25.02.2008 2. Ademais, o magistrado não está obrigado a rebater, um a um, os argumentos trazidos pela parte, desde que os fundamentos utilizados tenham sido suficientes para embasar a decisão. 3. A pretensão de revisão do julgado, em manifesta pretensão infringente, revela-se inadmissível, em sede de embargos, quando o aresto recorrido assentou que: "1. O Ministério Público está legitimado a defender os interesses transindividuais, quais sejam os difusos, os coletivos e os individuais homogêneos. 2. É que a Carta de 1988, ao evidenciar a importância da cidadania no controle dos atos da Administração, com a eleição dos valores imateriais do art. 37, da CF/1988 como tuteláveis judicialmente, coadjuvados por uma série de instrumentos processuais de defesa dos interesses transindividuais, criou um microssistema de tutela de interesses difusos referentes à probidade da administração pública, nele encartando-se a Ação Cautelar Inominada, Ação Popular, a Ação Civil Pública e o Mandado de Segurança Coletivo, como instrumentos concorrentes na defesa desses direitos eclipsados por cláusulas pétreas. 3. Deveras, é mister concluir que a nova ordem constitucional erigiu um autêntico 'concurso de ações' entre os instrumentos de tutela dos interesses transindividuais e, a fortiori, legitimou o Ministério Público para o manejo dos mesmos. 4. *Legitimatio ad causam* do Ministério Público à luz da dicção final do disposto no art. 127 da CF/1988, que o habilita a demandar em prol de interesses indisponíveis. 5. Sob esse enfoque a Carta Federal outorgou ao Ministério Público a incumbência de promover a defesa dos interesses individuais indisponíveis, podendo, para tanto, exercer outras atribuições previstas em lei, desde que compatível com sua finalidade institucional (CF/1988, arts. 127 e 129). 6. *In casu*, trata-se de ação civil pública, com pedido de antecipação de tutela, ajuizada pelo Ministério Público do Estado de Minas Gerais, objetivando a condenação do réu ao fornecimento de medicamento (olanzapina), de forma contínua, em favor de paciente hipossuficiente, portadora de esquizofrenia hefrênica. 7. O direito à saúde, insculpido na Constituição Federal é direito indisponível, em função do bem comum, maior a proteger, derivado da própria força impositiva dos preceitos de ordem pública que regulam a matéria. 8. Outrossim, o art. 6.° do CPC configura a legalidade da legitimação extraordinária cognominada por Chiovenda como "substituição processual". 9. Impõe-se, ressaltar que a jurisprudência hodierna do E. STJ admite ação individual acerca de direito indisponível capitaneada pelo MP. Precedentes: REsp 688052 / RS, DJ 17.08.2006; REsp 822712 / RS, DJ 17.04.2006; REsp 819010 / SP, DJ 02.05.2006". 4. Embargos de Declaração rejeitados" (EDcl no AgRg no REsp 1098600/MG, Rel. Ministro Luiz Fux, julgado em 04/08/2009, DJe 03/09/2009). "Processual civil. Gestante. Estado crítico de saúde. Ação civil pública. Legitimidade do Ministério Público. Direito indisponível. 1. A demanda envolve interesse individual indisponível na medida em que diz respeito à internação hospitalar de gestante hipossuficiente, o que, sem sombra de dúvidas, repercute nos direitos à vida e à saúde do nascituro e autoriza a propositura da ação pelo Ministério Público. 2. "Tem natureza de interesse indisponível a tutela jurisdicional do direito à vida e à saúde de que tratam os arts. 5°, caput e 196 da Constituição, em favor de gestante hipossuficiente que necessite de internação hospitalar quando seu estado de saúde é crítico. A legitimidade ativa, portanto, se afirma, não por se tratar de tutela de direitos individuais homogêneos, mas sim por se tratar de interesses individuais indisponíveis" (REsp 933.974/RS, Rel. Min. Teori Albino Zavascki, DJU 19.12.07). 3. Agravo regimental não provido". (AgRg no REsp 1045750/RS, Rel. Ministro Castro Meira, julgado em 23/06/2009, DJe 04/08/2009).

assistência judiciária eficiente. Exatamente por isso a legislação a guindou à condição de curador especial por excelência, na forma do artigo 4º, VI, da LC nº 80/1994, e do art. 72, parágrafo único, CPC. Isso não significa, entretanto, que a Defensoria Pública tenha onipresença, a seu talante, em quaisquer causas que lhe aprouver, ainda que haja presença de necessitados em um dos polos da relação processual.

O curador especial é um representante processual *ad hoc* para suprimento de uma incapacidade processual, não guardando nenhuma relação com o direito material em disputa, e suas funções são protetivas[32], eminentemente defensivas, não lhe cabendo o ajuizamento de reconvenção[33]. É atividade tipicamente processual que visa a restaurar um contraditório deficiente, ao menos formalmente, já que existe a autorização para formular defesa genérica (artigo 302, parágrafo único, do Código de Processo Civil). O curador especial, no desempenho dessa função protetiva de esfera jurídica, com a finalidade de equilibrar o contraditório, deve ser obrigatoriamente nomeado pelo juiz[34]. A atividade por ele exercida é tipicamente processual, sem nenhuma repercussão de direito material e sua função cessa com o término do processo[35], razão pela qual Pontes de Miranda dizia que "à expressão 'curador especial', preferimos a de 'curador à lide', porque em verdade ele só serve à lide. Tão ligada a ela é a sua restritas função que só o juiz da causa o pode nomear"[36]. Essa representação processual do curador à lide visa regularizar o processo: i) integrando a capacidade processual de incapaz que não tenha representante ou cujos interesses estejam em choque[37] com os de seu representante; ii) garantindo a paridade de armas

32. PONTES DE MIRANDA, Francisco Cavalcanti. *Comentários ao Código de Processo Civil*. Tomo I. 5ª ed. Rio de Janeiro: Forense, 2001, p. 263.

33. DIDIER JR., Fredie. *Curso de Direito Processual Civil*. Vol. 1. 16ª ed. Salvador: Juspodivm, 2014, p. 283; BEDAQUE, José Roberto dos Santos. *Código de Processo Civil Interpretado*. Antonio Carlos Marcato (coord.). São Paulo: Atlas, 2004, p. 67.

34. Cf., por exemplo: MARINONI, Luiz Guilherme. MITIDIERO, Daniel. *Código de Processo Civil - comentado artigo por artigo*. São Paulo: RT, 2009, p. 104/105.

35. BEDAQUE, José Roberto dos Santos. *Código de Processo Civil Interpretado*. Antonio Carlos Marcato (corrd.). São Paulo: Atlas, 2004, p. 64/67.

36. PONTES DE MIRANDA, Francisco Cavalcanti. *Comentários ao Código de Processo Civil*. Tomo I. 5ª ed. Rio de Janeiro: Forense, 2001, p. 257.

37. "Colisão de interesse é qualquer situação em que o ganho da causa por parte do incapaz diminuiria, direta ou indiretamente, qualquer interesse econômico ou moral do pai, tutor, ou curador. Basta o mais leve choque ou possibilidade de choque, entre interesse de um e interesses do outro, para que se tenha de nomear o curador especial" (PONTES DE MIRANDA. *Comentários ao Código de Processo Civil*. Tomo I. 5ª ed. Rio de Janeiro: Forense,

e equilibrando o contraditório, quando atua na defesa do demandado, nas hipóteses do inciso II do art. 72, que são incapazes processuais[38].

Essa configuração específica do curador especial coincide essencialmente com as características da Defensoria Pública, no que se refere à impossibilidade de atuação *ex officio*. Não pode a Defensoria Pública arvorar-se da condição de curador especial geral ou genérico, sem nomeação judicial e, principalmente, sem função de equilibrar um contraditório que está plenamente estabelecido, sem que incida nenhuma daquelas hipóteses antes mencionadas. A curadoria especial não é um cheque em branco[39] ou um conceito vago que sirva como uma espécie de salvo-conduto processual, autorizando o ingresso potestativo da Defensoria Pública em causa alheia.

Decorre da sistemática processual, portanto, que a Defensoria Pública não pode atuar como curador especial sem que haja designação judicial e muito menos quando não haja desequilíbrio do contraditório. Sobretudo se não há incapaz no processo: proposta a ação pelo Ministério Público, o incapaz é terceiro-substituído, não é parte.

Ao intervir espontaneamente em processo pendente, a Defensoria Pública subverte essa disciplina processual, podendo frustrar a própria finalidade de sua atuação, não só por despender energias em prejuízo de prestar a assistência devida a carentes que dela necessitam, mas também por dar causa a um tumulto procedimental, que inevitavelmente prejudicará a tutela de direitos, constituindo-se, assim, em um obstáculo processual, quando sua função é a de facilitar o acesso à justiça.

De maneira até didática, o Estatuto da Criança e do Adolescente consagra o Ministério Público na condição de substituto processual dos direitos individuais indisponíveis. A proeminência com que a Instituição é tratada naquele diploma legislativo demonstra que a tutela dos direitos da criança e do adolescente está a cargo do Ministério Público, inclusive por meio de medidas administrativas, sem prejuízo, evidentemente, da atuação da Defensoria Pública nos casos em que necessária e devida sua

---

2001, p. 256). O artigo 142, parágrafo único, do Estatuto da Criança e do Adolescente basicamente reproduz essa regra.

38. DIDIER JR., Fredie. *Curso de Direito Processual Civil*. Vol. 1. 16ª ed. Salvador: Juspodivm, 2014, p. 283.

39. "A regra de competência não é um cheque em branco" (TÁCITO, Caio. *Direito Administrativo*. São Paulo: Saraiva, 1975, p. 5).

presença, como na assistência em procedimentos envolvendo a prática de atos infracionais por adolescentes, ou nos casos em que o incapaz estiver em juízo sem representante ou em conflito com ele (art. 72, I, CPC).

Pode-se discutir a política legislativa que levou a essa opção por parte da Constituição e desse microssistema, mas não se pode, na atual ordem vigente, querer outorgar – ou ocupar a fórceps – a outro ente funções que não lhe pertencem[40]. Se a Defensoria Pública puder atuar como curador especial do Ministério Público – que é, em última análise, o que vem acontecendo, já que as crianças e adolescentes sequer figuram como partes no processo –, será o mesmo que autorizá-la, por exemplo, a aplicar medidas protetivas, fiscalizar entidades de atendimento e, quiçá, ajuizar uma espécie da vetusta ação penal popular.

O exercício digno e eficaz da assistência judiciária das crianças e adolescentes é dever da Defensoria Pública, mas sequer é seu monopólio (art. 141, § 1º, ECA), já que se trata de obrigação estatal que não pode, por sua insuficiência, impedir a defesa dos necessitados. Em suma, a Defensoria Pública corporifica o advogado que o Estado deve oferecer quando necessário (artigo 206, ECA), não havendo espaço para a criação de figuras extravagantes que não estão previstas no sistema jurídico.

Acrescente-se, ainda, que a defesa dos direitos das crianças e adolescentes pelo Ministério Público é plena, não havendo que se falar em desequilíbrio do contraditório ou do devido processo legal em relação aos substituídos[41].

---

40. Note-se que a nova redação do artigo 134 da Constituição da República representa fundamental avanço para a devida estruturação e consolidação da Defensoria Pública, mas, ainda que possa contribuir para futuras discussões acerca da possibilidade de haver previsão de casos de substituição processual, em simetria ao disposto no artigo 127 da Constituição, em nada afeta a questão envolvendo a curadoria especial da forma como exposta neste texto.

41. Segundo levantamento do Ministério Público do Estado do Rio de Janeiro, 117 (cento e dezessete) recursos especiais sobre este tema, todos provenientes do Estado do Rio de Janeiro, já subiram ao Superior Tribunal de Justiça, tendo 78 (setenta e oito) recursos sido julgados. Destes, 46 (quarenta e cinco) enfrentaram, direta ou indiretamente, o mérito, sendo que em 42 (quarenta e um) rechaçou-se a intervenção pretendida pela Defensoria Pública do Estado do Rio de Janeiro. São eles os: Resp 1177636 (Min. Nancy Andrighi, Min. Sidney Beneti designado para acórdão); AResp 1369745 (Rel: Min. Paulo de Tarso); Resp 1176512 (Rel: Min. Maria Isabel Gallotti); AResp 1415049 (Rel: Min. Maria Isabel Gallotti); AResp 38919 (Rel. Min. Nancy Andrighi); AResp 1410666 (Rel: Min. Maria Isabel Gallotti); AResp 1410673 (Rel: Min. Marco Buzzi); AResp 1328876 (Rel. Min. Marco Buzzi); AResp 27637 (Rel: Min. Maria Isabel Gallotti); REsp 1325623 (Min. Nancy Andrighi); AResp 275

7. CONFLITO DE ATRIBUIÇÕES E SUSPENSÃO DO PROCESSO

Questão frequente no foro, mas praticamente ignorada doutrinariamente, é o problema da repercussão no processo da instauração de um conflito de atribuições entre membros do Ministério Público.

Para a solução do problema, é preciso estabelecer algumas premissas.

O eventual reconhecimento da falta de atribuição de um membro do Ministério Público implica reconhecer, necessariamente, que o ato por ele praticado foi viciado, tendo em vista que lhe faltava legitimidade para praticá-lo.

Legitimidade é, como se sabe, a capacidade para a prática de um ato específico. Não ter atribuição significa, para o processo, não ter capacidade para a prática de determinado ato processual – oferecimento de uma demanda coletiva ou de um parecer como *custos legis*, por exemplo.

Ao tempo em que se reconhece a falta de atribuição a um membro do Ministério Público, reconhece-se que essa atribuição é do outro membro do Ministério Público, também sujeito do conflito instaurado. A observação é

(Rel: Min. Maria Isabel Gallotti); Resp1404261 (Rel.: Min. Massami Uyeda); AResp 1426 1308498 (Rel: Min. Nancy Andrighi); AResp 187582 (Rel: Min. Ricardo Villas Boas); AResp 29601 (Rel: Min. Paulo de Tarso); AResp 56767 (Rel: Min. Paulo de Tarso); AResp 243908 (Min. Ricardo Villas Bôas Cueva); Resp 1356384 (Min. Sidnei Beneti); Resp 1296155 (Min. Luis Felipe Salomão); AResp 178000 (Min. Paulo de Tarso Sanseverino); AResp 1412265 (Min. Antonio Carlos Ferreira); REsp 1177622 (Min. Ricardo Villas Boas); REsp 1406749 (Min. Sidnei Beneti); REsp 1429771 (Min. Paulo de Tarso); REsp 1409403 (Min. Paulo de Tarso); AResp 408797 (Min. Luiz Felipe Salomão); AREsp 509122 (Min. Og Fernandes); Resp 1417782 (Min. Ricardo Villas Boas), Resp 1420824 (Min. Moura Ribeiro), AResp 335583 (Min. Ricardo Villas Bôas), Resp 1478366 (Min. Luis Felipe Salomão), Resp 1309042 (Min. Marco Aurélio Bellizze), REsp 1416820 (Min. Maria Isabel Gallotti); AResp 557793 (Min. Luis Felipe Salomão); REsp 1.496.198 (Min. Marco Buzzi), AResp 515287 (Min. Raul Araújo), Resp 1496209 (Min. Moura Ribeiro), REsp 1.300.502 (Min. João Otávio de Noronha; AREsp 628.088 (Marco Aurélio Bellizze), REsp 1429767 (Min. Maria Isabel Gallotti); REsp 1389937 (Min. Maria Isabel Gallotti); REsp 1499431 (Min. Luis Felipe Salomão). Decisão da 2ª Seção, proferida no âmbito do Recurso Especial nº 1.296.155, buscou resolver definitivamente a questão, se posicionando no sentido da desnecessidade da curadoria especial. Em apenas 04 (quatro) recursos julgados pelo STJ foi autorizada a intervenção da curadoria especial: REsp 1.378.080 (Min. Nancy Andrighi), REsp 1.345.830 (Min. Ricardo Villas Bôas), Ag em REsp 218.243 (Min. Joao Otávio de Noronha), e o AgRg no AgRg no Ag em REsp 298.526 (Min. Nancy Andrighi). Importa ressaltar que os dois últimos recursos são objeto, respectivamente, de agravo regimental, interposto pelo Ministério Público estadual, e de embargos de divergência, interposto pelo Ministério Público Federal. Após as referidas decisões, todas as que se seguiram afastaram a intervenção da Defensoria Pública como curadora especial, nessa hipótese tratada neste item.

importante: não se trata de dizer que falta atribuição ao Ministério Público, mas sim a um dos seus membros. A falta de atribuição ao Ministério Público, como instituição, é outro problema, distinto do ora examinado.

É preciso também observar qual é a atribuição objeto do conflito. A solução que se vier a dar não pode ser a mesma, certamente, se o que se discute é o poder de propor uma ação ou de dar um parecer como órgão interveniente. À diversidade do objeto do conflito se associa uma diversa solução dogmática

Estabelecidas as premissas, é possível tentar resolver o problema dogmático que se põe.

Suscitado o conflito em torno da atribuição para a propositura de ação, deve-se aplicar, por analogia, o microssistema da tutela coletiva (ambiente em que a atuação do Ministério Público como autor é comum).

De acordo com esse microssistema, o processo coletivo não deve ser extinto por problemas relacionados à legitimidade ativa: deve-se proceder à substituição do autor por outro. Trata-se de aplicação analógica do que já dispõem os arts. 5º, § 3º, da Lei n. 7.347/1985 e o 9º da Lei n. 4.717/1965[42].

Ao lado dessa, há outra regra, mantida no art. 313, I, CPC, que determina a suspensão do processo, em caso de perda da capacidade processual. As semelhanças entre a legitimação extraordinária e a capacidade processual[43] impõem a aplicação analógica.

Assim, instaurado o conflito em torno da atribuição para a propositura de uma ação, o processo deve ser suspenso, à espera da decisão do conflito pela autoridade competente[44], que resolverá uma questão preliminar ao conhecimento do mérito do processo já iniciado.

---

42. DIDIER JR., Fredie; ZANETI JR., Hermes. *Curso de direito processual civil.* 9ª ed. Salvador: Editora Juspodivm, 2014, v. 4, p. 109.

43. Note-se que, no processo individual, a falta de qualquer deles implica a extinção do processo sem exame do mérito. Sobre as semelhanças entre as figuras, DIDIER Jr., Fredie; ZANETI Jr., Hermes. *Curso de direito processual civil.* 9ª ed. Salvador: Editora Juspodivm, 2014, v. 4, p. 197.

44. Sobre os aspectos institucionais envolvendo os conflitos de atribuição, vale conferir GARCIA, Emerson. *Ministério Público: organização, atribuições e regime jurídico.* 4ª ed. São Paulo: Saraiva, 2014, p. 308/317.

Se, porém, o objeto do conflito for uma atuação como fiscal da ordem jurídica, hipótese mais rara, a melhor solução parece ser admitir a dupla intervenção[45], sem a suspensão do processo pela instauração do conflito. Julgado o conflito, as manifestações do membro do Ministério Público tido como sem atribuição para o caso devem ser desentranhadas do processo. Outra solução possível consiste numa espécie de prorrogação de atribuição daquele que recebeu os autos do processo, até que a definição da atribuição se dê em procedimento administrativo próprio. Caso o membro do Ministério Público se recuse a participar do processo, inexistirá nulidade e o procedimento seguirá seu curso, desde que se assegure a intimação pessoal dos atos necessários. Não parece razoável, realmente, suspender o processo, à espera da definição sobre qual membro do Ministério Público deverá se manifestar. Seria prejuízo injustificável às partes e à duração razoável do processo.

8. MINISTÉRIO PÚBLICO COMO ASSISTENTE SIMPLES

Na assistência simples, o terceiro ingressa no feito afirmando-se titular de relação jurídica conexa àquela que está sendo discutida. O interesse jurídico do terceiro reflete-se na circunstância de manter este, com o assistido, relação jurídica que poderá ser afetada a depender do julgamento da causa. Como diz Genacéia Alberton: o assistente simples visa à vitória do assistido, tendo em vista o reflexo que a decisão possa ter em relação jurídica existente entre eles.[46] O assistente simples atua no processo como legitimado extraordinário – pois, em nome próprio, auxilia a defesa de direito alheio. Trata-se de legitimação extraordinária *subordinada*, pois a presença do

45. Essa alternativa é controvertida na doutrina institucional do Ministério Público (cf. GARCIA. *Ministério Público: organização, atribuições e regime jurídico*. 4ª ed. São Paulo: Saraiva, 2014, p. 476/478. MAZZILLI. *Regime Jurídico do Ministério Público*. 6ª ed. São Paulo: Saraiva, p. 412/423). Entretanto, o enfoque conferido no presente texto é um pouco diverso, na medida em que não tratamos do clássico problema envolvendo duas situações distintas que justificariam a intervenção do Ministério Público (exemplo: um incapaz em cada polo da relação processual), mas apenas procuramos oferecer alternativa para evitar que um incidente envolvendo a distribuição interna de atribuições paralise o processo. Um problema adicional a essa solução está na necessidade de se intimar pessoalmente ambos os órgãos do Ministério Público, já que, se admitida a intimação de apenas um deles – o que estiver "prevento", digamos assim -, o juiz resolveria o conflito de atribuição, ainda que provisoriamente, o que não é possível diante da legislação orgânica vigente.

46. ALBERTON, Genacéia da Silva. *Assistência litisconsorcial*. São Paulo: RT, 1994, p. 68.

titular da relação jurídica controvertida é essencial para a regularidade do contraditório, sem embargo do disposto no art. 121, parágrafo único, CPC.[47]

Há quem defenda a intervenção como assistente simples tendo em vista a existência de um interesse institucional, que seria uma dimensão do interesse jurídico. O tema já foi abordado por um dos autores deste texto: "A situação em que se nos afigura mais evidente a presença de interesse institucional é exatamente a hipótese envolvendo prerrogativas institucionais, direitos e garantias de membros do Ministério Público. Em princípio, portanto, apenas em processos em que se possa vislumbrar prejuízo institucional atual ou potencial dos membros do Ministério Público é que se faria presente o interesse jurídico. Em suma, a esfera jurídica do Ministério Público confunde-se com as prerrogativas, direitos e deveres de seus membros e o interesse institucional é que habilitará a Instituição a ingressar em processo como assistente simples. Tudo aquilo que não disser respeito à esfera pessoal do membro do Ministério Público será interesse institucional, já que o Promotor estará no exercício da função e, portanto, não haverá rigorosamente um agir individual e personalizado que possa ser destacado de seu vínculo funcional. O interesse institucional, portanto, transcende a esfera subjetiva do membro da Instituição, fazendo com que haja interesse do Ministério Público em que a sentença seja favorável a seu membro e, com isso, seja favorável à própria Instituição, que teria sua situação jurídica prejudicada em caso de vitória do adversário no processo. (...) É exatamente essa noção de 'caráter institucional' que legitima a intervenção do próprio Ministério Público como assistente simples, a fim de tutelar um interesse institucional".[48]

---

47. MOREIRA, José Carlos Barbosa. *Apontamentos para um estudo sistemático da legitimação extraordinária*, p. 10-12. Também assim, DINAMARCO, Cândido Rangel. *Instituições de Direito Processual Civil*, v. II, p. 311.

48. GODINHO, Robson Renault. "Ministério Público e assistência: o interesse institucional como expressão do interesse jurídico". *Aspectos polêmicos e atuais sobre os terceiros no processo civil e assuntos afins.* Fredie Didier Jr. e Teresa Wambier (coord.). São Paulo: RT, 2004, p. 831-833. O autor cita os seguintes exemplos de aplicação da sua teoria: a) em determinada Comarca, é ajuizada uma ação em face de um Promotor de Justiça para que se abstenha de se pronunciar na imprensa sobre determinados fatos relacionados a processos em andamento, sob pena de multa diária. Nessa hipótese, entendemos que haveria interesse institucional a justificar a intervenção do Ministério Público, por meio do Procurador-Geral de Justiça, em razão de uma decisão que viole a livre manifestação pública (nos limites legais, evidentemente) causar prejuízo atual ou potencial a toda Instituição; b) Imagine-se, ainda, que um prefeito ajuíze uma ação em face de um membro do Ministério Público alegando que as audiências públicas por ele promovidas,

relatórios e recomendações por ele emitidos causam-lhe prejuízos morais e políticos junto à população e, não sendo função do Ministério Público interferir nos rumos da política local, requer que se abstenha de emitir qualquer relatório ou recomendação e a promover audiências públicas que se refiram à administração municipal, sob pena de pagamento de multa diária. Também aqui nos parece evidente a presença de interesse institucional, por se tratar de uma legítima atribuição do Ministério Público a promoção de audiência pública e a expedição de relatórios e recomendações; c) Outra situação que revela a presença inequívoca de interesse jurídico institucional é a impetração de mandado de segurança por violação de direito líquido e certo de um membro do Ministério Público relacionado com exercício de suas funções. Em hipóteses desse jaez, a violação sempre será de um direito ou prerrogativa funcional, o que transcenderá a esfera subjetiva e pessoal do agente, habilitando a instituição a intervir no processo. São os seguintes os exemplos que podem ser formulados: desrespeito ao poder de requisição do Ministério Público; recusa de determinado juiz a intimar pessoalmente o Promotor de Justiça por meio de entrega dos autos com vista; impedir o acesso do Promotor de Justiça a determinadas dependências do fórum ou de qualquer outro órgão público. Em qualquer dessas hipóteses, a impetração de mandado de segurança pelo membro do Ministério Público habilita a intervenção da própria Instituição no processo. É certo que o membro do Ministério Público impetrará o mandado de segurança em nome da própria Instituição (como seu "presentante") e não em nome próprio, mas, em razão do interesse institucional, entendemos ser importante permitir a participação no processo do Procurador-Geral de Justiça, na condição de assistente. Também é possível haver assistência no caso de o membro do Ministério Público ser apontado como autoridade coatora em mandado de segurança, desde que esteja envolvida alguma questão institucional (p. 833-834). Sobre esse específico ponto, e examinando o texto ora citado, Nelson Nery Junior manifestou-se brevemente o entendimento de que o interesse institucional autoriza a intervenção do Ministério Público como terceiro: "O articulista [referindo-se ao texto de um dos autores], esforçando-se para assemelhar interesse institucional ao interesse jurídico da assistência simples, embora sem sucesso, com equivocadas premissas, faz um alvitre que, *a contrario sensu*, nos confere inteira razão nas nossas assertivas: 'Nesses casos em que a causa de pedir e o pedido veiculados em ação em face de membro do Ministério Público se refiram diretamente a questões institucionais, ou seja, prerrogativas e direitos de todos os integrantes, a causa sempre transcenderá a pessoa física da parte para atingir toda Instituição a que pertence'. Portanto, segundo o autor, quando a causa de pedir da ação de indenização ressalva um comportamento pessoal, dissociado das funções, deveres, garantias e prerrogativas do Ministério Público, por certo, afastado estará o interesse institucional. A citação do texto não significa que concordamos com as premissas. Ao contrário, há equívocos graves. Apenas, na fragilidade delas, encontramos razão às nossas ideias expostas no parecer e, agora, neste aditamento" ("Ação de reparação de danos proposta por juiz federal em face de procurador da república. Objeto da demanda. Conteúdo falso de entrevista voluntariamente concedida para jornal de grande circulação. Ofensa à honra do juiz federal. Delimitação da *quaestio iuris* a partir da natureza e da particularidade da conduta do réu. Impossibilidade de intervenção da União e do Ministério Público federal no processo como assistentes do réu. Acerto da decisão do TRF-2.ª Região no agravo de instrumento interposto pelo autor. Medida cautelar proposta pelo Ministério Público federal no Superior Tribunal de Justiça. Inadequação. Inconsistências das decisões do Superior Tribunal de Justiça no caso", parecer publicado na *Revista de Direito Privado nº 29*. São Paulo: RT, janeiro de 2007, abordando especificamente a questão do interesse institucional na nota de rodapé nº 15 (trata-se de aditamento a outro parecer publicado no número anterior da mesma Revista). Infelizmente o parecerista não apontou as graves falhas técnicas que afirma haver identificado, o que impede maiores desenvolvimentos

A dificuldade que surge para caracterizar o interesse institucional nestes casos é exatamente a natureza da ação de responsabilidade civil, que exige que se descreva um comportamento ilícito individualizado do membro do Ministério Público, imputando-se-lhe um agir doloso ou fraudulento (art. 181, CPC). Vê-se, pois, que nenhuma questão institucional, em princípio, será diretamente afetada em uma ação indenizatória e, além disso, a denominada "justiça da decisão" aparentemente em nada influirá na esfera jurídica do Ministério Público e não afetará nenhuma situação em processo posterior[49]. A "justiça da decisão" nada mais é do que a fundamentação da sentença e, na hipótese de ação de responsabilidade civil, a motivação cuidará apenas da análise da atuação subjetiva específica de um membro, não havendo um exame direto de questões institucionais. Além disso, por não possuir personalidade jurídica, não é simples a verificação de como a esfera jurídica do Ministério Público poderá ser afetada por um processo individual de responsabilidade civil. No mais das vezes, ainda que nos pareça que a situação mereça reflexão mais detida, a esfera jurídica do Estado é que será afetada pelos atos do Ministério Público ou de qualquer outro agente público.

Diante desse quadro, repita-se, afigura-se mais difícil a caracterização do interesse institucional, o que faz com que se recomende uma mudança de enfoque no instituto da assistência. Realmente, se nos ativermos apenas aos efeitos naturais da sentença e sua relação com o assistente, dificilmente veremos possibilidade de o Ministério Público intervir no processo nessa condição. Entretanto, a questão deve ser resolvida pela ótica do interesse institucional de evitar que processos aparentemente apenas individuais acabem por prejudicar toda uma Instituição, já que ninguém duvida que a possibilidade de condenação de um membro do Ministério Público por ato cometido no regular exercício de suas funções acabe por criar uma situação desfavorável mais ampla, que transcenda a esfera individual e atinja indistintamente, como fato, todos os membros e, consequentemente, a própria Instituição[50].

---

nesta sede, até porque a dificuldade da tese e as diversas ressalvas necessárias constam do próprio texto original, como, aliás, reconheceu o próprio Nery Junior.

49. Enfoque crítico sobre a vinculação à justiça da decisão: DIAS, Handel Martins. Eficácia da assistência: a vinculação do assistente à "justiça da decisão". *Revista de Processo, nº 225*. São Paulo: RT, novembro de 2013.

50. Havendo casos em que realmente tenha havido desvio na atuação do Promotor ou Procurador, evidentemente a Instituição não terá nenhum reflexo desfavorável em sua situação jurídica, de modo que não intervirá em hipóteses dessa espécie. A rigor, o próprio Ministério Público terá interesse em apurar devidamente o caso e tomar as medidas administrativas

Certamente, a proposta veiculada neste trabalho causará perplexidade, caso o instituto da assistência seja pensado em seus moldes clássicos, limitado ao direito individual e, normalmente, patrimonial.

Além de o próprio sistema já autorizar a intervenção do Ministério Público como assistente, na medida em que é reconhecida a existência de interesse institucional, é importante lembrar que vem ocorrendo uma abertura legislativa do instituto da assistência, já que o legislador pode dispensar a existência de efetivo interesse jurídico para o ingresso de terceiro no processo.

O art. 5º da lei n. 9469/1997 dispensa a demonstração da existência de interesse jurídico por parte das pessoas que enumera e o art. 49, parágrafo único, da Lei n. 8906/1994, autoriza a OAB ser assistente de um de seus membros em caso de violação de direitos da classe.[51] Essa tendência de abertura, embora realmente sejam discutíveis os critérios adotados, deve ser levada em consideração na moderna interpretação da assistência.

Na realidade, o critério utilizado pelo legislador, ao estabelecer os requisitos para o ingresso de um terceiro em processo pendente, responde a *"motivos de política judiciária"*, como bem identificou Donaldo Armelin, que prossegue afirmando que, "a rigor, a regra que deveria presidir a outorga aos terceiros de legitimidade para intervir em processo alheio seria a que estabelecesse um justo equilíbrio entre a lesividade do prejuízo emergente de tal processo para o terceiro e as consequências negativas para as partes da intervenção desse terceiro no processo".[52]

---

cabíveis, já que o uso do cargo para fins anormais é uma agressão à própria Instituição, mas não estará configurado o interesse institucional nos moldes apresentados no item anterior. Exatamente pelas peculiaridades das ações de responsabilidade civil é que afirmamos que o interesse institucional não estará presente automaticamente em hipóteses de processos em que se discuta a responsabilidade civil de membro do Ministério Público. Somente na análise do caso concreto é que será possível aferir a presença do interesse que legitima a intervenção do Ministério Público como assistente. Caso se entenda que a atuação funcional de seu membro foi regular, o Ministério Público poderá intervir no processo para auxiliá-lo; caso vislumbre a existência de dolo ou fraude, não haverá intervenção. Em havendo o ingresso do Ministério Público como assistente e, no curso do processo, a instrução revelar que houve atuação irregular de seu membro, simplesmente a Instituição desistirá da assistência, o que pode ser feito em qualquer momento processual.

51. A OAB necessita dessa autorização legislativa por ser uma entidade de classe, não havendo, pois, como demonstrar algo equivalente ao que estamos denominando de *interesse institucional*, já que sempre o advogado estará agindo individualmente e no próprio nome, no que se refere à dimensão de seus atos.

52. *Embargos de Terceiro*. Tese de doutoramento. PUC/SP, 1981, p. 26. Inédito.

No caso da intervenção do Ministério Público, a nova realidade jurídica recomenda sua atuação como assistente nas hipóteses que delimitamos, sendo inegável que há um justo equilíbrio entre a extrema lesividade que pode emergir do processo e as consequências de sua intervenção, recomendando-se, pois, a admissibilidade do ingresso como terceiro[53].

9. ENCERRAMENTO

O objetivo primeiro deste breve texto consiste em apontar para uma presença multifacetada do Ministério Público no processo civil, ainda não explorada devidamente em estudos acadêmicos e em regra mal compreendida pela jurisprudência.

A maior presença do Ministério Público na seara processual é inversamente proporcional ao número de estudos dedicados a compreender suas peculiaridades, responsabilidades, progressos, possibilidades, desvios e vicissitudes. Não é exagerado afirmar que, salvo textos dedicados ao exame da legitimidade do Ministério Público para o ajuizamento de ações coletivas, grassa um inexplicável silêncio sobre sua atuação processual, que não mais pode ser resumida apenas à condição de órgão interveniente no processo civil individual.

Evidentemente, o impacto da atuação do Ministério Público pós Constituição de 1988 não se resume aos aspectos jurídico-processuais, exigindo, na realidade, uma investigação multidisciplinar[54], especialmente no âmbito de implantação das políticas públicas, da atuação extrajudicial e de seu comportamento nas relações de poder, incluindo o difícil equilíbrio entre a tutela da probidade de terceiros e a convivência com práticas administrativas endógenas que, às vezes, podem reproduzir atos que são combatidos no exercício da atividade institucional.

53. Note-se que, mesmo com a disciplina expressa pelo novo CPC no art. 138, a figura do *amicus curiae* não é a mais adequada para a finalidade da intervenção do Ministério Público exposta neste item, mantendo-se a pertinência da admissão da assistência.

54. Para uma visão crítica e interdisciplinar: ARANTES, Rogério Bastos. *Ministério Público e Política no Brasil*. São Paulo: IDESP/EDUC/Sumaré, 2002. SILVA, Cátia Aida Pereira da. *Justiça em Jogo: novas facetas da atuação dos Promotores de* Justiça. São Paulo: Edusp, 2001. KERCHE, Fábio. *Virtude e Limites: autonomia e atribuições do Ministério Público no Brasil*. São Paulo: Edusp, 2009.

Trata-se, pois, de uma instituição complexa que, no âmbito processual, revela-se pródiga em novas abordagens.

Este artigo pretende apenas integrar essa tentativa de contribuição para o entendimento do "novo" Ministério Público no processo civil e a edição de um novo Código se apresenta como um momento propício para novas reflexões, como as que animam a edição desta coletânea[55].

55. Referência ao livro *Ministério Público (Coleção Repercussões do Novo CPC*, v.6). Robson Renault Godinho; Susana Henriques da Costa (coord.); Fredie Didier Jr. (Org.). Salvador: Juspodivm, 2015, v. 1, p. 15-41.

EDITORA
*Jus*PODIVM
www.editorajuspodivm.com.br

Impresso por:
Docuprint
CNPJ 01.036.332/0001-99

JUS3339